长春市教育科学"十三五"规划课题优秀研究报告

基础教育科研成果
优秀研究报告

主　编　张月柱　王淑琴

世界图书出版公司

图书在版编目（CIP）数据

基础教育科研成果优秀研究报告 / 张月柱，王淑琴
主编 . -- 北京：世界图书出版公司，2022.10
　ISBN 978-7-5192-6585-4

Ⅰ.①基… Ⅱ.①张…②王… Ⅲ.①基础教育—教
育研究—研究报告—中国 Ⅳ.① G639.2

中国版本图书馆 CIP 数据核字 (2022) 第 194790 号

书　　　名	基础教育科研成果优秀研究报告
（汉语拼音）	JICHU JIAOYU KEYAN CHENGGUO YOUXIU YANJIU BAOGAO
编　　　者	张月柱　王淑琴
总　策　划	吴迪
责 任 编 辑	滕伟喆
装 帧 设 计	包莹
出 版 发 行	世界图书出版公司长春有限公司
地　　　址	吉林省长春市春城大街 789 号
邮　　　编	130062
电　　　话	0431-80787850　13894825720（发行）　　0431-80787852（编辑）
网　　　址	http://www.wpcdb.com.cn
邮　　　箱	DBSJ@163.com
经　　　销	各地新华书店
印　　　刷	北京广达印刷有限公司
开　　　本	787 mm×1092 mm　1/16
印　　　张	35.75
字　　　数	893 千字
印　　　数	1—2 000
版　　　次	2022 年 11 月第 1 版　　2022 年 11 月第 1 次印刷
国 际 书 号	ISBN 978-7-5192-6585-4
定　　　价	98.00 元

版权所有　翻印必究

（如有印装错误，请与出版社联系）

编委会

主　　编：张月柱　王淑琴
副 主 编：谭　清　关爱民　黄　娟　王　惠　宋剑锋　刘彦平
编委成员：（按照姓氏笔画排列）

王　双　王　琦　王伟平　王俊丽　朱艳秋　刘　俐
刘文学　杜晓明　李　杰　李　昤　李文茸　李笑颜
杨　悦　杨秀艳　何国军　谷玉宣　邹凤英　辛　枫
张　玲　张　辉　张继会　苗春义　郝　伟　顾　兵
高　楠　高贤美　崔　瑜　裴国英

前 言

推进教育高质量发展是重要的强国战略，教育科学研究是教育改革发展的重要支撑。2019年，教育部发布了新中国成立以来首个教育科研规范性文件《关于加强新时代教育科学研究工作的意见》，开创了新时代教育科研工作的新篇章。

"十三五"期间，长春市教育科研工作在国家、省、市教育方针、政策引领下，按照《长春市教育科学"十三五"规划》要求，聚焦我市教育发展中的全局性、战略性和前瞻性的重大理论与实践问题，在教育改革实践的探索中提出了适合我市发展的新理念、新观点、新认识，构建了系统的可复制、可推广的新策略、新模式、新方法。近几年，各类成果在省级以上刊物公开发表1 000余项，并在国内许多高端的平台上获奖、展示。其中，"温馨村小"课题研究成果在中央人民政府网站、教育部网站、人民日报等政府平台上发布，在《人民教育》上发表；"积极心理教育"的5+N路径、"STEM教育"的课程体系建设和课堂模式构建等典型经验在国家级会议上交流展示；"212集优化办学改革"成果荣获国家教育教学成果奖；公开出版了"核心素养"课题成果《个性化教学大单元开发指导教学案例》丛书7册，"心理健康教育"课题成果教材17册。这些成果在乡村振兴、心理健康教育、核心素养发展、未来教育等领域提高了长春市乃至吉林省教育的影响力和外向度，促进了我市教育的持续、创新、高质量发展。

为了将课题成果及时有效地转化为教案、决策、制度和舆论，深入指导教育教学实践，长春市教育科学研究工作领导小组组织专家对我市"十三五"优秀课题成果进行了评审，遴选出500余项具有原创性、开拓性和较高学术价值的研究成果。这些成果着力突出问题导向，研究过程不断走向专业化和专题化，力求整合多方资源，扎实进行实践探索，充分彰显智慧手段和丰富多样的表达形式，绘制了我市教育发展的美好蓝图。

本书遴选出具有代表性的研究成果70项，共分为调研报告、办学理念、队伍建设、德育创新、教学改革五大板块，涵盖了学前教育和基础教育的区域现状调研、教育均衡发展、学校特色办学、教学方式变革、教师专业化成长以及学生个性化培养等不同侧面，旨在创新解决教育均衡、核心素养发展、"双减"政策落地、五育并举研究等当前教育热点、难点问题，体现了我市教育科学研究的实用性、操作性和前瞻性。这些成果主要来源于市域教科研领导、科研员、各县（市）区教育局局长、进修学校校长、教科所所长以及学校校长和科研骨干教师主持的课题，在方向引领、区域发展和实践创新上发挥了重要作用，有效推动了我市教育的内涵式发展。本书在编写过程中得到了上级领导的关心与指导，以及县（市）区科研部门、直属校各级科研同仁的大力支持，在此一并表示感谢。

  社会转型、科技发展和教育改革，为教育发展提出了新的挑战和机遇。教育只有坚持科研引领，不断创新，才能与时俱进，肩负起"科教兴国，教育先行"的历史重任。展望"十四五"，长春市教育科研将准确把握教育发展大势，对标科研高位，继续围绕长春市基础教育事业"公平、均衡、高质量"发展的主线，积极探索和创新工作方式，不断拓展学术交流渠道，优化成果表达方式，研究新情况、探索新规律、解决新问题，持续提升教育科研品质，努力构建城乡教育一体化、家校育人一体化、资源整合一体化、教科研管理一体化的融合性、开放性教育科研新生态，为长春教育的高质量发展贡献科研力量。

2022 年 5 月

长春市教育科学"十四五"发展规划

(2021—2025年)

教育科学发展规划是对教育科研事业发展前瞻性、战略性和整体性的谋划,是推进教育改革发展极为重要的战略思考。为了充分发挥教育科研在教育改革发展中的支撑、驱动和引领作用,促进长春市教育事业科学、高质量发展,根据新时代教育科研工作发展趋势和国家相关文件精神,落实长春市教育局和长春市基础教育研究中心"十四五"规划的战略目标,结合长春市教育科研工作实际,继承发展,改革创新,制订长春市教育科学"十四五"发展规划。

一、指导思想

以习近平新时代中国特色社会主义思想为指导,贯彻落实党的十九大和十九届二中、三中、四中、五中全会精神,贯彻落实习近平总书记关于教育的重要论述和全国教育大会精神,坚持稳中求进的工作总基调,立足新发展阶段,贯彻新发展理念,构建新发展格局,以推动高质量发展为主题,以改革创新为根本动力,坚持创新科研观念,全面贯彻党的教育方针,落实立德树人根本任务,坚持发展抓公平、改革抓体制、研究抓质量,全面推进教育科学研究,巩固拓展我市"十三五"教育科研成果,为建设高质量、高标准教育科研体系立柱架梁,坚持解放思想、实事求是、与时俱进、求真务实,坚持以教育改革中重大现实问题为主攻方向,坚持基础研究和应用研究并重,加快构建区域教育科学研究体系,为教育行政决策大局服务,为促进教育改革发展服务。

二、发展定位

引领、指导、管理、评估长春市教育科研工作,深化教育改革热点、难点问题研究,推广、转化优秀教育科研成果，突破区域教育改革发展瓶颈，打造科研型专家队伍，以科研支撑、驱动、引领长春市教育工作高质量发展。

三、总体目标

站在新的历史起点上，长春市教育科学研究对标国家总体战略和宏伟蓝图，瞄准2035教育强国、教育现代化长远目标，立足基础研究和应用研究，认真谋划，精心布局，体现鲜明的时代特征、问题导向和创新意识，着力推出体现高水准的研究成果。密切跟踪国内外学术发展和学科建设的前沿和动态，着力推进我市规划课题、重大项目、主导课题、校本课题等研究体系建设和创新，力求具有原创性、开拓性和较高的学术思想价值；立足党和国家事业发展需要，聚焦我市教育发展中的全局性、战略性和前瞻性的重大理论与实践问题，力求课题研究具有现实性、针对性和较强的决策参考价值；构建更加健全的教育科研体系，重点打造一批新型教育智库和科研团队，建设一支高素质创新型科研队伍，使教育科研体制机制更加完善，科研机构和科研人员更有活力，组织形式和范式方法更加科学，科研工作评价更加合理，原创研究能力显著增强，社会满意度大幅提升，推进建设教育科研强市，发挥省会城市科研优势和域内外辐射作用，开创长春市教育科学研究工作的新局面。

四、阶段目标

第一阶段目标（2021.1—2023.6）

设立"高质量发展""五育并举""双减""三新"等10个重大项目专项课题2 000项；靠前指导全市各级各类课题超过50次；培训科研型名校长、名教师、科研骨干教师3万人次以上；撰写3篇科研智库专家咨询报告；省级以上规划课题立项率、结题率和成果获奖率达到60%以上；完成市级规划课题立项、中期、结题、成果等评审工作；编辑出版"中国教育专家领航系列丛书"（第四辑）、《基础教育课题研究常见问题与对策》等6部科研著述；认定50所第四批科研基地校；评选30名优秀兼职科研员；实现科研评价全市覆盖。

第二阶段目标（2023.7—2024.6）

推进"三期质量工程""温馨校园""核心素养"等重大项目专项课题研究，梳理提升阶段成果1 000项；建设教科研一体化创新机制，开展教科研系列高峰论坛5场；指导县（市）区、直属校形成各自研究特色，锻造科研品牌；实现省级以上规划课题立项率、结题率和成果获奖率递增5%，国家级重大科研成果获得新突破；提升市级规划课题立项、中期、结题、成果等常规评审工作效率，完善三级科研管理模式；编辑出版"中国教育专家领航系列丛书"（第五辑）等4部科研著述；认定50所第四批科研基地校；组织80名兼职科研员针对教育改革发展现状进行调研，撰写5篇高质量调研报告。

第三阶段目标（2024.7—2025.12）

全面总结"十四五"期间各级各类课题研究成果，召开10场系列成果展示会；评选、表彰教育科研先进单位200个、先进个人300名、优秀科研成果800项；编辑出版"十四五"课题研究发展报告、"中国教育专家领航系列丛书"（第六辑）、"特色发展之路"等6部科研著述；评选长春市第六批科研型名校长、名教师、骨干教师1000名；实现省级以上规划课题立项率、结题率和成果获奖率70%左右；高质量完成科研型名校长、名教师、科研骨干教师培训任务；创新市级规划课题立项、中期、结题、成果等评审工作，实现课题评审机制的新突破。

五、基本原则

1. 坚持教育科研正确方向。坚持正确的政治方向，以习近平新时代中国特色社会主义思想为指导，坚持党对教育科研工作的全面领导，坚持马克思主义指导地位，坚持以人民为中心，牢牢把握意识形态的领导权和主导权。

2. 着眼教育改革发展需求。立足长春市本土面向全国做研究，深入基层一线，突出教育科研的实践性，以重大教育战略问题、人民群众关心的热点难点问题和教育教学实践问题为主攻方向，支撑、驱动、引领教育改革发展。

3. 激发科研工作创新活力。深化科研组织形式和运行机制改革，推进研究范式、方法创新，推动跨区域、跨学校、跨学科交叉融合，加强集成创新，完善教育科研工作考核和人才评价制度，充分调动教育科研工作者的积极性、主动性、创造性。

4. 弘扬课题研究优良风气。坚持实事求是、理论联系实际，发扬钻研精神，推动形成求真务实、守正创新、严谨治学、担当作为的优良科研之风，营造风清气正、潜心研究、交流互鉴、积极向上的良好科研生态。

六、研究方向

坚持正确政治方向，坚持"围绕中心、服务一线"，坚持理论联系实际，坚持全面深化改革，不断完善教育科研治理体系，创新科研范式方法，加强课题过程管理，提升课题研究质量，服务教育改革发展，坚持立德树人，实施五育并举，提升服务决策能力，解决教育实际问题，充分释放教育科研工作发展的生机活力。从根本上做系统思考、统筹谋划，在快速转变教育观念，优化学校育人机制，探索创新课程建设、构建教师成长新模式，改革创新教育评价，加强域内外协同创新机制，建构学校家庭社会协同育人体系，建设高素质创新型科研队伍，加快科研基地校建设，以及推进优质均衡发展、集优化办学和质量提升等方面深化重大课题研究和项目落地实施，推进全市教育科学研究全局工作，描绘"十四五"教育科学发展新蓝图。

七、主要任务

进入新时代，加快推进教育现代化，建设教育强国，办好人民满意的教育，迫切需要教育科研更好地探索规律、破解难题、引领创新。站在"十四五"新的历史起点，要更加统一思想、振奋精神，推动新时代教育科研实现高质量发展，要切实增强做好新时代教育科研工作的使命感、责任感、紧迫感。以围绕一个"中心"为主线，以突出三个"加强"为抓手，以锻造四个"品牌"为着力点，坚持改革创新，推动建设高水平的教育科学理论体系，为加快推进教育现代化、办好人民满意的教育提供有力的智力支持。

（一）围绕一个"中心"

教育科学研究要服务大局，紧紧围绕全面贯彻党的教育方针，坚持立德树人，增强学生文明素养、社会责任意识、实践本领，培养德智体美劳全面发展的社会主义建设者和接班人，促进教育改革发展。教育科研源自教育改革发展，教育科研的成果也必将为教育改革发展服务，这个中心不能动摇。

（二）突出三个"加强"

1. 加强科研治理，发挥教育科研的驱动作用

一是强化教育科研主体责任。落实国家关于加强和改进科研管理、激发科研活力的政策举措，规范各级各类课题，特别是规划课题的课题申报、结题验收、中期评审、成果评选操作流程，把科研诚信、精准科研融入科研管理全过程。围绕教育科研主体责任，遵循科学研究规律，加强制度建设，建立目标明确、权责清晰、管理有序、评价科学的科研治理体系。

二是完善科研管理网络机制。完善市、县（市）区、学校全面覆盖、立体贯通、分工明确、优势互补的教育科研机构体系，实施属地管理。市、县（市）区教育科研专门机构要重点加强教育理论研究、政策研究和实践研究，提高服务教育行政部门决策能力和指导课题研究实践水平。市级教育科学研究工作领导小组办公室负责全市教育科研工作的统筹规划和管理指导，各县（市）区教科所统筹区域内教育科研工作，大中小学校、职业学校积极开展教育教学实践研究，改进教学方法，提高教育质量。

三是加强日常管理科学规范。严把市级规划课题评审关。依据《长春市教育科学规划课题研究管理办法》，采取县（市）区、直属校初选和市教科办评审的方式，组织科研专家严格按照评审方案开展立项、中期、结题、成果评审工作，通过率分别控制在60%、80%、70%、50%左右。构建市、县区、校三级日常科研管理网络和备案制度，使市级规划课题管理有章可循、有法可依；严把省级以上课题质量关。在国家级、省级课题的管理上，按照国家、省里相关文件要求，结合我市工作实际，制订评审标准，对各县（市）区、省市直属校的申报材料严格审核把关，确保长春市课题在立项、结题、成果评选等环节高质量、高标准、高实效，发挥省会城市的科研管理和研究优势，扩大我市课题研究的影响力。在省级及以上立项数量上努力实现年度递增5%，力争在国家级课题研究成果上实现重大突破；加强研究过程管理工作。在各级各类课题研究过程管理上进行分类指导，特别是在规划课题研究上，要继续有效实施靠前指导，加强研究过程的监督和评价，确保课题研究的质量和进度，引导并督促各县（市）区、基层校落实相关工作。

2. 加强课题研究，发挥教育科研的引领作用

一是加强规划课题研究，激发研究活力。规划课题具有前瞻性、宏观性、权威性、周期性的特点，加强和推进各级各类规划课题研究，激发科研人员和一线教师的创新研究活力，切实增强其使命担当，着眼五育并举、集优化办学、优质均衡发展、教育评价、育人方式、课程改革等关键问题，加强破解热点难点问题的能力，引领教育改革发展。

二是加强主导课题研究，强化项目产能。以项目驱动加强主导课题研究，完善主导课题及其专项课题管理和研究机制，加强师资培训和落地研究，抓好过程管理和阶段性成果征集，推动课题研究扎实开展，力求用区域重大项目研究构建科研发展新路径。

"核心素养"项目，即《核心素养研究能力提升培训项目》。第一，深化基于学生核心素养发展的小学全学科课程优化研究，从学科单元和项目学习着手，探索全学科大单元开发和跨学科项目开发的内容、方法和实施策略，构建比较完善的全学科和多学科融合的校本课程开发体系，组织编撰大单元开发教学指导丛书1套。第二，深化基于学生核心素养发展的课堂教学个性化指导策略研究，优化课堂结构，变革学习方式，开发学习工具，

建构基于学科课堂、主题活动和融合项目的个性化教学范式。第三，深化师生个性化的教与学多元评价研究，构建以学生责任、担当、自信等积极品格和学习、创新、合作、交往能力培养作为目标指向的学习评价体系，构建针对教师创新课程开发、教学设计、课堂实施等教学综合能力和学生个性化学习教学指导水平的教学评价体系，编撰师生评价手册2本。第四，深化培训机制研究，以大单元开发、工具应用等为培训主题，以线上线下、集中分散为主要培训方式，构建科研引领、教研推进、案例依托的长效培训机制，年平均培训20场次，试验教师年人均培训达到5次以上，实现17个县（市）区试验校培训全覆盖。

"温馨校园"项目，即《小规模学校教师科研能力提升培训项目》。随着项目实施和课题研究的推进，"温馨村小"的研究已经扩展为向"温馨校园"和学校教师科研能力提升方面的纵深迈进。围绕乡村教育振兴和城乡教育优质均衡发展，落实项目方案，推进课题研究。采取自培的方式，深入17个县（市）区靠前指导，根据村小或小规模学校发展的需求，采取订单式培训内容，促进农村教师专业化成长，提升其发展内生动力，每年全市集中培训不少于7场（城区1场，外县区共6场）；17个县（市）区、城区偏远学校、农村小规模学校都有主导课题和专项课题，力争立项通过率达到70%，立项的课题结题通过率达到100%，成果获奖率达到60%。每年召开一次成果展示会，县区自愿申请承办，市里考核确定承办单位。

"人格教育"项目，即《人格教育科研范式方法培训项目》。深入探索中小学生人格发展的GRACE教育的理论体系、操作体系，探索实践途径和策略方法，建构符合地域实际、特色鲜明、面向全体的课程建设、教学策略、评价体系的研究范式；加大宣传力度，推动学校、社会对学生人格教育的广泛关注，17个县（市）区实验校覆盖面达到100%；采取多角度培训，提高教师的人格培养意识与实操能力，促进学生核心素养发展全面落地，实验校教师年平均培训次数5次以上，培训场次20次。

"集优发展"项目，即《区域集优化发展的实践研究》。项目设立9大专项课题群，实验校课题立项覆盖率100%，通过对长春市基础教育集优化发展中关键要素的研究，总结、提炼，形成基础教育集优化发展的实施路径，积极构建五育并举的育人模式，完善以信息化为支撑的优质课程资源共享机制、以质量为核心的教学创新机制、教师培养机制、温馨校园创建机制、公办民办教育协同发展机制，优化家庭教育体系、特殊群体保障体系，探索集优化教育质量监测评价办法，实现市域优质均衡发展、学校优质特色发展、学生优质特长发展，全市义务教育优质资源达标率30%以上（依据国家评估标准），普通高中优质资源达标率80%以上（依据本市评估标准），初步形成全市基础教育高质量发展格局，人民教育获得感、幸福感显著提升。

"科研骨干"项目，即《中小学科研骨干校长、教师培训项目》。该项目是教育局的重点项目，是我市教育科研常态性工作，按照教育局发布的《长春市教育科学"十二五"规划》，从"十二五"开始每三年进行一次中小学科研型名校长、科研型名师、科研骨干教师的评选。本项目是上述评选工作的延展和提升，有完整的培养科研队伍的体系，是我市教育科研人才队伍建设的必由之路。我们每年定期组织科研骨干力量到教育改革先进地区参加培训，占据科研理念前沿，掌握科学的范式方法。培训结束后实行动态管理机制，一是要求受训骨干校长、教师返回县区、学校进行二次培训，增强项目成果的辐射性，促进区域或其他教师同步发展和提高。二是要求这些人员在年度立项、结题、成果评审方面实现突破，发挥带动作用，打造我市教育科研队伍的领军方阵。党的十八大以来，习近平总书记多次强调，要加强教师教育体系建设，不断提高教师培训的质量。未来五年，保证每年至少外出培训一次，保证项目培训覆盖17个县（市）区和直属校科研骨干校长、教师，实现由点及面的区域引领。校长、教师培训达到500人次。构建全方位、多层次、高质量的科研骨干校长、教师培训体系，打造长春地区具有先进理念与实践经验的教育科研队伍。

"心理项目"，即《中小学心理教师团体心理辅导能力提升培训项目》。加强实验教师培训、过程指导和成果提升工作，省外培训1次，本地培训4次；课题阶段性成果2 000项；发表省级论文3篇。以课题研究促进心理教师专业发展，加强中小学团体心理辅导的科学实施，提高我市心理健康教育水平。

三是加强校本课题研究，营造整体氛围。促进校本课题研究，继续实施校、县区、市三级评选机制，以评促研。激励一线教师特别是农村教师开展校本课题研究，利用市级规划课题年度立项机制，对先行先试，具有前瞻性、实效性或已取得突出科研成果的校本课题转化升级，在市级规划课题评选时优先立项，扩大普通教师科学研究的参与权、自主权，激发其内生动力和生命活力，探索适应新时代要求的教书育人有效方式和途径，积极营造关注教育热点问题、人人开展校本课题研究的良好科研生态。

3. 加强成果推广，发挥教育科研的支撑作用

搭建校际、区域及跨区域交流和推广平台，拓宽成果转化渠道，创新转化形式，提升教师科研成果转化意识，促进教育科研成果转化为教案、决策、制度和舆论，推动教育科研成果及时有效转化，将各类科研成果汇聚成推进教育现代化的强大动力，发挥教育科研的支撑作用。

（三）锻造四个"品牌"

1. 科研基地校建设品牌

"十四五"时期，长春市教育科研基地建设总体目标是：到2025年，基地校社会影响力和国内竞争力显著提升；示范基地校科研实践能力和学术影响力实现新的突破；核心示范基地校整体实力位居全国前列，为早日实现办"特色鲜明的研究型、学术型学校"的发展目标奠定坚实的基础。以基地校建设项目研究为抓手，充分发挥"科研智库"功能，为基地校决策与发展提供智力支持；加强区域课题研究协作，申报并完成省规划课题《区域教育科研协作发展的机制与路径研究》的研究工作；加强基地校协同，开展基地校专项课题研究；加强基地校经验交流分享，召开校长高端论坛；加强基地校成果提炼与转化，公开出版书籍；加强基地校精品辐射推广。力争5年内实现以下发展目标：核心示范基地校达50所，整理其办学特色、经验，公开出版。定期组织校长高端论坛；示范基地校100所，每年承办一次市级以上经验交流会、研讨会；科研基地校300所，每年承办一次区级以上经验交流会、研讨会。对核心示范基地校、示范基地校、基地校实施动态管理的评价机制和层级管理的驱动模式，定期举办基地校科研高峰论坛，及时组织开展基地校特色经验的

总结和梳理，通过多种方式宣传推广，树立科研新形象，锻造学校科研新品牌，更好发挥科研基地校的带动作用。

2. 科研队伍建设品牌

教育科研队伍是教育科学研究的第一资源，有高质量的科研队伍，才会有高质量的教育科研。我们要把建设高素质专业化的科研队伍作为基础工作来抓，搭建教育科研人才成长平台，完善人才成长机制。

一是建设高端科研智库，培养教育领军人才。"十四五"时期，长春市教育科研智库建设总体目标是：服务地方经济社会发展能力和支撑高质量科研智库人才培养效果显著增强，到2025年，建成一支省内先进的教育科研智库专家团队，完成一批代表吉林省最高水平、引领国内基础教育科研前沿发展方向的重大标志性成果；建立健全服务行政决策的咨询平台和高水平学术交流与合作的平台；建设完备的教育科研智库专家、学科专家、兼职科研员三支队伍；完成3~5份有影响力的智库调研报告。

二是培养科研骨干力量，发挥骨干带动作用。培养科研型名校长、名师、骨干教师和专兼职科研人员的科研素养，进行第六批科研型名校长、名师、骨干教师评选，拟命名市级科研名校长200名，科研名教师400名，科研骨干500名，向省级推荐科研名校长、名教师，力争通过率100%。以《中国教育专家领航系列丛书》为核心载体，遵循"选、培、著、推"的工作思路，选拔培养我市基础教育领军人才，明年编辑出版"长春教育家领航丛书"4册，共20册，推广本土教育家的教育思想。支持县（市）区和直属校因地制宜创新科研人才选聘和培养方式，加强梯队建设，支持智库人才开展原创性、探索性研究，鼓励共建跨学科、跨区域、跨领域的科研创新团队。完善教育科研成果表彰奖励制度，加大奖励力度。

3. 科研工作创新协作品牌

强化集成创新，加强科研协作体建设，拓宽域外开放机制，多渠道建立区域内、跨区域、校际之间科研联盟，构建上下联动、横纵贯通、内外合作的协同创新体系，全面提升教育科研战线协同攻关能力，发挥各自优势，形成科研合力，实现资源共享，交流互鉴。

4. 科研成果推广品牌

《长春教育》是我市教育科研成果的宣传名片，城市教育发展的推介名片，我们要继续锻造这个品牌。《长春教育》要聚焦"十四五"基础教育的新成就、新变化，聚焦国家重大教育政策的落地举措，聚焦教育教学的先进典型和成功经验，聚焦教育亮点和对外交流，推介本土专家型教师教育专著20部，宣传办学特色鲜明、办学成果显著的区域新优质学校（幼儿园）50所，推出教育专题性优质成果100项，协同"长春教研信息"微信公众平台，定期推送本土优质原创成果，促进新形势下的融媒体发展。加强通讯员和特约编辑队伍建设，落实人才动态管理机制。

八、保障措施

保障措施是建设高质量科研体系的战略支撑，我们要坚持以改革为动力，不断提高教育科研保障水平，完善教育科研综合治理体系，为科研事业高质量发展奠定坚实基础，为教育科学研究保驾护航。

（一）完善教育科研领导机构建设

市级层面科研管理机构健全，设置了长春市教育科学研究工作领导小组，局长任组长，主管副局长任副组长，依托长春市基础教育研究中心，下设办公室，即"长春市教育科学研究工作领导小组办公室"，负责全市日常科研管理工作。为落实层级管理，保障区域或学校日常科研管理和课题研究科学规范，各县（市）区要健全教育科研领导小组设置，领导区域教育科研工作。领导小组下设办公室，由教科所所长任（兼）办公室主任，并配备足量科研人员，做好区域教育科研工作的规划、组织、协调、管理和课题研究指导工作，保障教育科研工作科学、持续、规范、有序开展；各级各类学校要完善由校长总负责、主管校长具体负责的科研领导机构，设立专门的科研室，设置科研室主任并配备工作人员，充分发挥学校科研室的组织管理、协调指导的职能，确保学校的教育科研工作落到实处。

（二）健全教育科研投入保障机制

要提高教育科研的资金保障水平。各级教育行政部门要通过设立专项经费，保障预算内教育科研经费稳步增长等举措，加大科研工作支持力度。要拓宽投入渠道，建立多元化、多渠道、多层次的投入体系，健全稳定支持经费协调的投入机制，优化科研经费管理，扩大科研人员科研经费使用自主权，不断提升教育科研人员的使命感。各级各类学校要根据本校实际，保证必要的教育科研经费投入，不断改善科研工作条件，保证教育科研的基本要求，逐步实现教育科研现代化、信息化。各级科研经费要早研判、算精准、供得足、用得好，为教育科研工作发展保驾护航。

（三）落实教育科研工作评价机制

构建一套完备的市、县区、校三级科研评价体系，致力于教育科研评价有关的理论构建、实践探索和应用研究，构建具有时代特征、区域特色、立足实际的教育科研评价体系；建立科研工作质量评估机制，落实科研评价制度，推动教育评价改革落实落地。依据《长春市教育科研工作评价方案》，按照教育科研评估细则，对全市各县（市）区、直属学校（幼儿园）的课题研究、队伍建设、基地校建设、区域特色、成果发表与推广等方面的教育科研工作进行年度质量评估并进行公示，通报督导评估的结果，并将教育科研纳入教育督导评估和评优评先的指标体系，实现全市17个县（市）区、直属学校（幼儿园）教育科研评价的全覆盖。

目录

前言 / 张月柱 ·· i

长春市教育科学"十四五"发展规划 ·· iii

// 调研报告篇 //

长春市小学生核心素养培养现状的调研报告 / 王淑琴 ······························ 3

长春市义务教育特色均衡发展情况调研报告 / 关爱民 ······························ 13

"双减政策"落实的现状、挑战与对策分析

  ——长春市"五项管理"落实情况的调研报告 / 王　惠 ···················· 24

学生发展指导的问题与对策研究

  ——以长春市中小学为例 / 刘彦平 ·· 35

公主岭市义务教育优质均衡发展情况调研报告 / 王　琦 ······························ 42

// 办学理念篇 //

区域提升教育质量的实践研究 / 杨大为 ·· 53

基于核心素养视域下的"悦教育"区域实践与研究 / 汪　巍 ······················ 60

"五育并举·五环相扣"区域推进教育高质量发展的实践研究 / 张玉英　王春锋 ··· 67

基于新高考的高中生涯规划逻辑理路和实践策略研究 / 王洪杰 …………… 74
义务教育阶段落实五育并举的实践路径探究 / 陈　杰 …………………… 83
新时代文化树人的探索与实践研究 / 杨天笑 ……………………………… 90
基于学生个性成长理念的教育实践研究 / 李晓天 ………………………… 98
"成长教育"引领学校多样化办学的理论实践与研究 / 刘　君 ………… 105
新样态下希望教育理论与实践研究 / 杜志华 …………………………… 113
新时代背景下中小学生"自主教育 个性发展"的行动研究 / 葛　岩 … 121
构建学校快乐教育体系实践研究 / 刘丽萍 ……………………………… 130
基于快乐教育理念的学校文化建构的实践研究 / 丛　枫 ……………… 137
现代教育制度视域下学校标准化建设研究 / 高晓杰 …………………… 145
"明德教育"的理论与实践研究 / 张玉英 ………………………………… 153
自主开放的学校文化建设研究 / 赵秉华 ………………………………… 161
小学幸福教育的实践研究 / 周　斌 ……………………………………… 169
核心素养理念下的心智教育研究 / 谢　飞 ……………………………… 177
"卓越教育"校园行动计划实践研究 / 秦洪国 …………………………… 186
以"能动教育"提升学校品质的实践与研究 / 姜金波 …………………… 193
"生机教育"促进学校办学品质提升的实践研究 / 陈　颖 ……………… 202
师生共读打造书香校园的策略研究 / 尹海英 …………………………… 210
依托国学教育构建学校文化的策略研究 / 张红玉 ……………………… 218
应用现代信息技术促进学校办学品质提升的研究 / 赵军梅 …………… 226

// 队伍建设篇 //

新时期普通高中青年教师培养策略研究 / 颜　圻 ……………………… 237

新课改背景下的高中教师队伍建设实践研究 / 李　辉 ……………………… 245

依托教育联盟促进教师专业发展的研究 / 任国权 …………………………… 253

提升小学中青年教师专业素养的有效途径研究 / 吕彦桃 …………………… 261

构建县域"研培一体化"校本研修模式实践研究 / 夏　羽 ………………… 269

县域教师业务培训实效性问题与对策研究 / 张海燕 ………………………… 277

中小学教师STEM素养提升策略 / 黄　娟 …………………………………… 284

// 德育创新篇 //

中学生积极心理健康教育活动的实践研究 / 李国荣 ………………………… 295

基于传统文化背景下区域德育体系建构研究 / 迟铭海 ……………………… 302

团体沙盘心理技术在中小学心理健康教育中的应用研究 / 宋剑锋 ………… 310

学校、家庭、社会三位一体协调联动助力学生和谐发展实践研究 / 杨　波 … 318

"润养童心・儒雅至善"中华优秀传统文化小学铸魂教育的研究与实践 / 魏志杰 … 326

建构"润文化"下德育体系的研究 / 张　苏 ………………………………… 334

新时代中小学家校协作长效机制策略研究 / 欧　炜 ………………………… 341

// 教学改革篇 //

基于"STEAM+"学科教育的课程建设与实践研究 / 邵志豪 ……………… 351

艺术素养提升视域下初中走班选课制教学实践研究 / 王志锋 ……………… 359

构建"子衿课程"体系实现创新型高中育人方式变革的研究 / 于利合 …… 368

核心素养背景下学校建设主体性优效课堂的实践研究 / 丁立新 …………… 376

高中学科教学中学生问题素养培养的策略研究 / 王　晶 …………………… 385

基于学生核心素养发展的个性化教学综合改革行动研究 / 肖利敏 ……………… 393

以激发学习动力为核心的学习评价改革的实践研究 / 田　娟 ……………… 402

0~6 岁婴幼儿"三边互动"亲子亲职教育的实践研究 / 张玉芙 ……………… 410

STEAM 教育促进中小学生创新能力培养的实践研究 / 潘占宏 ……………… 418

0~3 岁婴幼儿早期教育的实践研究 / 谭　清 ……………… 426

中小学作业改革实践研究 / 杨秀艳 ……………… 434

有效运用信息技术构建区域中小学优质课堂的实践研究 / 李树军 ……………… 442

区域性中小学体育教学改革项目实施策略研究 / 陈东宇 ……………… 450

区域推进深度学习理念下教学评一体化的实践研究 / 苏文玲 ……………… 458

构建快乐课堂促进学生自主学习的实践研究 / 吴淑艳 ……………… 466

区域推进学校课程建设的实践研究 / 赵　越 ……………… 474

益智课程促进学生思维能力发展的实践研究 / 崔　瑜 ……………… 481

生本课堂实施策略的实践研究 / 王伟平 ……………… 488

基于发展学生核心素养背景下"三生"培养实践研究 / 张继会 ……………… 495

小学语文阅读教学落实核心素养的实践研究 / 刘文学 ……………… 503

小学体验式教学模式的研究 / 李亚娟 ……………… 511

基于核心素养校本化实施的中小学学科教学设计改进实践研究 / 贺同君 ……………… 517

基于"三元课堂"理念下的教学模式创新实践研究 / 张泽芳 ……………… 526

小学语文课堂教学反思的有效性研究 / 盛静波 ……………… 533

核心素养与课程教学改革研究 / 蔡英奎 ……………… 539

课堂教学中构建师生学习共同体策略的实践研究 / 吕　慧 ……………… 547

调研报告篇

DIAOYAN BAOGAO

长春市小学生核心素养培养现状的调研报告

负责人：王淑琴　长春市基础教育研究中心副主任
成　员：何国军　长春市第一实验东光学校科研主任
　　　　张　玲　长春市基础教育研究中心科研员
　　　　李　昤　长春市基础教育研究中心科研员
　　　　高　楠　长春市二道区教育科学研究所所长

　　培养学生核心素养，就是在研究和践行"培养什么人、怎样培养人"这一最根本的教育问题。在2014年《教育部关于全面深化课程改革 落实立德树人根本任务的意见》中，"核心素养"被置于深化课程改革、落实立德树人目标的基础地位。核心素养发展成为引领和指导我国基础教育课程教学、提升教育质量的目标，国民核心素养的培育成为重大的研究课题。2016年，《中国学生发展核心素养》正式发布。

　　2015年，长春市教育局确立了《核心素养发展与个性化教学综合改革行动研究》这一重大市级研究项目。2016年该项目转由长春市教育科学研究所牵头继续开展研究。该项目采取了高校引领、行政推进、学校实践的UGS合作发展战略，集成创新，协同攻关，扎实推进，取得了丰硕的成果。同时，项目组通过深入基层科研指导、实地踏查、座谈、听课、问卷调查等工作的开展，全面了解我市学生核心素养培养的现状，发现了存在的问题，并针对问题提出指导策略与建议。

一、调研设计

（一）调研内容

学科教材优化、学科活动开展、学科教师素养、学科评价方式。

（二）调研对象

100所试验校和部分非试验校的领导、教师。

（三）调研方法

问卷调查、师生座谈、文献研究。

二、调研概况

（一）调研人员

2016年至2020年，项目组共十次到长春市各县（市）区和市直属试验校送培，召开座谈会200余场，访谈管理人员及试验教师10 000余人次；2019年12月，通过问卷星对长春市17个县（市）区100余所学校教师进行了调研，提交问卷9 213份。

（二）统计分析

利用Excel统计功能，对数据进行百分比（%）统计分析。

三、调研结果

（一）数据分析

调研着重从学科教材、学科活动、学科教师和学科评价四个维度调查长春市小学生核心素养培养的现状，分析总结长春市小学生核心素养培养现状及存在的主要问题。

1. 教师基本情况

表1-1　您的最终学历是（　）　　［单选题］

X/Y	中专及以下	大专	本科	研究生及以上	小计
课题引领校	11（0.41%）	333（12.33%）	2 186（80.93%）	171（6.33%）	2 701
一般试验校	16（0.73%）	294（13.49%）	1 779（81.61%）	91（4.17%）	2 180
非试验校	12（0.9%）	205（15.39%）	1 066（80.03%）	49（3.68%）	1 332

表1-1数据显示，三类学校教师在学历上没有明显的差异，本科率在80%以上，课题引领校教师研究生及以上学历上占总人数6.33%，稍高于一般试验校的4.17%和非试验校的3.68%。从中可以看出，小学教师学历水平基本达标，学校之间教师学历没有明显差别。

表1-2　您所教的学科是（　）　　［单选题］

X/Y	语文	数学	英语	科学	体育	音乐	美术	综合	信息技术	其他	小计
课题引领校	935（34.62%）	909（33.65%）	177（6.55%）	120（4.44%）	139（5.15%）	113（4.18%）	99（3.67%）	55（2.04%）	34（1.26%）	120（4.44%）	2 701
一般试验校	701（32.16%）	776（35.6%）	182（8.35%）	138（6.33%）	86（3.94%）	74（3.39%）	57（2.61%）	42（1.93%）	34（1.56%）	90（4.13%）	2 180
非试验校	323（24.25%）	497（37.31%）	105（7.88%）	122（9.16%）	59（4.43%）	59（4.43%）	39（2.93%）	18（1.35%）	30（2.25%）	80（6.01%）	1 332

表1-2数据显示，参与问卷调查的教师在课题引领校、一般试验校、非试验校中没有明显差异，语文、数学学科共占67%以上，英语、科学、体育、美术、音乐、综合、信息技术等学科教师共约占33%，其中综合、信息技术学科人数略低，仅占2%左右。从中可以看出，小学语文、数学学科教师在学校工作中起主要作用，其他学科专任教师，尤其是综合、信息技术学科教师配备不足。

表1-3　您认为培养学生核心素养的最重要的因素是（　）　　［单选题］

X/Y	学科知识	学科活动	学科评价	学科教师	小计
课题引领校	2 111（78.16%）	2 051（75.93%）	1 553（57.5%）	1 460（54.05%）	2 701
一般试验校	1 540（70.64%）	1 669（76.56%）	1 169（53.62%）	1 088（49.91%）	2 180
非试验校	927（69.59%）	994（74.62%）	695（52.18%）	722（54.2%）	1 332

表1-3数据显示，认为学科知识和学科活动是培养学生核心素养最重要因素的教师比例达到近70%及以上，可以看出小学教师整体上对于学科知识和学科活动的认同度较高，对于学科评价、学科教师则相对次之。三类学校在学科知识的认识上有较大差异，课题引领校的认同度最高，一般试验校和非试验校基本一致。

2.教师对核心素养基本内涵的把握情况

表2-1　您对中国学生发展核心素养的基本内涵了解程度是（　）　　［单选题］

X/Y	非常了解	基本了解	部分了解	不太了解	小计
课题引领校	869（32.17%）	1 589（58.83%）	207（7.66%）	36（1.33%）	2 701
一般试验校	335（15.33%）	1 422（65.26%）	343（15.74%）	80（3.67%）	2 180
非试验校	162（12.16%）	703（52.78%）	306（22.97%）	161（12.09%）	1 332

表2-1数据显示，对于学生发展核心素养基本内涵，课题引领校中"非常了解"的教师比例达到32.17%，达到基本了解以上程度的占91%；一般试验校"非常了解"的教师比例是15.33%，达到基本了解以上程度的占80.59%；非试验校"非常了解"的教师比例是12.16%，达到基本了解以上程度的占64.94%。从中可以看出，在对中国学生发展核心素养基本内涵的了解上，课题引领校了解程度最高，一般试验校和非试验校依次减弱。

表2-2　您对所教学科学生基本素养的了解程度是（　）　　［单选题］

X/Y	非常了解	基本了解	部分了解	不太了解	小计
课题引领校	1 385（51.28%）	1 204（44.58%）	96（3.55%）	16（0.59%）	2 701
一般试验校	690（31.65%）	1 277（58.58%）	179（8.21%）	34（1.56%）	2 180
非试验校	349（26.2%）	739（55.48%）	184（13.81%）	60（4.5%）	1 332

表2-2数据显示，对于所教学科学生基本素养的了解程度，课题引领校"非常了解"的教师比例是51.28%，达到基本了解以上程度的占95.86%；一般试验校"非常了解"的教师比例是31.65%，达到基本了解以上程度的占90.23%；非试验校"非常了解"的教师比例是26.2%，达到基本了解以上程度的占81.68%。从中可以看出，教师对于学科基本素养的把握上还需要加强，整体看课题引领校了解程度最高，一般试验校、非试验校依次减弱。

表2-3　您在备课时是否根据学生实际进行学习目标调整（　）　　［单选题］

X/Y	总是	经常	偶尔	不调整	小计
课题引领校	1 588（58.79%）	999（36.99%）	111（4.11%）	3（0.11%）	2 701
一般试验校	924（42.39%）	1 062（48.72%）	190（8.72%）	4（0.18%）	2 180
非试验校	554（41.59%）	627（47.07%）	142（10.66%）	9（0.68%）	1 332

表2-3数据显示，对于教师备课时根据学生实际进行学习目标调整方面，课题引领校总是调整的教师比例达到58.79%，达到经常调整以上程度的教师占95.78%；一般试验校总是调整的教师比例是42.39%，达到经常调整以上程度的教师占91.11%；非试验校总是调整的教师比例是41.59%，达到经常调整以上程度的教师占88.66%。从中可以看出，教师在学生学习目标调整上整体状况较好，课题引领校调整频率最高，一般试验、非试验校依次降低。

表2-4 您在备课时是否根据教学实际对教材进行增加、删减或整合等优化（　　）　　[单选题]

X/Y	总是	经常	偶尔	没有	小计
课题引领校	1 181（43.72%）	1 030（38.13%）	446（16.51%）	44（1.63%）	2 701
一般试验校	582（26.7%）	1 021（46.83%）	532（24.4%）	45（2.06%）	2 180
非试验校	367（27.55%）	535（40.17%）	382（28.68%）	48（3.6%）	1 332

表2-4数据显示，在教师对教材进行增加、删减或整合等优化方面，课题引领校总是优化的教师达到43.72%，达到经常优化以上程度的教师占81.85%；一般试验校总是优化的教师占26.7%，达到经常优化以上程度的教师占73.53%；非试验校总是优化的教师占27.55%，达到经常优化以上程度的教师占67.72%。从中可以看出，教师在教材优化上，整体有待于加强，课题引领校优化程度最高，一般试验校、非试验校依次减弱。

表2—5 您在备课时是否为学生准备学习卡、学习指南、学习资源卡、学习评价卡等学习工具（　　）　　[单选题]

X/Y	总是	经常	偶尔	没有	小计
课题引领校	1 134（41.98%）	1 189（44.02%）	360（13.33%）	18（0.67%）	2 701
一般试验校	553（25.37%）	1 043（47.84%）	543（24.91%）	41（1.88%）	2 180
非试验校	296（22.22%）	561（42.12%）	419（31.46%）	56（4.2%）	1 332

表2-5数据显示，在教师为学生准备学习工具方面，课题引领校总是准备的教师达到41.98%，达到经常准备以上程度的教师占86%；一般试验校总是准备的教师占25.37%，达到经常准备以上程度的教师占73.21%；非试验校总是准备的教师占22.22%，达到经常准备以上程度的教师占64.34%。从中可以看出，教师在学生学习工具准备上，整体有待于加强，课题引领校程度最高，一般试验校、非试验校依次减弱。

3.学科活动开展情况

表3-1 在教学中您是否组织学生进行合作学习（　　）　　[单选题]

X/Y	总是	经常	偶尔	不组织	小计
课题引领校	1 342（49.69%）	1 229（45.5%）	127（4.7%）	3（0.11%）	2 701
一般试验校	748（34.31%）	1 201（55.09%）	228（10.46%）	3（0.14%）	2 180
非试验校	429（32.21%）	719（53.98%）	175（13.14%）	9（0.68%）	1 332

表3-1数据显示，在教师组织学生合作学习方面，课题引领校总是组织的教师达到49.69%，达到经常组织以上程度的教师占95.19%；一般试验校总是组织的教师占34.31%，达到经常组织以上程度的教师占89.4%；非试验校总是组织的教师占32.21%，达到经常组织以上程度的教师占86.19%。从中可以看出，教师在组织学生合作学习方面，整体开展得都比较好，课题引领校程度最高，一般试验校、非试验校依次减弱。

表3-2 在课堂中学生是否能提出有价值的问题（ ） [单选题]

X/Y	总是	经常	偶尔	没有	小计
课题引领校	992（36.73%）	1 324（49.02%）	382（14.14%）	3（0.11%）	2 701
一般试验校	477（21.88%）	1 174（53.85%）	523（23.99%）	6（0.28%）	2 180
非试验校	243（18.24%）	638（47.9%）	434（32.58%）	17（1.28%）	1 332

表3-2数据显示，对于学生在课堂中提出有价值的问题方面，课题引领校总是提出有价值问题的学生占36.73%，达到经常提出有价值问题以上程度的学生占85.75%；一般试验校总是提出有价值问题的学生占21.88%，达到经常提出有价值问题以上程度的学生占75.73%；非试验校总是提出有价值问题的学生占18.24%，达到经常提出有价值问题以上程度的学生占66.14%。从中可以看出，教师在培养学生独立思考和质疑方面，课题引领校教师意识与能力最强，一般试验校、非试验校依次减弱。

表3-3 在教学中您是否为学生设计分层练习或分层作业（ ） [单选题]

X/Y	总是	经常	偶尔	没有	小计
课题引领校	1 216（45.02%）	1 206（44.65%）	260（9.63%）	19（0.7%）	2 701
一般试验校	629（28.85%）	1 152（52.84%）	373（17.11%）	26（1.19%）	2 180
非试验校	371（27.85%）	673（50.53%）	254（19.07%）	34（2.55%）	1 332

表3-3数据显示，对于教师为学生设计分层练习和分层作业方面，课题引领校总是设计的教师占45.02%，达到经常设计以上程度的教师占89.67%；一般试验校总是设计的教师占28.85%，达到经常设计以上程度的教师占81.69%；非试验校总是设计的教师占27.85%，达到经常设计以上程度的教师占78.38%。从中可以看出，教师在为学生设计分层练习和分层作业方面整体程度较好，课题引领校教师意识与能力较强，一般试验校、非试验校依次减弱。

4.学科评价开展情况

表4-1 在教育教学中您是否对学生进行过程性评价（ ） [单选题]

X/Y	总是	经常	偶尔	没有	小计
课题引领校	1 260（46.65%）	1 314（48.65%）	117（4.33%）	10（0.37%）	2 701
一般试验校	601（27.57%）	1 132（51.93%）	356（16.33%）	91（4.17%）	2 180
非试验校	275（20.65%）	661（49.62%）	333（25%）	63（4.73%）	1 332

表 4-1 数据显示，在教师对学生进行过程性评价方面，课题引领校持续评价的教师占 46.65%，达到经常评价以上程度的教师占 95.3%；一般试验校持续评价的教师占 27.57%，达到经常评价以上程度的教师占 79.5%；非试验校持续评价的教师占 20.65%，达到经常评价以上程度的教师占 70.27%。从中可以看出，教师在对学生进行过程性评价方面，整体有待于加强，课题引领校教师的评价意识与能力较强，一般试验校、非试验校依次减弱。

表 4-2　在教育教学中您是否引导学生进行个人评价和生生评价（　）　　［单选题］

X/Y	总是	经常	偶尔	没有	小计
课题引领校	1 198（44.35%）	1 303（48.24%）	187（6.92%）	13（0.48%）	2 701
一般试验校	502（23.03%）	1 150（52.75%）	515（23.62%）	13（0.6%）	2 180
非试验校	238（17.87%）	615（46.17%）	450（33.78%）	29（2.18%）	1 332

表 4-2 数据显示，教师在引导学生进行个人评价和生生评价方面，课题引领校总是引导的教师占 44.35%，达到经常引导以上程度的教师占 92.59%；一般试验校总是引导的教师占 23.03%，达到经常引导以上程度的教师占 75.78%；非试验校总是引导的教师占 17.87%，达到经常引导以上程度的教师占 64.04%。从中可以看出，教师在引导学生进行自评和互评方面，整体有待于加强，课题引领校教师的评价指导能力较强，一般试验校、非试验校依次减弱。

表 4-3　学校是否将学生的过程性评价纳入终结性评价（　）　　［单选题］

X/Y	是	否	小计
课题引领校	2 025（74.97%）	676（25.03%）	2 701
一般试验校	1 347（61.79%）	833（38.21%）	2 180
非试验校	668（50.15%）	664（49.85%）	1 332

表 4-3 数据显示，学校对于将学生过程性评价纳入终结性评价方面，课题引领校纳入 74.97%；一般试验校纳入 61.79%；非试验校纳入 50.15%。从中可以看出，对于学生过程性评价结果使用方面，学校整体落实有待于加强，课题引领校较好，一般试验校、非试验校依次减弱。

5. 学校对教师的培养情况

表 5-1　近三年您参加的校级以上（含校级）有关学生核心素养的集中培训次数是（　）　　［单选题］

X/Y	1~2 次	3~5 次	5 次以上	小计
课题引领校	1 089（40.32%）	864（31.99%）	748（27.69%）	2 701
一般试验校	1 125（51.61%）	694（31.83%）	361（16.56%）	2 180
非试验校	867（65.09%）	312（23.42%）	153（11.49%）	1 332

表 5-1 数据显示，教师在近三年参加学生核心素养的集中培训方面，达到 3 次以上的，课题引领校教师占 59.68%，一般试验校教师占 48.39%，非试验校教师占 34.91%。从中可以看出，学校在组织教师进行核心素养内涵学习方面，整体程度有待于加强，课题引领校教师培训开展相对较好，一般试验校、非试验校依次减弱。

表 5-2　近三年您阅读的有关核心素养方面的书籍有（　）　　[单选题]

X/Y	1~2 本	3~5 本	5 本以上	小计
课题引领校	1 123（41.58%）	959（35.51%）	619（22.92%）	2 701
一般试验校	1 259（57.75%）	634（29.08%）	287（13.17%）	2 180
非试验校	856（64.26%）	329（24.7%）	147（11.04%）	1 332

表 5-2 数据显示，教师在近三年阅读有关核心素养的书籍方面，达到 3 本以上的，课题引领校教师占 58.43%，一般试验校教师占 42.25%，非试验校教师占 35.74%。从中可以看出，教师在自主学习学生核心素养内涵方面，整体程度有待于加强，课题引领校教师相对较好，一般试验校、非试验校依次减弱。

表 5-3　近三年您参加校级以上（含校级）有关核心素养方面的
　　　　课题研究情况是（　）　　[单选题]

X/Y	主持人	课题核心成员	一般参与人员	未参加	小计
课题引领校	219（8.11%）	595（22.03%）	1 634（60.5%）	253（9.37%）	2 701
一般试验校	137（6.28%）	350（16.06%）	1 380（63.3%）	313（14.36%）	2 180
非试验校	75（5.63%）	118（8.86%）	711（53.38%）	428（32.13%）	1 332

表 5-3 数据显示，教师在近三年参加有关核心素养的课题研究方面，课题引领校教师参与率达到 90.63%，一般试验校教师参与率为 85.64%，非试验校教师参与率为 67.87%。从中可以看出，教师在学生核心素养的研究方面，课题试验校教师参与率较高，非试验校教师有待于加强。

表 5-4　近三年您在市级以上（含市级）刊物或丛书上发表的有关核心素养的论文、
　　　　案例、课例、开发纪要等成果情况是（　）　　[单选题]

X/Y	1 篇	2~3 篇	3 篇以上	未发表	小计
课题引领校	862（31.91%）	644（23.84%）	214（7.92%）	981（36.32%）	2 701
一般试验校	719（32.98%）	447（20.5%）	79（3.62%）	935（42.89%）	2 180
非试验校	409（30.71%）	197（14.79%）	43（3.23%）	683（51.28%）	1 332

表 5-4 数据显示，教师在近三年产出的有关核心素养的文本类成果方面，达到 1 篇以上的，课题引领校教师占 63.68%，一般试验校教师占 57.11%，非试验校教师占 48.72%。从中可以看出，教师在核心素养研究成果提升方面，整体程度较好，课题引领校教师成果较多，一般试验校、非试验校依次减少。

表 5-5 近三年您在校级以上（含校级）活动中进行的展示课或其他形式的
交流发言情况是（　）　　　［单选题］

X/Y	1次	2~3次	3次以上	小计
课题引领校	1 443（53.42%）	834（30.88%）	424（15.7%）	2 701
一般试验校	1 300（59.63%）	644（29.54%）	236（10.83%）	2 180
非试验校	903（67.79%）	290（21.77%）	139（10.44%）	1 332

表5-5数据显示，教师在近三年校级以上活动中进行课堂展示和经验交流方面，达到2次以上的，课题引领校教师占46.58%，一般试验校教师占40.37%，非试验校教师占32.21%。从中可以看出，学校在校内教科研活动的组织开展方面，整体程度有待于加强，课题引领校教科研活动开展的相对较多，一般试验校、非试验校依次弱化。

（二）主要问题

1. 教材方面的问题

我国新一轮基础教育课程改革，虽然积极倡导"一纲多本"，为学校提供可选择的多样化教材，但就现有的多样化教材来看，基本上还是体现了教材"大一统"的格局和"划一性"教学的价值取向，单一学科教学中存在知识割裂化、教学内容联系不紧密等问题，传统的单一学科的知识体系构建已经不能满足学生对事物的深度认知需求，虽然很多教师都在备课中尝试进行学习目标调整和教材调整，但是在实际教学中并没有达到理想的效果，教师研究与使用教材的能力还有待于提高。

2. 学科活动方面的问题

素养本质上是一种理论构想，是知识、技能、经验、态度、价值观的综合体，强调的是个体在一定情境下所表现出来的综合能力，在学科活动中发挥学生的主体作用尤为重要。调研发现，在学科活动中学生的主体作用并没有得到充分发挥，学生没有实现真正的深度学习，枯燥、单一的教学形式也难以激发学生持续探究的热情。课堂上虽然设置了学生自主学习环节，但很多教师表现出对学科知识更为关注，忽略了学生的学习兴趣、学习速度、认知方式、已有经验等差异，没有为学生充分提供个性化学习素材和学习工具。虽然教师对小组合作学习表现出较高的认同，但在实际教学中，合作效果并不理想。

3. 师资队伍方面的问题

各学校教师在学历上并没有明显差异，但是教师对学生核心素养的认识上却有比较明显的差别。在培养学生核心素养的师资队伍方面，在师资配备、教师培训、教研活动上都存在问题。具体来说，试验校与非试验校师资配备存在差距，学科教师配备也很不均衡，如学校注重语、数、英等学科教师配备，忽视综合、信息技术等专任教师的配备；就教师素养而言，主要表现在培训频率低、培训次数少，教科研活动落实不深入，致使教师视野不宽阔，缺乏科研思考力和行动创新力。

4. 评价方面的问题

终结性评价是目前使用较多的评价方式，评价学生时，教师更多注重学生的同质性评价,忽视了对学生个体发展的异质性评价。在培养学生核心素养中,重知识轻能力、重结果轻过程、重师评轻生评、重横向对比轻纵向发展等现象仍然存在。虽然很多教师已经认识到多样化评价的必要性,但是在实际操作过程中,评价范围狭窄、评价内容繁杂、评价方式单一、评价结果不能反馈真实情况等现象常有发生。

四、策略与建议

（一）优化学科教材,为学生核心素养发展提供载体

落实学科知识是学生核心素养发展的基础,将"同质化教材"转化为"个性化学材"是构建学科知识体系的关键,其中,优化目标、优化内容是优化教材的着力点。

1. 优化学习目标

目标决定课堂设计的高度和方向,课堂效率不高,问题往往出在目标的定位上,目标的确立要注重整体性、层次性、精准性。整体性,即注重总课程目标、年段目标、学期目标、板块目标、单元目标、课时目标等目标的关联性,从宏观上把握教材；层次性,即关注学习对象的个体差异,目标的确立要指向每一个个体,在制订学习目标之前,教师应该运用问卷、成绩分析、课堂观察等方法,对学生的个体差异进行正式或非正式的评估和分析,以准确了解每一个学生学习前的准备状态,把握不同学生的需求,依据学生实际水平设计分层目标；精准性,即遵循"质精量少"原则,围绕关键的、必要的、重要的部分确立目标,让学生一课一得。

2. 优化教材内容

教师不仅是教材的使用者,还应是教材的开发者,新课程改革强调用教材教,不是教教材。因此,优化教材要注重教材的统整性,教材设计要以发展学生核心素养为目标,基于大观念、大概念、大主题、大任务,立足问题的解决,与实际生活经验结合,与不同学科整合,与探究活动融合,让学生进行多视角、多维度、多领域的学习。优化教材要注重教材内容的适切性。根据学生的身心发展特点和学习需求,广集素材,对教材进行合理地增、删、换、立、合,使单元内容多少适切、难易适切、繁简适切。优化教材要注重教材内容的情境性,学习任务必须建立在一定的学习情境之中。用情境将单一的、零散的知识内容连接起来,以真实问题为背景,以问题或任务为中心构建活动场域,使学生在情境化的问题中进行思考、探究、分析、提炼与总结,形成知识链条和能力结构,提高学生核心素养。

（二）丰富学科活动,为学生核心素养发展开阔路径

学科活动是落实核心素养的主要途径,课堂是学科活动的主阵地。教师要关注学生个性差异,开展促进学生个性化学习的学科活动,激发学生参与热情,促进学生深度学习的发生。

1. 开发学习工具

在学科活动中,教师要为学生设计适合的学习工具,如学习任务单、学习指南卡、学习资源卡、学习检测卡、学习评价卡等,调控学习进程,检测学习效果,提高学生自主学习能力。

2. 整合学习方式

个性化学习的课堂应是学生自主学习、合作学习、探究学习三种学习方式优化整合的课堂。自主学习时,要指导学生结合实际水平,自定速度、自选方法,调控学习进程；合作学习时要指导学生注意倾听、有效思考、学会讨论、学会梳理、掌握时间、有序发言等；

探究学习时，教师要注重设计具有情境化、生活化、学科化的问题，以问题为统领，激发学生主动探究，科学使用探究方法，积累学习经验，促进学生深度学习，由低阶思维向高阶思维发展。

（三）培养学科教师，为学生核心素养发展创造条件

从知识型教师转变为素养型教师是培养学生核心素养的重要前提，学科教学要从知识教学走向素养教学。

1. 创建共同体

依托学科组、年级组、项目组、课题组等不同团队组建核心素养学习研究共同体，为教师搭建共同学习、研究、发展的平台，促进教师对核心素养理论的深层理解，提升教师整体理论水平。

2. 开展分层培训

借助高校专家、科研专家、一线骨干教师等培训师资，根据教师需求，采取多种形式的层级培训，实现学科教师培训的全员覆盖。

3. 建立奖励机制

各级教育部门要制定奖励政策，通过课程研发、课题研究、教育论坛、优课评选、文章发表等多种渠道，为教师提供个性成果展示平台，对教育教学风格鲜明、个性发展突出的教师给予政策支持，鼓励教师进一步发展优长。学校尤其是要配齐、配足综合、科学、信息技术等学科教师，为教师搭建更多成长的平台，提升综合学科教师专业水平，促进学校、学科教师整体发展。

（四）完善评价体系，为学生核心素养发展提供保障

教育评价是学生和教师发展的指挥棒，是教育教学活动的指向标，科学合理的评价标准与方法能够有效引导师生主动、健康、全面、个性和可持续发展。

1. 对教师进行"三三"评价

以教师个人、备课组、学生为三个评价主体，以自评、互评、他评为三种主要评价方式，从层级目标的精准度，课堂教学的内容、方法和策略的适配度、教学目标的达成度等三个角度对教师进行评价，重视过程性，体现科学性，促进教师专业发展和教育教学质量提升。

2. 对学生进行多维评价

着眼于学生全面发展和个性发展，制订知识性、发展性、生命性三个层次的纵向发展目标和学习态度、学习方法、学习能力、学习规划、特长表现、幸福指数六个维度的横向发展目标，强化嵌入性评价，在目标中嵌入学习标准，引领学生学习方向。在过程中嵌入学习标准，指导学生学习路径。在检测中嵌入学习标准，提升学生反思能力。凸显形成性评价在提升学生核心素养发展中的作用。

五、结束语

结合几年来长春市培养学生核心素养的研究与实践，我们在总结经验、推广成果的同时，针对存在的问题进行了认真的反思和梳理。希望通过此调研报告，为我市教育行政部门咨询决策服务，通过科研引领、项目实施、机制建设、师资培训、学科活动等行动策略，推进长春市学生核心素养培养的新发展，开启长春市学生核心素养培养的新征程。

长春市义务教育特色均衡发展情况调研报告

负责人：关爱民　长春市基础教育研究中心教科办主任
成　员：顾　兵　长春市实践教育学校学生发展科科长
　　　　张　辉　长春市基础教育研究中心科研员
　　　　王俊丽　长春市特殊教育学校副校长
　　　　张继会　农安县教育科学研究所所长
　　　　刘春艳　德惠市第二十三中学教师
　　　　张艳平　德惠市天台镇七家子小学教师
　　　　关　赵　农安县第四中学教师

一、调研背景

2019年6月，国务院下发了《关于深化教育教学改革全面提高义务教育质量的意见》，提出"实施义务教育质量提升工程……推进义务教育薄弱环节改善与能力提升，重点加强乡村小规模学校和乡镇寄宿制学校建设，打造'乡村温馨校园'……促进县域义务教育从基本均衡向优质均衡发展"。实施乡村振兴战略，是中共十九大作出的重大决策部署，高度重视发展农村义务教育，推动建立以城带乡、整体推进、城乡一体、均衡发展的义务教育发展机制。为进一步落实国家文件精神，发挥教育科研在教育事业发展中的支撑、驱动和引领作用，推动解决我市义务教育优质均衡特色发展中的实际问题，促进我市"基础教育质量提升工程"不断取得新成果，我们启动了"长春市义务教育特色均衡发展情况调研"工作。

二、调研内容

以"区域教育特色发展"和"中心校、村小和城区偏远学校建设"为两条主线，围绕"区域内特色学校的数量""区域整体特色""下一步强化特色的措施""外县中心校数量、存在问题及整改措施""外县村小数量、存在问题及整改措施""城区乡镇及偏远学校数量、存在问题及整改措施"等6个维度，采取文献查阅、问卷调查、实地踏查、网络访谈等方式，对17个县（市）区进行了两轮调研。

三、调研结果

（一）区域教育特色情况

1. 总体情况

调研表明，我市区域教育特色纷呈、成果显著，涌现了一批以核心办学理念作为区域特色，文化积淀深厚、特色彰显的学校。（见表1）

表1 区域教育特色及其措施情况表

县(市)区	区域整体特色	代表性学校特色	下一步强化措施
朝阳区(43所特色校)	追求以生命教育理念为基础,以人为本的开放的教育观,以学生为主体的自我学习方式,以传统文化为途径的育人模式,以自主发展为核心的评价机制,富有生命气息的教育。	解放大路小学的解放教育;明德小学的书香启智品牌;朝阳实验小学依托体育、艺术教育开发学生潜能;慧达小学的智慧教育;安达小学的幸福教育。	提升办学理念、明确特色方向,寻求新突破,探索个性化温馨校园风格,通过文化重构、课堂创生打造学校办学品牌。
南关区(21所特色校)	确立了"顶层设计,全员参与,名师引领,多方推动"的研究策略,"科研引领、学校实践、部门联动"的管理模式,将生态课堂建设纳入到教育发展轨道,使生态课堂建设成为学校教学工作的常态。	树勋小学实施自信教育;西五小学开拓了"互联网+绿色教育"的新思路、新策略;东四小学艺术教育;曙光小学幸福教育;文庙小学和美教育。	通过行政推动、课题引领,引导学校文化建设、教学改革、课程建设,充分发挥校园文化的育人作用。
宽城区(50所特色校)	构建了"教育公平+质量提升"双旋体宽城教育DNA。立足"一轴两带十大板块"战略布局和"建设宜居宜业长春北部现代核心区"大背景,统筹"三个布局"、开展"六大工程"和"十大行动计划"。	72中学的能动教育;实验学校源知源味教育;台北明珠学校合力教育;天津路小学儒雅教育;公关学校的礼仪教育;25中学足球特色;47中学科普教育。	以区域主导课题为引领,探索教育公平和质量提升工程,加强校长培训,提升专业管理能力,完善学校特色课程管理制度。
二道区(24所特色校)	实施"212"集优化办学改革,对大学区实行一体化管理。建立校车安全管理信息监控平台,构建"五全式"安全生态网;建立学前教育公益普惠成本分担机制;落实"蓓蕾计划",探索形成"三位一体、两态融合、多元整合"模式。	57中学的幸福教育;82中学实施翻转课堂新模式;长江学校弘扬中华传统文化;腰十小学的剪纸文化;吉林小学的戏曲课程;实验小学校园足球。	实施区内特色校分批挂牌工程,开展以美育人、以文化人、自主管理的特色创建活动,围绕目标、过程、特色等维度进行特色校评估。
绿园区(2所特色校)	深化教育供给侧改革,实施"321"教育发展战略,优化大学区文化新格局。以3个大学区、2个教育集团、1个联合体为依托,以小学均衡发展促中学优质发展,重组学区分布;因地制宜、靶向定位、融合发展,实现共建共享共生。	87集团的润文化;绿园学区的悦文化;78中学的责任教育;跃进小学的自信教育;双龙小学的腾龙文化;凯旋小学的尊重教育;少年宫的善文化;哈达小学的书道文化。	坚持"双拉动"和"双提高"的科研发展格局,以学区共建为基础,以教育质量为载体,推进学校文化建设,启动教师培养"双强计划"。

续表

双阳区（34所特色校）	倡导"学为中心"办学理念，构建了教学管理改进行动、专任教师研训行动、高效课堂推进行动、教育信息化助力行动、教学质量监测诊断行动、学生核心素养提升行动等"六项行动"和"师生大阅读""习子立人"的"6+2+2"学校发展新模式。	双阳区第二实验小学的生本教育；双阳区城中小学的雅行教育；双阳区南岗小学的阳光教育；长春市第162中学的自信教育；长春市第153中学的自主教育。	开发生本课程，推进高效课堂建设，形成讲听评磨赛体系化，加强教师培养，分层个性培训，加强教学质量监测诊断行动，科学分析评价。
九台区（5所特色校）	形成了"规范+特色、均衡+内涵、创新+跨越"的"生本教育"特色。实施教育教学规范化管理，形成了"以学定教，先学后教"的生本课堂教学模式，创建了国家级艺术教育特色县，促进学生主动发展和学校特色发展。	南山小学的艺术教育与书香校园；苇子沟中心学校的国学教育；第二实验小学的美好教育；师范附小的生动化教育；实验小学的和雅教育；饮马河中心学校的"水文化"办学理念。	以特色校为引领，区域助力，促进学校内涵发展，实施"顶层设计－行政推动－理念引领－学区联动"的策略，指导学校走内涵式发展道路。
榆树市（30所特色校）	推进"大学区管理"，共享优质教育资源。围绕提高质量，突出教学改革、全面实施素质教育，加强学校标准化建设、教师队伍建设、教育信息化建设，建立部门联动机制、质量检测与评价机制、质量激励机制、督导评估机制，做到行有路径，干有方向。	第一实验幼儿园的阳光体育；培英小学校24字作文教学特色；第四小学的成美教育；实验高中的生命教育；五棵树镇小以诵读经典和体育活动为特色。	实施达标校建设、教师队伍建设、各类教育协调发展、精细化管理等工程，改善办学条件，优化师资队伍，优化教育结构。
农安县（63所特色校）	推行"十项"倾斜政策，聚焦"八个"温馨要素，实施"8+42"运行模式。形成了以"馨和"教育、"馨爱"教育、"馨美"教育、"馨悦"教育、"馨德"教育等为主的文化教育体系，创建了一批县级示范校、乡级标准校和校级升温校。实现"一个学校一个样、校校都有自己样"的县、乡、村三级创建目标。	龙王小学的诗意校园；鲍家小学的养成教育；实验小学的出彩教育；华家小学的三生培养；农安四中的生态校园文化。	聚焦8个温馨要素，推行10项倾斜政策；实施"同步课堂、专递课堂"建设，提升温馨村小的现代化水平；深化课题引领的特色研究。
德惠市（41所特色校）	创建大学区研培平台，实行教育教学精细化管理，形成了"心系学生，情满教育"的教学理念；以乡村少年宫为载体，坚持"学生快乐、乡村幸福、乐中养德"的理念，以学生兴趣为突破口，以丰富多样的活动为主要内容，以学生全面发展为中心，促进了学校内涵发展。	边岗金星小学的艺术教育与乡土文化；岔路口跃进村小学小班化教学；夏家店双榆村小学的亲情教育；大房身镇东王家炉村小学的书香校园；实验小学的自主教育；德惠六小的适合教育。	加强中心校内涵文化培育，推进文化建设稳步上升；采取大学区制加强教师业务提升工程；采取师生共同探究、合作发展的形式，在村小实行小班化教学。

续表

长春新区（12所特色校）	以"五悦"为载体，构建适合学生成长的育人新模式。开发"跨学段、跨学科、跨领域"的北湖课程、冰雪课程、乡土课程等多元化"1+N悦课程"体系；坚持"物质文化奠基础、行为文化塑形象、制度文化作保障、精神文化铸品牌、课程文化显活力"的思路，逐步形成"一校一品"的"悦文化"特色。	北湖英才学校的克明俊德、兴学养才；慧谷学校：体验式教学；慧仁实验学校的"慧·仁"课程教育体系；尚德学校贯彻悦教育理念；长春高新第二实验学校的"一三五"教学模式和"国学经典诵读"特色。	深化养成教育，提升学生综合素质；打造有新区特色的悦课程体系；从中国传统文化中汲取适合中学发展的内容，研究、提炼可复制、可推广且有影响力的研究成果。
经开区（10所特色校）	创新"GES"教育发展模式，以"总部教育"的战略思维，打开全区"和谐教育"谋篇布局的新视界，打造专业化校长和教师队伍，精选综合学科建设作为质量提升的突破点，按照"以校为本、校级联动、区域推进、整体提升"的路径，统筹实施"四个强化"策略。	博远学校的特色篮球操；花园小学的综合素养培养；北海小学的女子足球；中山小学的书法和空竹品牌；仙台小学的创意纸箱手工；东方广场小学的航模科技。	制订落实县域义务教育优质均衡发展创建工作实施方案；加大教育投入，均衡配备资源，优化办学基础设施条件，推动区域义务教育高位均衡的实现。
净月区（22所特色校）	构建了"快乐教育"的教育模式。横向由学校结合本学校的实际，确立本学校立足的教育特点，确定本学校的特色教育理念；纵向，由教育科研中心通过各项制度规划学校的特色教育理念的实现。	南环小学的中华传统文化教育；华岳学校的自觉教育；实验小学的生态教育；中海新湖小学的希望教育；一实验的适性教育；市第55中学的全人教育；新城大街小学的协同教育。	结合人格教育理论与实践研究，以活动为载体，构建"快乐教育"；以省级的重点规划课题为引领，深化改革课堂教学方法，促进"快乐教学"。
汽开区（3所特色校）	以"纽扣教育"为核心，以办车城百姓家门口优质学校为目标，创建汽开区教育特色品牌，构建体系完整、科学规范、运行有效的"纽扣教育"体系，开启了汽开区教育3.0新时代。	第七小学的阳光教育；实验学校的彩虹教育；第九中学的绿色教育等都彰显了学校办学特色，促进了学校内涵发展。	以"纽扣教育"为引领，提升"同心圆"育人体系品质；开展十大项目攻坚，实现五大突破，让"纽扣教育"落地生根。
莲花山区（3所特色校）	实施绿色环保教育和优先发展教育。在教育事业发展和建设上，开设绿色环保教育和优先发展教育为特色。大力发展绿色环保旅游业，为农村经济振兴和绿色发展，贡献教育人的智慧和水平。	四家乡小学的水文化建设；泉眼小学的环境保护主题教育活动；劝农小学开展"冰雪精灵 乐享校园"冰雪文化节活动。	政府扶持，办出绿色环保教育和优先发展教育；区域科研助力，促进学校内涵发展，引领学校形成自己的办学特色。

续表

公主岭市（47所特色校）	实施"抓双减、严五管、强五育、提质量"教育改革发展战略。围绕办好人民满意的教育，如"怎么看、怎么办、怎么干"，坚持以问题为导向、以均衡为目标、以科研为引领，聚焦资源配置、投入保障、队伍建设、智慧教育、内涵发展，全方位推进区域义务教育优质均衡发展。	实验小学的全人教育；岭西小学的博雅教育；第一中学实行"12345"教学模式；双龙中心小学的冰雪特色教育；刘房子镇中小学开展"高雅艺术+乡土特色"的艺术教育。	统筹区域教育资源，做到"五个优先"，推动高位均衡发展；不断丰富和完善校园文化，实现文化育人；探索"教育行政－科研院所－高校专家－中小学校"协同创新的科研运行机制。
中韩示范区（2所特色校）	顶层设计构建一轴双驱三轨道教育格局，打造一体双面三主线快速发展模式，推进"以德养根以文慧心"复式123教育理念，追求优质均衡。以"成长"为轴，以"德"和"文"为双重驱动，依靠学校、家庭、社会三向渠道，坚持学校一体，关注优劣两面，依托德育、教学、后勤三条工作主线，推动示范区率先实现基础教育优质均衡。	树德小学"以德养根博润成长"为办学理念，以"抓两边 带中间"为提升策略，突出"书香校园浸润生命"主题教育活动；文德中学坚持"文以睿智 得以塑人 文德并重 全面育人"办学理念，坚持"教学五统一"的提升策略。	坚持以德树人，做好扎根教育，提升办学内涵发展；加大教育投入，增强学校办学保障；从管理、教学等方面综合提升教育教学质量，打造示范区基础教育特色学校。

2. 存在的问题

区域教育特色发展还有许多不足，需要进一步改进，主要体现在以下几个方面。一是区域特色总结不够凝练。有的区域教育特色只是用具体做法表述，没有提炼出属于自己的教育特色，特色体现不明显；有的即使提炼了教育特色，但不能诠释其特质，缺乏支撑。二是辐射引领作用仍需加强。有的区域形成了整体特色，与区域内的"一校一品"缺乏内在联系，所谓的区域特色没有发挥统领辖区的作用。三是缺乏持续而深入的科学研究。比较成熟的区域特色具有连贯性和稳定性，特色不能因人因事而朝令夕改，需要通过不断完善、内生的过程来积淀，应该向更深层次、更高层级深化研究，不断进行新探索，不断取得新成果。

（二）中心校、村小及城区偏远学校情况

1. 中心校、村小存在的问题及其措施存在的问题

主要表现为学校基础设施落后，办学条件相对较差，学校缺乏内涵建设；专业师资力量薄弱，教师队伍老龄化、不稳定、流动性大，教师缺乏科研意识，教学质量不高；生源质量差且流失严重。（见表2、表3）

表2 中心校存在问题及其措施情况表

县（市）区	中心校存在问题	具体措施
九台区（24所）	1. 校园文化缺乏内涵，办学理念在教育教学中没有得到很好落实；2. 缺少教科研一体化团队。每所学校都有科研课题，而且数量不少，但是课题研究缺少培训与指导，课题质量不高；3. 学校办学特色不够突出，缺乏科研的引领。	1. 实施"顶层设计－行政推动－理念引领－学区联动"的策略；2. 确定区域、学校主导课题，强化课题过程研究，通过督导、汇报、交流等方式，提高研究质量，促进学校的特色发展；3. 建立一支科研名校长、名师、骨干教师的科研队伍；4. 选树典型学校，打造区域样板，推广经验做法。

续表

县(市)区	存在问题	具体措施
榆树市 (34所)	1.教师年龄结构不合理,老龄化严重; 2.出现"乡挤村疏"的情况。部分学生家长对于村小教学不认可,想方设法让孩子去中心校读书,致使出现中心校学生多而村小生源萎缩的情形。	1.实施高位统筹,规划创建新愿景;对现有中心校进行重新规划,对薄弱中心校进行重点打造,对有发展前景的重点完善,提高乡镇办学效益;2.坚持综合、均衡施策,建立创建新举措,创新管理机制,促进创建新发展。
农安县 (37所)	1.师资短缺,尤其是音体美等学科的教师;2.师资老化,年龄结构不合理,青年教师短缺,教师普遍科研意识淡薄;3.生源聚堆,形成大额班级,不利于学生发展。	1.加大师资培训力度,强化自身造血功能,解决教师个人职业倦怠;2.形成大课题和小课题的互推互动,促进学校内涵式发展;3.明确今后课题研究的方向,加大对村小的扶持力度,创建"温馨村小",合理利用教育资源,实现均衡发展。
德惠市 (22所)	1.基础设施建设先天不足,教学用品不能满足教学所需,学生阅览室面积较小;2.教师年龄老龄化严重,年轻教师缺少教学经验,教学质量还有待提高,科研意识不强;3.校园环境还有待于完善,精神文化、制度文化发展较弱,办学理念落实不到位。	1.强化顶层设计,分类指导、分步实施,引导发展;2.加强科研引领,在办学特色、内涵发展、质量提升等方面深入开展研究;3.实施典型引路策略,打造典型校,选树典型学校作为区域样板,推广其经验做法;4.强化教师队伍建设。加大特岗计划、公费师范生落实力度,通过专题培训提升教师队伍整体素质。
双阳区 (18所)	1.教师结构相对老化;2.教师外出培训机会少,师资水平偏低。	1.加强教师整体培训。2.加强青年教师爱岗敬业的培养,多给他们提供学习和锻炼的机会。
公主岭市 (28所)	1.由于农村村小撤并情况较多,致使部分中心小学校出现学额不足问题;2.教师年龄趋于老化,一些偏远、薄弱的农村中心校,教师的平均年龄达到50岁左右,师资储备不足,骨干教师偏少。	1.根据乡镇区划调整和生源变化的实际情况,继续积极稳妥推进乡镇中小学布局调整,提高办学效益,推进现代化学校建设;2.教职工编制要向偏远地区、贫困地区和农村学校、薄弱学校适当倾斜,逐步解决农村教师年龄老化、专任教师紧缺等问题;3.加强科研工作,促进学校内涵发展。

表3 村小存在问题及其措施情况表

县(市)区	村小存在问题	具体措施
双阳区 (63所)	1.学校生源减少,流失严重;2.师资结构不合理,年龄偏大。	1.加强村小的常规管理和检查力度;2.加强教师队伍建设,整合村级学校教学资源,提高区域内学校办学品质。
九台区 (31所)	1.够规模的村小数量少,学生数急剧缩减;2.教师老龄化严重,没有研究能力;教育资源浪费,不利于中心校统筹管理;3.文化建设有待加强,课程管理、课堂建设等需要提升。	1.控制村小的学生转入中心学校,保证生源;2.调配师资,加大教师队伍建设;3.加大教师科研培训与指导,课题向村小倾斜;4.加强村小文化建设,开发特色课程,打造村办学校特色品牌。

续表

县(市)区	村小存在问题	具体措施
榆树市（226所）	1.村小师资结构不合理；2.教师年龄偏大、学科结构不合理、音体美等学科专任教师缺乏；3.村小生源萎缩，资源浪费。存在"微型村小"，个别学校没有生源。	1.重新规划现有村小，重点打造完全村小，整合严重萎缩的"微型校"；2.综合施策，在人力、物力、财力上继续给予支持；3.在内涵发展上做文章，实施村小和中心校一体化管理，提高村小教育教学质量和提高村小办学效益。
农安县（246所）	1.师资薄弱，各学科教师配置不齐，老教师身兼数科，影响教学效果；2.学生家长对村小顾虑颇多，影响孩子就学选校，导致生源流失。	1.实行走课制，让老师动起来，学科开起来，教学活起来；2.实行研培一体化，在师资培训政策上向村小倾斜，研培一体、研教结合，县乡村三级联动；3.中心校和村小一体化管理，强化自身造血功能。
德惠市（132所）	1.学生数量减少，教学规模变小，不能开齐开足课时；2.教师数量明显不足，老龄化问题较为严重，缺乏教育科研能力，外出培训的机会少，教学方法陈旧，缺乏先进的教学理念；3.文化建设相对落后。	1.逐步撤并规模小的村小，将村小纳入中心校一体化管理，稳定生源办好必要的教学点；2.采取强有力措施，有针对性地培训村小教师，加大村小教师的调配力度，补足教师；3.促进学校健康特色发展，打造特色品牌学校。
公主岭市（183所）	1.村小生源越来越少，办学规模小，缺乏活力；2.硬件设施、教学仪器设备等配置不足；3.村小普遍缺乏"小科目"（音乐、体育、美术等）专任教师。	1.对现有村小进行科学规划，在布局调整中保留适量的教学点，保证农村适龄儿童就近入学；2.加大对村小的扶持力度，教育经费重点向小规模学校和留守儿童较多的村小倾斜；3.在师资配备和培训上向村小倾斜，满足教学需求。

2.城区乡镇及偏远学校存在的问题及其措施

城区乡镇或偏远学校虽然达到了基本办学标准，但还存在校舍设施、图书配置、信息装备、教学用具等明显不足的现象；教育资源还缺乏科学管理，没有充分发挥作用；教师科研能力较差，教师年龄结构不合理等情况。（见表4）

表4 乡镇及偏远学校存在问题及其措施情况表

县(市)区	城区乡镇及偏远学校问题	具体措施
朝阳区（7所）	1.校舍老化，饮用水和午餐问题亟待解决；2.缺少校园文化的整体设计，没有更深的内涵思考与挖掘，校园文化缺少特色；3.师资力量短缺。	1.加强校舍建设，配备村小功能室，建设温馨食堂，打深水井，配备泵房电机，配备冷热水系统；2.加强校园文化建设，建设小菜园和种植区，为温馨餐桌提供青菜；3.解决师资问题。
南关区（3所）	1.校舍都属于老旧平房，富裕小学现在的校舍较之前没有变化，有两所学校校舍已经在改建过程中；2.教师数量少、年龄偏大。	1.加大村小建设投资，改善办学条件；2.在新教师分配上根据学校实际，补充新鲜力量；3.切实发挥大学区交流教师的作用，实现学科引领；4.在课题管理上倾力支持，加强科研引领。

宽城区（2所）	1.教师的年龄结构、专业结构配置不合理，教师培训需求突出；2.教师超负荷工作，班主任兼课多，学习新理念、钻研教材教法、参加教研活动较少；3.家校共育薄弱。	1.联合区域各业务部门（教研、科研、继教）加强新教师培训，帮助新教师快速成长；2.加强校长培训，提升校长专业管理能力；3.适时开展网络教研活动；4.加强家长学校工作，进行有效的家长教育。
二道区（2所）	1.教师年龄偏大，缺乏活力，一定程度上存在职业倦怠；2.结构性缺编比较严重，学科教师数量不多，导致集体备课实效性差；3.教师整体专业化水平偏低、骨干教师相对较少。	1.加强职业培训和心理辅导，提升教师职业幸福感，改变职业倦怠；2.加大新教师引进力度，解决师资短缺、结构性缺编问题；3.加强教师的业务培训和业务指导；4.积极打造立体式教研科研模式，构建循环联动机制和科学的评价机制。
绿园区（14所）	1.教师队伍建设有待加强，尤其是缺乏专业教师；2.特色创建有待进一步提升，服务意识有待进一步强化；3.学校的办学条件有待提高。	1.实现办学硬件环境和软件内涵上高度统一；2.打造学习型和谐团队，挖掘课程文化内涵，构建特色课堂；3.利用课堂和蓓蕾计划，开展多样活动；5.定位学校文化方向，统领学校文化发展，突出特色办学，巩固学校文化成果。
长春新区（7所）	1.师资队伍专业水平不高；2.队伍结构性缺编，多数教师为兼职教师；3.教学质量偏低，课堂无效低效情况严重；4.学校未形成较为稳定的办学理念；5.缺少功能教室等活动场所；6.交通不便。	1.加大教师培训力度，重点分科培训；2.建立教师补充机制；3.加大校级干部管理及岗位培训、推动校级干部合理补充；4.指导学校梳理提炼办学理念；5.加强教科研指导，推进课堂教学改革，提高课堂效率；6.借助"星期四智慧教研""专递课堂"破解距离障碍，打通校际和时空壁垒。
经开区（3所）	1.发展基础不厚，资源总量不足，教育布局和结构不均衡，发展不充分，教育结构不合理；2.优质教育资源短缺，教师队伍结构性矛盾日趋加剧；3.现代教育治理结构不完善，科学的评价机制未建立。	1.加大资金投入和政府宏观调控；2.实施"名师带动计划""教研牵动计划""课堂变革驱动计划""共同体联动计划""教学评估促动计划"，以省重点课题为引领，开展"千百十"课题研究工程。
净月区（6所）	1.生源越来越少；2.新教师不愿意去任教，教师素质低；3.教师队伍老龄化；4.教研科研流于形式。	1.进行细致调查，了解学校基本情况，找准解决问题的策略；2.成立以局长为组长的"温馨村小"领导小组，寻找特色建设切入点，加强统筹规划；3.制定并落实评价制度，规范特色校建设。

续表

莲花山区（3所）	1.教师年龄老化，教师教育科研能力亟待加强；2.特色项目资金缺乏；3.学生综合素质有待提高。	1.引进新教师，提升科研能力和教育教学水平；2.增加学生体验冰雪活动的机会，加大资金支持力度。3.对经济困难学生给予帮扶；4.通过多途径形式对学生进行生活和竞技技能培训。
中韩示范区（2所）	1.教育布局不均，部分学生入学距离较远；2.教师队伍老龄化，专业师资水平不高；3.教师观念陈旧，教学质量有待提高；4.科研指导不够深入。	1.加强区域学校整体布局；2.加强教师队伍建设，补充师资力量；3.开展教师教育教学培训；4.加强教研、科研有机融合，开展有效科研活动。

四、策略与建议

（一）区域教育特色发展的对策与建议

推进区域义务教育特色发展，需要在教育行政部门的领导下统筹规划、整体推进、分类指导，形成区域义务教育学校特色发展的合力。

1.完善区域特色发展机制

一是强化政策引领和支持。各县（市）区教育行政部门应结合本区域的文化历史传统、自然和社会环境、人口构成、经济发展、校情学情、发展目标等多种因素进行统筹规划、整体推进、分类指导。

二是加强组织建设和制度建设。要完善区域特色学校发展的领导和管理机构，明确主体责任，将强化特色发展纳入重要日程；要健全计划与总结制度、过程指导督查制度、评价反馈制度、阶段性成果展示制度等，加强过程管理，确保区域特色发展工作健康开展。

三是加大经费支持力度。要设立用于支持学校特色发展的专项经费，用于办学条件改善、队伍建设、特色推广等，切实保障学校特色稳定、创新发展。

2.加强对特色学校的指导

一是形成发展梯队。各学校的办学水平参差不齐，基础条件存在差异，办学风格、文化理念不尽相同，因此特色发展不能搞"一刀切"。各县（市）区要整体布局、分项指导、分类管理、分层评价，形成区域内特色学校发展梯队，找准结点，相互促进，"链式发展"。

二是加强过程指导。按照"凝练教育理念、孕育学校文化、创新育才模式、反馈培育结果、争取社会认同"的思路，指导学校从发展优势项目做起，将文化元素逐步引入学校原有的特长或优势项目，形成相对稳定的学校办学特色，最终成为社会认可的办学效益显著的特色学校，助力区域特色发展。

三是加强成果互鉴。立足"培养什么样的人""怎样培养人"来反思区域教育，积淀特色内涵，夯实和推广特色项目、课程建设、文化建设等各项成果，加强交流互鉴，资源共享。同时，对区域内同质同向的特色学校可以分类指导，区域间同质同向的特色学校也可以结对发展，不盲目追求"一校一品"，更不能"肉埋饭碗"而各行其是。

四是加强发掘提升。各县（市）区要结合教育发展新形势、百姓对教育的新需要，不断激发区域特色活力，不断丰富区域特色内涵，通过科研引领、文化内生，形成特色彰显的区域教育发展新格局。

（二）中心校、村小和城区偏远学校发展的对策与建议

1. 加大政策扶持，在解决瓶颈问题上实现新突破

一是加大教育经费投入。各县（市）教育行政部门要科学规划县域教育与学校发展，合理布局学校网点。对永久保留学校要加大投入，改善教育装备条件，加强硬件装备和数字资源建设，利用现代信息技术手段为学校发展建立新起点；着力改善农村、城区偏远学校校舍不足与陈旧、饮用水和营养餐配备以及交通运行不足等问题，从根本上改善学校办学条件，推进标准化建设升级，实现跨越发展。

二是加强教师队伍建设。各县（市）区应充分发挥政府的主体责任及在教师资源配置中的主导作用，打破政策与部门壁垒，通过"特岗教师""免费师范生""联校走教""区管校用""乡管校用"等多种形式完善教师补充机制、流动机制、培训机制，提高农村教师待遇，改善农村教师生活条件，畅通农村教师专业发展路径，让教师们感受到乡村教育的美好和温馨，才能实现教师"下得来、留得住、教得好"。

2. 深化综合改革，在评价机制创新上探索新路径

一是构建学生评价新机制。立足于学校实际情况，充分考虑本土特点，构建更加注重发展过程、关注学生内心的综合素质评价体系，促进学生"自主＋全面"发展。

二是构建教师评价新机制。兼顾教师专业发展困难的实际情况，构建以自我评价为主的多元化教师评价体系，将教师专业成长作为教师评价中的增值项目，用人文管理和激励机制促进教师"专业＋特长"发展。

三是构建学校评价新机制。充分考虑学校教育资源的基础性差异，根据学校办学条件的实际进行分类指导、分层评价，侧重学校在原有基础上的发展与提高，推动学校"特色＋可持续"发展。

3. 加强实践探索，在创新前瞻探索上实现新作为

一是加强小班小校研究。小规模学校的"小"并非死路一条，而是充满了无限生机。因为规模小，所以灵活，才有可能进行更加人性化的教育，实行更加个性化的教学。要发现、培养一批"小班""小校"，不断打磨小班化教学经验及微型学校发展经验，建立小规模学校新常态，让"小班""小校"成为区域教育改革创新的先驱和推动力量。

二是广泛开展精品建设。通过因地制宜的精品建设，改变管理体制机制，优化队伍与环境，改革教学模式和评价方式，引导学校把准文化脉络，寻找文化基因，帮助学校挖掘其发展的内生动力，使这些发展中的学校成为"有人性""有温度""有故事""有特色"的精品学校、新样态学校。

三是着力探索联盟发展。在兼顾强弱联盟的"链式发展"方式的同时，各区域、学校可自愿将处境相似、问题相同的学校联合起来，组成"互励联盟"，实现管理互通、研训联动、文化共建、项目合作、资源共享，共同寻找办学动力和发展方向，变"孤岛"为"群岛"，实现协调发展。

五、结束语

近日，教育部等八部门联合印发了《新时代基础教育强师计划》，强调"通过落实补助政策、倾斜职称评聘、加强周转宿舍建设和住房保障等，着力增强乡村教师职业吸引力。"

为此，在推进义务教育特色均衡发展中，我们要解放思想、更新理念，构建开放、协同、联动的高水平教师教育体系，建立完善的教师专业发展机制，各县（市）区既要发扬已有特色亮点，也要承认现实差距，坚持问题导向，瞄准痛点难点，聚焦瓶颈短板，用创新的思路破除体制机制障碍，切实提高发展中学校的教学质量，坚持特色发展与底部攻坚协同发力、同步推进，让过去贫困的"锅底"，筑起教育的"高地"，促进区域义务教育优质均衡发展、高质量发展。

"双减政策"落实的现状、挑战与对策分析
——长春市"五项管理"落实情况的调研报告

负责人：王 惠　长春市基础教育研究中心科研一部主任
成　员：杨秀艳　长春市基础教育研究中心科研员
　　　　李　杰　长春市基础教育研究中心科研员
　　　　任小雁　长春市南关区东四小学副校长

　　2021年7月，中共中央办公厅、国务院办公厅印发了《关于进一步减轻义务教育阶段学生作业负担和校外培训负担的意见》（以下简称"双减"）。这是中央针对基础教育存在的功利化、短视化、片面化等顽瘴痼疾，从全面深化改革、推进教育领域综合改革的全局出发，从办好人民满意教育的价值立场出发，从为党育人、为国育才的战略高度和国计民生的长远利益出发，为保障基础教育的健康持续发展和每个学生的全面和谐发展所作出的重大决策。为回应国家和社会对减负的高度关注，全面评价"双减"政策背景下长春地区"五项管理"的落实情况及存在的问题及已达成效果，让更多人知道、了解、理解减负，实现"双减"政策落实工作的可视化与科学化，长春市基础教育研究中心于2021年11月组织首批兼职科研员组成调研工作组，就"双减"政策落实情况开展了一次大型调研活动。本次调研采样涉及长春地区省市直属校、17个县（市）区不同办学水平的学校，对中小学近6 000名教师、学生、家长展开减负"五项管理"落实情况的调查，同时我们利用问卷星线上调查平台，共回收有效问卷近8 000份，中心科研一部和60名兼职科研员共同参与完成。采样样本大、范围广，能比较准确地反映当前长春地区中小学校减负"五项管理"的落实情况。调研工作组在数据分析基础上，查找典型问题及其成因，并提出相应的对策建议，形成调研报告，希望能为教育行政部门推动"双减"政策进一步完善、落实提供参考和依据。

一、"双减"背景下"五项管理"的落实情况
（一）作业管理

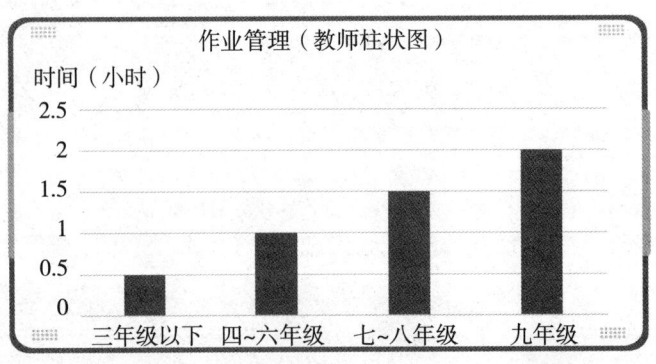

教师普遍认为，学校积极落实"双减"政策，对作业管理有明确要求，老师们基本按照要求，对于作业量采取相应的调整和减少，布置作业量三年级以下基本控制在半小时内完成，随着年级的升高有所增加，到初三要两个小时完成。

家长普遍认为，老师布置的作业明显减少，三年级以下的学生回家完成作业超过半小时的占50%；四至六年级的学生回家完成作业超过1个小时的占56%；七、八年级的学生回家完成作业超过一个半小时的占76%；九年级的学生回家完成作业2个小时或超过2个小时的占93%。

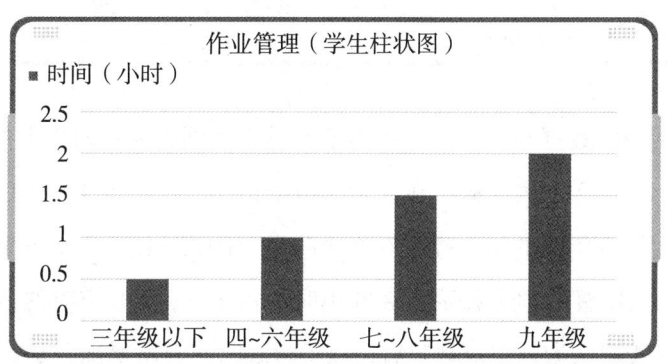

学生普遍认为，老师布置的作业量明显减少了。学校布置的作业量三年级以下基本控制在1个小时内完成，随着年级的升高有所增加，到初三要2个小时完成。78%的学生反映家长或学后班的作业占据更多的课余时间，47%的孩子课外作业（父母和课后班留的）超过1个小时，31%超过2个小时。

（二）睡眠管理

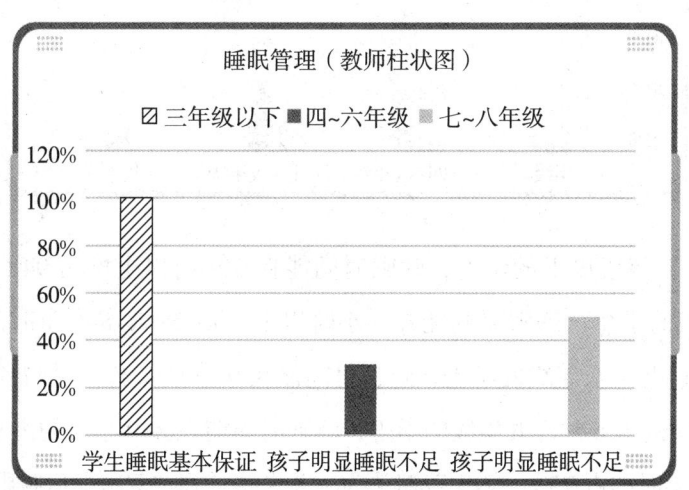

教师普遍认为，从学生上课状态来看，三年级以下学生睡眠基本能够保证；四至六年级，30%的孩子睡眠明显不足；七、八年级的，50%的孩子睡眠明显不足；九年级，80%以上的孩子睡眠明显不足。

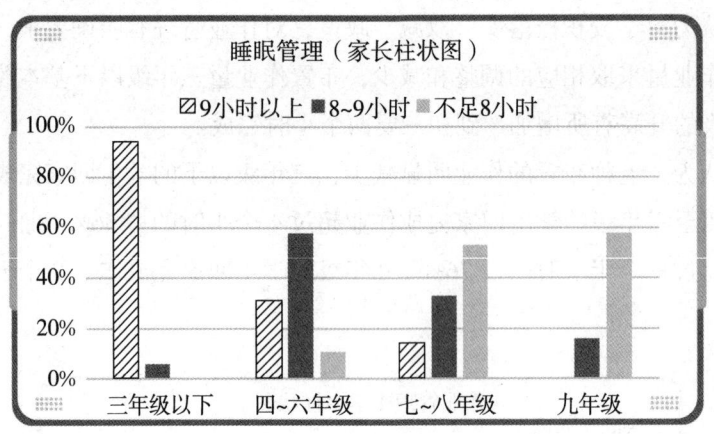

通过对家长调查的数据显示，三年级以下的学生睡眠在9小时以上的占94%，8~9小时的占6%；四~六年级的学生睡眠在9小时以上的占31%，8~9小时的占58%，不足8小时的占11%；七~八年级的学生睡眠在9小时以上的占14%，8~9小时的占33%，不足8小时的占53%；九年级的学生睡眠在8~9小时的占16%，7~8小时的占21%，不足7小时的占37%。家长普遍认为，"双减"后，孩子睡眠时间有所增加，基本达到国家要求。

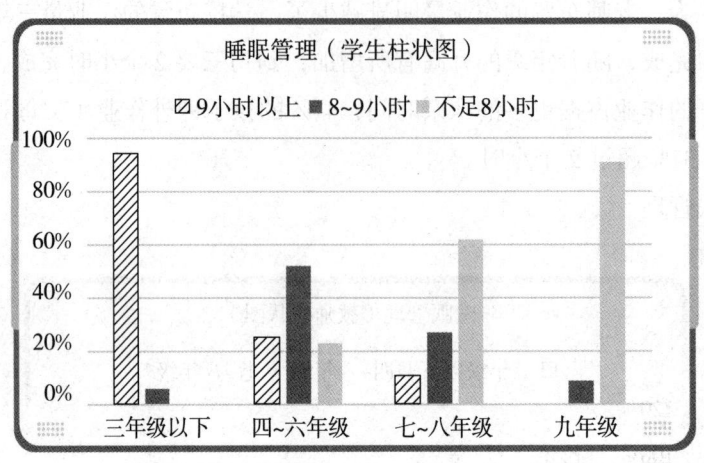

数据显示，三年级以下的学生，睡眠时间能在9小时以上的占94%，8~9小时的占6%；四~六年级的学生，睡眠时间能在9小时以上的占25%，8~9小时的占52%，不足8小时的占23%；七~八年级的学生，睡眠时间能在9小时以上的占11%，8~9小时的占27%，不足8小时的占62%；九年级的学生，睡眠时间能在8~9小时的占9%，7~8小时的占16%，不足7小时的占75%。学生普遍认为，并未感觉到"双减"后睡眠时间有所增加。

（三）手机管理

95%以上的教师认为，学校下发了关于手机管理的办法，要求不让学生在校期间带手机；老师们也对学生校外使用手机时间提出要求，同时，减少了用手机完成作业的时间。

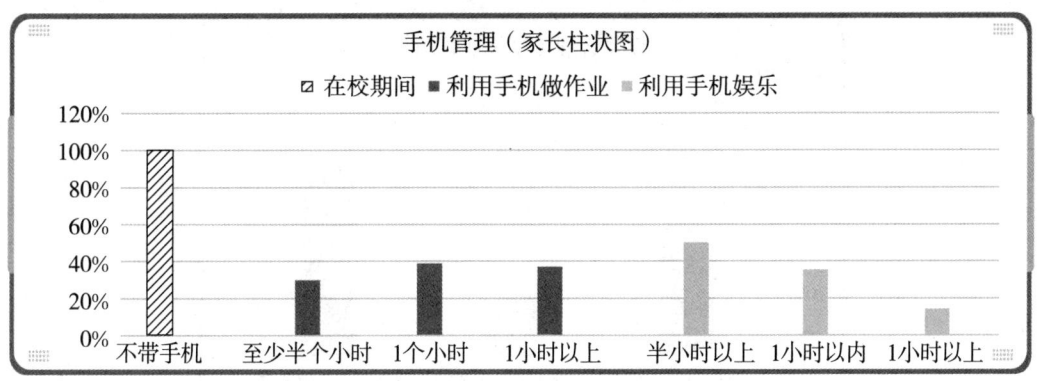

100%的家长认为,按照学校要求,不让学生在校期间带手机;29%的家长认为,需要用手机完成作业所需时间至少要半个小时;37%的家长认为,需要用手机完成作业所需时间至少要1个小时;34%的家长认为,需要用手机完成作业所需时间至少要1个小时以上;54%的家长认为,孩子用手机玩游戏或看抖音等娱乐活动控制在半小时以内;33%的家长认为,孩子用手机玩游戏或看抖音等娱乐活动控制在1个小时以内;13%的家长认为,孩子用手机玩游戏或看抖音等娱乐活动在1个小时以上。

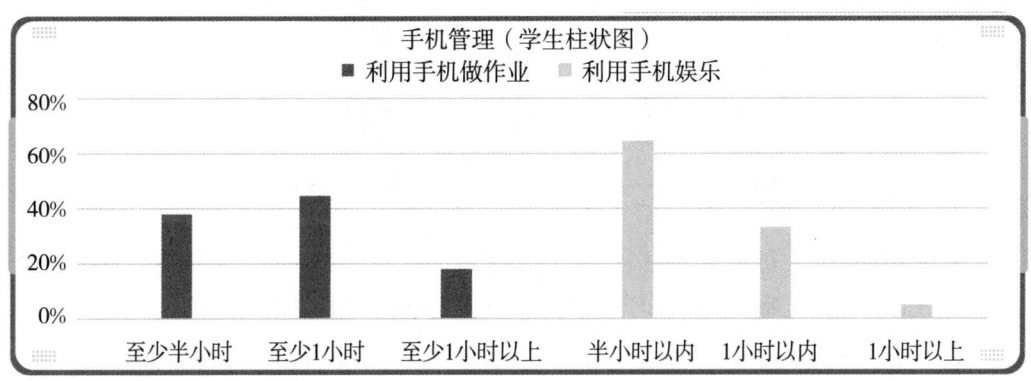

36%的孩子认为,课后需要用手机完成作业所需时间至少要半个小时;45%的孩子认为,需要用手机完成作业所需时间至少要1个小时;19%的孩子认为,需要用手机完成作业所需时间至少要1个小时以上;62%的孩子认为,用手机玩游戏或看抖音等娱乐活动控制在半小时以内;31%的孩子认为,用手机玩游戏或看抖音等娱乐活动控制在1个小时以内;7%的孩子认为,用手机玩游戏或看抖音等娱乐活动在1个小时以上。

(四)读物管理

85%的老师表示,学校均设有图书室或阅览室,但只有53%的老师认为图书室等发挥了作用;92%的班主任表示,会布置课外阅读书目,学生课后阅读;94%的班主任表示,每天利用早读等时间,让学生阅读。

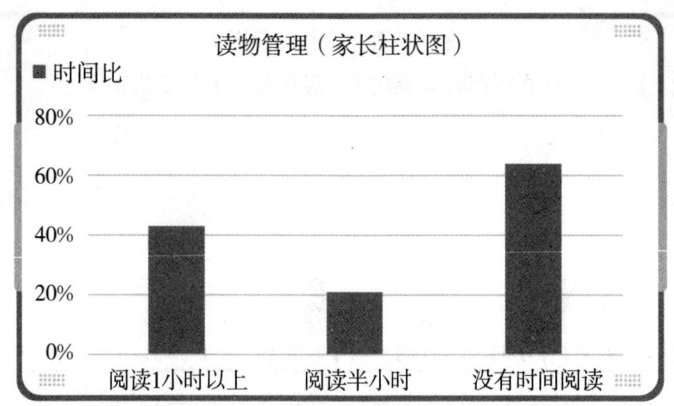

43%的家长表示，按照学校要求，购买课外读物让孩子阅读，每天阅读1个小时以上；21%的家长表示，按照学校要求，购买课外读物让孩子阅读，每天阅读半个小时；64%的家长表示，孩子没有时间阅读。

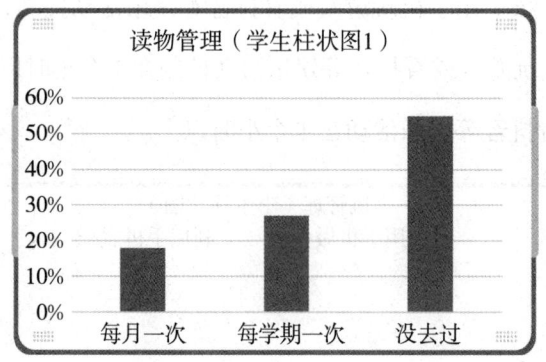

18%的学生认为，每月会去一次学校图书室或阅览室；27%的学生认为，每学期会去一次学校图书室或阅览室；55%的学生认为，没去过学校图书室或阅览室。

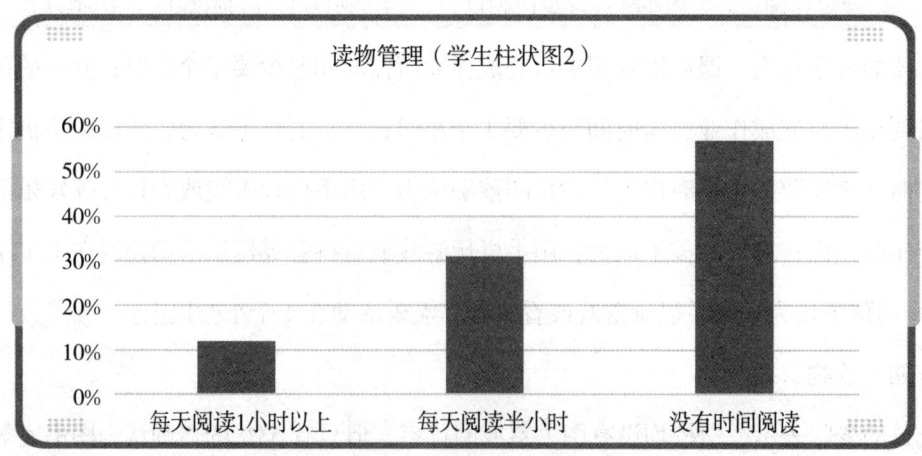

12%的学生表示，每天课后阅读1个小时以上；31%的学生表示，每天课后阅读半个小时；57%的学生表示，没有时间阅读。

（五）体质管理

84%的老师认为，学生每天在校参加体育锻炼的时间在90分钟以上，90%以上的学生参加3项以上的体育艺术科技类活动。

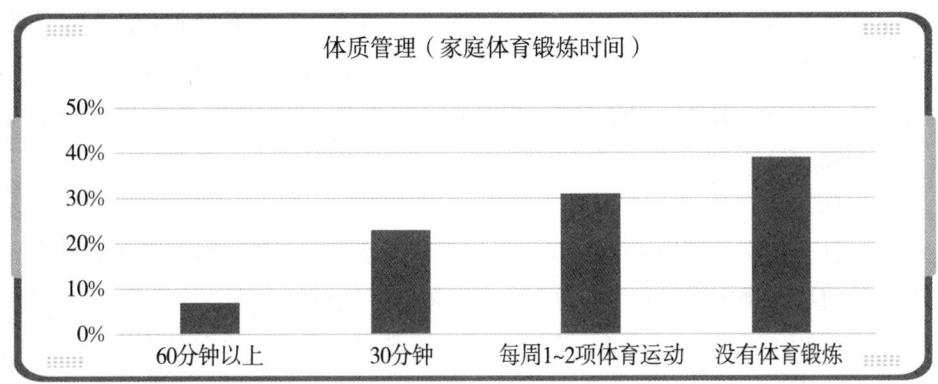

7%的家长表示，孩子每天在家体育锻炼的时间在60分钟以上；23%的家长表示，孩子每天体育锻炼的时间在30分钟；31%的家长表示，平时孩子基本没有体育锻炼，但每周会有固定时间参加1~2项的体育运动；39%的家长认为，孩子基本没有体育锻炼。

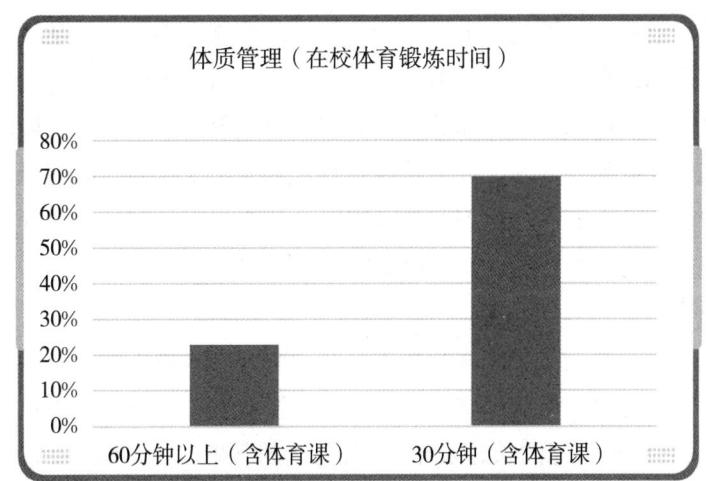

23%的学生认为，每天在校体育锻炼的时间在60分钟以上（含体育课）；70%的学生认为，每天在校体育锻炼的时间在30分钟（含体育课）。

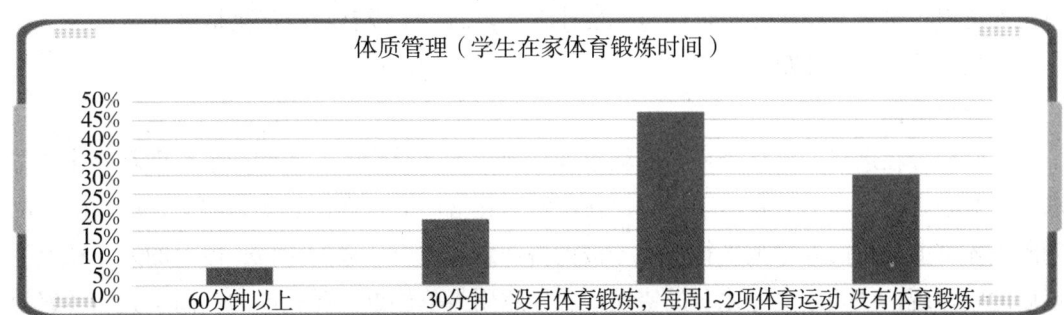

5%的学生认为，在家体育锻炼的时间在60分钟以上；18%的学生认为，在家体育锻炼的时间在30分钟；47%的学生认为，在家基本没有体育锻炼，但每周固定时间参加有

1~2项的体育运动；30%的学生认为，自己在家基本没有体育锻炼时间。

二、"双减"政策落实中存在的问题与挑战

虽然调研显示"双减"政策落实总体向好，但政策落实情况良好的背后隐藏了较大的不确定性。调研显示，不少家长认为，在目前的大环境下，减负是一种理想；学生则普遍认为，减负获得感不强；等等。可以说，减负在具体实践时遇到多重阻碍，导致政策很难真正落地或不能保证政策落实的持续性。调研显示，"双减"政策落实存在以下问题和挑战。

（一）扭曲的价值观

1. 社会层面

近年来，社会贫富差距拉大，人们所受的教育程度越来越影响收入差距和社会分层，整个社会的价值取向是实用。实用、功利化思潮摧毁了教育的本真，造成教育目的被扭曲，造就了一种实用性、适用性的教育。而教育越来越成为通往成功之路的天梯，成为获得职业选择和社会地位的踏板，功利化就会成为"减负"难为的思想观念上的阻碍。调查显示，高达92%的家长认为考上好大学是孩子成功的唯一出路，39%的家长认为要找到好工作必须考上985、211一类的大学。

2. 学校层面

我国优质教育资源总量不足、分配不均，教育的功能愈加窄化和功利化，育人的教育本质被忽视甚至遗忘，教育竞争愈演愈烈。教育功利化凸显了应试教育的困局，教育追求短期行为、背离教育宗旨和教育规律的功利倾向日益严重，基础教育阶段的"育人"内涵被曲解为片面追求分数和升学率、片面重视智育，忽视学生全面身心健康，学校教育和校外培训共同发力、持续上演着"学习军备竞赛"。调查显示，55%的老师认为学校评价教师以学生成绩为主，67%的老师认为评价学生好坏以学业成绩为主。

3. 家庭层面

在"不能输在起跑线上"的"教育焦虑"驱动下，越来越多的家长不惜重金择校、在校外培训机构为学生补课，希望以增加教育支出来换取教育优势，进而巩固经济优势和社会地位。功利的父母没有教育的长远眼光，认为有利的就做，无利的就不做，"利"和"不利"的评判标准只有孩子的分数，导致国家一直倡导"减负"，家长却拼命"增负"。调查显示，74%的家长认为孩子的分数远远比"素质"更重要；42%的学生认为校内学业负担减轻了，但校外负担（包括家长额外布置作业、校外学科培训等）没有减轻甚至是更重了。

（二）落后的人才观

1. 社会层面

虽然社会在进步，但整个社会的教育理念却跟不上时代的发展和未来对创新人才的需求。"劳心者治人，劳力者治于人"，在这种封建落后的官本位思潮影响下，以政治地位判断人才价值的片面人才观横行，人才被世俗观念狭隘成仕途的阶位；落后的人才观衍生落后的成才观，"人才文凭化"的错误观念导致用人单位重文凭轻能力，高文凭已经成为单位衡量人才的重要标尺。调查显示，76%的家长认为考上好大学是孩子的唯一出路。高达13%的家长认为孩子未来的目标是考上清华或北大。

2. 学校层面

由于现行评价制度的不完善，减负与学校现有教育理念和制度相去甚远，教育质量被简化成教学质量，进而再被简化成考试科目的教学质量，教育质量成为学校的立校之本，教学质量成为教师的立身之本。调查显示，56%的老师认为学校对教师的评价，最重要的指标依然是考分和升学率；41%的老师认为考什么就让学生学什么，怎么考就怎么学。23%的学生认为上课跟不上老师的教学进度，只能课外超前学习。

3. 家庭层面

调查发现，多数家长高度重视子女的受教育情况，但不少家长缺乏基于现代教育规律和科学知识的家庭教育能力，认识孩子成长规律、尊重孩子个体差异和天性、保护孩子的想象力和创造力目前仍是不少家长难以顾及和理解的现代教育观念。"要努力""好好学习"等成为家长们督促孩子学习的"口头禅"。调查显示，当问及"是否支持和愿意'减负'"时，94%的家长选择支持，但追问"如果'减负'影响到孩子的考试与升学，你们是否还会支持减负"，68%的家长表示难以回答，甚至是在行动上直接拒绝减负。

（三）稀缺的优质教育资源

1. 学校层面

中小学生负担过重，本质上是优质教育资源需求与供给的矛盾，异化的考评机制一定程度上与教育发展不够均衡密切相关。学校教育在现代教育体系中仍处于核心和主导地位，由于教育资源短缺以及配置上的不均衡，学校教育质量参差不齐，优质的教育资源仍然需要通过"竞争"才能获得，因此，关于"双减"政策的落实，很多优质教育资源欠缺的普通学校或农村学校就显得先天不足、问题重重。调查显示，69%的学生表示学校课后服务班以写作业为主，47%的农村学生表示学校没有课后服务，只有32%的学生表示学校课后服务有各种社团及体育活动。

2. 校外层面

校外优质培训机构资源的稀缺导致家庭教育负担加重。在追求优质教育资源的过程中，家庭背景、经济实力等决定了择校是少数行为，与之对应的选择课外培训成为群体行为。但目前国家出重拳整顿各种乱象，很多培训机构和在校教师兼职转为"地下"，变得更为隐蔽，过去大班授课转为"一对一"等小规模授课，机构授课改为线上或在家里完成。调查显示，56%的学生表示仍然上学后班，23%的学生表示一对一上课，43%的学生表示仍然上网课。由此导致好的教师资源更加稀缺，学费更加昂贵，家庭负担更加沉重，家长更加焦虑。

3. 家庭层面

家长普遍缺乏良好的家庭教育能力。本次调查发现，一是在家长层面，减负存在"信息不对称"的情况，即不同家庭对"双减"政策的认知不尽相同。多数家长已经知道减负政策，但不清楚减负的内涵和意义，也不认可减负政策；城市了解"双减"政策的家长多，农村了解"双减"政策的家长少，多数农村地区的家长表示没有听过减负的说法。更有甚者，85%的农村家长不知道"作业时间超过60分钟""小学睡眠时间不足10小时"等做法已经违反了"双减"政策规定；93%的家长认为，"勤奋""努力"是孩子正确的学习方式，对其他学习方式表示难以理解和接受。

三、对策建议

学生减负涉及教育观、人才观和相应的制度机制等深层次问题，需要全社会构建良好的教育生态，在落实"双减"政策上注重系统治理、源头治理、配套治理、标本兼治，全面深化落实"五育并举"，做好"双减"工作的"加减乘除"，确保"双减"政策落地见效。在"减法"上，不仅要减轻学生和家长的负担，也要减轻老师们的负担。在"加法"上，要重视以学生素养在课后服务中的"增加值"来衡量服务水平，提升课后服务水平，杜绝以"丰富的形式化活动"来简单应付。在"乘法"上，要通过改革创新课程设计、作业设计、评价标准，充分调动教与学的积极性，产生"乘数效应"，实现减负提质增效。规范校外培训行为，学校、老师、家长和学生还应当增进沟通，用"除法"消除"双减"落实过程中的顾虑与阻力。

（一）在学业负担上做减法

1. 树立科学的人才观，切实减轻学生的负担

遵循教育教学规律和学生身心发展特点，系统研究，明确"双减"为什么减、减什么、如何减。人是教育的对象和出发点，教育作为培养人的实践活动，必然以育人为原点和根基，无论何种形态的教育，都应是融价值引导与自主建构为一体的育人活动。中共中央、国务院发布了《深化新时代教育评价改革总体方案》（以下简称《总体方案》）明确强调社会用人评价制度的改革，通过扭转"唯名校""唯学历"的用人导向，促进平等就业、树立教育自信、服务全民终身学习，保障每个学生都有人生出彩的机会。

2. 树立科学的育儿观，切实减轻家长的负担

习近平总书记在全国教育大会上指出，办好教育事业，家庭、学校、政府、社会都有责任。要通过教育讲堂、家长会、班级圈等途径密切家校沟通，转变家长观念，让家长懂得学生承担的负担何其沉重，过重负担的危害性，引导家长正确认识孩子成长规律，尊重个体差异和天性，把培养孩子的好思想、好品行、好习惯作为家庭教育的首要目标，避免"学校减负、家庭加负"现象的发生，为孩子创造一个健康宽松幸福的成长环境，正确引导孩子休息和娱乐。加强学习，树立科学育儿观，和孩子共同成长。

3. 树立科学的教学观，切实减轻老师的负担

良好的课堂学习效果是落实"双减"的关键环节，"双减"特别对教师提出了科学进行作业设计的要求，肯定会加大教师负担。面对教师陡然增加的负担，学校应将教师减负工作同优化教师资源配置、深化教育教学改革等有机结合起来，鼓励教师创新教学模式、教学方法，提高课堂教学效率和质量，同时也要为老师"瘦身"，减去一些烦琐的非必要的考核项目，去除学校管理中的形式主义，让老师们有时间和精力专注于提高课堂教学质量。

（二）在教学质量上做加法

1. 加强学习，回归基础教育的本质要求

基础教育是奠基教育，有自身的特点和规律。基础教育的"基础性"，不仅仅在于作为高等教育的基础而存在，更在于其对人的发展的基础性地位。基础教育，特别是义务教育，是面向全体学生的素质教育，其根本宗旨是为提高全民族素质，夯实基础，其重点是面向全体适龄学生教授基本知识、训练基本技能,并塑造其正确的世界观、价值观和人生观,重在培养学生的良好情操、兴趣、好奇心、基本生活技能和良好习惯等,最终为学生的成长和未来发展奠定坚实基础。

2. 加大力度,回归学校主阵地地位

学校是培养人的专门机构,是落实国家教育方针政策的主阵地。"双减"文件中强调要"强化学校教育主阵地作用""发挥学校主体作用""学生学习更好回归校园"。这意味着,此轮"双减"政策从学校教育和校外培训两处集中发力,最终实现让学生学习回归校园,形成学校教育为主导、校外教育和家庭教育协同配合的良好教育生态。学校教育要以"双减"政策为改革契机,进一步提质增效,满足学生和家长对高质量和多样化的基础教育的需求。

3. 加深认识,回归学生主体地位

尊重学生主体地位、提高课堂教学是"减负增效"的本质要求。当"双减"政策规范了校内校外的不合理课业负担,基础教育阶段的教育教学也就需要转换观念,摒弃长久以来依靠一味强化时间投入换取学生良好学业成绩的低效方法。"双减"的"增效",意味着要让每一名学生都能够在学校课堂中接受高质量的教育,获得个体成长需求的充分满足。"双减"课堂还需要让学生成为学习的主人,将学习的主动权和时间都交还于学生,真正实现精神上的"松绑"与"减负"。

(三)在改革创新上做乘法

1. 保质增效,做好课后延时服务

把课后延时服务作为"双减"政策落地的重要平台,各学校根据校情、学情制定"基础作业辅导+学校特色项目+特长素质拓展"的课后服务模式,精心策划课后服务的时间、内容和方式,满足家长需求,满足学生发展需要,弥补课内体音美劳教育短板,结合校情、生情,为学生提供多样化的发展需求菜单,坚持"一校一策、一校多品",积极探索创新服务模式,形成相应的精品课程,要重视以学生素养在课后服务中的"保质增效"来衡量服务水平,提升课后服务水平,杜绝以"丰富的形式化活动"来简单应付。

2. 提质增效,构建区域优质均衡教育

整体推进区域基础教育均衡发展,进一步优化学校布局,补齐教育配套短板,合理配置教育资源,大力促进教育公平和教育优质均衡发展。根据区域基础教育发展面临的现状,加大城乡学校一体化内涵建设步伐,有效打破城乡、校际间的藩篱,健全优质学校与相对薄弱学校之间稳定的共建机制,促进优质教育资源共享,缩小城乡教育水平的差距,实现城乡公共教育服务的内涵式均衡发展,推动区域教育质量持续提升,以区块发展带动全域发展,丰富区域均衡优质发展战略内涵,促进区域教育公平和质量提升。

3. 创新增效,改革评价标准

有什么样的评价指挥棒,就有什么样的办学导向。按照中央相关决策部署,地方政府和学校要紧紧抓住教育评价改革这个"源头",坚持把立德树人成效作为根本标准,不得下达升学指标,坚决改变简单以考分排名评价老师、以考试成绩评价学生、以升学率评价学校的导向和做法,促进学生身心健康、全面发展。突出教师开展教育教学的实绩,引导教师上好每一节课，关爱每一个学生，减轻学生的课业负担。稳步推进中高考改革，探索增值评价，把综合素质测评与学业考试成绩提到同样的分值和权重上来。

（四）在顽瘴痼疾上做除法

1. 源头治理，消除减负顾虑和阻力

陈腐落后观念不仅破坏人的可持续发展和教育事业的长远发展，也危害整个社会主义事业的健康发展。源头治理"减负"问题，就是掌握主动权，在学生学业负担形成的发端处进行治理。"减负"问题的根本解决，在于缩小社会阶层间和各个职业、行业间的贫富差距，全面推进共同富裕；建立起科学合理的选人用人机制，社会的就业不再"唯名校论"，人尽其才，用其所长。要让更多的家长做理性思考的家长，不做盲目跟风的"无知"家长。用"除法"消除"双减"落实过程中的顾虑与阻力。

2. 依法治理，摒除校外培训行为

此次"双减"政策的出台，对于校外培训机构的治理从登记注册、上市融资、运营管理等全方位进行规范，要求治理的常态化和科学化，对于"减负"问题的具体措施更为精准，根本上防止了校内教师违规"补课"和校外培训机构继续无序发展。"双减"不是要彻底消灭校外培训机构，而是规范校外培训市场，使校外培训活动真正成为学校教育的有益补充，与学校教育、家庭教育同向同行，营造良好教育生态，形成教育合力，共同服务于学生的全面发展和健康成长。

3. 综合治理，破除制度性障碍

推进体制机制创新，破除制度性障碍，做好除法。"双减"意见指出，各级党委和政府要把"双减"工作作为重大民生工程来抓，加强综合治理的总体部署，为实现学生学业负担问题的标本兼治创造了更大可能。此次"双减"注重综合治理的工作原则，在综合治理上出实招，坚持政府主导、多方联动，发挥学校主体作用，明确家、校、社会协同责任。

"双减"工作是一项系统工程，涉及众多利益群体，学校、家长和社会都是做好"双减"工作的重要责任主体，切实营造良好的社会育人氛围，把学校、社会、家庭三方力量统筹好，真正形成相互理解、支持的三位一体育人格局，我们就一定能够确保治理效果的最大化。减负绝非一朝一夕之事，需要持之以恒的毅力和顽强拼搏的精神，"双减"政策真正落地路途艰辛，任重而道远。

学生发展指导的问题与对策研究
——以长春市中小学为例

负责人：刘彦平　长春市基础教育研究中心编辑部主任
成　员：刘雪飞　长春市第二实验中学教师
　　　　王　蕾　长春市第二实验中学教师
　　　　吴　巍　长春市第二实验中学教师
　　　　董　琳　长春市第二实验中学教师

学生发展指导是学校为满足学生成长发展需求而进行的综合性指导服务。学生发展指导最早出现在19世纪与20世纪之交的美国，二战之后向专业化与体系化的方向迈进，20世纪末发展成为各国学校教育中重要的组成部分，贯通于小初高大各个学段。我国的学生发展指导虽然起步较晚，但21世纪以来日益得到关注，发展方兴未艾。

一、学生发展指导的调研背景

国家对基础教育阶段的学生发展指导工作越来越重视。2010年，《国家中长期教育改革和发展规划纲要（2010—2020）》首次提出在高中"建立学生发展指导制度，加强对学生的理想、心理、学业等多方面指导"，体现出在基础教育阶段开展学生发展指导工作的国家意志。2014年，国务院发布《关于深化考试招生制度改革的实施意见》，新一轮高考改革启动，更加注重学生的核心素养发展，更加尊重学生的自主选择权，倒逼学校重视学生发展指导，为国家培养德智体美劳全面发展的社会主义接班人、为学生全面而有个性的发展提供强有力支持。2019年，国务院办公厅印发的《关于新时代推进普通高中育人方式改革的指导意见》，更加明确地提出"加强学生发展指导"，强调注重指导实效、健全指导机制，并对学生发展指导的目标内容、制度机制建设、开展途径等方面进行了阐述，要求"对学生理想、心理、学习、生活、生涯规划等方面"进行指导。

各地的学生发展指导工作不仅在高中得到一定的开展和探索，也纷纷呈现出向小学、初中下移，小初高全面铺开的趋势。原因在于：就个体成长规律而言，个体的成长阶段是前后衔接、持续发展的，只是各个阶段的目标任务不同，前一个成长阶段达成的目标应是后一个成长阶段实施指导的基础；就指导实效而言，高中是学生在中小学阶段学业压力最大，生理、心理已经趋向成熟的阶段，仅在高中阶段开展学生发展指导工作，很难达到理想效果；就国家政策而言，虽然国家文件只对高中的学生发展指导工作进行了明确的阐述，但在其他学段的教育文件中也有相关阐述，如2019年国务院出台的《关于深化教育教学改革全面提高义务教育质量的意见》中，明确提出"大力开展理想信念、社会主义核心价值观、中华优秀传统文化、生态文明和心理健康教育""加强学生生活实践、劳动技术和职业体验教育""精准分析学情，重视差异化教学和个别化指导"等要求，在理想、学业、心理、生活、生涯等学生发展指导的方方面面均有涉及。长春市的中小学校在学生发展指导方面也进行了一定的实践和探索。

二、学生发展指导的调研设计

为了解长春市域的中小学校学生发展指导的现状、问题，并提出有针对性的建议和对策，2020年6月，开展了本项调研。调研采取的是线上问卷调查的方式，问卷由学校负责学生发展指导工作的人员来填写，填写问卷的人员多数为中层领导，教龄在20年以上。

调研内容主要有以下三方面。一是学校的学生发展指导工作的整体情况，问卷设置了三方面问题：是否开始了整体研究，是否成立了相应的组织机构，在研究中哪些方面成果显著或取得一定突破。二是学校的学生发展指导工作的具体情况，问卷针对学生发展指导涵盖的理想、学业、心理、生活、生涯五个维度具体情况进行了问题设置，主要围绕开展的途径、提供的支持、学生喜欢的指导形式等内容展开。三是师生的需求及学校开展此项工作存在的困难等，问卷围绕学生最需要哪方面的指导、教师亟须哪方面的培训、教师认为哪些培训形式更有效、学校的学生发展指导工作存在哪些困难等方面设置问题。

本次调研范围涵盖长春市域16个县（市）区（除公主岭市），调研区域分设城市（即城区）、县城、乡镇、农村。回收的有效问卷482份，其中小学260份、初中163份、高中59份（长春市域的农村高中均在乡镇上，所以农村高中情况并入乡镇高中情况进行分析）。

三、学生发展指导的现状分析

（一）学生发展指导日益得到关注

调研显示，2/3以上中小学已经开始整体研究，近一半的中小学整体研究开始时间在2014—2019年之间；以学段为自变量的交叉分析显示，在这一时间段开始整体研究的高中为62.71%。一半以上的中小学成立了学生发展指导全面工作的组织机构，其中近1/3的中小学成立了由一把手负责的学生发展指导机构，高中成立组织机构的比例最高，达到2/3。整体研究标志着学校的学生发展指导工作不再是单维度、碎片化的开展，呈现出全面探索的发展趋势，组织机构的建设为学生发展指导的顶层设计与落地实施提供了一定的保障。

（二）心理指导在各学段得到高度重视

学生发展指导的五个维度发展基础不同，得到的重视程度也不尽相同。除学业指导一贯发展基础好、重视程度高之外，近年来心理指导方面得到了我市中小学的高度重视。83.2%的中小学开设了心理课，内容上，围绕"情感教育""青春期教育""人际关系指导""人格健全的培养""抗挫折耐力的教育""自我心理修养"等方面进行授课（高中的授课内容还包括"升学与职业指导"），而且较重视"人格健全的培养""抗挫折耐力的教育""自我心理修养"这三方面；72.2%的中小学开展了心理咨询。在针对"学校在学生发展指导的研究中哪些方面成果显著或取得一定突破（多选）"的调查中，心理指导成果的占比紧随学业指导成果其后，为49.38%，位列第二。虽然大部分中小学校在心理指导方面都开设了内容较为丰富的心理课，开展了心理咨询，成果得到学校较高认可，但在对学生的指导需求和教师的培训需求的调研中，心理指导方面的需求仍占比最高。

（三）在生涯指导方面高中走在前列

以学段为自变量，交叉分析学校在生涯指导方面提供的支持，高中情况优于小学和初中。"组建了专业的生涯导师团""组建了生涯规划领导小组或生涯指导中心""建立了生涯指导与教育相关制度""成立了生涯体验基地""建设了生涯咨询教室""提供了资金、政策支持"等选项占比均超过了小学和初中，选择"不清楚或者以上都没有"的高中占比仅为15.25%，远远低于46.06%的整体占比。针对"学校在学生发展指导的研究中哪些方面成果显著或取得一定突破（多选）"的调查显示，高中的生涯和学业方面占比并列第一，均为64.41%，呈现出与小学、初中学业第一、心理第二的不同结果，可见高中学校对生涯指导成果认可度很高。另外，高中的生涯指导方面的需求也相对突出，学生的指导需求和教师的培训需求均占比最高，分别为49.15%、50.85%。换言之，虽然高中在生涯指导方面走在中小学的前列，但随着探索的深入，发现尚有诸多问题，相应的指导需求也随之提升。

（四）体验活动成为学生发展指导中较为广泛的开展途径

与学校常规的教学、管理相比，学生发展指导更为重视个性化、实践性和体验性，在理想、生活、生涯三个维度上体现得尤为明显。调研显示，在生活指导中，"体验活动"这一开展途径的占比为65.15%，位列第二，在理想指导中，"体验活动"的占比为52.07%，位列第三，占比均超过了50%，成为学校开展相应指导时采取的较为广泛的途径。

四、学生发展指导存在的问题

（一）对学生发展指导的重视程度仍显不足

2010年、2014年是两个重要的时间节点：前一年份，国家首次提到在高中开展学生发展指导；后一年份，我国开启了新一轮高考改革，学生发展指导在高中成为刚需，多数开展整体研究的中小学是在这一年之后乘势而上，开始了积极有益的探索。国家在2019年出台文件中再次强调此项工作，但由于我省2020年还没有进入新高考改革，传统教育观念没有受到强烈冲击，与先进省市相比，长春市中小学的学生发展指导工作的重视程度明显不足。整体上没有开展此方面研究的学校占比达30.08%，以学段为自变量的交叉分析显示，仍有11.86%的高中没有开展此方面研究。近一半的中小学没有成立相应的组织机构，仅由个别教师负责此项工作。学生发展指导由于牵涉学校的众多工作领域，既需要学校进行整体规划，也需要多个部门分工协作，如果负责此项工作的人员在学校工作中缺乏一定的话语权，将很难在学校的整体规划和部门协作上发挥切实有力的作用，学生发展指导工作的实施效果也难以保证。

学校在机制建设、资源支撑、评价导向、经费保障等方面保障措施不足，针对"学校的学生发展指导工作存在哪些困难"的调查显示，"教师课时任务重，分身乏术""缺乏活动体验基地""缺乏教师激励机制"的占比分列前三，分别是70.75%、70.54%、58.51%，保障措施的不健全也影响了教师开展学生发展指导工作的积极性和实效性。（见表1）

表1 学校的学生发展指导工作存在的困难

选项	比例
A 教师课时任务重，分身乏术	70.75%
B 缺乏活动体验基地	70.54%
C 教师培训少	55.81%
D 缺乏顶层设计	42.53%
E 缺乏教师激励机制	58.51%
F 其他	1.45%

（二）学生发展指导的发展不均衡

学生发展指导的区域发展不均衡。以区域为自变量的交叉分析显示，在学生发展指导的整体情况方面，城市优于县城，县城优于乡镇，乡镇优于农村。如，尚未开始学生发展指导的各区域中，城市中小学占比最低，为20%，县城第二，为27.66%，乡镇第三，为35.98%，农村中小学的占比最高，为41.86%；没有成立相应组织机构、由个别教师负责此项工作的占比排序与前者完全一致。除涉及生活指导方面和涉及"学科渗透"的开展途径的调研之外，城市情况均优于其他区域，县城、乡镇、农村的各项占比排序没有呈现出哪一区域有明显优势。（见表2-1）

表2-1 学校开始学生发展指导研究的时间（以区域为自变量）

X/Y	A 2010年	B 2010—2014年之间	C 2014—2019年之间	D 尚未开始
A 城市	15.14%	11.89%	52.97%	20%
B 县城	10.64%	4.26%	57.45%	27.66%
C 乡镇	10.37%	9.76%	43.90%	35.98%
D 农村	10.47%	6.98%	40.70%	41.86%

备注：涵盖心理、学业、理想、生活、生涯五个方向的整体研究

学生发展指导的各学段发展也不均衡。在学生发展指导的整体情况和生涯指导的具体情况方面，高中优于小学，小学优于初中。例如，尚未开始学生发展指导的各学段中，高中占比最低，为11.86%，小学位列第二，为32.31%，初中最高，为33.13%（见表2-2）；没有成立相应组织机构、由个别教师负责此项工作的占比排序与前者完全一致；学校提供的各项生涯支持，高中均高于小学和初中。

表2-2 学校开始学生发展指导研究的时间（以学段为自变量）

X/Y	A 2010年	B 2010—2014年之间	C 2014—2019年之间	D 尚未开始
A 小学	14.23%	8.85%	44.62%	32.31%

续表

B 初中	9.20%	9.20%	48.47%	33.13%
C 高中	11.86%	13.56%	62.71%	11.86%

（三）学生发展指导师资队伍培训不足

目前，我国的中小学校由学校教师来专任和兼任学生发展指导工作，专业化培训至关重要。调研显示，仅有44.81%的中小学校针对全体教师进行过学生发展指导培训，54.77%的中小学校针对班主任进行过相关培训，24.48%的中小学针对学科教师进行过相关培训，还有17.01%的中小学没有进行过针对任何教师群体的培训。（见表3）

表3 学校开展过的学生发展指导培训的情况

选项	比例
A 全体教师	44.81%
B 班主任	54.77%
C 部分学科教师	24.48%
D 没有培训	17.01%

（四）生涯指导方面力度欠缺

在学生发展指导的五个维度中，生涯指导起步最晚，最为薄弱，更需要强化。生涯指导有两个问题需要厘清：一是它不等同于在中小学阶段对学生进行专业选择或职业定位指导；二是在中小学阶段并非只有高中才有此项需求。舒伯的生涯发展理论认为，生涯是"生活里各种事态的连续演进方向；它统合了人一生中依次发展的各种职业和生活的角色"，以事业的角色为主轴，也包括了其他与工作有关的角色。生涯的发展是一生中连续不断的过程，一个人的生涯发展阶段（称为"大循环"）分为成长期（0~14岁）、探索期（15~24岁）、建立期（25~44岁）、维持期（45~64岁）、卸任期（65岁以后）。每一个阶段之间有"转换期"（称为"小循环"），转换期通常受到环境或个人各种不稳定因素的影响。转换期的不确定会带来新的成长、再探索、再建立的历程。

中小学阶段跨越了一个人的成长期和探索期。成长期的生涯发展任务是发展自我图像，发展对工作世界的正确态度，开始了解工作的意义；探索期的生涯发展任务是在学校、休闲活动及打工的经验中，进行自我试探、角色探索与职业探索。调研显示，在各学段对生涯指导提供的支持方面，近一半的中小学校"不清楚或者以上都没有"，即使是生涯指导支持力度较大的高中阶段，"组建了专业的生涯导师团""组建了生涯规划领导小组或生涯指导中心""建立了生涯指导与教育相关制度""成立了生涯体验基地""建设了生涯咨询教室""提供了资金、政策支持"等各项的占比也均未达到50%。

表4 学校对生涯指导提供的支持

X/Y	A 组建了专业的生涯导师团	B 组建了生涯规划领导小组或生涯指导中心	C 建立了生涯指导与教育相关制度	D 成立了生涯体验基地	E 建设了生涯咨询教室	F 提供了资金、政策支持	G 不清楚或以上都没有	H 其他（具体有）

续表

A小学	12.31%	21.54%	27.69%	10.38%	14.62%	17.69%	50.77%	6.15%
B初中	13.50%	20.25%	22.70%	6.75%	19.02%	12.88%	49.69%	11.04%
C高中	33.90%	45.76%	47.46%	11.86%	37.29%	27.12%	15.25%	5.08%

（五）学生发展指导的保障措施不健全

目前，国家没有针对学生发展指导出台专门的文件，部分省市结合本区域的学生发展需求和实践探索，制定了各自的相关文件，如山东、江苏、广东等省，以及合肥市，为其省市的学生发展指导工作的进一步开展提供了政策依循和制度保障。我省还没有出台本省的学生发展指导意见，在机制建设、资源支撑、评价导向、经费保障等保障措施方面没有相关规定，保障措施的不健全也影响了中小学校开展学生发展指导工作的积极性和实效性。针对"学校的学生发展指导工作存在哪些困难"的调查显示，"教师课时任务重，分身乏术""缺乏活动体验基地""缺乏教师激励机制"的占比分列前三，分别是70.75%、70.54%、58.51%。

五、中小学学生发展指导的建议及对策

（一）制定学生发展指导评价标准

学生发展指导工作要得到专业化发展需要制定具有普适性的学生发展指导评价标准。美国和芬兰的做法值得借鉴。以美国为例，美国学生发展指导工作曾经遇到的问题与我国当前存在的问题有相似之处，如学校的指导教师更关注指导的过程，而不是学生的行为因而发生的变化，同时缺乏切实的证据证明学生指导工作的成果与促进学生学业成绩的提高有关，学校的指导服务遭到管理者和政策制定者的忽视和质疑。1997年，美国学校辅导员协会（ASCA）制定、通过了适用于K-12年级学生的《学校咨辅项目全国标准》（此处"学校咨辅"与文中使用的"学生发展指导"同义，涵盖的维度略有不同），该标准规划了学校实施咨辅项目应当构建的内容，列出了学校实施有效的咨辅项目后学生应获得的具体的能力或态度、知识和技能，并提供了评价工具。这一举措对于解决我国学生发展指导面临的专业化发展问题具有借鉴和参考价值。

（二）多措并举促进学生发展指导走向优质均衡

要实现学生发展指导优质均衡需要多措并举。

一是强引领。在学生发展指导工作的整体情况上，虽然城区和高中走在了发展的前列，但在相关领域的研究阐述、制度机制建设、课程建设、教师培训、资源开发和督导评估等方面仍有诸多不完善和实效性不足的问题，需要教育研究部门加强组织引领和顶层设计，制定适合本区域校情、学情的学生发展指导意见，组织开展相关问题的深入研究和督导评估，为学生发展指导的高质量发展提供保障。

二是补短板。以学生发展需求和区域性实际问题为导向组建共同体，组织引领区、校发挥"输血"功能，优质输出，以强带弱；加强对薄弱区、校的研究指导，强化薄弱区、校的自身"造血"功能，补齐短板；搭建多种平台，加强各区域和各学段的实践探索、研讨交流与成果共享，实现共建、共研、共享、共进，形成引领校、特色校、发展校相结合的学生发展指导联盟格局。

三是育优长。结合新高考改革的切近需求，优先推进高中的学生发展指导。根据各学段的学生发展指导工作的侧重点，系统性、有计划、有梯次地推进小学和初中的学生发展指导，促进小初高学生发展指导的系统衔接。另外，部分薄弱区、校在学生发展指导的五个维度上并非都是短板，他们也各有所长，所以这些区、校需要挖掘自身特色，培育优长，以形成学生发展指导各扬所长、取长补短的共荣样态。

（三）分层分类建设专兼职的学生发展指导教师队伍

基于学生发展指导教师的专业化和全员化特点，很多国家地区都制定了系统的学生发展指导教师的专业标准，如，具有心理学、学校咨询等专业领域的硕士甚至博士学位，经过两年的指导实践，达标后还要获得资格证书才能正式上岗等，同时采取专业教师和全员参与的学生发展指导模式。我国的学生发展指导教师队伍建设尚处于摸索阶段，人员安排方面与教学、管理领域存在重叠情况，学校分层分类建设一支专兼职的学生发展指导教师队伍是未来发展的必然趋势。

学校需要打破校园围墙，将校友、家长、专家等社会人士纳入到学生发展指导教师兼职队伍，在学校的分类统筹下，对学生开展多个维度、多种形式的发展指导，拓展学校的学生发展指导教师队伍；分层建立校内的学生发展指导全员队伍，以生涯指导教师队伍建设为例，北京市中关村中学的教师队伍建构模式值得参考，该校针对学生差异化指导需求，形成了一支由8人核心、20人骨干、40人重点、200人参与的有重点、有分工的工作队伍，分工如下："8人核心生涯规划师"负责统领与引导全校生涯建设、生涯教育培训师养成培训、校本教材编写和跟进工作；"8人+12学科教师"参与教材编写、社团建设的部分工作；"20骨干+其他班主任"负责班会上进行生涯渗透，即借助生涯教育的理论，对学生进行规划指导；"全体导师"，开展导师制工作，进行学科渗透。另外，学校需要完善学生发展指导教师的绩效评估考核机制和激励机制，为教师专业发展提供支持。

（四）统筹拓展学生发展指导的实践场所

实践活动是学生发展指导工作开展的重要形式，具有学科渗透、专家讲座、教师指导等校内开展形式无法替代的效果。当前，学生发展指导实践场所的缺乏和实践活动的实效性不足也是制约学生发展指导的瓶颈问题之一。行政部门需要综合考量中小学学生发展需求和课程设置，整体规划，合理布局，挖掘更广泛的社会资源，引导企事业单位参与到教育发展中来，为学生发展提供更丰富的实践场所。如，上海市立足学习型城市建设，大处着眼，构建开放型的终身学习资源体系，打造市民终身学习体验基地，这些体验式、互动式自主学习的新平台为学校开展学生发展指导实践活动提供了更广阔的平台和空间。学校也需要对开展的学生发展指导实践活动课程加强设计论证、过程管理和效果评价，对现有资源进行评估、整合和开发，既依托学校已有的校外综合实践基地、校内模拟体验场所开展部分学生发展指导课程，也积极开发家庭、社会资源，探索基于本校校情的学校、家庭、社会协同开展学生发展指导的可行性路径，为学生了解真实世界、树立理想信念、实现全面而有个性的发展提供更有效的实践体验机会。

公主岭市义务教育优质均衡发展情况调研报告

负责人：王　琦　公主岭市教师进修学校教科所所长
成　员：唐　琦　公主岭市教师进修学校校长
　　　　张　浩　公主岭市杨大城子镇第一中学校
　　　　邓彦智　公主岭市第八中学校
　　　　姜　醇　公主岭市南崴子街道中学校
　　　　宋建光　公主岭市第六中学校
　　　　王延年　公主岭市实验小学校
　　　　郭　伟　公主岭市双城堡镇中心小学校
　　　　杜以春　公主岭市双龙镇中心小学校
　　　　蔡进平　公主岭市怀德镇双榆树小学校

《国家中长期教育改革和发展规划纲要（2010—2020年）》把"均衡发展"确定为"义务教育的战略任务"。在义务教育实现基本均衡之后，城乡之间、区域之间的办学水平、办学条件、教育质量、师资水平等方面的差距在逐步缩小，标准化的学校建设似乎不再是难题。但是，教育教学质量上的差距并没有得到根本的改善，与百姓对优质教育的需求还尚有距离。以促进公平、提高质量为核心要义，推进区域义务教育均衡发展向更高水平、更有质量迈进，必将对义务教育持续、健康发展起到关键作用。为此，我们对公主岭市82所义务教育阶段学校进行了"义务教育优质均衡发展情况调研"，以便了解我市义务教育优质均衡发展现状，为义务教育均衡发展向着更高水平推进提供参考。

一、调研设计

（一）调研内容

教师配备情况、办学条件情况、教育经费投入情况、教育公平情况、教育质量情况。

（二）调研对象

82所义务教育学校的领导、教师、学生及部分学生家长。

（三）调研方法

问卷调查、网络调研、文献研究。

二、调研概况

（一）调查问卷

本次调研依据《吉林省县域义务教育优质均衡发展督导评估实施方案（试行）》设计了3套调查问卷。共发放《吉林省义务教育优质均衡发展县（市、区）问卷调查表（教育局填报）》1份，收回1份；发放《吉林省义务教育优质均衡发展调查表（初中填报）》43份，收回43份；发放《吉林省义务教育优质均衡发展调查表（小学填报）》39份，收回39份。

（二）统计分析

利用 Excel 统计功能，对数据进行百分比（%）统计分析。

三、调研结果

（一）基本情况

1. 自然情况

公主岭市地处吉林省中西部，面积 4 140 平方千米，全市人口总数 106.7 万，农业人口 72.20 万，20 个乡镇，404 个行政村。公主岭市现有义务教育阶段学校 82 所，其中小学 39 所（含民办小学 3 所）；初中及九年一贯制学校 43 所（含民办初中 3 所）。现有义务教育阶段专任教师 6 859 人，义务教育阶段学生 87 965 人。2016 年通过国家义务教育均衡发展县的督导评估验收，义务教育实现基本均衡。

2. 主要做法

公主岭市义务教育实现基本均衡以后，公主岭市委、市政府紧紧围绕推进长春公主岭同城化发展战略，将义务教育的发展目标提升为"实现义务教育优质均衡发展"。市委、市政府认真落实教育优先发展战略，坚持做到"五个优先"，即财政预算教育投入优先保障、发展规划教育项目优先安排、人事招录教育用人优先补充、工资改革教师待遇优先落实、民生实事教育问题优先解决，稳步推进县域义务教育优质均衡发展。

（1）科学制定规划，形成发展合力。公主岭市健全政府统筹推进机制，积极制定发展规划，明确目标任务、重点工作和主要措施，推进城乡一体化发展。同时，压实部门责任，明确教育部门的牵头职责，夯实发改、编办、财政、人社等部门的配合职责，形成发展合力。

（2）加大投入力度，努力改善办学条件。不断完善义务教育经费保障资金支付管理制度，开设了财政专户，按照小学生均 650 元，初中生均 850 元标准，由市财政专户直接拨入各学校账户。同时，加强对教育专项资金的管理，保证上级教育转移支付资金全部用于中小学校舍改造等支出，坚决杜绝挤占、截留等现象发生。

（3）全面提等提标，提升学校标准化建设水平。自 2016 年以来，公主岭市政府累计投入资金 10 亿元，在市区新建公主岭市第一中学等 4 所学校。同时，加快薄弱校改造项目建设，投资 2.04 亿元，惠及 5.2 万名中小学生。中心校以上学校全部实现了楼房化、暖气化。2020 年，实施薄弱环节改善与能力提升工程，到位资金 1.1 亿元。不断提高教育技术装备标准，中小学校交互式液晶触摸一体机配备率达到 100%。

（4）加强队伍建设，合理配置城乡教师资源。建立教师稳定补充机制，近三年通过农村特岗计划和事业编制招聘，补充新教师 900 余名，有效解决了农村中小学校教师结构性短缺问题。通过完善学区化管理和"国培""省培"计划，进一步提高了教师队伍整体素质。保障乡村教师待遇，将班主任津贴由每月 12 元提升到每月 300 元。

（5）关注特殊群体，确保教育公平。完善随迁子女入学机制，确保进城务工人员子女"应入尽入"。建立学校、家庭、社会"三位一体"的留守儿童监护网络，使留守儿童得到关爱。关注残疾儿童，实行"一人一案"，制定切实可行的教育方案及送课计划。

（6）资助困难学生，助力优质均衡发展。公主岭市把教育精准扶贫工作摆在重要位置，坚决筑牢义务教育保障底线。近三年，义务教育、普通高中和中职阶段共发放学生资助资金 5 472.2 万元，受助学生 72 224 人次。严格落实国家"两免一补"政策，共发放寄宿生补助资金 2 147.7 万元，受助学生 37 882 人次。免除建档立卡学生伙食费和校车费总计 260 万元，受益学生 755 人，义务教育阶段建档立卡贫困家庭学生无失学、辍学现象。

（7）促进内涵发展，全面提升教育质量。严格执行招生政策规定，坚决杜绝产生新的大班额问题。规范民办学校招生行为，杜绝民办学校曾发生的违规招生问题。在全市成立 13 个大学区，覆盖城乡所有中小学校，定期开展教育教学研讨活动。加强校园文化建设，积极开展特色德育活动和社团活动。体育卫生艺术工作扎实推进，学生每天一小时体育锻炼时间得到保证。

（二）数据分析

1. 资源配置情况

（1）教师配备情况。小学每百名学生拥有高于规定学历教师数 12.14 人，初中每百名学生拥有高于规定学历教师数 15.99 人，平均达到《吉林省县域义务教育优质均衡发展督导评估指标体系》（以下简称《评估指标体系》）规定标准；小学每百名学生拥有县级以上骨干教师数 1.31 人，初中每百名学生拥有县级以上骨干教师数 2.17 人，平均达到《评估指标体系》规定标准；小学每百名学生拥有体音美教师数 1.29 人，初中每百名学生拥有体音美教师数 1.20 人，平均达到《评估指标体系》规定标准。

根据以上数据分析可以看到，公主岭市小学教师学历全部达到规定标准，骨干教师数量和体音美教师配备相对充足。但是，在骨干教师和体音美教师的配备上存在校际差异，市区和中心小学校的骨干教师数量较多，薄弱学校和民办学校的骨干教师数量偏少。市区一些规模较大的学校，因为学生偏多，所以骨干教师和体音美教师配备也略显不足（见表1-1、1-2）

表 1-1 每百名学生拥有县级以上骨干教师数

	低于标准 1%~84%	低于标准 85%~99%	达标	超标
小学数量（所）	28	1	5	17
小学百分比（%）	54.90%	1.96%	10.00%	33.33%
中学数量（所）	12	4	6	18
中学百分比（%）	30.77%	10.26%	15.00%	46.15%

表 1-2 每百名学生拥有体音美教师数

	低于标准 1%~84%	低于标准 85%~99%	达标	超标
小学数量（所）	16	6	1	28
小学百分比（%）	31.37%	11.8%	1.96%	54.90%
中学数量（所）	18	5	1	16
中学百分比（%）	46.15%	12.82%	2.50%	41.03%

（2）办学条件情况。公主岭市小学生均教学及辅助用房面积 7.47 平方米，初中生均教学及辅助用房面积 7.64 平方米，平均达到《评估指标体系》规定标准；小学生均体育运动场馆面积 15.47 平方米，初中生均体育运动场馆面积 17.24 平方米，平均达到《评估指标体系》规定标准；小学生均教学仪器设备值 2 316.93 元，初中生均教学仪器设备值 2 422.49 元，小学平均达到《评估指标体系》规定标准，初中接近于《评估指标体系》规定标准；小学每百名学生拥有网络教室数 2.57 间，初中每百名学生拥有网络教室数 3.22 间，平均达到《评估指标体系》规定标准。

根据以上数据分析可知，公主岭市义务教育学校办学条件基本达到省定评估标准。但是在办学条件上还存在校际差异，部分市区中小学校和乡镇中心小学校，生均教学及辅助用房面积、生均体育运动场馆面积、生均教学仪器设备值、每百名学生拥有网络教室数达不到省定评估标准，而农村一些生源较少的学校虽然达到省定评估标准，但硬件设施还有待进一步完善（见表 1-3、1-4、1-5、1-6）。

表 1-3　生均教学及辅助用房面积

	低于标准（1%~84%）	低于标准（85%~99%）	达标	超标
小学数量（所）	28	2	1	20
小学百分比（%）	54.90%	3.92%	1.96%	39.22%
中学数量（所）	14	6	2	18
中学百分比（%）	35.90%	15.38%	5.00%	46.15%

表 1-4　生均体育运动场馆面积

	低于标准（1%~84%）	低于标准（85%~99%）	达标	超标
小学数量（所）	21	7	0	23
小学百分比（%）	41.18%	13.73%	0.00%	45.10%
中学数量（所）	10	8	1	21
中学百分比（%）	25.00%	20.51%	2.50%	53.85%

表 1-5　生均教学仪器设备值

	低于标准（1%~84%）	低于标准（85%~99%）	达标	超标
小学数量（所）	38	5	0	8
小学百分比（%）	74.51%	9.80%	0.00%	15.69%
中学数量（所）	22	8	1	9
中学百分比（%）	56.41%	20.00%	2.50%	23.08%

表1-6 每百名学生拥有网络教室数

	低于标准 （1%~84%）	低于标准 （85%~99%）	达标	超标
小学数量（所）	11	7	0	29
小学百分比（%）	21.57%	13.73%	0.00%	56.86%
中学数量（所）	14	6	0	18
中学百分比（%）	35.90%	15.38%	0.00%	46.15%

2.政府保障程度

（1）改善办学条件情况。义务教育学校规划布局基本合理，基本达到《评估指标体系》规定要求；义务教育学校建设标准、教师编制标准、生均公用经费基准定额、基本装备配置标准均执行统一标准，达到《评估指标体系》规定要求；小学每11.36个班级配备音乐、美术专用教室，小学音乐专用教室平均44.28平方米，美术专用教室平均40.78平方米，均未达到《评估指标体系》规定标准。初中音乐专用教室平均24.17平方米，美术专用教室平均25.57平方米，均未达到《评估指标体系》规定标准。

根据以上数据分析可知，公主岭市义务教育学校办学条件基本达标，但城镇教育资源存量不够、增量不足。音乐、美术专用教室普遍不足，面积达不到《评估指标体系》规定标准（见表2-1、2-2）。小学共缺学位5 912个，初中共缺学位5 785个，需通过新建、改扩建学校办法予以解决。

表2-1 音乐、美术专用教室配备情况

	低于标准 （1%~25%）	低于标准 （26%~50%）	低于标准 （51%~75%）	低于标准 （76%~99%）	达标	超标
小学数量（所）	4	13	15	5	5	2
小学百分比（%）	7.84%	25.49%	29.41%	9.80%	9.80%	3.92%
中学数量（所）	1	2	1	1	4	1
中学百分比（%）	2.56%	5.13%	2.56%	2.56%	10.26%	2.56%

表2-2 学校规模情况

	低于标准 （1%~25%）	低于标准 （26%~50%）	低于标准 （51%~75%）	低于标准 （76%~99%）	达标	超标
小学数量（所）	17	10	8	8	0	7
小学百分比（%）	33.33%	19.61%	15.69%	15.69%	0.00%	13.73%
中学数量（所）	16	13	5	0	0	4
中学百分比（%）	41.03%	33.33%	12.82%	0.00%	0.00%	10.26%

（2）教育经费投入情况。公主岭市现有村级小学189所，无教学点、不足100名学生的村小均能够按照100名学生核定公用经费；特殊教育学校生均公用经费6 000元，达到《评估指标体系》规定要求。

根据以上数据分析可以看到，公主岭市委、市政府高度重视教育工作，将教育事业摆在优先发展的位置，在地方财力十分紧张的情况下，不断加大对义务教育经费的投入力度，确保达到"两个只增不减"要求。

（3）教师队伍建设情况。小学教师5年完成360学时培训完成率96.08%，初中教师5年完成360学时培训完成率97.44%；小学交流轮岗教师占符合交流轮岗条件教师总数的1.1%，骨干教师占交流轮岗教师总数的2.87%。初中交流轮岗教师占符合交流轮岗条件教师总数的1.05%，骨干教师占交流轮岗教师总数的3.95%；小学专任教师持有教师资格证上岗率平均为99.48%，初中专任教师持有教师资格证上岗率平均为99.51%。

近年来，通过招聘农村特岗教师和招聘事业编制教师等办法，有效缓解了中小学教师短缺的问题。但是，目前义务教育阶段师资短缺、结构不合理的问题依然存在，义务教育阶段中小学校缺编961人。教师年龄老化，女50岁以上、男55岁以上共1 675人，占教师总数的20%左右。结构不合理，音体美、英语等专任教师不足。交流轮岗工作还有待进一步加强（见表2-3、2-4、2-5）。

表2-3 教师5年360学时培训完成率情况

	低于标准（1%~25%）	低于标准（26%~50%）	低于标准（51%~75%）	低于标准（76%~99%）	达标	超标
小学数量（所）	0	0	0	1	49	0
小学百分比（%）	0.00%	0.00%	0.00%	1.96%	96.08%	0.00%
中学数量（所）	0	0	0	1	38	0
中学百分比（%）	0.00%	0.00%	0.00%	2.56%	97.44%	0.00%

表2-4 交流轮岗教师情况

	低于标准（1%~25%）	低于标准（26%~50%）	低于标准（51%~75%）	低于标准（76%~99%）	达标	超标
小学数量（所）	1	3	4	1	0	0
小学百分比（%）	1.96%	5.88%	7.84%	1.96%	0.00%	0.00%
中学数量（所）	0	2	2	0	0	0
中学百分比（%）	0.00%	5.13%	5.13%	0.00%	0.00%	0.00%

表2-5 专任教师持有教师资格证上岗率情况

	低于标准（1%~25%）	低于标准（26%~50%）	低于标准（51%~75%）	低于标准（76%~99%）	达标	超标

续表

小学数量（所）	0	0	0	5	45	0
小学百分比（%）	0.00%	0.00%	0.00%	9.80%	88.24%	0.00%
中学数量（所）	0	0	0	3	36	0
中学百分比（%）	0.00%	0.00%	0.00%	7.69%	92.31%	0.00%

（4）教育公平情况。公主岭市城区和镇区公办义务教育学校就近划片入学为100%；规范民办学校招生行为，杜绝了违规招生问题；留守儿童关爱体系健全；全市符合条件的随迁子女就读比例达到100%；全市优质高中招生指标生名额占招生名额总数的比率为76.8%，并重点向农村初中倾斜，体现了教育公平。

3. 教育质量情况

（1）教育普及程度情况。公主岭市残疾儿童少年共计536人，入学514人，入学率达到95.9%，残疾儿童"全纳"教育得到落实；初中三年巩固率达到97.9%，达到了《评估指标体系》规定要求。九年义务教育巩固率达到99%，其中全市适龄儿童入学率达100%，初中阶段入学率达到98%，辍学率在1%以内。

（2）学校管理水平情况。中小学校全部制定办学章程，建立完善了各项规章制度；小学安排教师培训的经费占学校年度公用经费预算总额比率平均为4.57%，初中学校安排教师培训的经费占学校年度公用经费预算总额比率平均为3.9%；教师能够熟练运用信息化手段组织教学，设施设备利用率达到较高水平；义务教育学校德育工作、校园文化建设水平达到良好以上；义务教育学校课程全部开齐开足，教学秩序比较规范；学生无过重课业负担。

根据以上数据分析可知，公主岭市义务教育学校管理水平较高，但是还存在一些短板，如受活动场地和学生安全等因素影响，部分学校的综合实践活动开展得偏少；教师培训经费比例还没有完全达标。（见表2-6）

表2-6 公用经费预算总额的5%安排教师培训经费情况

	低于标准 1%~25%	低于标准 26%~50%	低于标准 51%~75%	低于标准 76%~99%	达标	超标
小学数量（所）	5	6	7	6	21	5
小学百分比（%）	9.80%	11.76%	13.73%	11.76%	41.18%	9.80%
中学数量（所）	2	4	5	2	19	7
中学百分比（%）	5.13%	10.26%	12.82%	5.13%	48.72%	17.95%

4. 社会认可度情况

近年来，由于公主岭市委、市政府高度重视教育事业发展，持续加大教育投入力度，教育行政部门不断推进教育教学改革，制定出台了一系列推进义务教育优质均衡发展的意见方案，各相关职能部门认真落实教育公平政策，全市义务教育学校认真贯彻落实《义务教育学校管理标准》，教育事业发展得到了学生、家长、教师、校长、人大代表、政协委员及全社会的广泛认可与好评，教育满意度明显提升。

（三）主要问题

1. 优质教育资源相对不足

随着城镇化步伐的加快，城区义务教育资源需求急速增长，与城区教育资源相对不足的矛盾日益突出，虽然通过实施撤并、新建、扩容等举措，加快了教育资源优化整合的步伐，但从总体上看，建设力度不够大，发展进度不快。一些偏远薄弱学校，教学仪器设备等配置不足，教育信息化水平偏低。

2. 学校规划布局不尽合理

农村中小学生数量萎缩，生源减少；农村村小撤并，致使部分中心小学校出现大校额、大班额问题；城区学校布局与城市发展不相匹配，城区义务教育阶段学校相对集中在城市中东部老城区，学校校园面积狭小、活动场地少，周边交通拥堵，出入不畅，而西部新城区义务教育学校不足，不能满足周边居民的教育需求。

3. 师资配备不够均衡

一方面，农村学校师资力量不足现象比较突出，年轻优秀教师流失，骨干教师偏少；另一方面，结构不合理，农村学校普遍缺乏"小科目"专任教师；城区学校由于"大班额""大校额"，造成师生比失衡，师资力量不足。

4. 物力资源配置不完善

在物力资源上，城乡间、校际间不均衡，尤其是农村薄弱学校办学条件落后。

另外，全市中小学校音乐专用教室、美术专用教室等功能室面积普遍达不到标准，功能室建设资金缺口较大，影响教育教学正常运转。

5. 教育信息化水平有待提高

信息化设备比较落后，全市校际之间没有高速、稳定的教育专网，只有42%的学校建设了校园网络，且不具备网络管理及安全设施，近50%班级的电子白板没有联网，网络"班班通""人人通"难以全部实现。

四、策略与建议

（一）优化学校规划布局，确保学生就近入学

学校的规划布局要与农村生产力发展水平相适应，要加快"全面改善薄弱环节和能力提升项目"建设，推进中小学标准化建设，千方百计增加学位，满足城乡学生入学需求。

（二）规范招生行为，有效解决大班额问题

应进一步规范招生行为，坚决杜绝产生新的大班额问题。同时，加强对民办学校的统筹管理，坚决杜绝违规招生现象。要通过新建校舍、改扩建学校、增建市区和镇区学校的体育运动场馆等办法，逐步解决"超级大校"等问题，基本实现区域内办学的总体均衡。

（三）增加教师存量，提高教师队伍素质

应通过多种途径和办法，增加教师存量。加强城乡之间校长、教师的双向交流互动，让名校长、名教师成为一种公共资源。要逐步提高农村一线教师的岗位工资和津贴标准。注重师德教育，加强培训工作，提高教师队伍素质。

（四）加大义务教育投入，努力改善办学条件

积极推进"全面改善薄弱环节和能力提升项目"，严格按照省定装备标准对义务教育中小学校进行装备配备，拓宽经费筹措渠道，逐步提高教学仪器装备水平。

（五）加强教育教学研究，不断提高办学水平

认真落实立德树人根本任务，加强中小学德育工作的实效性，使学校校园文化主题更鲜明，特色更凸显。加强教育教学研究，改进教育教学方法，提升教育质量。同时，要在强化依法治理上下功夫，提高依法治理能力和水平。

（六）大力办好民生实事，切实保障民生需求

力争办好区域内每一所义务教育学校，让老百姓子女能够就近接受优质教育。要充分利用和发挥名校的教育资源，增加优质教育资源供给。切实做好特殊教育群体关爱、教育行业脱贫攻坚、班主任津贴、学校安全稳定等教育民生实事，努力办好人民满意的教育。

五、研究与展望

为进一步聚焦义务教育优质均衡发展重点、难点和薄弱环节，推动问题整改，将继续围绕以下主要问题，开展深入的调查研究。

（一）教育管理体制创新研究

聚焦县域内教育薄弱环节，创新管理模式，使优质资源向薄弱学校辐射。探索集团化办学模式，推动九年一贯制学校试点。深化教学改革，提高课堂教学效率。

（二）提升办学内涵策略研究

通过课题研究，加快学校内涵发展。加强学校精细化管理，推进文明校园、平安校园、智慧校园建设，坚持"一校一品"，特色办学。

（三）保障机制构建深化研究

进一步深度调研,结合县情、校情与民情,探索建立城乡一体化义务教育发展保障机制。

办学理念

BANXUE LINIAN 篇

区域提升教育质量的实践研究

课题主持人：杨大为　长春市宽城区教育局局长
课题组成员：李明宇　长春市宽城区教师进修学校副校长
　　　　　　孙海洋　长春市宽城区教师进修学校副校长
　　　　　　崔　瑜　长春市宽城区教育科学研究所所长
　　　　　　王　卓　长春市宽城区教育科学研究所副所长
　　　　　　李　健　长春市宽城区教育科学研究所科研员
　　　　　　刘　丽　长春市宽城区教育科学研究所科研员
　　　　　　胡　楠　长春市宽城区教育局主任
　　　　　　王　丽　长春市宽城区教育局科长
　　　　　　马　岩　长春市宽城区教育局科长

一、课题提出

（一）研究背景

1. 从我国经济发展需求看，我国正处在改革发展的关键阶段，经济发展方式加快转变，凸显了提高国民素质、培养创新人才的重要性和紧迫性。全面提升国民素质和人力资源质量，已成为当前我国政府、教育机构和社会所关注的焦点问题。

2. 从国家的战略高度看，《国家中长期教育改革和发展规划纲要（2010—2020年）》提出，要坚持育人为本，以改革创新为动力，以促进公平为重点，以提高质量为核心，全面实施素质教育，推动教育事业在新的历史起点上科学发展，树立科学的质量观，把促进人的全面发展、适应社会需要作为衡量教育质量的根本标准。

3. 从宽城教育发展现实看，在城市化进程中，宽城区作为老城区，地理位置和区域经济现状所决定的低房价低物价水平和不断改善的城市硬件条件，导致大量农民工及子女涌入宽城，整体生源以每年10%的速度递增，这给宽城教育带来了前所未有的新形式、新矛盾和新挑战。与此同时，由于按照学区划分，有些优质生源对所派到的学校不满意。而本区又没有优质的民办校可供选择，导致好的生源大量外流。学生基础差所带来的教学质量全面下滑与家长和社会对教育质量的预期形成新的矛盾，我们的教育现状与区域人民群众的期待还有较大差距。

（二）研究意义

探索有宽城区域特色的提高教育质量的策略与途径，为提升教育质量提供可行性经验；探索新变革时代建设区域高素质教师队伍，推动课程改革进一步深化，更广泛地应用现代信息技术，提升教育管理者水平的途径与策略；提高区域教育质量，促进区域学校高位均衡、高位发展，实现教育公平。

（三）课题界定

区域：地域，指地理上某一范围的地区，区域划分以地理和经济特征为基础。本课题中特指宽城区。

教育质量：指教育大质量，就是站在促进学生全面发展的高度，从教学质量、运行质量和服务质量三个层面延展质量的内涵和外延，既关注学生学业质量又关注学生综合素养的培育，既关注学校管理的规范又关注文化内涵的发展，既关注教育内外关键要素的优化又关注综合治理的集成创新，既关注教育公平的实现又关注教育质量的提升。

二、课题设计

（一）研究目标

1. 借鉴已有研究成果，探讨教育质量的内涵。
2. 通过提升教育质量的研究实践，探究区域提升教育质量的推进策略。
3. 通过提升教育质量的研究实践，深化区域教育综合改革实践，创新区域教育管理制度、评价机制。
4. 通过提升教育质量的研究实践，促进学生发展、教师发展和学校管理水平的提高，全面提高区域教育质量，促进教育均衡，实现区域教育公平，开拓宽城区教育的新局面。

（二）研究内容

1. 教育质量的内涵研究。
2. 校长队伍建设与创新管理研究。
3. 教师队伍建设与创新管理研究。
4. 培养学生核心素养的路径与方法研究。
5. "三观"背景下的大德育研究。
6. 中小学国际理解教育研究。
7. 现代化教育环境的信息化架构与应用研究。
8. "零起点、互动式、发展性"督导评估机制研究。

（三）研究方法

行动研究法：在自然、真实的教育教学环境中，区域教育行政部门和业务指导部门综合运用多种研究方法与技术，有计划地探索提升区域教育质量的途径和方法，通过设计、行动、观察、反思、调整等螺旋上升的研究过程，不断梳理、提升阶段性研究成果，在行动中不断深入地解决区域教育中迫切需要解决的问题。

文献研究法：借助网络和文献资料等，借鉴其他区域的研究成果，并进行分析综合，从中提炼出相关提升教育质量的有价值的资料。

调查研究法：通过访谈、问卷、监测等方法，对基层学校领导、教师、学生家长的教育观念、策略以及学生的学业水平、综合素质等进行调查研究，为课题研究提供第一手资料，从中总结规律，发现问题，分析原因，提出对策。

三、研究过程和实施策略

根据本课题研究的实施方案，我们从教育观念、队伍、德育、教学、督导、特色等维度全面探索，提升了区域教育质量。

1. 开展教育质量大讨论。组织树立正确的教育质量观、价值观、创新观"三观"主题教育活动，在全系统进行了一次大调研、大学习、大剖析、大查摆、大整改，正本清源，统一思想，引领大家把工作重心重新摆位到教育教学上来，重新回归到质量提升上来。召开了落实"大质量观"工作推进会暨学校五年发展规划解读会。解读会历时两天，33 位校长系统分析了学校的发展优势，诊断了存在的突出问题，对学校 2016 年至 2020 年的发展进行了高瞻远瞩又切实可行的谋划。通过对内外环境的体察、思考和前瞻，引导学校自主发展。

2. 研究起草《关于全面深化新时代区域教育改革发展的实施意见》，剖析宽城教育痛点、堵点、难点，为下一步宽城区教育综合改革提供制度保障和政策依据。

3. 根据区域教育质量提升需求全面启动"十三五"教育十个行动计划，即立德树人行动计划、质量提升行动计划、资源优配行动计划、课改创新行动计划、社会化学习行动计划、教育信息化行动计划、国际理解教育行动计划、健康维护行动计划、名校领航行动计划、依法治教行动计划，整体实现专项落实、项目驱动，合力突围。

4. 依托实验区深化改革，提升区域教育质量。我区先后成为中国教育学会全国教育改革实验区、国家义务教育质量监测结果应用实验区、吉林省信息技术实验区，我们借助实验区高端专家引领、实验区间资源共享，扎实进行改革实验，提升教育质量。

（1）宽城区从"十五"开始一直是中国教育学会全国教育改革实验区，我们始终依托实验区项目，努力实现重点领域和关键环节的综合变革及深层次突破，聚焦提升区域教育的均衡度，形成了"3+3"宽城教育模式。"标准化＋机制化"的内外兼修模式：资源配置的均衡是义务教育均衡发展的基础，宽城区抓住布局、硬件、师资、生源四个关键要素，采取"标准化＋机制化"建设模式，软硬兼施、内外兼修，建好百姓家门口的学校，办一所、优质一所。"一体化＋集群化"的共同体发展模式：通过"四片两带一联盟"建设，实现校际标杆共进、互惠共赢的捆绑联动，形成学区化、融合化、集优化管理，让孩子在宽城全域都能享受到优质资源和教育服务。"自主化＋特色化"的扩优增强模式：通过一校一章程、一校一规划、一校一课程、一校一特色、一校一评价的"五个一"工程，充分激活了学校发展的主体意识、活力和能力，让每一所学校都能自主发展、特色鲜明。

（2）2018 年，宽城区被确立为全省唯一"首批国家教育质量监测结果应用实验区"。全区利用实验区先行先试、示范带动的优势，充分发挥教育督导考核评估"一把尺"、引导教学"一面旗"的作用，紧紧聚焦宽城区"大质量观"的三大框架，建立以学生全面发展为中心的教学质量评估体系，以规范精细管理为支撑的运行质量评估体系，以多方互通共赢为理念的服务质量评估体系。集聚实验区优质监测评估资源，对区域内质量监测和督导评估结果进行靶向分析，瞄准掣肘教育质量提升的关键点，剖析毫厘，定向施策，正向应用，为宽城教育提质加速保驾护航，实现提档升级。

面对如何破解监测结果暴露出来的问题，宽城区确定了"政策上可调整、行动上可改进、效果上可提升"的实施策略，与全区整体发展战略相辅相成，通过顶层设计，部门联动，开展了系列改革行动。

（3）宽城区坚持教育信息化带动教育现代化思想，依托吉林省教育信息化实验区项目，进行一场"互联网+教育"的革命。加快完成"三通两平台"建设，实现全区千兆专网进校园，百兆宽带进班级等硬件升级的同时，软件工程同步运转。通过区域一体化教育数据建设与共享，形成完善的教育云服务体系。在推动信息技术与教育教学深度融合的同时，让网络课堂、在线教研、乡村学生同上一节课成为现实。

5. 依托典型塑造，提升区域教育质量

我们以区域主导课题研究为核心，打造典型引领、全员参与的科研格局；以科研基地校创建为契机，造就一批科研名校，推进区域教育改革和发展。

我们将重点放在实践研究领域，关注教师的专业发展和教育改革的实效，创造性地解决教育实践中的难点和焦点问题，我们明确了四项原则：即整体上突出核心项目，内容上突出实践需求，形式上突出校本科研，操作上突出学校特色。在区域内形成特色联动、纵横贯通的互动格局。

在科研基地校创建中，我们注重在科研过程的真实性上发现基地校的元素，在科研内容的效度上发现基地校的元素，在科研氛围的营造上发现基地校的元素，在科研管理的精度上发现基地校的元素，在科研团队的建设上发现基地校的元素。此外，我们多形式推广成果，及时迅捷发挥基地校作用。为此，宽城区通过打造"五个平台"来实现目标，即实验平台、培训平台、交流平台、信息平台、学术平台，并且通过多种形式，推广科研成果。如：在区域各类论坛、研讨活动中提供平台，发挥基地校的作用，彰显基地校的科研特色，在专题现场会中推广基地校的科研成果。

我们相继打造了72中学、48中学、天津路小学、浙江路小学等科研名校。他们形成了鲜明的办学特色，具有典型的科研理念，是区域科研的领军和代表，继"十二五"的老牌科研名校，新科研名校正在悄然兴起。科研基地校的创建，立足学校，发展学校，带动学校，使其形成一个集合了新方向、新领域、新思维和新思路的学校集团，使其更有影响力、示范力和引领力，进而实现了区域教育质量的整体升位！

6. 依托特色项目研究，提升区域教育质量

多年来，宽城区一直在多样态质量提升的途径与策略上进行不断探索，益智课题是其中一个依托特色项目推进区域教育质量提升的范例。我们将先进的教育理念适切地落实到以广大师生为主体的实践操作体系上来，以培养学生创新精神和思维品质为重点，以涵养学生生动、丰富的学习样态为引擎，以提高教育质量为目标，开展了《益智课程促进学生思维能力发展的实践研究》。通过实践研究，实验校师生在教学方式和学习方式上都发生了转变，培养了学生优秀的思维品质，学生掌握了一些思维方法，积累了基本的思维经验，动手操作和解决问题的能力得到了提高。目前，实验校已经呈现出这样的学习样态：校园里生机盎然、朝气蓬勃；课堂上学生思维灵动、思考自由；师生之间彼此欣赏，共同成长。

7. 依托小课题研究，群众科研落地生根，提升区域教育质量

在区域主导课题的引领下，我区形成多级课题覆盖的教育研究格局。同时，以小课题为代表的自主研究全面推进，让一线教师的研究落地，主要包括三种方式：一是自主进行的小课题研究：其中包括三个方面——学校引领的自主研究、教研员引领的自主研究、教师即时性的自主研究。二是自发的学术团队：包括校内自组织团队和校际自组织团队。三

是区域助推的小课题研培一体化。

启动区域新教师小课题研究能力提升项目,通过发挥小课题研究的辐射带动作用,培养区域新教师队伍,通过小课题研究,真正发挥科研优势,助力新教师以科学的方式加速专业成长。

四、研究成果与成效

1. 探索了教育质量的内涵,形成了我区关于教育质量内涵的观点

我们以教育大质量观为统领,以"教育质量观、教育价值观、教育创新观"三观主题教育创建活动为牵引,调整学校布局、优化师资结构、夯实发展基础,提高教育内涵,不断增强宽城教育的综合实力,实现宽城学子从"有学上"到"上好学"的升级,实现学校高位均衡、高位发展。

我们认为,教育"大质量观"就是站在促进学生全面发展的高度,从教学质量、运行质量和服务质量三个层面延展质量的内涵和外延,既关注学生学业质量,又关注学生综合素养的培育;既关注学校管理的规范,又关注文化内涵的发展;既关注教育内外关键要素的优化,又关注综合治理的集成创新;既关注教育公平的实现,又关注教育质量的提升。

2. 探索了"调—培—考—研"四位一体的新型校长培训模式

以"调研"为立足点,深入了解学校的发展情况;以"培训"为着力点,全面提升校级领导的综合素质,包括全员培训、党政培训、业务培训、分岗培训、分层培训;以"考试"为增长点,挖掘校级领导的学习潜能,提升专业水平;以"研讨"为切入点,激发校级领导的问题意识、研究意识。探索了"四式"培训方式,即问题分析式培训、任务驱动式培训、标准要求式培训、方向研究式培训。通过实践探究,宽城区的校长素质不断提高,培养打造吉林省专家型校长5名、长春市杰出校长4名、长春市专家型校长34名。

3. 探索了教师管理方式与机制

优化师资配备,补充一批新晋教师,强化教师保障,评审一批高级职称。搭建两个"平台",激活教师内驱力和职业吸引力。加强培养和选树力度,通过创新系列师德活动,进一步发现典型、挖掘典型、宣传典型,再树一批优秀教师,让身边的榜样带动整体的优秀。依托宽城区教育门户网站"我的教育故事"专栏进行师德典型事迹宣传。通过启动"强师计划",从打通教师补充渠道、优化教师结构、提高师德师能、完善教师职业发展上升通道等多点发力,利教惠师。

4. 探索了学生"核心素养"培养的路径和方法,全面提升中小学教育教学质量

在长春市核心素养总课题的引领下,我们从课程改革、教学实践、教育评价三个维度进行了探索,形成了大单元开发体系、"三三五"课改模式和绝对性评价操作框架。优化课程结构、教材单元;将个别学习、小组学习、集体学习三种学习形式有机融合;利用学习前测卡、学习指南、学习任务卡、学习评价卡等学习工具让学生成为课堂的主体,从原来的被动学习变为主动学习,让孩子们感知学习的过程,培养孩子自主学习能力、思维能力;教师在课堂中起到的是主导作用,学生在学习过程中遇到问题时,教师能够及时为学生指点迷津,对培养学生核心素养起到了积极的推动作用,提高了教师的专业化水平,促进了区域教育的质量提升。

5. 构建了"三位一体"大德育体系

凝聚学校、社会、家庭的整体教育合力，建立德育"三级管理"机制，打造育人共同体，构建"班主任主体管理"模式，探究德育活动课程主题与形式，优化"主渠道渗透、多渠道强化、全方位落实"的育人策略，通过文化引领、创新实践、合力推进，培养了学生良好的道德品质和文明行为，促进了各学校德育工作的科学、健康、良性发展，保证了学生的身心健康和全面发展。

6. 探究中小学国际理解教育的路径

通过实践研究，从外教进课堂项目的全区推广和对外交流活动的渐次展开为切入，努力打造全方位、多层次、宽领域的教育对外交流合作，努力拓展对外开放的广度和深度，先后与国内外20余个地区和国家开展了友好学校结对、师生互访，共同在课程建设、家校互动、社区共建等方面开展广泛的探索与实践，提高跨文化理解能力，培养国际交流能力，实现区域教育资源增容、教学增值、教师增能。

7. 探究现代化教育环境的信息化架构与应用

一方面进行信息环境建设，完成"三通两平台"建设，实现全区千兆专网进校园、百兆宽带进班级等硬件升级的同时，软件工程同步运转。通过区域一体化教育数据建设与共享，形成完善的教育云服务体系。在推动信息技术与教育教学深度融合的同时，让网络课堂、在线教研、乡村学生同上一节课成为现实。另一方面进行信息技术在教育教学中的应用研究，探索信息技术与学科整合教学模式、基于网络学习环境的探究式教学模式，为学生创设自主探究、多重交互、合作学习等环境，使信息技术真正成为促进学生自主学习的认识工具和情感激励工具，从而提高教育教学质量。2020年上半年因疫情居家网络授课期间，针对学校与教师线上教学的困惑与问题，我们出台《宽城区线上教学指南》，全面总结在线教学经验，给出相关的实施建议，推动在线教学升级，撬动未来教育发展，构建"实体＋虚拟"的教育新格局，打造"人人皆学、时时能学、处处可学"的学习新体系，让技术为教学赋能，将应急变为日常。

8. 完善督导评估体系，构建了"零起点、互动式、发展性"督导评估机制。以督导为杠杆，出台《宽城区教育质量标准》；以督查为手段，出台《宽城区教育质量报告》，改变用同一标准、一把尺子衡量评估不同层次、不同类型学校的方式，为学校提供持续发展、自主发展的必要政策保障和切实有效的评估体系。同时，全区通过年度区域教育质量监测通报和学校年度质量报告制度，以及基于监测结果的评价、奖惩、问责，为政府和学校的管理水平提供了支撑，成功撬动了全区教育的改革与升级。此外，全区将监测出来的焦点问题，作为区域教育未来发展的核心靶向，在改进中实施监测，在监测中不断改善，对学校进行调控与监督，降低管理与干预，持续跟踪与推动，加速全区教育生态的良性循环，教育链条与结构日趋优化，教育新蓝图正在逐渐显现。

五年的研究与实践，宽城教育立足"一轴两带十大板块"战略布局和"建设宜居宜业长春北部现代核心区"大背景，本着"跟进中央精神、跟进区委部署、跟进百姓需求"的总体原则，坚持"不忘本来、吸收外来、面向未来"的教育主张，以教育大质量观为统领，以"教育质量观、教育价值观、教育创新观"三观主题教育创建活动为牵引，统筹"三个布局"（资源网点布局、内涵发展布局、党建工作布局），开展"六大工程"（标准化学校建设工程、学校品质提升工程、教育生态共育工程、队伍素质提升工程、信息化助力工程、平安校园建设工程）和"十大行动计划"（立德树人行动计划、质量提升行动计划、资源优配行动计划、课改创新行动计划、社会化学习行动计划、教育信息化行动计划、国际理解教育行动计划、健康维护行动计划、名校领航行动计划、依法治教行动计划），构建了"教育公平＋质量提升"双螺旋体宽城教育DNA，形成"校校有魂魄、校校有特点、校校有追求"的宛若丛林生态式的学校发展格局，实现学校高位均衡、高位发展，不断提高宽城百姓的教育获得感和满意度。

　　五年的研究与实践，宽城区的教育质量跨越式发展，教育教学质量不断提升。培养打造吉林省专家型校长5名、长春市杰出校长4名、长春市专家型校长34名、吉林省学科带头人43名、省市骨干教师182名，长春市教师专业发展型学校12所、长春市新优质学校32所。我区七十二中学教师杨瑞作为吉林省唯一代表参加教育部组织的"青春在讲台上闪光"优秀特岗教师全国巡回报告。我区承办了国家级信息技术与语文学科教学融合课题开题会，召开了长春市暨宽城区儿童青少年视力改善行动启动大会（现场会），我区被评为"全国儿童青少年近视防控试点区"国家级示范区。我区作为教育部首批认定的吉林省唯一一家"国家义务教育质量监测结果应用实验区"被教育部基础教育质量检测中心授予"优秀组织单位"荣誉称号，"宽城经验"在国家义务教育质量检测结果应用暨教育评价改革高峰论坛及第五届中国基础教育学术年会上做经验分享，并被《吉林日报》刊载。

五、课题进一步研究与展望

　　在教育质量提升过程中，一些相关关系与实践工作的边界较为模糊。教育质量标准和实践操作依据尚存在不少有待完善之处。个别片面的学生发展观可能使素质教育核心理念在教育质量提升中难以践行，在某种程度上窄化了学生全面发展的内容。

　　学校教育质量提升是一个有计划、有组织的过程，具有持续性、长期性的特点。学校教育质量提升不仅表现为一种结果，还表现为一个动态的不断追求卓越的过程、一种机制。因此，接下来我们还需要提前设计新一轮质量提升的方案，确定具体行动计划，按计划来推进，同时根据内外部环境的变化不断地进行调整，做好总结，使之常规化、行为内化、成果固化。

基于核心素养视域下的"悦教育"区域实践与研究

课题主持人：汪　巍　长春新区教育局局长
课题组成员：胡伟红　长春新区教育局副局长
　　　　　　杜晓明　长春新区教育教学研究中心负责人
　　　　　　李丽娜　长春新区教育教学研究中心科研负责人
　　　　　　董海侠　长春新区教育教学研究中心中教负责人
　　　　　　王欣欣　长春新区教育教学研究中心小教负责人

一、课题提出

（一）课题研究的背景

从国内研究动态看，2016年9月13日中国学生发展核心素养研究成果发布会对学生发展核心素养的内涵、表现、落实途径等做了详细阐释。国内关于核心素养和教育改革的研究颇多，研究成果也比较丰富，但大多是从理论角度阐释方法、策略等，缺少有效的实证研究。

从新区教育现状看，长春新区是国务院批复设立的全国第17个国家级新区，下辖四个开发区，22所公民办学校。区域内城乡教育发展不平衡，优质学校与普通学校在管理水平、师资水平、教学质量、学生素养等方面差距过大，不能满足人民群众对教育发展的要求和期待。

（二）课题研究的意义

建构"悦课程"体系，实现学科融合，发挥育人合力；促使课堂教学重构、教学方式变革，提升教育教学质量；推动学校文化建设，形成鲜明的办学特色；促进学生综合发展，助力教师专业发展；推动学校安全建设。

（三）课题研究的界定

1. 核心素养

核心素养是学生在接受相应学段的教育过程中，逐步形成的适应个人终身发展和社会发展需要的必备品格和关键能力，突出强调个人修养、社会关爱、家国情怀，更加注重自主发展、合作参与、创新实践。

2. "悦教育"

"悦教育"把"人"（教师和学生）作为研究教育的出发点和立足点，作为审视教育现象的视野与视角，作为改革教育方法的动力与目标追求。"悦教育"倡导学生悦学、教师悦教，让教育的过程和结果都变得愉悦，让人在教育中体会到深层次的愉悦，彰显了以人为本的理念，符合唯物主义关于人是生产力中最活跃的因素的重要观点，也符合马克思关于人的全面发展学说。

二、课题研究的设计

（一）研究目标

1. 通过理论研究和理念探究，深化拓宽核心素养视野下的新区"悦教育"理念的内涵和外延，形成区域办学思想。

2. 通过实证研究和实践探索，构建"悦教育"德育新体系，构建"悦教育"课程新样态，构建"悦教育"课堂改革新范式，构建"悦教育"教研改革新模式，构建"悦教育"文化建设新风貌。

3. 通过课题成果的应用与推广，促进新区教育高质量、内涵式发展，全面提升学生的核心素养。

（二）研究内容

"悦教育"内涵及教学实践研究；"悦教育"校园文化建设研究；"悦教育"课程建设研究；"悦教育"学生发展研究；"悦教育"队伍建设研究；"悦教育"安全体系建设研究。

（三）研究策略

按照"政府主导，整体推进，项目突破，科学管理，均衡发展"的原则，建立区域——学校——教研组——教师四级研究体系，构建覆盖课题研究全部内容的子课题研究布局。围绕"悦资源""悦文化""悦队伍"三大建设和"悦课程""悦课堂""悦教研""悦德育"四项改革开展研究，引领各实验校通过对学生发展、教师发展、学校发展、特色发展和区域发展"五个维度"进行扎实有效的研究。

采用调查研究、文献分析、行动研究、经验总结等方法，按照"调查论证——制定方案——培训学习——分组实施——阶段反馈——活动实践——构建体系——总结提升——形成成果"的思路进行实践与探索，形成教师"悦教"、学生"悦学"的文化氛围，让全体师生回归"悦"的心理本位，提高师生幸福感，提升教育质量。

三、课题研究的过程

（一）"悦资源"建设

一是优化布局，加大学位供给力度。规划与新区发展相适应的学校网点布局，合理规划学校服务半径，有序扩大教育资源。坚持"适度超前、功能完善、规模适中"的原则，分阶段、分区域推进义务教育公办学校建设。先后投入16.47亿元新建了慧谷、慧仁、英才等9所优质学校，新增义务教育学位1.86万个，教育资源总量扩充，建设规模、力度、速度居全市首位，实现"有学上"目标。

二是深化"GUS"办学模式改革。引进吉林大学、东北师范大学、长春市十一高中、北京师范大学入区合作办学，充分发挥高校、名校办学资源优势，学科和专家优势，让外来优质资源与新区教育产生"化学反应"，打造现代化、高水平、有特色的九年一贯制公办基础教育示范学校，提升区域基础教育发展水平，实现百姓在家门口"上好学"的愿望。

三是构建联盟，促进集优化发展。2018年确定"1+1"优质学校领航发展战略，以5所合作校和3所新优质学校为领航校，带动薄弱学校，组成发展协作体，激活本土优质资源，推动城乡教育一体化发展；2020年制定了《长春新区教育局基础教育质量提升工程（三期）暨"GUSN42"集优化发展实施方案》，对"优质学校领航工程"进行提质升级。按照公民办协同、城市加农村、同质加异质、强弱均衡、地域就近的原则，将我区现有17所学校和对口支援公主岭5所学校组建成四个教育联盟，通过共建共享集优化方式推动区域教育优质发展，回应人民群众对优质教育的迫切需求。

四是推进智慧教育应用融合。创建智能化的教育信息生态环境，促进教育管理的标准化、规范化，教学资源的有效汇聚、共建共享，实现以学习者为主体，个性化、多样化、智能化的泛在学习和终身学习。制定《新区智慧教育三年行动计划》，完善教育信息化基础设施，为各校配备一体机1 142台，宽带均达到100兆以上；建设智慧校园、智慧教室，实现"宽带网络校校通、优质资源班班通、网络空间人人通"；依托新区教育资源公共服务平台，建立"新区空中小课堂""新区微课资源"，累计空中小课堂达1 270节，码书码课资源达2 082节。

（二）"悦文化"建设

一是科学定位，构建"一校一品"校园文化。制定《长春新区学校"悦文化"建设指导意见》，科学确定学校文化建设的原则、内容、步骤、途径。各学校全面梳理办学特色，挖掘学校文化内涵，形成学校文化建设方案。用三年时间，构建"理念鲜明、内涵丰富、活动多样、环境优美、制度完善、行为规范"的"一校一品"新区校园文化，实现管理文化、课堂文化、班级文化、学生文化、教师文化、仪式文化等的提升和重构，使学校理念生根，文化落地，形成鲜明的办学特色。

二是营造氛围，提升学校文化"软实力"。优化校园环境，加强以校园景观、文化长廊、教室布置等为内容的环境文化建设，大到主体建筑，小到每个角落，营造个性鲜明、别具特色的文化氛围；凝结精神文化，完善制度文化，创新行为文化，构建课程文化，发挥学校文化涵养功能；开展科技、冰雪运动等"九进"校园活动，积极创建文明校园、科技校园等"十型校园"，提升学校文化软实力。

三是守护生命，形成学校安全文化。进一步完善学校安全基础设施，加快学校安全信息化建设，不断提高校园人防、物防、技防、智防、联防水平；健全学校安全管理制度，深入推行网格化管理，形成学校安全工作责任体系，完善学校各项应急预案，建立良好的学校安全工作长效机制；开展生命与安全教育，开足安全课程，推动安全演练常态化，提高学生安全防范意识，增强守护生命行为的自觉，推动"安全生产宣传教育进校园"，着力构建学校安全文化。

（三）"悦队伍"建设

一是开展"树蕙"行动涵养师德。实施师德管理者"领跑者"计划，面向全区选拔优秀管理者，参加师德"领跑者"培训计划，提高师德管理者的工作能力，筑牢思想总开关；开展新区"身边的榜样教师"评选活动，遴选长春市"身边好教师"、吉林省"优秀教师"；举办师德宣讲进校园活动，用身边的榜样传递师德的力量；组织思想政治培训学习，开展习近平新时代中国特色社会主义思想系统化、常态化学习，引导广大教师坚定理想信念，提升政治敏锐力、政治方向辨别力、政治纪律约束力；开展师德学习活动，如入职承诺践诺活动、读书评选、师德演讲比赛等，引导广大教师以德立身、以德立学、以德施教。

二是开展"尔雅"行动强化学习。深化教师培养改革，构建以教师自主发展为本源、以校本培训为基础、以学校联盟为延伸、以高校协同培养为助力的教育人才培养新机制。每年一届全员全科岗位练兵，推动教师专业成长；每周一次星期四智慧教研，为教师搭建常态化的优质线上学习平台；各种专题培训，弥补了教师专业发展的短板。丰厚的学科素养、先进的教育理念和扎实的理论知识，让教师善教、悦教。

三是实施保障计划激励引领。全力打造"引人、用人、留人"的新机制，率先构建起"政策惠才、开放纳才、事业成才、待遇留才、环境育才、考核督才""六位一体"的人才队伍建设体系。选树优秀教育人才，实施教师荣誉制度，发挥先进典型示范引领作用；实行"区管校用"教师管理改革，促进教师交流，强化统一考核管理，对编制外合同制教师实行"人事代理"制度；坚持激励导向，提高班主任津贴标准，探索实行校级领导年度目标考核奖励和教师绩效奖励办法，逐步提高教师工资待遇。

（四）"悦课程"改革

一是校本特色课程，聚力学生素养提升。以国家及地方课程纲要基本精神为指导，对"三级课程"进行重组，建构具有本校特色的"悦课程"体系。如英才学校的"北湖特色课程"、西营城学校的"生态农业课程"、二实验的"科技航模课程"等，各学校细化核心素养目标，发掘各学科核心素养的渗透点、承载点，探索核心素养实践路径，从内在激发学校的生命力，推动学校不断创新发展。

二是自主选修课程，聚焦学生个性发展。以学科类课程为基础，确立了旨在经历、体验、感悟，以激发生命活力，促进学生成长的选修课程，促进学生个性化和多元化发展。学校从人文底蕴、科学精神、健康生活三个维度开发选修课程，以社团为载体，培养学生的人文情怀、创新能力和审美情趣。

三是社会实践课程，聚汇多方力量培养。打通学校与家庭、社区、社会的壁垒，为学生提供社会实践的资源和平台。充分开发新区地域文化中的隐性教育资源，依托社区、企业、文化科技场馆、科研机构、知名院校以及关工委选树的社会实践基地，开发主题式社会实践课程，如冰雪主题、社会服务主题、职业体验主题等。依据各地区的社会资源、文化资源，开发研学课程资源，积极开展"研学旅行"。

（五）"悦课堂"改革

一是着力变革课堂教学方法。切实树立"以学定教""先学后教""多学少教"的教学理念，深入开展"导学案""项目制学习""翻转课堂"等教学模式改革，引导学生自主学习、主动参与、合作探究，实现以"教"为主到以"学"为主、以教师为中心到以学生为中心的转变。

二是着力转变师生角色定位。建构民主课堂、师生平等课堂，师生互动、共同发展。注重培养学生的独立性和自主性，引导学生质疑和探究，促进学生主动地富有个性地学习，使教师成为学生学习的指导者、促进者、合作者和思想的引领者。

三是着力优化课堂教学手段。在抓好信息技术装备建设的同时，切实抓好教师信息技术应用能力提升工作，努力实现信息技术与课堂教学的深度融合。广泛开展微课、翻转课堂以及远程教学等教改实验，逐步实现教育方式、教学方法的信息化、现代化，建构学生"悦学习"环境，探索学生"悦学习"模式，推进网络环境下的课堂教学改革。

（六）"悦教研"改革

一是基于现状，建教研新领空。基于新区校际空间距离远、学科教师多寡不一、年轻教师占比大的现状和需求，以CCTALK为载体，通过开展全区全员全科全学期参与的"星期四智慧教研"活动，构建区域大教研格局，从而打破地域、学科、时间壁垒，使校际间教师充分融合，各校学科组、学科教师之间互联互通、互帮互助、共学共享。

二是区校协同，扩教研新主体。确定"星期四智慧教研"大课表，区校两级协同配合，为线上集体教研活动提供充分的机制保障。以校际轮值的方式，每周一所学校的备课组承担主备工作，其他学校线上互动研讨，教研主体由少部分教研员扩大为全体学科教师，有力推动了区域教师队伍整体教研力的提高。

三是问题驱动，增教研新效能。以问题为驱动，依据教师的需要，确定教研主题，使教师变被动为主动，鼓励教师发现问题，解决问题，通过问题研究和实践探索相结合、预设研究和生成研究相结合的方式，从而形成相互学习、共同探讨的学术氛围，极大提高了教研的实效性和针对性。

四是深度探究，育教研新思维。参照互联网思维中的七种思维方式，不断改进提升，围绕"深度教研"这一目标，深挖教师教研需求，线下精心研磨，线上精彩分享，邀请省市学科教研员及名师多次做客直播间，为提升教研品质实现专业引领。

（七）"悦德育"改革

开展以立德树人为根本的"种子教育工程"，以立德树人为根，以学生全面发展为本，积极探索学生核心素养提升实践模式。

一是开展社会主义核心价值观学习教育活动，播撒理想信念的"种子"。以学校教育为主阵地，以课程为主载体，以课堂为主渠道，利用一切教育资源、传播手段和渠道，让社会主义核心价值观进校园、进课堂、进学生头脑，把"24字"渗透到学生的日常学习生活中，内化为自觉的理想追求和基本的道德理念。

二是开展中华优秀传统文化主题教育实践活动，播撒崇德向善的"种子"。开展中华经典诵读、"我们的节日"、"写家书、晒家信"、非物质文化遗产进校园等活动，让中华优秀经典成为学生民族文化基因；开展"心中自有英雄谱"实践活动，激励学生崇尚英模、勇于担当、自强不息；开展"讲文明、树新风，守道德"实践活动，引导青少年养成崇德向善之心。

三是开展革命传统教育活动，播撒艰苦奋斗的"种子"。结合社会和历史教学，以长征精神、井冈山精神、延安精神、西柏坡精神等作为开展中小学生思想道德教育的重要内容，让学生从小认识和理解党领导人民进行革命的光辉历程和巨大成就，从小根植理想信念和革命精神，使红色基因渗进血液、浸入心扉。

四是开展生态文明教育活动，播撒绿色环保的"种子"。通过必修课、选修课、课外活动、社会实践等多种途径，强化生态文明意识，传播环境保护、资源节约的知识，使学生从小形成爱护环境、保护自然、关爱生命、节约资源的良好习惯。开展争创绿色生态校园、"环保小卫士"等活动。

四、研究的成果与成效

（一）新区"悦教育"理念基本形成

经过几年的实践与研究，系统构建起了人机协同、教师悦教、学生悦学、高质量发展的育人环境，打造出了区域办学品牌。"悦教育"是一种"初心教育"，让教育回归本质，唤醒受教育者内心对知识的热情、对成长的信心、对生命的敬畏、对美好生活的向往；"悦教育"是一种"大爱教育"，以爱育人，用"师爱"挖掘学生潜力，为学生成长和未来幸福人生奠基，实现"悦教"；"悦教育"是一种"乐学教育"，倡导快乐学习、兴趣学习，学生在快乐的环境和氛围中成长、成才，实现"悦学"；"悦教育"是一种"品质教育"，为创造儿童青少年喜欢的教育而提出的教育理念，是以学生为本、创设品质环境、践行素质教育、促进学生德智体美劳全面发展的高品质教育。

（二）探索创生了"悦教育"实践模式

1. 构建了基于核心素养的学校"悦德育"体系

一是学校"悦德育"体系的建设。充分发挥共青团、少先队组织的育人作用，开展社会主义核心价值观主题教育系列活动，传递红色精神、长征精神、中国精神。强化德育实践课程，把五育融合到实践中，促进学生全面发展。实施"长春新区中小学生上冰雪"行动，新区有国家级冰雪特色校19所、省级22所、冬奥教育示范校4所。每年一次的"长春新区校园冰雪嘉年华"活动，成为新区冰雪运动的一张靓丽名片。

二是家庭"悦德育"体系的建设。办好家长学校，实施家校联盟，积极开展"家长课堂""家长助教进课堂""家庭教育微课堂"等活动；充分发挥"长春家校共育"微信公众平台的重要作用，明确家庭教育的重要地位，发挥学校、家庭、社会三位一体的教育作用。

三是社会"悦德育"体系的建设。统筹社会课程资源，开展社会资源课程化研究。结合长春市科技型校园、科普教育示范基地、青少年科技教育工作室等创建工作，已挂牌了7个青少年校外实践基地、2个科技实践基地、莲花山滑雪场等5个冰雪实践基地。

2. 探索出了基于核心素养的"悦课堂"改革范式

一是课堂的变革——从重"教"到重"学"。以学定目标、以学定重点、以学定难点、以学定思路、以学定教法、以学定评价，将学情作为教学设计的出发点和着力点，让学生在课堂中从活动探究走向知识建构，从唤醒自信到释放灵性，让自主学习、合作学习、探究学习真正发生。

二是教研的变革——从研"教"到研"学"。通过"星期四智慧教研"云端开展"以学定教"专题研究，将集体备课的重心从研究教法转向研究学法，从研究教什么转向学什么。三年来，我们累计开展了2 300多期智慧教研活动，涵盖了中小学全部学科，教研的关注点逐渐从研"教"转移到研"学"上。基于学情建设了覆盖中小学12个学科的"码书码课"，将重点和难点知识制成微课以二维码的方式发给学生，以满足不同层次学生自主学习的需要。

三是教师的变革——从助"教"到助"学"。围绕"教材解读能力、目标任务定位能力、预习设计能力、兴趣调动能力、主体调动能力"六种能力，按照新教师、骨干教师、名优教师分层分类开展系列活动，覆盖全员的岗位练兵夯实发展基础；按需施训强化专业引领；"区校组教师"四级课题研究体系聚智赋能；各类大赛你追我赶赛出成长。

目前，慧谷学校启动"双主体"教学方法探索，英才学校首创"雁阵导学大手拉小手"学习法，尚德学校提出"双有课堂"理念，还有"走班式学习""无边界学习""云课堂学习""体验式学习""情境式学习"等学习方式的探索，"悦课堂"改革成效显著。

（三）找到了区域教育深化内涵发展的路径

以"悦教育"课题研究为引领，一手抓教师，一手抓学生，以"改变教师的行走方式，改变学生的生存状态，改变学校的发展模式，改变教育的科研范式"为目标，以"悦课程""悦教研""悦文化""悦德育"为载体，通过课堂教学研讨、跨学科跨学段跨领域课程建设探索等活动，让师生体验到学习和改革的成就感，学习型、学术型队伍不断壮大。悦智课程、悦政课程、北湖课程、科学课程、冰雪课程等独有的课程为新区学子注入了创新的基因和深刻的思想。2021 年，新区 756 名学生囊获了 712 项国家、省、市级奖项。

（四）组建了一支业务精湛的"悦教"教师队伍

通过"教—研—训—赛—评""五位一体"的培养方式开展教师队伍全面提升行动。每年一届岗位大练兵，推动了教师专业成长，涌现出 300 多名学科新秀；"星期四智慧教研"活动，最大限度地放大优质教研成果的价值，为教师搭建了优质线上学习平台；三年累计各种培训人数近万人次。高品质的培训、教研、比赛、科研让教师的教学和成长更有方向也更有深度。新区省级学科带头人 11 人，省市骨干 180 人，108 位教师被评为省、市教学新秀、精英、科研骨干，23 名教师被评为长春市"十佳"教师，427 位教师获国家、省、市学科竞赛奖 362 项。

（五）集结了优质资源，加快了高质量发展速度

引进吉林大学、东北师范大学、北京师范大学、长春十一高中等优质教育资源入区合作办学，构建起大学专业引领、政府经费与政策支持、学校自主发展的 UGS 合作办学模式。三年来，合作校运转良好，得到人民群众高度认可。9 个优质学校领航发展"1+1"协作体，形成了"以强带弱、优势互补、内涵发展"的工作机制，实现办学空间、办学资源和办学活力"三个再造"，教育质量实现整体提升。2020 年，对"领航工程"进行提质升级，四个教育联盟通过共建共享集优化方式推动了区域教育的优质发展。

五、课题进一步研究与展望

1. "悦教育"品牌特色需要进一步凸显。要不断升华"悦教育"载体，把立德树人贯彻到教育各领域，让师生体验到学习和改革的成就感；不断丰富"悦教育"内涵，全面提升学生的核心素养，促进教育质量整体提升。

2. 课题成果的推广需要进一步加强。依托网络信息技术，建立资源共享平台，加大对"悦教育"科研成果的宣传力度，促进研究成果"生根开花"。认真调研研究成果推广运用中面临的难点、热点，针对共性问题，及时调整推广应用的办法和措施，建立畅通的成果转化渠道。

"十三五"期间，新区"悦教育"硕果累累，面对新形势、新挑战，新区教育将紧紧围绕培根铸魂、启智润心，坚持点面结合，全面成熟新区"悦教育"特色品牌，全面办好每一所学校，全面实现义务教育优质均衡发展，秉承奋斗、创新、诚信、超越的新区精神，以踔厉奋发的精神状态和担当作为的奋斗姿态，起而行之，实干争先，迈向新区教育美好的未来！

"五育并举·五环相扣"区域推进教育高质量发展的实践研究

课题主持人：张玉英　长春汽车经济技术开发区教育局局长
　　　　　　王春锋　长春汽车经济技术开发区教育局副局长
课题组成员：苗春义　长春汽车经济技术开发区教师进修学校教科研部主任
　　　　　　赵　越　长春汽车经济技术开发区教师进修学校校长
　　　　　　杜静媛　长春汽车经济技术开发区教师进修学校书记
　　　　　　孟　联　长春汽车经济技术开发区教育局体卫艺科科长
　　　　　　李云涛　长春汽车经济技术开发区教育局德育干事
　　　　　　金美爱　长春汽车经济技术开发区教师进修学校副校长
　　　　　　高　飞　长春汽车经济技术开发区教师进修学校教科研部研究员
　　　　　　涂光阳　长春汽车经济技术开发区教师进修学校教科研部研究员

一、课题的提出

（一）课题研究的背景

1. 基于新时期国家教育改革发展的要求

随着国家教育改革不断走向深入，教育高质量的发展成为我们教育人的追求，而教育的高质量核心指向是"人"的高品质，培育学生品质的行动方略是"五育"并举。中共中央、国务院发布的《关于深化教育教学改革全面提高义务教育质量的意见》，其核心内容是落实"五育"并举，实现立德树人。在"五育"并举的具体实践中，我们要明确时代要求，知道为谁培养人，培养什么样的人，怎样培养人，克服德育失"真"、智育失"准"、体育失"时"、美育失"态"、劳动失"落"的现实偏差，树立核心意识、底线意识、质量意识、课程意识、协同意识、品质意识，使"五育"并举真正落地，促进学生全面和谐发展。

2. 基于基础教育根本任务的需要

《中国教育改革和发展纲要》（简称《纲要》）对作为基础教育的中小学教育提出了明确的办学要求：端正办学指导思想，全面贯彻教育方针，将"应试教育"转向"素质教育"，面向全体学生，坚持"五育"并举，培养全面发展的一代新人。要实现《纲要》的要求，实现基础教育的培养目标，必须坚持"五育"并举。在基础教育中，德、智、体、美、劳是"全面发展"的不可缺少的组成部分，每一育既有其相对独立性、特定性，又相互联系，相互渗透，构成一个统一体。

为了落实基础教育的根本任务，实现基础教育的培养目标，我们必须全面贯彻新时期教育方针，把全面发展的教育思想贯穿于学校的全部教育教学活动之中，做到坚持"五育"并举。这是一项复杂的系统的工作，需要我们付出较长时间的努力。

3. 基于区域教育改革发展的需求

（1）区域研究基础：汽开区教育发展战略是建立在区域教育独特的优势上进行长效规划和有序运行的，经过多年的研究与实践，形成了符合汽开区教育实际的发展策略和独特的教育文化。

自2001年6月教育部颁布《基础教育课程改革纲要（试行）》，拉开了新课改的帷幕至今，20多年来，汽开区教育始终坚持以办人民满意的教育为宗旨，全面落实党的教育方针，立足于区域教育教学实际，以科研为引领，统筹规划区域教育发展蓝图，以科研带动区域教育质量的提升，建立和完善了区域推进教育改革项目的运行机制，以"行政部门支持、业务部门指导、区校合作"的研究体系，推进区域教育教学改革和发展。在不同时期，体现了研究的阶段性成果和连续性成效，进而实现了四个转变：新课程改革下教学模式的研究和探索，转变了教育教学观念和思维；新课程理念下的课堂教学有效性的实践研究，转变了教育教学行为；构建区域教学质量保障体系实践研究，实现了由质量保障的单一化向质量保障的体系化发展；区域推进课程建设的实践研究，实现了由课程体系的单一化向多元特色化转变等一系列重大教育教学改革和举措，形成了以课题研究引领下的区校合力共同推进的研究体系和保障机制，促进了课堂教学质量的提高，提升了区域教育教学品质，区域呈现出乐于研究、善于研究的科研氛围。

（2）地域基础：汽开区实施"五育并举·五环相扣"的举措与汽车产业的发展和区域经济的转型升级有着千丝万缕的联系。如何培养高品质的人，如何厚植创新驱动的根基，如何发掘独具特色的汽车资源，如何让学校、家庭、社会相互融通，使之发挥"五育"并举的特有功效，"五育并举·五环相扣"无疑是一个重要的载体。新时期随着长春国际汽车城的建设与发展，区域面临转型换代，教育改革也要立足于国际汽车城的发展和建设，形成与国际汽车城发展相匹配的优质教育，"五育并举·五环相扣"区域推进教育高质量发展的实践研究有着深远的历史意义和现实价值。

（3）集优化智库建设基础：区域中小学共22所，省市区骨干教师占43.5%，区域具有一支品行高尚、业务精湛、研究能力强的教师队伍；区域有五大联盟区、学科工作站、名师工作室、学科研究组、跨学科联盟组等多种研究组织，具备集中师资优势开展研究的人力资源；区域与中国教科院、国家课程教材改革发展研究中心、东北师大、吉林省教科院、长春市基础教育研究中心等院校多次合作，形成了专业引领、同伴互助、实践研究的研究体系。

（二）课题研究的意义

目前学术界主要围绕"五育"融合的内涵与特征以及关系、价值意蕴、融合现状、实践路径等相关问题展开研究，并取得了一定成效。但梳理发现，"五育"融合研究尚处于伊始阶段，基础理论研究不足，许多研究基于"融合"本身，缺乏新的研究切入点，实践路径与评价机制不够深入。基于此，汽开区注重夯实"五育"融合的基础性研究，拓展研究切入点，加强"学校'五育'融合+区域推进策略"的研究，为"五育"并举的实施提供强有力的实施环境和条件，形成研究合力，使"五育并举·五环相扣"真正推进区域教育高质量发展，实现育人目标。

（三）课题的界定

1. "五育"并举

中共中央、国务院发布的《关于深化教育教学改革全面提高义务教育质量的意见》提出"五育"并举。"五育"并举的教育就是德智体美劳和谐发展的教育，是符合当今历史发展要求的，从人才培养上看，是符合人的全面发展的教育规律的。

2. 五环相扣

顾拜旦先生于1913年构思设计的奥林匹克运动会的会徽，将5个不同颜色的圆环寓意为五大洲的象征。五环互相交联，代表五大洲人们互相团结，向着更高更快更强的目标迈进。我们把"五育"比喻成"五环"，德智体美劳互相交融，相互促进，和谐发展，扣好学生人生中的第一粒扣子，全面实施"纽扣"教育，培养全面发展的人。

二、课题研究的设计

（一）研究目标

将"五育"并举与"纽扣教育"有机结合，开展"五育并举·五环相扣"实践研究，在"德、智、体、美、劳"教育中深化"立德、善学、健体、赏艺、爱劳""五环"相扣特色教育，促进学生全面发展、教师专业提升、学校特色发展、区域教育高质量发展。

（二）研究内容

1. 研究"五育并举·五环相扣"的内容

（1）立德善行，扣好德育"扣子"。以德育为首，融入学校教育体系之中。制订"学校推行、教师执行、学生践行"德育工作实施方案；围绕"五育并举·五环相扣"工作思路，通过思政课程、学科渗透、学校活动、家庭教育、校外教育等，实现课程育人、文化育人、活动育人、实践育人、管理育人、协同育人，达到"立德树人"的教育效果。

（2）善学会思，扣好智育"扣子"。将学校课程建设的成果转化为有效实施"深度学习"课堂教学改革的行动研究，探索核心素养导向下的"深度学习"实践策略，落实学生在教学活动中的主体地位，转变学习方式，善学会思，形成有助于未来发展的核心素养。

融合现代教育信息技术，转化教学观念，提高课堂教学质量；有效开发和整合资源，满足不同年龄段、不同层次的学生的需要和个性发展，实现高中、初中、小学、幼儿一体化教育。

（3）健体强心，扣好体育"扣子"。将学生坚持运动锻炼、乐于强身健体的积极性引导到阳光体育运动上来，提高体育素养，增强体质，增长体育知识和技能，培养学生道德和意志品质；根据学校实际，发展特色体育项目，为培养体育人才创设良好的育人环境和条件。关注学生的心理，探索有效方式对学生进行心理健康教育，形成积极、乐观、向上的心态。

（4）赏艺陶情，扣好美育"扣子"。将学生善于文学、音乐、器乐、舞蹈、戏曲、美术、书法等兴趣爱好融入文化艺术活动之中，陶冶学生高雅的艺术情操，培养认识美、体验美、感受美、欣赏美、创造美的艺术能力；强化美育课程，严格落实音乐、美术、书法等课程，开发艺术特色课程；打造美育文化，建设校园特色文化，营造美的环境；发展中华优秀传统文化艺术，传承本土汽车文化，提升学生艺术素养；开展校园美育活动，搭建平台，培养学生具有美的理想、美的情操、美的品格和美的素养。

（5）爱劳养志，扣好劳动"扣子"。出台《长春汽开区劳动教育指导手册》，指导和引领学校将劳动教育和劳动体验融入综合实践之中，发挥劳动综合育人功能，树立学生正确的劳动观点，掌握劳动知识和技能，感受劳动的艰辛，享受劳动的快乐，珍惜劳动成果，激发学生热爱劳动和劳动人民的情感，培养吃苦耐劳的精神，养成勤俭节约的习惯。

2. 研究"五育并举·五环相扣"推进策略

（1）课程建设：以课程建设与实施为载体，发挥课堂教学主阵地的作用，通过学科教学和学科渗透以及跨学科融合等策略，有效落实"五育并举·五环相扣"。

（2）区域推进：建立"行政支持、业务指导、局校两级"推进机制，形成"自上至下、自下至上"的推进体系。

（3）共同体打造：通过创建学科研究组、跨学科联盟、大学区联盟、专家研究团队、学术团队、"家校社"联盟等共同体组织，拓宽研究渠道，开发资源，形成研究合力。

（三）课题研究的方法及策略

1. 研究方法

调查研究法：通过访谈、问卷、视导等方法，对学校实施"五育并举·五环相扣"的现状进行调查，通过数据和实情进行思考与分析，从中发现问题，分析根源，寻找解决策略。

文献研究法：通过查阅、搜集有关实施"五育"并举、"五育"融合相关的研究文献，获取信息，并进行理性思考和分析，从中提炼出相关理论，把握国家、省、市文件精神，悦纳"五育"并举、"五育"融合的有价值的经验。

行动研究法：运用多种研究方法与技术，制定研究目标，规划研究内容和实施方案，寻找突破问题的途径与方法，围绕"五环"相扣，有计划地组织研究与实施，不断梳理和提升阶段性研究成果，纠偏扬正，及时调节研究方向，在行动中不断反思与提升。

2. 研究策略

实施"学校'五育'融合＋区域推进策略"，结合区域"纽扣教育"内涵，形成"理念引领、行政推进、业务指导、学校落实"的"四维"推动机制，达到全员参与研究、人人行动跟进、成果不断转化的效果。

三、课题研究的过程

（一）专业引领，把握方向

建立课题组织机构，成立汽开区"五育并举·五环相扣，区域推进教育高质量发展的实践研究"课题领导组和研究组，开展工作调研，邀请中国教科院刘芳主任以及专家对区域"五育并举·五环相扣，区域推进教育高质量发展的实践研究"课题研究进行诊断和把脉，完成方案论证，印发课题方案，召开校长工作会，加强指导与落实。

（二）整体规划，落实到位

结合区域教育的实际和特点，将区域"纽扣教育"理念与"五育"并举有机结合，整体规划区域落实"五育"并举的蓝图，将"五育"思想厚植到课程、教学、科研、管理等各个层面，为学校实施"五育"并举指出了工作的着力点；调动社会资源，打通学校、家庭、社会的边界，围绕德育、智育、体育、美育、劳动等方面，整体构建新型的教育供给与服务结构，构建服务于学生健康成长的"统一战线"，增强学生们的实际获得，将"五育"的基本素养固化在汽开学子身上。各学校成立了组织机构，明确工作职责，重点抓好基于

"五育并举·五环相扣"导向下的学校特色建设,邀请专家引领,加强探索与研究,强化教师培训,组织教师开展课题研究,形成有价值的经验,提炼实践成果,打造学校品牌。

(三)突出重点,形成特色

以区域"十大攻坚"项目为重点,将"五育并举·五环相扣"融合其中,形成了横向以项目实施为载体,纵向以"三主"建设为突破口,即教师队伍建设为"主力军"、课程建设为"主战场"、课堂教学为"主渠道"的核心思路。在育人新格局建设、育人工作体系建设、育人工作评价机制、特色育人打造等方面进行了卓有成效的探索。通过研究,建强了队伍,压实了责任,形成全员育人"大合唱";健全了体系,抓住了节点,形成全程育人"一盘棋";加强了协同联动,精准施策,形成全方位育人"同发力"。经过五年的研究,课堂主渠道作用更加凸显,教师育人能力不断提高,学校特色更为突出。在"纽扣教育"理念的引领下,"五育并举·五环相扣"导向下的学校特色文化彰显出"各美其美、美美与共"的新生态。

(四)多维培训,夯实基础

1. 专题培训

汽开区将"五育并举·五环相扣"课程建设作为一项研究,纳入校长、主任培训系列中。在寒暑假干部培训中,先后邀请中国教科院郝志军、陈如平所长,重庆谢家湾小学丁建军校长等专家进行专题讲座,针对调研中反映出的对于课程理解、课程体系建设路径等共性需求进行答疑解惑。

2. 团队研修

以读书为载体,开展全区校长共读关于"五育"并举的理论与实践研究方面的书籍,通过导读、讨论、经验分享,开展共同研究;组建教学校长研修班,开展团队翻转式研修;各教研组以校本课程开发与实施为主题,开展基于"五育"并举视角下的课程资源开发与有效利用的研修,提高了教学校长、骨干教师的研究力和指导力。

3. 挂职研修

借助教育综合改革试验区项目中的校长、骨干教师挂职培训平台,选派20余名校长、45名骨干教师赴清华附小、北京十一学校等全国最好的学校挂职学习,近距离学习优秀学校"五育"落实的经验。

4. 交流学习

借助教育综合改革试验区项目中的各项会议,参与了中国教科院各研究所举办的"海峡两岸教育论坛""课程育人创新实践观摩研讨会""未来学校建设研讨会"等会议,近距离与课程建设研究者交流关于"五育"课程建设的主张与见解,拓宽了视野,提升了格局。

(五)评价激励,促进推进

以评价为杠杆,调动学校及教师的主动发展意识,保证"五育并举·五环相扣"有效实施、深入推进。

学校管理科将"五育并举·五环相扣"的实施作为重点内容纳入学校管理中;督导室将其纳入学校评估指标中,每年开展督导检查,鼓励各校基于自身特点主动发展、个性发展。

（六）举措得力，保障运行

1. 组织保障

成立局校两级研究组，一把手亲自主抓；组建专家团队，聘请中央教科院、国家教材改革发展研究中心、吉林省教科院、长春市基础教育研究中心等院校的专家以及名师为专家组成员，定期研究和指导工作；创建研究共同体，协同研究，共同发展。

2. 制度保障

建立公开、科学、透明的评价机制，细化评价指标、考核要点，完善评价方案。建立工作督查机制，明确本项工作为当前和今后教育的重点工作，教育局相关部门定期开展专项督导检查，纳入学校年终考核，确保各项工作落实到位。

3. 经费保障

将督导检查学校"五育并举·五环相扣"的有效开展作为督学督导工作的重点，保证督学到学校督导检查的相关经费。各学校安排公用经费重点保障课题实施，严格经费监管，规范经费使用，确保资金使用效益。

四、课题研究的成果与成效

（一）研究成果

1. 形成了"五育并举·五环相扣，区域推进教育高质量发展的实践研究"课程建设系列成果。
2. 构建了"五育并举·五环相扣，区域推进教育高质量发展的实践研究"推进体系。
3. 形成了"五育并举·五环相扣，区域推进教育高质量发展的实践研究"培育体系。
4. 形成了"五育并举·五环相扣，区域推进教育高质量发展的实践研究"学校特色发展形成性报告。

（二）研究成效

1. 构建了区域"五育并举·五环相扣"培育体系

在德育方面，建立德育课程体系，形成了"以思政课建设为主渠道，融合资源，课内外结合"的策略。通过思政课程引领学生知史爱党、知史爱国，着力德育铸魂，立德树人。在各中小学打造德育课堂，组织全区师生走进爱国主义教育基地，开展爱国主义教育活动，开设"思政讲堂"、创新党课，开展"英雄人物进校园"活动，等等。通过讲好党的故事、革命的故事、英雄的故事、一汽的故事，让红色基因代代相传，以课程育人回答了"培养什么样的人、怎样培养人、为谁培养人"的教育发展的根本问题。

在智育方面，以"五育"课程建设为载体，形成了区域课程建设整体推进体系。以"区域推进学校课程建设的实践研究"主导课题带动课程建设和课堂教学改革，构建了符合区域及学校实际的课程体系，完善课程结构，开发了符合学校育人目标与教育实际的特色课程，并将课程建设与实施的研究成果运用于课堂教学之中，全面系统地挖掘"五育"教育元素，转变学习方式，注重核心素养的培养，提高课堂教学质量。

在体育方面，目前汽开区已重点打造了篮球、足球、冰雪运动等体育特色项目，完善了"课余自培、校内选培、区内精培、区外送培"培训机制，开发了特色研学精品课程，让孩子们走出校园，在体育活动与实践中成长。同时，区域深入开展"阳光体育运动"，确保学生每天校内、校外各1小时体育活动时间。

在美育培养上,普及"欣赏和创造"的理念,打造美育课堂和实践基地,让每个学生在美育熏陶中得到快乐。全区已连续举办中小学生艺术节,涵盖声乐、舞蹈、器乐、戏剧、美术、书法等专场比赛和大型艺术综合汇演等活动。各校在区域引领和推进下,每年举办师生艺术展演,为学生搭建展示艺术特长的舞台,并形成常态。

在劳动教育方面,区域出台了《长春汽开区劳动教育指导手册》,以其作为劳动教育的专业引领性文件,鼓励多维度开发劳动教育资源,多渠道实施劳动教育。同时聚焦汽车基地建设,充分利用和开发劳动教育基地,让学生体验劳动生活,增强学生实践能力。区域建立专兼职劳动教育师资队伍,深化区域劳动教育课程研究,建立课程完善、资源丰富、模式多样的劳动教育体系,助推劳动教育深入开展。

2. 形成了"五育并举·五环相扣"推进体系

汽开区牢固树立"立德树人,扣好学生人生的第一个扣子"的教育理念,立足于国际汽车城的发展和建设,形成与国际汽车城发展相匹配的优质教育。在设施上,配足满足"五育并举·五环相扣"需要的体育、美育、劳动教育等配套设施、设备和器材;在师资上,配足思政、体育、美育、劳动教育的教师,加强培训,提高专业水平;在课程上,建立学段贯通、五育融通的课程体系,强化课程管理,提高课堂效率;在机制上,完善"五育并举·五环相扣"的高效运行机制,实施区、校两级全面发展监测评价,构建学校、家庭、社区多元协同的育人体系;在成效上,打造了一批"五育并举·五环相扣"示范学校、名优校长、名师,形成具有较大影响力的"五育并举·五环相扣"实施成效。

3. 促进了学校特色发展

在区域"纽扣教育"理念的引领下,走内涵式发展之路,提升学校品质是汽开区打造区域教育特色的主旨思想,将德育、智育、体育、美育、劳动教育融合共生,采取"一核引领,两级携手,三方联合,四种机制,五育并举"的策略,即以实施"纽扣教育"为核心;区校合力共同打造;学校、家庭、社会三方联合;构建顶层设计、整体推进、融合实施、科学评价的机制;实现"五育"并举,区域教育高质量发展。目前区域形成了"一校一品,一品一特色"的教育新生态,彩虹教育、阳光教育、生涯教育、适才教育、绿色教育等学校办学理念逐渐深化,彰显了学校特色文化育人功效。

五、课题进一步研究与展望

在此课题的研究实践中,还需要根据教育规律和教育改革的发展,使"五育并举·五环相扣"整体和谐运行。

(一)建立多元评价模式。在"双减"政策下,把学生综合素质的标志性成果作为依据,建立多元化、系统科学的评价体系,从德、智、体、美、劳等多维度进行评价,特别是注重从学习能力、社会责任感和创新精神等方面发现学生的长处和短板,利用教育大数据等技术手段,为不同特质的学生制定不同标准,发挥每一个学生的特长。

(二)构建"家校社"共同治理体系。在"双减"背景下,明确"家校社"育人责任,密切家校沟通,创新协同方式,推进协同育人共同体建设。

(三)丰盈文化育人功效。进一步研究将学校文化建设与"五育并举·五环相扣"有效落实紧密相连的策略,形成学校特色育人文化,凸显"五育并举·五环相扣"在学校文化建设方面的主导地位。

基于新高考的高中生涯规划逻辑理路和实践策略研究

课题主持人：王洪杰　吉林省实验中学校长　党委书记
课题组成员：孙立文　吉林省实验中学副校长
　　　　　　纪少昆　吉林省实验中学副校长
　　　　　　吴龙军　吉林省实验中学生涯规划指导中心负责人
　　　　　　李金龙　吉林省实验中学教科研中心副主任
　　　　　　刘忠海　吉林省实验中学教务处主任
　　　　　　李翠良　吉林省实验中学工会主席
　　　　　　付俊超　吉林省实验中学政教处主任
　　　　　　高立东　吉林省实验中学课程研究与开发部主任
　　　　　　王　宣　吉林省实验中学教务处副主任

一、课题提出

（一）课题研究背景

核心素养驱动下的生涯规划教育已成为国际共识。生涯规划教育的国际化已成为未来教育的大趋势。在联合国教育、科学及文化组织等国际组织的推动下，生涯规划教育已经由职业规划教育向专业、学业和生涯规划指导的外部性即职业体验教育逐渐延伸，已成为各个学段教育贯通人的终身发展的价值选择。这一顶层设计与联合国教科文组织提出的五大素养具有内在的逻辑理路和理论基础，是关注学生可持续发展、整合各种教育资源的系统设计，是各领域教育设计纵向一致和横向一体化的核心。它涵盖了五个主要领域，即全面的学业发展、专业技能和实践能力的发展、人际合作和自我认同、专业意识和规划能力的发展、公民责任和关键能力。生涯规划教育目标层次梯度的螺旋式上升，不仅可以从横向和纵向两个层面考虑高中生涯规划课程目标的逻辑建构，而且更加强调核心素养的必备品格和技能、态度和情感等多维目标。

（二）理论意义和实践价值

1. 理论意义

生涯规划教育绝不仅仅是帮助学生选择自己合适的学科就能解决的"战术性"问题，而是一个关于推进高考引领的人才培养方式转型、构建高中教育特色多样化发展"大格局"的"战略性"问题。对高中生进行生涯规划教育，进行生涯发展指导，是教育发展到新时代对学生发展个性化需求的回应，是推动高中教育能够更好地满足这一阶段学生成长的特殊性所带来的对新教育供给侧结构性改革的需求。

2. 研究价值

一方面，在明确生涯规划的逻辑理路基础上深入推进高中生涯规划的实践研究，试图从全新的视角形成学生涯规划教育的特有模式，积累实践经验，为国内其他普通高中的学生发展指导提供借鉴的理论模式和实践成果。另一方面，借助课题研究，以点带面，引导和培养学生正确的价值观和生涯规划意识，增进学生自我设计、自我发展的内生动力。

（三）理论依据和研究综述

1. 理论依据

（1）马克思主义哲学视域下的人本主义理论。充分发挥学生的潜能和激活内生动力，让他们发现自己的优长，引导他们创造性地发展，学会有效而独特地应对不断变化的客观世界和现实生活。

（2）中华优秀传统文化是生涯规划教育的丰厚资源。从庄子的"吾生也有涯，而知也无涯"到孔子的"吾十有五而志于学，三十而立，四十而不惑，五十而知天命，六十而耳顺，七十而从心所欲，不逾矩"，这些独特的人文精神涵养着生涯规划教育核心价值观。

（3）西方的生涯规划教育理论。生涯匹配理论如帕森斯特质因素论、霍兰德类型论、职业锚理论，生涯发展理论如舒伯生涯发展理论、罗伊童年经验理论，生涯建构理论如后现代理论——焦点、叙事、教练、混沌和 ILP 全人计划（全员、全息、全程）和生涯适应理论如克朗伯兹社会学习理论，明尼苏达工作适应论和 CIP（认知信息加工）理论等都是本课题研究的理论基础。

2. 国内外相关研究综述

20 世纪 70 年代，职业教育运动在美国兴起，学校的职业生涯规划也随之兴起。到目前为止，职业生涯规划已经成为美国、英国、法国、加拿大、德国和日本学校心理咨询的重要组成部分，并形成了一个较为全面和系统的模式，加拿大、日本和欧洲在职业教育课程方面也有相当多的研究和实践。我国职业生涯教育的研究成果大多集中在高等教育阶段。我国一些中学已经开设了生涯发展教育课程，如浙江省丽水市中学已经出台了《高中生生涯规划》校本课程，但从理论到实践还不成熟，需要立足教育实践，做好基础研究工作。

（四）生涯规划逻辑理路的内涵

生涯规划逻辑理路是遵循生涯规划教育规律，在实践基础上通过整合兴趣、能力、性格、价值观、学科潜力、成长经历等生涯规划教育元素，综合分析社会和职业发展趋势，科学选择职业、专业方向，确立明确的人生目标，并对实现人生目标进行系统设计的动态过程。这一理路是生活逻辑、生命逻辑和实践逻辑的辩证统一。

二、课题设计

（一）研究目标

1. 教师们通过对我校生涯规划教育需求现状的调查，结合自己的教育实践，找到解决问题的途径和方法，从而提高教师的科研能力，提升研究品味，形成生涯规划教研风格。

2. 教师们在平常的教育教学工作中通过研究不同年级段学生的心理、性格、兴趣，结合自身成长的经历，设计出符合我校学生实际的生涯规划教育课程与活动方案，从而提高生涯规划教育的实效性。

3. 教师们通过资料的汇总、活动的反馈，形成校本特色课程，实现创建特色学校的目标，从而提升学校的教育品质。

（二）研究内容

1. 生涯规划教育的性质和基本原则

开展普通高中学生发展指导工作，要整合利用各种资源，充分发挥各种教育资源的功能。必须坚持以学生为本、以学生为中心，遵循学生身心发展的规律和特点，尊重学生的个性，在理想、心理、学习、生活、事业等方面满足学生的个性化需要。

2. 生涯规划教育指导的领域和层次

一般范畴：

第一，学业辅导促进学业发展：包括学习品质的培养、学习方法指导、选课指导及选科指导。

第二，生涯辅导促进生涯发展：包括生涯规划辅导、认识自我以及外在行业职业等生涯资讯的整合。

第三，生活指导促进个性发展，包括行为指导、学校生活适应指导、心理健康指导和人际沟通指导。

阶段性领域：

第一，是针对不同年级的高中生进行职业生涯规划教育的方法和途径研究。

第二，是针对不同年级的高中生进行职业生涯规划教育的课程内容和活动计划设计。

第三，在理论研究和实践活动反馈的基础上，编写专题校本教材。

第四，本课题的研究目标是学生对自身的理解（包括专业性格、兴趣、能力、成长中的重要事件、多元智能发展）；对职业外部世界的了解（为你想从事的职业而进行的职业面试）；明确的决策；对专业的科学选择；教师以活动和讲座的形式指导学生。

3. 生涯规划教育指导的层次：

行为指导——行为方向与方法的指导。

心理辅导——自我认知、自我悦纳、自我调适的辅导。

思想辅导——世界观、人生观、价值观的辅导，思想方法的辅导。

（三）生涯规划教育工作的运作模式

1. 开展行动研究，进行学生理想、心理、学业、生活和生涯等方面的测量与评估。

2. 结合主题教育，统整生涯发展辅导的内容。

3. 规划并完善课程体系，整合现有德育活动。

4. 结合学生身心特点，谋划生涯发展辅导的主题。

5. 创设学生发展平台，激发学生的生命智慧。

6. 围绕生涯发展辅导，创生主题教育系列活动。

7. 个别咨询和团体辅导相结合，提高对学生进行发展指导的能力。

8. 依托家庭和社会教育资源，构建学生发展指导学校、家庭、社会一体化的教育格局。

（四）研究方法与策略

目前国内很多学校对高中生涯规划教育的研究更多的是从它的必要性、重要性等方面进行理论性的研究与探索，关于如何开展高中生涯规划教育的方法和途径的研究成果不是很多。所以本课题立足本校，力图在把握国内外成功的运作模式与经验的基础上，以新课程改革为契机，以"校本课程"为载体，构建我校高中阶段可操作性强的生涯教育体系，希望能研究和探索出一些可供别人借鉴的经验。并在此基础上，探索通过发挥学生优势特长、开发生涯规划教育实践课程，统领学生高中发展和高中学习，让课程真正服务于学习，服务于学生终身发展。

三、课题研究的过程

（一）课题研究基本方法

本课题的研究方法主要有行动研究法、调查研究法、案例研究法等。在前期准备和专题训练、文献法、调查法等方面，参考相关的高中生规划文献，在研究过程中注重行动研究、案例研究和访谈研究。例如，教师引导学生顺利进行学生计划的案例研究，班主任对学生顺利进行学生生涯教育的案例，对学生进行学生兴趣测试时，采用测试方法等。

行动研究方法：我们沿着发现问题——表达问题——制定研究计划——实施行动——评估效果——持续行动和研究的道路工作。采取合作交流的方式，与教育教学相结合，保持自然性、连续性和循环性，更加注重质性研究方法。采用访谈法、观察法和客观分析法，获取自然环境中的原始研究数据，充分发挥教师在教学中的优势。

调查方法：采用问卷调查、个别谈话或与家长会面，听取学生和家长的意见和建议。

个案研究方法：针对个体学生的自我认知、学生认知、职业取向、职业选择和教育认知进行心理咨询，以解决他们的烦恼和问题。同时，根据测试结果分析和记录我的学生的性格、兴趣和多元智能，梳理过去的成功经验，同时，根据学生的变化分析自己的成长，写一份自我成长报告，作为学生职业生涯规划的个案材料。

（二）实施步骤

第一阶段：2020年4月至2020年9月：（1）建立项目——界定研究内容并收集相关信息。（2）积极组织团队，负责研究。（3）研究机构和组织开展学习和培训，形成生活规划探索的认知结果；开展研究并收集数据。（4）对家长进行调研并撰写研究报告。（5）制定和建立学生生活规划课程。

第二阶段：2020年9月至2021年7月：主要任务：（1）设计学生职业生涯规划手册，建立中学生职业生涯规划档案。（2）学校组织学生开展学生生涯规划教育实践活动。（3）指导学生生涯规划，并组织撰写论文、报告。

第三阶段：2021年7月至2021年12月：专家论证评价，深入分析研究，撰写项目研究报告，形成全面而深刻的研究成果。筹备结题会，邀请上级主管部门和有关专家听取本课题报告，接受专家评审，宣传本课题的研究成果。

（三）各阶段主要工作特点

第一阶段采用文献研究法，研究了职业生涯规划的本质特征和核心内涵，获得了相关的理论基础，界定了职业生涯规划的概念，调查研究了学校职业生涯规划的现状，以便更准确地把握学校职业生涯规划教育的现代化进程。

第二阶段通过行动研究的方法，使学生认识到职业生涯教育与自我发展的关系。了解兴趣、能力优势、人格和价值观对职业发展的匹配度，掌握探索自我特征的方法。树立积极的职业信念，提高内在的学习动机，掌握有效的学习方法，注重日常学习的积累，提高综合运用知识解决问题的能力，树立终身学习意识。

第三阶段运用问卷调查，了解职业生涯管理与决策。树立人生理想和愿望，可以制订明确可行的发展目标和计划，了解生涯资讯，整合各种内外部因素对决策的影响，掌握职业决策的方法，努力做出独立的决策。学习时间管理的方法，保持健康的生活方式，提高自我监控和调节能力，学会解决职业发展中的问题，有效应对职业发展中的变化，提高生涯决策力。

四、课题研究成果与成效

（一）本课题研究的重要理念

1. 了解职业生涯规划及其意义的途径选择。认识什么是生涯规划，理解生涯规划对人生发展的重要意义和作用，认识人生不同的发展阶段有不同的角色与任务，了解各种生涯角色的内涵及其相互关系，学习平衡生涯发展的各种角色，初步思考自己的生涯发展方向。明确高中学习与生涯发展的关系，认识到高中学习对未来职业和生活发展的重要影响，主动适应高中阶段的生活与学习方式。

2. 探索什么是我们真正从事的职业。通过探索职业世界，了解社会对人才的需求，逐步找到自己的职业目标，并探索职业目标需要的文化知识、专业技能和综合素质，为实现职业目标奠定坚实基础。知道什么是产业、行业和职业，理解三个方面的关系。体会影响产业行业兴衰的主要因素，从发展前景和趋势了解行业和职业的变迁。

3. 探索环境与社会。理解家庭、学校、社区和社会对个人生涯发展的影响，认识个人与社会的依存关系，学习利用环境资源促进自我发展。了解社会发展变化，特别是社会对未来人才素质的要求，掌握获取生涯发展信息的方法。了解职业与社会分工，认识工作的意义，了解不同的职业对个人素质的要求，形成初步的职业取向。认识大学在个人生涯发展中的意义，了解国内外大学与专业设置的基本情况，认识专业与未来职业的关系，综合自身与环境因素思考大学与专业的选择。

4. 通过生涯感知，运用职业锚理论开展生涯职业探究，把人们内心深层次价值观、能力和动力等要素整合，在未来的生涯发展中有精准的定位和最优的选择。

（二）形成以生涯规划为统领的扁平化管理运行机制，提高学校组织管理系统的效能

生涯规划为统领的扁平化管理运行机制释放了教育教学管理主体的自主权，促进了学校教育资源的优化配置，促使学校教育新生态的形成，提升了学校教学效能感和学校归属感。

依托教育实践，扁平化组织管理的实践模型结构图如下：

扁平化组织管理的实践模型结构图

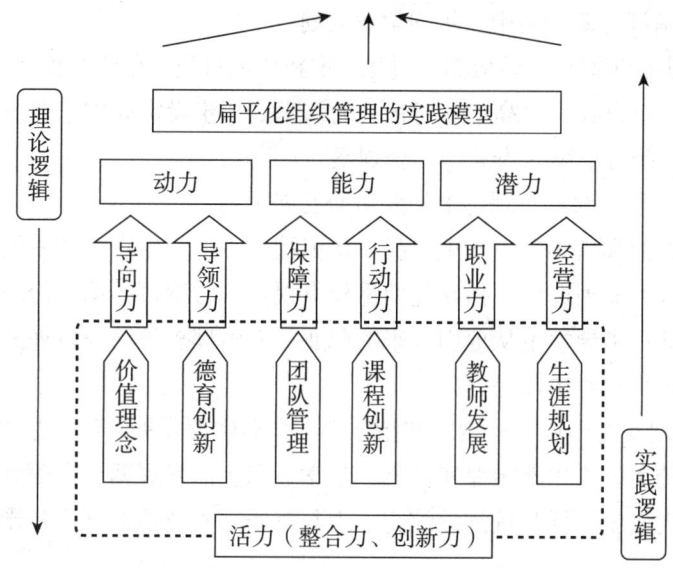

（三）立足实践开发生涯规划复合型课程，创建特色型的生涯规划课程体系

课程是学校教育的载体，课程的结构化考量着学校教育的育人品质。我校结合学校办学历史和实践，建立了基于学校特色育人目标的课程体系。重构原有三级课程，初步构建了高中生生涯发展指导的全息课程体系。

1. 课程目标

通过有目的、有步骤、系统设计地开展高中生生涯发展指导课程的教育教学活动，提升学生生涯发展的规划意识与能力，提高他们实现人生阶段目标与规划的综合素质和学力，使他们有规划、懂选择、有能力、乐学习、会做人，以明亮健康的心态面对人生，走向成功。

2. 课程内容模块

基于高中生面临的现实生涯困惑及以上课程目标，我们将生涯发展指导课程的内容分解为两大内容模块：

（1）生涯发展规划模块——帮助和指导学生学会生涯规划与调整（有规划、懂选择）

学校为学生远大的生涯开启规划航程，主要从帮助学生认识自我、认识社会和规划未来入手，切实帮助和指导学生制订、反思与调整生涯发展规划。

①认识自我指导

觉察自我，帮助和引导学生了解自己的兴趣、特点、能力和价值观，接受和喜欢自己，发现自己的长处和短处。树立自己的理想、信念、人生目标，有积极的人生态度。

②认识社会指导

A. 升学定向和升学准备：引导学生未来走向，帮助和引导学生了解高校及其院系；平衡个人专业职业发展和社会需要，专业、学校哪一个更重要，逐步明确其院系或专业范围。

B. 职业定向和就业准备：帮助和指导学生了解各行各业的特点。根据自己的兴趣和能力来确定自己未来的职业方向和领域或范围。对自己的职业及工作环境、专业要求和入职条件有深入的了解。

③生涯发展规划的制订与调整指导

通过帮助和指导学生生涯发展规划的制订与调整，使学生掌握生涯规划的规律。

A. 指导学生制订近期、高中三年的学业规划

高一学生初步认识高中、适应高中过程，重新认识自我，在新的校园环境中找回自我，学校指导学生基于对自我、对高中、对社会的认识，初步设定高中学业目标，设计高中三年学习生活规划，制订出第一份高中"企划案"。

B. 指导学生反思、调整，制订中长期生涯发展规划

通过进一步帮助和指导学生认识自我、认识社会，将学生自己的发展与社会的需求结合，结合高二年级的文理选科，指导他们重新审视高一时制订的第一份高中企划案（高中学业规划），帮助和指导学生从他们未来的职业、人生理想等终身发展的角度，思考文理定向以及高考大学与专业抉择等。

（2）生涯规划支持模块——帮助和指导学生学会生涯发展（有能力、乐学习、会做人）

学校为学生的美好人生奠定厚实基础，从学业和生活发展两个方面开展指导，帮助和指导学生提升实现人生目标与规划的综合学力与素质，支持他们圆满实现他们的人生目标与理想。

①学业发展指导，提升他们的综合学力

A. 形成正确的学习目的与态度

帮助和指导学生思考学习的意义，明确学习的目的；帮助和指导学生端正学习的态度，养成良好的学习习惯，切实遵守学习和课堂的学习规则。

B. 学会制订学习目标、计划，掌握有效管理学习时间的技能

帮助和指导学生制订学科学习目标与计划，合理分配学习时间。

C. 获得学习和考试的技能

帮助和指导学生提高听、说、读、写的能力。帮助和指导学生解决学习上的困难，弥补学习的缺陷。帮助和指导学生学会学习反思，根据各学科知识特点进行学习，不断改进学习方法，寻求合适自己的学习风格和方法。帮助和指导学生提高答题技巧与应试技能等，从容应对高中学业水平考和高考。

②生活发展指导，提升他们的综合素质

A. 适应学校生活

帮助和指导高一学生积极调整自己适应高中生活；帮助和指导高三学生适应根据3+1+2选科分班的新集体；帮助和指导学生善用课余时间，积极参加校园文化节活动、社团活动等，使生活充实和愉快；帮助和指导学生学会理财，合理用钱。

B. 获得维护身体健康的方法与习惯

帮助和指导学生掌握健康生活的方式，培养良好均衡的饮食习惯；帮助和指导学生确保人身安全。

C. 获得心理调适的方法

帮助和指导学生掌握心理健康修复的方法；缓解学业、生活上遇到的压力；调节和控制自己的情绪。

（四）以生涯规划为生长点，重构学生发展目标体系

生涯教育是一种文化，是横跨学术、企业、政府的专业课程，汇聚了生命科学、经济学、管理学、社会学、教育学、运筹学等多学科理论和智慧的整合，是高中育人方式变革的助推力。课程结构、分数结构、专业结构等的调整为学生提供了最大化的选择机会。新高考作为中国人纵向流动的公平机会将减少沉没成本，优化人才资源的配置。依托我校资源，探索多学科与生涯规划教育的有效渗透融合。引导学生根据自身的兴趣、学科能力倾向、发展潜力进行学业规划。此外，充分利用大数据分析和测评工具，在传统的班级管理方法上融入生涯规划新生事物，依据学生性格、能力特长、职业倾向等指标用计量方式以项目研究的形式呈现，完成"自我认识——学业生涯——专业选择——职业生涯"的生涯规划过程。

（五）运用霍兰德职业兴趣测评等多种测评工具，为学生提供有效的生涯指导

2021级吉林省实验中学本部学生参加霍兰德职业兴趣测评完成人数是726人。

第一兴趣代码统计

		频率	百分比	有效百分比	累积百分比
有效	A	244	33.6	33.6	33.6
	I	138	19.0	19.0	52.6
	E	126	17.4	17.4	70.0
	R	111	15.3	15.3	85.3
	C	67	9.2	9.2	94.5
	S	40	5.5	5.5	100.0
	总计	726	100.0	100.0	

根据以上测评结果分析学生所属的类型以及适合的职业，比如艺术型 Artistic（A）的职业倾向：喜欢的工作要求具备艺术修养、创造力、表达能力和直觉。研究型 Investigative（I）的职业倾向：喜欢智力的、抽象的、分析的、独立的定向任务，要求具备智力或分析才能。企业型 Enterprising（E）的职业倾向：要求具备经营、管理、劝服、监督和领导才能，以实现机构、政治/社会及经济目标的工作。

（六）在生涯规划实践的基础上，实现生涯规划教育的理论创新

课题组共同参与编写了《生涯教育》教材，组织学生进行问卷调查，并总结出《生涯教育指导》，为高一学生选科提供指导，撰写的《生涯规划教育视域下的教育策略》有很好的推广价值。完成全国教育科学"十三五""十四五"规划课题《生涯规划引领下的学校文化新生态研究》《探究式学习方式与中学生创新精神与实践能力研究》和《示范性高中研究性学习与校本课程开发整合研究》等国家级课题结题工作。编写教育部职业资格认证《1+x生涯规划教育指导》教材，《好大学高考招生与升学指导》《新高考与生涯规划》、《生涯规划指导手册》、教育科学出版社出版的普通高中实验教材《生涯发展指导》和《中学生心理健康教育研究》等著作。

五、课题进一步研究与展望

本课题的研究符合现代教育改革的大趋势。现代教育改革是一个"教育走向生涯文化"

的过程，教育管理走向"文化育人，以文化人"。本研究有助于学生了解自我、世界、社会需求与个人需求之间的关系，形成职业生涯规划和决策能力。以"校本课程"为载体，构建了我校高中生职业生涯教育的可操作性体系，并在此基础上探讨了如何充分发挥学生的优势，开发职业生涯规划教育的实践性课程，以指导学生的终身发展。制定《生涯规划教育实施方案》，在反复修改完善后，开展生涯专题讲座、生涯发展体验营等提高学生发展规划能力，形成可操作性的生涯规划教育范式，在全省乃至全国起到示范引领作用。

我校以"缘于情怀、立在匠心、形于思想、成在品质"为构建学校文化新生态的育人理念，这一核心价值观是学校生涯文化新生态的精神支柱。我们将运用生涯规划课题研究成果进一步推广，提升师生对共同拥有的学校生涯文化的强烈认同感和归属感，塑造学校的生涯文化的独特个性和品牌张力，提升学校核心竞争力。

义务教育阶段落实五育并举的实践路径探究

课题主持人：陈 杰　吉林省第二实验学校校长
课题组成员：石 馨　吉林省第二实验学校副校长
　　　　　　张海燕　吉林省第二实验学校科研处副主任
　　　　　　于 泽　吉林省第二实验学校中学部教导处主任
　　　　　　孙爱华　吉林省第二实验远洋学校中学部教导处主任
　　　　　　刘永波　吉林省第二实验学校办公室主任
　　　　　　张丽娜　吉林省第二实验学校信息中心副主任
　　　　　　张 婕　吉林省第二实验学校中学部教导处副主任
　　　　　　李丽莉　吉林省第二实验高新学校办公室副主任
　　　　　　刘艳丽　吉林省第二实验学校招生办副主任

一、课题的提出

（一）课题研究的背景和意义

国之大计，教育为本。义务教育是国民教育体系的重要组成部分。此学段跨度长达9年，是在读规模最大、学龄最长的教育阶段，是与每个家庭、每个孩子的命运息息相关的教育阶段。深化义务教育阶段育人方式变革，对切实提高义务教育阶段育人质量具有奠基性作用。

2018年9月，习近平总书记在全国教育大会上提出，坚持五育并举，全面发展素质教育，着重解决学生自身发展的不均衡性，坚持中国特色社会主义教育发展道路，培养德智体美劳全面发展的社会主义建设者和接班人。这一系列重要思想观点，为新时代中国特色社会主义的人才培养指明了方向。

目前，基础教育进入全面提高育人质量的新阶段，义务教育正从基本均衡走向优质均衡，但是过于注重分数、单纯追求升学率的应试教育模式在中小学还没有得到根本改变，青少年在很大程度上被异化为应试工具。在社会普遍追求分数的大背景下，自私自利、体弱多病、审美缺失、不会劳动等问题在中小学生身上屡见不鲜。本课题立足于义务教育阶段落实五育并举的实践路径探索，以立德树人为核心，从"教育理念""人才培养""课程建设"等维度，构建课题研究框架。基于时代新人培养，遵循五育并举的价值导向和五育之间的内在联系，重新设计与整合各种课程资源，提供满足新时代中小学生个性化发展需要的课程范式，初步构建义务教育阶段五育并举的校本育人体系，为义务教育阶段学校培养德智体美劳全面发展的社会主义建设者和接班人提供实践路径。同时本研究可以更好地把握五育并举对中小学生成长的意义与价值以及五育并举实施中存在的问题，对五育并举的实施进行全面的把握和对策建议研究。在本课题研究结论的基础上，将提出五育并举下一步实施的对策建议,提出改进策略,以更好地满足培养时代新人的实际需要,从而推动五育并举的实施,促进育人方式的变革。

(二)核心概念界定

1. 五育并举的提出

在中国近代教育史上,蔡元培是最早提出五育并举教育方针的教育家。1912年4月,身为教育总长的蔡元培提出军国民教育、实利主义教育、公民道德教育、世界观教育和美感教育"皆今日之教育所不可偏废"的五育并举的教育思想。当时的五育与现在的五育并不完全相同。1999年,中共中央、国务院《关于深化教育改革全面推进素质教育的决定》发布,指出"以培养学生的创新精神和实践能力为重点,造就有理想、有道德、有文化、有纪律的德、智、体、美等方面全面发展的社会主义建设者和接班人"。2018年全国教育大会上,中共中央总书记习近平首次提出要"培养德智体美劳全面发展的社会主义建设者和接班人",明确了德智体美劳五育并举的教育方针及其时代要求。

2. 五育并举是培育时代新人的行动方略

中共中央、国务院《关于深化教育教学改革全面提高义务教育质量的意见》(以下简称《意见》)是未来较长一段时间义务教育学校的基本遵循和纲领指南。综合分析《意见》中的"坚持立德树人、坚持五育并举、强化课堂主阵地作用、建设高素质专业化教师队伍、深化关键领域改革、加强组织领导"六个重点。不难看出,五育并举是培育时代新人的必然路径,是《意见》的核心内容,其余四项均为落实五育并举、实现立德树人的保障要素。坚持五育并举,是落实素质教育、培育时代新人的基本保障。

二、课题的设计

(一)研究的目标

1. 科学提炼学校五育并举的实践路径

加强构建五育并举育人体系,充分发挥德育、课程、科研、心理、家庭教育等方面工作的育人功能,挖掘育人要素,完善育人机制,优化评价激励,强化实施保障。

2. 切实提高教师实施五育的实践能力

通过推行理论学习、层级培训、推广典型经验、开展现场研修、树立成长榜样等方式,切实提高教师实施五育的实践能力,培养一支高素质、专业化、创新型的教师队伍。

3. 全面提升学生综合素质,培养时代新人

提升学生的综合素质成为教育在新时代最需要解决的也是最重要的问题。统筹课堂学习和课外实践,强化实验操作,建设书香校园,培养学生创新思维和实践能力,提升人文素养和科学素养,创造适合每个学生发展的教育。

(二)研究的主要内容

1. 关于五育并举育人体系的构建

初步构建"崇德""益智""健体""尚美""乐劳"五育并举的育人体系。

2. 关于五育并举校本资源的开发

积极推进中小学九年一体化课程体系建设,打破学科内部、学科之间乃至学段之间的堡垒,初步形成方向正确、内容完善、学段衔接、载体丰富的五育并举课程体系,力求让

九年一贯制的育人优势更加凸显。

3. 关于五育并举实施策略的研究

五育并举，全面发展并不等于平均发展。在未来社会中，全面发展并且学有所长的复合型人才，其社会适应性和生存竞争能力更强，发展潜力和成功概率也更大。学有所长、业有所专才能更好地服务社会。积极探索五育并举的实施策略，逐步实现五育并举的规范化、实效化、常态化，努力形成全方位育人的工作格局。

（三）研究的方法和策略

1. 研究的对象

吉林省第二实验学校的相关教师以及一至九年级全体学生。

2. 主要研究方法

本研究主要采用文献法、行动法和经验总结法等多种方法进行课题研究。

（1）文献研究法：查阅国内外有关五育并举的学术论文、相关文件、方针政策等方面内容，分析相关成果，找到本研究的理论基础。在梳理基本概念及相关理论的基础上，提出研究的问题，并与我校现有情况对比相关政策落实情况，分析、总结义务教育阶段五育并举的实践路径。

（2）行动研究法：将五育并举实践的具体改革行动与研究工作紧密结合，在课题研究中，依据不同学生的年龄和性格特点，根据学校的教学设备和资源，在不同学段设计相适应的活动和课程。根据学校教师进行五育并举校本课程资源开发与利用的具体情况，还有学生在利用五育并举校本课程资源时的表现，实行边执行、边评价、边修改的行动研究，并在此过程中不断地探索、完善，让学生在校园生活的各个环节中自然浸润于"德智体美劳"五育之中。

（3）经验总结法：根据五育并举实施策略的研究，创建适应于五育并举实施的评价体系，对吉林省第二实验学校义务教育阶段五育并举的实践路径研究进行归纳与分析，使之系统化、理论化，总结和推广学校关于五育并举校本课程资源的开发与实践经验。

3. 研究策略

本课题研究采取学校统筹布置、各部门参与实践的方式进行，组建了由校长、德育副校长、中层管理者组成的研究团队，以学校发展主导课题的方式进行推进，上下一盘棋，目标明确，重点突出。以德育教学活动为重要突破口，不断推进课题的研究。

三、研究的过程

两年来，课题组能够克服困难坚持研究，在实践中总结出义务教育阶段五育并举的实施策略，初步构建"崇德""益智""健体""尚美""乐劳"五育并举的育人体系，并在学校教育教学实践中不断尝试，取得良好效果。具体研究情况如下：

（一）研究初期，认真准备，未雨绸缪

自课题立项以来，课题组严格按照计划进行研究，首先经过充分准备，召开课题开题会。然后召开课题组成员会议，明确分工和职责，课题负责人陈杰校长在会上重点强调了课题的实效性，把课题研究过程中容易出现的情况提前进行明确和预防，保证课题研究的顺利开展。研究初期，课题组经过多方调研，再次明确了目前阶段五育并举在落实过程中遇到的亟待解决的问题。

国内外对于五育并举教育思想的研究并不少见，五育中各个方面的研究也都取得了极大的进展。但是在我国，由于在较长时间内升学制度未有实质性变革，因此素质教育整体发展缓慢。重智育，轻德育、轻体育、轻美育、轻劳动教育的情况及五育割裂的情况并没有真正得到有效解决。2018年9月，习近平总书记在全国教育大会提出，坚持五育并举，全面发展素质教育。义务教育阶段全面实施素质教育必须坚持五育并举，这方面的理论研究颇多且结论明确，然而却缺少五育并举教育理念在义务教育阶段实践的路径探索，客观存在"说"与"做"两张皮现象，与国家要求存在明显差距。如果不能及时解决这些问题，培养时代新人将无从谈起。坚持问题导向，亟须通过推进个体学校育人方式的变革，构建五育并举的校本育人体系，进而进行经验复制与推广，以破解和应对上述问题。

（二）研究中期，及时调整，深入研究

在研究进行过程中，课题组各主要负责人能够深入教育教学一线，搜集材料，跟踪研究的对象，当遇到研究的瓶颈时，及时召开课题组会议进行研讨，帮助大家进行梳理。同时在会上分享成功经验，再次投入到实践中进行验证。

1. 开展五育并举德育活动

从"崇德""益智""健体""尚美""乐劳"五个方面开展精品德育课程建设。以五星学子争星向上，成就少年中国朝气蓬勃。以课程为载体达成师生身心健美、生命和悦。

2. 开发五育并举校本资源

开发并实施统整课、项目式学习和STEM实践课，为适应不同学习风格、学习方式、学习节奏的学生设计有过程、有体验、有思考的学习路径。

3. 深化五育并举教学改革

积极探索更为精准、高效的课堂，全面提升教育教学质量，实现由学科本位到学生本位的转变，由被动的学习者到主动的探究者的转变，引发学生真实性学习，让学校变得更加富有特色和生命力。

4. 创建五育并举评价体系

考试评价向考查学生能力和学科素养转变。在关注学生学业成绩的同时，有利于提高学生的道德素养，发现和发展学生多方面的潜能，了解学生成长中的需求，帮助学生认识自我、建立自信，促进学生个性化发展，提升学生的健康品位和审美能力，培养学生的实践和探究能力，力求使每个学生都成为身心健康的人、人格健全的人、学有所长的人。

5. 加强教师队伍建设

通过召开全校大会向教师传达五育并举的相关政策和精神，在意识层面统一思想。然后通过各层级的专题培训明确研究任务，抓取身边熟悉的教师典型向大家推广经验，利用寒暑假派教师到省外培训学习。通过大量的理论学习和教育实践，切实提高了教师实施五育的实践能力。

（三）研究后期，总结归纳，推广实践

课题开题至今，课题研究取得了突飞猛进的进展，大家将研究的策略在实践中应用，根据每一次活动调整下一步具体策略。通过学校教育教学活动的开展不断对义务教育阶段落实五育并举的实践路径进行探索。初步构建"崇德""益智""健体""尚美""乐劳"五育并举的育人体系,提升学生的综合素质,统筹课堂学习和课外实践,强化实验操作,建设书香校园,培养学生创新思维和实践能力,提升人文素养和科学素养,创造适合每个学生发展的教育。

四、课题研究成果与成效

(一)研究成果

1. 以品德教育为核心,构建了五育并举的校本育人体系

落实立德树人,注重品德教育是落实五育并举的首要前提。我们不能培养出一些"长着中国脸、不是中国心、没有中国情、缺少中国味"的接班人。争夺青少年的斗争是长期的、严峻的,我们不能输,也输不起,坚持将品德教育融入教育教学全过程。重点是加强学生的品德修养,教育引导学生培育和践行社会主义核心价值观。重点是增长学生知识见识,教育引导学生珍惜学习时光,心无旁骛求知问学,增长见识,丰富学识。重点是培养学生奋斗精神,教育引导学生树立高远志向,历练敢于担当、不懈奋斗的精神,做到刚健有为、自强不息。重点是增强学生综合素质,提高学生综合能力、创新思维。

几年来,全校教师积极探索五育并举的实践路径,以立德树人为核心,逐步梳理总结出五育彼此之间存在着的相辅相成、相得益彰的内在联系;基于时代新人培养重新设计与整合了各类课程资源,初步架构了满足新时代中小学生个性化发展需要的课程范式,初步形成了开放包容的人才培养模式,初步完成了义务教育阶段五育并举的校本育人体系的构建。坚持"在坚定理想信念上下功夫""在厚植爱国主义情怀上下功夫""在加强品德修养上下功夫""在增长知识见识上下功夫""在培养奋斗精神上下功夫""在增强综合素质上下功夫"。少代会、学代会、红歌会、班队会,升旗式、入队式、成长式、毕业式,让学生在有限的教育时空中获得更多、更美好的生命体验,开创了学校全方位育人的新格局。

2. 以三大课程为基础,实现了课程资源供给的转型

推动课程建设,优化课程供给是落实五育并举的基本路径。学校将针对创新课程建设与育人方式变革进行专项调研。按照多元智能的理论,人的智能结构普遍存在个性差异,每一个生命个体都有学习、进步、发展的潜能。学校将立足于德智体美劳五育,构建以文化基础课、兴趣拓展课、实践创新课为基石的三大课程群,为学生提供丰富、多元、可选择的课程资源,体现了教育供给的有效性、精准性、创新性。以社团课程、实践课程、创客课程、统整课程、项目课程为中心,构建多层次、交叉性、科学化的课程结构,找到适合每一位学生成长的"跑道",每名学生按照自己的能力、兴趣和未来规划来选择个性化课程,将选修课程全面纳入课表,与国家课程形成有效对接、有机融合,为不同学习风格、学习方式、学习节奏的学生设计有过程、有体验、有思考的学习路径。课程资源供给的转型与升级不仅促进了学生的个性发展、教育质量的全面提升,更推动了学校的创新发展、内涵发展。学校连续召开八届的朝阳区大学区教研联动暨学校"砺志杯"课堂教学展示活动,打破校际堡垒,在教育理念、课程体系、文化建设等多方面实现我校优质资源的辐射推广与合成再造。

3. 以教学改革为契机，建立了以学生为本的新型课堂组织模式

深化教学改革，提高教学质量是落实五育并举的中心环节。树立科学的质量观，把促进人的全面发展、提升综合素质作为衡量教育质量的根本标准。建立以学生发展为本的新型教学关系，改进学习方式，变革组织形式。坚持教学相长，注重启发式、互动式、探究式教学，引导学生主动思考、积极提问、自主探究，真正让学生回到学习生活的中心地带。以碎片化知识为对象、以识记为主要手段的浅层学习已经难以满足人才培养的需求，以做中学、经验学习、高阶思维培养为特征的深度学习时代已经来临。实现由学科本位到学生本位的转变，由被动的学习者到主动的探究者的转变，引发学生真实性学习。

4. 以评价制度为导向，形成了以综合素质评价为主的创新评价体系

创新评价制度，构建评价体系是落实五育并举的重要基石。综合素质评价更有利于全面反映学生的发展状况，是促进学生全面发展的重要举措。从国家层面也多次出台政策，积极推进中小学生综合素质评价改革。几年来，吉林省第二实验学校一直在进行评价制度创新，通过构建五育并举评价体系来进行有效尝试。实践中不断强化评价对促进学生全面发展的重要导向作用。强化对学生爱国情怀、遵纪守法、创新思维、体质达标、审美能力、劳动实践等方面的评价。从学校实际出发，完善综合素质评价实施办法，建立学生综合素质评价信息管理系统。考试评价向考查学生能力和学科素养转变，根据学生的年龄特征，开展朗读、口语测试。增加涵盖科学、社会、审美、品德等内容的综合素养测试。完善大型考试质量会商，借助云阅卷的大数据分析，形成年级质量分析、班级质量分析、任课教师质量分析、学生自我分析四维分析模式，科学查找问题，及时调整节奏。在关注学生学业成绩的同时，有利于提高学生的道德素养，发现和发展学生多方面的潜能，了解学生成长中的需求，帮助学生认识自我、建立自信，促进学生个性化发展，提升学生的健康品位和审美能力，培养学生的实践和探究能力，力求使每个学生都成为身心健康的人、人格健全的人、学有所长的人。

5. 以队伍建设为保障，营造了生机勃勃的绿色育人生态

促进专业发展，强化队伍建设是落实五育并举的根本保障。教师发展是学校发展的基本前提。树立一批以德施教、以德立身的教书育人楷模，深入推进师德建设，努力营造生机勃勃的绿色育人生态。继续开展精准化培训，包括先行者的经验培训、管理者的理念培训、同行者的交流培训、合作者的网群培训和实践者的现场培训。新技术正在改变着学生的认知方式，正在改变着学习的系统生态，新技术井喷式发展倒逼教育从封闭走向开放。创新是应对发展环境变化、增强发展动力、把握发展主动权、实现高水平发展的根本之策。深入开展精准化培训，全面提升教师专业发展水平，努力提升全体教职员工的认同感、归属感、使命感。同时关注教师的心灵感受，将外控式管理转变为跟进式服务，为每位教师建立专业发展档案，让教师拥有更多的获得感、幸福感与成就感。

6. 以家校联合为助力，形成了良好的家校育人氛围

加强家校联合，形成良好氛围是落实五育并举的拓展和延伸。家校联合是完成学生教育过程的最佳路径。让五育并举教育理念走进家庭教育是新时代中国特色社会主义思想的新要求。培养德智体美劳全面发展、能够担当民族复兴大任的时代新人，是家庭教育必须

配合教育工作者完成的根本任务。所以，学校通过家长委员会的引领、家长会上的培训、学校主题活动的参与，首先让家长认同学校的五育并举教育理念，并在教育路径上取得共识，让家长在孩子的教育过程中充分发挥引导、督促和协助的作用，从而使教育效果实现最优化。

（二）研究成效

1. 全面提升学生的综合素质

通过该课题的研究，遵从五育并举的育人体系，学校开展了丰富多彩的德育教学活动，主题内容浸润心灵，活动形式喜闻乐见。德育铸魂、智育提质、体教融合、美育熏陶、劳育促进，五育融合的教育使学生得到了全方位的锻炼，综合素质不断提升。每一年在各级各类大赛中崭露头角，摘金夺银的学生大批量涌现，初中毕业的学生深受上一级学校认可。

2. 全面提升教师的教研能力

学校通过各种方式的师资培训，全面提升教师的专业理论水平、实践能力、执教能力、科研能力、社会服务能力和师德素养。老教师睿智沉稳，中年教师教学技术娴熟高超，青年教师朝气蓬勃，积极进取。教师们在做好本职工作的同时，积极参加各级各类教育教学活动，并在活动中取得骄人成绩。在省市名师评选活动中，我校共有43名教师入围并取得好成绩。校级小课题研究热情高涨，目前已经结题400余项。多项国家级、省市级课题也能够按时完成研究任务并结题。70多位教师的论文公开发表在省级、国家级刊物上。

五、课题进一步研究与展望

本课题研究以品德教育为核心，构建了五育并举的校本育人体系。以三大课程为基础，实现了课程资源供给的转型。以教学改革为契机，建立了以学生为本的新型课堂组织模式。以评价制度为导向，形成了以综合素质评价为主的创新评价体系。以队伍建设为保障，营造了生机勃勃的绿色育人生态。以家校联合为助力，形成了良好的家校育人氛围。切实提高教师实施五育的实践能力，培养一支高素质、专业化、创新型的教师队伍。全面提升学生综合素质，培养时代新人。下一步课题组还将会在课程体系的建设方面加大研究力度，以此来丰富五育并举课程体系，力求使五育并举的实施更加完备顺畅。

新时代文化树人的探索与实践研究

课题主持人：杨天笑　长春市十一高中校长
课题组成员：杨大宇　长春市十一高中教科研主任
　　　　　　刘丽娟　长春市十一高中党委书记
　　　　　　辛万香　长春市十一高中教学副校长
　　　　　　刘贵波　长春市十一高中德育副校长
　　　　　　马德刚　长春市十一高中后勤副校长
　　　　　　吴连群　长春市十一高中副校长

一、课题的提出

（一）课题研究的背景

1. 国外研究现状

国外教育虽没有"文化树人"的提法，但是传承文化和发展文化仍然是教育的基本内容，培养人、完善人、发展人仍然是教育的基本使命，现将当今世界几个主要国家"文化树人"的概况说明如下：

（1）美国学校在文化教育内容方面是围绕公民教育进行的。美国文化教育的目标呈多元化、多样性的特点，强调健全人格和个人完善，政治性要求寓于学校发展之中。

（2）日本中小学的《学习指导要领》规定，学校中的文化教育必须通过学校全体教育活动进行，并安排了大量的课程来落实文化教育的目标。日本通过丰富的文化类课程来打造符合国家价值导向的国民。

（3）德国学校文化教育的内容有：个人行为的文化教育；人际关系的文化教育；社会和职业的文化教育。德国学校文化教育的根本目标是要培植民族精神，树立民族自信心、民族自豪感，灌输爱国主义教育。

（4）法国学校文化教育经历了一个从宗教教育到道德教育再到公民教育的过程。法国学校文化教育主要内容包括五个方面：人权教育、民主生活、国家政体、爱国主义教育和伦理道德教育。法国的文化课程设置在公民课的基础上，把文化教育的任务分散在各学科中。

（5）和其他几个国家相比，英国在文化教育课程的设置上比较随性，并没有专门的文化教育课，不过由于文化传统底蕴浓厚，所以完全可以依靠各学科自发的价值观渗透来完成文化育人的目标。

综上所述，世界上几个主要国家在教育上都非常重视"文化树人"，无论在培养目标上，还是课程设置上，都能看到国家意志的影子。尽管培养方式上这些国家各具特色，但是在"为国育人"这一价值导向上，各国都是一致的。

2. 国内研究现状

教育界较早有以文化育人、立德树人的提法，"文化树人"这一提法比较新颖，是十一高中在概念上的创新，"文化树人"与"立德树人"相关而不同。国内关于"立德树人"的文章最早出现在 2008 年 11 月 13 日《光明日报》上由李希影写的《立德树人乃教育之根本》一文中，最早出版的著作是 2009 年 3 月 1 日上海人民出版社出版的翁铁慧编写的《立德树人：党的十六大以来〈上海高校思想政治教育探索与发展〉》一书，本书是对上海高校近年思想政治教育实践探索的一种梳理、回顾和总结。

我们认为，国内的"立德树人"研究停留在对实践经验和方法的总结上，理论研究不够深入，对现实教育特别是基础教育的指导性不够强，亟待加大研究力度。党的十八大明确提出，要把立德树人作为教育的根本任务，这与我校 15 年前提出的"树人教育"是相合的。如今，我们将树人教育升级为文化树人，就是要通过文化传承、文化习得、文化反思、文化批判、文化自觉、文化自信等学习活动，来内化文化的价值，发展文化的理解能力，形成文化意识、人文情怀和文化实践素养，最终实现师生文化性发展。

3. 发展动态分析

无论是国内教育还是国外教育，都绕不开"为谁培养人""培养怎样的人"以及"怎样培养人"这个主题，都绕不开对文化的传承与发扬，也必然绕不开对文化树人的探究。如今，我们正经历世界百年未有之大变局，要想在这样一个时代领风气之先，迎来中华民族伟大复兴，教育就更要振兴，而文化树人必将是新时代落实立德树人教育根本任务的校本探索，是新时代树人教育的重要实现方式，其研究前景广阔，推广与运用价值极大。

（二）课题研究的意义

1. 理论意义

本课题旨在探究基础教育层面文化树人的可能性与可行性，将通过研究构建起十一高中"文化树人"的理论体系，形成具有十一高中特色的创新性的教育理论范式，并通过影响和带动区域教育理论探索与发展，丰富和充实为党育人、为国育才的新时代教育理论。

2. 实践意义

本课题的研究与实践既是对数十年来十一高中树人教育基本经验的总结与提升，又是对十一高中优良办学传统的弘扬与发展，由树人教育上升到文化树人，育人途径广泛而又明晰，以文化树人指导的办学实践将更有前瞻性、引领性和可操作性，这将为新时代立德树人教育使命的达成提供典范意义和普适意义的实践，从而深刻改变学校教育生态，培育出新时代文化学校的实践创造力、未来发展力和核心竞争力。

3. 本课题要解决的问题

我们开设本课题，主要是研究如何在高中进行文化树人的理论建构，并开展行之有效的行动。同时，借由十一高中进行的课题研究成果，向长春市其他兄弟学校进行辐射和推广，以产生更大的社会效益。

二、课题研究的设计

（一）研究目标

以"文化树人"为总体目标，具体分为：

1. 完善健全《文化树人的理论与实践》研究体系，扎实推进"文化树人体系"在"本体""供给侧""需求侧"三方面"三位一体"的研究。

2. 完善健全长春市十一高中课题建设体系。

（二）研究内容

1. 扎实推进"三位一体"的研究。"本体"研究着力于办学理念、办学目标、办学宗旨、办学原则、教学策略、学校精神六方面的确立与丰富。"供给侧"研究要落实"六大改革""三大保障"，"六大改革"即"以分部、国际部建设为核心的办学体制改革，以职称制度和分配制度为核心的内部治理改革，以三观教育为核心的德育改革，以核心素养为核心的课程改革，以走班教学为核心的教学改革，以两依据一参考为核心的评价改革"；"三大保障"即"教师队伍建设、资源建设、党的建设"。"需求侧"研究则着力于"全体发展、全面发展、个性发展、自主发展、终身发展、多样发展"。

2. 在主导课题《文化树人的理论与实践》研究引领之下，确立4个一级子课题，分别是：

教学部门的主导课题：《新课程新教材实施的探索与实践》

德育部门的主导课题：《学生发展指导的理论与实践》

党建部门的主导课题：《教师信仰的确立与养成》

校外工作部主导课题：《托管学校标准化建设实践》

在这四个部门子课题之下，还有为数众多的校本小课题作为强有力支撑，从而形成了一个由全校主导课题，到部门主导课题，再到校本小课题的三级课题体系。

（三）课题研究的方法与策略

1. 研究方法

行动研究法：在研究中，参加课题教师要边研究边行动，边行动边研究，既注重研究结果，更强调研究过程，不断地发现问题，解决问题，反思总结，提高自身素质，增强研究和实施课题的能力。

经验总结法：本课题研究主要以教育经验总结法为主，着重于序列化、系统性的内容研究，辅之以文献法、个案研究法、行动研究法等。

文献研究法：搜集整理有关文化树人的资料，为现实研究提供依据。

2. 研究策略

以完善健全《文化树人的理论与实践》研究体系和完善健全长春市十一高中课题建设体系为抓手，扎实推进"文化树人体系"在"本体""供给侧""需求侧"三方面"三位一体"的研究和六个一级子课题的研究，部署好研究团队，确立好阶段研究目标，抽丝剥茧，循序推进，最终取得成果。

三、课题研究的过程

《新时代文化树人的探索与实践》是十一高中的主导课题。文化树人是统领全校发展的指导思想。在学校领导及课题组的指导下，我们全校各部门都开展了文化树人的实践活动，并取得了丰硕的成果。

（一）高位引领，综合研讨集中集体智慧

学校提出"树人"教育理念已有20余年的时间，比国家提出"立德树人"的教育根本任务整整早了15年。因此,"树人"教育的思想在全校深入人心。但是相比之下,"文化树人"的思想对于有些教师来说就有些陌生,为了从高位引领全校师生,学校进行了多轮研讨。老师们深入讨论了自己对于"文化树人"这一概念的理解,并提出如何将文化树人思想落实到自己的本职工作中。

德育部门、党务部门、校外工作部门也纷纷组织同样的活动支持学校对于"文化树人"教育思想的宣传和引导。通过半年左右的时间,全校上下统一了认识,纷纷开展了与本部门工作相关的"文化树人"的理论研究与实践活动。

(二)任务分解,有的放矢开展部门工作

为了确保学校主导课题的顺利展开,学校先后开展了多次课题研讨会,讨论了学校总体主导课题的研究方向、研究内容、人员组成及研究步骤,并对课题研究资料进行了初步收集。

为了更好地落实学校总体主导课题的研究任务,学校在主导课题下设置了六个部门主导课题。分别是:教学部门的《高考评价体系下的备考策略研究与指导实践》、教学部门的《新课程新教材实施的探索与实践》、教学部门的《指向新高考改革的高中教学管理研究》,德育部门的《学生发展指导的理论与实践》、党务部门的《以"四大信仰"提升师生的精神世界》、校外部门的《基于文化树人背景下的小初高一体化育人方式的实践与研究》。

(三)发动基层,小课题研究形成有力支撑

任何课题研究想要落到实处,都离不开基层群众的支持。为了有力支撑学校主导课题的研究,全校各部门纷纷设立各自的子课题,逐步开展了各领域的相关课题研究。

其中,教学部门总共组织设立了42项校本小课题,分别从新课程、新教材、新高考等方面开展了课题研究;德育部门组织设立了13项校本小课题,分别从生涯规划、全员导师、心理健康、学业指导等方面开展了课题研究;党务部门以党支部单位组织设立了5项校本小课题,分别从凝心、铸魂、强基、固本和服务等五个方面开展课题研究。校外部门以十一高中托管学校为单位组织设立了7项子课题。分别从不同学段之间的衔接、学校不同管理工作之间的衔接等方面进行了课题研究。

(四)核心素养,入心入脑入教材入课堂入试卷

学校通过多轮教学研讨活动,一致认为培养学生的核心素养是落实"立德树人"教育根本任务和落实"文化树人"教育思想的关键环节。因此,两年来,学校一直坚持开展以"核心素养"为主题的教研活动。全校九大高考学科先后开展了三轮核心素养主题教研活动。

第一轮活动,我们研究的是核心素养进教材。学校提出,站位大单元备课,立足小单元教学。学校以大单元教学为抓手,将九大学科的知识分拆打散,并重新排列组合,形成更加适合学生认知结构的教学单元。一线教师在集体备课活动中将这些教学单元再进行详细分解,重点讨论如何开展教学才能更好地培养学生的核心素养。每位老师的教案上都有单元教学设计和核心素养培养路线图。学习目标和达标目标始终在场。

第二轮活动,我们重点研究核心素养进课堂。强调真正以学生为学习活动的主体,让学生自主学习,自主阅读,自主讲解,从而让课堂成为真正以文化"树人"的地方。通过一系列实践及总结,学校找到了一条建立核心素养在课堂教学落地的链条:即"围绕目标、

基于情境、问题导向、追求供需。教学评思行一体化"。

第三轮活动，我们重点研究核心素养进试卷。习题和试卷是检验学习成果的主要途径。如今高考非常强调在试题中体现核心素养。我们也研究如何将试卷真正打造成为培养学生核心素养的利器。

四、课题研究成果与成效

在充分论证的基础上，我们把办学的着力点定位在文化上。文化不可逆转地进入我们的教育生活，文化树人不可替代地成为新时代树人教育的重要实现方式。以下是我们的课题研究成果。

（一）文化树人的基本内涵

所谓文化树人，就是通过文化传承、文化习得、文化反思、文化批判、文化自觉、文化自信等学习活动，来内化文化的价值，发展文化的理解能力，形成文化意识、人文情怀和文化实践素养，最终实现师生文化性发展的教育方式。

（二）文化树人的发展定位

1. 文化主张

从教育使命上，我们提出为国家立心、为时代铸魂。弘扬社会主义核心价值观，弘扬以爱国主义为核心的民族精神，弘扬以改革创新为核心的时代精神，弘扬长春精神和学校精神。

从育人过程上，我们提出要聚焦文化传承、文化实践、文化创新。要促进学生和文化相遇，要在师生对话中传承文化，要在学生自主学习中传承文化，要在师生深度学习中创新文化，要在学生综合实践中创新文化。

从课程建设上，我们提出古今中外一切文化都是课程资源。要依据新课程标准来落实课程，要根据学校培养目标来整合课程，要在教育教学过程中动态生成课程。要充分挖掘课程的文化元素，建立知识学习与优秀的、先进的历史文化、民族文化和传统文化的联结，充分展现知识应有的文化背景、文化思维方式、文化价值观。

从课堂教学上，我们提出把课堂作为文化实践的主战场。要建构基于供需的课堂，基于思维的课堂，引导学生理解文化、进入文化、反思文化、内化文化，为文化自觉而教，为文化自信而教，让文化学习真实发生，让深度文化学习成为现实。

从师资培养上，我们提出引领教师成为文化使者。教师要有正确的文化价值，要有广阔的文化视野，要有深厚的文化情怀，要有跨界的文化理解。

从学生发展上，我们提出实现文化性发展。要以四大发展为抓手，促进学生知行合一，把优秀的文化元素持续转化为学生的行动自觉，让文化启迪学生生命智慧，让文化素养得以表现和丰盈。

2. 办学目标

把学校建设成具有学校特色、长春气质、中国灵魂、世界水平的文化高中。

学校特色：以金手指工程和金钥匙工程为核心的学法特色。以三五七名师工程和卓越教师成长工程为核心的师培特色。以学府工程和文化高中建设工程为核心的学术特色。以四自工程和关键能力建设工程为核心的学生发展特色。

长春气质：贾市长提出的四个要求，核心是要求建设有历史的学校。梁局长提出的四个典范，核心是争做文化传承的典范。黄局长提出的三个站位、四个一流、五个坚持，核心是坚持高站位，主要强调政治站位和文化站位。

中国灵魂：立德树人是根本任务，习近平新时代中国特色社会主义是指导思想，弘扬中华优秀文化，弘扬以爱国主义为核心的民族精神和以改革创新为核心的时代精神，弘扬社会主义核心价值。

世界水平：吸纳人类文化精髓，瞄准全球教育巅峰。创全面发展之优，示个性发展之范，奠自主发展之基，铸多样发展之态。

文化高中：高中办学要从文化中来，要沉浸在文化中，要归于文化里。文化高中要有六个向度追求：向内要有文化理想，向外要有文化视野，向上要有文化使命，向下要有文化精神，向前要有文化创新，向后要有文化传统。

要把学校建设成文化殿堂：处处有读书之声，处处有博览之品，处处有创新之光，处处有优雅之韵，处处有运动之风，处处有仁爱之举，处处有英雄之气。

3. 培养目标

总的培养目标是把学生培养成具有国际视野和创新精神的中国特色社会主义建设者和领导者。

进一步分解为基础性目标、发展性目标、卓越性目标。

基础性目标包含三个方面，分别是基础知识、基本能力、基本品质。

发展性目标包括三个方面，分别是核心知识、关键能力、必备品格。

卓越性目标包括三个方面，分别是国际视野、领导能力、创新精神。

（三）文化树人的行动策略

1. 用文化传统接续未来

传统是学校的丰厚底蕴，是文化的重要标志。学校的改革与发展都是分阶段的，每一个阶段都是在前一个阶段基础上转型升级而成的。

早在20多年前，谢名奇校长把五程序学习法升级为金手指工程，教会学、会自学成为十一高中的优良传统。

15年前，张殿平校长把自觉性教育原则升级为树人教育理念，树人教育成为学校最鲜明的特色。

10年前，朱杰校长把艰苦奋斗的学校精神升级为"勤劳·智慧"的学校精神，学校精神成为最磅礴的教育力量。

7年前，党的十八大提出把立德树人作为教育根本任务，学校树人教育特色变成全国教育主流。

多年来，我们把金手指工程升级为金钥匙工程。把学法21条细化为三个认真、三个百分百、三先三后一总结、五个环节、三个公式、三重境界，为新时期课堂教学进一步转向以学生为中心奠定了坚实的基础。

多年来，我们把三五七名师工程升级为卓越教师成长工程。以每月一次汇报课为总抓手，优化青年教师的教学基本功；以每学期一节研究课为总抓手，提高骨干教师的带动作用；以每年一次文化论坛为总抓手，增强特、高级教师的示范效应；以每学期一次的班主任教育主张论坛为总抓手，提高班主任教书育人本领。这为新时期教育改革提供了强大的师资保障。

多年来，我们把学府工程升级为文化高中建设工程。建设有信仰、有视野、有担当、能改革、人民满意的学校，坚持六大文化主张，让师生在文化的殿堂里自由舞蹈。

多年来，我们把四自工程升级为能力建设工程。基本能力：运算能力、表达能力、价值选择能力、合作能力。关键能力：阅读能力、逻辑思维能力、批判性思维能力、创造性思维能力、领导能力。进一步明确了新时代十一高中培养未来社会领导者的核心能力结构。

2. 用文化价值重组课程

我们以文化价值为横轴，以学生培养目标体系为纵轴，建构了18类宏观课程，54类微观课程，形成了长春市十一高中网格化课程体系。

这个课程体系是开放的，随着新课程标准的推行，特别是国家对社会主义核心价值观的高度重视，我们对课程体系中的一些关键环节进行了深入挖掘，实现了学校课程的校本化、生本化、多样化、一体化和生活化。

3. 用文化使命引领德育改革

我们把为国家立心、为时代铸魂作为我们的文化使命，来引领新时代学校德育改革。

具体而言，就是牢记我们的文化使命，以社会主义核心价值观作为支撑，深入挖掘知识的文化基因，充分滋养学生人性，启迪学生心智，润育学生德行，觉醒学生灵魂。

我们坚定不移开展理想信念教育，把理想信念教育作为德育工作的第一任务，把家国情怀作为学生的第一核心素养，把英雄情结作为学生的重要核心素养。

我们深入持久地推动师生文化性发展。坚持知行合一的原则，坚持五育并举的原则，坚持实践体验的原则。不折不扣地做好师生身心两健工作。持之以恒提高学生领导能力。加强学生干部队伍建设。鼓励学生组织丰富多彩的社团活动。搭建领导能力锻炼平台。

4. 在文化实践中深化教学改革

我们在教学中充分彰显教学的文化属性，创设了优良的隐性文化环境，细致入微地调节了教与学的关系，从而让学习真正发生。

学校推行金手指工程，围绕着理解、反思、创造三个维度，设计了学法21条，形成了系统的认知促进体系。

5. 强化关键能力的培养

无论高考要求、文化发展要求，还是国家需求，无一例外地指向阅读能力、逻辑思维能力、批判性思维能力和创造性思维能力，这是文化高中建设过程中必须着力提升的四大关键能力。

对于阅读能力，我们重点是引导学生提高阅读速度，强化理解能力。

对于逻辑思维能力，我们重点是引导学生运用综合、归纳、观察等一系列方法，敏捷地反应，迅速地分析，快速地找到核心，在最短的时间内做出正确的选择。

对于批判性思维能力，我们重点是把质疑作为起点，把系统分析、论证、计算作为过程，把得出更有说服力的解答作为结果。

对于创造性思维能力，我们重点是把跨界作为基础，把好奇心和想象力作为方法，把价值取向作为保证。

6. 依托文化使者铸牢办学根基

文化使者需要有坚定的理想信念、宽广的文化视野和执着的教育追求。

从观念上，我们坚信文化是用来育人的；从操作上，我们循着校本化、生本化、多样化、一体化建设自己拿手的、学生喜欢的课程。把凝心·铸魂作为德育基本观念，深入推动理想信念教育、家国情怀教育、英雄情结教育。

五、课题进一步研究与展望

长期以来的文化建设，让我们放眼看世界、昂首进社会、通透悟人生，认清了自身文化的优缺点，对传统文化进行了现代诠释，对接了国家重大教育改革，我们做到了文化自觉。

长期以来的文化建设，让我们高度认同了树人教育思想，实践了新时代六大文化主张，懂得了供需，知道了批判，开始了创造，建构了新时代学校办学体系，我们坚定了文化自信。

长期以来的文化建设，让我们增强了"四个意识"，坚定了"四个自信"，做到了"两个维护"；学校更加和谐、更加自由、更加温暖；我们培养了三十余名特级教师和正高级教师，培养了八万多优秀学子，五百多名学生考入北大清华，学子们遍及大江南北，成为祖国各行各业的中流砥柱；学校成为北国名校；我们实现了文化自强。

任何一项伟大工程都不可能是一蹴而就的。正所谓"十年树木、百年树人"。文化树人这一工程必须长期不懈地坚持下去，方能看到实效。未来我们十一高中会在业已取得的文化树人业绩的基础上，继续深化改革，继续探索文化树人的高效方案，为新时代中国特色社会主义文化的大发展大繁荣贡献自己应尽的力量。

基于学生个性成长理念的教育实践研究

课题主持人：李晓天　长春市第六中学校长
课题组成员：薛红利　长春市第六中学教学副校长
　　　　　　孙　爽　长春市第六中学教研主任
　　　　　　宁晓辉　长春市第六中学教务主任
　　　　　　乔　妍　长春市第六中学德育研究中心主任
　　　　　　邹立峰　长春市第六中学教务主任
　　　　　　赵凤华　长春市第六中学教师发展中心主任
　　　　　　王　伟　长春市第六中学青年教师专业发展学校主任
　　　　　　马春艳　长春市第六中学骨干教师专业发展中心主任
　　　　　　齐永先　长春市第六中学教务主任

一、课题提出

（一）课题研究的背景

1. 从社会发展现状来看，个性成长是生存之道

不管是经济发展还是文化交流，能创新、会选择已然成为时代对人才培养的基本要求。

2. 从国家发展趋势上看，个性成长是强国需要

个性育人是为国家的发展培养社会功能人才，服务于国家的政治、经济发展。当前，我们全面实施素质教育，推进课程改革和高考改革就是为了使学生们自由地发挥个性，为中华民族的伟大复兴培养创新型、专业性人才。实现这一目标最主要的途径就是加强对学生实行个性化教育，培养学生的独立个性。

（二）课题研究的意义

1. 从教育的基本功能上看，研究个性成长是教育之本

首先，是社会发展的需要。教育本质是有目的的培养人的社会活动。面对人的身心差异，探寻个性成长是尊重教育规律的必然，需要个性化教育。

其次，是学生发展的需要。结合《国家教育事业发展"十三五"规划》《国家中长期教育改革和发展纲要》，教育部关于考试招生改革总体方案和高考改革等要求，探寻个性成长是实现教育发展战略的必然选择。

2. 从学校的发展历程上看，研究个性成长是生存必须

在学校60几年的发展历程中，无论是按照学生成长规律施教的初期，或是自主教育日趋成熟的现在，我校始终坚持的质量观就是为了每个学生全面而有个性的自主发展。

目前我校的自主教育已经形成了完整的理论和实践体系。在完善自主教育的同时，我们对个性化教育进行系统深入的实践和研究，是推动学校内涵式发展更进一步的需要。

（三）界定个性成长的内涵

个性成长，是指学生在一定的社会环境和教育模式下，遵循自身自然素质，依据社会需求和个体发展需要，增强独立意识，提升自主能力，形成创新精神、独特气质和优秀品格，促进自身全面发展的教育实践活动。

二、课题研究的设计

（一）研究目标

结合学校育人理念和个性成长的内涵，我们认为个性成长育人的实施原则，一是要体现科学性：立足学生不同的特点和天赋，想方设法了解和分析学生个体之间的不同，采用有针对性的教育形式。二是要体现多样性：为不同类型、不同层次的学生，创设适合其成长的教育方式，满足学生多样化需求。三是要具有全面性：智育和德育要同步开展，学校、家庭、个人和社会要协同推进。

因此，我们确定本课题的研究目标是：走进学生心灵，唤醒学生潜能，通过研究，找到具体的个性化教育的实施途径，使个性化教育具有可操作性。增强学生创造力，促进学生个性发展、全面发展。具体包括：

1. 德育方面：形成有助于促进学生个性成长的德育科学理论体系；摸索出适应学生个性发展且行之有效的德育行动模式；构建好激励学生个性成长的德育评价体系。

2. 智育方面：建成符合学生个性成长需求和当前教育发展趋势的课程体系；探索出有助于学生个性发展的特色课堂教学模式；打造好助力学生个性成长的专业教师团队和评价体系。

3. 协同方面：促成有利于学生个性成长的家、校、社会一体化教育途径。

（二）研究内容

1. 促进学生个性成长的德育研究

开展个性化的价值观教育，打造学生优秀品德；提供个性化的职业生涯规划教育，培养学生独立技能；优化个性化的德育课程设计，提升学生个人素养；进行个性化的德育评价，塑造学生健全品格。

2. 完善学生个性成长的智育研究

深化个性化学科课程建设，开辟促进学生个性成长的多元路径；探究个性化课堂建设，营建促进学生个性成长的特色环境；完善个性化成长的教师团队，保障学生个性成长教育的专业性。

3. 促进学生个性成长的协同育人研究

持续拓展家、校、社会一体化教育实施途径。

（三）研究策略和方法

1. 研究策略

本课题的研究立足于教育实践，突出学校主导和学生主体的实践目标。多维度、多角度协调教育资源，开发适合学生个性化发展的课程体系，开设个性化的课外活动，搭建多彩平台，让每一个学生学有所长、体验成功，使他们的性格、兴趣、情感、爱好得到充分、自由、和谐的发展。

2. 研究方法

（1）对于研究内容、研究对象等主要运用文献研究法，并辅之以调查法和访谈法。通过查阅和搜集有关学生个性发展、个性化教育教学等方面的研究文献，并利用问卷、访谈等方法，在掌握课题研究内容和对象的基本信息及基础资料的基础上，通过进一步的对比分析，寻找解决策略。

（2）对于研究活动设置和具体操作模式的研究，运用行动研究法和实验法，并辅之以比较法。充分利用教育教学实践，有计划地实施研究活动、深入对比和分析研究数据，及时调整和完善研究方法，逐步探索有效的个性成长的育人实施策略。

（3）对于成果的整理，则在上述研究的基础上采取归纳研究法。主要是针对研究方法和研究成果，认真整理、积累和归纳，进而提炼出有利于符合学生个性发展且行之有效的教育教学体系、方法和途径。

三、课题研究过程

本课题研究分三阶段开展：

（一）第一阶段：侧重统筹规划，广泛深入调研，明确研究方向

本阶段为准备和初始阶段。课题组通过调查问卷和回顾已有经验，分析研究个性化教育的方向，搜集相关的研究资料，明确德育、智育、协同三方面研究方向，并制定研究方案。

德育层面：确立价值观教育的核心地位并明确价值观教育的基本目标。将善、孝、礼和雅作为学校的传统价值观，解决如何做人的问题，将自主踏实作为学校的现代价值观，解决如何生存的问题，将爱国爱党爱校作为学校的信仰价值观，解决精神归属的问题。

智育层面：一是面向全校倡导全课程理念。明确学校无小事，事事是教育，样样皆课程。确定课程目标是：为每一个学生的自主发展提供个性化服务，让学生在多种可能性中学会选择，发展理解、思考和批判能力，以满足学生个性成长需求。二是构建教师专业发展框架。对学科组、骨干教师、青年教师及班主任队伍的发展方向，提出要求。

协同层面：广泛听取包括家长、校友在内的各方意见。确定借助家长委员会、校友等多方力量，最大限度探索协同教育的可实施路径。

（二）第二阶段：侧重研究实践，扎实推进落实，展开研究行动

本阶段为实施阶段。首先，通过开展聘请专家来校指导、作报告等活动，组织课题组成员学习理论、展开研讨、交流及观察学生个性发展情况，为课题开展的行动研究打好理论基础。其次，根据行动研究方案，全面落实研究实践。

1. 开展助推学生个性成长的德育研究

（1）开展行为规范养成教育，培养学生良好的个人素养。一方面，在《长春六中学生行为规范养成教育路线图》的基础上，制定系列规范制度。让学生在日常学习、行为、生活、活动中不断反思、自我纠偏，养成终身受益的良好习惯。另一方面，落实系列活动。如：挖掘多种教育载体（自主主题升旗仪式、自主间操、快乐体育、阳光体育、自主主题班团会、学生反思日记等），创设多种教育情境（寒暑假学生社会实践调查报告会、学生读书报告会、学生社团活动、青年志愿者义务劳动、学生家庭生活作业等），加大督促和检查力度（班班有文明监督岗，人人有反思日记，学生会干部参与学校的日常行为规范的

检查、食堂管理和寝室管理等）。

（2）开展动力教育，培养学生个人能力。学校制定《长春六中动力教育路线图》。组织有针对性、有教育意义的活动（成人仪式、志愿者活动、自主升旗仪式、班会等），不失时机地对学生进行责任教育、感恩教育、理想前途教育。

（3）开展信仰教育，培养学生个人品德。学校开展包括国学课程、主题班会和传统节日活动等在内的系列信仰教育活动。

2. 开展助推学生个性成长的智育研究

（1）借助课程改革，深化智育个性成长。学校将校本课程归纳为基础拓展课程、兴趣特长课程、个性发展课程三类。使选修课程的功能定位更明确，指向性更清晰，与新高考的要求更契合。如开发机关王、机器人、理化生探究实验、地空实验等创新课程。

（2）研究个性化学科教学，突出智育个性成长。课题组开展以学科核心素养为指导的教学设计。以核心素养为主线，打破课程边界，实现课程融合发展。比如，中医课程涵盖了中医、中药、保健、国学多方面内容，模联课程涵盖了交流、沟通、国际理解、表达等多方面内容，农村社会实践课程涵盖了劳动、写作、调查、社会责任感等多方面内容。

（3）多路径培养，助力学生个性成长。继续坚持多样化办学、多路径培养，满足每个学生的发展需要。比如科技方面，通过开展中学经典实验、机器人实验、地理气象研究等活动帮助学生多元化发展、多样化成才。

3. 开展助推学生个性成长的协同教育

为能全方位提升学生个人能力和素养，促进学生更加健康的身心发展，我们与学生家庭和社会单位广泛合作。

（1）家庭层面

通过成立家长委员会、开办家长学校、实行家长坐班制等保持与家长的沟通，与家长集体诊断，解决学生成长的阶段问题。

（2）社会层面

一是与高校合作，引入发展课程；二是与校友合作，引入校友课程；三是与公安局、派出所合作，引入安全课程；四是与工厂、基地合作，引入实践课程。

（三）第三阶段：侧重提炼深化，深挖细研，完善研究效果

本阶段为深化和总结阶段。课题组一方面分析研究状况、完善现有研究工作。同时，总结经验，并进一步探索新的研究思路。

1. 进一步开设个性化德育课程

（1）落实个性化的职业生涯规划教育。

首先，构建职业生涯教育机构。成立"教育质量监测中心"，设立由体质监察室、运动监察室、心理监察室、德业监察室、学业监察室组成的生涯规划室。

其次，开展生涯规划课程建设。根据各年级特点开展生涯规划课程，充分利用综合评价室的资源，通过校本教材《高中生生涯规划指导手册》等平台指导学生进行"自我判断、环境评估、自主规划、自主实施、自主完善"，帮助学生认识自我发展的潜能和条件，寻求自身的生涯发展方向。

（2）开展促进个性成长的心理健康教育。我们确定了心理健康教育的保障功能。明确全员参与形式。

第一，学校开设了心理咨询室、发泄室；建立了学校学生心理协会，培养心理委员；通过召开班会、聘请专家讲座等形式的活动，对个别行为习惯有偏差、道德习惯有偏差、心理有问题的学生进行个性化教育。

第二，在班级中培养心理委员，成立心理协会，形成师生共同参与的立体教育网络。

第三，开展心理健康讲座、沙盘等各类心理教育活动，助力学生心理健康发展。

2. 进一步落实个性化的德育评价

实行多元化德育评价机制。如将班级分为放心班级、优秀班级、示范班级；将个人分为校园十星、优秀学生、时代先锋等。

3. 进一步研究个性化课堂，优化智育个性培养

（1）开展了"四型课堂"建设，促进学科核心素养在课堂的落实。打造自主课堂、思维课堂、文化课堂、高效课堂。

（2）建立学生综合素质评价体系，使其成为学生评先选优的依据。

4. 进一步打造专业学科教学团队，保障智育个性成长

通过落实"25322"教师专业发展体系，打造保障学生智育个性成长的专业教师团队。通过研究《多样化背景下学校校本课程建设》《新课程背景下教学评价的探索与研究》《普通高中生涯发展指导的实践研究》等课题，提升学校个性成长研究科研能力。

四、课题研究成果与成效

在不断的探索中，我们对个性成长育人模式有了一定程度的了解，已经建立起了基本的观念体系、操作体系和实施路径，学校促进学生全面发展、个性成长的探索也取得了喜人成果。

（一）确立了个性成长理念

对个性成长育人模式的研究，进一步完善了学校自主教育的理论体系和实践模式，进一步明确了学生的进步和学校的主动内涵式发展的基本方向和主要实施策略。学生个性成长的理念在师生、家长心中生根发芽。

（二）形成了个性成长育人模式

形成了涵盖课程改革、学生价值观教育、课堂教学改革等在内的促进学生个性成长的育人模式。

主要包括：

1. 进一步落实了全课程理念，形成了校本化、生本化、多样化、学程化、微型化、一体化校本课程体系，为学校课程改革的深入，进一步形成五育并举的新课程体系奠定了基础

2. 开发了包括《生涯规划课程》《共创课》在内的个性化课程

（1）规定了职业生涯规划的定位。即：学生生涯指导教育，在长春市第六中学自主教育的思想体系中，定位为在教师的指导下，自我设计未来，自主规划人生，明确发展路径，确保自主发展有方向。

（2）进行了生涯规划课程开发。结合学生发展实际和课题研究实践，我校先后开发

出校本教材《高中生生涯规划指导手册》（学生版）、《高中生生涯规划指导手册》（教师版），手册的合力使用对学生的生涯成长起到了较好的助推作用。

（3）在开发生涯规划课的基础上，申请并成为市级课题《普通高中生涯发展指导的实践研究》的二级课题实验校，在课题开展过程中，我校又创造性地把部分课程与我校"共创成长路"项目理念及形式相结合，使得生涯规划的课堂更为生动活泼，也收到了更为积极的教育效果。

3. 构建和落实了"124589"价值观教育特色德育体系，实现了文化育人

内涵为：一个中心，以价值观教育为中心，将善、孝、礼和雅作为学校的传统价值观，解决如何做人的问题，将自主做实作为学校的现代价值观，解决如何生存的问题，将爱国爱党爱校作为学校的信仰价值观，解决精神归属的问题；两个保障，即心理健康教育和生涯规划教育；四项评价，即班主任评价体系、学生评价体系、班级评价体系、团队评价体系；五自要求，即学习自主、心理自尊、性格自强、行为自律、生活自立；八种核心品质，即爱国、守法、文明、勤奋、自主、合作、创新、感恩；九大主题教育活动，即行为规范养成教育月、学雷锋活动月、感恩教育活动月、艺术节、体育节、科技节、学科节、读书节、研学旅行。

4. 创新了多元学生评价体系

确定了体现激励性、互动性、多元性和独特性的评价原则。以促进学生发展为根本目标，通过教师、学生、家长、同伴等多方参与，德、智、体、美等多角度考核方式，促成让评价者和被评价者都参与、都认可的评价结果。

形成了学生自我评价、家长民主评价、同伴互助评价和教师当面评价的多元评价模式，学生更客观全面地认识了自己和世界。

制定了包括《长春六中学生行为规范养成教育路线图》《长春六中学生行为规范考核细则》《长春六中学生德业修分细则》《长春六中学生礼仪常规》《长春六中学生自主手册》等在内的多样评价标准。

构建了学生成长导航、值日班长日志、综合素质评价、示范班级、校园"十星"评选等多重评价机制，搭建了更多的评价平台。仅在"践行六大规范先进班级、先进个人"的表彰中，每年就会有300余名学生、20多个班级分别获得"校园十星""践行六大规范先进个人""践行六大规范标兵"和"践行六大规范先进班级""示范班级"称号。

多元体系框架下的学生评价，让学生在日常学习、行为、生活、活动中反思自我、学习他人，极大地提升了他们的自信、能力和素养。在这一过程中，不仅学校的各种规章制度得以贯彻落实，学生的思想、心灵也得到了洗涤和净化，促进了自身全面而有个性的健康成长。

5. 打造了助力学生个性成长的"四型课堂"体系

自主课堂的教学主旨是合作交流、自主驱动、自我内化。体现在：学生自动、小组互动、师生联动。要求教师创设足够的时间与空间，使学生能够自主思考、自主推理、自我反思、主动内化。

思维课堂的教学主旨是聚焦问题设计，形成有效思维。体现在：从问题开始，按问题

展开，以问题结束。要求教师准确把握学生的思维起点，将思维目标与学科教学目标结合起来，以真实的问题情境设计为重点，通过发现问题、提出问题、分析问题、解决问题、产生新问题五个步骤，在综合运用知识技能，解决现实问题的过程中，发展学生的思考力、判断力、表达力及人格品质。

文化课堂的教学主旨是知识传授与社会文化生活联系，培育核心素养和核心价值观。体现在：着力于与学科知识相联系的生活情境的设计，着力于知识再发现的过程，引导学生走进生活，走向社会。要求教师善于挖掘教材内容的文化内涵，善于进行学科融合，开阔学生视野，提升学生文化底蕴。

高效课堂的教学主旨是供需要求关系恰到好处，让效益最大化。体现在：教学实施落实落细，求精求深，强化学生自身认知，学生参与状态、知识掌握状态、目标达成状态都能达到最佳。要求教师本着尊重差异、发展个性的原则，优化课程内容，突出重点，聚焦节点，突破难点。

6. 形成了"25322"教师专业发展体系

即依托两个载体，一个是青年教师专业发展学校，一个是校刊《自主教育》；打造五种培训，即高端培训、校本培训、名师论坛、主题式三环节备课、师德论坛；坚持三个认定，即首席教师认定、A型教师认定、潜能教师认定；强化两项展示，即"青蓝杯"青年教师教学技能展示、"秋实杯"骨干教师教学风格展示；推进两项工程，即全员小课题研究及实践工程、全员原创题探究工程。全程贯彻的是立德树人、师德为先的原则，使教师队伍建设成为全面落实学生个性成长和发展的巨大助力。

（三）促成了多样化办学成果

1. 教学成果显著

学校持续在高考中取得突破，一次又一次地演绎"低进高出，高进优出"的佳话。学校设计开发了多路径学生发展大道，和东北师大、长春师范大学、长春中医药大学、体育学院、艺术学院联合办学，为学生提供多样化的学习选择和成才路径。

2. 全体发展成为现实

每个学生都有目标，都在为目标奋斗。体育、艺术、科技、职业得到了进一步的发展，释放了巨大的潜能，形成了学校一个又一个发展优势，带动了学校整体发展。

五、进一步研究与展望

在对此课题进一步思考中，我们发现还有诸多地方需要不断完善。表现在：一是对个性成长内涵认识还不够深刻，有些方面还停留在表面，没能达到实际效果，需要再进一步挖掘。二是个性成长育人模式的探索还不够深入，工作做了一些，但总结和提炼得不够细致和全面，没能发展成更有效的策略。三是对个性成长育人模式的创新还不够，方式方法还有些保守，没能形成亮眼特色。

因此，我们还将继续在以下方面进行探索：一是深入挖掘个性成长教育的实施策略，二是完善个性成长教育的实施路径，三是开发个性成长教育的发展方式。

自主教育、个性成长是学校的基本办学理念，我们对它的研究永远不会止步。未来，我们将一如既往地不断探索、深入研究，为师生发展和学校腾飞继续努力。

"成长教育"引领学校多样化办学的理论实践与研究

课题主持人：刘　君　　长春市第七中学校长
课题组成员：吝永清　　长春市第七中学教科研主任
　　　　　　杨光辉　　长春市第七中学书记
　　　　　　杨　东　　长春市第七中学教务主任
　　　　　　郭　蕊　　长春市第七中学德育主任
　　　　　　崔岩峰　　长春市第七中学电教主任
　　　　　　张　洁　　长春市第七中学心理中心主任
　　　　　　张　宁　　长春市第七中学年级主任
　　　　　　龚丽娜　　长春市第七中学年级主任
　　　　　　车　婧　　长春市第七中学团委副书记

一、课题的提出

（一）"成长教育"办学特色的理性提出

1. 从社会和时代发展对学校教育的需求上看

随着科学技术的日新月异，随着人们对美好生活的期望不断提高，随着教育改革的不断深入和教育自身的不断发展，学校教育也进入了一个新的阶段，尤其是作为基础教育最后一个学段的高中教育，更应紧跟时代的发展。高中教育不仅要关注文化知识的教育、关键能力的教育、核心素养的教育，还要关注人的成长过程的教育，更要关注人的生命的教育。

2. 从教育发展规律和人的成长规律上看

蒙台梭利说：促进生命——让它自由地发展、展开——这便是成长。这是每一个教育者的首要任务。著名教育家杜威认为"教育即生长"，而"教育即成长"是在对杜威"教育即生长"认识基础上，对教育本质的另一种理解，对教育定义的另一种阐述，对教育实践的另一种探索。

3. 从学校现实和学校发展方向上看

长春七中是吉林省重点高中，在长春市直属高中居于中位，属于二类高中，学校位置在宽城区腹地，周边同类校较多，学校发展面临诸多挑战，在生源较差、硬件设施现代化装备不完善、缺乏名师的情况下，百年老校要实现向百年现代名校的迈进，唯一的出路就是学校走内涵特色发展之路。

（二）选题意义和研究价值

1. 选题意义

第一，是适应新时代教育发展的需要。我国新一轮的高中教育综合改革已经开始，新课标、新教材、新高考给我们带来了新的考验，各种教育思想不断地碰撞、交流、融合给我们的教育带来了更多的选择,长春市教育局基础教育提升工程也进入了第三阶段,学校的发展站在了历史的新起点上,迎来了新的发展契机。

第二,是适应新时代学校高质量发展的需要。《国家中长期教育改革和发展规划纲要》明确指出:"把促进学生健康成长作为学校一切工作的出发点和落脚点"。客观地审视我校发展现状,目前存在的主要问题有:一是学校课堂教学改革进入瓶颈期,"生本化"课堂教学模式需要深化落实;二是学校教师队伍缺乏学科领军人物和骨干教师,缺乏科研型、专家型的团队引领;三是学校生源整体水准偏低,但培养目标定位过高,毕业出口视野狭窄单一,办学特色不明显;四是在新的工作绩效和薪酬制度变革中,教师队伍的团队精神和职业态度有待提升。

第三,是适应新时代学生全面而有个性的精准发展的需要。学校开展成长教育引领学校多样化办学的理论实践与研究,就是要全面贯彻党的教育方针,按照党的十八大报告提出的"深化教育领域综合改革"总体要求,进而形成适合七中师生的特色化的发展愿景:让每一个生命个体都得到尊重和发展,让每位学生都能享受到学习的快乐和成长的喜悦,让每名教师都能享受到职业的尊严和创造的幸福。

2. 研究价值

理论价值:通过课题研究,进一步明确成长教育的内涵,探索形成培育新时代中学生(身心健康、适合社会生活、能够自食其力、追求幸福生活)的教育理论体系,真正把学生作为生命体,从生命科学出发,全面揭示生命的意义,提高生命的价值,挖掘生命的潜能,激发生命的内在动力,让学生自理、自律、自学、自强,为学生终身可持续发展奠基。

实践价值:通过课题研究,明确师生如何把外在的帮助成长和内在的自主成长有机结合起来,逐步达到内在的自主成长,如何在学生、教师、学校和谐发展的过程中,实现学生的终生可持续发展,探索促进学生全面而有个性的精准发展的实践路径,形成适合二类高中学生的可复制、可发展、可创新、可推广的教育实践体系,让师生发展过程中的每个细节都精彩,真正做到以人为本,提升师生生命质量。

二、课题设计

(一)研究目标

秉承"办人民满意教育,为每个学生未来发展奠基"的教育理想,发扬"自信、自强、务实、创新"的学校精神,力争把学校办成居同类学校先进水平的、特色鲜明的优质高中,为实现"让每个学生全面而有个性的精准发展"七中教育梦想而努力。

1. 在成长教育理念下,探索多样化的教师发展模式,促进教师专业发展。

2. 在成长教育理念下,深化课堂教学改革,深入研究"3411"成长课堂。

3. 在成长教育理念下,探索开发多元的校本课程,形成学生多元发展理念。

4. 在成长教育理念下,探索积极多样的德育途径,围绕"立德树人"根本任务,努力形成学生积极的价值观教育的"大德育"模式。

(二)研究内容

基于成长教育理论,研究学校课程建设、教学策略、德育管理、教师发展等教育教学的实施路径和实施策略。为改进学校教育现状,促进学校现代化、高质量、有特色的发展,根据人类对自身发展需要，我校提出了"成长、成人、成功"的教育理念，并将成长教育作为学校的主题教育进行理论和实践研究，找准学校发展的基点，进而完善学校教育理念，改进学校教育策略，提升学校办学质量。

1. 探索形成多样化的教师发展模式

教师是学校发展的源泉与动力，通过学校搭建各种平台，实现教师梯队培训、专业成长，引导教师开展教学研究，撰写教学反思，边读书、边学习、边实践，不断提高教育教学的实效性。结合学校小课题研究，将实验成果理论化，促进教师专业成长。

2. 探索形成多样化的校本课程体系

形成教育无小事、事事皆课程的全课程理念，建立与成长教育相适应的课程体系，深入整合课程资源，实现课程体系多样化、特色化和拓展化。

3. 探索形成多样的课堂教学模式

在学校原有的创新教学模式的基础上，探索成长课堂的"生本化"教学模式，提升学生成长动力，促进学生自主发展；优化原有的教育教学模式，通过构建自主课堂、结构课堂，积极促进学生自主学习方式的转变，建立小组合作、生生互评等教学评一体化模式。

4. 探索形成多样化育人德育模式

德育是教育的灵魂，形成成长教育下的具有穿透、怡养、觉悟、历练的德育效应，树立"体验感悟、触动心灵"的德育思想，把学生培养成为"品德好、品行优、品位高"的具有理想信念、自主自强的现代公民。创新德育实践的有效途径，优化育人环境，创校园文化示范校。建立导师制和集体备班，建立多元化的家校合作与互动平台，实施全员育人。

（三）课题研究方法和策略

1. 研究方法

（1）调查法：以调查问卷、访谈、听评课等形式对学生学习态度、学习习惯、学习方式、学习能力、学习效果等方面进行观察，从而掌握实验第一手材料，进而分析实验操作的得失。

（2）观察法：以听课、检查、交往等形式对学生学习态度、生活态度、学习习惯、学习方式、学习能力、学习效果等方面进行观察，进而分析实验操作的得失。

（3）经验总结法：对课题研究过程的感性经验和认识进行提炼和概括，提高相应的理性认识，形成相关的课堂教学范例、教学模式和研究经验。

（4）文献研究法：通过搜集和分析相关的文献资料，形成对本课题的有关概念的认识与思考，寻求理论层面的支持，构建理论框架。

（5）行动研究法：课题组成员边实践、边研究。在行动中研究，使行动过程成为研究过程。及时总结反思，对实验过程进行修正完善。

2. 研究策略

（1）加强学习，更新观念，以丰富的理论知识指导实践，提高知识储备，让我们在更高的起点上进行研究。

（2）立足学校实际、学生实际实施研究，敢于创新，大胆探索，努力提高课题研究的时效性。主动引导，积极带动，使全校各个相关部门及所有的一线教师积极参与研究，提升研究的有效性。

（3）及时总结，深入研究。总结是课题研究的重要环节，及时总结反馈，积累经验，发现问题，为后面的研究扫清障碍，使研究向纵深发展。

三、课题的研究过程

围绕"成长教育"理念，我校以"质量兴教、创新发展"为工作主题，不断优化教育资源，强化精细管理，打造以"成长+"为载体，建设"成长+制度"，建设"有高度、有深度、有温度"的七中成长文化，让每位师生体验到成长的精彩与美好。

（一）"成长+科研"：科研兴校，助力师生成长

我校重视教科研的引领作用，学校全面实施教育科研"2345工程"，即抓好2个载体、培育3个机制、推动4类科研、建立5个制度。2个载体：校内刊物《成长》校刊和学校网站。3个机制：优秀教研组评委机制、科研型教师评选机制、优秀课题组评选机制。4类科研：课程类科研、普及类科研、"五个一"工程和课题研究。5个制度：课题申报制度、目标考评制度、监督检查制度、科研经费资助制度、科研成果报告制度。目前，在学校的成长教育主导课题之下，教师充分开展校本课题研究，校内形成了人人有课题、问题即是课题的浓厚科研氛围。

（二）"成长+课堂"：课改强校，激活师生成长

学校逐渐形成引领学校课堂教学改革的"3411"课堂教学模式："1核心"是以学生发展为本；"1关键"是以教师专业发展为关键；"3段"指"设疑自学（课前预习）、探究质疑（课上探究）、检测反馈（课后训练）"三个教学阶段；"4环节"指"总结学案 详解目标；解读疑惑，理顺知识；自主学习，合作探究；当堂检测，回扣目标"四个课堂教学环节。"3411"课堂教学模式，本着"以问题为载体，以思维为核心，更好地整合教材，让学生更大地参与课堂教学，发挥课堂主体地位，提升课堂教学效能"的教学思路，实现了我校由传统课堂向"自主型课堂教学""思维型课堂教学""结构型课堂教学"创新课堂的转变。

（三）"成长+课程"：课程筑校，引领师生成长

学校教育目标、教育价值主要通过课程体现和实施。我们把学生核心素养的培育作为整个学校课程建设的灵魂，把坚持"课程基础性和发展性相结合，多样性和选择性相结合"作为课程建设的原则，让学校的课程适合每个学生的发展，为学生提供多样化指导，促进学生多元发展。

学校课程建设体系，从结构上分成三大类：以夯实国家课程为目标的基础课程、以促进学生个性发展为目标的校本课程、以满足学生发展需要为目标的定制课程。从内容上分为1+3+7+X，即1个中心——构建"学生核心素养"；3个维度——"人与社会""人与自然""人与自我"；7个方面课程规划——道德素养、语言素养、人文素养、生活素养、科技与信息素养、健康素养、艺术素养七个方面。

（四）"成长+德育"：德育立校，奠基师生成长

没有鲜活的德育，就没有校园的生命。长春七中倡导"体验感悟、触动心灵"的成长德育文化，形成了"规范涵养品质，品质引领行为"的德育工作思路。

1. 班级自主管理，培养学生自主自律能力

我校以班级为单位，形成各种学习、生活小组。学生通过自评、小组评价、班级评价、教师评价、学校评价等多重评价，认识自我，不断反思、提高。

2. 心理健康教育，关注学生身心成长

学校建立心理健康教育中心，配备专业心理辅导教师，有计划开展心理健康教育活动，调研汇总学生心理问题，研究解决方法，汇编成集；开设心理健康教育课和生涯发展指导课，组建生涯发展指导教师团队，开展生涯发展指导课题研究，导师包保指导学生学业规划。

3. 多彩社团活动，促进学生多元发展

为丰富学生课余生活，开发学生潜能，培养学生优长，学校开设丰富多彩的学生社团活动，目前共有礼仪、书法、绘画、动漫、机器人、舞蹈、球类、心理等十余个社团，深受学生欢迎。

四、课题研究成果与成效

在市教研中心专家的指导下，《成长教育引领学校多样化办学的理论实践与研究》课题组以成长课程和生命成长课堂为两大平台，以成长评价体系和阳光导师团队为两大保障，不断完善成长教育的育人体系，并逐步体现出独特的教育文化，形成了成长教育体系下的"品牌教师""品牌课程""品牌课堂""品牌德育"。

（一）形成多样化的教师发展模式，打造品牌教师

几年来，在教师专业发展上，形成了三大教师专业发展工程：一是实施青年教师培养工程：针对35岁以下的青年教师，开展"青蓝杯"大赛系列活动，评选出了"青年先锋教师""青年骨干教师"15名；二是实施名师培养工程：针对35岁以上骨干教师，开展"我的教学主张"、"优质课堂展示"、教育理论答辩等系列活动，评选"学科名师"和"学科首席教师"24名，成立语、数、英、理、化、生、政、史、地、优秀班主任等名师工作室10个，并举行了"名师工作室"启动仪式和工作室项目推进会；三是实施人才梯队培养工程：学校坚持走人才强教兴校之路，以"青苗、青禾、青蓝、领雁、特级教师助推"工程，对教师实施全员梯队培养。打造学校"特级教师""首席学科教师"，成立"名师工作室"，提炼并推广级名师的"我的教学主张""我的班级管理主张"，进而打造"学科名师"和"学科品牌"。

学校成立"教师专业发展处"引领教师思想观念创新，引领学校聚焦课堂，以学生为中心，着力核心素养培育，课堂建设引领学校课堂教学改革。加强学校主导课题，教师小课题研究的培训、指导、研究、学术交流活动，着力培养和提高教师的课堂教学水平、教学研究水平、教育教学管理水平，培养了省市、校级一批科研名师和学科领航教师。科研课题实践与学校教育教学紧密结合，寻找研究落地的力量，使课题研究真正为教学服务。

（二）积极探索创新课堂教学模式，打造品牌课堂

四年间，逐渐形成了"品牌课堂"——完善"3411"成长课堂模式。以学生"自主合作探究"为基石构建全新的"课堂规则"和"课堂形态"。在课堂上，我们要求学生认真有序地学、积极自主地学、高效深度地学；要求教师科学有趣地教、适时针对地教、开放

创新地教，通过成就学生从而促进师生和谐、全面、幸福、可持续健康成长。

人本主义教育强调学习者在教育过程中的主体地位，认为教育应充分尊重个体的自由和个性发展，重视人的情感、兴趣和需求，因势利导，调动和发挥其学习主动性、求知欲和好奇心，让学习者在教育过程中不仅能获得全面发展，更能享受到学习和探究的快乐，收获人的尊严。教育的本质是帮助人成长，教育的本质是帮助人认识自我、了解自然、融入社会、体验生命，教育需要悉心灌溉，静待花开。成长教育就是要真正地把学生作为生命体，挖掘其生命的潜能，激发其生命的内在动力，让学生学会自理、自主、自学、自律、自强、自信，为学生的终身发展奠基的教育。

"3411"成长课堂，尊重规律、重构课堂、以生为本、科学变革，不断深化教改。六年多的课改实践，坚持开展"聚焦核心素养、创新课堂教学"等教研活动，实施走班教学、体育分项选修、"J课堂微视频"等教改项目，教师的教学理念有了质的转变，课堂教学改革不断走向深化，向自主课堂、思维课堂、结构课堂和人文课堂转化，打造成长教育引领下的"品牌课堂"。六年来的高考成绩取得了长足的发展和突破性的成果，二本进线率为六年前的两倍，进出口比率逐年提升。通过春招、艺术、体育、空乘、国际交流等渠道，让那些升学无望的学生得以走进高等学府，为选择七中的学生和家长交了一份满意的答卷。

我校"成长教育"办学特色的提出，就是要遵循人的成长规律，呵护其自然生长，就是一切为了人的成长，让师生在学校成长教育的普世价值中自然健康成长。

（三）努力构建多样化的特色课程，打造品牌课程

三年完成15种系列化校本教材。一是构建多样化课程：把对国家课程的开发的成果标志——各学科导学案编辑成册，形成必修课的校本课程体系；二是构建个性化课程：以课程作支撑，开展丰富多彩的社团活动，形成动漫、合唱团、话剧社、书法社、小四项、舞蹈、竹竿舞等个性化的校本课程；三是构建拓展性课程：如志愿者活动、激情阅读、社会实践小组等拓展校本教材。四年间形成了"品牌课程"——构建出"成长教育"课程体系。为把国家课程方案科学高效地落实到具体教育实践之中，让教育真正回归"为了孩子的成长"，走出高中课程缺乏选择性，制约个性发展的困局，我校构建了为学生全面发展、个性发展"1+3+7+x"的成长教育课程体系。目前，学校已经开发了以社会主义核心价值观为核心的八类德育校本课程：养成教育类、三爱三节类、优良国风类、心理健康类、生涯发展类、生命安全类、家庭教育类、国际理解类；已编辑的以学科素养培育为核心的智育课程有：《基于学科核心素养培育的学科指导手册》等基础课程、《道德经》等校本教材、《播音主持》等定制课程，近30种校本课程，基本形成了促进学生道德成长、智慧成长、身心健康成长的具有七中特色的"成长教育"课程体系，成为学生德育、智育身心健康成长的核心营养。

（四）落实立德树人的大德育模式，打造品牌德育

立德树人，以价值观教育为核心，突出"规范行为"和"优化人性"两个基本点，围

绕"五大主题"教育（理想信念、养成教育、守法诚信、感恩责任、尊重生命），开展"八字"道德活动，实施"七中学子形象"工程。

女生："独立、关爱、知性、优雅"；

男生："自主、自强、勇敢、担当"。

坚持落实立德树人根本任务，以培育和践行社会主义核心价值观为核心，以中华优秀传统文化为根基，以培养学生良好思想品德和健全人格为根本，以主题教育月活动为抓手，以自主教育为载体，以家庭教育、社会实践为补充，针对三个年级的德育发展目标，探索德育"六大途径"，即课程育人、管理育人、文化育人、活动育人、实践育人和协同育人；五育并举，培养学生成为有德、有才、有为、有爱、有趣的全面发展型人才。

1. 明确一个德育理念

倡导"体验感悟、触动心灵"的德育文化，形成"规范涵养品质，品质引领行为"德育工作思路，确定了"持续规范养成、加强政治引领、培育核心价值、塑造文化校园"的德育核心，树立"全员育人"的大德育观，以理论教育为前提、以实践教育为主线、以健康教育为基础、以自我成长教育为关键、以人文默化为载体、以强化行为规范养成教育为重点，探索成长教育引领下的德育模式，创新性地开展德育工作。

2. 加强两支队伍建设

一是班主任队伍建设。建立班主任队伍建设的长效机制，做到两个结合：理论学习与专题研讨相结合、技能培养与自主体验相结合。三个意识：目标化意识、自主化意识、特色化意识。三个到位：综合治理责任到位、师生互动和谐到位、常规管理措施到位。每学期初，开展班主任核心素养论坛，分享成熟的经验和方法。

3. 打造系列主题教育

确定每月的德育教育主题，分解到每周，做到月月有主题、周周有内容，全面提升德育工作的针对性与实效性。文明规范养成教育月，理想信念主题教育月，责任·心理主题教育月，优秀传统文化教育月，法制·环保主题教育月。同时，在大的主题教育下，依托重要时间节点开展特色活动。庆祝中华人民共和国成立70周年系列活动：一是参加合唱大赛，讴歌伟大祖国，我校合唱团在教育局合唱大赛中荣获一等奖；二是联合社区演出，贡献伟大祖国，学生会表演的歌舞京剧联排作品《国家》获高度赞赏；三是举办绘画大赛，描绘伟大祖国，举办"妙笔丹青画礼赞，致敬祖国书华章"绘画大赛，邀请到长春市城市雕塑委员会委员赵瑞老师进行指导；四是展示摄影作品，《我和国旗有约》，用自己的方式与五星红旗合影，抒发爱国情感，留下最美瞬间。

现在，成长教育已经成为长春市第七中学的教育模式和教育准则，成为七中人的教育理念和教育期待，成为七中的主体文化，坚定地引领着学校的发展方向，有力地推动着学校的主动内涵式发展。成长教育是根据每个学生的"成长需要"和社会对人素质的需求，按照满足成长需要选择教育内容，即："把促进学生健康成长作为学校一切工作的出发点和落脚点"，依据学生成长需要构建学校工作模式。这样做就是为了让教育适合每一位学生，尊重每一位学生的健康成长，让他们主动选择成长必需内容，顺应每个人身心发展和个体构建知识的特点，张扬个性、健康活泼地发展。

五、课题进一步研究和展望

这个课题的研究虽然已经接近尾声，但是我们的工作仍在继续，还有很多的困惑和研究的新发现，在以后的工作中，我们会不断地解惑，同时将我们创新的成果推广开来。教研相长，学无止境，我们课题组将不断努力，不断研究教学工作中出现的新问题，同时将研究的结果不断应用于教学中，让学生受益，力争把学校办成居于同类学校先进水平的、特色鲜明的优质高中，为实现"让每个学生全面而又个性的自主发展"的七中教育梦想而努力奋斗。

新样态下希望教育理论与实践研究

课题主持人：杜志华　长春希望高中校长
课题组成员：才佩玉　长春希望高中教师
　　　　　　林　威　长春希望高中教科研主任
　　　　　　牟玉芬　长春希望高中党委书记
　　　　　　李叶青　长春希望高中教学副校长
　　　　　　王云龙　长春希望高中德育副校长
　　　　　　寇国辉　长春希望高中后勤副校长
　　　　　　崔　强　长春希望高中政教处主任
　　　　　　郑亚志　长春希望高中教导处主任
　　　　　　李　雕　长春希望高中信息办主任

一、课题的提出

（一）课题研究的背景

新样态学校是在教育改革开放背景下提出来的教育教学改革主张与理念，旨在突破以往学校发展方式，以"至善"为最高价值追求，将全面育人作为核心任务，强调要重新审视学校中的"人"；将内生性作为文化表征，倡导开发"学校精神"；将整体建构作为有效模式，具体实施要走系统路径。概括地说，这种新样态学校具备"有人性、有温度、有故事、有美感"四有特征。

从"新样态学校"的终极目标看，是在即时存在的教育教学活动中，师生共同表达共通的核心价值观，"有人性，有温度，有故事，有美感"。从实现路径来看，"新样态学校"以其"学校文化、课程教学、师生发展"三者所具有的高度一致性来提升其发展的动力。"文化环境、教育情境、精神氛围"三者缺一不可。

（二）课题研究的意义

长春希望高中作为长春市政府德政工程以"希望"冠名的一所高中，同时又是全省唯一一所承办新疆高中班的学校，是以培育"双特生""新疆生""统招生"为办学对象的三位一体的高中。承载的是集民生教育、民族教育于一身的希望教育，是中国梦的重要组成部分。

新样态下希望教育理论与实践研究是一次寻找教育初心的专业行动，我们建设新样态学校，并依托我校实际探索希望教育理论实践研究正是要寻找教育初心，按照教育本质、教育规律办事。

（三）课题研究的界定

作为一个概念，"样态"一词，最早出自德国哲学家康德的《自然科学的形而上学基础》一书。在康德看来,"样态"是对事物存在"状态"的断定,用它来描述事物的属性,包括可能与不可能、存在与不存在、必然与偶然等三组逻辑判断。

"新样态学校"是对学校发展状态"基于原点"的系统思考、深度回归、高度提炼和理性认知。也就是说,学校可以按照这三组逻辑判断,来达成"新样态学校"所呈现愿景目标。"可能与不可能",引导我们去思考"新样态学校"存在的意义和价值;"存在与不存在",引导我们去思考"新样态学校"的实践表达;"必然与偶然",引导我们去思考"新样态学校"的创新方式。

二、课题研究的设计

(一)课题研究的目标

以"新样态下希望教育理论与实践研究"为主导课题,开启了以课改和考改为核心的育人方式变革,扎实探索质量提升的实现方式,推进希望教育新样态背景下的内涵发展,全面提升办学质量。

学校本着教育的力量最终场所主要在课堂,最终的实施者主要是教师,最终的受益者应该是学生这一原则,从新样态建设的视角,将"分散化"的现象进行"整体建构",提出学校系统变革和整体创新的思路,走"希望教育"的特色发展之路。

即学校以课题研究,对校园文化建设、教学管理、课程体系构建、教师队伍建设等方面在希望教育的统领下进行系统研究,具体目标如下:

1. 确立新样态下的希望教育理论校园文化。
2. 建立学科核心素养指向的新样态下希望教育课程体系。
3. 探索优化教师有效课堂教学行为的策略、途径和方法,推行素养化希望课堂"三学四步四维"教学模式,引领教学改革方向,创造多种教育典型和成功课例。
4. 构建立德树人、五育并举的德育体系。
5. 打造新样态智慧型、学习型教师队伍。

(二)课题研究的主要内容

本课题研究是在新样态背景下,站在整体育人的高度,实现本校希望教育理论的实践与研究,紧紧围绕"学校高质量提升"这一鲜明主题,建设高品质学校,聚焦"培养什么人、怎样培养人、为谁培养人"的根本问题,以立德树人、五育融合为基本路径,推动学校新发展,品质的提升。

研究内容主要有三个方面:

1. 在理论层面,本课题应着重解决办学和教育教学两大问题,即优化学校文化、学校治理、课程教学、课堂变革四个关键要素,引入我校希望教育理论下的"三学四步四维"教学模式,并给予科学理论的支撑和优质高效指导。

2. 在实践层面,明确学生应具备的适应终身发展和社会发展需要的必备品格和关键能力,突出强调个人修养、社会关爱、家国情怀,更加注重自主发展、合作参与、创新实践。根据学生的成长规律和社会对人才的需求,把对学生德智体美全面发展总体要求和社会主义核心价值观的有关内容具体化、细化,深入回答"培养什么人、怎样培养人、为谁培养人"的问题。

3. 在创新层面，本课题研究有利于进一步全面推进学校高质量发展，高品质建设的学校建设发展计划，落实"六位一体"实施路径，实施"十个高质量发展项目"。新样态下希望教育理论的最大的特点就是要从"以知识为本"走向"以人为本"，本课题研究的内容不仅重视结果（知识），还要重视过程（智慧），重视学科素养的培养。

本课题创新之处在于：建构新样态下的教学管理新常态。以课堂教学为主渠道，以新样态课堂、新样态课程为载体，以高考改革为重点，以立德树人为中心，以高素质教师队伍和信息化教育为支撑，建构常规管理标准化、课堂教学素养化、课程结构多元化、课题研究成果化、教师发展专业化、学科建设特色化，促进教学质量全面提升——"六化一提升"新常态教学管理系统。

基于课标和高考评价体系，推行"指向学科核心素养"的"新三学四步四维"课堂教学模式，以学科课程标准和高考评价体系为目标方向，以单元设计为教学支点，以教学评一体化实施为教学保障，从"依靠教"的逻辑转变为"依靠学"的逻辑，开展以学习为中心的教学研究，使教师"研"起来，学生"动"起来，教学"活"起来，质量"优"起来，最终实现教学过程日趋规范、学生学习力逐渐养成、教学质量不断提升的发展目标。

（三）课题研究的方法及策略

1. 文献研究法

系统梳理已有文献中关于新样态及其研究成果；全面整理关于新样态、教育理论在课堂教学中的呈现方式的研究成果，为探索新样态学校、课程建设和教育理论的内在关联提供理论基础。

2. 行动研究法

将已形成的研究成果应用于教育教学实践中，探索新样态下的希望教育理论的具体表现方式和发展状态，根据实践成效适度修正关于希望教育理论的原有认识，实现理论与实践的双向建构和相互验证。

3. 调查研究法

通过问卷和访谈，通过对监测数据的统计学分析，揭示影响学生发展的相关因素。

4. 个案研究法

通过在学科展开个案研究，为课题研究提供典型经验和实践支撑，也为深度落实新样态下希望教育理论、探索更切合实际的教学和评价方式提供现实依据。

三、课题研究的过程

课题开展以来，我校紧紧依托"希望教育"和"民族教育"两大特色办学的优势，深入探索新样态学校建设的基础是致力于学校教育品质全面提升的改革，聚焦"培养什么人、怎样培养人、为谁培养人"的根本问题，以立德树人、五育融合为基本路径，推动学校新发展、品质提升，具体过程如下：

（一）建立健全制度，统筹推进研究

学校成立"新样态下希望教育理论与实践"课题组，由校长、课题组成员、教师和专家共同组成的研究团队，负责推进基于新样态下希望教育理论的教学与育人体系建设、实施与评估工作，探索学校新课程改革管理制度。

（二）理论学习阶段：加强学习培训，提高理论认识

课题研究工作能够顺利进行，关键靠教师，因此，加强课题组教师的培训与学习是重点。从课题申报立项开始，我们就组织实验教师认真学习开题报告，查阅相关资料。通过不断的学习培训，使实验教师的课题研究方面的理论知识逐渐丰富，科研水平逐步提高。在课题研究过程中，我们经常组织教师进行一些科研知识学习，为教师不断注入活水。

这个阶段的主要工作是：

1. 下发新样态相关学习材料，利用教师自学方式对全校教师进行新样态学校相关理论指导。

2. 定期召开研讨会，总结交流经验。以学科教研室为单位，进行希望教育理论具体内容的研讨，使老师对希望教育的内涵更加明确。

（三）过程实施阶段：强调希望教育，凸显以人为本

1. 针对"新样态下希望教育理论与实践研究"这一主导课题，课题领导小组以小课题形式开展子课题的立项，参与课题研究教师55人。子课题研究为主导课题的研究提供实实在在的抓手和载体，参与教师从学情、教情、校情出发，以学科组为单位，带领各自教师确立、研究，更加直接地服务于希望教育理论的教学实践。

2. 针对教师专业发展，我校相继开展了系列教学活动，包括自研和参培新课标、新课标论坛、"三新"背景下希望大讲堂、《课堂研究》教育专著读书报告会等，针对学校青年教师多的现状，开办"希望大学"，全面关注青年教师成长，组织教师深度理解新课改下教学的本质内涵，探索新样态下"以学生为本"的学科教学的新策略和新范式。

3. 注重学生发展，开展丰富多彩的学生喜闻乐见的教学活动。我校按照课题方案开展高考学科各科的"学科节"活动，如语文学科的"全校学生'校园啄木鸟'错别字纠错活动""高三学生读书心得展示""好书推荐""高二学生话剧表演"。生物学科的"制模绘图活动""思维导图展示""细菌的分离""腐乳的制作"等，活动丰富多彩，为学生提供了展示自己的舞台，拓宽了视野，培养了情趣；让学生在实验探究中，习得知识，养成科学思维的习惯和科学态度，生成各学科核心素养。目前学科节已经成为学生的节日，使学生在轻松愉快的活动中真正做学习的主人，做校园的主人，扎实落实新样态校园。

4. 开展高一、高二年级社团课，课程项目囊括所有高考及非高考学科，让学生从单一的师生授课方式转变为灵活多样的自主探究方式。社团课既适应新课改的需求，发挥了教师特长优势，使教师在工作中收获喜悦、丰富人生，又让学生在学习中增长知识技能，培养兴趣特长，促进全面发展。

5. 创新家校互动合作，形成引导学生自学的合力。自主学习的时空不应该仅仅局限于课堂和学校，应该把教学的视角延伸扩展至课外和家庭。加强对家庭教育学科辅导的指导，充分发挥好家庭引导自学的优势。同时，我校充分利用教育信息化优势，开发和引进教育资源，如云课、微课、智慧教室、手机学习等，及时提供给学生及家长。利用"家长开放日活动""家长学校""家长会"等传统互动平台和微信圈、QQ群等新兴网络互动平台，指导家长在家庭教育中，要从多方面鼓励孩子开展自学活动，以逐步提高孩子的自学意识、自学能力和自学习惯，让孩子在实践摸索的过程中形成一套适合自己的家庭自学体系。同

时,组织家长间通过经验分享、典型引领等多种途径,经常沟通,形成自主学习的良性互动,从而提升学生自学能力。

6. 课题领导小组借助高考改革契机,突出研究"希望教育理论实践"这一问题在高考改革中的体现,逐步制定高考课程改革具体实施办法,及时与课题组成员交流,将教师现有课堂教学实践中"以知识点为核心"的教学观念转变为"以核心素养为导向"的教学方式,并对课堂上学生活动的环节提出具体要求,即学生能读的让学生读,学生会做的让学生做,学生会讲的让学生讲,充分让学生认识到自己总结出来的规律才是适合自己的规律,自己想到的办法才是对自己有用的办法,真正让新样态理论的"以人为本"落地生根。

(四)成果交流阶段:重视课题管理,定期汇报交流

1. 坚持定期汇报制度。在每个学期的期中和期末,课题组都要组织课题汇报交流,带领实验教师反思研究过程中的得与失并及时调整与完善,为课题的深入研究创设了良好的氛围。

2. 举办教师个人成长档案展示交流活动。根据学校教科研管理的要求,课题组要求每一位实验教师加强反思与提炼,反思研究中的得失,提炼研究成果,形成教师个人成长档案并于期中和期末进行展示,进行互相交流学习。

3. 激励课题研究工作者的工作积极性,使教师的辛勤付出在考核中充分体现出来。每个学期末,科研室都要从科研素养、科研活动、科研成果、课题研究等方面对教师的科研工作进行评价,评优树先,在学校"希望教育之星"评优中评选"科研之星",奖励成果卓有成效的课题组,营造浓厚的科研氛围。

(五)成果总结阶段:概括研究结果,形成研究结论

这个阶段的主要工作是:

1. 上交研究过程及梳理材料。收集、归纳、整理课题研究相关资料。撰写课题研究总报告。组织课题研究成果的现场汇报及专家鉴定活动。修改研究报告,提升理论和实践档次,编撰和推广研究的相关成果。

2. 整理和分析研究结果,撰写研究报告,编辑研究论著。

四、课题研究成果与成效

(一)确立新样态下的"希望教育"办学理念与校园文化

我校确立2020年"学校质量提升年"这一学校发展主题,坚持"深改、精管、提质、上档"工作准则,全面从严加强党的建设,全面推进课程改革,全面提升学校的办学质量、办学品位、办学实力和知名度、美誉度、影响力,全面提升希望高中教育现代化办学水平,积极营造"有人性、有温度、有故事、有美感"的学校生态。

"希望教育"的办学理念为:用爱点燃希望,成就梦想,让每个人充满希望,以爱聚人(基础),以梦策人(方法),以文化人(目标)。

发展目标:坚持"一体两翼、创造发展"的办学格局,发扬超越常态、锐意进取、追求卓越、精心创造的改革精神和竞争意识,突出"追求希望、挑战过程、体验成功"的育人特色,提炼学校师生独特的人格品质。

学校围绕"希望教育"的办学理念设置楼层文化主题。一楼大厅展示办学理念、培养

目标、课程体系等内容。各层走廊分别设置习惯养成、勤学、感恩、立志主题内容。班级门侧墙设置班级名片，突出班级特色，以此达到文化育人的目标，体现新样态下快乐教育的追求。

（二）建立健全新样态下希望教育理论课程体系

我校以国家、省、市关于育人方式改革、课程改革、高考改革、评价改革和教师队伍建设等相关文件和学校"一体两翼，创造发展"办学思想为指导，为推进希望教育内涵发展做好教学工作，以学生成长有需要为出发点，促进学生能力的提升和个性化全面发展，切实做到"有人性，有温度，有故事"。为此，学校建构了以学生为根本的"新样态"希望教育课程体系。

希望教育课程体系：基础型课程、拓展型课程、实践型课程和特色型课程。

希望教育课程本质：文化基础、自主发展、社会参与三个方面和人文底蕴、科学精神、学会学习、健康生活、责任担当、实践创新六大素养。

基础性课程指国家必修课程和选择性必修课程。使用国家统编教材。针对基础型课程，我们的做法是研制"基于课程标准的学科课程纲要和校本化实施方案"，编写体现高考评价标准"四层四翼"的核心素养指导下的导学案、作业卷、测试卷、学法指导单和校本教材。

基础型课程还包括开齐音乐、体育、美术、心理、信息技术和通用技术课程，使用统编教材，部分使用校本教材。我们在落实国家基础性课程的同时，打造了体育课程、美育课程特色项目。如在美育课程建设中，我校招聘舞蹈教师，开设舞蹈课，体育课必学太极拳和踢毽球（我校是毽球传统项目校），从而达到每生都会跳一支舞、会打一套拳、会踢一毽球的培养目标。

拓展型课程指学科拓展课程、学法指导课程和竞赛辅导课程等校本选修课程，培养学生学科特长，有利于学生未来选择适合学习的专业和从事的职业，也是落实国家课程标准规定的选修课部分。

特色型课程指具有学校特色的校本课程。包括社团活动课程、民族教育课程等。社团活动课程包括文学类、体育类、艺术类、科创类和公益服务五大类。社团活动课和学科拓展课已经开设了三年，在高一年级利用每周三第7、8节，学生基于自己的兴趣爱好以自愿选择的方式参与学习，学生来自不同班级形成新的学习共同体，在导师的指导下由学生自主开展主题式学习。目前，我校的二胡、合唱、舞蹈、太极拳、舞龙舞狮、毽球、足球、国学诵读社团已经成为精品社团，多次在接待视察和考察活动中精彩展示。

希望教育课程体系实施依托于学校两馆六廊五中心的基础设施和科学文化教育基地、雕塑文化教育基地、历史文化教育基地、城市建设发展教育基地、生态文明教育基地、民俗教育基地、爱心公益教育基地、安全体验教育基地等九大课程基地。

（三）探索落实新样态下的希望教育理论教学模式

推行新样态下的希望课堂"三学四步四维"教学模式，引领教改方向。

三学：目标导学、引导自学、训练诊学

四步：任务（创设情境，提出问题）——行动（自主学习，合作探究）——展示（交流分享，释疑点拨）——评价（达标检测，归纳总结）

四维：目标高度、内容广度、思维深度、文化厚度。

我们在以往的教学策略中加入了新样态的理念，进一步优化三学课堂教学模式，基于课标和高考评价体系，推行"指向学科核心素养"的新三学课堂教学模式，以学科课程标准和高考评价体系为目标方向，以单元设计为教学支点，以教学评一体化实施为教学保障，从"依靠教"的逻辑转变为"依靠学"的逻辑，开展以学习为中心的教学研究，使教师"研"起来，学生"动"起来，教学"活"起来，质量"优"起来，最终实现教学过程日趋规范、学生学习力逐渐养成、教学质量不断提升的发展目标。

（四）打造新样态的教师队伍

在新样态理念的引领下，学校实行"基于智慧型教师培养的教师专业发展行动计划"。智慧型教师就是具有较高教育智慧水平的教师。智慧型教师的教育智慧是教育科学与艺术高度融合的产物，是教师在探求教育教学规律基础上长期实践、感悟、反思的结果，也是教师教育理念、知识学养、情感与价值观、教育机智、教学风格等多方面素质高度个性化的综合体现。

智慧型教师标准是有先进的教育主张，有创造的教育策略，有主动的学习意识，有担当的教育情怀，有合作的团队精神，有明显的教育成果。

为实现上述目标，我们对教师实施"136915"教师专业发展进阶工程。工作1年达标合格、3年成为新苗、6年成为新秀、9年成为新星、15年及以上成为希望校园名师。每一阶段有不同的发展目标、发展任务和评价标准。由于学校年轻教师多，通过进阶式发展引领，有利于教师主动发展、个性发展和超前发展。

经过近年来对教师的培养，我校多名年轻教师已初见成效。2020年11月初，长春市基础教育研究中心组织实施了"长春市中小学综合学科兼职教研员评聘活动"，李雕等8名老师被评聘为综合学科兼职教研员。2020年10月，在长春市基础教育研究中心综合部举办的全市中小学综合学科优质课大赛上，18名教师获奖。

（五）培养新样态的希望学子

为落实"一体两翼、创造发展"和"让每个人充满希望"的希望教育理念，我校以立德树人为宗旨，注重培养学生爱党、爱国、爱人民的情感、高尚的道德品质和健康的人格。

学校以创造性发展的办学主张指导德育工作，基于国家德育目标和学校特色，建构了"125610德育工作体系"，开展系列德育工作，举办审美悦心教育活动，如"珍爱生命，懂得感恩"教育活动、"安全法制教育"活动、职业生涯体验活动、"理想信念目标导航"教育活动、"学雷锋活动月"教育活动、"讲诚信，守规则"教育活动、"环境保护，热爱劳动"教育活动、社会实践活动和研学旅行等。还举办参观伪满皇宫博物院、走访空军航空大学、爱河护河、志愿者服务等形式多样的主题教育活动。

学校还配有两名专职心理教师，开设心理健康教育课，指导学生健康成长；开设学生生涯发展指导课程，帮助学生认识自己，了解自己，确立发展规划。

经历几代希望人的奋斗拼搏，在希望的校园里留下了很多难忘的记忆和动人的故事。"让每个人充满希望"成为每一位希望人的共同追求和期待。

五、课题进一步研究和展望

虽然现阶段在新样态理念指导下的希望教育还存在不完善的环节,但是为希望高中未来的发展已经指明了方向,其必然会成为教育领域中一道亮丽的风景,开创美好的未来。

下一步我校将建立科学有效的新样态评价体系,实施新概念管理,打造新形象教师队伍,培育新时代学生,秉持实施希望教育的理念和发展目标,延续上级领导工作思路继续开拓进取,开创我校教育教学工作的新局面。

新时代背景下中小学生"自主教育 个性发展"的行动研究

课题主持人：葛　岩　长春市第一实验东光学校校长
课题组成员：王秀艳　长春市第一实验东光学校书记
　　　　　　孟　伟　长春市第一实验东光学校副校长
　　　　　　何国军　长春市第一实验东光学校科研主任
　　　　　　郑春梅　长春市第一实验东光学校教务主任
　　　　　　钟景富　长春市第一实验东光学校教务主任
　　　　　　陶　悦　长春市第一实验东光学校教务主任
　　　　　　崔海龙　长春市第一实验东光学校德育主任
　　　　　　杜春兴　长春市第一实验东光学校德育主任
　　　　　　于　军　长春市第一实验东光学校德育主任

新时代呼唤新教育，新教育当有新作为。为了培养新的历史背景下适应新时代发展需求的新型人才，我们提出"自主教育 个性发展"的命题加以研究、探索，促进学生德、智、体、美、劳全面发展。实施自主教育，是一场教育革命，是一场走出书本中心、走进学生发展的革命，是一场挑战传统教育的革命，是创造适合学生发展的教育认识、教育思想转变的革命。只有认真研究、成功实施自主教育，才能完成培养实现中华民族伟大复兴的建设者和接班人的历史使命。

一、课题的提出

（一）研究背景和意义

1. 自主教育、个性发展是全面实现立德树人根本任务的需要

习总书记指出：基础教育是立德树人的事业，要把立德树人成效作为检验学校工作的根本标准，把立德树人作为中心环节，实现全程育人、全方位育人，引导学生自尊、自信、自立、自强。因此，教育理应成为一个引领、启发、教导人成为独立自主个体人的过程。

2. 自主教育、个性发展是儿童健康成长的需要

中外教育家的观点及多项研究告诉我们，培养自主、自由精神应该成为现代教育的理想追求。围绕自主教育，我们提倡：要培养具有自由精神的孩子——一张灿烂的脸；要培养潇洒优雅的孩子——一手漂亮的字、一口流畅的表达；要培养健康向上的孩子——身心两健、热爱生活、热爱祖国。

3. 自主教育、个性发展是新时代人才培养的需求

国家在持续推动教育改革，"五项管理""双减"就是一个明确信号。要关注学生的全面发展和个性发展的统一，促进每个学生主动地、活泼地发展，尊重教育规律和学生身心发展规律，为每个学生提供适合的教育。因此，以学生为主体的自主教育尤为重要，尊

重个性和实施个性发展的教育是创新人才培养的基础。

4. 自主教育、个性发展是学校改革与发展的需要

"以生为本"的教育理念已成为共识，但现实的教育教学仍然存在"自主"与"他主"的实践矛盾，缺乏科学的"自主"，学生在教育过程中受外在的控制和支配而使自身处于不自主状态，其主体性无法体现，个性潜能和创造性受到压抑，培养全面发展的人的教育目标必然打折扣。因此，实施自主教育势在必行。

（二）课题的界定

"自主"指自己主动，不受别人支配，自主教育从生命个体"人"的内在成长与发展出发，在给定环境下关注个体在成长与发展的过程中尊重个体差异、培养个性思维，是促进个人或团体自主生活、自主管理、自主发展，追求自强自立的教育体系或教育理念与过程。

个性亦称"人格"，指个人的精神面貌或心理面貌，是个体独有的并与其他个体区别开来的整体特性。个性发展是指在个人的生理素质基础上，在一定社会和历史条件下通过实践活动获得人格的形成与发展的过程，也是中小学生获得全面发展的过程。

"自主教育、个性发展"指通过自主教育策略促进学生发展自己，完善自己，成为有尊严的人，在德、智、体、美、劳全面发展的基础上，进一步激发其创造力和个性潜能，进而实现个性发展，让每个学生都成为最好的自己。

二、课题研究的设计

（一）研究目标

1. 探索新时期促进学生个性发展的课程实施方法与策略，形成课程建设新体系。

2. 围绕学生自主学习能力培养，创新生本课堂模式，为学生个性发展提供保障。

3. 以生成自主意识、培养自主管理能力为出发点和落脚点，打造新时期中小学德育教育新范式。

（二）研究内容

1. 依托"护蕾计划"，创设多形式平台，通过学生自主活动，打造特色社团，完善课程体系，从而塑造鲜明的课程文化。

2. 优化课前、课中、课后三个环节，提供有效支架，引导学生主动、建构性学习，确立"三五三"模式，培养"四学"能力，即愿学、乐学、会学、善学，打造生本高效课堂。

3. 依托校内外课程资源，创设多渠道体验载体，实施养成教育，研究提高学生综合素养的有效德育策略。

（三）研究方法

1. 文献研究法。通过查找自主教育的相关文献资料，了解自主教育研究已取得的成果，与当前教育教学现象对比分析，思考本研究的思路与可行策略。

2. 调查研究法。通过问卷与访谈调查、课堂与日常生活观察，把握我校师生自主教育的现状，分析存在的问题，进而制定恰当的自主教育研究目标。同时跟踪课题研究过程中的问题改进情况，适时评价教育教学行为与效果。

3. 行动研究法。围绕主导课题，适机生成相关子课题、专题、话题，就此开展系列实践活动或主题研究行动，并进行模式构建。

4. 个案研究法。针对某个教育个体、某个教育时段、某个教育环节、某个教育细节、某个教育情境开展个案研究，倡导教育叙事，为本课题研究积累实践案例。

（四）研究思路

1. 寻求理论支持

组建研究共同体，开展学习活动，明确"自主教育、个性发展"之意涵，把握自主教育研究现状，梳理本课题研究方向。

2. 彰显实践取向

将课题研究与日常教育教学行为紧密结合，让教师的管理和教学行为烙上引领学生自主成长的印记。

3. 力求体现创新

营造研究氛围，本着"微创新—微行动—微成长"的原则，使研究行为潜移默化地影响师生，逐步深入人心。

4. 提高理性含量

研究中，"做"是根本。同时，不断探究、反思、总结，鼓励教师把行动转化为理性思考，提升课题的理论研究品质。

三、课题研究的过程

（一）与时俱进，践行自主教育，引领质量提升新方向

在充分调研的基础上，顶层设计，高位引领。学校确立了"自主教育 个性发展"办学理念，实施"1234567"行动，以此为行动指南，推动学校课题研究工作扎实有效开展。

一种精神：担当有为、团结向上。

两个一致：理想信念与党中央保持一致；教育教学与教育方针保持一致。

三个策略：集体领导，分兵作战；提前规划，分期落实；关注细节，分步实施。

四项目标：高质量、有特色、开放式、国际化。

五维文化建设：建高雅的开放文化；建致雅的环境文化；建静雅的课堂文化；建和雅的交往文化；建博雅的育人文化。

六个意识：全局意识；合作意识；精品意识；服务意识；节约意识；未来意识。

七项工程：党的建设品牌化工程；教学质量优质化工程；德育活动特色化工程；队伍建设未来化工程；科研引领前瞻化工程；"护蕾社团"精品化工程；后勤服务精细化工程。

（二）统一思想，凝聚发展共识，实施校本科研新战略

认真总结学校"十二五"规划课题成果，实施新时期学校发展科研新战略，围绕"新时代背景下中小学生'自主教育 个性发展'的研究"主导课题进行探索，为培养德、智、体、美、劳全面发展的时代新人奠定基础。

1. 健全机制，以制度建设强化科研保障

成立新科研发展组织机构，形成四级科研管理网络，营造浓厚的科研氛围。在学校原有课题研究制度的基础上，修订完善了《教师业务学习制度》《教学常规管理制度》《信息技术应用与管理制度》等规范教师研究行为。实施科研考核机制，激发教师研究热情，持续推动教育科研向纵深发展。

2. 锤炼技能，以队伍建设集聚科研底蕴

（1）学术引领，组建研究共同体。组建由校级领导、中层干部和各级骨干教师为团队的研究共同体。通过线上与线下相结合的方式定期组织学习交流活动，开阔视野，更新理念，为打造研究型教师队伍提供学术支持。

（2）多措并举，开展科研培训活动。"进出"一体化培训。"十三五"期间，学校投入200多万元用于开展教师培训、建设功能室、增加器材、订购图书等，先后派出200多人次到北京、上海、南京等地学习先进的科研理论和经验。同时，邀请多名省内外专家来我校进行专题讲座，提升教师科研素养。

校内专业化引领。发挥校内专家优势，开展系列科研论坛，以专业引领辐射校本、组本专业发展。校长、主任及骨干教师定期进行经验分享，提炼教学主张，葛岩校长做了题为《研以为尚，秋以为期》专题讲座，为学校课程建设、课堂教学及德育实践的深入探索提供了丰富的理论及实践指导。

教师自主化研修。定期开展阅读报告会，分享阅读收获。为老师们购买图书，为专业发展蓄能。观看《大师》，唤醒教育热情，助推教师专业成长。每周开展网络论坛，校级领导、中层干部、教研组长、年级组长、骨干教师轮流担任主持人，自主搜集论坛主题，发布到教师工作群供大家学习交流，激活教育智慧，升华教育理解。开展"两字"基本功训练，全员练写钢笔和粉笔书法，采取日练笔、周展示、月总结、年展评的形式，让翰墨之香飘溢校园。定期举行书法比赛，邀请书法专家讲座指导，提升书法水平。开展教育写作活动，要求教师每学期撰写一篇教育文章，表达教育教学观点、策略和主张，以专业写作促进专业发展理性提升。

（三）深耕细作，锚定育人坐标，打造课改研究新思路

采取行政推动——部门联动——师生主动的"三动"策略，以"大课题引领——子课题牵动——小课题落实"的"三题"方式，实施项目推进，全面铺开，全员参与。

1. 主课题定标领航

以主导课题为引领，预设六个方面具体研究方向：

（1）完善自主文化。建高雅的开放文化，建致雅的环境文化，建静雅的课堂文化，建和雅的交往文化，建博雅的育人文化。

（2）实施课题培训。反思他主教育弊端，提升教师对自主教育重要意义的认识，为研究提供思想保障。

（3）创新德育途径。围绕习惯养成、学校及家庭日常管理、选择性课程开发、校家共育等内容开展行动研究。

（4）打造生本课堂。立足常规课堂教学，聚焦核心素养，处处激发学习动机，处处培养学生兴趣，处处培育学生情感，处处关注学生状态，真正实现课堂生本化。

（5）加强队伍建设。以读书交流、专题论坛等校本研修为载体，提高教师实施自主教育能力。

（6）推进家校合作。合力推进学生自主学习、自主管理、自主评价的实施。

2. 子课题细化实施

职能部门负责的子课题:"中小学生养成教育的行动研究""中小学生自主教育课堂建设行动研究""中小学生自主活动的行动研究""促进中小学生自主发展的课程建设研究""促进教师自主发展的课程建设研究""中小学生自主评价的行动研究""创新管理机制保障自主教育实施的行动研究""信息技术背景下以智慧教育培养学生创造力的行动研究"。

3. 三项行动夯基固本

课程建设行动。基于学生全面发展和学校内涵发展的需要,依托国家课程和师生发展实际,探索适合学生自主发展的特色课程体系,以晨读、阳光大课间、"护蕾行动"、劳动教育为载体,多措并举,助力学生全面发展。

课堂建设行动。实施深度课改新样态必须扎根课堂。在共同体学习研究的基础上,确定课改思路,以常规教研为载体,利用"调课"实施教研一体化活动,开展"借助导学案、学习任务单提高学生自主学习有效性的研究",重点凸显学生自主学习能力培养,引领学生自主预习、自主思考、自发探究、自信表达、自主成长。利用青年教师大赛课、优秀教师研讨课、骨干教师观摩课活动锤炼教师课堂实践能力,利用送课下乡、各级大赛展示课改研究收获。

德育实践行动。围绕"一切为了学生的自主发展"指导原则,实施体验式德育建设行动。历经深入学习、提高认识——找准定位、制定规划——深入创建、总结提升三个阶段。通过个性化的社团活动建设、富有特色的校家合作模式及联合社会优势资源,最大限度地为学生自主成长搭建平台,发展学生个性潜能。具体实施过程中重点培养学生"十自"习惯,突出德育活动的实践性、开放性、自主性、生成性。

四、课题研究成果与成效

几年的探索与实践,此课题让自主教育在传承与创新中充满了魅力与活力,不断推进学校可持续与高质量发展。

(一)学业更新,打造课程建设新体系

学校构建了"三位一体"的"一本三性"课程体系,即将学校、家庭、社会三个教育载体进行有机融合,构筑以学校教育为主渠道、以家庭教育为重要阵地、以社会教育为重要辅助途径的教育网络。

"一本三性"即以学生发展为本,开发普及性、选择性、探究性校本课程。普及性校本课程面向全体,全员参与,依托晨诵、午读、仪式、节日、阳光大课间、家庭亲子教育等活动,传承文化,强健体魄,培养科学精神与学会学习的能力;选择性校本课程以"护蕾计划"为载体,开设语言与文化、数学与思维、艺术博览、体育与健康、科技创新五大类社团课程,尊重自主选择,着力发展学生个性;探究性校本课程主要开展劳动实践、主题参观和项目学习,借助学校自建的劳动基地、创客空间、省博物院等校内外资源,为学生提供体验和探究的平台,培养责任担当精神和实践创新能力。

"一本三性"课程框架图（见附件1）

（二）学科深耕，形成自主课堂新模式

打造"三五三"自主课堂模式，让课堂充满生命的灵动，为其终身学习奠定坚实的基础。

1. "三五三"教学模式解读

三：三个教学组成部分——课前自主预习、课中自主探究和课后自主拓展。

五：五个"课中自主探究"环节，明确任务，预习反馈——自学完善，诊断指导——交流探究，启发引领——整理汇报，评价总结——检测达标，解决问题。

三：三种学习方式，自主预习、小组合作、巩固拓展。

2. "三五三"课堂教学流程

（1）课前自主预习：课前教师依据课标和教学目标，基于学习需要设计导学案；学生基于导学案完成教学资源的查找、整理，记录疑惑，完成课前自主预习，实现先学后教。

（2）课中自主探究：采取合作学习形式，通过讨论、质疑、实验、辩论解决问题，实现自主学习、自主发展。

明确任务，预习反馈：教师课前检查前置性作业，对学生预习情况及时做好记录，上课伊始，对学生预习情况进行总结，同时根据学生的预习情况确定本节课目标。

自学完善，诊断指导：学生根据预习中存在的问题，重新修正自己的预习笔记，进行修改、完善，教师给予指导。

交流探究，启发引领：学生通过自学，对新知有了自己的认识和看法，然后在小组内交流，分享自己的学习所得，再不断完善自己的预习内容。如果有分歧，继续进行深入探究，直到达成一致。如果未能达成共识，把问题记好，倾听其他小组的汇报或老师给予点拨指导。

整理汇报，评价总结：小组同学在全班汇报探究成果，教师巡视，记录发现的问题，选取有代表性的小组先汇报，引发全班同学思辨，教师适时调控，运用多元手段实施评价，把握探究的深度和广度，引导学生对知识点进行总结、提炼和适度拓展，帮助学生加深理解。

检测达标，解决问题：教师根据教学目标和教学重难点，拟定测试题，当堂检测学习效果，及时反馈问题，及时解决，必要时进行专项训练，使问题得以真正解决，提高教学效率和效果。

（3）课后自主拓展：采取适合的形式巩固拓展学习内容。巩固性作业：围绕目标、重点内容布置作业，加强对新知的理解和掌握。拓展性作业：根据所学内容进行拓展练习，扩大知识的外延，拓展学生的思维。达到课虽终，但思考仍在延续的效果。

3. 借助信息技术提升课堂实效

云端资源是学生开展自主学习的有效载体。借助国家、省、市教育资源云平台和网络学习空间，在课前、课中、课后引入恰当资源，助力学生自主、合作、探究学习行为的发生。同时，利用学校智慧教室引入电子书包，将信息技术与学科教学深度融合，丰富学生学习资源，提高生本课堂实效。

"三五三"自主课堂模式图（见附件2）

（三）管理精进，架构德育活动新方向

以培养"全面发展的人"为出发点和落脚点，构建"五维素养"生态德育，达成"有品行、有智慧、有体魄、有美感、有底蕴"的教育目标，促进"雅气质、宽胸怀、勇担当、会思考、善合作、富创意、乐生活"个性品质的形成。锤炼"跳绳、唱歌、吟诵"三项技能，打造"阳光、明礼、立志"三张名片。

1. 抓重点，筑人文德育之基

（1）科学规划，形成策略。构建科学的管理策略——一点三线。由德育校长牵头的德育管理队伍，以此为点，形成三线：学生发展处和团队整体安排学校德育工作；年级组长和班主任是德育管理工作的中坚力量；学生会干部和大队委构建学生自主管理及服务体系。

（2）立足常规，关注细节。学生德育工作以学生养成教育为主线，贯穿于教育教学活动的每一个环节、细节中。学校狠抓常规管理，要求教室做到"五净二齐一无三一样"。五净：即地面净、门窗净、墙壁净、桌面净、走廊过道净。二齐：即桌椅摆放整齐、物品摆放整齐。一无：即无脏乱杂物。三一样：即上午下午一个样、室内室外一个样、有无检查一个样。

（3）树立典型，见贤思贤。在多元文化的社会背景下，我们倡导主流文化，并将其作为旗帜予以彰显和推崇。校外，引导学生向劳动模范进行学习；校内，每周对先进班级授予流动红旗班的称号，反复宣传典型事例。

（4）课程保障，营造环境。我校构建了具有学校特色的八大德育课程：人物品读、品读节气、我们的节日、非物质文化遗产、我的家风故事、仪式教育、法治与安全、科技教育。定时间、定内容、定负责人，确保德育课程实效，润育学生言行。

2. 展亮点，提生态德育实效

（1）体验载体多元化。开发了三类德育课程——校内多彩实践课程、"社会大课堂"场馆课程、示范性综合实践教育基地课程。以"体验式"德育活动为载体，增强德育工作的针对性和实效性。通过社团活动和研学活动，尊重学生个性差异，在体验中促进学生个性发展，培养学生创新精神和实践能力。以重大节日活动为依托，利用升旗仪式、班团队会等形式开展丰富多彩的活动，进行理想信念教育。开展读书漂流活动，建设书香校园。

（2）教育网络一体化。完善学校、家庭、社会三位一体的教育网络，形成教育合力。学校采取线上与线下相结合的方式开展家校沟通，指导家长科学开展家庭教育，家校融合促进学生全面成长。利用长春理工大学、心语协会等校外优势资源，为学生提供科技、心理辅导等主题体验，增强学生的自主沟通和交往能力。

3. 秀特色，谱书香德育新篇

（1）诗书礼乐进校园。我校结合市教育局"诗书礼乐"进校园活动，将打造书香东光作为我校德育品牌。开展"七个一"活动，班级四个一：清晨诵诗一首，课间合唱一曲，午后日读一页，放学习字一法；学校三个一：每日一句，每周一诗，每月一礼。丰富多彩的活动为学生搭建了彰显个性的平台，生命潜能在个性发展中绽放。

（2）"八礼课程"育言行。将"八礼"课程——仪表之礼、餐饮之礼、仪式之礼、言谈之礼、待人之礼、行走之礼、观赏之礼、游览之礼纳入教育常态，紧紧围绕学生的认知特点和日常需求，为学生量体裁衣，习惯养成、自主管理润物无声般融入有声有色的日常德育教育。

德育模式框架图（见附件3）

（四）品质提升，铸就学校发展新篇章

几年来，学校不断提升科研工作内涵，营造了"问题即课题，工作即研究，成长即成果"的浓厚科研氛围，全面提高了教师的科研能力，促进了学生的可持续发展。学校先后被评为国家级课题实验校、吉林省校本科研基地校、吉林省文明单位、长春市教育科研先进校、长春市教师专业发展型学校示范校等20多项荣誉。编撰了《自主教育》校刊、校本教材、科研成果集20多册。"十三五"期间，60%以上的教师在各类大赛中获奖，40多篇科研文章在各类刊物上发表，培养科研名校长、名师和骨干35名。在各类书法、阅读、艺术大赛中，获奖率达到参赛学生的70%以上。在教育科研引领下，"自主教育 个性发展"办学理念充分彰显，学生综合能力全面提高，教育教学质量显著提升。

五、课题进一步研究与展望

"中小学生'自主教育 个性发展'的行动研究"是当下教育实践探索的热点话题，学校实施此项课题研究强力推进了学校特色发展。在自主教育的前行之路上，学校积累了一些经验，也引发了诸多反思，如"自主教育"与"他主教育"的协调实施，自主教育特色定位与"五育并举"及国家"双减"政策的高度契合，学校自主教育文化的高度凝练及自主教育评价，都是学校下一步研究的重要主题。展望"十四五"，长春市第一实验东光学校将本着传承与发展、拓展与提升的原则，谋先度远，闻道笃行，持续探索，求实创新，朝着"高质量 有特色 开放式 国际化"办学目标不断迈进。

附件1："一本三性"课程框架图

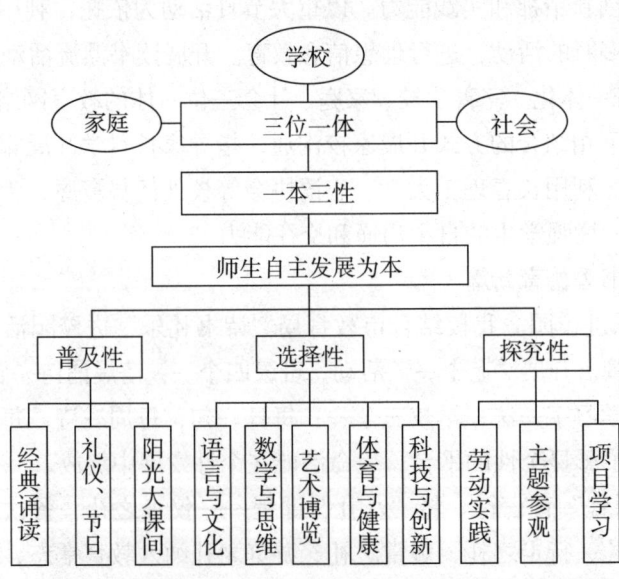

附件2:"三五三"自主课堂模式图

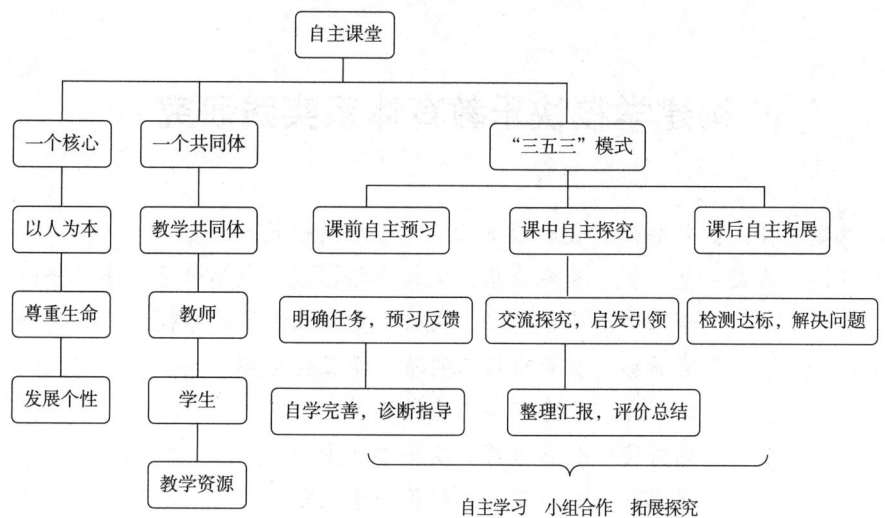

附件3:德育模式框架图

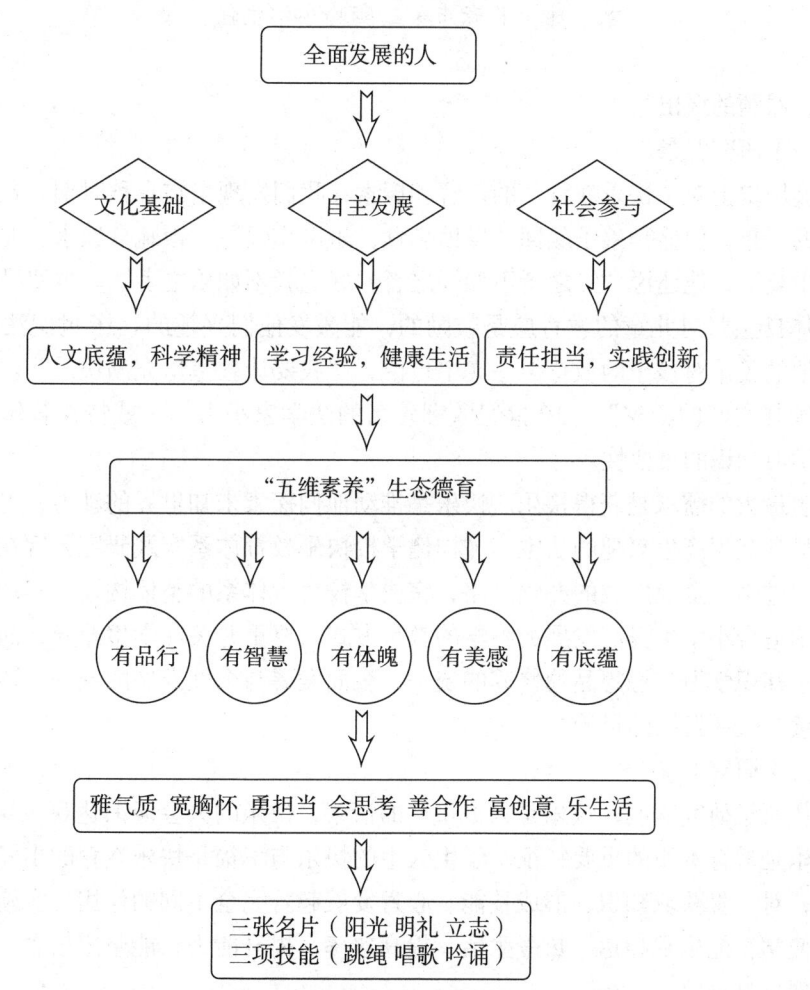

构建学校快乐教育体系实践研究

课题主持人：刘丽萍　长春市第二实验小学副校长
课题组成员：丛　枫　长春市第二实验小学副校长兼副书记（净月分校校长）
　　　　　　李海英　长春市第二实验小学主任（通达分校校长）
　　　　　　李丽影　长春市第二实验小学工会主席
　　　　　　陈　洋　长春市第二实验小学主任
　　　　　　刘秀梅　长春市第二实验小学主任
　　　　　　李永新　长春市第二实验小学主任
　　　　　　张　研　长春市第二实验小学副主任
　　　　　　吕大光　长春市第二实验小学主任
　　　　　　刘　冰　长春市第二实验小学主任

一、课题的提出

（一）研究背景

追溯历史上对"快乐教育"的理解和探索，我们发现早在春秋时期，孔子就提出了快乐教育的思想，他盛赞弟子颜回"发愤忘食，乐以忘忧""饭疏食饮水，曲肱而枕之，乐亦在其中矣"，他还说"知之者不如好之者，好之者不如乐之者"。古罗马时代著名的教育家昆体良主张对儿童的教育应是鼓励的，能激发他们兴趣的。16世纪法国伟大思想家蒙田在他的《论对孩子的教育》一文中也说，"我要让教室里充满快乐"。"快乐的学习是登上智慧之峰的云梯"，19世纪欧洲著名的法学家小卡尔·威特在著作中着重阐述了快乐对学习知识的重要性。

学生最大的需求是获得快乐。快乐是推动他们探索未知世界的动力，也是激发他们对深奥的科学知识产生兴趣的法宝。《构建学校快乐教育体系实践研究》旨在探索一条以快乐教育促进学生全面发展的办学之路，完成学校育人体系的整体构建，实现学校的内涵式发展。用适合小学生身心发展的科学的教育方式，尊重并关注学生差异，面向全体学生，实现文化知识学习与思想品德修养的统一、全面发展与个性发展的统一，达到促进学生快乐、持续、全面发展的目的。

（二）研究意义

现代科学研究表明，快乐是人最重要的情绪，快乐的人会淡泊达观，身心处于最佳状态。快乐是教育本质的重要特征。学生人生的快乐与幸福是快乐教育的出发点和归宿。快乐与否，对学生获取知识、形成技能、心智发展起着完全不同的作用。实施快乐教育的意义在于使学生能乐观豁达、热爱生活、提高效率、提升能力、能坚定信念、恪尽职守，更好地实现自身价值。

（三）核心概念界定

"构建学校快乐教育体系实践研究"课题有两个基本概念。一个是"快乐教育"，一个是"学校快乐教育体系"。"快乐教育"是充分调动师生双方的积极性，教师乐教，学生乐学，在师生融洽愉快、生动活泼的氛围中，使全体学生主动、全面发展的教育。此课题中所提出的"快乐教育"指教育理念的认同，主要是理论层面的认知。"学校快乐教育体系"指在快乐教育理念指导下的立足学校的办学模式，主要是实践层面的呈现。构建学校快乐教育的体系是学校教育实践的系统工程。

二、课题研究的设计

（一）课题研究目标

要实现人的自由和全面的发展，在小学阶段必须通过采用合乎儿童天性的、唤起儿童兴趣的快乐教育的方式，在学校全面构建起快乐教育的体系来实现。

1. 快乐课堂：建构快乐课程，优化教学结构，提升课堂质量，激发学生乐学状态，提升教师乐教能力。

2. 快乐家庭：充分发掘家庭教育的育人功能，探究快乐家庭教育的方式方法，探索家校合力育人有效途径。

3. 快乐实践：多元开发快乐教育实践活动，努力将快乐教育理念与快乐教育实践有机结合。

4. 快乐校园：大力营造学校快乐教育文化环境，开发校园吉祥物"多多"系列文化活动，开展创建快乐教育环境的策略研究。

（二）课题研究内容

构建快乐教育体系实践研究，从快乐课堂、快乐家庭、快乐实践、快乐校园四个维度进行，共14个子课题。快乐评价贯穿于每个维度之中。

1. 快乐课堂：乐教乐学模式研究

（1）以大单元开发，推进个性化教学改革

①提升教师快乐教学能力的策略研究

②课堂教学中思维可视化的行动研究

③提高学生小组合作学习有效性研究

④作业优化与目标达成的策略研究

（2）以团队式研究，建设师生学习共同体

⑤聚焦单元主题优化教材结构的策略研究

⑥价值观引领少先队主题活动的实践研究

2. 快乐家庭：亲子沟通渠道研究

（1）以家校合作，促进家庭亲子沟通

⑦推进诗书礼乐进家庭的行动研究

（2）以亲情活动日，增强父母榜样力量

⑧亲情活动中传承家教家风的行动研究

3. 快乐实践：校本课程开发研究

（1）以学科+整合，丰富综合实践活动

⑨学科综合实践活动资源开发与整合研究

（2）以学校+世界，开展多彩研学旅行

⑩学生文明万里行研学课程研究

4.快乐校园：学校文化主题研究

（1）以吉祥物引领，开展"多多"主题活动

⑪校园吉祥物"多多"系列主题活动实践研究

⑫学校（班集体）创建快乐教育环境的策略研究

（2）以自媒体平台，进行"人人通"评价

⑬"一师一优课"云课程资源开发研究

⑭学生快乐成长大数据资源开发研究

（三）课题研究方法及策略

1.行动研究法

课题研究者多为经验丰富的一线教师，行动研究法以提高行动质量、改进实际工作、解决实践问题为首要目标，基于实际问题解决的需要，与专家合作、协同创新，将问题发展成研究主题进行系统的研究，以解决研究过程中存在的问题，能让研究者在实践中更好地理解和掌握构建"快乐教育体系"的深层内涵，并有的放矢地进行研究。

2.文献研究法

"快乐教育体系"的构建需要以过去为研究的出发点，对已有的中外资料进行科学的整理，教师通过做卡片、写读书摘要、作笔记等方式，有重点地采集文献中与自己研究课题相关的部分，从而发现"快乐教育"的发展轨迹，探索其发展规律，规避研究误区。文献研究法的省时、高效有助于"快乐教育体系"的形成。

3.个案研究法

课题研究的对象具有典型和非典型的特点，需要运用个案分析法对单一的人或事进行深入具体的研究。采用观察、面谈、收集文件证据、描述统计、测验、问卷、图片、影片或录像资料等方法进行研究，并写出个案报告，能让"构建学校快乐教育体系研究"具有普遍意义的同时，也具有个性化指导和借鉴作用。

4.调查问卷法

"快乐教育体系"的构建是建立在一个大数据基础之上的。用书面形式向调查者发出简明扼要的征询单（表），请其填写对有关问题的意见和建议来间接获得材料和信息，再通过分析和整理，能对相关情况做出科学的认识和分析，并提出"快乐教育体系"构建的具体工作目标和建议。

三、课题研究的过程

（一）建构课程体系，为快乐教育夯基垒台

对应学生发展的六大核心素养：人文底蕴、科学精神、学会学习、健康生活、责任担当、实践创新，我们结合三级课程建设与管理的实际，建构起长春市第二实验小学课程体系。

1.文明与习惯课程，主要涵盖社会主义核心价值观、传统文化、道德法制、主题班会、

文明礼仪、习惯养成等教育内容。

2. 科技与思维课程，主要涵盖新思维数学、科学创造、信息技术等内容。

3. 语言与交际课程，主要涵盖语文、英语、教育戏剧等内容。

4. 艺术与审美课程，主要涵盖音乐、美术、书法、地方民俗等内容。

5. 体育与健康课程，主要涵盖体育、健康、安全、传统游戏等内容。

6. 实践与生活课程，主要涵盖少先队活动、主题研学、志愿服务、劳动教育等内容。

（二）优化教学结构，协同推进大单元开发

新课程标准指出：教师应认真钻研教材，正确理解、把握教材内容，创造性地使用教材，努力成为教材的建设者。在大单元开发实验期间，教师共同体集体确定单元主题、分析教材内容、制定教学目标、设计教学课时、撰写开发方案。从宏观到中观再到微观，逐层进行全面的调适、优化与创新。

（三）提升课堂质量，建构新型教与学关系

教学之基在课堂。我们遵循教育教学规律、学生成长规律和学校发展规律，发挥教师乐教、学生乐学的双向作用，积极建构新型教与学关系，大力倡导教学做合一。创建课堂新模型，催生课堂新样态，聚焦核心素养，共享快乐课堂。

1. 提升教师乐教能力，形成"乐教、爱教、会教、教好"的教风

一是快乐课堂教学建模。基于快乐教育理念，遵循不同学科属性，坚持问题导向，我们在研究各学科课堂教学过程的特征与共性的基础上，抽象概括出不同学科的教学模式。如：数学学科"自主选择——习得方法——应用经验——比较反思"模式、综合学科"导学——自学——互学"模式。又如：语文＋悦读课整合模式、教育戏剧＋心理课整合模式、STEAM创意科学课模式等。二是推动教科研同步一体。为让教师"会教""教好"，我们实行中层以上随堂听评课机制、新教师培训汇报机制、师徒结对帮扶机制、名师培养机制、教师论坛机制、继续教育机制，极大地保证了教学和师训质量。在各级教师技能展示、青年教学大奖赛、学科＋主题年会、快乐教育主导课题研究等项目中，真正实现了教科研一体、三校区同步，稳步提升了学校教学品质。三是多维研发可行工具。在实验中，经过测量→诊断→改进环节后，我们致力于开发有效工具，辅助快乐课堂教学。如，在快乐教育子课题"课堂教学思维可视化行动研究"中，对知识可视化、思维可视化、概念图等领域进行了研究梳理，形成了关于"'思维过程可视化'与数学核心素养发展的策略""让'思维导图'走进数学课堂""课堂教学中思维可视化让学生学习真正发生""课堂教学中思维可视化下的学生学习方式的转变"四个方面的网络培训课程（共计4小时）和课题研究报告（共计32 000字）。此项实验实现了让隐性的思维显性化、零散的知识系统化、解题的规律模式化、抽象的内容具体化、数学算式图形化，学生在系统把握知识脉络过程中，真切感受了逻辑思维之趣，体味了数学学科之乐。

2. 激发学生乐学状态，营造"乐学、爱学、会学、学好"的学风

一是关注学生自主、合作、探究学习过程。学生在学习指南和学习目标的指引下完成预设的学习任务，通过多种学习方式主动探究学习内容。其间，学生不仅依据个体差异自由选择适合自己的内容，还学会了在倾听中尊重、在分享中提升、在合作中共赢、在民主

中共生,继而达成"乐中学、学中乐、因学习而乐;我要学,我会学,以发展为乐"的快乐教育愿景。二是注重学生个性化学习与表达。培育核心素养要尊重学生的个性差异,个性化学习以"珍视群体中每一个人"为基本价值追求,创设自由发展的民主课堂。包容学生对学习内容的个性化认识,呵护学生对奇思异想的个性化表达,努力为不同禀赋的学生提供个性成长的广阔时空。如,面向全员开展的"课前精彩两分钟"、"国学经典小考官"等活动的育人价值不可小觑,经过两年的坚持,学生自信表达、乐在其中,更为重要的是,师生能够借助风采展示从不同侧面增进了解,这为下一步的个性化教学提供了有力参考。

(四)系统评价诊断,面向学生的全面发展

在快乐教育行动研究中,我们着力在学生评价上深度思考。树立"关注学生全面发展"的教育质量观,坚持测量、诊断、评估有机结合。允许学生在发展的速度、路径、程度上存在差异,让每个孩子都有展示天赋潜能和独特想法的机会和舞台。

1. 创新综合素质评价

为将快乐教育理念具化为一个让每位教师凝心融情、让每个孩子喜闻乐见、让每个过程生发快乐的校园文化符号,我校开展了《快乐校园吉祥物"多多"的实践研究》。在以"明礼、聪慧、健康、才艺、勤劳、互助、诚信、友善、公益、快乐、梦想"为基点的"多多币"评价体系中,学生与榜样同行、向目标迈进,深受鼓舞、信心倍增,良好品行正在形成。

2. 优化作业形式

作业既是检验学生学习情况的有效途径,又是培养学生创新意识和实践能力的有效载体。为让作业"减负增效",我们尝试进行多样化的作业设计——设计弹性作业,让学生在选中做;设计特色作业,让学生在趣中做;设计反思作业,让学生在悟中做;设计开放作业,让学生在乐中做。优化后的作业形式,更为符合教育教学规律和学生身心发展规律,变负担为乐趣、变被动为主动、变他主为自主,学生学习热情、行为习惯、实践能力和创新能力显著提升。

3. 探索实践性评价

实践性评价是在学生走进自然、参与社会、深入生活过程中,考量学生观察分析能力、协同合作能力、综合实践能力、解决问题能力等水平的评价形式。如:在"到课本中的地方去"主题研学活动中,学生以照片、短视频、绘画、作文、标本、手抄报、观察记录等形式,多样态呈现了在研学实践中的各项能力水平。面向学生开展实践性评价,就是让每一个学生都获得平衡与充分的发展,就是让每一个学生都获得快乐与个性的成长。

四、课题研究成果与成效

(一)"快乐课堂"初见成效

1. 破壁融合尝试大单元开发

各学科根据学科特点,遵循课程标准进行单元开发方案的撰写,并围绕方案认真进行课堂教学,由单一学科的开发尝试到跨学科的单元整合,大胆实践——研究——再实践。学校相继开发了快乐篮球、快乐游戏、快乐实践、快乐口风琴、我们的情绪、多彩的季节等。通过系列单元的开发,实现了课程观的转变:教师创造性地去开发整合教材,注重实效性,教师的观念由"教教材"向"用教材"转变,由"学科教"向"学科教育"转变;

促动了学生观和学习方式的转变：关注全体学生，关注学生的学习过程、合作能力、表达能力的培养，关注学科核心素养。

2. 强能精业提升科研能力

"走出去，请进来"，通过专家培训的方式，学校先后邀请了教科所王淑琴、五环教育集团王磊、省级特级教师朱瑞晶等数十位专家进行专题讲座，提高了教师的理论水平，更加增强了教师的研究能力。

3. 多元活动丰富教学内涵

"悦"读越成长，"悦读+"语文年会中两位教师进行《猫》同课异构，精彩展示语文教学的快乐课堂，体现学生悦读的快乐；快乐书法，在"翰墨书香"系列活动中，师生共同读古诗、写古诗，共同创作书法作品，提升书写与鉴赏能力。

（二）"快乐家庭"共育成长

家风是一种潜在无形的力量，家庭教育是一种无言的教育、无字的典籍、无声的力量，是最基本、最直接、最经常的教育，它对我们的影响是全方位的。

一是开展"亲情活动中传承家教家风的行动"研究，学校家庭教育立德树人的研究，制定研究方案。二是组织课题组成员学习有关家教家风影响特点和学校家庭教育的相关理论。收集"家教家风"及其对孩子家庭教育立德树人的相关资料。三是进一步论证、修改、完善研究方案。四是对我校学生进行有关家教家风与学校家庭教育现状及存在问题的问卷调查，找出问题和原因，建立学生跟踪档案，为课题研究找到方向。五是每两个月进行一次阶段评价和总结，收集资料和每一阶段的问卷调查表。六是每月组织课题组成员进行一次培训、学习，进行题为"家庭教育决定孩子的一生""班主任如何做好家校沟通"专题讲座，为课题的深入研究起了至关重要的作用。

（三）"快乐实践"卓有实效

1. 立足课堂知行合一

研究中，我们对已有成果进行整理、宣传、学习；积极参加上级开展的各种科研活动，细心体会；结合教学，就学生自主学习存在的问题再进行调查研究；结合将要推行的新课改，立足课堂、进行实验、开展研究；根据具体情况，在专家们的指导下，进一步完善方案，完成开题工作。以课题组教师为核心，进行教学经验总结；结合学校实际，将已有的经验变成改善教育行为的重要手段。

2. 研学旅行拓展视域

在"美丽南京行""走进大草原""不忘初心·牢记使命"等"研学多多"实践活动中，我们的足迹遍布全国17个省、市、自治区、直辖市，学生撷取知识、掌握技能，走进自然赏风景，走向社会见世面，既读万卷书，也行万里路。

（四）"快乐校园"温润育人

1. 优化空间环境建设

空间环境的建设在学生的成长过程中起着潜移默化、润物无声的作用。经过课题组的研究，我们对班级空间环境建设的内容进行了初步的界定：硬件方面，形成固定与自主相结合建设模式，全面营造快乐育人氛围。

2. 启动心理环境建设

学生心理环境建设方面，通过课题组的研究讨论，我们确定了"快乐活动，引领心灵，构建体系，形成长效"这一目标，重点在开发快乐活动课程方面做了研究与推进。

3. 开发"多多"系列活动

学校面向全校师生开展了校园吉祥物形象设计大赛，并利用 FM96.3 广播电台《天天家长会》节目对我校校园吉祥物"多多"进行了全城推介，经过遴选与讨论，学校最终通过了"校园吉祥物'多多'形象设计方案"。除形象设计理念外，我们还赋予"多多"22字精神内涵——明礼、聪慧、健康、才艺、勤劳、互助、诚信、友善、公益、快乐、梦想，并以此为基础开发了涵盖 11 个币种的"多多币"评价体系，开发了多梯度、多领域、多样态的"多多"品牌活动课程。

学校依托"构建学校快乐教育体系实践研究"主导课题，践行学校"生动活泼，全面发展"的办学理念，遵循让每个孩子快乐健康成长的育人路径，逐步形成了悦动篮球、快乐戏剧、经典国学等 8 项特色课程，开展"以儿童为中心，快乐教育筑梦成长""构建快乐课堂实践研究""构建快乐评价实践研究"等 20 余次专题培训，推出"确定位置""猫"等 60 余节优秀课例，出版快乐教育丛书《源头》《心中有"数"快乐成长》等 10 余册书刊，开展"我们的节日""小眼睛看大世界""到课本中的地方去"等 10 余项快乐教育品牌活动，发表《在快乐教育中筑梦成长》《"悦读+"越成长》等 40 余篇文章，取得了较为丰硕的研究成果。

五、课题进一步研究与展望

在上级部门的关注与指导下，在全体研究员的不懈深研中，我校"构建学校快乐教育体系实践研究"被立为吉林省教育科学"十三五"研究课题和长春市教育科学"十三五"重点课题，并已顺利结题。回顾多年来的研究与实践，我们走过的路是坚实的、丰盈的、喜悦的。下一步，我们将在推广现有成果的基础上，继续扩大学科覆盖面、学年覆盖面，进一步加强跟踪指导，探索成果提升、转化和应用方面的策略。构建学校快乐教育体系实践研究，其意义关乎学生的成长与成人，课题研究意义重大。在今后，我们还将继续坚持问题导向，大力推进学具研发、学案设计、学情诊断、学生评价、成果结集等工作，寻找支撑、整合资源、擦亮教学品牌，形成科研特色。让教师"走出去"、把专家"请进来"，博采众长、拓宽视野、延展教研思路、打开教研格局。

"积力之所举，则无不胜也；众智之所为，则无不成也。"在后续课题研究中，我们将聚合科研共同体的智慧与力量，以真行动做真研究，为快乐而教、为快乐而学、为快乐而研，不断与成长需求对标、与育人要求对标，协力绘制指向学生成长的最大"同心圆"，努力彰显长春市第二实验小学的学府之气、学识之品、学术之风。

基于快乐教育理念的学校文化建构的实践研究

课题主持人：丛　枫　长春市第二实验小学净月分校校长
课题组成员：张　萌　长春市第二实验小学净月分校主任
　　　　　　翟慧书　长春市第二实验小学净月分校教师
　　　　　　王晶辉　长春市第二实验小学净月分校书记
　　　　　　赵振营　长春市第二实验小学净月分校副校长
　　　　　　刘伟东　长春市第二实验小学净月分校副校长
　　　　　　刁月然　长春市第二实验小学净月分校主任
　　　　　　王淑清　长春市第二实验小学净月分校主任
　　　　　　赵　岚　长春市第二实验小学净月分校主任

一、课题提出

（一）研究背景

文化是一种精神力量，它制约着教育观念、教育模式以及教育的内容，同时教育也在选择、传递、传播、创造和更新文化。学校文化是对人的成长产生最直接、最鲜明影响的文化形态。未来教育和新型学校，应该以学生为中心，以快乐的方法和手段，让学生在愉悦和谐的环境中，积极主动地全面发展。为了实现这一目标，追本溯源，审视当下，面向未来，我们找到了"快乐教育"，基于此构建全体师生所认同和遵循的学校文化体系。

（二）研究意义

1. 理论意义

实现学生的全面发展和终身发展，需要运用能够唤起儿童兴趣、合乎儿童天性的令人快乐的教育方式。快乐教育符合教育根本任务的追求。学校致力于挖掘学校内隐的独特价值，继承并探索合适的办学思想、理念与呈现方式，彰显学校的特色，实现以此为依托的学校文化的系统构建。

2. 实践意义

学校文化是学校发展凝心聚力的根基。学校开展这一课题研究，旨在传承"生动活泼，全面发展"的办学理念，坚持"快乐教育，筑梦成长"的办学特色，创新快乐教育自主发展，逐步形成以精神文化为核心，行为文化为载体，制度文化为支柱，物质文化为外壳，团队文化为主体的学校文化。凝聚教师责任共识，从而形成"乐教、会教、教好"的良好教风，促进教师专业发展；激发孩子向上力量，逐步形成"乐学、会学、学好"的良好学风，促进学生全面发展。

（三）概念界定

1. 关于快乐教育

"快乐教育"是充分调动师生双方的积极性,教师乐教,学生乐学,在师生融洽愉快、生动活泼的氛围中,使全体学生主动、全面发展的教育。

2. 关于学校文化

学校文化,是由全体师生在学校长期的教育实践过程中积淀和创造出来,是为全体师生所认同和遵循的价值观、精神、行为准则及相关的规章制度、行为方式、物质设施等的整合和结晶。它决定着人们的价值追求和发展目标,同时显现在学校的一切教育行为、物质载体之中。

二、课题研究设计

(一)研究目标

以"构建基于快乐教育理念的学校文化"为总目标,具体分为:

1. 从学校层面出发,建构"精神文化、行为文化、制度文化、物质文化、团队文化"五位一体的学校文化体系。

2. 从师生层面出发,建构"快乐校园、快乐课堂、快乐实践、快乐家庭、快乐评价"五个维度为主体的育人体系。

(二)研究内容

充分挖掘学校的办学历史,在学校发展进程中寻求学校的育人内涵。以学校办学理念统领学校文化建设,以"快乐教育,筑梦成长"为办学特色,探索基于这一理念的学校文化生成路径。形成教师"乐教、会教、教好",学生"乐学、会学、学好",学校"乐管、会管、管好"的文化品牌和办学品质。

1. 基于快乐教育理念,构建学校精神文化

延承历史,传承文化,面向未来,完善和提高学校办学理念、办学特色、三风一训的实践和理论高度,努力构建具有学校特色的文化体系。

2. 基于快乐教育理念,构建学校行为文化

从"快乐校园、快乐课堂、快乐实践、快乐家庭、快乐评价"五个维度构建快乐教育体系,即打造典雅精致的快乐校园环境,创建生动活泼的快乐课堂模式,开展丰富多彩的快乐实践活动,营造和谐轻松的快乐家庭氛围,开创多元综合的快乐评价方式。

3. 基于快乐教育理念,构建学校制度文化

从管理和参与的角度构建学校制度文化,建立网格式管理模式,力求精细化管理,打造一支快乐育人队伍,助推快乐教育全面实施。

4. 基于快乐教育理念,构建学校物质文化

创设一轴两翼四厅八面,一景两园三路四区的校园文化格局,让人与物、环境之间有信息的传递、思想的交流、情感的沟通,把学校特色内化到学校的每一个角落,赋予其快乐的气质和意义。

5. 基于快乐教育理念,构建学校团队文化

充分发挥学校六大中心的引领作用,精心打造党团工会、教学科研、德育少队、信息装备、后勤保障团队。整合学校文化资源,利用学校文化的感染力和凝聚力,加强团队建设,培育团队精神。

（三）课题的研究方法和策略

1. 研究方法

行动研究法：课题研究者多为经验丰富的一线教师，基于解决实际问题的需要，与专家合作、协同创新，将问题发展成研究主题进行系统的研究，以解决研究过程中存在的问题，在实践中理解和构建学校文化。

文献研究法：对已有的文献资料进行科学整理，通过做卡片、读书摘要、作笔记等方式，有重点地采集文献中与自己研究课题相关的部分，探索其发展规律，规避研究误区。

个案研究法：采用观察、面谈、收集文件证据、描述统计、测验、问卷、图片、影片或录像资料等方法进行研究，并写出个案报告，能让"基于快乐教育理念的学校文化建构与实践"具有普遍意义的同时，也具有个性化指导和借鉴作用。

调查问卷法：用书面形式向调查者发出简明扼要的征询单（表），填写对有关问题的意见和建议来间接获得材料和信息，再通过分析和整理，能对相关情况做出科学的认识和分析，并提出课题研究的具体工作目标和建议。

2. 研究策略

本课题结合学校常规工作，基于快乐教育理念，着重从五个方面开展学校文化建构与实践的研究，将工作开展中遇到的问题、取得的效果与课题研究的内容结合起来，从而为课题的研究找到实践的支撑点，促进学校文化整体构建。

三、课题研究的过程

（一）传承创新，深化理念，明确课题研究原点

文化建设首先要立魂，立根。办学理念是一所学校文化建构的源头活水，校训校风是一所学校文化建构的鲜明符号。自课题立项以来，我们经过前期调研，与教师座谈，向专家咨询，领会到要想构建基于快乐教育的学校文化体系，必须要有全体师生认同的办学理念及校风校训，这是学校文化的基石，因此我们以此为原点，开启课题研究。20世纪90年代，学校即以"生动活泼，全面发展"作为办学理念并一直沿用至今，而这一理念与"快乐教育"思想不谋而合。经过几轮的研讨，学校对办学理念给予了肯定和清晰的定位，并逐渐形成了以"乐学明礼"为校训，"责任向上"为校风，"乐教、会教、教好"为教风，"乐学、会学、学好"为学风的一训三风，并对其内涵明确解读，在学校文化体系创建中引领全局。

（二）深入学习，顶层设计，构建学校文化框架

课题确立之初，学校课题组组织骨干人员组建学习小组，搜集理论资料，采用"走出去、请进来"的方式，依托各种线上与线下学习平台，学习"快乐教育"的理论知识，系统梳理出了国内外关于快乐教育理念及学校文化建构的研究成果，学习、借鉴北京一师附小、东北师大附中附属实验学校小学部等学校的经验，设计研究方案，邀请专家对研究方案进行指导，并修正研究方案，明确了从"快乐校园、快乐课程、快乐家庭、快乐实践、快乐评价"五个维度构建快乐教育体系及从"精神文化、行为文化、制度文化、物质文化、团队文化"五个方面构建学校文化框架。

（三）化整为零，学思结合，构建快乐教育体系

快乐教育体系是学校行为文化的重要体现。我们采用重点突破、以点带面的方式开展研究，从"快乐教育"五个维度划分子课题，逐步推进落实快乐教育体系。

快乐校园研究方面，学校在快乐教育理论的指引下，从学校（班集体）创建快乐教育环境的策略研究和学校人文、自然环境优化研究两个子课题对快乐校园展开深入研究。营造快乐校园环境、构建快乐人文环境。

快乐课堂研究方面，围绕"一个中心"：学生乐学；搭建"两个载体"：乐学案、小组建设；体现"三个突出"：自主学习、合作学习、探究学习；实施"四个策略"：兴趣驱动、先学后教、互动生成、当堂训练进行研究，提高学生的注意力、思维力、想象力，最终实现生本乐学课堂。研究过程中，对内举办"乐学杯"教学大赛，构建快乐课堂模式，在师生教学互动中感受课堂之乐。向外举办数学"思维+"，语文"悦读+"，英语"WE+"，科学"智慧+"年会，邀请专家点评指导，展示快乐课堂研究成果。

快乐实践研究方面，一是开发以学科+整合的综合实践活动；二是开发以学校+世界的多彩研学活动。让学生在快乐中实践，在实践中感受探索、发现、合作、成功的快乐。

快乐评价研究方面，打破传统的期末一张试卷评价学生学业水平的评价方式，尝试采用期末考试+实践操作相结合的方式，在研究过程中，不断创建、改进和优化评价内容，积极创设各种评价情境、载体与平台，引导学生快乐成长。

快乐家庭研究方面，"以家校合作，促进家庭亲子沟通"和"以亲情活动日，增强父母榜样力量"两个子课题为研究核心。

（四）精研深耕，同步推进，形成学校文化体系

在重点推进行为文化研究的基础上，学校组织骨干力量，同步推进精神文化、制度文化、物质文化、团队文化的构建与研究。

一是变无形为有形，凝练精神文化。利用主题活动、集体学习、班队会等形式催生学校的办学理念、一训三风等文化落地，滋养师生精神，改善师生行为，蓄力向上的动能。

二是转管理为自治，进阶制度文化。立足办学理念，创新管理体制做到顶层设计，凸显快乐教育的自主自治理念，遵循尊重、理解、沟通、信任等人文精神，营造团结、和谐、奉献、进取的教育氛围，在宽松、高洁、清新、富于人文关怀的文明环境的基础之上制定完善各项制度，用制度引领全体师生，自主管理，规范自我行为。

三是更修建为营造，优化物质文化。学校在落细、落小、落实上下功夫。一楼一宇、一砖一石、一壁一画、一廊一厅要有声、有色、有形、有气，"让每一面墙壁会说话"，使景观怡人，让环境育人，力争做到"环境养眼、内涵养神、人文养心"，进而以美育人、以文化人，育人育心。

四是调分工为合作，做强团队文化。学校依托六大中心打造了党团工会、教学科研、德育少队、信息装备、校家共育、后勤保障六大团队，以立德树人为中心点，以"快乐教育，筑梦成长"为出发点，不断塑造团队的核心理念，培养团队的核心骨干，加强团队的学习氛围，以理念引导行为，以骨干带动团队，以研究促进发展，用坚强有力的团队为学校文化建设助力。

四、课题研究成果与成效

（一）课题研究成果

1. 彰显了精神文化底色

我们在课题研究过程中发现，学校对精神文化曾有过丰富的理解，但都未曾明确地概括出来，而是潜移默化蕴含在学校的办学理念、办学思想中。因此，在课题研究期间，我们从学校历史沿革、育人氛围等诸多方面概括学校的精神文化特质，解读办学理念和"一训三风"，为学校文化建构奠定基础。

2. 构建了行为文化维度

快乐教育体系是学校文化构建的核心，学校从快乐校园、快乐课堂、快乐实践、快乐家庭、快乐评价五个维度构建快乐教育体系，取得了丰硕的成果。

（1）快乐课堂，让师生教学有活力。课堂是学校教育的主阵地，自从"快乐课堂"这一概念提出以来，我们全体教师便投入到构建"快乐课堂"的实践研究中，学校先后开展了8届"乐学杯"教学大赛，在此基础上，不断完善各学科的"快乐课堂"模式，逐步建立了生本乐学课堂，即围绕一个中心，搭建两个载体，体现三个突出，实施五个策略。让教师在"乐教、会教、教好"的同时，学生能够"乐学、会学、学好"。在教与学的师生互动中，不断感悟"快乐教育"的文化内涵。作业是课堂内容的延伸，学校还将致力于基于"双减"背景下的学生作业设计实践与研究这一自主发展目标，让快乐课堂研究向下扎根的同时焕发出向上的生命力。

（2）快乐课程，让多元课程有效力。随着时代的发展、理念的更新，我们又进一步扩大了"快乐课堂"的内涵，将其升级为"快乐课程"。学校在落实国家基础型课程的同时，不断丰富课程样态，创新性地构建了"1+X"探究型课程（即语文+阅读、数学+科学、音乐+美术、英语+音乐、道法+安全、体育+综合、科学+信息）和"X+"拓展型课程（即数学·思+、语文·阅+、英语·WE+、道法·知+、美术·悦+、音乐·乐+、信息·智+、体育·健+、科学·趣+系列）的"快乐课程"体系，今年，我们还将初步探索基于"新思想"课程思政化建设的实践与研究，为学生的自主发展、个性发展、全面发展提供保障。学校开发特色课程的同时，还适时对外展示课程文化成果，数学"思维+"，语文"悦读+"，英语"WE+"，科学"智慧+"年会的成功举办，让"快乐教育"这一学校特色文化得以延伸。

（3）快乐实践，让学生成长有实力。纸上得来终觉浅，绝知此事要躬行。"快乐实践"的构建把学校教育理念和学生生活实际紧密结合，学用合一，让学生在丰富的综合实践活动中，发现自己，找到快乐。以艺术+课程为实践展示平台，带给学生学科知识的同时收获知识的延伸与拓展；以仪式+节日为实践教育契机，立足升旗、班会、传统节日等各种实践机会，培养学生良好习惯、爱国友善明礼诚信的美好品质；学校+世界为实践研究基地，开展多彩研学活动，走出校外，如走进太极禅、科技馆等，放眼看世界，体验多元文化。

（4）快乐校园，让学校环境有魅力。一所学校的文化往往外显于校园环境之中，美丽的校容校貌、浓郁的校园文化，其本身就是学校教育的重要资源，也是一种教育力量。

快乐校园的构建环境文化必不可少,几年来,学校不断提升校园文化水平,打造精美雅致的校园环境。草坪上的文化石、走廊上的挂画、台阶上的诗词、墙壁上的数学,不断提升着学校的文化品位。综合楼四个主题文化角特色鲜明,书法、美术、舞蹈、创客教室典雅时尚。操场焕然一新,翠绿的草坪、红艳的跑道、木色的甬路、青翠的树木,相映生辉,石质的看台层叠铺展,沥青的小路蜿蜒前伸,环境的变化为学校文化锦上添花。

（5）快乐评价,让学生发展有助力。"快乐评价"是快乐教育的重要组成部分,学校从2018年开始,不断改革评价方式。我们在保持传统期末测评、关注孩子知识技能的基础上,采用学科知识70%+实践操作30%相结合的评价方式,更关注孩子学科综合素养、实践能力的评价。加强从"道德修养、学业水平、艺术素养、身心健康、社会实践"等方面对学生进行综合性、多元性评价。发挥教育评价的导向功能,重视教育评价的过程,丰富"快乐评价"的内涵。正因为有了这样的尝试和研究,才能让"双减"政策颁布之后,一二年级无纸笔测试那样水到渠成,精彩纷呈。这样的自然而然,就是学校文化最美好的体现。

（6）快乐家庭,让校家共建有合力。学校一直致力于"快乐家庭"的打造。探索打造快乐家庭的基本理论、操作模式和策略。以家校合作促进家庭亲子沟通。以亲情活动树立父母榜样力量。促进家校合作从低层次向高层次迈进,找到家校合作的方式方法。传承家风、家训,营建快乐家庭,积极争取家庭、社会共同参与和支持学校教育工作,形成"三位一体"育人合力。通过建立微信群、家访、电话等媒介经常与家庭沟通；利用家长学校、家长开放日汇报学生在校学习生活情况；持续开展一封家书、阅读分享、家风传承、家长课堂、家长志愿服务、家庭故事分享、家教经验交流等家校联动活动,树立父母的榜样力量,积极营建快乐家庭。在校家之间建立起一种"互信、互助、互动"的和谐关系,全力打造快乐家庭,为孩子健康成长助力。

3. 梳理了制度文化脉络

学校的规章制度是学校办学经验的结晶和反映,它对规范教育教学秩序,达成办学目标起着保障作用。在课题的研究过程中,出台了以学校总则、内部管理、工会制度、管理细则为主要内容的《学校管理制度汇编》,形成了一心（不忘初心）二化（规范化、精细化）三理（讲情理、循法理、有条理）四步（凝练、知晓、认同、传递）的富于人文关怀的制度规范,实现了学校目标与个人目标的和谐统一,制度管理与人文管理的和谐统一,制度约束与自我约束的和谐统一的制度文化目标。

4. 提炼了物质文化内核

在快乐教育实践研究下,传承理念文化,实践行为文化,浸润环境文化,发挥校园环境的育人功能,积极营造快乐校园氛围,全面梳理校园文化成果,彰显文化育人效果。目前已经构建形成了室外一景（校园环境）两园（青葵园、悯农园）三路（谧雅路、智雅璐、博雅路）四区（运动区、娱乐区、展示区、休闲区）,室内一轴（中楼梯文化）两翼（学生区域、功能区域）四厅（一楼文化广场、二楼心灵驿站、三楼小雅之堂、四楼爱尚运动）八面（科技、艺术、信息、运动、国学、历史、人文、传统）的快乐校园文化风貌。

5. 培育了团队文化精神

团队建设是一所学校持续、稳定、高效发展的重要基础和先决条件。学校从整体发展、未来建设的角度，依托六大中心，打造优质团队。专家请进来，教师走出去，团队研起来，名师工作室、师带徒活动，一系列措施，转变了教师的个人观念，提升了团队的整体水平。个人的提高推动团队发展，团队文化促进个人提升。学校先后涌现出一批省市区骨干、省市精英教师、优秀党员、优秀班主任。在区星级学科组评比中，道法学科获得五星学科组，语文、音乐、体育学科获得四星学科组称号。学科团队以校本教研为路径，以校本培训为依托，先后达成"基于快乐教育理念的教材教学化实践与研究"和"基于学生学业质量提升教师命题能力的实践与研究"两个自主发展目标。一段时间的努力实践，各个团队有了责任向上的精神力量，有了团结协作的思想共识，有了群策群力的行为准则。

（二）课题成果呈现

定期召开推进会，促进学校文化建构与实践研究有序开展组织，并将这一课题作为学校自主发展目标及时梳理总结。研究快乐课堂，在乐教乐学模式研究的研讨课中收集整理优秀课例；编写校本教材，各学科结合各自的研究课题，将校本教材集结成册；刊发教育论著，集结科研成果出版发行《快乐教育理念下学校文化的构建与实践》；召开快乐教育成果发布会，展示学校快乐教育成果。

两年来，在不断地探索和实践中，取得了丰硕的研究成果。学校先后获得吉林省科研先进单位、经典诵读活动一等奖。我校教师获得长春市科学辅导员培训竞赛一等奖、长春市童鑫杯陆海空航模大赛最佳组织奖。学校获得全国规划课题"小研究生班"课题研究——"吉林省全国基础教育科研先进单位、长春市教育管理先进学校"、长春市基础教育科研先进单位、长春市社会主义核心价值观融入教育全过程实践研究先进实验校、长春市童鑫杯陆海空航模大赛最佳组织奖、书法学科优秀团队奖、2019年净月区汉字听写大赛总分第一名，6名学生包揽前六名。立足学校自主发展的研究，以"快乐教育，筑梦成长"为目标，积累教育教学经验，编写了《巧解数学》、《快乐竖笛》、《快乐轮滑》、《快乐黏土》、《心中有数》等十余本校本教材。编辑印刷了《我的快乐故事》（教师教育叙事集）、《斯路新语》（教师教学设计）、《聆听前方的声音》、《构建快乐教育体系实践研究活动指南》手册等教育教学成果集，多位教师参加长春广播电视台96.3直播，不断总结经验，面向校内外进行文化的推介。

（三）课题研究经验

"生动活泼，全面发展"既体现一种教育思想，又表现为一种实践模式。以文化建设为引领，营造精致典雅的快乐校园；以学生发展为根本，建设立体多维的快乐课程；以全面发展为目标，打造生动活泼的快乐实践；以家校共育为核心，打造温馨和谐的快乐家庭；以学生核心素养为重点，设计多元全面的快乐评价。我们希望校园内外的每个人都能成为精神、文化的传播者，在教育的沃土中快乐地播种、快乐地浇灌、快乐地培育、快乐地成长。你我不同，大家都好，看见自己，发现快乐！

五、课题进一步研究与展望

一种文化模式可以变成一种生活方式，一种生活方式也可以塑造一种文化模式。面向未来,我们将在快乐教育理念的指导下,全面推进,继续挖掘精神文化、行为文化、制度文化、物质文化、团队文化的深度,同时,从学生发展——落实立德树人,推进高质量育人体系建设;教师发展——促进专业成长,推进高质量师培体系建设;学校发展——提高治理效能,推进高质量管理体系建设;服务保障——优化服务供给,推进高质量保障体系建设四个方面拓宽学校文化构建的广度,使学校基于快乐教育理念的学校文化体系更加完备,路径更加清晰,效果更为显著。

展望百年新起点,立足教育十四五,学校基于文化建构与实践层面展开探索与研究,诚愿以星星之火助推教育蓬勃发展的燎原之势,构建面向未来的学校文化格局,促进教育高质量发展。

现代教育制度视域下学校标准化建设研究

课题主持人：高晓杰　长春市朝阳区解放大路小学校　校长兼书记
课题组成员：李书奇　长春市朝阳区解放大路小学校　副书记
　　　　　　薛英梅　长春市朝阳区解放大路小学校　科研主任
　　　　　　田　丹　长春市朝阳区富锦路小学校　校长兼书记
　　　　　　曹　晶　长春市朝阳区艳春小学校　校长兼书记
　　　　　　韩莹雁　长春市朝阳区解放大路小学校　副校长
　　　　　　王　巍　长春市朝阳区解放大路小学校　副校长
　　　　　　付淑萍　长春市朝阳区解放大路小学校　教导主任
　　　　　　刘翠梅　长春市朝阳区解放大路小学校　办公室主任
　　　　　　张　萌　长春市朝阳区解放大路小学校　信科主任

一、课题的提出

（一）课题研究的背景及意义

1. 依法治校的形势需要

2014年10月23日，党的第十八届四中全会通过了《中共中央关于全面推进依法治国若干重大问题的决定》，提出全面推进依法治国，建设中国特色社会主义法治体系，建设社会主义法治国家，为新时期推进依法治校提供了政治和法治基础。

2. 推进现代教育制度的需要

现代学校制度是建立在法律制度规范内符合现代社会发展要求，契合现代教育的基本规范。随着经济与社会的发展，现代学校制度日益成为学校健康可持续发展的需求，学校教育转型是新形势下教育更新与发展的关键。

3. 学校可持续发展的需要

学校可持续发展是建立在一定标准规范之上的科学发展，通过依法建立与其相适应的、符合教育规律的配套规范和实施策略，可以使学校的发展更具有科学性、规范性，避免更多的盲目性、随意性以及外在因素对学校的干扰。

（二）国内外研究现状

1. 国外现状

美国并未对中小学校建设进行统一化，它的关注点主要落在了教学方法、教学内容和教学目的上，美国实行小班化教学，极大地促进了师生之间的交流。日本的中小学教育偏向素质教育、创造力教育，注重培养学生生活能力和动手能力。

2. 国内现状

我国香港地区特别重视中小学校的校园建设。学校占地面积虽然偏小，但校园条件优越，教学设施设备齐全，规范统一，发展均衡。

2014年，教育部根据《中华人民共和国教育法》《中华人民共和国义务教育法》《中华人民共和国教师法》《国家中长期教育改革和发展规划纲要（2010—2020年）》，研究制定了《义务教育学校管理标准（试行）》，该标准既考虑到办学条件的改善，更强调了学校内涵的提升，针对学校的教育教学和管理工作提出具体要求，也是对学校和校长进行考评的重要依据。

（三）课题核心概念界定

1.现代教育制度

现代学校制度不同于通常所说的学校制度，它具有如下特点：一是适应时代的要求，它是一种"好的、先进的、能适应时代要求的"学校制度；二是以学生发展为核心的制度安排，更加重视教师的教和学生的学，更加凸显教育的独立性和学校的自主性；三是协调校内和校外关系，不仅关注学校内部的运作过程，而且也重视学校与家长和社会的互动过程。

2.学校标准化

学校标准化重点强调的是学校办学条件和师资队伍。本课题所指标准化，强调的是学校办学各种要素之间有效契合、有序运行的规范和标准，是以法律为基准，以现代学校制度为方向，以校本为特色的学校标准化建设。

二、课题研究的设计

（一）研究目标

本课题基于现代学校教育的标准化建设开展研究工作，学校各项管理、教育教学、实践活动等均与教育科研工作有效衔接，有效构建"课题研究与校本研修""课题研究与学校管理""课题研究与机制建设"等相融体系，为学校各项工作提供理论支撑。通过这一主导课题引领，积极构建现代教育视域下学校教育教学研究体系，形成教育科研基准，推进现代教育视域下学校工作科学化、规范化、体系化。通过与教育教学活动有效衔接，开展教研科研实效性校本主题式研修，提升教师研修实效，引领教师主动发展，发挥示范引领作用。

1.进一步促进学校规划与章程的日益完善

通过课题研究与实施，为学校的健康、可持续发展进行诊断，逐步探索并形成符合学校发展实际的配套规划和章程。

2.进一步建构和完善学校各项制度，强化规范化体系建设

通过课题实施和规范，摸索并形成一套科学性的学校工作规程体系，并以此体系科学地指导学校各项工作的科学化、规范化运行。

3.进一步提升和打造教师团队与学校文化

通过课题运行，不断促进学校团队建设，努力构建和促进学校组织文化的进一步提升，形成自身发展的团队和学校文化特色。

（二）研究内容

1."解放教育"理念下学校标准化建设的理论与实践

学校实施"解放教育"，构建卓越学校建设以来，在管理、课程、文化等各方面均取

得了较突出的成就。本课题将基于此基础，进一步探索"解放教育"理念下建设学校标准化的理论基础与实践策略，并形成学校标准化建设的初步架构。

2. 学校管理规范体系的研究与实践。基于学校管理、课程、团队文化建设，进行"解放教育"特色研究与探索

（1）学校管理文化建设研究。强化领导班子研究能力和水平，把领导班子教育科研能力提升作为方向，不断提升学校管理文化建设，实现领导班子建设专业化。

（2）教师团队建设研究。把教师团队建设研究作为重点，做好四个层面团队建设。

第一层面：以特级教师、长白山名师、国家级教学名师为标志的专家型队伍建设。

第二层面：以省级学科带头人为引领的高水平优质学科群建设。

第三层面：以省级学科骨干和科研骨干教师为抓手的四级骨干教师梯队建设。

第四层面：基于校本的教育教学标准化教师队伍建设。

（3）课程与教学领导力建设研究。坚持基于课程和育人的方向，不断加强课程领导力与开发，抓好三个方面。

一是聚焦课堂，在"解放教育"理念的指导下，深入开展学科研究，促进课堂教学改革，全面提升课堂教学效益。

二是综合育人，坚持"校本课程特色化、个性化"的原则，积极开发利用各类课程资源优势，拓展学生发展渠道，促进课程建设。

三是特色课程，深化与发展英语学科特色，彰显解放鲜明英语教学特色；以 STEM 特色学校研究为平台，推动实施 STEM 研究，促进多学科有效融合。

3. 学校教育教学评价规范体系的研究与实践

坚持育人导向，把培育和践行以社会主义核心价值观作为评价方向，依托"解放校园币"评价体系，通过课题研究这一载体，进一步探索学校文化的浸润式培育模式。

一是在实施内容上，推行"无痕"教育，让良好的文明行为和习惯成为学生的自觉意识。

二是创新研究方式，抓好学校"三风一训"，推动学生自我教育、主动发展。

三是评价机制研究，完善和推进"解放校园币"评价体系建设。

（三）课题研究方法

1. 文献研究法

通过文献检索、查阅、整理，为本课题研究提供理论基础支撑，为课题研究成果的形成提供保障。

2. 比较研究法

通过借鉴国内外和兄弟学校相关课题和内容，探索具有自身特点的研究范式。

3. 行动研究法

坚持课题研究与学校教育教学实际相结合，通过课题指导各项工作，并通过教育教学实践不断修正课题研究方向，研究、总结、提升，再研究、再总结、再提升，逐步形成典型成果。

三、课题研究的过程

课题立项以来，按照吉林省教育科学规划课题管理办法的要求，围绕课题研究目标和

研究内容，学校确立了标准化建设研究方向，组建了由学校领导、特级教师、骨干教师组成的研究团队，及时召开了课题开题大会，并向全校教师做课题研究专题培训，全面推进课题研究的实施。

（一）明确学校标准化实施策略

一是以长促长。着眼于学校及教师现有基础和发展方向，基于学校基本制度与师生个性发展需要，努力发现、赏识、培养师生的兴趣、优点和特长，努力实现新的突破，发现自我价值，激发起追求更大成功的热情和自信心。

二是环境催发。积极营造解放校园的人文氛围，致力于追求成功的学校文化，把学校的优良传统、办学理念和价值追求孕育其中，凸显成功、成才、成人的文化氛围，促使教师在育人方面获得成功的同时，自身也实现质的飞跃，即从经验型教书匠向研究型教师转型。

三是激励系统。运用"解放教育"理念，注重因材施教和潜能开发，在激发学生追求成功的欲望和热情的基础上，坚持因材施教，注重学生智力潜能开发，使各类型学生凭借已有知识去发现、提出、探究和创造性地解决问题，为他们学业取得持续进步提供智力保障。

四是阳光课堂。通过多方位、多角度师生互动、家校互动，拉近学校、家长、学生的距离，让每一位教师都心怀积极态度，以阳光般热情温暖每一位学生、研究每一堂课，使课堂充满温暖。

五是校本课程。基于开放式校本课程开发理念，挖掘教师专长，形成自己独门绝技和教学特色，发挥自己的专长，形成校本化、生本化特色课程。

（二）推进学校管理标准研究

学校坚持依法治理、依规管理，进一步完善各项制度，把依法依规作为学校管理文化的基础标准，把激励性、人文性融入其中，重视在管理过程中的能动性和自我完善作用。

一是领导班子建设专业化。着力推进专家办学，促进领导班子建设的专业化，逐步形成杰出校长引领、专家校长治学的领导班子建设机制。

二是管理队伍职业化。逐步融合二级管理和三级管理效能，明晰职责，完善管理机制，提升效能，建立一支专业性强、凝聚力强、执行力强的管理队伍。

三是内部管理工作标准化。以人为本、因材设岗，深化学校内部管理体制改革，岗位与职责协调呼应，内部管理更加民主、科学、规范。

（三）务实教师发展标准研究

凝练教师团队文化、达成团队共识，专业化教师队伍建设取得新的突破：

专家型教师队伍建设。通过课题的引领，形成以杰出型校长、专家型校长、特级教师、长白山名师、国家级教学名师为标志的专家型引领团队，并通过专家工作室，发挥高位引领作用，指导来自国内各省市区"国培计划"校长 20 余批次 100 余人、"国培计划""省培计划"骨干教师 30 余批次 1 000 余人。

学科带头人队伍。以省级学科带头人为核心组建了名学科工作室，在校内外发挥辐射带动作用，形成高水平的优质学科群和学科团队。

学科骨干教师队伍。在省级学科骨干教师带动下，学校建立了省市区校四级骨干教师、科研骨干教师梯队，为学校可持续发展打造了教育教学中坚骨干力量。

基准型教师。通过开展科研教研"双研一体"建设和"约——辩——赛"研修模式，逐步完善基于校本的教育教学基本标准，夯实教学根基。

同时，为了进一步促进教师发展的可持续性，搭建了两个教师发展平台：一是搭建好校本培训平台，提升全体教师的专业发展水平，发挥专家型教师、学科带头人的引领和年级组、教研组教学研究的职能，开展课题研究、教学研究，提高教师课程建设能力、实践能力和研究能力；二是建立完善机制，出台《专家型教师工作机制》《学科带头人研究机制》《骨干教师发展机制》等，形成典型经验成果，实行《骨干教师动态管理制度》，依托专家工作室、名师工作室，建立专项资金，对骨干教师培养进行专项资助。

（四）开展课程与教学标准研究

通过深入推进"解放教育"特色"课程文化与教学文化"，完善课程建设、课堂教学、实践活动，形成校本课程特色。

一是夯实基础性课程。坚持聚焦课堂，在"解放教育"理念的指导下，深入开展学科教学研究，促进课堂教学改革，全面提升课堂教学效益；坚持严抓课堂教学，推行随堂听课制，加强对课堂教学的检查、调控、反馈、评价工作。

二是搞活校本课程。提高学科综合育人功能，坚持"校本课程特色化、个性化"的原则，积极开发利用各类课程资源优势，拓展学生发展渠道，促进课程建设；在"显性"和"隐性"的校本课程研究中，规范教材、优化师资、合理设置、形成氛围、彰显效果。

三是提升特色课程。进一步深化与发展学校英语学科特色，深入推进英语教学改革，彰显解放鲜明特色；全面实施STEM课程，依托现有基础，加大STEM课程的研发力度，促进多学科的有效融合。

（五）深化教育科研建设标准研究

构建"课题研究与校本研修"相融的"双研一体"体系，为学校发展提供理论支撑。

一是强化引领。通过学校主导课题的引领，积极构建学校教育教学研究体系，形成教育科研基准，推进学校教育科研工作的科学化、规范化、体系化。

二是主动提升。深入开展教师科研实效性培训，进行校本主题式研修，提升教师研修实效，引领教师主动发展。

三是凝练成果。系统梳理学校教育科研成果，强化教育科研的引领与示范作用。

（六）创新学生发展评价标准研究

学校依托"解放校园币"评价体系，探索实施"无痕教育工程"，把爱国主义教育贯穿始终，培养学生爱党、爱社会主义、爱人民的思想情怀；推进道德"无痕"教育，使学生的德育践行达到"自律、自觉、自主"，让良好的文明行为和习惯成为学生的自觉意识；深化习惯养成，培养学生良好的行为习惯和学习习惯，形成学生自我教育、主动发展的自觉行为。依托"解放校园币评价体系"，完善推进评价体系建设，使"校园币"评价形成全覆盖、全方位，成为师生共同的激励体系。

（七）拓展文化构建标准研究

学校通过构建"润物工程"，推进物化与文化的有效相融，逐步形成"功能与审美"统整的环境文化。

一是抓好"微环境"。以"精致、高雅"的"微环境"建设为基础，完善物质与人文文化建设，让每一面墙壁说话，发挥物质文化教育功能。

二是提炼"微文化"。凸显校园环境文化建设育人功能，让学校的办学理念、办学目标、办学原则、办学策略、办学精神、学校的三风一训、校歌、校标等，成为学生成长的导师，形成具有品味、具有实效的环境文化。

四、课题研究的成果与成效

（一）以"融"为核，实现教育集优发展

课题研究促进了教育的集优化发展。通过课题研究的引领，学校不断取得高质量的发展，得到了区委区政府的高度重视和充分肯定，成立了由解放大路小学为龙头的解放教育集团。解放教育集团由解放大路小学龙头校，富锦小学、红旗小学、艳春小学和原解放大路小学校带幼儿园整合到教育集团，形成了四区一园的发展模式，集团的发展建立在教学、科研、德育工作有效融合基础之上，体现在"四"融：

一是思想理念共融。定期开展专家引领、研讨活动，校长们交流办学理念、探讨办学过程中的问题与困惑，实现理念共融。集团共商集团的发展问题，从办学理念、办学特色、党建工作、资源整合、管理方式、课题开发、教师专业发展等方面整体谋划和部署，为集团的各项工作指明方向。

二是管理交流相融。成立集团工作领导小组，结合工作目标、工作任务及解放教育集团的实际情况，依据科学性、可行性、实效性和最大化的原则，制定出台一系列的制度：如集团教学管理制度、集团教师培训制度、集团人才资源共享制度、集体备课制度、集团科研课题管理制度等，逐步建立健全了组织的网格化管理机构，使集团管理不断规范，确保集团各项活动顺利有效地开展。

三是资源优势互融。解放教育集团内的教育教学资源实行共享，借助解放校区科技空间、艺术空间的现代资源，富锦小学的交通教育文化特色，红旗小学的传统文化优势等教育资源，建立一体化教育格局，提高学生的综合素养，促进学生的全面可持续发展。

四是教研探究思融。一方面加强教研团队的建设。各校区各展所长，通过面向全集团的英语教学开放课、语文主题教学展示课、数学同课异构等多种形式的课堂教学交流活动，共同探讨学科生命教育的模式和内涵，促进教育教学质量的提升和课改深化。另一方面坚持教师培训同行。借助网上国培、开辟网络交流、经验汇报等多种形式，促进集团教师共同成长。

解放教育集团发展，促进了教育教学质量不断提升。一是青蓝工程，骨干教师示范引领，促进青年教师成长；二是拓展训练，开展"强师德、提师能、聚合力、促发展"四校区教师拓展训练；三是以赛促能，通过教师基本功大赛，促进教师队伍的建设；四是跟岗约课，蓄势汲养，为教师搭建"成长——成熟——成名"的梯级培养平台，引导和激励各层次教师树立终身学习职业意识；五是"三全"育人，通过专业化、规范化、实效化培养，形成全员育人、全程育人、全方位育人的工作格局。

（二）以"培"为径，发挥示范辐射作用

在本课题研究周期内，研究成果得到转化推广，学校成为教育部和吉林省"国培计划"

基地校，每年都承担多批次"国培计划"和"省培计划"影子校长跟岗培训以及教师培训团队研修活动、"提升工程"研修项目、特岗教师培训等，先后迎接了全国各省市区影子校长培训和重庆市小学英语、福建省小学美术研修项目、天津督导专题考察项目，以及吉林省中小学教师信息技术提升工程等千余人次考察交流。

同时，课题研究在促进自身发展的同时，学校发挥辐射引领作用，先后两批教师赴甘肃、宁夏送教送课，开展校本研修讲座。为临夏市、泾源县和原州区校本研修提供了宝贵经验，毫无保留地将学校的宝贵经验带到宁夏和甘肃，为推动边远地区教育事业的发展做出积极贡献。学校与辉南县朝阳镇平安川小学、榆树市实验小学、榆树市八号镇中心小学等学校结成"手拉手"对口学校，定期互派教师访校。2020年，学校领导班子和骨干教师团队为省内边远地区大安、汪清、龙井地区的三所薄弱学校进行了线上诊断和帮扶。

（三）以"质"为本，助推学校高质量发展

一是通过课题研究与统领，学校逐步实现了三大目标任务：高质量发展育人体系、高质量发展评价策略、高质量发展课程文化。

二是在学校各方面工作中，通过课题引领逐步实现了学校管理"自律工程"、教师发展"向心力工程"、课程教学"启智启思工程"、学生发展"无痕教育工程"、文化构建"润物工程"五大工程建设。

三是"校园币评价体系"成熟发展，促进了未成年人全面发展。学校根据学生的年龄特点和生活实际，创新了评价体系，形成了"解放校园币评价体系"，将社会主义核心价值观和三阶段培养目标融合提炼为十个方面，凝练为一套十枚校园币和低中高三个阶段培养目标：做可爱的解放人、做了不起的解放人、做有特质的解放人。学校把校园文化建设与育人目标紧密结合，形成了"启愿、崇爱、明礼、尚美"的"解放教育"文化主流，促进了未成年人的自主发展、个性化成长。"校园币评价体系"2018年荣获吉林省政府颁发的基础教育成果二等奖。

四是课题研究不仅促进学校自身发展，同时利用办学优势实现集团化发展，目前形成以解放大路小学为统领的"四区一园"的"融合发展"集团发展模式，促进校区间深度融合，达到集团化办学的高质量发展。

几年来，课题组公开发表《加强课程领导是推进学校标准化建设的重要路径》《走向课程领导推进学校依法治理》《创新解放教育评价体系丰富德育文化内涵》《目标导航评价护航载体领航》《持续"解放教育"为"互联网＋教育"护航》《实施解放教育 润育特质解放人》《让解放教育惠泽每一个孩子》等十几篇论文，著作《构建卓越学校的实践与探索》《卓然解放 越而胜己——解放教育评价机制纪实》由东北师范大学出版社出版，著作《语文教学与和谐课堂》由吉林大学出版社出版。

在课题研究引领下，学校发展不断取得新的突破，被评为吉林省教育科研示范基地、吉林省教育学会工作先进集体、长春市教育科研核心示范基地，并荣获各类荣誉百余项。

五、课题进一步研究与展望

本课题在研究过程中，经过反思还存在诸多问题，存在的问题主要体现在：一是对学校标准化建设的研究认识不足，准备不充分，特别是对学校标准化建设研究的方向认识不准确、理论研究深度不够;二是课题研究内容的界定比较浅显,研究的系统性、理论体系的构建存在较大差距;三是对研究方法、策略的把握、运用和选择上还存在差距,没有做到细致深刻。

下一步研究中的改进对策将从以下几方面着手:一是继续加强学校标准化建设和现代教育相关理论的学习,通过理论的学习,进一步完善研究的深度;二是寻求教育研究专家的智力支持,通过专家指导,进行较为系统的课题研究;三是进一步研究教育科研方法,在办学实践中提升科研运用能力,促进学校科学发展;四是进一步细化研究的目标与内容,指定可操作性强、易于评价的研究规程。

"明德教育"的理论与实践研究

课题主持人：张玉英　长春市朝阳区明德小学校长兼党支部书记
课题组成员：高　宏　长春市朝阳区明德小学校党支部副书记
　　　　　　王克忠　长春市朝阳区明德小学校教学副校长
　　　　　　安晓波　长春市朝阳区明德小学校教学副校长
　　　　　　林　可　长春市朝阳区明德小学校德育副校长
　　　　　　赵　鑫　长春市朝阳区明德小学校教学副校长
　　　　　　王国辉　长春市朝阳区明德小学校后勤与安全副校长
　　　　　　孙小华　长春市朝阳区明德小学校科研主任
　　　　　　苏丽荣　长春市朝阳区明德小学校教导主任
　　　　　　李　雪　长春市朝阳区明德小学校德育主任

一、课题的提出

（一）课题研究的背景和意义

1. 问题的提出

国无德不兴，人无德不立。党的十八大报告首次将"立德树人"作为教育的根本任务确立下来。习近平主席强调，要全面贯彻党的教育方针，解决好培养什么人、怎样培养人、为谁培养人这个根本问题。要坚持马克思主义指导地位，贯彻新时代中国特色社会主义思想，坚持社会主义办学方向，落实立德树人的根本任务，坚持教育为人民服务、为中国共产党治国理政服务、为巩固和发展中国特色社会主义制度服务、为改革开放和社会主义现代化建设服务。

国学经典《大学》首句就开宗明义指出："大学之道，在明明德，在亲民，在止于至善。"点明了教育的目的在明理及其所明之理。《易·坤》写到"天行健，君子以自强不息；地势坤，君子以厚德载物"。其意为：君子应刚毅坚卓，奋发图强；君子应增厚美德，容载万物。而我校的"明德"校名正来自于此。对于如何彰显学校的办学哲思、丰厚"明理厚德"的办学理念、创新"立德树人"的新路径的探讨，促成了本课题的形成。

2. 研究的意义

（1）理论意义。本研究希望在实践中探索和构建在小学进行"立德树人"的理论框架和实践操作模式，为基础教育教学理论提供成功的经验和做法。

（2）现实意义。成长在于构成未来中国教育主体的学生、家长和教师的群体，他们的信念、认知、文化等，是"立德树人"所面临的最直接而又最有挑战性的"时代环境"。从国际层面来看，一些霸权主义势力，妄图从意识形态上渗透、阻碍中国的发展；从社会层面来看，物质与精神生活发展不平衡，网络、媒体、家庭教育、生活环境存在一些不良信息、因素；从学校自身层面来看，对"立何德""育何人""如何育"等基本问题的明确认知与精准有效的育化机制建设，还需要不断完善、创新。因此，研究定位于将"立德树人"和"明理厚德"结合起来，具有重要的现实意义。

（二）课题核心概念界定

"明德教育"是以"立德树人"为根本任务，以"明理厚德"作为践行素质教育的核心目标。"明理"主要指学生要理解理想信念、学会学习、学会做人、学会做事；"厚德"指学生要有良好的品德修养，担负起社会责任和国家大义。"明理"体现了培养学生的外在行为，"厚德"体现了培养学生的内在价值。这种定位确立了学生个人与"天、人、物、我"四个向度上的和谐发展，同时也体现了在培养学生知识技能、过程方法、情感态度和价值观方面的高度统一。"明德教育"的办学思想体现了学校的育人导向，旨在实现"修身齐家治国平天下，知书达理尚实立世间"的教育境界。

二、课题设计

（一）研究目标

以立德树人、以文化人为根本任务，以知、意、行的辩证统一作为核心思想，凭借"全程、全员、全方位"的教育整体观，使学生达到：

1. "明"理想信念的坚定之"理"；能够爱党爱国，拥有责任与担当。

2. "明"认识世界的正确之"理"；能够学会学习，拥有健康与审美。

3. "明"改变世界的科学之"理"；能够勇于探究，拥有智慧与博爱。

从而实现人心的滋养、人格的塑造，提升学校整体办学质量，为学生终身发展奠定坚实基础。

（二）课题研究内容

1. 着力创建"明德教育"特色的德育框架

（1）全方位探索德育路径，形成培养"明理厚德"有效策略。

（2）厚植家校智慧共育资源，开发"明理厚德"共育资源。

2. 完善提升"明德教育"质量的教学路径

（1）在国家、地方与学校教材之间相互协调的基础上，重构特色校本课程。

（2）在尊重生命、尊重多样、尊重差异、尊重规律的基础上，建设和谐教育生态。

3. 深度激活"明德教育"内生力的强师策略

（1）在平台机制的建设中激发教师的内生力量。

（2）在课程创生的过程中拓宽教师成长空间。

（三）课题研究的方法及策略

1. 研究方法

（1）文献研究法。查阅相关文献，把握立德树人目标，借鉴已有实践经验。

（2）行动研究法。根据课题实施方案，边行动边研究。

（3）经验总结法。归纳"明理厚德"的实践活动，梳理并提升为可供借鉴的推广经验。

2. 研究策略

本课题的研究采取了学校整体统筹下的教学管理系统、德育管理系统和后勤安全保障系统的"条线分工、分块负责",形成了一个依托大课题,各口并行、全员参与、自下而上实践的课题研究体系,使工作研究化、研究工作化,为课题健康运行奠定坚实的基础。

三、课题研究的过程

（一）锚定德育价值,在传承中理解"明德教育"内涵,搭建研究框架

围绕一个核心,整合已有资源,确定研究思路:以"着眼这六年,为了今后六十年"即"人的成长"为核心。遵循四个原则:尊重生命、尊重多样、尊重差异、尊重规律。在历经十余年所形成的"书香校园"特色基础上,于继承中超越、建构研究策略。

1. 锚定目标抓基础——生理与心理多层面结合,突出个人品格的养成性

创建满足当代学生身心发展、思想变化和兴趣诉求的具有时代气息的德育体系,从而提高学生的可接受性,提升德育有效性。

明德小学各年级个人品格共育目标

年级	培育目标	共育目标	活动形式
1年级	呵护童心	从儿童心理发展规律出发,帮助不同成长阶段的学生从个人的思想、学习、生活、人际等层面,设定直观明确、易于理解、乐于接受的努力方向。	打通班级,年级共行;打通年级,大手牵小手;打通社团,融合共创。
2年级	培养孝心		
3年级	激发爱心		
4年级	磨炼恒心		
5年级	树立信心		
6年级	蕴养诚心		

2. 锚定文化全浸润——显性与隐性多角度结合,突出集体教育的感染性

（1）创新德育的话语理念,以"近、小、实"角度入手。坚持以"一节"即"中国节","两会"即主题班队会和大队会,"三课"即时事新闻课、法制安全课和科体艺活动课等实践模式为载体。以"近、小、实"的教育内容,对学生进行爱国主义、民族精神、集体主义和优秀传统文化传承教育,例如:"一日小雷锋""为城市建设提一个小建议""珍惜一张纸、一滴水、一度电""介绍一位英雄""爱国,我能做的一件小事""我会讲一个爱国故事"等,使个人理想与国家梦想相统一的教育理念,设置符合学生心理、情感的话语体系,采用学生能理解、愿信赖、能体验、愿接受的内容。

（2）创新德育的话语方式,以"自主、体验、对话"形式为主。结合学生不同发展规律,开展学生自主、互助式主题社团活动,使学生在亲历中获得真实的认识和情感,进而使道德内化。把学生的生活实践和德育养成结合起来,培养学生在活动中体验、感悟,助力学生健康成长。

3. 锚定资源共开发——学校与家庭多途径结合,突出核心素养的共育性

在做好学校教育资源开发的同时,我校建立了由教师、家长和学生共同组成"家校教育共同体"。通过挖掘家长职业、特长、社会的优势资源,开设具有明德特色的"智慧共享课"。请家长定期走进学校担当授课教师,对学生进行礼仪、预防疾病、科技知识、家政烹饪等方面的讲座指导;请家长定期带领学生走出校园来到工厂、军队、银行、邮局,参观了解不同职业的工作特点和不同行业的工作流程,实现教育资源共享。

（二）锚定教学质量，在创新中激发"明德教育"活力，创新研究路径

1. 在书香育人的继承超越中，挖掘全学科基础性校本阅读课程

第一，是寻"源"开"泉"，挖掘阅读深度。

我们首先从语文学科作为突破口，带动各学科基础性阅读。语文学科作为读书明理的主阵地，在深入解读语文课程标准、教材总目标、单元重点训练目标的基础上，开发出融入革命经典文学、传统经典诗词的《明德小学语文阅读校本教材》——这套教材对各年级段的不同阅读能力训练做出了螺旋上升态势序列安排；其次，进行深度阅读，学生通过批判性阅读学习理解，将已有的知识迁移到新的情景中去，学校每学期开展一次"经典诵读展演系列活动"，整个活动以年级为单位，分别举办六场共持续两个月的经典诵读活动。

第二，引"水"入"塘"，拓展阅读资源。

学校重新审定确立阅读书目原则：一是阅读书目应体现真善美、家国情怀、社会主义价值观，使阅读能感受能量，内化于心、外化于行；铭刻于骨、融化于血。二是关注阅读效果，丰富阅读评价方式，如读书卡、读书会等等。

在引导学生进行纸质和文字阅读的基础上，我们尝试突破场所、形式、时间等因素的限制，实现阅读方式的"立体化"。如品德学科倡导学生每天收看《新闻联播》或《朝闻天下》，定期召开《明德新闻发布会》交流感悟。

三是开"渠"出"塘"，架构阅读展示形式。

通过"五个一"读书行动，即每天读一篇好文章、每周写一篇读书笔记、每月出一期读书报、每季度演一台读书节目、每学期开一次读书表彰会。

"五节"交流活动，即"红领巾读书节""数学节""体育节""英语节""科技节"。

"三会"展示活动，"诵读经典诗词展演会""好书推介会""小小朗读者展示会"。

每个活动全校85个班级所有学生全员参与，师生同台，亲子同台，盛况空前，充分展示了学生的书香成果。

2. 在多元潜能的实践催生中，探索跨学科拓展性校本活动课程

学校成立由专家、学科教学优秀骨干教师组成的"明德拓展性校本活动课程研发团队"，根据学生的年龄特点、认知结构，打破现有的学科界限与知识藩篱，通过以项目式跨学科学习方式，实现跨学科的认知结构；编写实施了"明德五个走进"系列校本课程，即"走进健康、走进创造、走进生活、走进自然、走进健康"，把玩耍的时间还给孩子，让孩子拥有生命的活力；在"数学好玩""航模制作""STEM创客"等活动中把创造的时间还给孩子，使学生学会思考、学会交往、学会自理、学会内省。

3. 在以生为本的评价改革中，塑造多维性顺性适需的学习生态

遵循教育规律，改革作业形式，广开"全作业、微作业、无作业"等形式。

全作业：即所有学科，分为书面作业和体验性作业。书面作业包括：基础性作业、拓展性作业、综合性作业，控制每项作业的总量和质量，无重复机械性作业。体验性作业包括"可爱作业""自助餐式作业"等独创形式，以促进学生多元发展。

微作业：每周三社团活动中给学生不留或少留作业，让学生能够全身心投入到社团活动中。

无作业日：每月末最后一天为全校无作业日，把时间还给孩子们，让孩子们自由选择适合个性发展的课外活动。

期末学业评价采取"学科知识与实践能力相结合""道德品质与行为习惯相结合"的"学科＋特长"测试的形式，让学生们在综合素质评价过程中得到理解和尊重，使其个性得到自由发展。

（三）锚定教师队伍，在激发中凝聚"明德教育"智慧，夯实研究力量

教师是"明德"教育的基础，只有"明理厚德"的教师队伍，才能培养出"明理厚德"的学生群体。

1. 加强教师培训内容的针对性——每学期在调查交流的前提下，所推荐的书目和培训内容直接针对师德建设、教师疑问、需求与小课题研究等。

2. 拓展教师学习内容的多元性——在以往学校推荐"教育新理念类""教育散文类"书目的基础上，再为教师提供包括"党史学习""生活智慧类""心理疏导"在内的阅读书目。

3. 增强教师成长资源的多样性——打造专家学者的传道平台"明德大讲堂"，一线教师实践智慧分享平台"明德智慧论坛"，学校还开展"党史竞赛""党员演讲比赛""捐助贫困学子"等活动，还定期开展"最美教师""我身边的好教师"等评选活动。

4. 增强教师实践成果的转化性——鼓励教师以读促思、以读促进、以读促写，鼓励教师以团队或个人的形式总结经验、著书立说、开展小课题研究。

四、课题研究成果与成效

几年来，课题组在逐步探索、反思梳理中螺旋式推进，完成了预期研究目的，取得了丰富的研究成果。

（一）完善了学校"明德教育"理论的内涵和外延

三年来，明德聚集体力量，创多种途径，初步构建了引领学生"明理""厚德"的实践路径。通过系列实践活动的开展，完成了"以'厚德'为目标、以'明理'为过程"的探索，并进一步具体化了"明德教育"的内涵。

"明理"内涵具体包含三大方面，即培育学生的"理解力""学习力""生长力"。每一方面又包含两种能力，即"理解力"包含"沟通""合作"，"学习力"包含"思考""创造"，"生长力"包含"健康""向上"。

"厚德"内涵具体包含三大方面，即"大德铸魂""公德善心""私德润身"。

"大德铸魂"就是教育学生树立真挚的爱国心。让学生时刻牢记国家与民族的崇高历史使命，做全面发展的社会主义建设者和接班人；拥有"位卑未敢忘忧国"的责任担当，"苟利国家生死以，岂因祸福避趋之"的奋勇担当，"先天下之忧而忧"的胸襟胆魄，以及"我以我血荐轩辕"的满腔热血。

"公德善心"就是教育学生树立真诚的责任心，培养学生注意时刻践行社会公德，将"小我"融入"大我"，共筑和谐社会。

以"私德润身"就是教育学生严格约束自身的操守和行为，激励学生坚持"不以善小而不为，不以恶小而为之"，做到以诚待人、以信取人、以理服人。

"大德、公德、私德"，每一方面又从两点发力培养，即"大德"之于"责任""奉献"；

"公德"之于"担当""自律";"私德"之于"仁爱""诚信"。点小聚力,有的放矢。

"明德教育"课题的探究,体现了学校的育人导向。以书香至博学,以博学启智慧,以智慧至明理,以明理至厚德,相互圆融互摄、同生共促。体现了教育对人的外在行为与内在价值的统一作用,体现了立足今天的教育与面向未来理想的统一期望。

(二)搭建了学校"五全"+"六进"式"多育互动"德育框架

"明德教育"中的"五育"不是"德、智、体、美、劳"的简单拼凑、整合,而是实现"五育"之间的有机综合渗透。在所有课程中全面落实"明德教育"理念,在德育管理方面形成"五全"和"六进"。

"五全"指"全员育人、全面育人、全程育人、全科育人、全息育人";"六进"指"五育"要"进治理、进文化、进课程、进课堂、进评价、进生活"。"五育明理",通过构建从"小"到"大",从"远期"到"近期",从"整体"到"局部"的纵横交错;由里至外、由"校"到"家"的多维路径,使学生逐步将"树爱国之情""立报国之志""践强国之行"的大德,将"责任担当""文明礼貌""自律助人"的公德,将"诚信待人""与人为善""谦和诚朴"的私德,外化于行、内化于心。

2021年,中国电影家协会、中国儿童中心联合主办了"跟着电影学党史,心里有话对党说——纪念建党百年青少年经典电影主题教育活动",在全国50个国家级优秀短片奖评选中,我校有三名学生获此殊荣,学校也被评为星级组织集体;在全省青少年科技艺术创新大赛中有50多名学生分获得一、二等奖。

实践证明,这种"有温度、有宽度、有长度"的教育策略,让学生在潜移默化中,实现了个人品性和能力成长,进一步丰盈了心灵,增强了自信,实现了使学生以英雄为范、与文明携手、与欢乐同行、与家长相伴的成长愿望。

(三)形成了学校提升教学质量的"四要素"

我们通过对校本资源、校本课程的挖掘,不断满足学生多元发展的需要,初步形成了"基础型课程校本化实施、拓展型课程多元化开发"的"四要素"。

要素一:"书香推动"——形成更有活力的教学质量

书香校园早就成为明德小学的传统品牌和标识,也是我校发展的重要动力和支撑。我们根据学生的年龄特点、认知结构和心理需要,编写了融入名家名篇、革命经典文学作品的《书香伴我成长》系列校本课程。

要素二:"课程联动"——形成更有效益的教学质量

语文形成"八字"教学法:教学要保持"开放、自由、超越、回归"的特点。

数学形成"四个结合"教学法:教学内容与学生生活实际相结合;教学方式与学生合作探究相结合;学习方式与学生创新思维相结合;课上操练与学生实践操作相结合。锻炼学生在生活中运用数学解决问题的能力,培养学生的动手能力和独立思考能力。

英语形成"四化"教学法:英语学习生活化、英语教学活动化、英语教材特色化、英语视角国际化。

综合学科形成四个"关注"教学法:关注学生的独特感受、关注学生的动手实践、关注学生的能力提高、关注学生的实际应用。

跨学科项目式学习的尝试，打破了学科界限，锻炼了学生的创造力、团队合作和领导力与动手能力、计划与执行项目的能力，让学生能更早和更深入地面对和解决现实生活中的问题，增强了学生应对来自现实与面向未来之挑战的能力。在2022年"全国STEM挑战大会"中，我校在全国参赛的500个学校里获得了第十一名的优异成绩。

要素三："评价引动"——形成更有发展的教学质量

实施"三立三理"多元作业评价策略。即立足对象，理清作业层次，设计每日作业菜单，让不同层次的学生跨越自己的"最近发展区"；立足思维，理出进阶程序，从复制型学习向深度学习转变，推广项目化学习，形成良好的学习场域；立足需求，理顺多元选择，丰富课后作业形式。从而形成了以问题为基础、反馈为关键、实践为根本的作业实施目标；以多元过程为主、呈现结果为辅、激发潜力为要的评价实施原则，从而有效引导学生悟理、明理。

要素四："文化润动"——形成更加整体的教学质量

今天，"明德教育"已经成为学校鲜明的标志，其中所涵盖的"明理厚德"文化体现了学校传承、发展和创新品质、育人取向以及师生的精神风貌。

"明德教育"文化所倡导的开放，是让多彩的学习去打动孩子的心灵，去提升孩子的认知能力；所倡导的自由，是让宽松的氛围启迪孩子们自由的天性，从而使灵性生成智慧；所倡导的超越，是让课本与生活、课内与课外、学生与社会"连接起来"，使广阔的学习空间带给孩子们无限的学习乐趣；所倡导的回归，是实现"生活即教育""教育即生活"，实现着"明德教育"的文化润动。

（四）构建了学校内生力量的强师"3+3"模式

强师"3+3"模式，即培养教师关注"三点"，是指"着眼点"放在师德修养与理论提升上、"切入点"放在教学特色与学生能力提升上、"增长点"放在科研能力与综合素质提升上。鼓励教师自我实现方面"三维并举"，即第一维度——自觉阅读深化内涵，第二维度——自主实践提升师能，第三维度——自我展示彰显优长，从而蓄养教师的"底气"，涵养教师的"正气"，滋养教师的"儒气"。

（五）价值引领推动了"明德教育"成果转化

三年来，"明德教育"课题的探索，通过有效的推动与转化，为学校带来了长足的发展和丰厚的成果。学校被评为吉林省文明校园标兵单位、吉林省精神文明先进单位、吉林省教育科研先进单位、吉林省生命教育百佳学校、吉林省读书教育优秀组织单位、吉林省基础教育科研基地、长春市科研核心基地示范校、长春市基础教育质量提升工程先进典型等许多荣誉；2017年特色成果被编入《长春市特色学校发展之路》丛书；2018年课题成果"明理厚德塑特色"发表在《现代教育研究》；2018至2020年连续承办了三届"长春市中小学读书活动启动会"。

五、课题研究的问题及改进策略

随着研究的深入，困惑的问题仍然存在，仍需要进一步梳理学校校本课程实践经验，在理论层面还需要进一步思考和凝练。此外，明德教育研究成果也是一个动态的、不断积累的过程产物，在课题推进过程中，伴随着学生的成长，一些教育问题依然存在和不断出现，我们清楚地认识到，立德树人任务任重而道远，还需我们在课题结项后做进一步的延伸探索。

为此，学校将在今后组织学校各个学科建立学校校本课程研发组织，并大量查阅关于校本课题研究的相关文献，邀请专家集合教师的实践经验，以形成多层次、多维度、多元化的"明德教育"之"学校课程体系图谱"。与此同时，还要邀请相关学者，与学校共同进一步凝练学校的研究成果，进行特色化的表达。

自主开放的学校文化建设研究

课题主持人：赵秉华　长春市朝阳区北安小学校校长兼书记
课题组成员：孟庆丰　长春市朝阳区北安小学校教学副校长
　　　　　　邹毓洁　长春市朝阳区北安小学校教学副校长
　　　　　　张丽国　长春市朝阳区北安小学校后勤副校长
　　　　　　杜丽平　长春市朝阳区北安小学校科研主任
　　　　　　刘延红　长春市朝阳区北安小学校教导主任
　　　　　　冯丽君　长春市朝阳区北安小学校教导主任
　　　　　　李春梅　长春市朝阳区北安小学校教导主任
　　　　　　王　琨　长春市朝阳区北安小学校教导主任
　　　　　　王　乔　长春市朝阳区北安小学校德育主任

一、课题的提出

（一）课题研究背景

学校文化是师生共同创造和守候的精神财富，孕育着巨大的教育力量。一所学校的精神风骨，一个校园的特色魅力，一群师生的独特气质，也是依托学校文化彰显出来。学校文化对于学校自身的生存与发展，对于师生认同感和责任感的构筑，对于教师的发展尤其是学生个体的生命成长意义重大。自主教育是北安小学传承的课题，从自主合作到打造自主开放的学校文化，力求通过课题的深入研究凸显学校更深层次的办学特色，打造教育品牌。

（二）课题研究的界定

自主是指学校基于明确的教育理念和发展定位，结合本学校实际，制定其发展规划，依靠自身努力与自主决策，提高办学水平，办出学校特色的发展路径，其实质是学校及其成员自主意识的觉醒、自主精神的张扬和自主能力的提高。开放则是顺应时代发展，拓展教育领域，在智能化科技时代赋予研究新的视角。本课题将构建的自主开放的学校文化是指学校的精神文化、制度文化、行为文化和物质文化建设的深层次建构。

（三）国内外研究现状

自20世纪80年代始，时代背景赋予学校特色文化研究不同的时代内涵，但其始终是中国教育界的研究焦点。从国外来看，在学校文化方面所做的研究，可以归结为两个维度：学校组织文化的表现和学校组织文化的构建。从国内来看，当时人们把校园文化或等同于"校园精神"，或等同于"校风"，或等同于"艺术教育"，或等同于"文化活动"，从而使校园文化研究基本上局限在艺术教育和社团活动这一狭小的范围之内。近年来，国内学者对学校文化内涵的探讨包括对其性质、构成要素以及衡量指标的界定，对学校文化与学校效能之间关系的探讨，对学校文化建设和变革的探讨、必要性的阐释、步骤和方法的设计等方面的研究不断深化。

（四）理论意义与实践价值

北安小学所倡导的自主开放的学校文化建设研究就是坚持以"实施自主教育，促进师生共同发展"的办学理念，形成师生的自主意识、自主精神、自主能力发展的策略建设研究。

基于这种觉悟，基于对国内外学校文化研究成果的整体把握和对未来研究方向的预测，我们一致认为，"从自主发展这一核心价值来统领学校文化建设"这一课题具有很高的理论价值和现实启示，是提高办学水平、办出学校特色的必由之路。

二、课题设计

（一）课题研究目标

通过课题研究，从自主发展这一核心价值来统领学校文化建设，探索基于自主教育核心理念的学校特色文化生成路径，进而提升学校办学特色及办学品质。

（二）课题研究内容

1. 自主开放的学校管理体制研究

规范学校文化活动模式，建立和完善各项规章制度，培育优良的校风、教风、学风和班风，努力构建具有学校特色的文化体系，使学校文化在继承优良传统的基础上朝着现代化、规范化、个性化、艺术化方向发展。

2. 自主开放的教师专业发展路径的研究

培养教师个体教育观念，使教师具有积极的职业心态和专业的自主意识，促进教师的教育思想改革由外发模式向内生模式转化，为教师专业自主发展提供支持性环境。

3. 自主开放的课程文化建设研究

实现课程多元育人功能，发展学生的思维，增长对自然、社会的认识，完善学生整体人格。构建开放课堂，将"自主教育"与"生命教育"融为一体，丰富内涵，以提高学生内在的精神生活质量，确保学生精神愉快，以积极的心态生活、学习为宗旨，激发学生学习兴趣，提高教育教学质量，实现高效教学。

4. 自主开放的德育文化建设研究

我们理解的德育文化，就是德育工作产生的实效——学生有着高尚的道德品质、良好的行为习惯、文明的做人礼仪等，它包括道德熏陶、道德实践、道德修养、道德传播等。自主教育和开放教育的最终目的是使每一位学生都得到充分发展。

（三）课题研究方法

1. 行动研究法

课题组成员在理论学习与实践中边行动边研究，不断改进研究策略。

2. 文献法

通过阅读、整理、解读国内外的文献，利用互联网的技术，搜索各类相关信息资源，并对已搜集的前人的研究成果资料进行系统分析与整理，对已有研究进行提炼与归纳，找到自己研究的突破点，将相关的理论与经验运用到自己的研究中。

3. 个案研究法

通过教育教学中的实践个案，深入探索学校文化变革的复杂及微妙现象背后的意义，为案例描述与研究提供较客观的、主位的研究信息，总结研究成果。

4. 经验总结法

根据教育教学实践所提出的经验事实材料，进行分析、研究、概括，使之上升到理论层面，理论与实际的有机结合是保障课题研究的有效策略。

三、课题研究的过程

本课题研究历时四年，在课题研究中，我们以学校精神文化建设、制度文化建设、行为文化建设、物质文化建设为切入点，按照科学谋划、稳步实施、扎实推进的步骤，有效落实各个研究阶段的目标，从而使师生明确课题研究的主旨和方向，形成合力。

（一）精神文化建设

精神文化，是一所学校的灵魂，是学校发展方向的指向标。北安小学与共和国同龄，经历了奠基、起步、中兴、奋起、腾飞的70多年历史。学校于1995年正式确立"自主教育"办学特色，自此，实施"自主教育"成了北安人不断探索的永恒课题。

1. 理念与特色

学校的办学理念是：实施"自主教育"，促进师生共同发展。学校的办学特色是：自主教育。"五自"培养目标是：道德自省、学习自主、行为自律、生活自理、锻炼自觉。

2. "三风一训"

校风：开拓进取 求真务实

教风：启发 激励 唤醒 鼓舞

学风：勤奋 诚实 自主 创造

校训：学习学习 立志砺志

（二）制度文化建设

制度文化建设是学校发展的动力和根本保障。我们确立了依法治校的管理思维，正确处理法与情、激励与约束、服从与协调、使用与培训、求同与存异的关系，形成了科学、民主、以人为本的制度文化。学校成立由学校领导班子为主要成员、师生代表、家协成员参加的学校文化建设小组，全面组织领导学校文化建设工作，为学校科学管理、持续发展提供了有力的保障。

1. 依法治校，规范办学行为

学校把依法治校放在学校工作的重要议事日程上来，纳入到学校的总体工作规划，从组织、制度、评估、激励四个方面入手，全方位地构建了学校依法治校的管理机制，制定了《北安小学办学章程》，涵盖了教育教学、人事、财物、教师、学生、学籍、后勤、安全等方方面面制度。办学章程是校内的"教育法"，是依法管理学校，规范学校办学的总纲。同时是一种约束机制，强化学校的科学管理，推进学校自主管理、自我发展运行机制的形成。

2. 以人为本，营造和谐氛围

我们倡导要在竞争与互助中互相帮助，互相支持；在竞争与互助中崭露锋芒，张扬个性；在竞争与互助中各得所需，达到双赢；在竞争与互助中共同进步，共同发展；在竞争与互助中展现心智感情，实现人生价值。

我们加强了学校行政班子的队伍建设，建立起一支和谐力、凝聚力、战斗力、执行力强的领导班子队伍。我们实行自主教育下的精细化管理"五个一"，即实行走动式管理，领导每天看一看、听一听、查一查、谈一谈、想一想。精细化管理"五个一"的实施不但便于学校及时发现问题、解决问题，而且也使学校的常规工作始终保持规范、有序、自主地开展。

在全员管理上，我们倡导让教师自主快乐地工作。建立并实施能体现"自主发展"的教育管理制度、教学管理制度、教学研究制度、教师评价制度等，在制度引领下让教职工自觉地做好每一件事，让每一个人都参与到学校的管理当中，形成事事有人做、事事有人管的局面。

（三）行为文化建设

行为文化建设涵盖的是教师文化建设和学生文化建设，它是办学思想在教师与学生身上的一种外在动态反应。

教师的自主发展是对学生进行自主发展教育的根本前提和保障，促进教师养成"自主修身"的良好习惯，提高职业道德水平，增强为学生终身发展服务的责任和意识，培养教师个体教育观念，使教师具有积极的职业心态和专业的自主意识，同时为教师专业自主发展提供支持性环境。我们印发了《教师专业研修手册》，教师们把平日自主学习以及研究反思的内容及时记录在里面，养成随看随写、随思随记的学习习惯。

为了更好地开展教育教学工作，我们丰富了集体备课的形式，设计了研题、研课的内容，通过研题来提升教师学科专业知识，通过研课提升教师专业能力。教学校长、教导主任根据学科学段特点，以小主题为切入点进行主题式培训。这样的小专题培训更有的放矢，明确的指向性深受教师们欢迎。"中年段的作文教学""低年级的识字教学""修辞手法的合理运用"等都是语文学科的研题式备课内容。学习名家课堂的精髓，利用集体备课时间大家共同观课、研讨，提升教师教学设计的能力。各级骨干教师做观摩课、青年教师研讨课、学年教师集体备课引路课等诸多的磨课形式，都体现了学校扎扎实实落实教育科研的主旨。

教师职业的幸福感固然依赖于外部的给予，但更需要自身的成长——成长带来的快乐无疑是巨大的。学校十分注重教师的专业发展，尽最大可能给教师专业发展创造空间、创设条件、搭建平台。

我校的学生文化是让学生知礼仪、懂廉耻、善言行，做文明之人，学出习惯、做出责任、玩出聪明。我们把"爱心、礼仪、自主、合作、实践"作为培养目标，以德育课题研究为突破口，使德育工作更加科学规范、理性人文。构建"学校工作家长全力支持"的局面，体现参与、信任、成长的家长文化。

（四）学校物质文化建设

学校的物质文化建设注重传承和创新相结合、科学精神与人文精神相结合、共性发展和张扬个性相结合，充分体现了环境育人的理念，为师生营造一个开放、自由、和谐、智慧、多元的校园文化。校园文化建设符合学校实际，代表师生的共同意愿，体现其科学性、教育性、艺术性、经济性。校园环境的建设做到"五化"，即"绿化、美化、净化、静化、变化"。

1. 体现理念

校园环境建设的各项内容都要体现学校的办学理念——自主教育。

2. 展示学生

校园环境建设，处处要展示学生的形象、学生的想法、学生的作品。

3. 教育及时性

将学校、社会等重大活动和时事新闻事件，通过校园广播站、校报、电视屏幕等形式及时地传递给学生，进行正面引导和教育。

4. 师生理解

我们以主题形式的"走廊文化"建设，体现了自主教育的引导和熏陶。"文化石""棋高一着""美悦画廊""茶艺天地""空中菜园""数学步道""立体化安全教育体验区"，成为学校润物无声的教育亮点。

学校文化建设渗透于学校的教学、科研、管理、生活及各种校园活动等方面，是学生成长、成才的内在需要，更是推进学校和谐发展的重要载体。研究过程中的有效措施及研究路径，解决了课题研究的主要问题，形成了规律性提升。

四、课题研究成果与成效

（一）建构"自主开放"的学校课程体系

学校在执行国家课程和地方课程的同时，结合本校的传统和优势、学生的兴趣和需要，开发了校本特色活动聪明玩、国学诵读。

校门口设立的别具匠心的文化石，一面是一个大的"学"字，四周围绕着不同字体的"玩"字，另一面是一个大的"玩"字，四周围绕着不同字体的"学"字，直观地展现了特色学校文化活动"聪明玩"——在"学"中"玩"，在"玩"中"学"的理念。

"聪明玩"作为学校的校本特色活动受到学生的喜爱，得到了来自家长及社会的极大认可，真正实现了课程的多元育人功能，是对"自主教育"这一恒定课题研究的最好传承。

我们通过"聪明玩"活动节的形式展现了我们的研究成果，它是为丰富学生课余文化生活打造的重要"校园节日"。活动中学生不仅感受玩的魅力，享受玩的乐趣，同时也让孩子们体验到学数学——其乐无穷，用数学——无处不在，爱数学——受益终生。正是由于学校重视学生的数学思维发展，我们在参加香港举办"全港小学数学竞赛"比赛中，连年获得全国邀请赛总冠军。魔方、九连环作为聪明玩的活动项目，在学校已达到普及，2021年6月，我校学生成功挑战世界纪录——最多名小学生同时还原三阶魔方。世界纪录认证机构认证官安永胜先生宣布，1 180人2分钟挑战成功，打破了3分钟复原三阶魔方823人的原世界纪录，这是我校校本课程"聪明玩"结出的喜人硕果。

每天早晨的10分钟经典诵读声已成为校园里最美妙的声音；读书角、餐厅里捧卷品读，掩卷沉思的画面是校园里最常见的风景；北安讲书堂现在已成为学生最向往的活动。学校被评为吉林省家庭读书会推广工程实验学校、我们选送的诵读作品《少年中国说》获得国家级优秀奖。

（二）打造"自主开放"的课堂教学模式

我们以"学习中心课堂改进项目"为依托，把"构建自主课堂"作为课堂教学改革、提升教学质量的突破口，努力探索具有北安特色的自主课堂教学模式。在教学实践中，我们以问题为主线，通过导学案把知识变为问题，引导学生思考、探索和解决问题，最终再把问题变成知识。

记忆金字塔中的数字告诉我们，教师讲学生听的教学方式中，学生有效记忆仅占5%，而通过自己的发现探索、反复练习的记忆占到75%，通过合作互助形成的记忆能达到95%，这也是我们进行有效合作学习的目标所在。我们认为，培养学生自主学习能力，比教给他们现成的知识更重要；让学生学会自主判断，比教给他们对错更重要。

在课堂上，我们努力让老师做到：有了问题让学生自己先去思考交流，有了错误让学生自己先去分析，规律可让学生自己先去试着提炼，成果让学生自己先去展示。构建了北安小学课堂教学"三个板块"（即自主性学习、合作性学习、导向性学习），让师生在学习中实现"三个超越"（即自我超越、集体超越、师生超越）的生命活力课堂。经过不断实践和探索，总结摸索了我校构建自主课堂的基本做法：预为先导、学为主体、全员参与、师生互动、易讲难引、少讲多练、展示为主、当堂消化、减少作业、前后衔接，形成了极具操作性的"五步教学法"：

自学探究，优化目标——（自学）

合作交流，倾听思考——（共学 互学）

汇报评价，适时引导——（导学）

总结提升，会学有效——（会学）

夯实双基，拓展延伸——（测学）

同时，在自主课堂的研究与实践中，形成了有效的课堂评价标准：

自主提问：教师是否创设民主、和谐、活跃的课堂氛围，给学生以情境，激发学生学习兴趣，引导学生自主提出问题。

自主探究：教师是否通过活动，鼓励学生全员全程、自主愉悦地探究问题、解决问题。

自主交流：教师是否通过交流、分享，让学生有个性化地理解和表述，促进学生主动反思、自主交流，在获得知识技能的同时，情感、态度、价值观得到全面发展。

自主提升：教师是否通过变式练习，帮助学生提升巩固应用、自主形成举一反三、迁移类推等能力，拓展延伸。

自主学习：教师是否"以学生为中心"，指导学生学会自主预习、合作学习、有效练习，落实"少教多学"的自主课堂教学理念。

（三）组织"自主开放"的学生社团活动

以社团活动为载体，为学生的全面发展搭建更加广阔的平台，提供更多的展示机会。我们努力融合社会资源，开放活动空间，整合校内外师资力量，为开放的社团活动保驾护航。"走出去"——营造展示的空间，带学生参与各项大赛；"请进来"——聘请优秀的活动指导教师为学生进行特长辅导。

目前，学校社团活动项目20余项，舞蹈、军乐队、合唱队在各项大赛中获奖。我校作为全国女子足球示范校，成立了校园女子足球队和男子足球队，通过足球在全校的普及以及篮球、排球社团的开展带动全校学生养成自觉锻炼的好习惯。

(四) 实施"自主开放"的德育综合评价

紧紧围绕立德树人根本任务，把社会主义核心价值观和中华传统文化融入教育的全过程。德育活动做到四化育人，即德育活动课程化、德育活动整合化、德育活动系列化、德育活动全面化。

遵循学生认知规律和教育教学规律，建立自主管理的德育工作体系，形成自主管理的德育工作模式，使学生基本形成自主养德、自主学习、自主健体、自主管理的意识，并形成一定的习惯。充分发挥教师的主导作用和学生的主体意识，引导学生自主设计、自主参与、心灵感悟。

遵循学生身心特点和成长规律，设计多种载体和形式，开展社会主义核心价值观主题教育实践活动。如："北安超级演说家"大赛、"红领巾伴成长，奋进新时代"入队仪式、"缅怀先烈 秉承遗志 报效祖国"主题队日、"不忘初心 立志报国 红领巾唱响新时代"一二·九合唱比赛、"追梦少年 绚丽风采"庆六一文艺汇演等。运用校园广播、网络、宣传栏、墙报等多种形式，加强社会主义核心价值观宣传。

1. 我们把"诗书礼乐"传统文化进校园教育活动作为道德教育的突破口。通过为孔子像揭幕、传统游戏进校园、经典诵读等活动帮助学生吸取中国传统文化的精髓，进行自我教育、调节和控制自身的行为和习惯，自省意识得到培养，使学生从他律走向自律。

2. 学校树立"设计思维"理念，学生能做的事情就交给学生来做，让学生担任学校和课堂的设计师，让学生设计学校的一些活动，把校园布置成他们喜欢的模样。尽最大可能扩大学生自主成长的空间，创设自主管理、自主发展的活动体验场，搭建学生提升自主发展能力的平台。

为了培养学生自主教育的意识和能力，我们丰富了班级管理角色，让更多的学生在集体中担任责任，比如自习小担当、起歌小担当、打饭小担当、浇花小担当、书写小担当、节能小担当等，让学生们在知责任、明责任、负责任的过程中提高自主管理能力。学校设有校园币、校长币的奖励机制，开设了"校长币兑换小超市"，学生可以凭获得的校园币到超市兑换奖品。

为了落实党的教育方针，让学校的"五育并举"和"双减"落到实处，充分发挥评价机制的激励功能，结合我校"五自"教育理念以及我校"校长币"评价体系，我们制定了"551"综合评价体系。实施学生综合素质评价，关注学生的个性和综合素质的发展，力求重视过程性评价，重视改进与激励的功能，激发学生的内驱力，达成目标是自主发展。

"551"评价内容，即：五章——运动自觉章、品行自律章、学习自主章、生活自理章、艺术自如章；五星——运动自觉之星、品行自律之星、学习自主之星、生活自理之星、艺术自如之星；一达人——"自主"小达人，被评为校级"自主"小达人的同学，可以获得期末参加学校组织的夏令营、冬令营等集体户外体验活动的奖励。"551"综合素质评价体系是学校实施素质教育的有效载体，在关注"认知"和"结果"评价的同时重视"行为"和"过程"的评价，可以记录学生的成长过程，也可以让学生建立起对自己更为客观和全面的认识。这是一种关注过程、注重激励和导向，具有调整和改进功能的自主开放的评价方式。个性化地关注学生的成长过程，让学生体验成功，并在这一过程中不断发现自己的长处和不足，及时改正，取长补短，完善自己。同时还培养了学生的交往能力、自我管理能力、评价能力、合作意识、主体意识，建立了良好的反思与总结的习惯，有利于学生可持续发展。教师打破了学习成绩至上的观念，将促进学生综合素质的发展纳入教学目标中。

五、课题进一步研究与展望

我们秉承着传承的理念，在课题的深入研究中不断创新充实新鲜的内容，但是"自主教育"多年实践研究形成的经验思想，一定程度上限制了我们的思维，如何在后续研究中更好地观照当下、启迪未来，不断拓展理论研究的内涵和外延成为北安人新的挑战。

我们认为，课堂是教育教学的主阵地，下一步的重点研究工作仍以构建自主课堂为切入点，通过德育活动与教学活动的有机融合，使得课题研究的成果受益于我们的学生。努力构建自主课堂，大力强化自主德育，不断完善校园文化，紧紧围绕立德树人根本任务，遵循学生认知和教育教学规律，按照"一体化分学段，有序推进"的原则，凸显以生为本的理念，强化教育的及时性。

丰厚的历史文化积淀，成就了昔日北安小学的辉煌和荣光；执着的理想价值追求，见证着今日北安的业绩和成长。我们努力把课题的研究成果通过每一项活动的开展，每一节富有生命成长的课堂展现出来，从而实现真正意义上的教科研一体化。

小学幸福教育的实践研究

课题主持人：周　斌　长春市朝阳区安达小学校长兼党支部书记
课题组成员：孙世伟　长春市朝阳区安达小学教学副校长
　　　　　　邓美辰　长春市朝阳区安达小学副书记
　　　　　　赵瑞玲　长春市朝阳区安达小学德育副校长
　　　　　　张莹莹　长春市朝阳区安达小学后勤副校长
　　　　　　高亚慧　长春市朝阳区安达小学科研主任
　　　　　　陈鸣铭　长春市朝阳区安达小学语文教学主任
　　　　　　许　海　长春市朝阳区安达小学语文教学主任
　　　　　　陈红丹　长春市朝阳区安达小学语文教学主任
　　　　　　高文韧　长春市朝阳区安达小学工会主席

一、课题提出

（一）课题研究的背景

Seligman（塞利格曼）提出：人的幸福感主要取决三个因素：遗传基因、与幸福有关的环境因素以及能够帮助获得幸福的行动。国外学者还将这一理论进行了扩充，如耶鲁大学教授罗伯特·莱恩的《市场民主制度下幸福的流失》中提出：幸福才是人们追求的终极目标。国内有关幸福教育研究中，比较突出的成就有：朱小曼教授提出的"教育的最高目标是培养完整的人"的教育理念，刘次林博士在《幸福教育论》中提出"幸福是教育的终极目标"。当前，来自各方面的压力，使教师体会不到教的幸福，学生感觉不到学的幸福，家庭也因为教育问题弄得不亦乐乎，等等。为此，我校确立"小学幸福教育的实践研究"这一课题的实践研究，旨在通过教育改革寻求适度破解的途径。

（二）课题研究的意义

当今的学校教育存在着许多背离幸福的教育乱象，学生成为学习的机器，个性无法彰显，生命没有尊严，幸福感不断失落。日本社会学家千右保曾做过调查，发现很多中国孩子存在幸福病态，把享乐当作幸福，且这样的学生不在少数。因此，需要教育来帮助他们建立正确的幸福观。此外，由于不正确的幸福观，很多孩子厌学、网瘾、自暴自弃等问题，进而导致产生青少年犯罪率、自杀率逐年上升等严峻的社会问题。就教师而言，职业倦怠，工作压力大，缺乏成就感，收入低，工作时间长，幸福指数长期走低。

综上所述：学校教育一定要帮助学生树立科学的幸福观，把幸福教育融入学校教育教学全过程，培养师生正确地理解幸福、发现幸福，并用自己的双手努力创造幸福。让教师幸福地教，感觉到职业的幸福；学生幸福地学，学生感受到学的乐趣。

（三）课题研究的界定

幸福教育是一种教育理想，也是一种教育实践。幸福教育既要关注学生未来的幸福，又要关心师生当下的幸福。教育的目的是为了幸福，教育的过程本身也应该是幸福的。幸福教育是引领学校发展的"纲领"，以幸福教育这个"纲领"全面带动和促进学校整体工作，把教育过程变为学生自主成长体验幸福的过程。

二、课题研究的设计

（一）研究的目标

在幸福教育理念的指导下，研究教育教学管理的新方法、新思路，丰富办学内涵，以"办幸福学校、做幸福教师、育幸福学生、塑幸福家庭"为目标，让学校生活给孩子留下美好的记忆，让学校教育成就孩子的梦想，让学校成为孩子一生最眷恋的场所。

（二）研究的内容

1. 教师职业幸福研究

通过观察、座谈，确定影响教师幸福的因素，在管理中采取相应的策略，让教师享受教育幸福。

2. 学生幸福研究

一是明确幸福德育的内涵、特征、核心，确定幸福德育的学校主题，制定幸福德育的若干细节，形成幸福德育的基本思路和模式。二是开展对幸福课堂的研究。研究课堂，探寻改善幸福课堂的方法，根据教学实际，研究相应策略，制定幸福课堂教学评价表。三是开展学生校园生活幸福的研究，确定影响学生校园生活幸福的因素，并采取改进策略。开展对学生，特别是学困生学习幸福的研究。从家庭指导、心理辅导、改进教学、改进教育、激励评价等方面，建立促进学困生幸福的机制。

3. 幸福安达文化建设研究

开展幸福环境建设，形成浓郁的幸福环境氛围，进行幸福文化建设，确立幸福教育理念下的办学理念、办学目标、校训、校风、教风等。

（三）课题研究的方法及策略

1. 研究方法

文献研究法。查找国际、国内与本课题相关的教育教学理论，通过理论研究，让教师认识到幸福教育对师生人生发展的重要意义。

调查研究法。通过问卷、测试、访谈等多种方式，关注教师学生的学习、工作状况，探索提高师生幸福指数的途径和方法。

行动研究法。以解决研究过程中出现的问题为重点，通过问题研究、研讨交流、案例反思等，探索实施幸福教育的最佳方法，培养师生发现、感受、创造、享用幸福的能力。

观察研究法。有目的、有计划地对自然状态下，师生发生的教育教学或生活现象和行为，进行观察、记录；搜集研究过程中的日常资料，在分析的基础上采取相应的研究对策。

2. 研究策略

策略一：凝聚理念，整体性设计。幸福教育作为学校的主导课题，要进行整体设计，包含幸福课程、幸福德育、幸福党建、幸福学生等多个方面。

策略二：集中优势，整体性扩展。幸福教育首先从课程入手，我校充分利用学校的优质校本课程资源，通过特色课程——京剧、合唱、书法、吟诵、彩泥等，在个性绽放、全面发展上做"亮"校本课程，然后再向外挖掘、延伸到其他课程，从横向纵向不断深入。

策略三：科研先导，创造性开拓。学校创建"教研、科研、培训"三位一体课题研究模式，规范研究制度，成立研究团队，充分发挥科研骨干教师的智慧，开展行动研究，由点带面，最后升华为学校办学特色，推动特色学校的建设。

三、课题研究的过程

在课题研究中，深入剖析幸福教育的内涵，准确掌握幸福教育的真实状况。在广泛调研基础上，对幸福教育课堂、幸福家庭、幸福学生的培养，提出支持策略。

（一）完善机制，立足"实"字

1. 成立课题领导小组，校长作为组长，组员为副校长、主任、名优骨干教师

形成课题研究的中坚力量，结合教学、德育、后勤等不同层面，组建课题研究团队。课题负责人召开座谈会，进行宣讲、动员，组织课题组成员上汇报课及研讨课，通过随堂听课、议课、座谈等活动形式，完善制度、制定实施方案、细化分工。以课题研究中亟待解决的问题为重点，以幸福教育思想为主，立足一个"实"字上。一要结合实情；二要落到实处；三要讲究实效；四要解决实际问题；五要工作作风扎实。

2. 学校投入经费进行课题研究，保障课题成果的显现

为了确保课题研究的实效性、真实性，学校建章立制，规范科研管理，投入资金，派教师外出学习或购买研究资料，鼓励教师边研究边撰写教学课例、教育叙事、成果。

（二）理念引领，明晰"理"字

学习幸福教育理论文献，加强理论指导。组织课题组成员学习"幸福教育论"相关文献，开展多种形式的学习活动：如教师论坛、读书沙龙等，同时对全体教师实行专题培训，让老师了解学校研究这一课题的目的。以专家培训为指导，到教育教学实践中去探索，我校为把幸福教育这一课题研究不流于形式，邀请科研专家担任课题顾问，把专家请进来进行指导，邀请教育专家到校讲学；参加"幸福教育"联盟校，开展"幸福教育"校长交流研讨，提升课题研究成效。

（三）多彩教研，夯实"行"字

我们以"坚持走内涵式发展之路，着力营造幸福教育校园文化；打造幸福教育的课堂品牌，开展幸福德育活动；创设和谐幸福的教师队伍，从而推进'幸福家庭建设'"为目标，将"小学幸福教育研究"的课题研究工作与学校整体发展有机结合，从而保障课题研究工作的顺利实施。

1. 多彩培训，夯实"幸福教育"基础

建设一支充满职业精神的幸福教师队伍，是实施"幸福教育"的基础。我校一直把打造高素质的教师队伍作为学校工作的重点。每学期组织教师积极参加省市区组织的培训工作，举行"青蓝工程"师徒互动月等活动。徒弟精心备课、师傅精心指导，师徒共同研课，锤炼青年教师上好"幸福家常课"的本领。

2. 丰富教研，锻造"幸福教育"本领

在实践中历练教师，在研磨中提升水平，是打造"幸福课堂"的关键。开展"幸福教育课题研讨课"校本教研活动，以"幸福课堂"交流研讨课为载体，着眼于课堂教学研究，总结教学规律，提升教学技能；开展教师论坛活动，在思维的交流碰撞中产生教学智慧，通过观摩、研讨、交流，老师们对幸福课堂有了更深的认识。

3. 多样活动，彰显"幸福教育"特色

安达小学少年宫是长春市第一个校办少年宫，它有着三十多年的艺术特色项目历史：京剧、合唱团、射箭等是特色项目。在提炼出幸福教育办学特色后，学校由点到面，由面到体，分级推进，逐步扩展。以幸福体、艺的特色项目带动其他工作，以其他工作促进特色优化，使局部特色发展为学校特色的整体个性与风貌。

4. 沐浴书香，静享"幸福教育"时光

阅读是一种最美好的幸福。通过开展校园读书节、经典诵读、亲子阅读等活动，营造书香校园。几年来，在学校和老师的组织下同学们先后参加了国家、省、市、区各级各类征文、书画活动。各项活动中，安达学子不但成绩突出，而且在活动中学生们开阔了视野，活跃了思维，陶冶了情操，培养了责任意识，促进学生们在读书中幸福快乐成长。

5. 加强管理，打造"幸福教育"品牌

为把课题研究落到实处，学校定期召开研究例会，及时反馈研究信息，调整研究策略。根据每个阶段的成果及阶段实施情况，课题负责人每月带领课题组成员进行课题的研讨交流，形成下一步的研究举措，交流例会更加符合学校研究的实际情况，也更好地发挥了团队引领作用。

经过多年的科学探索与创新实践，现在"幸福教育"已成为安达小学的名片，学校缔造了幸福教育的理念文化，构建了福泽安达的课程体系。

（四）提炼做法，感悟"思"字

首先，我们立足课堂，抓好教科研的结合。调查学生学习的现状，针对学生存在的问题，研究问题产生的根源。教学与课题研究活动相结合，发现课堂中遇到的新问题，寻求解决问题的新对策。进行阶段性成果自检，保证课题研究的方向性和实效性。

其次，每学期期初，课题组提前做好研究计划，组织教师们参加各种竞赛活动，鼓励教师向各级各类报刊踊跃投稿，做好教科研成果的转化和推广。根据分工，完善课题研究的博客，及时上传学习资料、活动资料、教学论文、活动情况等，展示研究成果。学校将课题研究中的公开课、专题活动等影音资料录制保存，在课题组例会上进行讨论，鼓励并组织教师将课题研究过程中的成功案例、论文公开发表；同时在校内通过专题展板"幸福教育开放日"等活动中进行展示。

与此同时，课题组组长至少每月组织一次课题研讨并做好记录，总结课题研究中出现的问题与经验，做到以问题促反思，以反思促教研。

（五）沉淀提升，打造品牌

对于本课题的研究，我们采取在研究中反思、在反思中总结、在总结中提升的工作思路。通过对每个研究团队即兴调研、研讨座谈，了解课题研究中存在的问题，及时调整研

究的策略与方法，并将课题研究中有价值的做法形成文字，汇编《幸福教育故事集》和《幸福教育论文集》。同时，教师结合学校主导课题确立自己的小课题，指导教师撰写"幸福教育"小课题研究结题报告；幸福教育研究做到真正行之有效，幸福教育研究的核心就是尊重师生、理解师生，使师生在教育中感受幸福，在幸福中得到教与学的更大幸福，从而促进幸福教育课题研究工作的顺利进行；要确认并保证教育中幸福的主体地位，必须以教育工作者和学生的幸福感与实际成果为出发点，学生享受的是幸福的教育，教师体会到的是教育的幸福。

四、课题研究成果与成效

三年来，我校边研究边实践、边总结边提升，螺旋式推进，基本达到了预期研究目的。

（一）构建幸福文化体系，办幸福学校

精神文化是学校品牌的灵魂，是学校发展战略的文化符号。安达小学是一所充满人文情怀、散发着阳光的味道、历史悠久的老牌名校。

学校愿景：办幸福学校，做幸福教师，育幸福学生，塑幸福家庭。

培养目标：培养具有幸福理念的四有新人，即有家国情怀，有一技之长，有健康体魄，有文化知识。

我们将启源楼设定为"家国情怀馆"，通过寻根问史、家国情长、知恩明礼、国粹生香、翰墨流芳等主题，引领师生具有爱国、爱校、爱家的家国情怀；将博艺楼设定为"幸福人生馆"，突出一技之长、文化知识主题。通过校园文化给学生熏陶、引导和激励。

（二）引领教师专业发展，做幸福教师

教师的幸福感主要来源于自我成长和学生成长，教师应该在不断地成长中寻找职业幸福感。我校实施"623+1526"专业发展模式，提升教师幸福指数。

1. 实施"623"发展模式，教师成长于规划设计

"6"，即建设六个团队，以专家型教师为领军人物，以名优骨干教师为核心，将教师划分为六个"四优化"团队，推进教师专业发展水平。"四优化"为"优化梯队求同进；优化课堂求高效；优化质量求提高；优化活动求精英"。通过集体备课、课堂展示、课堂诊断、同课异构等活动形式以及名优骨干教师的引领、把脉、示范，使每一位教师快速成长为一名幸福的安达教育者。

"23"即"两横三纵"，"两横"即同龄人横向看，同级别横向比；"三纵"即名优骨干教师纵向引领，普通教师纵向发展，新教师纵向提升。

2. 深化"1526"课程体系研究，教师成长于课程建设

"1526"即一个基础，五个创新，二十六个支点的课程架构。

一个基础：以落实国家课程为基础。

五个创新：创新校本课程，创新拓展课程，创新特色课程，创新艺术课程，创新实践课程。

二十六个支点：书法（书法歌）、足球、京剧、合唱、二十个特色活动项目和六个年级的实践活动，即：一年级职业体验、二年级跳蚤市场、三年级大手牵小手、四年级我读书我快乐、五年级走进军营、六年级毕业感怀。

我校将课程建设与社团活动有机结合，在编排上实行混龄编班，自主选择。

3. 深化教学改革，教师成长于幸福课堂

在幸福课堂的研究中，确立了"五段三动式教学模式"。以学生自主活动为基础，以主动参与、探索为特征，建构以学生为中心的课堂教学体系，提升了教师和学生的幸福感。

"五段三动式教学模式"：即"五段"——学（初学感知）→思（深思质疑）→议（合作探究）→导（启智交流）→测（测学验收）。"五段"教学流程以学生的活动为线索，发展学生的能力。"三动式"——目标牵动→合作带动→测学推动。"三动"目标，充分体现了以人为本、以学定教的理念。

动，是幸福课堂的核心；动，是幸福课堂的基本形式。体现的是学生的主体地位和学习方式的改变。

动，是主动，主动学习，让学生成为课堂的主人；动，是互动，在互动中，激活思维、激发兴趣、锻炼能力；动，是活动，是学生参与课堂的态度。动的核心是动脑。动脑，可以生成智慧，也可以获得幸福；动，是动口，最好的学习，就是让学生讲；动，是动手，写、练、做、展示。动的课堂，一定是幸福的课堂。课堂拥有老师和孩子们的笑声、辩论声、掌声，学习氛围自由民主轻松，心情自然愉悦舒畅。在这样的课堂，学生享受的是幸福的教育，教师体会到的是教育的幸福。

4. 普及校本研究，教师成长于理性思考

在"小学幸福教育实践研究"主导课题引领下，教师们进行了小课题研究，在实践探索中解决困惑、积累经验、不断创新，逐步从经验型教师转向研究型教师。多位课题组成员获得吉林省科研型骨干教师称号，并有多篇论文获得省教育科学优秀成果奖。课题组教师们纷纷获得吉林省教学精英、长春市明星教师、省市级骨干教师等荣誉称号。值得欣喜的是，年轻教师也迅速成长，他们在课题的引领下，形成自己的教学特色，多人次在省市公开课赛课取得好的成绩。

学校被评为长春市教育科研先进单位、长春市优秀学科（数学）团队、长春市教师发展型学校示范校。

5. 组织团训活动，让教师的"心"找到家

老师是学校最宝贵的财富！学校每个月组织一次工会活动，大小绳比赛、广播操、春游、包饺子比赛等，通过团训增进教师之间的感情和集体的凝聚力，让教师释放工作压力，获得职业幸福感。

（三）实施阳光德育，育幸福学生

幸福教育研究的关键目标是实现学生幸福成长。学生有收获幸福的能力，有追求幸福的能力，有创造幸福的能力，有奉献幸福的能力，让每一个生命都散发着阳光的味道，共同构建我们幸福的精神家园！

我们推行"6543"育人模式，即六礼、五讲、四节、三结合。

"六礼"即开学礼、入学礼、节日礼、升旗礼、入队礼、毕业礼。"六礼"教育起到了明理导行、继承传统、激发爱国情感、牢记使命、不忘师恩、开启幸福的教育作用。"五讲"即专家讲、家长讲、校长讲、老师讲、学生讲，充分开发校内外的教育资源，通过专

家的专业指导、家长的专长发挥、校长的文化浸润、师生的成功分享，助力学生幸福成长。"四节"即合唱节、科技节、艺术节、儿童节，为学生搭建展示才艺、体验幸福的时空舞台。"三结合"即学校、家庭、社会三结合。

学校位置与吉林省京剧院仅一条马路相隔，我们发掘社会资源，充分利用京剧团的演员为学生开发了"梅兰留香"京剧社团。学生们经过三年多的勤学苦练，京剧曲目《大闹天宫》在朝阳区中小学"诗书礼乐"展风采大赛中取得一等奖。《京歌神韵》在吉林省少儿戏曲大赛中荣获"金花"称号。

书法也是我校的一项特色项目。几年来，学生们在全国各级各类书法大赛中斩获佳绩，吉林省电视台、长春电视台、《吉林日报》《城市晚报》等多家媒体对学校的书法教育活动进行了专题采访报道。

"传承经典，班班诵读"展示活动每年五月开始，每日一班，面向社会。古诗诵读《春晓》作为长春市诵读大会的开场节目在长春电视台播出；《千字文》在长春市"蓓蕾诗心我爱读诗"第二季朗诵大会上进行展示；《少年中国说》在长春市朗诵协会举办的"致敬，我的祖国"庆祝新中国成立七十周年大会上作为开场节目。

我校的"夜莺合唱团"每年都参加省市区各类比赛，均获特等奖，多次参加公益演出。足球队在区"阳光杯"足球赛中荣获第三名，他们在长春市民间争霸赛中也榜上有名。学校科技社团在各级各类比赛中均获得佳绩。

（四）家校共育，塑幸福家庭

塑幸福家庭也是此课题的研究方向之一，我们力求通过家校共育，促进幸福教育的外延发展。

通过家长培训，让家长浸润幸福文化；邀请家长进校园，让家长体验幸福文化；向社会开放校园，让百姓感知幸福文化，筑牢"三位一体"育人模式，从而形成教育合力。

课题研究期间学校获得吉林省文明校园、长春市教育系统先进集体、长春市教师发展型学校示范校、长春市学校文化建设示范校、长春市书香校园、科技型校园等56项荣誉，被确立为家庭教育指导基地、吉林省儿童戏剧传承教育培训基地、国粹京剧传播基地。

学校出版了《安享幸福 达润人生》，编撰个性化教学研究纪要（教学设计），开发了系列校本读本。

五、课题进一步研究与展望

回顾四年来的研究与实践，课题研究在取得成果的同时，还存在一些困惑，以下两个方面还需要在深化研究中不断探索。

（一）转变学习方式，构建幸福教育课程体系

继续建设完善幸福教育课程体系，让教师把学习的权力还给学生，把创造还给学生，增强体验式学习、研究式学习过程，实现学科融合学习、项目式学习及混龄学习的方式。同时增强学习的趣味性，学生动手操作实践性学习，把教育过程变成师生幸福生活的一种体验。

（二）改革教学评价，建设幸福人文情怀

在国家"双减"政策的指导下，学校教育教学提质增效阶段，学校教育评价的方式和

手段也要顺应时代的发展要求，要为学生的成长与发展服务。幸福学校抑或是幸福教育，不是三年五年就能够完全实现的，它需要不断践行、探究和完善。帮学生树立科学的幸福观，让"学生今天幸福，为学生明天幸福奠基"是安达小学不断的追求。

核心素养理念下的心智教育研究

课题主持人：谢　飞　长春市朝阳区宽平小学校校长兼书记
课题组成员：李　颖　长春市朝阳区宽平小学校副校长
　　　　　　孙丽岩　长春市朝阳区宽平小学校副校长
　　　　　　王永杰　长春市朝阳区宽平小学校科研主任
　　　　　　张　琦　长春市朝阳区宽平小学校教学主任
　　　　　　岳　宏　长春市朝阳区宽平小学校电教主任
　　　　　　苏　亮　长春市朝阳区宽平小学校装备主任
　　　　　　梁丹枫　长春市朝阳区宽平小学校教学主任
　　　　　　何小洋　长春市朝阳区宽平小学校德育主任
　　　　　　王　雪　长春市朝阳区宽平小学校教学主任

一、课题的提出

（一）课题研究的背景

1. 发展学生核心素养的需要

华东师范大学刘濯源教授揭示了核心素养的两大要素，"心"与"智"。他指出：心、智是其他素养的内核及原点，其他素养均是从心、智两大核心素养中分化、发展而形成的。如果心智不发展，发展其他素养，根基无法牢固。

2. 传承优秀传统文化的需要

孟子提出"四心四端"说，即"恻隐之心，仁之端也；羞恶之心，义之端也；辞让之心，礼之端也；是非之心，智之端也。"人若没有这"四心"，他的心性是有缺陷的，如不用心加以培养扩充，道德很容易沦丧。我们的研究是对传统文化"四心四端"说的传承。

3. 尊重儿童心智发展规律的需要

研究表明，心智能力是内在天赋能力的基础，内在天赋能力要靠心智能力来整合。6~12岁是关键期，在此阶段教育学生悦纳自己、悦纳生活、发现美、领悟爱，唤醒最美好的情绪，才能达成心智健康发展。

4. 学校特色发展的需要

"十一五"以来，我校围绕"心智教育"开展研究，经过十余年的探索，形成了"心智教育"办学特色。近年来，随着独生子女、单亲家庭子女、进城务工子女的增加，越来越多的孩子出现了心智发展偏差的问题，尤其是我校学生农民工子女所占比例较大，问题显现更为严重。因此，学校深入开展"心智教育"研究，进而培育学生的核心素养显得尤为必要。

（二）课题研究的意义

1. 理论意义

（1）丰厚学校特色办学的理论基础。

（2）国内目前还没有广泛地把心智教育与核心素养结合，希望通过我们的研究增加一个心智教育研究样例。

2. 实践价值

（1）有助于师生心智健康发展，促进学生核心素养提升。

（2）促进学校内涵发展，提升办学品质，打造特色品牌学校。

（三）核心概念界定

核心素养理念是指学生应具备的，能够适应终身发展和社会发展需要的必备品格和关键能力。

心智是情感运作系统和思维运作系统的总和，是一种综合高级能力。

心智教育是不断完善人的心灵和智慧的教育，是对人的情绪、情感等诸多心理要素、精神要素、思维能力及价值观的培养。校本化解读为"润泽心灵，启迪智慧"。

二、课题研究的设计

（一）研究目标

在核心素养理念下，遵循心智发展运作规律，关注个体心灵成长与智慧发展并重，探索心育、智育的有效方法和途径，培养智慧，发展思维，感化心灵。把心智健康成长作为培养人的终极目标，使之身心健康、情绪饱满、心态阳光，有自然向上的力量，有挑战困难的勇气，有面对挫折的意志力，有不断创新的意识和能力。

1. 培养具有健全的人格、健康的体魄、灵动的思维、张扬的个性的"六乐"心智学生。

2. 培养"仁心睿智"的心智教师。

3. 建构起丰富多彩的心智教育校本课程，构建"悦心促智"的心智教育课程体系。

4. 探寻心智教育与学生发展核心素养的契合点，通过实施"凝心明智"的管理、"悦心促智"的课程、"灵心慧智"的课堂、"育心启智"的德育、"赢心激智"的评价，形成特色心智教育文化体系，提高学校办学质量，促进内涵发展，提升办学品质，打造特色品牌学校。

（二）研究内容

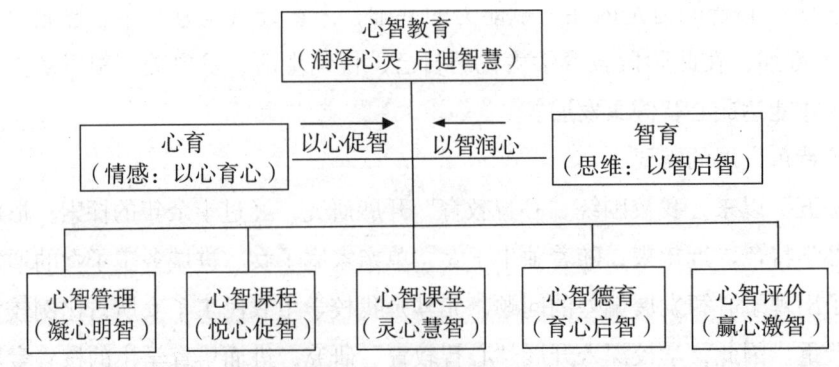

我们把心智教育分成两大教育体系。心育，关注学生情感，培养良好的意志品质，以心育心；智育，启迪学生智慧，培养学生的认知和思维能力，以智启智。同时，心育与智育又相互贯通，相互促进，在情感教育的同时，促进智力发展；在培养思维能力的同时，促进意志品质的提升，以心促智，以智润心，发展学生核心素养。具体落实到心智管理、心智课程、心智课堂、心智德育、心智评价五个方面来探索心智教育的理论和实践研究。

（三）研究方法

1. 文献研究法

在准备阶段，搜集、鉴别、整理文献。通过文献研究对相关理论有科学认识，了解心智发展运作规律，形成方案。在研究过程中，进一步注意文献的积累、总结，以先进理念指导实践，以创造性实践丰富理论内涵。

2. 教育观察法

在研究过程中，通过有目的、有计划地考察并描述教育对象，及时发现问题，总结经验，从而提供有效指导。

3. 调查研究法

采用谈话、问卷等形式实施前期调查、过程调查、效果调查，通过调查收集分析数据，了解学生发展情况，了解家长与学生对课程设计、课题实施等满意度，利于课题的动态调整。

4. 行动研究法

是主要研究法，融理论与实践于一体，体现循环往复、螺旋上升的研究过程，遵照"计划—行动—反馈—调整—再行动"的研究步骤和要求，提高研究的实效。

三、课题研究的过程

（一）实施"凝心明智"的管理——心智管理

1. 以心智理念为指导丰厚学校办学思想

一是深入挖掘心智教育内涵，提升办学理念。将原有的"让学生快乐学习，健康成长"的办学理念提升为"润心启智，培养心宽智博、平实儒雅的阳光少年"；二是围绕心智教育，将办学宗旨、办学原则、校训、校风、教风、学风等在原有的基础上进行特色提升，形成系统理念。

2. 以规范制度为保障打造制度文化

完善规章制度，在规范管理基础上，采用目标激励、情感激励、责任激励，构建和谐育人环境，让刚性制度、人性化管理有文化、有温度。

3. 以团队建设为依托打造心智教师

成立核心管理团队，以课题研究形式开展工作，注重心智教师的培养。

（1）定位心智教师的特质为"仁心睿智"的教师。我们的"仁心"是指仁爱之心——践履仁道、实施真爱的仁爱之心；睿智指见识卓越，富有远见，聪慧，明智。

（2）构思心智教师的"五项修炼"：修炼心态、修炼情操、修炼性格、修炼行为、修炼智慧。

（3）开展"心智教师"的素养提升工程。一是"润心"工程。开展学规范、立承诺，以行动履行承诺系列活动；组织评选"最美教师"树典型、学榜样活动；参加"育心启智

扬风尚 精诚团结促和谐"师德演讲和师德事迹分享等，引导教师树立"风清气正，斯文在兹"的良好形象。组织教师南湖徒步，开展教师书画展、合唱比赛等心灵成长团训活动，让教师对学校、对课题有归属感。二是"提智"工程。采取请进来、走出去等方式派教师外出学习，邀请专家、名师来校上示范课、做培训。把"推门课、敲门课"渗入到教学常态中，提高教师业务能力。注重全员性科研培训，让教师精准把握课题研究的理论知识和发展动态，为教师做研究指明方向。举行"阅读点亮智慧 读书润泽心灵"系列活动，引导教师善学习，做"学者"；开展教师论坛、经验交流、研课等活动，引导教师把创新意识、创新精神、创新思维运用于实践中，用心创造，做"智者"；开展全员型科研，人人有课题，人人做研究，将研究浸入到教学细节中，潜心研究，做"行家"；举行教研活动，进行听评课，反思研讨，引导教师将反思运用于常态中，精心自省，做"专家"。

（二）构建"悦心促智"的课程体系——心智课程

以"愉悦身心，促进智慧发展，培养优秀的心智品质"为目的，构建由基础课程、拓展课程和特色课程构成的心智教育课程体系。

拓展课程分为六类：语言与人文、品格与社会、艺术与审美、数学与科技、运动与健康、实践与创新。

构建心智教育特色课程，即"三·三"校本课程。包括：润心课程、修心课程、悦心课程、启智课程、益智课程和促智课程。

润心课程：突出人文底蕴素养的培养，润泽学生心灵。包括语言与人文方面的内容：阅读欣赏、中国古代文化、名人故事、中华经典诵读、书法、时事新闻课等。

修心课程：突出学生思想品德教育，旨在修养德行，培养乐善的品行。包括品格与社会方面的内容：主题班会、文明礼仪修身课、礼仪操、升旗仪式等。

悦心课程：通过美育愉悦身心，学会感悟美、赏析美和创造美，提高审美情趣和能力。包括艺术与审美方面的内容：竖笛、舞蹈、古筝、创意美术等。

启智课程：通过数理科技等内容，启迪智慧，培养学生乐知的科学精神。主要包括数学与科技方面的内容：思维训练课、科技社团课、棋社。

益智课程：让学生身心得到锻炼和疏导，增强安全意识，从而有益于智慧的发展，培养学生乐美的身心。包括运动与健康方面的内容：小绳、花式跳绳、健美操、球类、心理疏导课、手语操、安全教育。

促智课程：让学生实践操作，亲身体验，乐于创新，发展学生实践与创新素养，培养乐为的行动。包括实践与创新方面的内容：巧手制作、电脑、实践活动等。

有些课程我们利用看护时间进行，有些课程利用升旗仪式进行，还有些课程在活动中开展。心智课程的校本化开发与运作拓宽了心智教育渠道，为学生的心智成长搭建更广阔的舞台。如语文节活动和"我是朗读者"活动使课程鲜活起来，让学生在书香诗韵中品味中华经典文化，塑造心灵，提高素养。

（三）建构"灵心慧智"的课堂——心智课堂

1.定位心智课堂为"灵心慧智"的课堂，心智互促、共生，让课堂充满灵动和智慧。

2.探索心智课堂教学模式，突出课堂教学的灵动性、创造性、愉悦性、高效性，尝试着与学生进行心灵与心灵的交相辉映。我们注重学生自主学习能力、合作探究能力、创新思维能力、实践运用能力的培养，结合进行思维导图的探究，开展了独具特色的心智教育教研活动，如"彰显生命智慧 打造灵动课堂""开启以研促教活动 构建灵心慧智课堂""开启智慧 滋养心灵 促进成长""汇智博思 润心启智"等主题教研活动，定期开展"润心启智 让生命绽放异彩"主题开放周活动。通过坚持开展多种形式的教学活动，使课堂教学更好地为学生的成长助力。

（四）搭建"育心启智"的德育模式——心智德育

1. 开展七彩德育主题系列活动

我们组织开展红色美德教育、橙色才艺教育、黄色平安教育、绿色环保教育、蓝色健康教育、青色书香教育以及紫色自律教育，借助丰富的活动培育学生健康的心智。

2. 成立七彩学生社团

校级社团有小绳社、古筝社、科技社、腰鼓社等；班级社团以班为单位，定期邀请艺术学院大学生进行活动指导。通过多彩的社团活动，让学生收获成长的快乐。

3. 搭建七彩桥

通过设立家长接待日、家长开放日、办阳光校报、组织家校培训，校内校外合力育人，为孩子的健康成长铺路搭桥。

4. 组织七彩社会实践

让学生走进科技馆、规划馆、图书馆、长春德苑、安全自护基地等场馆，通过参加社会实践活动，开阔视野、丰富生活、锻炼能力，培养学生的社会责任感。

5. 打造心智校园文化

凸显"心智教育"特色，通过"一个主体""五个主题长廊""五个活动实践区"等建设，集思想性、教育性、艺术性、趣味性于一体，发挥校园文化润心启智的作用，实现校园文化的全面升级。"一个主体"，即：主教学楼内正厅的设计，涵盖了学校的办学理念和办学特色、师生培养目标等，介绍了学校概况。"五个主题长廊"分别为：一楼文明、安全、健康；二楼爱祖国、爱学习、爱劳动；三楼节水、节电、节粮；四楼传承红色基因，做新时代主人；五楼爱河护河大行动。"五个活动实践区"分别为：一楼静悦书廊；二楼心灵驿站；三楼创意工坊；四楼红动园地；五楼创客空间。

（五）建立"赢心激智"的评价体系——心智评价

1. 教师评价体系

遵循发展性评价理念，对教师的师德、教学、科研等方面内容进行评价。

2. 学生评价体系

遵循过程评价与终结评价相结合，自我评价与师生多元交互评价相结合，等级制评价与激励性评语相结合的原则，建立学习评价和"七彩少年之星"学生评价。修订了多元化"七比争星"评价内容，即：平安、美德、才艺、智慧、环保、健康、自律七个方面，每个都有明确的目标要求和不同颜色设计的标识，班主任根据学生在校、在家、学习、活动等七个方面的日常表现颁发粘贴，进行累积，学期末奖励最多获得者。

四、课题研究成果与成效

（一）确立了"心智宽平"的特色办学理念

我们将学校办学理念提升为：润心启智，培养心宽智博、平实儒雅的阳光少年。

润心启智指用爱润泽心灵，用心启迪智慧，教师追求教育的艺术，启慧启智，润人润心。

心宽智博中，心宽是指教育学生宽厚、宽容、宽心，培养学生大度、大气的一种精神和境界。教育需要用心宽来滋养人的个性、人格和学养。智博是指智慧教师造就智慧学生，从而达到博学博思博智慧，慧心慧德慧成长。

平实儒雅中，平实即平易笃实，为人一要平和，二要求实。培养平和、踏实、朴实的心性，养德修身。儒雅在《现代汉语词典》有两种释义，一是学问精深，二是气度温文尔雅。我们培养"儒雅学生"就是培养具有谈吐文雅、举止优雅、内涵典雅、气质高雅的阳光少年。

润心启智、心宽智博、平实儒雅是心智教育办学特色的凝练。润心启智的"心智"，心宽智博的"宽"与平实儒雅的"平"组合成"心智宽平"，办学理念突显学校个性化特色，和校名相呼应。

学校围绕办学目标、方向以及思路已经形成了完整、系统的理论体系，即以生为本、德育为先、夯实基础、开发心智为指导思想，以心智教育为办学特色，以建立充满爱心和智慧的校园文化，培养心智成熟的教师和心智健康发展的学生为办学愿景，以管理规范、心智育人、质量优异、特色鲜明为办学宗旨，以崇尚科学、启迪心智、敬业爱生、拼搏创新为办学原则，以打造品牌，提升品质——为学生全面发展拓宽天际、铺平征程为办学目标，全校秉承诚信、求知、合作、成功的校训，潜心营造勤奋、爱国、和谐、创新的校风，育心、启智、明德、笃学的教风，勤学、善思、求真、致远的学风，建设厚德、勤奋、拼搏、创新的宽平精神。

（二）准确定位心智教师、心智学生、心智课堂的内涵

1. 心智教师

有远见卓识、聪慧明智，有仁爱之心的心智成熟的教师。根据定位，在实践中我们探索出心智教师"五项修炼"的理论内容：

修炼心态：乐观、积极、阳光、幸福；修炼情操：仁爱、坦荡、舍得、公正；修炼性格：自信、专注、热情、宽厚；修炼行为：尊重、赏识、合作、创新；修炼智慧：智能、智略、慧心、慧思。

2. 心智学生

具有乐博的学识、乐知的精神、乐进的学能、乐美的身心、乐善的品格和乐为的行动的学生。

心智学生的"六乐"标准为：

乐博的学识对应核心素养中的"人文底蕴"，包括：夯实学科知识，博学广涉，吸纳众长，融会贯通。

乐知的精神对应核心素养中的"科学精神"，包括：善于思考、勇于探究、敢于质疑。

乐进的学能对应核心素养中的"学会学习"，包括：善学、乐学、恒学。

乐美的身心对应核心素养中的"健康生活"，包括：良好的习惯、健康的身体、坚毅

的性格、略显的特长。

乐善的品格对应核心素养中的"责任担当"，包括：诚信、明理、宽容、感恩、自强。

乐为的行动对应核心素养中的"实践创新"，包括：乐于质疑、合作创新、技术应用。

3. 心智课堂

是心灵与心灵的交相辉映，彼此分享知识的理解、经验的习得，不仅关注智慧的生成，更注重情感的共融，让每个生命都绽放尊严。我们总结探索出"四能"并举、"五环"推进、"六化"达优的心智课堂教学模式。

四种能力：自主学习能力、合作探究能力、创新思维能力、实践运用能力。

五个环节：前置性学习、合作释疑、探究交流/巩固练习、拓展延伸、总结提升。

六项优化：教学目标科学化、教学内容合理化、教学方式多元化、教学方法灵动化、教学过程个性化、师生关系民主化。

当这"六化"最大程度促进学生心智健康发展就达到了最优化，即"六化"达优。

（三）形成了比较完善的心智课程体系

我们的心智课程体系为三级课程体系，即基础课程、拓展课程和特色课程。

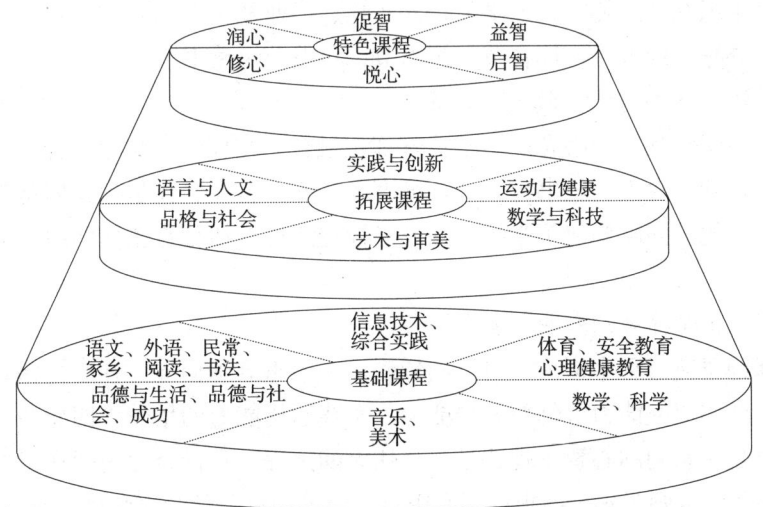

基础课程：是心智教育课程体系的基础，以义务教育阶段国家、地方课程标准规定的统一要求开设的课程。

拓展课程：全称为学科拓展课程，是指学校根据学科特点，提供给学生拓展延伸的学习内容。

特色课程：我们将特色课程定位为"三·三"校本课程。"三·三"指的是"三心"课程与"三智"课程。"三心"课程指修心课程、润心课程、悦心课程，"三智"课程指促智课程、益智课程和启智课程。

通过心智课程的实施，学生的自主学习能力、创新思维能力等核心素养明显提高，大家努力争做"六乐"学生，并在各级各类比赛和活动中有不俗表现。在吉林省中小学信息技术创新与实践活动中，获得3d创意设计项目金奖1人、一等奖2人、二等奖7人；在小型无人机和机器人相扑比赛中获得二等奖3人，三等奖2人；在青少年程序式三维创新设计项目中囊括了小学组一等奖8人；在全国中小学电脑制作活动电脑绘画项目中获得一等奖1人、二等奖5人、三等奖5人；在长春市首届青少年机器人竞赛中，获得4个一等奖、9个二等奖；竖笛进行了区内学科课程展示；英语情景剧在全区进行展示。

（四）建立了"一二三四五"德育模式

"一"是确立一个目标，即心智学生培养目标：健全的人格、健康的体魄、灵动的思维、张扬的个性。

"二"是抓好两支队伍，班主任队伍建设和学生思想建设。

"三"是组织好"三礼"，入学礼、入队礼、毕业礼。

"四"是办好"四节"，体育节、艺术节、科技节、读书节。

"五"是依托五种途径，形成德育特色。

德育教育与学科教学相融合、与学校管理相融合、与校园文化相融合、与主题活动相融合，充分体现管理育人、教书育人、环境育人、服务育人，让学生在体验与实践中，育心启智，养正修德。同时构建了学校、家庭、社会三位一体德育工作网络，形成"三位一体"的教育合力。

（五）提升了全体教师专业发展水平

教师在课题研究过程中形成了自己的领悟。王永杰老师倡导"在心智课堂上要注重自主学习能力、合作探究能力、创新思维能力、实践运用能力的培养，四能并举"；刘娜老师提出"尊重是一系列的心智工程，是一个伟大的过程"；吕金萍老师在"同题作文"教学研究中提出了"以画为媒，捕捉观察兴趣点，以导为杖，学会多角度立意，教师'下水'

以实现教学相长"的教学建议；梁丹枫老师提出了"落实心智教育，探索多元化课堂，提高学生的审美意识，宏观把握，小处着手，激发学生感受美、鉴赏美、创造美的能力"的教学观点。

三年来，课题研究促进了教师科研能力快速提升，学校领导和教师潜心研究，捉笔撷取，连缀成文，结集付梓，形成了优秀文集，汇编出心智课程校本辅助读物，语文学科的低、中、高年级《中华经典诵读》，数学学科的《趣味数学》1~6年6册，体育学科的《跳小绳》。这些都是课题组和实验教师智慧的凝结及合作的成果。有84人的文章在省级以上刊物上公开发表，139人次获得各级各类科研成果奖项，162人次在各级各类评比中获得奖项。

课题研究期间，省级骨干教师在原有3人基础上增加1人，市级骨干教师在原有5人基础上增加2人。"一师一优课一课一名师"活动，我校获得省级优课5节，市级优课29节。

与此同时，学校不断增强办学活力，综合办学水平得到不断提升。学校获得2018、2019年度国家级德育科研工作先进实验学校称号，在吉林省阳光体育大课间展评中获得一等奖，被评为长春市书香校园、长春市科技型校园、长春市专业发展型学校示范校、长春市教育科研工作先进单位。获得第一届长春市青少年机器人竞赛狭路相逢小学组亚军，长春市啦啦操邀请赛特等奖。连续两年在朝阳区教育教学成果教育质量奖和教育发展奖评比中获得一等奖，学校办学声誉大幅度提高。

五、课题进一步研究与展望

（一）问题

1. 心智课堂教学策略的研究仍有待探究与深思。
2. 心智课程的校本课程需要进一步拓宽和开发。
3. 心智评价的内容和方式需要进一步细化。

（二）设想

1. 以往我们在教学中侧重用心灵启迪智慧，对于以智启智的方法与策略的研究不够深入，接下来心智课堂要在深入研究以心育心策略的基础上，充分做好数学益智课堂培养思维品质的研究和各学科思维可视化教学策略的研究，尤其是语文、英语学科中思维导图的深入研究，引导学生充分运用左右脑机能，利用记忆、阅读、思维的规律，开启大脑的无限潜能。

2. 组织教师对特色学科校本课程的深入开发，例如竖笛、空灵鼓、数学益智课程，将校本课程落到实处，持续发展。

3. 心智评价上，利用信息技术大数据进行评价。在减轻师生负担的基础上，将评价内容和方式进行细化，充分发挥心智评价的功效。

心智教育文化的形成不是一朝一夕的，需要大家在实践中丰实和提升，我们将不断追求卓越，砥砺深耕，笃行致远！

"卓越教育"校园行动计划实践研究

课题主持人：秦洪国　长春市第一〇三中学校校长
课题组成员：吴鸿波　长春市第一〇三中学校小学部校长
　　　　　　张艳杰　长春市第一〇三中学校副校长
　　　　　　董　晶　长春市第一〇三中学校副校长
　　　　　　王甫侠　长春市第一〇三中学校副校长
　　　　　　高　亮　长春市第一〇三中学校小学部副校长
　　　　　　许云乔　长春市第一〇三中学校小学部副校长
　　　　　　丛　妍　长春市第一〇三中学校科研主任
　　　　　　佟　彤　长春市南关区十一高中南溪学校教务主任
　　　　　　任子钰　长春市南关区华泽学校团委书记

一、课题提出

（一）课题研究的背景

"卓越教育"是世纪之交国际教育组织和发达国家在调整教育发展战略过程中提出的教育理念，美国、英国、苏格兰、新加坡等多个国家以及国内一些地区都展开了探索不同类型"卓越教育"的行动。

南关区是长春的文化发源地之一，教育水平较高，百姓对教育的期望值也很高。在这样的背景下，南关区教育局直指高质量发展，提出了实施生态教育工程，以树立生态文化理念、创设绿色生态环境、探索生态文化模式为目标，打造一批环境优美、富有生态文化内涵和具有鲜明办学特色的学校。

（二）课题研究的理论意义和实践价值

一所学校要想深层次发展，形成自己的品牌文化，就需要依据自身发展历程凝聚自己的文化魂魄。历经东北师大专家团队的指导以及深耕不辍的实践行动研究，我们发现一〇三中学六十载的发展历程中有一个不变的核心思想，那就是：追求卓越，办人民满意教育。六十年来，"追求卓越"凝聚了学校的文化精髓，"人民满意教育"主导了学校的办学方向。因此，我校以课题研究为载体，进一步梳理学校的文化体系。课题组通过查阅期刊文献，掌握国内外"卓越教育"的发展现状，梳理出学校特有的"卓越教育"的内涵、外延及文化体系。课题研究的成果也将成为学校未来发展的参考依据。

（三）课题研究的理论依据和研究综述

1. 理论依据

美国著名成功学大师伯恩·崔西从人才的角度诠释卓越的意义："不断地为自己制定越来越高的目标，然后尽一切可能达到这些目标，你将会成为一个卓越的人。"同时，美国NBA著名教练帕特莱利也提出：“不断力求做到最好，就能逐渐达到卓越。”由此可见，"卓越教育"就是对一个个更高目标的追求，是不断进行自我超越的过程。

（1）多元智能理论。多元智能理论由美国教育学家和心理学家加德纳博士提出，是一种全新的人类智能结构的理论。它认为人类思维和认识的方式是多元的。

（2）最近发展区理论。最近发展区理论确定了"卓越教育"的范畴。苏联心理学家维果茨基的最近发展区理论认为"需以儿童的年龄成熟为基础进行教学设计"。当我们试图确定儿童的发展过程与教学可能性的实际关系时，需要确定儿童的两种发展水平：第一种水平指儿童到今天为止已经达到的发展水平，即儿童在独立活动中所达到的解决问题的水平；第二种水平指儿童在有指导的情况下，借助成人的帮助所达到的解决问题的水平。这两种水平之间的差异即"最近发展区"。

2. 文献综述

通过文献资料的综合分析，我们得出当下关于"卓越教育"领域的研究趋势：第一，推进"高质量全民教育"；第二，质量的内涵已经从单纯评价学生掌握知识的多少，扩展到包涵认知发展、社会均衡和学习态度的三大方面；第三，培养适应全球化发展的公民，即培养能够理解当下时代的学生；第四，重视学生的创新能力；第五，建立问责制度，培养卓越教师。

二、课题设计

（一）课题研究目标

1. 构建卓越课程体系。
2. 探索卓越课堂教学模式。
3. 建设卓越教师队伍。
4. 培养卓越少年。

（二）课题研究内容

1. 构建卓越课程框架体系

梳理学校德育管理、教师队伍培训、学生成长培养、教学工作等方面的内容，明晰学校发展理念，架构相应的课程体系。

2. 形成卓越课堂的教学模式

学校探索多种途径，将卓越教育理念内化为师生认可的价值观和行为方式，以多元课程为载体，多方面融入卓越教育的基本精神和思想。倡导教师开展专业反思；以活动为平台，让学生通过活动，在德智体美劳等方面得到全面的发展，努力成为卓越少年。梳理总结卓越课堂教学模式。

3. 培养卓越教师队伍的路径

以教师成长案例分析为主线，探索各年龄段优秀教师成长的规律，从而形成不同层面卓越教师培养的范式。

4. 培养卓越少年的策略

集中教师队伍力量，精研优秀学生成长案例，总结学生成长规律，从而形成卓越少年培养的指导思想和系列课程。

（三）研究方法及策略

1. 研究方法

（1）文献研究法。通过查阅、搜集、分类有关学科核心素养、个性化教学等方面的研究文献，获取"卓越"教育相关信息，并进行分析综合，从中提炼出相关核心素养理论及教学范式、教学方法的有价值的资料。

（2）调查研究法。通过访谈、问卷等方法，对学校发展现状、瓶颈问题、教师和学生发展需要进行调查研究，为课题研究提供第一手资料。通过数据对比，发现问题，分析原因，寻找解决策略。

（3）行动研究法。各研究小组综合运用多种研究方法与技术，针对各项研究目标，有计划地探索卓越文化构建、卓越课程体系、卓越课堂教学模式、卓越教师与学生培养落地的途径与方法。

2. 研究策略

（1）准确定位。我们把一〇三中学"卓越教育"定位为：培养"卓越"人才，办人民满意教育。从社会层面来说，"卓越教育"是对"高质量教育"和"高素质人才"最好的注解和定位；从个人层面来说，"卓越教育"是个体成长中的"自我超越"和"最好成长"。特别需要强调的是，这里的"卓越人才"不仅包含对卓越学生的培养，更有对卓越教师队伍的建设与提升。我们进行的"卓越教育"行动，是在"卓越课程体系"的具体实施中探索"卓越课堂教学模式"，建设"卓越教师队伍"，实现培养"卓越少年"的育人目标。因此，抓住了"卓越教育"和"校园行动"这两大主题，就抓住了"高质量发展"的要义和精髓。

（2）专家引领。学校在实施生态教育工程的过程中，先后制定了《三年发展规划》及与之相配套的《五大工程实施方案》，开展了一系列研究活动，为促进学校发展打开了视野，拓宽了思路，提供了较为多样化的路径选择。同时引入东北师大专家团队，由东北师大专家引领，全体领导班子宏观统筹顶层设计，细化分工，明确责任，吸纳学校各个层面的优秀教师加入研究团队。课题研究工作与学校工作紧密相连，及时发现解决研究过程中存在的问题，梳理总结研究成果。与专家实时互动，邀请专家深入课堂；组织教师参与互动研讨，建立完善的课题研究制度，保障课题研究工作有序开展。

三、课题研究的过程

（一）着眼于学校发展愿景，明确研究方向

1. 成立课题领导小组，确立课题研究核心成员

邀请东北师范大学教育学部的教授对课题研究工作进行跟踪指导。通过专家座谈、听课、评课、校长汇报、与教师互动等形式，指导课题组对学校文化脉络进行梳理。

2. 梳理文化脉络，拟定课题研究方向

采用头脑风暴的方式梳理学校发展文化脉络、确定学校发展目标、确立课题题目，并查阅相关文献资料，进行课题申报。确立课题研究框架为"卓越多元课程构建""卓越课堂教学模式""卓越教师队伍建设""卓越少年心灵成长"四个方面并开展课题研究工作，制定课题研究实施方案。

（二）梳理学校原有办学理念，构建研究新样态

1. 成立课题研究小组

根据课题研究方向，学校根据校级领导分工特点，成立了按照课题研究方向的四个方向进行分组，副校长担任组长，每位组长选取相关工作人员成为本组的研究成员。研究组从学校课程规划、课堂教学、教师发展和学生培养四个方面进行全面梳理、总结经验、寻找问题。

2. 梳理学校办学理念

课程体系建设组：我校将多年来开展的校本课、体验课、实践课、拓展课进行梳理，并将课程内容进行分类，力求落实立德树人的根本任务，促进学生德智体美劳的全面发展，促进五育并举落地生根。

课堂模式构建组：将原有的"1361"课堂教学模式和各学科总结的范式性教学模式进行深度研究，找到各种教学模式的共性，分析学科教学急需破解的难题，结合一〇三中学学生的实际情况，梳理符合学生特点的课堂教学模式。力求在提升课堂容量、质量和效率的同时，最大限度地满足学生的成长需求，激发学生的学习动机，发展学生思维，培养学生核心素养，全面提升育人质量，真正实现落实"双减"政策的提质增效。

教师队伍培养组：通过开展教师座谈会、调查问卷、头脑风暴、教师专业成长讲座等方式，了解教师专业发展的切实需要，认真分析学校骨干教师的成长路径及心路历程，总结教师专业成长的最佳路径。

学生培养规划组：教育的本质是育人，是让人实现自我价值，让每个人都有出彩的机会。课题组通过对"主题德育""自主学习""青春活力""实践体验"和"未来素养"五大行动的分析，逐项破题、逐项深化，力求找到学生的个性化成长的多种路径，让每个学生不仅是学习的高手，更能成为适应社会、创造生活的强者。

3. 专家引领指导，凝练观点，构建"卓越教育"新体系

师大专家每月入校一次，课题组各位组长将团队梳理的结果逐一进行汇报，展示每个月研究的内容在学生活动和课堂上生成的效果，专家团队逐一对卓越课程构建、卓越课堂教学模式、卓越教师和卓越少年培养进行点评，帮助课题组进行梳理、提升，初步构建了基于课程、教学、教师和学生发展的校园行动计划。

（三）理论联系实际，成果磨合，构建集优发展新样态

在专家组成员的细心指导下，一〇三中学的"卓越教育"校园行动计划内容基本完善，学校以卓越文化为引领，将卓越教育理念渗透到一〇三中学常规管理的各个方面。"卓越"即为学校的特征，也是一〇三中学发展到一个阶段时，社会、教师、学生对学校的期望，以"卓越教育"为依托，一〇三人对教育工作的标准又上升到更高的层次，同时将理论与实践紧密结合，进一步优化完善常规管理实际，将"卓越"定义为一〇三中学的专属名片。2020年11月，一〇三中学的"卓越教育"行动计划与新疆喀什地区十余所中学进行分享；同年12月，在"双名进校"精准帮扶活动中，"卓越教育"办学理念受到了汪清县罗子沟中学的高度评价。如今，"卓越教育"已经是一〇三中学一张靓丽的名片，亚泰、大经、桃源、华泽、实验五个校区的集团化管理，与农安四中等三所中学的合作共赢，将"卓越

教育"行动计划带到了更广阔的天地去实践、去完善,打造出了集优化发展、合作共赢的全新样态。

四、研究成果与成效

几年来,课题组在学校发展进程中,在"边研究、边实践、边总结、边提升"的研究思路,达到了预期研究目的,取得了丰富的研究成果。

（一）明确了将"卓越教育"作为学校文化引领

通过"卓越教育"校园行动计划实践研究,学校已经形成了自己的文化品牌,有了凝聚自己的文化灵魂。如今"卓越教育"不仅是学校的文化灵魂,同时也是全体教职工对自己工作要求的一把尺子,在卓越文化的引领下,全体一〇三人对自己的工作要求标准及完成质量都有了质的飞跃。

（二）形成"卓越课程"框架体系建设

国家课程承担着培养时代新人的重大责任,它是整个课题的前沿阵地,通过课题的研究,我们将国家的课程规划和设计转变为适合一〇三中学校学情的多样化的行为策略:如第一课堂教学生态化,第二课程目标阶梯化,第三延展课程个性化。将国家基础课程进行生态化、阶梯化、个性化改造,能有效促进学生的可持续发展。学校共计开发六大类,80余门拓展课程,覆盖了90%学科。同时一〇三中学将项目式学习也融入了"卓越课程"体系当中,成功组织了两届风车节、三届秋叶节,组织了"爱心扮靓母亲河,春城寻美健康行"户外野营拉练,开发校本课程200余节,以美载德,以艺促智,为培养创新型人才奠定了基础。

（三）梳理出"卓越课堂"教学新模式

"卓越课堂"教学新模式更加强调具有创造力、合作力、持久力、表达力及学习力的卓越人才的培养,公平而卓越成为学校课堂教学的新追求。课堂教学坚持"先学后教,少教多思,学思结合,快乐学习"的教学思想,科学实施学、导、研、习、拓的教学参考流程。"学"即学生先学;"导"即核心激趣;"研"即师生共研;"习"即深度学习;"拓"即拓深延展。如今在"双减政策"的背景下,学校的"卓越课堂"教学模式进入更深研究层次,在提质增效这个维度进行深研,拉深学生思维强度,力求日常教学有利于学生智慧的提升。

（四）构建"卓越教师队伍"培养新模式

通过几年的研究,逐步形成相对完备的卓越文化下的教师专业发展内部环境,建立健全以促进教师专业发展内驱力为主要目的的卓越教师发展管理制度。梳理形成如下"123456全景式"教师专业展框架:

1. 确立"一个核心"

以教师持续发展作为教师发展核心,对教师专业发展团队提供科学有效的指导,充分利用各级培训为团队组织者提供培训学习的机会,提升教师专业发展团队的影响力,推广团队建设先进经验。

2. 完善"二项机制"

完善卓越教师发展机制和激励机制,建立健全以促进教师专业发展内驱力为主要目的卓越教师发展管理制度。

3. 实施"三格"培养工程

"新教师入格培养、中青年教师上格培养、骨干教师风格培养"组建三层联动雁阵发展团队。

4. 贯彻"四个动作"

"一培"——创新校本培训形式，实现教科研与培训工作相结合，团队发展与个人成长相结合，网络研修与校本培训相结合。"二帮"——学科团队互助、共同提高。"三导"——建立教师成长导师制度，构建"12357青年教师培养模式"。"四动"——组织开展"团队读书""教育大视野"的培训活动。通过这些培训更新了教师的教育理念，使教师的教育理念与时俱进。

5. 落实"五个一"的创新

通过卓越思想，深耕精播；研培一体，和而不同；内挖外联，整合资源；引领研究，深化教改为路径，实现亚泰、大经、桃源、华泽各校区联动，为教师发展铺设一条能动的成长道路，为教师的成长搭建平台。

6. "六项课程"打造卓越教师团队

根据教师发展的实际需求，进一步完善三大课程体系（基础性课程、拓展性课程、研究型课程），六大课程项目（学习课程模块、实践课程、人文素养课程、"双健康"课程、微型讲座课程、叙事研究课程），形成具有卓越文化特质的教师发展课程体系，使研修更具实效性、针对性。为"乐教者"搭建发展平台，为"善教者"创造发展空间，为"研教者"提供发展资源，让老师们在更广阔的舞台上展现自己，发挥自己。让年轻不断成长，让经验不断传承，让风格不断展现，让卓越奔走四方，使校本研修为教师自觉专业发展构建平台，逐步形成一〇三中学校卓越教师文化。

（五）形成"卓越少年"培养策略

一〇三中学将卓越少年成长目标定位为"思想卓越、智力卓越、品行卓越、能力卓越"。尊重和理解每一位学生的个性和特质，力求培养出自律担当、文雅强健、探究创造和视野开阔的卓越少年，实现生命个体的充分发展。未雨绸缪地为每一位青少年的未来发展做出最大的努力，为卓越人才的培养奠定基础。

1. 通过"卓越少年成长共同体"构建和实践的研究，按照自愿、平等、互助、互补原则，在教师指导下，以合作探究为方式，以健康快乐成长和全面发展为目的，通过有效互动而促进成员共同成长的人数有所限定的教育活动组织，提升卓越少年的合作意识、能力及担当，促进卓越少年健康快乐成长。

2. 通过"卓越少年成长课程"的研究和实践，落实"6+2"卓越少年成长计划，力求每一位一〇三学子能够掌握六项全能，即一口流利的表达、一手标准的书写、一门艺术特长、一项体育特长、一门拓展课、一门steam课或一项创新实验。每个学期每个孩子参加一个社团，至少参加一次社会志愿服务或社会实践活动。

3. 通过"卓越少年育人团队"的培养，通过教育实践活动，把努力提高班主任的道德素质与工作水平放在首位，不断更新班主任教育观念，深入开展实践研究，不断更新教育观念，使其成为学生的做人之师、做事之友、道德之楷模、行为之榜样，从而初步构建具有鲜明校本特色的班主任队伍管理和培养模式，造就一批具有鲜明个性、勤于实践、乐于研究、敢于创新的优秀班主任。

4.通过"卓越少年成长心理育人团队"的构建，帮助学生完善和发展心理素质，纠正其个性发展中出现的偏差，解决学生的人际交往、学业、情感方面的困惑。同学校的其他部门，班主任和家长一起，为学生们的心理发展保驾护航。

5.通过"卓越少年成长家校育人团队"的组建，形成共同关心下一代健康成长的良好社会环境，推动学校教育工作由封闭型向开放型转化。发挥家长在家庭教育中对孩子的长期的潜移默化的教育作用这一优势，切实解决家庭教育过程中的困惑，解决家庭教育中的难点问题，使我们的家庭教育、学校教育更具时代性和科学性。

五、课题进一步研究与展望

长春市第一〇三中学教育事业发展整整六十年，随着人民群众对教育优质化、多样化、个性化的需求将持续增长，对共享教育成果的愿望将更为强烈，教育所肩负的民生责任也将更加突出。加之南关区生态教育已有的发展氛围、态势和成效，已经使我们不能仅仅停留在"课题研究"的层面，进行"修补式"和"碎片化"的单兵独进，"卓越教育"最终的指向是让每个学生成为最好的自己。学习的终极是成为原本所是的样子。我们把学习划分为被动学习、主动学习和本能学习三种。无法支持孩子自主学习，就会变成被动学习，通过内驱力进行的学习才是主动学习，比主动学习更进一步的学习是本能学习。眼耳鼻舌身意，意识潜意识，全息自动自发的全天候轻松无师自通的学习就是本能的学习。"卓越教育"的目标就是致力于将孩子自身的潜力激发，完成独立的生命成长过程，在自己的优势方面成长，成为最好的自己！

"卓越教育"行动研究是"十四五"乃至更长时期一〇三中学教育集团发展思路、发展方向和发展着力点的集中体现。这是一项攻坚工程，是五大发展理念在生态南关落地生根的教育实践，需要"艰难困苦，玉汝于成"的坚守和执著；这是一项综合工程，涉及学校的各个层面、各个元素和各方力量；这是一项长期工程，需要一代又一代一〇三教育人的持续努力，在追求卓越的征程上且行且思、且思且行。

以"能动教育"提升学校品质的实践与研究

课题主持人：姜金波　长春市第七十二中学校长
课题组成员：王坤健　长春市第七十二中学南校区校长
　　　　　　徐　娜　长春市第七十二中学教学校长
　　　　　　龚献宇　长春市第七十二中学科研主任
　　　　　　邹晶娟　长春市第七十二中学教学校长
　　　　　　苏立超　长春市第七十二中学后勤校长
　　　　　　张世相　长春市第七十二中学教学校长
　　　　　　沈杨杨　长春市第七十二中学教学校长

一、课题的提出

（一）课题研究的背景

1. 主体能动性在教育中的作用日趋凸显

联合国教科文组织在《学会生存》中指出："未来的学校必须把教育对象变成自己教育自己的主体。"马克思辩证唯物主义理论认为：人类的特性就是"自由自觉的活动"。培养自觉能动的人就是要在教育的基础上，引导受教育者养成符合社会情势发展的"自由自觉"行为。

2. "提升学校品质"成为新时期教育改革发展的时代要求

《教育部工作要点》提出"推动学校特色发展，提升学校品质"的时代命题，长春市教育局设立了"提升教育品质"研究项目，促动学校持续研究"能动教育"，提升办学品质。

3. "能动教育"研究对学校发展有重要意义

"能动教育"是在三十多年实践研究中根据校本特质，最终形成的教育理论思想，它最大限度调动教师和学生的主观能动性，使其潜能得到最大限度的发挥，并在此过程中逐步建立起符合学校实际发展的"能动教育"文化体系。

4. "能动教育"思想需要进一步研究发展

"十二五"期间，学校研究形成了"能动教育"体系，出版《能动教育的实践与研究》和《我与能动教育》两部专著，研究成果获得吉林省第四届基础教育优质成果奖。"十三五"期间，学校继续深化"能动教育"研究，全面提升办学品质。

（二）课题研究的意义

1. 理论意义

通过积极的态度、主动的动作、有效的途径、科学的方法，最大限度地调动教育者与受教育者思想和行为的主观能动性，使教育效益在多种积极与优质因素关系状态的互动效应下，达到整体优化以及个体优异。

2. 实践价值

使教育者特别是受教育者的各方面素质得到最大限度的发展，获得最佳教育效益，形成学校教育文化，用"能动教育"文化体系科学合理地促进学校内涵式发展，全面提升学校的办学品质。

（三）课题研究的界定

所谓"能动"，指主体的自觉主动。"能动教育"就是通过各种途径和手段，最大限度调动教师和学生的主观能动性，达成学习与各项工作的圆满，从而提升学校办学品质。

二、课题研究的设计

（一）研究目标

1. 在实践研究中深化"能动教育"思想

充分遵循办学规律和学校的实际特点，通过改变教学模式，提高课堂的教学效率，完善评价体系等，深入"能动教育"的实践与研究，提升学校品质。

2. 总结整理出"能动教育"特色的实践方法

形成以能动管理、能动研修、能动德育、能动教学、能动课程、能动评价、能动文化为主体的研究体系，探索新形势下的"能动教育"对学校品质提升的策略和实践方法。

3. 形成一整套体现校本特色的管理常规

充分重视人的积极性和能动性在学校内部管理中的作用，构建起既开放又规范运作的校本管理网络。

4. 学校办学品质得到全面提升

充分发挥广大教师和学生的自主性和创造性，使学校的特色不断鲜明，让"能动教育"的办学特色得到教育行政部门、家长和社会的认可。

（二）研究内容

1. 推动能动特色品质研究，全力探索现代学校发展的模式

把七十二中学建设成为幸福的发源地。建设能动七十二，即班子能动管理、教师能动研修、学生能动自育、学校能动发展；精品七十二，即环境精美、管理精细、育人精心、教学精准；和谐七十二，即师生和谐、家校和谐、师校和谐、校社和谐；幸福七十二，即教师心态阳光、仁爱从教、学生幸福成长、全面发展。

2. 构建完善"能动教育"科学体系，全方位提升学校品质

把"能动教育"具体分解为能动管理、能动研修、能动教学、能动德育、能动课程、能动评价等模块，并使之成为"能动教育"的实践模式，从而形成学校能动文化，全面提升学校办学品质。

3. 形成学校特色文化，以内涵式发展促进学校品牌的提升

以能动德育引领学生人生发展，以能动管理促进学校特色发展，以能动课程突出学生全面发展，以能动教学激励学生生动发展，以能动研修成就教师专业发展，以能动评价激发师生主动发展，以能动文化浸润师生和谐发展。

（三）研究方法及策略

1. 研究方法

文献研究法：通过查阅、搜集、学习并研究相关"能动教育"的教育教学理论和书籍等，为课题研究提供可靠的理论依据。

问卷调查法：分层分段采用问卷法、访谈法调查"能动教育"的现状和研究不足，了解课题研究的进展及实效，为课题研究的进一步深入和对问题的反思提供研究依据。

经验总结法：收集分析和归纳"能动教育"提升学校品质的研究和实践中的成功做法以及有益经验，为课题的研究提供典型范例，使研究成果更具操作实践性和科学性。

行动研究法：采取行动研究的计划、行动、观察、反思等四个环节进行策略总结和实践运用，通过实践研究，不断探索"能动教育"提升学校品质的策略研究。

2. 研究策略

（1）本课题遵循教育教学规律，采用"总体启动，分块推进，思行并举，全面深化"的原则，总课题下按板块形成子课题，共同构成支撑总课题的层次框架，使课题研究逐渐接近目标，显现成果。

（2）总课题、各子课题在各阶段和平时要通过统一设定的有一定信度的观测工具（量表、问卷等），及时搜集资料，分析比较，写出阶段报告或学术论文，与其他基础性成果一起，综合成为研究项目的成果报告。

（3）课题进行的各个阶段均组织各板块及总体的研讨活动，调整和改革课题方案，提高成果的学术水平，促进成果和经验的内部转化和外部推广。

三、课题研究的过程

课题组成员在主持人的引领下，将总课题按七个板块形成子课题，共同构成支撑总课题的层次框架。各子课题分别在总体方案的课题思想下，形成符合本板块实际的、富有特色的具体研究，各子课题开展研究工作和活动如下：

（一）能动管理——激荡团队团结、求实、创新的发展情怀

全校师生转变观念，转换角色，树立服务意识，通过营造管理文化，使得管理实现由"他律"到"自律"再到"自觉"的过程。

在管理理念上，强调以人为本观念下的教育服务和教育经营；在管理策略上，强调以德治校目标下的教学关爱和人文关怀；在管理机制上，强调依法治教背景下的质量保证和权益保障；在管理环境上，强调现代信息资源下的和谐境界和能动文化。

通过能动管理激发全校师生转变观念，转换角色，树立服务意识，研究形成包含管理理念、管理策略、管理机制、管理环境的管理模式。

（二）能动德育——激活学生自立、自强、自学的发展学能

首先确立能动德育的指导思想，确定对学生的培养目标。努力形成"五化"局面：德育组织网络化、德育队伍专业化、德育评价科学化、德育资源最优化、德育教育导师化。将社会主义核心价值观融入学生德育教育体系，通过丰富的活动设置，促成德育目标的达成。

通过实施"四大四小"德育策略使德育课程丰富有效。倡导学生自我教育、自我管理、

自我服务，创建"六自"德育模块，与社会21家单位携手创立了"七十二中学教育协作委员会"，共同开展"构建和谐教育环境，共育全面发展人才"活动，成立了9个基地，为德育工作搭建更加广阔的平台。

（三）能动研修——激发教师求真、求实、求活的发展潜能

在能动研修的管理、制度设计和推行活动上进行大胆尝试。

第一，建立学术交流中心，构建"激发动力、持续活力、积蓄内力"的能动研修模式，先后制定"学术论坛制""团队自邀制"等多项学术制度。

第二，发挥研究团队优势，倡导"三自主"的原则和"自邀制"，现已发展到通过4种途径、9种教师专业发展共同体、4种组建方式，形成的54个特色研究团队。

第三，聚焦小课题促教研。通过小课题研究让小成果直接转化为教学效益。开展百花杯研修大赛，跟进研修的过程。"百花杯"每年一届，已经开展到了第九届，老师们在活动中学习，在学习中思考，在思考中提升。

第四，举办幸福学术节。规划幸福生涯，揭秘成长档案袋；搭建幸福舞台，开设"桃李之声"校园学术论坛；打造幸福家园，展示学术成果；晒晒幸福成长，举办幸福颁奖礼。

（四）能动教学——激励师生主动、创新、探究的课堂动能

学校实施质量立校工程，强化质量管理，深化课程改革，研究高效教学途径和方法，创建有学校特色的"能动课堂"模式。

强调"三讲三不讲"：只讲易混点、易错点、易漏点，不讲学生已会的、能学会的及怎么也学不会的。

做到"五个尽量"：尽量让学生自己观察、自己思考、自己表述、自己动手、自己得出结论。

落实"五个要"：一要有思想、有方法；二要有资源、有密度；三要有生活、有应用；四要有差异、有落实；五要有情感、有精神。

针对能动课堂教学改革，采取强推、四课、四讲的方式。派骨干教师深入学习，采取引路课、研讨课、过关课、示范课的形式，达到年轻教师必须做，老教师慢慢做。教师依托能动课堂教学理念，推行能动教学策略，遵循能动教学原则，通过高效课堂的具体策略深化课堂改革。

（五）能动课程——激起学生探索知识、情感、价值观的智能

开展能动课程制定与实验，首先，学校结合实际，对国家教材进行调整，立足国家统一的教材和教学大纲，对学科进行多方面的二度开发。例如，开发能动体育课程，由"功夫扇、校操、广播操、功夫熊猫（排舞操）"四项内容组成，能动体育课程已成为学校特色文化课程的一张闪亮名片。

同时还进行国家课程三次开发，就是形成了各学科独具特色的能动学案。如语文学科的《国学读本》、数学学科的《生活中的数学》、生物学科的《食物里面的奥秘》等，都是结合本学科开发研究的贴近生活、指导生活、体验生活的特色校本教材。

其次，开发主题式综合实践活动课程，让学生走出教室、走出课本，在体验中学习，在体验中成长。

（六）能动评价——激励师生主动、个性、多元发展的效能

在教师层面，从捆绑式评价、中心部门评价、个性化评价三方面出发，每一个层面的评价都注重教师个性特点，分门别类设置奖项。在班级层面，开展了星级班级评选活动，以此考察班级的班风、执行力、凝聚力和团队合作意识。开展学生多元化发展评价的研究，为学生多元化发展提供平台，制定"星级评价制度"，设定"星光少年评价"体系。

（七）能动文化——激扬学校制度、精神、文明薪火相传的文化传承

文化是一个学校发展的内核，学校积累沉淀出七十二中人身上的一种精神和学校的内涵文化，其概括为刚柔并济的制度文化、优雅怡人的环境文化、薪火相传的精神文化、自主发展的行为文化。教师追求自觉的专业提升，学生崇尚主动的学习、全面的发展。

四、课题研究成果与成效

"能动教育"研究的文化驱动，激励师生主动发展，形成发展智慧和实践成果，立足"能动教育"的科研引领，学校构建"能动教育"提升学校品质的教育模式，从七个方面提升办学品质。

（一）构建了能动管理模式——人文管理，注重科学规范，形成管理品质

打散原有常规的科室工作体系，重新依定工作服务层面和工作服务范畴，更精细、更专业、更规范地将各科室划分为八个工作中心。通过精细管理模式，深化"扁平"管理方式，从严格约束转向积极服务，由规章制度的强制执行转向到服务部门的贴心服务，以维护教职工利益为杠杆，提高工作规范性、实效性。

（二）构建了能动德育模式——特色德育，关注学生成长，培养生命品质

确立能动德育指导思想，即"三个一"工程，一个中心：祖国利益高于一切；一条主线：培养爱国主义情操；一系列活动：争做"小主人"活动。

能动德育教育模块：以"三个一"工程为指导，立足主课堂、主阵地、主渠道，创新牵手家庭、牵动社区、牵连社会。

（三）构建了能动研修模式——有效研修，扎实内涵研修，塑造教师品质

1. 能动研修系统模式

（1）能动研修运作模式："三个一体化"即"教科研一体化""教与学一体化""研与培一体化"。

（2）能动研修管理模式：由管理理念、管理体系、管理机制三大方面组成。在管理理念上，坚持以人为本、以校为本，关注教师的发展性、能动性。在管理体系上，建构了研修体系、资源体系和人员队伍体系，使研修系列化、资源网络化、人员队伍梯次化。在管理机制方面，关注管理机制与管理制度的建设，尤其强化一体化的管理机制，使日常管理与研修运行相结合。

2. 能动研修推进策略

为突出能动研修的实效性，创设条件与情境，引导教师坚持走研究促进教师专业发展的校本研究途径，形成了具有实效性的校本研修推进策略。

（1）给能动研修一个磁性的场。营造一个人文场：开展系列工程。构建一个课题场：通过小课题研究，提高教师的整体科研能力。设置一个网络场：建立教师交流群，通过长

春市教师专业发展平台进行网络研修。搭建一个读书场：开展读书活动，侧重营造读书氛围和读书心得交流。

（2）给能动研修一个助推的力。成立学术研究中心，系统梳理工作制度、工作重心、工作宗旨、工作策略等，特别为教师设置了三大金牌套餐及团队六大自主设计。

（3）给能动研修一个实在的点。将大课题有效分解，确立每个学科的研究主题，并围绕主题开展小课题研究活动。

（4）给能动研修一条反思的线。通过"百花杯"系列校本研修活动来跟进能动研修的过程。

（5）给能动研修一个幸福的舞台。通过举办幸福学术节系列活动，增加教师能动研修幸福感。

3. 能动研修与成果转化

为了应对成果泛化和流失这两种问题，成立了四个车间，一条流水线。汇集车间做到两抓，其一：抓发现；其二：抓呈现。提升车间也是两抓，其一：抓反思；其二：抓研讨。打造车间再做两抓，其一：抓打磨；其二：抓再加工。推广车间从三个方面抓成果的转化。首先是每个课题组的推广展示会，其次是论文交流展示，最后是推出优秀研讨课进行全校观摩，到达以教带研、以研促教、在研修中推进科研的目的。

（四）构建了能动教学模式——高效课堂，凝聚智慧追求，打造教学品质

1. 能动课堂教学理念：尊重、相信、唤醒、发展。
2. 能动教学策略：先补漏、低起点、小步子、真自主、强合作。
3. 能动教学原则：先学后教、以学定教、当堂检测、当堂达标。
4. 以导学案为载体：导学案的制定要基于学生的"学"，而非教师的"教"，所解决的重点问题是"学什么""怎样学""学到什么程度"，力求把学生放到主体地位、主人地位上来。各备课组形成导学案应遵循以下流程：

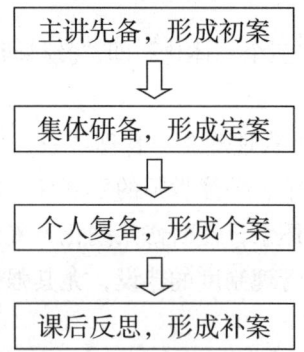

5. 以"六还"为课堂教学目标

"六还"就是将课堂还给学生。在课堂上，让学生用口说、用手做、用眼看、用耳听、用脑思、用心记。

6. 以"六动"为课堂教学环境

"六动课堂"，即目标引动、情境带动、思维灵动、探究主动、和谐互动、评价促动。

7. 以"六步"为课堂教学模式

情境导入，明确目标 ⇨ 出示提要，师察自学 ⇨ 互动合作，研讨质疑
⇩
总结测试，反馈效果 ⇦ 强化练习，巩固提高 ⇦ 精讲点拨，展示成果

（五）构建了能动课程模式——个性课程，启发个性创新，精炼课程品质

1. 结合实际，对国家教材进行调整。立足国家统一的教材和教学大纲，对学科进行多方面的二度开发。

2. 通过国家课程三次开发，站在学生思维角度编写导学案，让不同层次学生体验利用导学案自学的成就感，形成了各学科独具特色导学案。

3. 主题式综合实践活动课程的开发。通过"活动式体验""情景模拟体验""情感交流体验""观赏式体验""阅读感悟式体验"等方法，让学生走出教室、走出课本，参与到社会实践当中。

（六）构建了能动评价模式——幸福评价，搭建多元平台，提升教育品质

1. 教师层面

捆绑式评价：从教师全方位和协作群组来评价老师，从团队工程中评价老师的全方位工作。

中心部门评价：由各个管理中心结合本年度的工作业绩和实效，来对教师进行评价。

个性化评价：创设个性化奖项，如针对课堂教学创设"青蓝杯"教学创新奖、针对教育科研创设"百花杯"科研贡献奖等。

2. 班级层面

开展星级班级评选活动，将班级评比划分了三个等级：五星级明星班、四星级优秀班、三星级潜力班，以此考察班级的班风、执行力、凝聚力和团队合作意识，促进同学们习惯的养成，提高班级凝聚力，培养学生的集体主义观念。

3. 学生层面

开展学生多元化发展评价研究，为学生多元化发展提供平台，制定《星级评价制度》，设定"星光少年评价"体系，即品德星、文明星、进步星、管理星、感恩星等，使学生全方位得到科学的评价，赏识个性发展和兴趣发展。

（七）构建了能动文化模式——能动文化，凝练发展哲学，创建名校品质

1. 显著标志

感恩——守住美德 传递美好

卓越——相信自己 永不放弃

担当——勇于担当 敢于负责

2. 具体体现：刚柔并济的制度文化；优雅怡人的环境文化；薪火相传的精神文化；自主发展的行为文化。

3. 具体措施：营造雅致的学习环境——班级物质文化建设；建立合理的规章制度——班级的制度文化建设；实现师生共同的人生追求——班级精神文化的建设。

（八）立足"能动教育"引领，学校实现了突破，全面提升了办学品质

1. 教师科研能力的突破

有效能动研修促进教师的专业发展，教师的教育科研能力得到了突破，"十三五"期间，学校教师开展各级各类课题研究共计99项，教师课题参与率高达90%，个人课题总数占教师总人数的42%。有百余篇文章在省级以上刊物上发表，教师撰写课题研究报告99个，有112项科研成果在省市评选中获奖。

2. 学校科研与文化的突破

（1）公开发表获奖。《能动教育的实践与研究》被评为全国优秀基础教育校本科研优质成果；《能动教育的实践与研究》荣获吉林省基础教育科研兴校先进典型；成果被收录到《长春市中小学校特色发展之路》中；生命安全教育研究成果被收录在《吉林省生命与安全教育十年发展重要成果文献》中；办学经验收录在《学校文化年鉴》中。

（2）喜获各项荣誉。学校先后获得全国教育科研先进单位、全国校本科研课题实验先进单位、吉林省教育科学研究先进单位、吉林省基础教育校本科研基地、吉林省能动教育特色校、吉林省教育学会先进单位、长春市教育科研核心示范基地校、长春市教育科研先进单位、长春市小课题研究示范校等荣誉称号。

（3）推广科研成果。学校承办长春市第七届教育科研工作会《能动教育的研究与实践》课题成果展示现场会；在吉林省教育学会年会、长春市提升教育教学质量现场会、吉林省科研骨干教师培训班、中国新样态学校联盟论坛、长春市校本小课题实验校负责人培训班等大型活动中做汇报。多次在国培计划、跟岗培训、跨区送课、中小学校长培训等活动中做专题培训。

（4）区域引领帮扶。作为宽城区龙头学校，充分发挥引领、帮扶作用，在学区内交流骨干教师33人，交流学校中层17人，交流校级领导14名。牵头和多所学校共同进行小课题研究，有效指导，合力攻坚。

3. 传统继承与创新的突破

教育教学质量稳步上升，连续24年包揽宽城区中考状元，重点高中进线率名列长春市同类学校前茅。七十二中学子扎实的基础知识，科学的学习方法，良好的行为习惯，健康的身体和心理素质，顽强拼搏、自我超越的意志品质得到了一致称赞。

4. 教育策略与方法的突破

能动教学实施质量立校工程，强化质量管理，研究高效教学途径和方法，创建特色的"能动课堂"模式；能动管理形成科学规范的管理模式，形成了学校管理品质；能动德育关注学生成长，培养生命品质，形成德育组织网络化、德育队伍专业化、德育评价科学化、德育资源最优化、德育教育导师化；能动教育凝练学校发展哲学，构建了学校能动文化体系，用精神引领师生主动发展。

五、课题进一步研究与展望

回顾三年来的研究与实践，课题研究在取得成果的同时，还存在一些困惑，今后，课题组将巩固本课题的研究的成果，并重点在以下四个方面做深入研究：

一是继续优化"能动教育"研究体系，深入对学校品质提升的研究。

二是通过开发更丰富的资源，形成适应时代发展的"能动教育"新格局，并总结具有新时代特色的实践方法。

三是构建以"能动教育"思想为导向的研究体系，探索新形势下的"能动教育"，形成未来"能动教育"的生动格局与美丽景象。

四是课题研究工作有待于更加精细，多收集相关课题资料，公开发表研究论文的篇数还有待增多，多形成包括专著在内的一系列文本成果，开发更丰富、更有特色的"能动教育"成果。

课题组将围绕新时代教育发展要求，紧密联系实际，汲取成功经验，克服研究中的不足，确立新方向，使研究工作再上新台阶，以达到提升学校品质的目的，为新时代教育发展献力。

"生机教育"促进学校办学品质提升的实践研究

课题主持人：陈　颖　长春市宽城区第三实验小学校长
课题组成员：张　颖　长春市宽城区第三实验小学科研主任
　　　　　　丛敬有　长春市宽城区第三实验小学副书记
　　　　　　袁　媛　长春市宽城区第三实验小学副校长
　　　　　　王亚萍　长春市宽城区第三实验小学副校长
　　　　　　吕文静　长春市宽城区第三实验小学德育主任
　　　　　　张丽侠　长春市宽城区第三实验小学教研组长
　　　　　　潘丽慧　长春市宽城区第三实验小学教研组长
　　　　　　赵万英　长春市宽城区第三实验小学教研组长
　　　　　　徐晓宏　长春市宽城区第三实验小学教研组长

一、课题的提出

（一）课题研究的背景

国家《教育规划纲要》明确了未来中国教育的发展规划，提出"优先发展、育人为本、改革创新、促进公平、提高质量"的工作方针。而中国教育发展的核心主题是教育公平与教育质量。农村教育影响广泛，在国家教育体系中具有基础性、先导性和全局性的重要作用。因此，农村教育成为教育公平与教育质量提升的关键。如何发展农村教育，提高农村教育质量，让广大农村学生有学上、上好学，是一个重大的、具有挑战性的主题。我们需要在城乡一体化发展的视野中，重新认识农村教育的价值，深化教育改革，探索农村教育发展及变革的新方式、新方法，寻求提升村小办学品质的适切途径。

（二）课题研究的意义

理论意义：村小教育底子薄、基础差，好中差学生结构严重不均衡，大多学生缺少自主学习的意识，比较城市教育鲜明的竞争优势，乡村教育依然是死气沉沉的旧貌，正是如此的样态加速了优质生源的外流。因此，如何缩小城乡教育差距，建设高素质专业化教师队伍，培养出综合素养不断攀升的学生，助力乡村教育振兴这类课题的研究与探索迫在眉睫。

实践意义：本课题的提出旨在通过课题研究，不断完善宽城区第三实验小学提出的"生机教育"理念，改变村小落后的教育现状，变枯燥的旧式学习为灵动的体验，通过寻求有效的"生机教育"教学模式，促进师生发展，使学校逐步迈向优质化、特色化，实现学校综合办学品质的稳步提升。

（三）课题研究的界定

生机教育：以教育科研为牵引，以文化建设为依托，以教师教育能力培养、学生综合素质提升为目标，积极打造具有生命元素的生机课堂，突显以生机教育激发成长动力，以教育生机彰显生命活力的宗旨，培养快乐、健康的生命，努力创办具有生机教育特色的优质学校。

二、课题研究的设计

（一）研究目标

1. 在生机教师培养方面，创新团队研修模式，优化教师教育培养体系，强化教师家校沟通合作能力。

2. 在生机课堂改革方面，构建适切村小实际的创新型课堂模式，帮助学生在生命成长、学习生活过程中充满生机，使他们形成健全的人格。

3. 在生机课程开发方面，研发草根式校本课程体系。重点关注益智教育校本课程开发，让学生在整个教育历程中增长智慧与能力，培养自主学习能力及勇于创新的精神，提升其核心素养。

4. 在生机评价探究方面，建立发展性学生评价的科学运行机制，构建生机学业评价体系。

（二）研究内容

1. 生机教师专业化探究

（1）运行教研组集体研修模式，开展问题追踪研究，解锁课堂疑难。

（2）加强项目组建设，促使教师形成个性化教学风格。

（3）更新家校合作观念，优化合作型育人模式，开创互促共赢的新局面。

2. 生机课堂最优化探究

（1）更新教师"教"的方法。立足核心素养，关注学生发展过程，通过集体教研等有效路径，互学共研，形成高效的教学策略。

（2）变革学生"学"的方式。通过小组合作学习、思维图应用等手段，使学生的学习变成探索知识的过程，真正实现学生自主学习。

3. 生机课程系统化探究

（1）以学生需求为指导思想，针对学生个性化发展要求，发挥学科教学、专题教育、课外活动三大载体的作用，构建适切村小的校本课程体系。

（2）着重开发益智教育校本课程，打造益智创新品牌，提升学生逻辑思维，使其养成勤于思考、善于动脑的良好习惯，助力学生智慧成长。

4. 生机学业评价多元化探究

研发学生综合性评价标准，将形成性评价与综合性评价相结合，发挥评价的实效性。

（三）课题研究的方法及策略

1. 研究方法

文献研究法：课题研究伊始，课题组成员通过查阅、学习互联网等有关振兴乡村教育的文献，把握课改精神，综合分析。有针对性地关注校际缩差的专项研究，凝练出有价值的资料。在不断打磨研究中，提出并完善"生机教育"理念。

访谈调查法：为了更精准地把握"生机教育"的研究方向，学校通过与学生及家长直接交谈或下发调查问卷，收集相关资料，分析解读他们对"生机教育"的理解，从而精准定位学校的发展方向。

行动研究法：在"生机教育"实践过程中，教师们边学习、边探索，以助力学生成长为着眼点，通过小组合作技术、思维图教学法、益智教育等引入，寻求教育质量提升的有效路径，打造生动课堂，构建生机课程，进而实现学校综合办学品质的提升。

2. 研究策略

（1）生机教育与学科渗透的整合研究。在常规教学中，学校倡导利用不同学科的教材资源，进行渗透式生机教育。如在《道德与法治》"珍爱生命"的相关课程中，让学生体会生命的来之不易，加深体会自己存在的价值，树立正确的生命观；在地方课、校本课中融入思政教育，形成正确的价值观；在语文课堂中，学习蕴含哲理、意味深长的古诗词、成语典故等，适时对学生进行正面教育，作为教师要善于利用这些宝贵的课程资源，真正唤醒学生学习的灵性。

（2）生机教育与综合实践活动、课外活动的整合研究。探索研究以年级拉练活动、节日纪念日活动、学生社团活动、社会实践活动等多种形式为载体，开展真实的"生机教育"，让学生的综合素养得以提升。

（3）生机教育与校本课程开发的整合研究。"十三五"以来，通过教育科学研究，学校重构了一个全面、立体、可持续发展的"生机教育"三级"快乐课程"框架，学校鼓励教师自主开发校本课程，通过课程的开发，开展教师个人的小课题研究。我们将传统文化与现代教育相融合，形成了国学经典、剪纸艺术、益智课程等校本课程纲要及校本教材，以此拓宽学生的学习途径。

（4）生机教育与学校其他教育形式的整合研究。通过开展心理健康教育、安全教育、环境教育、法制教育等主题专栏，创设灵活、有效、多样的活动。倡导班级召开有关"生机教育"的班队会活动，同时学校组织学生进行主题演讲、征文评比等赛事，以此促进"生机教育"的有效落地。

三、课题研究的过程

（一）加强制度建设，规范科研管理

学校重视科研的建章立制工作，通过加强制度建设，增强科研管理工作的规范性和系统性，形成了科研制度汇编。包括《教育科研课题管理条例》《学校教科研室工作条例》等科研基础制度；《教育科研骨干教师的选拔标准和管理办法》《教育科研培训制度》等队伍建设制度；《教科研课题定期检查制度》《成果评选与成果管理条例》等检查评估制度；《教育科研成果展示制度》《教育科研档案管理制度》等课题研究制度以及《教育科研工作领导小组及职责》等组织机构制度。

每学期末，学校开展校级科研材料评比活动，获奖教师为个人及团队加分，同时获奖文本会编录到学校相应的科研论文集、案例集、反思集、班主任经验集中，实现资源包的循环共享，整体提升学校科研工作的进一步可持续发展。

（二）打造活力教师，播撒生命关怀

我们常说"教师是本，本固枝荣"。因此，学校本着"以教师专业化发展为本"的教育理念，力求让教师享受到教育的幸福，快速地成长。学校设定了校本研修小组——教研组长、骨干教师引领，学科教师运行网格，以团队集体研修的模式开展教学研究，解决课堂教学中出现的疑难。

学校还成立小组合作学习项目组、思维图项目组、益智教育项目组等，这些一系列有时间节点、有目的的教育科研活动，让教师们收获了高效的教学方法。通过研修结合，教师们逐步形成了独具特色的教学风格。学科组、学年组共研教学策略，加强了教师队伍专业化建设，优化了教师教育培养体系。

（三）加强家校合作，共铸学生成长桥梁

村小家长们虽有一定的教育意识，但大多缺少正确、有效的教育方法。因此，把教育的主要任务推给了学校，使得教育的天平过渡倾斜。家长们忽视了家庭教育的主导作用，教育主体意识缺失或弱化，造成教育的低效甚至是无效。因此，学校开展了多样式家校共建活动。首先，全面了解学生及学生家庭情况，建立档案；其次，设计问卷，调查家长在教育意识方面的基本信息；接下来，成立家长委员会，鼓励家长参与到学校各项教育管理工作中；然后，抓住三个关键期，一年级新生入学期、三年级学业转折期、六年级小升初衔接期，召开主题家长会，提升家长们对学生成长的关注度；此外，在《生机教育促进学校办学品质提升的实践研究》中，益智器具的开发使家校共建走向制高点，学校从2017年至今，连续开展了多届学生"启智杯"益智运动会，学生们从不认识任何器具到现在的几分钟甚至是几秒钟就能解锁一项益智游戏，学生实现了从最初的思维盲点到如今的发散思维的形成。家长们在放学后和学生一起共同探索、研究快速完成益智器具的有效方法，亲临益智现场会观摩，一步步亲眼见证了学生们的进步，促成了家校携手共育的良好态势。

（四）创建生机课堂，渗透生命元素

教育的本质是"唤醒"，唤醒学生的潜能，唤醒学生的自尊、自信、自律、自强，最终使之焕发生机与活力，而这"唤醒"的主要途径是课堂。

1. 小组合作学习——小合作，生成大智慧

学会合作对一个人的一生会产生深远影响。要提高学生的学习成绩，有效的办法是促进他的情感和意识方面的发育，而不是集中力量狠抓学习。小组合作学习是以小组成员合作探究学习活动为主体，小组目标达成为标准，小组总体成绩为评价和奖励依据的教学模式。通过在课堂中组织小组合作学习，发挥群体的积极功能，提高个体的学习动力和能力，使学生在相互依赖、相互补充的过程中，学会自主学习。

此外，为保证小组合作学习顺利有效进行，学生要有同舟共济的信念；每个学生必须对自己的学习负责；学生必须具备适当的组织、交流和解决矛盾的技能。他们在合作中学习，在学习中合作；在竞争中协作，在协作中竞争。学生真正站在了课堂的中央，成为学习的主人，从而体验了生机课堂的魅力。通过建构生命元素的生机课堂，转变了教师"教"与学生"学"的方法，有效打破了沉闷的传统课堂教学氛围，有利于塑造学生身心健全的人格。

2. 思维图教学法——可视思维过程，构建知识网络

我们要学生解决问题，却又不知如何教他们解决问题——思维图教学法的引入，为学

生有效建构了知识网络。学生在思维图的制作、修改和完善的过程中，发散了思维，有利于他们逐步形成自己对学习的认知、调控策略，提升了学生的自主学习能力。

思维图的制作过程，不仅可以培养学生搜集处理信息的能力、获取新知的能力、分析解决问题的能力，还可以使学生的思维可视化，最大限度地使大脑潜能得到开发。让学习的过程变成学生自主探究的过程，并通过探究掌握知识，形成适合自己独特有效的学习方式，从而提升学生自主学习能力及创新思维能力。

（五）构建生命课程，蓄养幸福根基

1. 社团课程——让蓓蕾之花生机绽放

宽城区第三实验小学社团课程是教育教学之外由学生自愿组织参加的团体活动，它是学生课余生活中学习活动的乐园，是学生发展兴趣的重要学园。学校以培养学生的实践能力与创新精神为目标，着眼于学生德、智、体、美、劳的全面发展，追求通过实践形成创造性思维。将传统文化与现代教育相融合，开设了中国鼓、舞蹈、合唱、书法、儿童画、剪纸、泥塑、机关王、经典诵读、英语配音、心灵驿站、各项球类等20余个社团。社团课程采取师生双向选择，为师生提供发展、交流、展示的平台。在社团活动中提升了学生们的综合素养。同时，学校社团也在各级大赛中取得了骄人的成绩。

2. 益智课堂——让思维焕发无限活力

为了突破乡村学校学生的思维盲点，提升学生的创新思维与思考力，益智课堂教学的研究自"十三五"以来，被学校纳入到"生机教育"课程体系开发的重中之重，学校开展了丰富多彩的益智活动。为确保全校学生都能在课后服务时间进行益智活动，学校购置四十种益智器具，每种40件，助力学生思维素养的形成。

3. 成长课程——让情感得以释放升华

针对一年级学生，学校教导处开展"大手拉小手"活动，让高年级学生和一年级学生拉手结对，顺利度过小学生开学的焦虑期。

针对六年级学生的毕业课程，学校德育处以感恩教育为主题，结合学校校情，设计不同类型的多样活动，展现学生成长的点滴足迹，升华了学生对学校、教师、同学的感恩与留恋之情。

四、课题研究成果与成效

为了使如此一个无名农村小学走出原有的困境，在几年的课题研究中，我们一直在探索寻求"提升学校办学品质"的对策，同时也取得了丰硕的研究成果；在各级大赛中，学校、教师、学生均脱颖而出；我们还将成果进行了区域分享；总结了课题研究后的最终成效，梳理课题研究以来一路历经的风雨，抒写了学校发展的新篇章。

（一）课题研究成果

1. 打造了"互动式"生机团队研修模式

学校成立学科教研组，定内容、定时间、定要求开展团队研修活动，从研修导向、形式、活动及文化等诸多研修模式要素中实现多维度的互动与融合。

在团队研磨中形成了"植根需要生疑、交流研讨议疑、形成共鸣探疑、诊断反思解疑、评价跟踪奖疑"的"五疑"互动研修导向，并采用"课例研修式、现场诊断式、专题讲座式、自修反思式"的"四式"互动研修形式，结合开展"专题研讨类、经验共享类、教学创新类、常规完善类"的"四类"互动研修活动，实现教师的自我管理，最终形成了"互动式团队合作"的研修文化，树立了"团队成长我成长"的研修意识。

2. 创建了"家校合作"生机育人模式

（1）成立家长委员会，健全家委会档案。通过创建班级论坛、设置校报家长专栏等手段，构建信息化家校联系平台，创设由教师单项管理转化为家校双向携手的"家长督学制"，让家长全方位参与学校日常管理工作，满足家长对学校教育的需要与愿望，形成教育合力。

（2）编制了"家校联系手册""家校合作指导手册""学生成长记录手册"建立学校与家长沟通的畅通渠道，提高教育效果，助力学生成长。

（3）建构了"交流式""谈心式""互助式""家访式"家校多元沟通法。使学校与家长达成凝心聚力、精诚合作，形成了相互融通的一体化教育格局，展现了"小家""大家"一个共同体的家校合作模式，实现了学校与家庭无缝对接的育人体系。

3. 构建了特色化"生机课堂"模式

通过三年的努力，学校完善了"生机课堂"建设。在开放式教学活动中，有机融入各学科元素，建立全方位的"大学科""大课堂"的综合课程，将科技与教学相融合，思维培养与校本课程相融合，人文教育与综合实践活动课程相融合，特色学科活动与社团项目相融合，形成了特色发展之路，构建了"生机教育"新型"三自""三有"课堂模式，"三自"即课堂"自主""自然""自乐"；"三有"即课堂"有趣""有情""有效"，使学生的学习活动变得生动而丰富，探索出一条适合村小学生发展的多样化发展之路。

4. 研发了"生机教育——益智校本"课程

学校以校本课程为依托，每周一节益智课，开足课时，建立益智常模。在益智课程开发推进的过程中，以"探究——发现"为基本模式，以学生思维发展为着眼点，以思维训练活动为重要形式，逐步推进益智教育的研究与实践。

学校定期开展益智课堂研讨课，构建重核心素养及思考力培养的益智课堂模式。同时，学校实施"实验班"对"普通班"的"导师制"，使全校学生均加入到益智活动的玩比中。学校召开多届"启智杯"学生益智运动会，采取"班级展示、年级推选、校级精英争霸赛"的三级选拔模式，使益智运动会成为学生思维发展的有效载体。这项师生、家长心目中的品牌活动，促成了学校"益智课程校本化"的生成和落地。

至此，学校已开发了40余款益智器具，编写了益智课程纲要，形成了益智教学设计集、反思集、论文集、随笔集等，生成了完备的"生机教育——益智校本"课程体系。

5. 重塑了学生"生机学业评价"体系

学校将学科基础常态评价（以日常形成性评价为主，各年级根据学科特点、学生认知水平进行阶段作业评估，关注学生的发展变化过程）、学科能力提升评价（每学期各学科开展学科能力竞赛活动，开展以赛促学的纵向有效评价）、学科拓展实践评价（利用寒暑假、五一、十一等小长假，学科教师引领学生带着已有知识走向社会，进行研究性学习，开展主题活动，将课程资源拓展到假日生活中，使课堂教学跨领域、跨学科进行整合性评价）以及学科终结性评价（每学期期末考试）相结合，最终形成全面的综合性评价标准，精准诊断学生发展水平，逐步建立并完善了校本学业评价常模。

（二）课题研究成效

1. 提升了学生的综合素养

在"生机教育"理念的引领下，学生们懂得了珍惜生命、尊重生命，形成了积极的人生态度和自主学习能力。同时，学生们也学会了自我管理，这也成为他们成长的发动机，其综合素质得以提升，核心素养逐步形成。

2. 推动了教师的快速成长

教师们确立了正确的学生观、学习观、教育观，转变了过度追求学生学习成绩的旧貌，进一步认识了"生机教育"的意义，在教育教学活动中做到以人为本，以学生身心的全面发展、健康发展为教育的根本目的，践行着"生机教育"。正是这种有效的教育模式，激发了教师的成长活力。他们不断更新教学方法，真正实现了与时俱进。同时，学校形成了科研骨干、教学骨干梯队。

3. 加速了学校的跨步发展

（1）盟校年会——实现了校际间的互促共研。为了寻求缩小城乡教育差距的有效路径，作为一所乡村小学，宽城区第三实验小学与有着同样发展瓶颈的村小携手结盟，自发组成了"追梦联盟"。这个草根式的盟校组织建立八年，宽城三小承办了四次联盟年会，借助这个平台展示了学校在"生机教育"课题研究中的成果，如动态的师生汇报，静态的码书、码海报、校刊、学生高科技作品等。现如今，学校形成了教学资源库，实现了优质资源共享，这也使学校的科研水平呈现了加速度的发展，校际间的互促共研，推动了区域教改。

（2）区域现场会——提升了宽城三小的知名度。2018年12月5日，宽城区第三实验小学在长春市宽城区教科所的指导下，承办了全国教育科学"十三五"教育部规划课题《益智课堂与思考力培养的实践研究》宽城实验基地阶段成果展示会暨东北区域科研工作现场会，中国教育科学研究院总课题组专家们、省教科院院长、市教科所所长、各城区进修学校校长、教科所所长，以及东北区域兄弟校300余人参加了本次现场会。全校500余名学生进行了益智器具现场表演，充分展示了学校益智教育的最新科研成果，推广了课题研究经验，发挥了区域辐射作用，助推了东北区域课题研究质量的提升，受到了各界好评。

通过《生机教育促进学校办学品质提升的实践研究》课题研究，不断完善了"生机教育"理念，从一个全新的视角充实了学校的综合发展，在不断深研的过程中进一步明确了"生机教育"的办学思路、办学宗旨等。学校现已形成了鲜明的教育特色，实现了学校、教师、学生三位一体的协调发展，加快了学校实现城乡教育均衡发展的步伐，有效提高了农村学校的教学水平，整体提升了学校的综合办学品质。学校实现了由无名村小到长春市新优质学校的华丽转身，成为宽城区北部的热点学校。

五、课题后续研究与展望

为期三年的课题研究中师生、学校共同收获着、共同发展着。虽然《生机教育促进学校办学品质提升的实践研究》课题已经结题，但是"生机教育"的研究不会停止，在"十四五"期间，学校将会秉承2021年国家"双减"政策及"教育评价改革"等政策的精神，继续深入开展学校的主导课题研究。

路漫漫其修远兮，我们将会继续探索"生机教育"在教育教学实施过程中，即将遇到的种种疑难，找准问题、精准发力，探索更多影响教育教学的关键因素。事实上，"生机教育"不只是在日常教学活动中渗透，还可以有机地融合于其他领域。我们希望有更多的契机，在德育、安全等多领域实施"生机教育"的探索，不断尝试教育改革，尽最大努力为孩子们创造公平的受教育条件，争取构建一套更为规范的提高乡村教育教学质量的有效路径及可供其他学校借鉴推广的办学经验。以此推动学校教学质量的品质提升，实现学校科研兴校的伟大目标，最终让科研扎根于学校，加强学校内涵建设，实现学校的可持续发展。

师生共读打造书香校园的策略研究

课题主持人：尹海英　长春市九台区苇子沟中心小学校长
课题组成员：白小云　长春市九台区苇子沟中心小学副校长
　　　　　　王旭光　长春市九台区苇子沟中心小学工会主席
　　　　　　田海生　长春市九台区苇子沟中心小学大队辅导员
　　　　　　曲慧平　长春市九台区苇子沟中心小学教导主任
　　　　　　张立军　长春市九台区苇子沟中心小学教导主任
　　　　　　张玉凤　长春市九台区苇子沟中心小学班主任
　　　　　　朱春元　长春市九台区苇子沟中心小学正主任
　　　　　　宋春光　长春市九台区苇子沟中心小学语文教师
　　　　　　姜雨婷　长春市九台区苇子沟中心小学语文教师

一、课题的提出

（一）研究的背景

国内外儿童阅读教育自"世界读书日"宣布以来，不论是发达国家还是发展的中国，都已经把提倡读书风气、提升阅读能力列为教育改革的重点。

新课程标准指出，应培养广泛的阅读兴趣，扩大阅读面，增加阅读量。提倡少做题，多读书，读好书，读整本书的大阅读策略。著名的教育家陶行知先生说：一个没有阅读的学校，永远不可能培育新时代的"真人"。小学阶段是学生阅读的起步时期，教师要让他们在有限的时间内获取无限的能量，与经典同行，与大师为友，让我们的学生充满灵性，充满智慧。

师生共读是国家所倡导的素质教育的体现，无论是在教育界、学术界还是家长方面，都得到了充分认可。

我校从"十一五"开始，就开展"学前读大书研究"及"诵读国学经典研究"等阅读课题研究，取得了一定的成果，但是在研究中存在一些弊端：一是我校农村留守儿童比较多，学生参差不齐。爱好学习的孩子能博览群书，可还有部分留守儿童没有阅读积极性。二是部分教师缺乏正确的阅读认识观，不是积极鼓励学生看一些有益的课外书籍，而是让学生做海量的作业试卷。这样的观念也直接导致了语文课堂教学与课外阅读脱节，因此，教师与孩子在阅读上的收获很难进行分享。

为了课外阅读有新的突破，我们在充分研究、积极实践的基础上，提出了"师生共读打造书香校园的策略研究"课题。

（二）课题研究的意义

1. 理论意义

书香校园文化是以阅读为主要实施方式的课程文化，构建课外阅读体系会成为我们探索新课程实施利于学校发展的有效途径。

2. 实践意义

提高教师的底蕴，构建课外阅读体系，提高学生的阅读兴趣，有利于推动校园书香文化特色的形成。

（三）课题研究的界定

师生共读：就是以书为媒，以阅读为纽带，让老师和学生共同分享多种形式的阅读过程，在师生共读中，老师与学生共同学习，交流阅读体会，分享读书的感动和乐趣。

打造书香校园：创设书香育人环境，构建健康、和谐的校园。

开展师生共读打造书香校园的实践研究，就是师生们在书香校园里读书、思考，丰富思想；在心灵沟通中对话、感悟，品味生活；在求索之路上实践、发展，积淀人文精神。

二、课题研究的设计

（一）研究目标

1. 学生目标

提高学生的阅读兴趣、阅读量，落实语文课标中关于小学课外阅读的建议，阅读总量不少于145万字，引导学生积累知识、培养语感，从而提高学生的阅读能力和语文素养。

2. 教师目标

使语文课堂教学与课外阅读有机衔接，改变教师教育教学的理念，提升教师的整体文学素养，促进教师人文素养的提高和专业成长。

3. 学校目标

初步形成符合本校学生实际和教师特点的课外阅读实践活动课程体系。丰富学校的文化内涵，提升学校的文化品位，促进学校的校园文化建设，充实学校的办学特色。

（二）研究内容

1. 研究创建师生"悦读"的氛围

2. 研究构建低、中、高学段课外阅读目标体系

3. 研究指导学生有效阅读的方法

4. 研究构建课外阅读指导课基本教学流程

（三）研究的方法及策略

1. 研究方法

（1）问卷研究法：通过问卷调查、座谈、重点交流等形式对师生喜欢阅读的原因、师生喜欢怎样的读物、喜欢怎样的阅读方式进行调查研究，对阅读量少的原因进行深入剖析，以便找到问题解决的办法。

（2）行动研究法：关注教师在"书香班级"建设过程中的操作策略，关注教师的具体阅读指导行为。

（3）个案研究法：选择调查研究的对象，做好相关的跟踪记录师生的发展和成长，从中分析、切实认识存在的问题。

（4）评比激励法：通过评价、奖励来激励师生，培养师生的阅读兴趣和方法。

（5）经验总结法：实验教师整理收集材料，进行归类分析，并将有效的成功经验用

于下一步的实验之中，对实验效果不好的地方做适当的改进。

2. 研究策略

（1）营造氛围，搭建读书平台。进行全方位文化建设，做好办公室、教室、走廊、操场等校园文化建设，从文字到修饰，让书香弥漫学生身边的每一寸空间，并进行多渠道的宣传。

（2）强化组织领导，层层落实责任，具体负责师生读书活动的组织、指导、监督与评价。

（3）选择好适合学生阅读的材料，教师不仅要读懂，而且要产生情感共鸣，同时要发挥教师的主导作用，采用自然巧妙的策略引导、点拨、调控学生的阅读过程，教给阅读方法，提高他们的阅读能力；要给学生提供展示阅读成果的平台，给予足够的时间和机会，让他们畅所欲言，交流阅读的收获、感受、体会，一方面让学生享受成功的快乐，另一方面通过平等交流，互相启发，取长补短，从阅读中得到更多益处。

（4）树立典型，推广读书先进。学校及时对读书活动进行认真全面总结，树立读书典型，开展书香班级、读书明星等评选活动。

三、课题研究的过程

（一）精细课题过程，覆盖管理层面

为有效跟进课外阅读，我们采取以师生阅读促进课题研究，以课题研究深化师生阅读的方法。学校有主导总课题，部门有子课题，语文教师有小课题，这种格局，能让多数教师参与到课题研究之中。教师带着课题做研究和分享，随时可以在级组、科组以及学校会议中感受到校本科研活动的脉搏，学校也便于管理与实施。这个层面我们设计了"111+13"人员结构。

第一个"1"是建立领导包年级队伍。从校级领导到中层领导实行包年级课外阅读负责制，确保课外阅读的三个保证：即图书保证、指导保证、时间保证。

第二个"1"是组建课外阅读质量检测团队。教导主任+年级组长+少先队大队辅导员，强化督查，重视反馈。形成"月前布置，月中落实，月末反馈"的运行机制。低年级重点评价学生的阅读习惯和态度，中年级评价学生的阅读方法和习惯，高年级评价学生的阅读品质和影响力。

第三个"1"是班主任+语文教师的队伍，班主任与语文教师是具体落实的责任人，家长全程参与。负责阅读指导、推荐图书、图书流动安排以及读书打卡反馈等读书活动。

最后"13"是有13位学生是阅读小担当，负责阅读区日常管理。

（二）精心营造氛围，倡导师生悦读

我们在整体合理规划的前提下，充分利用学校教学楼有限的空间，在每层楼空间大的地方设置了30多个开放式书吧，学生课间可以随手拿到书，随处坐下来读书，积极营造浓郁的读书氛围，让"一墙一角皆文化，一草一木蕴教育"。

我们还抓住每天零碎的时间进行诵读，如我们乡村由于地理位置的特殊性，上学放学需要分拨运送，这样我们就利用部分学生早到校时间及放学等候二班校车时间，让学生在书吧自行挑选想看的书籍、杂志或报纸阅读，老师不留任何任务，还有午间的师生共读，放学后的亲子共读，就形成了晨诵——午读——暮省，化整为零，一步步引领学生养成读书、积累的良好习惯。另外，校园广播每天晨会播放国学经典诵读，午休及放学时播放新学堂等歌曲，让学生感其声，领其情。通过这些文化环境的打造，使学生走进经典，耳濡目染中华优秀传统文化。

（三）研究探索定位，学段阅读目标

我们在课题研究实践中发现有的学生喜欢短篇、内容连续、完整、幻想性题材的故事；有的喜欢介绍自然界、动物界和不同生活形态的儿童读物；有的喜欢用戏剧表演的方式来表达他看过的简单的故事，等等，也就是说，不同年级学生的年龄特征、心理需要是不同的。为此，经过反复实验和论证，我们就从总目标出发，根据不同年级学生的年龄特征、心理需要，统筹设计，由浅入深，循序渐进，分步落实。将低、中、高学段课外阅读目标分为三级梯度，即趣味性阅读、积累性阅读和赏析性阅读三个梯度。

低年段趣味性阅读，抓住学生阅读兴趣，选择适合童心的注音读物、儿歌童谣、简单儿童故事、短小童话等读物，指导基本的阅读方法，以培养学生广泛阅读的兴趣并逐步形成良好的读书习惯。

中年段积累性阅读，以阅读儿童文学、童话、寓言、神话、科普读物等为主要读物，教会学生选择作品，注意培养学生良好的摘录习惯，让学生会摘录有益的内容，并适当开展交流展示活动，进而激发他们再次阅读的兴趣。

高年段赏析性阅读，阅读名人传记、儿童文学、世界名著等经典作品。对所阅读的文章进行赏析，感受作品中的形象和语言，发表自己的见解和思想，提出自己的看法，作出自己的判断，对所摘录的内容写上简评，逐步培养阅读赏析能力。

（四）高效阅读方式，实现师生共进

1. 实行多项举措，丰富阅读资源

（1）学期初图书管理员协助班主任及小担当精心挑选图书，放在班级书架及教学楼各个书吧，保证适合学生的年龄和心理特点，营造一种自由状态下的共读氛围。

（2）开学期初教导处会统一印发基础阅读书目，要求语文教师选择本学期共读书目，并为老师们配备相关书籍。

（3）从班级、组级、学校三个层次扎实开展"图书漂流活动"，让每一个学生阅读更多的书籍。

2. 开展课例研究，跟进课外阅读

为推进我校课外阅读的深入开展，我们在课题引路、推荐书目的基础上，借助"目标体系"开展系列好书推荐课、阅读导读课、阅读推进课、阅读交流课等课例研讨活动。同时教师再结合本组及个人的小课题展开研讨，期末对学生的课外阅读水平进行考核和评定，进而促进学生的全面发展。

3. 纳入校本课程，形成持恒影响

经课题组的探究，我们确定了每周一节的课外阅读校本课程，并安排语文老师担任其指导工作。我们将国学经典纳入师生共读项目中，老师要利用晨诵、午读及校本课时间和学生一起诵读《弟子规》《木偶奇遇记》等。

4. 教师高效合作，团队共同成长

团队共读，能够让老师们进行最默契、最深入的交流，能够用阅读搭建起最高效的合作方式。我校教师共读，分为三个团队：

第一团队，中层以上领导共读，交流心得，提升管理水平。要求圈点勾画，书写体会，并充分利用假期和周会时间进行研讨，分享自己的所感所悟，反思自己的深邃思考。

第二团队，课题组成员共读，文本解读促课改。课题组选择一篇课外读物进行深入研读，形成文本解读材料，交流研讨形成定稿；课题组人人设计教学流程和学习活动，选择三种课型最优者讲课展示；讲完课再进行交流修改，共同成长。

第三团队，教师共读，论坛之上展风采。我们成立了5个教师读书社团，举办教师读书沙龙、好书推介会等，教师互推"系列美文"，抒发读书感悟，用书香濡养气质，做个丰富的、有内涵的人！

（五）统一家校思想，形成合力影响

为了形成合力,我们利用家长学校对家长进行培训,倡导亲子阅读并开展阅读"日打卡"活动，要求家长设立家庭书柜，保证亲子阅读20分钟。让家长明确阅读的意义，赢得支持，步调一致。通过举办亲子阅读图片展、家庭书架美图秀、书香家庭表彰会等活动，提高家长对阅读意义的认识。

（六）丰富激励手段，置身体验影响

教导处定期组织"好书推介会"，让学生感受到课外知识的奇妙与有趣。少先队成立了"国学社团""诗词社团"等，每年举办一次"阅读文化节"。每次一个主题，儿童绘本展示、文学经典画作、设计书签制作、读书征文、手抄报、演讲、美文赏读、诗词之最等读书节系列活动，让全校师生走进书的海洋，尽情演绎经典；畅所欲言，充分展示个性，让师生的心灵浸染在书海之中，让阅读文化弥漫于校园的每一个角落。同时也定期举办"书香教师""书香少年""书香班级""书香家庭"等评选活动，激励师生共读书、共成长。

四、课题研究成果与成效

两年多的课题实验收获，让我们感到欣慰，课题研究的成果不仅引领着全校师生进入了知识的海洋，让我们时刻沐浴着书香，吮吸着知识的甘露，并体验着读书的快乐，收获着成功、成长的喜悦。

（一）构建了"5+X"海量阅读课程

"5"指"五个一"经典诵读活动：每天早晨15分钟的晨读；每周诵读一首（篇）古诗词；每周上一节课外阅读校本课程；每天选自己喜欢的书亲子阅读20分钟；每学期组织一次校级读书交流会；"X"指学校少先队每学期的读书节系列活动，它包括读书征文、手抄报、板报、演讲、美文赏读，开展"诗词之最""读书小明星"和"书香班级"评选等系列活动。

（二）营造了校园书香文化

我校着力推进书香特色校园文化建设，吸引不少外校领导老师来参观。我们最大限度地让校园的每一面墙都跟学生对话，把"打造底蕴深厚的经典文化"作为学校特色文化建设的目标，以"用经典照耀童年"为主线，一至四楼呈现出融国学经典提升人文素养的特色。

（三）构建了低、中、高学段课外阅读目标体系

低年段：趣味性阅读，培养读书的兴趣习惯，掌握初步的阅读方法，注意阅读速度，初步感受语言的优美。

中年段：积累性阅读，扩大阅读范围，提高阅读速度，积累精彩句段，获得语言材料，初步感受作品和语言的优美。

高年段：赏析性阅读，感受作品中的形象，领悟作品的内涵，品味作品中的语言，初步赏析作品，发展社会情感和态度。

（四）探索指导学生有效阅读的方法

1. 品味性的精读。对名篇名著和其他优秀作品，需要静下心来细读，体会立意构思，揣摩布局谋篇，欣赏妙词佳句，有的好文章要反复地读几遍，甚至熟读成诵。

2. 探求性的速读。有时读书是为了达到某个特定的目的或完成某项任务，如寻求某个问题的答案，专门搜集某方面的知识等，这就要求"一目十行"。掌握快速阅读的学生每分钟能读 300 多个字，速读能求得新知识新信息成倍增长，赶上时代发展的需要。

3. 浏览性的泛读。对大部分浅显易懂的书或阅读价值不高的书籍报刊，可采取浏览法，以大致了解其主要内容，或通过看标题、目录、内容提要、前言等，以求在有限的时间内获取更多有价值的信息。

（五）丰富课外阅读指导课的形式

课题组成员在研究中精心打磨出了课外阅读指导课的基本教学流程：导读——阅读——交流——总结——拓展。我们课外阅读指导课的形式有四种：一是好书推荐课；二是阅读导读课；三是阅读推进课；四是阅读交流课。

1. 好书推荐课

教师通过对内容做简要的介绍，或通过朗读精彩片段，或通过讲故事的形式讲述到精彩动人之处时而戛然停止，以激起学生阅读的兴趣和欲望。同时，学生间也可通过互相介绍自己所喜爱的文章、书籍，或者借助手抄报的形式进行好书推荐，等等。

2. 阅读导读课

这类课型基本流程是：激发学生读书兴趣——小组商讨读书计划——教师指导学生读书方法——安排读书的任务。

3. 阅读推进课

这类课型基本流程是：交流读书进度——小组交流研讨在阅读中遇到的困难，教师集中指导共性的问题——分享读书收获——树立读书典型。

4. 阅读交流课

这类课型形式多样，时间可长可短。

例如，精读课的流程是创设交流情景——交流学习（读中交流，问中交流，复述中交流，悬念设疑交流，创造性复述交流，读写结合中交流，谈感受交流）——拓展延伸。

欣赏课的流程是让学生把阅读的书籍中自己最喜欢、最感兴趣的部分通过表情朗读、配乐朗诵、背诵片段、格言及表演等方式表达出来，使大家在进一步理解的基础上对文章进行鉴赏，受到美的熏陶和感染。

汇报课是启发谈话——小组交流——全班交流——教师小结。如，课题组张玉凤老师的阅读交流课"以书为伴 墨香致远"已在大学区教研活动中展示，并录成视频课参赛获奖。这是我们课题组最先出炉的视频资料，教师的声情并茂、学生的角色朗读，是课外阅读教学的一抹绿色。

交流课形式多种多样，不仅是全班交流，也有全校的汇报交流活动，如 2019 年 11 月九台区专家型校长参加了我们的"我读书 我快乐"师生读书交流座谈会，会上师生相互交流读书心得互取所长，参培校长兴致勃勃向读书小明星挑战地提出问题，学生们落落大方、侃侃而谈，让人感叹读书启智，厚积薄发。

（六）形成了晨诵校本教材

课题组成员根据学生的认知特点和各年级知识结构及欣赏水平，为学生量身打造了校本教材《晨诵教材读本》。晨诵的内容为古今中外的名人名著，有唐诗宋词，有现当代优秀诗作，还有蒙学经典诵读课本。课题组缜密选材，科学筹划，编成了12本不同年级不同内容的《晨诵教材读本》。

（七）师生共写汇编读书成果集出炉

随着课题组活动的深入开展，师生的阅读兴趣和写作兴趣日趋浓厚。在课题组教师的带动下，全校师生创作激情高涨，我们对学生的作品进行打磨，对教师的作品进行反复修改，把师生中最具欣赏价值的作品进行了归类、编辑，制成校内读本有《阅读历程》《小荷才露尖尖角》《100本好书推荐》《教海拾贝》等阅读成果集。这些作品既是课题组的精诚所至，也是全校师生的倾力而为，是学校一笔宝贵的精神财富。

（八）教师的素质有了质的飞跃。

课题开展以来，我校教师通过读书有了很大的进步，教师写作能力提高了，对教育教学思考更加深入了，在各级各类比赛中都硕果累累：市少儿经典朗诵大赛中获得集体优秀奖；师生同台朗读一等奖；李岩老师摘取了古诗词大赛第三名的好成绩；教师教学设计80多人次获得省级奖，10多人次获国家级奖；论文发表的数量也大幅度增加了，尹海英、宋国英、张立军等教师的30余篇科研成果在国家、省、市级刊物上发表。

（九）学生的综合素质发展得到更全面发展

1. 激发了学生的阅读兴趣，培养了学生良好的读书习惯。

2. 提高了学生对书籍的鉴赏能力。

3. 推动了新课程改革，学生的素养得到了提高。

学生的阅读兴趣、阅读量大大提高，综合素质也在不断提升。如阅读理解、搜集资料、触类旁通、写作等能力都有了较大提高。教师在指导孩子参与活动的过程中，审美能力、感悟能力、口头表达能力等方面也在不断发展。市少儿经典朗诵大赛中有38名学生获奖；有3名学生摘取全市阅读之星；作文大赛50多人获奖……涌现出一大批的佼佼者。学生在大量阅读中不仅知识量增加了，阅读能力、思考能力、表达能力、习作能力明显提高了，学生情感更丰富了，读书促进了全体学生精神成长！

（十）建立家校读书互动机制，带动了亲子阅读的开展

我们充分挖掘家长资源，通过"亲子阅读"，建设学习型家庭，营造孩子成长的理想

环境。他们在共同阅读中有了心灵的交流，增进了彼此之间的感情。

总之，我校的书香氛围越来越浓郁，尤其是师生共读俨然成为一种生命的行走方式，它悄然搭建起沟通师生、师师、家校心灵的桥梁，共读，为我校师生晕染了人生的底色，打造了"用经典照耀童年"的办学特色，取得丰硕成果。2019年区级阅读现场会在我校召开，推广了我校阅读研究优秀成果，同时我校也被评为"全国教科研研究先进单位""全省十三五教科研示范基地校""全市教育科研核心示范基地校""全市书香校园先进单位"等多项殊荣。

五、课题进一步研究与展望

我们的课题研究成果已在各级各类评比中屡屡获奖，许多师生与"大师"实现了穿越时空的精神对接，看到他们志存高远、与众不同，我们倍感欣慰。我们将会把研究成果很好地运用于实践中，推进学校可持续发展。同时，我们也深深感到：如何完善课外阅读监控体系的构建，如学生个性化阅读档案、课外阅读班级月汇报表、同读一本书的导读提纲、教师课外阅读素养提升考评等，都是我们要进一步探讨的重要问题，下一步我们会丰富阅读指导课形式，把课外阅读和游戏、音乐等形式结合起来，创设读书唱游课，努力让阅读伴随每一个教师、每一个学生的成长，让阅读成为我们学校最美的行走方式。

依托国学教育构建学校文化的策略研究

课题主持人：张红玉　长春净月高新技术产业开发区净月南环小学校长
课题组成员：韩淑红　长春净月高新技术产业开发区净月南环小学主任
　　　　　　索晓梅　长春净月高新技术产业开发区净月南环小学副校长
　　　　　　徐雪峰　长春净月高新技术产业开发区净月南环小学主任
　　　　　　朱凤梅　长春净月高新技术产业开发区净月南环小学教师
　　　　　　车艳敏　长春净月高新技术产业开发区净月南环小学教师
　　　　　　李丽军　长春净月高新技术产业开发区净月南环小学教师
　　　　　　林占峰　长春净月高新技术产业开发区净月南环小学教师
　　　　　　姜　岩　长春市第五十九中学　副校长

一、课题的提出

（一）课题研究的背景

1. 从国家政策看，国学在当前社会生活中的地位和作用日渐突出，其精神影响力也愈加广泛。自党的十八大以来，以习近平为总书记的党中央高度重视、弘扬、发展与创新中华优秀传统文化，将中华传统文化视为中国特色社会主义最深厚的软实力。

2014年教育部印发了《完善中华优秀传统文化教育指导纲要》，对分学段有序推进中华优秀传统文化教育作出了整体部署。目前，我们中小学使用的教科书，在文言文、诗词歌赋、古典文学、历史经典等方面，都有空前的增加和扩大。

2. 从实践层面，南环小学校有多年的国学教育研究基础。南环小学自2006年开展以诵读古诗文为主的经典诵读活动，形成了校园处处见经典、师生人人诵诗文的局面。对于国学方向的研究，教师积累了丰富的研究经验。

（二）课题研究的意义

1. 理论意义

本课题的研究为中小学校在德育、教学、学生活动及校园环境建设等方面提供一定的国学思想理论支撑和实践范式引领。

2. 实践意义

国学教育对师生养性、养正、养志、养德有较大帮助。通过本课题的研究，改变将"国学"理解为单纯的记诵古诗文的传统认知偏差，解决如何将国学教育思想变成一种工作指导思想，全面引领学校各项教育教学工作的现实问题。

（三）课题研究的界定

国学：国学主要是指以中国古典典籍为载体，表达中华民族传统社会价值观和道德伦理观的学术体系。其外延包括医学、戏剧、书画、数术等等。

国学教育：是以国学理念为指导而实施的教育活动。国学的本质是人文，人文就是人类文化中的先进部分和核心部分，即先进的价值观及其规范。其集中体现是：重视人，尊重人，关心人，爱护人。

学校文化：学校文化是指具有该校自身独特的价值观、信念、手段、语言、环境和制度等特质。学校文化的核心是学校各群体所具有的思想观念和行为方式，其中最具决定作用的是价值观念。

二、课题研究的设计

（一）研究目标

以探索依托国学教育构建学校文化的有效策略为总体目标，具体分为：

1. 在队伍建设方面，形成国学教育理念下的教师文化策略。
2. 在课程建设方面，形成国学教育理念下的课程文化策略。
3. 在学生发展方面，形成国学教育理念下的学生文化策略。
4. 在环境建设方面，形成国学教育理念下的校园环境文化策略。

（二）研究内容

1. 依托国学教育构建教师文化的策略研究

调查教师现有的国学知识基础，探索构建教师文化的国学思想依据和具体的构建途径。

2. 依托国学教育构建课程文化的策略研究

主要研究国学校本课程的实施策略以及国学理念下的德育课程的实施策略。

3. 依托国学教育构建学生文化的策略研究

探索语文、书法、美术、音乐、体育五个学科在学生文化构建方面与国学的融合点，研究国学社团建设与学生文化形成之间的关系。

4. 依托国学教育构建校园环境文化的策略研究

研究学生教室、教师办公室、走廊、楼道等校园环境建设中的国学文化主题、国学思想依据，以及具体的环境文化构建策略。

（三）课题研究的方法及策略

1. 研究方法

立足于学校已有的研究基础，综合运用调查研究、行动研究、案例研究、文献研究和经验总结等方法实施本课题研究。

（1）调查研究法：通过访谈、问卷等方法，对教师、学生、家长对国学思想的认知情况进行调查，为课题研究提供第一手资料。

（2）行动研究法：以校长为课题总指挥，各部门领导担任子课题主持人，将语文、体育、美术、音乐、数学等学科教师纳入到课题组中。通过学校管理、课堂教学和社团活动等教学活动的不断实践、反思、改进等流程探索有效的学校文化构建策略。

（3）案例研究法：各课题组制订研究计划，每月进行案例展示研讨。通过典型的教师成长个案、课堂教学个案、学生活动个案等研究案例，由点及面，逐步拓展研究广度和深度。

（4）文献研究法：通过阅读国学思想类书籍、学校文化构建类文献、课题研究的科学方法类文献，为课题研究找到更多理论依据，提升研究成果的创新性和价值度。

（5）经验总结法：及时收集整理研究过程中取得的经验，将有效的校园文化构建策略加以整理，从中找到国学思想的有利证据，为教师和学生搭建展示平台，定期宣传研究成果。

2. 研究策略

根据研究的内容范围，将本课题分解为国学与教师文化、国学与课程文化、国学与学生文化、国学与校园环境文化四个子课题，由学校领导班子成员各负责一项。教师根据所教学科特点自主选择课题组，全校教师的小课题研究与学校层面的主导课题研究相结合，实现人人参与的师本科研文化氛围，按照三年的时间不断推进研究进程。

三、课题研究的过程

（一）第一阶段，前期准备阶段

1. 论证课题研究的可行性

实践层面，对本校教师、家长、学生三个层面进行了问卷调查，了解了国学经典的积累量、对国学思想的认知程度、国学思想与家庭教育及学校教育之间关系的认识三个方面的情况。从问卷中发现本校教师和学生对国学经典的积累量比较丰富，家长的积累量与其学历相关。教师对国学思想的了解深度不够。教师和家长对国学思想与家庭教育及学校教育的正相关性十分认同。由此得出结论，本课题的研究具备研究基础，应该由单纯的经典诵读上升到国学思想层面的研究。

理论层面，学校总课题组成员通过阅读文献，论证国学教育思想与学校文化建设之间的关系，对课题研究的理论依据进行了深入的分析。从鲍鹏山的《好的教育》、李泽厚的《论语今读》等文献中可以得出结论，国学是国人应该继承和发扬的传统文化，而教育的本质是"唤醒"，通过教育教学能够激发师生对传统文化的热爱。师生有了这样的文化气息，学校文化的形成便水到渠成。

2. 分解课题，建立研究小组

根据本课题研究的目标和内容，此课题作为学校的主导课题，可以将学校各项工作与本课题研究相结合。校长作为学校主导课题负责人，下设四个子课题，政教处负责国学与学生文化的研究，教导处负责国学与课程文化的研究，总务处负责国学与校园环境文化的研究，教师发展处负责国学与教师文化的研究。学校教科室负责统筹各子课题的研究分工，避免研究过程中出现交叉和重叠，形成工作合力。通过此课题的研究带动学校各项工作的整体发展。

（二）第二阶段，研究实施阶段

1. 组织培训，弥补研究短板

为了解决教师将文献阅读中的理论与教育教学实践分离的问题，聘请净月教育集团专家进行培训，并结合教学实践进行理论指导。教师们认识到只有在课题研究中才能思考理论与实践是如何进行融合的。

通过定期的"教师讲坛"，介绍国学思想与教育教学实践相结合的典型范例。教师们既是培训者又是被培训者，从他人的培训分享中取长补短，每一期"教师讲坛"的质量都比上一期有所提升。

课题研究期间，组织教师到四川草堂小学参观学习，草堂小学就在杜甫草堂附近，那里有浓郁的国学文化气息。从草堂小学的校园环境、课程设置以及师生的精神面貌中，研究团队进一步认识到国学文化对学校文化的影响，从而坚定了研究的信念，开阔了研究的视野。

2. 研讨交流，调整研究路径

（1）研究者之间的交流。教科室每学期组织课题研究阶段交流会，各子课题组汇报研究进展情况，提出研究中的困惑问题，课题组通过同伴交流、专家引领等途径解决研究中遇到的问题。

（2）研究者与研究对象之间的交流。参与研究的教师通过问卷调查与学生和家长进行交流，了解他们对于国学相关研究的不同观点，征求研究中的好方法。家长和学生中产生了一些极有价值的研究策略。比如焦玉舒的妈妈提出《三字经》中有一些封建的观点，不应该让学生全部背诵。这个提议让课题研究者意识到，不是所有国学思想都是正确的，应该有所取舍，从而对研究计划进行及时调整。

（3）校际之间的交流。2020年南环小学与进行"二十四节气"研究的邻居——中海一实验小学进行了交流研讨，从中学习到很多切实可行的研究经验。此外，还与大学区的兄弟学校进行交流，征求教育同行的意见，不断改进研究策略。

3. 实践反思，积累研究经验

（1）德育教育研究。为了解决德育活动大而广，缺乏系统性的问题，课题组开发建设国学教育理念指导下的德育课程体系。开展感恩教育、养成教育、礼仪教育、责任教育、传统美德教育等与传统文化相关的主题教育活动。组织班主任老师针对德育课程的实施情况进行反思研讨，组织班主任做班级文化建设的经验介绍。同时通过美篇、公众号等平台与家长建立联系，让家长也成为课题研究的参与者，与学校形成一致的教育理念。

（2）课堂教学研究。组织语文教师对古诗、文言文等国学经典文章的教学模式进行研究。开展课例观摩、教学模式研讨、教学经验交流，研究如何在语文学科教学的基础上提升师生对国学思想理解的深度。组织语文、体育、书法、美术、音乐五个学科的教师对学科教学与国学思想相融合的融合课教学模式进行研究。以课例研讨为主要研究方式，课题组成员围绕课例是否能够体现国学教育理念，课例对学生和教师文化的形成是否有帮助等主题进行设计、实践、反思一系列的行动研究过程。在多次的失败中不断总结经验，完善课程文化建设。

（3）国学社团活动研究。课题组对国学社团的活动目标、活动内容门类、活动方式、活动评价管理等进行了细致的设计、论证和实施。通过学生社团活动的实施来研究构建学生文化的有效策略。

（4）校园环境建设研究。对校园不同位置的国学文化主题的设计，征求教师、学生、家长、社区等多方意见。到省内外多所学校参观学习，并请专家对环境设计方案进行指导。

(三) 第三阶段，中期梳理、总结阶段

1. 调整国学校本课程内容

对与"重视人，尊重人，关心人，爱护人"的国学思想不符的内容进行删减。

2. 汇总各子课题的研究成果

将各子课题研究中产生的优秀成长个案、教学设计、研究论文等实践成果梳理为有关学校文化建设的方法和策略等方面的研究成果。

（四）第四阶段，成果总结、全面推广阶段

1. 学校层面的宣传与推广

通过大学区活动在净月区兄弟学校展示研究报告、课堂教学、德育活动等课题研究成果。2021年课题主持人在长春市科研基地校检查评审活动中展示研究成果，得到与会人员的好评。

2. 社会层面的宣传与推广

学校与社区建立国学教育共同体，2021年儿童节在力旺社区广场上，教师、家长、学生欢聚一堂，展示诗书礼乐，琴棋书画，将研究成果推向广阔的社会层面。

四、课题研究成果与成效

通过课题研究，南环小学本着"重视人，尊重人，关心人，爱护人"的国学思想精髓，形成了"和雅育花开，朵朵都精彩"的和雅校园文化体系。课题组探索出依托国学教育构建学校文化的五大策略。

（一）依托国学教育构建教师文化的策略

1. 阅读与写作是形成良好的教师文化氛围的基础

以"学而不思则罔，思而不学则殆"的思想理念为指导，开展以"教师眼界"为主题的读书活动和以"教师心语"为主题的写作活动。对于每位教师来说，国学教育思想都需要不断学习和研究，没有现成的经验可以借鉴，即使有也需要先学习才能为己所用。在进行国学教育的相关研究的过程中，教师一方面要阅读国学教育相关书籍，一方面要总结相关的教育经验，教师在阅读与写作的过程中不断交流经验，形成共同的话题。

2. 校本教研是形成良好的教师文化氛围的必由之路

"三人行，必有我师焉；择其善者而从之，其不善者而改之"。校本教研不仅是进行课题研究的有效渠道，也是教师展示研究成果的平台，更是教师释放焦虑的场域。通过校本教研活动，教师们能够从他人的长处与短处中照镜子，从而提升自己的国学教育能力，形成了研究即生活的常态。经过多年的探索，南环小学形成了"腹有诗书气自华"的教师文化氛围。

（二）依托国学教育构建课程文化的策略

子以四教：文、行、忠、信。孔子以文学、品行、忠诚和信实教育学生。在此思想指导下，南环小学形成了"志于道、据于德、依于人、游于艺"的课程文化。

1. 以课堂为主阵地，形成国学六步课堂教学模式

初步探索出了古诗文等国学经典文章的六步课堂教学模式，即：故事激趣——初读经典——理解经典——背诵经典——情境表演——模仿创作。

第一步，故事激趣。每个国学经典背后都有一个或几个故事，新课教学前通过相关的背景故事激发学生学习经典的欲望。

第二步，初读经典。故事激趣后，教师相机出示所要学习的内容，初步学习经典，对

经典有一个整体认识。同时通过初读，知道哪些内容自己能读懂，哪些内容自己不能理解，便于下一环节有的放矢地学习。

第三步，理解经典。在学生初步读了经典后，通过师生、生生互动全面理解经典的内容并领悟其中的道理。

第四步，背诵原文。诵一诵，背一背，多种感官的参与，有利于更好地理解原文，提升阅读鉴赏能力。

第五步，情境表演。把经典诵读教材中的内容编成一个个小故事、小情境并表演出来，帮助学生理解与记忆。学生从中还能展开丰富的联想，激发求新、求异思维。

第六步，模仿创作。在学生学习了经典原文，对其形式、意境、构思等知识有了一定的了解后，教师再加以适当地点拨、诱导，触发学生的灵感，鼓励学生对经典进行改写仿写等。

2. 以德育课程为载体，形成"五教育"德育课程模式

南环小学的德育工作主要在国学教育思想指导下开展"五教育"，让孩子先学做人，后学做事。

第一，感恩教育。①孝亲日。每学期开学第一个周六定为孝亲日，学生陪同父母一起工作、做家务、陪父母聊天、陪父母一起休闲等，同时完成孝亲报告。②爱心义捐活动。通过这个活动，加大对"弱势群体"的关注，使贫困学生得到关爱。弘扬中华民族的传统美德，丰富校园文化的内涵。③感恩班会课。每位班主任与学生共同准备，将人文感悟浓缩到感恩班会课中，面向全校公开展示。

第二，养成教育。以国学经典诵读为依托，培养学生的良好行为习惯。比如，入学后，让学生懂得走路"宽转弯，勿触棱"，明白"用人物，须明求，倘不问，既为偷"，知道了"或饮食，或坐走，长者先，幼者后"，培养了学生良好的行为习惯。

第三，礼仪教育。在孩子学习中国传统品德修养的同时，养成良好的行为习惯，还结合时代要求，让儿童学习现代礼仪——包括与人相处的礼仪、公共场所的礼仪、用餐的礼仪、学习的礼仪，让师生继承我国优秀的礼仪传统，做一个懂礼仪的人。

第四，责任教育。每学期开学第三周为学校责任周，以国学经典中的人物为榜样，对学生进行责任教育讲座，使学生深刻认识到"自我成长，我的责任；班级荣辱，我的责任；学校兴衰，我的责任；国家进步，我的责任"。

第五，传统美德教育。结合传统节日，弘扬国学经典，开展特色活动。每周一的国旗下讲话，同学们都围绕"孝、悌、谨、信"为主题作演讲，让国学思想入脑入心。

（三）依托国学教育构建学生文化的策略

以《论语》中"君子和而不同"的思想为指导，以学生特长培养为切入点，形成国学教育与语文、音乐、体育、美术、书法五门学科相融合的学生学习文化氛围。

1. 国学与语文学习相融合

在语文课上，利用上面提到的"六步教学法"进行经典诗文的教学。在此基础上，重视国学与语文教学相融合的课后延伸，开展亲子阅读活动、绘本续编、"跳蚤书市"等学科融合活动。

在社团活动中，开设诗词积累、讲述诗人的故事、诗词创作三个阅读和写作兼备的文学社团，引领学生诵读中华传统经典，涵养儿童的性情，奠定其内在气质和文学功底，让学生从小树立"读圣贤书、立君子品、做有德人"的思想。

2. 国学与书法学习相融合

在书法课上，结合汉字的结构、笔画进行国学思想渗透。比如书法要求结构均衡、平正，端庄秀丽，而儒学则倡导中和为美，居中守正，形端表正。书法的结体，笔画间要相互穿插、避让，各部间要相呼应、协调，儒学则要求"以和为贵、中庸和谐"，以仁、礼为做人的准则。书法的创作，要强调个性，而不失共性，儒学则要求"君子和而不同，致中和，和而不流"等。

在社团活动中，开设师生书法"同学共练"社团，在本校书法教师的指导下，用书法的专业技法书写古诗词，并将每次师生的作品进行装裱，师生共同提升，相互促进。

在书法的练习中，教师和学生都渐渐沉下心来，体会字端人正的国学思想，并用其指导自己的实践。

3. 国学与音乐学习相融合

在音乐课上，增加古典音乐欣赏和了解古代乐器的环节，感受音乐与政治和经济发展之间的关系。

社团活动中，开设古诗词吟唱和古诗词朗诵配乐社团，音乐老师和语文老师开展学科融合的国学育人活动。

4. 国学与体育学习相融合

在体育课上，结合不同的运动渗透以静制动，以柔克刚，避实就虚，借力发力，主张一切从客观出发，随人则活，由己则滞。一意一念，一举一动，随心所欲，都在自我控制之中，以达到养生、防身的效果。

在社团活动中，开设武术操、太极拳两个运动社团，根据儿童学习的特点，选取合适的动作，实施国学体育校本课程，以达到在一张一弛中修身养性的目的。

5. 国学与美术学习相融合

美术课上，增加欣赏国画和认识古代画画材料及工具的教学环节，感受美术随时代发展变化的进程。

在社团活动中，开设国画社团，引导学生为诗配画。国画是中国人引以为豪的国粹，通过引导学习国画，欣赏国画，让孩子们看到了中国绘画的博大精深，领略了传统文化的瑰丽、磅礴，自觉地树立起民族自豪感，每一位学生都由衷地产生继承传统艺术的责任感。

（四）依托国学教育构建校园环境文化的策略

"昔孟母，择邻处，子不学，断机杼"揭示了环境文化对于教育的深远影响。本着"与善人居，如入兰芷之室，久而不闻其香，则与之化矣"的理念，打造优雅校园文化，发挥环境育人的功能。

1. 教室文化

以"业精于勤，荒于嬉；行成于思，毁于随"为主题，将班级墙壁和空地划分为目标激发区、作品展示区、古诗文交流区、中国古代圣贤榜样示范区等专属区域，形成勤思善学的班级文化。

2. 办公室文化

以"学然后之不足，教然后知困"为主题，将教师办公室墙壁和空地划分为仪表仪容打理区、学习成果展示区、备课学习工作区、制度计划公示区、反思研讨交流区等专属区域。通过环境熏染，形成互助共学的办公室文化。

3. 廊道文化

教学楼内以"诵经典，学做人"为主题，以图文并茂的形式在廊道中设置诗文欣赏区、诗人介绍区、诗文提示区（比如在楼梯处粘贴提示性的古诗："春来常早起，幽事颇相关。贴石防颓岸，开林出远山。一丘藏曲折，缓步有跻攀。——杜甫《早起》"将"缓步"两个字通过颜色和字号的改变使其更加醒目，从而提醒学生轻声慢行）。

教学楼以外的廊道以"仁、义、礼、智、信"为主题，在墙壁上喷绘出这五个方面有带代表性的人物故事，形成了"润物细无声"的廊道文化。

五、课题进一步研究与展望

南环小学课题组虽然做了很多研究工作，但由于国学思想博大精深，在研究国学教育与学校文化构建之间的关系及策略时还存在以下几方面的问题。

一是实践层面研究过多，理论层面研究较少。对相关的教育理论依据还要进一步深入研究。

二是国学教育内容非常广泛，现有的校本课时数有限，难以将国学教育内容全面涉猎。另外，国学文化中的个别内容不符合时代特点，下一步还要有选择地进行精准研究。

三是在研究方式上缺少数据对比与分析，研究成果的说服力不够。下一步将加大课题研究培训力度，使研究更加科学化、系统化。

根据课题研究中面临的这些问题，在后续的研究中，南环小学将以"传统文化"课程建设为突破口，抓点带面，通过"二十四节气"课程资源的开发与实施提高教师课程开发和执行能力，依据stem课程融合理念，将传统文化与先进理念相融合，培养学生应用知识解决问题的能力，以此课题研究为载体，实现德、智、体、美、劳五育并举。

应用现代信息技术促进学校办学品质提升的研究

课题主持人：赵军梅　长春市宽城区浙江路小学副校长
课题组成员：徐　艳　长春市宽城区浙江路小学科研主任
　　　　　　徐秀凤　长春市宽城区浙江路小学校长
　　　　　　祁秀红　长春市宽城区浙江路小学主任
　　　　　　孔　梅　长春市宽城区浙江路小学主任
　　　　　　李志红　长春市宽城区浙江路小学主任
　　　　　　任　园　长春市宽城区浙江路小学主任
　　　　　　刘　明　长春市宽城区浙江路小学教师
　　　　　　赵海燕　长春市宽城区浙江路小学教师
　　　　　　邹丽萍　长春市宽城区浙江路小学教师

一、课题提出

（一）研究背景

1. 国外现状分析

提高学校办学品质是当前世界教育改革发展最核心、最紧迫的任务。目前，许多国家正在坚持不懈地努力与尝试。如日本、新西兰等国家认为信息技术就是指计算机及与其相关的通信技术手段。美国则按照指导教师模式、学习者模式、工具模式建立发展轨迹。

2. 国内现状分析

2015年《教育部工作要点》指出：面向2020年乃至更远的未来，必须促进发展方式转变，将学校品质提升作为学校发展新的努力方向。教育部办公厅《2019年教育信息化和网络安全工作重点》指出，要着力加快推进教育现代化，本着"教育导向、融合创新、系统推进、引领发展"的方针，深入研究"教育信息化2.0行动计划"。

3. 校内现状分析

长春市宽城区浙江路小学校建校已经60载，1 000余名学生，教职工76人，信息技术在教学中应用达到100%。"十二五"期间，我校尝试信息技术促进学习方式和教育模式创新，改变师生交流方式，实现师生全面和谐发展。这为本课题的研究奠定了基础，提供了保障。

（二）研究意义

1. 理论意义

现代教育学理论指出："发展，即促进学生的可持续发展，学校的教育要与时代社会接轨。"因此，应用信息技术的教育理念符合主体的现代教育学新课程理论。

建构主义认为学习是学习者主动建构意义的过程。而信息技术环境下老师和学生作为主动应用与开发者，对学校的品质发展起到积极作用。

2. 应用价值

"应用现代信息技术促进学校办学品质提升的研究"是一个以学校独有的特色方式促进学校发展的课题研究。最终让学生探究出科学的学习方法，真正体现以学生为中心；提高教师教学质量，培养出更多名教师；促进学校大数据的梳理，管理更加科学系统化。

（三）概念界定

应用现代信息技术：信息技术作为课程学习内容和学习资源的获取工具，作为情境探究和发现的学习工具，作为协作学习和交流讨论的通信工具，作为知识建构和创作的实践工具，这里更关注"应用"的实效性。

学校品质提升：构建和提升学校品质，先进的思想和正确的理念是先导，优秀的校长和敬业的教师是主体，达标的硬件和规范的管理是基础，系统的课程和丰富的活动是载体，优雅的文化和独特的品牌是表现，优秀的学生和社会的认可是目标。

二、课题设计

（一）研究目标

1. 总体目标

课题的研究目标是利用现代信息技术促进学校办学品质多个方面的提升。从学校的宏观规划和细化到每个人，探求出学校管理与现代信息技术整合方式，摸索出信息技术环境下促进师生成长、提高学校质量的模式；探求出学校办学品质中质量、内涵、文化、特色、信誉与现代信息技术结合的最佳策略。

2. 具体目标

（1）优化学校管理方式，探求出学校管理与信息技术的整合方式。

（2）寻求教研改革的新路，更新教师有效教学观念，培养有效教学意识，掌握促进教学效率和效益提升的基本策略，掌握有效教学的评价要素。

（3）改变学生学习方式，让学生在运用信息技术过程中，体会个性化学习和协作学习的途径和模式，从而培养学生信息技术的素养，提高学生的学习效率和质量。

（4）通过课题的研究实践，培养一批有突出业绩的信息技术团队，探求出学校办学品质中质量、内涵、文化、特色、信誉与现代信息技术结合的最佳策略。

（二）研究内容

1. 应用现代信息技术提高学校管理效率，促进学校文化内涵发展。

2. 应用现代信息技术与学科教学深度融合，使学校质量提升。

3. 应用现代信息技术加速教师专业成长，创学校名师品牌。

4. 应用现代信息技术转变学生学习方式，展学校学生特色。

（三）研究方法

理论学习法：为做好课题研究，不断提高参与课题研究教师的自身理论水平，认真钻研学校发展理论与儿童心理学、教育学和现代学校制度建设等。

行动研究法：本着从学校办学品质提升的实际中发现问题，并在探索实践中寻求解决问题的办法为宗旨，采取行动研究方式，做到科研与教育的融合。

调查法：以问卷、访问等形式对家长、教师、学生对现代信息技术应用于学校管理、教师教学、学生学习等方面的诉求等进行了解，从而掌握课题实验第一手材料，进而分析课题实验的目标定位是否准确。

三、课题研究过程及实施策略

基于我校在信息技术教育教学方面的实践研究的基础，以及我校教师和学生对信息化教学的日益增长的需求，根据本课题的研究目标及内容，我校开展了以下提升建设工作及相应的活动。

（一）提升学校教职工信息素养，做好课题基础性人员建设

本课题在学校中人员辐射达到了100%，从管理者到教师都是本课题的主要实施者，全员在课题研究过程中都起着决定性的作用。教职工的信息素养能不能发挥出优势，提高教职工的应用能力和创新精神至关重要。为此，我校在课题研究的初始阶段就将教职工信息素养的提升作为本课题的基础性建设重点之一。

1. 学校管理者的管理能够满足学校现代信息技术的需求，更好地服务于教育教学，树立信息化的服务观念。

2. 教育观念破冰，定位信息技术的重要性

韩愈说：师不必贤于弟子。我们组织教师观摩信息技术理念下的学科课程，感受信息技术下课堂的多样性、创造性，也提高了学生在课堂学习中的积极性、主动性，从而使其愿意打破传统教育观念的束缚，走向自由、开放的交互时代。

3. 定期开展现代信息技术知识和技能的培训

"十二五"期间学校教职工信息技术能够运用的人数占全员的70%，熟练应用的人数只占全员的30%，本课题作为"十三五"期间我校的主导课题，在研究过程中，我们秉承"请进来，走出去"的学习理念，依据个人对信息技术的掌握程度分层次进行学习。由此学校形成了良好的信息技术学习循环模式，把对信息技术的"扫盲""巩固""提升"工作全面铺开，同时进行，短期见效。课题研究中期，能够运用信息技术的人数已经达到了100%，其中85%以上的教师能够熟练地进行文档处理、PPT制作、平台交流学习，65%以上的老师能够制作微课、微视频。教职工的信息技术能力得到了大幅度提升。

（二）提升教师课堂信息技术应用能力，做好信息技术应用平台及课程建设

1. 利用互联网为教师提供一个融个人学习、互动学习、交流研讨、专家指导于一体的可持续发展的专业化学习平台

"730时段"是我校的线上智慧研究室，是跨学科、跨年段的研讨平台。每一期论坛都有相应的研讨主题，主持人提前宣布研讨主题，上传相关文稿或视频资料，提出交流问题。每周四晚7:30，大家线上共同根据研究主题开展互动研讨，而后由每一期的梳理员把此次研讨记录进行整理加工，梳理成论坛成果，发到群共享，供大家深入交流。同时，我校鼓励全体老师参与了包括"草根论坛"在内的全国近11个QQ教学科研群体进行学习和研讨。

2. 独具特色的"星光秀场"研讨课，为教师搭建展示交流平台

在"十三五"课题开题伊始便将已经开展四年的"星光秀场"研讨课升级为"信息技术与学科教学深度融合"星光秀场观摩活动。活动旨在利用展示课来挖掘教师现代信息技

术的个人潜力；积累改进课堂所使用的信息技术素材，并能达到资源共享；回放课程研讨，达到课堂教与学策略研究资源的共享。

3. 微课、微视频制作，为教师搭建共享平台

微课是现代信息技术环境下教学的新兴产物。为了能把这一新的教学手段恰当地运用到我们的教育教学中，我们外请专家"讲座"与校内"微培训"交替进行。教师准确地将知识点切入，运用各种手段，使手机、ipad、pc等各种终端都"兼容"，方便在任何条件下的使用。我们以学年、学科为单位制作完成所教年段教材的微课教程，并按学科、年段整理备案，形成了共享资源。

（三）提升学生创造精神培养，做好信息技术实践能力建设

互联网+的时代，丰富多样的教育资源是激发学生学习方式多样化，培养学生创新精神和实践能力，促进学生个性化发展的重要条件。利用信息技术的支持进行自主学习，调动学生从内在需求出发，激发学生的学习兴趣慢慢成了我们基本的教学目标。我们在教学的可控范围内，对部分学生进行了信息技术能力的培养。

1. 来自学生微课、微视频及任务清单

学习可以理解为思维的奔跑，尤其是正处在发展阶段的孩子，新鲜的事物对他有着极大的吸引力。教育金字塔告诉我们，主动地获取过程会跑赢被动的灌输。我们发现了一批对信息技术感兴趣的学生，对他们进行了简单的PPT制作、WORD文字编辑的培训。他们与同学组成了团队，利用自己制作的PPT录制了属于他们的微课以及学习任务清单，这些完全是从他们自己的视角，依照自己的理解进行的创新型的学习，在这个过程中学习的积极性有了很大的提高，而队伍也逐渐庞大起来。

2. 整合学生资源，共享普及，码书开启新篇章

随着学生录制的微课、微视频的增多，资料的整合保存变成了一个亟待解决的问题，二维码的出现恰好解决了我们的难题。我们的实验组学生"一人一空间"可上传视频，再通过二维码制作软件，将视频转化成二维码，这样不仅便于保存，而且也利于共享普及。借助信息技术的扶持，课堂的张力在逐步扩大。

3.PBL项目式学习，促进信息技术应用能力的深入

PBL教学法是以问题为导向的教学方法，它以学生为中心，以问题为基础，通过让学生围绕问题独立收集资料、发现问题、解决问题，在学习的过程中培养学生的自主学习能力和创新能力。

我们将刚入学半年的一年级班级作为PBL项目式学习的实验班级，目的在于可以将项目式学习连贯性地进行下去，而且得到的实验数据也是连续的，从而让学生得到的是真正意义上的可持续发展。

实验班级的第一次项目式学习在2018年年初，恰逢我们的传统节日——春节，作为第一个尝试项目式学习的实验班级，孩子们虽然刚刚步入校园，但是在家长的悉心帮助下，从腊月二十三一直到正月十五，利用互联网及生活探究所得，对我们的"春节"进行了深入的研究学习，并把自己学习到的内容通过视频进行讲解，最后将视频制作成二维码，按时间轴排列后，最终成为项目式学习的成品——影像春节，并在全国范围内进行了分享。

（四）提升学生核心素养，做好信息技术环境下的课程及评价建设

丰富的信息资源让学生从烦琐的学习中解脱出来，形成合作交流、主动探索的学习氛围，提高课堂教学效率，促进素质教育实施，优化课堂教学，增强教学效果，从而有效地培养了学生各学科的核心素养。

1. 培养学生核心素养，建立多种课程体系

传统文化课程，培养学生人文素养。作为教师的我们需用心传承传统文化，用情传播书香文化，现在还要依靠现代信息技术来传递传统文化。教师、学生利用互联网学习中国传统文化知识，感受传统文化的魅力。我校的传统文化系列课程让学生学会关爱他人，懂得心中有爱才有情，有情才具德。传统节日系列课程让学生了解每一个传统节日的由来和传说、每个节日的习俗以及节日的内涵。如在中秋节我们一起赏月，共享人类探究月球的壮举，了解中国航天史。传统文化课程和传统节日课程，让学生树立了国家意识，增强民族自豪感，弘扬民族文化，传承民族精神，在提升校园文化的同时，也凸显了我校的传统文化的教育特色。

社会实践课程，培养学生"健康生活、实践创新"素养。学生的学习不仅限于校内，我们还要让学生走到校外，参与社会实践，发扬主人翁意识。聚焦热点问题，组织学生进行资料的查找和整合，依据实践课程任务单进行社会调查，在研究讨论后给出解决方案或想法，并将此过程运用微视频进行记录，以便进行更为广泛的交流。

在这个课程的学习过程中，学生树立了担当意识、生命意识，养成了良好的学习和生活习惯，奠定了乐学、好学、会学的基础，学生的团队精神、合作意识、创新精神也得到了提高。

2. 建立四元互动评价体系

创新为基础，特色为目标，开发建立"浙小学子足迹"网络互动平台，设计四元评价大数据汇总分类分析系统。

研究为基础，改变为目标。利用"学生网络成长记录空间"自述案例研究，改变评价时空；通过四元互动评价自主循环研究，改变评价主体；同时进行教师评价语言的研究，改变评价方式；评价数据的递进研究，改变评价结果运用；评价方法和效力的深研究，改变评价功能。

四、课题研究成果与成效

经过几年的探索研究，我校探索总结了信息技术环境下学校管理、学校文化、学校特色、教育教研、学生发展等相关方面得以提升的教育理论和实践指导经验。

（一）现代信息技术提高学校管理效率，促学校内涵发展

我校党务、安全、学籍、人事、后勤等工作全部进行一体管理，依托多个信息化平台，已经具有信息准确、大数据整理、汇报即时、资料完善等特点，体现信息技术应用优势，占领管理新阵地，提高评价新标准，拓展品质学校建设新途径，突破了管理的瓶颈，增强了学校常规管理工作的实效性和时代性。

（二）应用现代信息技术加速教师专业成长，创学校名师品牌

我校教师实现了利用中国教师网络研修平台进行教案书写、备课、课后反思，同学年

同学科教师每周按时进行网络平台的集体备课以及跨学年跨学科的小话题讨论，最大限度地打破了时间和空间的限制，让学习、交流变得更加有时效性和实效性。

教师以网络平台为依托进行自主研修。利用国家、省、市多级网络平台有效推进教师专业发展的进程。持续有效地利用浙小"智慧研究室""730时段"互动交流，自培自研提升全体教师素养。

多年来，在引用信息技术的探索实践中，在教师专业发展的路上，我校依据科研促教研的指导思想，从最初的研讨课、示范课到现在的"三维教研""星光秀场"，我们走出一批优秀的教师团队，在"一师一优课"的评比中，多名教师因信息技术手段运用恰当合理，分别获得国家、省、市的一、二等奖。

（三）现代信息技术支撑课堂实施策略的改变

技术是为教学服务的，成为常态才能物尽其用。我们从硬环境铺路、软环境提升两方面着手，教师重构教育秩序的能力有了很大的提高。我们利用录播教室，进行三维教研；利用研修平台，带动教师发展；利用网络沙龙，促进教师交流。教师"教"的方式悄悄地开始转变。

1. "翻转"新定位

翻转课堂的创始人艾伦萨姆说："最有效的学习方法，应该是学会寻找答案的资源，而不仅只是记忆和理解。"应该把更多的时间用于完成复杂的认知型任务，只有这样，深度学习才有可能发生。"翻转课堂"就是这样一种形式，它通过视频把内容的传授进行压缩，让学生在家里进行学习，然后把课堂的时间用来给学生做更多的讨论，解决更难的问题。课堂本就应该这个样子——学生产生问题，就去寻找答案，让学习变得更加自然。

2. "微"风进课堂

"微课"的推进，基于我们的"导学案"，我们进一步发展和修正任务单，梳理知识点，并利用寒暑假梳理和制作下一个学期的"微课"。

3. "线上"也风采

也就是在这样的课堂上，教师的角色在悄然地发生着转变，尤其在实验班级表现得更为突出。一对一的数字课堂，教师更关注的是孩子们的个体需求和知识的内化过程。教师的指导和引导给学生一个开放的空间，也更便于他们的思考和探究。教师是"导学"设计者，从微课到任务单，出发点都以学生为视角切入。教师的引导，使新的课堂架构出现了多元的出路。实践中我们感到：教师是孩子中间的导航员，这种伴随似乎更会得到他们的喜爱和认可。

（四）信息技术支撑学生"学"的方式和评价方式，发展学校学生特色

1. 学的改变

（1）"私人订制"的学习。就像医生一样，只有精准定位学生的问题，才能更快找到提升的关键点。了解学生的需求，在共性中发现个性的重要。私人订制就是对学生进行学情分析，然后制订个性化的教学计划。一对一个性化辅导也是一样的，教师中的一些骨干、学科带头人，有着丰富的教学经验，对知识点比较熟悉，对孩子知识的盲点比较了解，对孩子理解上存在的问题也较熟悉，这样才能更深刻对学生进行分析和制订教学计划。我

们利用现代技术手段记录学习过程，并尽可能进行一对一的对接，教师可有针对地制订学习规划。

（2）"码书"进课堂。"码书"有着"随时、随地、随意"的特点，无论是教师、家长、学生都会感受到教育资源无处不在，学习可以随时发生，其过程对时代发展、教育发展、创新发展有极高的敏锐度。

我们最初的码书从学生的数学错题本开始。中、高年级学生通过培训后，能熟练掌握二维码的制作过程。简单易行的方法将数学中的错题提炼出来，通过自己对错题反思整理，再次解答，让学生重新理清正确的解题思路，构建新的解题方法。解题全过程最后反应在一个二维码上，学生定期进行归类整理，最后形成自己的小码书。同时这些经过归类整理的二维码，也可以用作日后教师上课时可利用的教学资源，可谓一举多得。

经过一段时间的研究学习，二维码也开始走进我们的语文课堂。我们都知道学生的理解能力和接受能力是不相同的，语文教学中的识字教学老师们也有自己的苦恼，讲过很多遍的生字依然会有错误，所以我们让孩子依照自己对生字的认识，站在自己的角度上讲解生字，老师在重点的地方加以指导，录成视频，制作成二维码，这样就可以完整地保存下来，并且成为日后的教育资源。

（3）跟进PBL项目式学习。实验班级的第一次PBL项目式学习——影像春节，作为优秀成果参加了继教网的全国网络分享。自此，实验班级延续性地开展了PBL项目式学习。从"制作美食""我的家"到"足不出户逛中国""穿越历史"，再到"成语故事""红色故事"等，在这个过程中，孩子们的网络学习能力、信息处理能力、逻辑分析能力、语言表达能力、动手创新能力都有很大的提高。同时，学生课外学习内容的知识含量也随之增加，探究新知的欲望也逐渐强烈。项目式学习的优势尽显。

2. 信息技术整合德育教育，协同促评价方式的转变

（1）信息技术协同德育课程整合更具感染力

课程是学校教育的重要载体，我校运用信息技术完善德育课程建设，形成我校德育资源库，分别开设了传统文化课程、节日课程、社会实践课程、文明礼仪课程等。信息技术的运用，改变了传统的课程形式，引入信息技术条件下，生动丰富的图文资料、视频短片，展示丰富多彩的网络资源。

（2）利用网络平台开展四元互动综合性评价，促进评价联动自主

"四元互动发展综合性评价的探究与实践"属于现代教育科学研究的三大基本领域之一的"教育测量与评价科学研究"，也是我校"十三五"开局年，独立设计，由东师理想和知校平台技术支持立项的市级规划课题。

我们认为，利用四元互动的方式即学生案例自评、家长民主评价、同伴互动评价、教师全面评价等多位一体的评价方式，让评价更具民主性与真实性。

利用四元互动方式对学生的发展进行综合性评价的研究，通过不同主体利用网上空间和面对面谈话的方式，促进评价的自主联动发展，再通过网络平台的大数据统计功能汇集评价计算得出学生综合素质的树形图，以此让教师对学生的评价更加全面，促进学生的全面发展和可持续发展。

多年来，学校获得了多个奖项：全国教育科学教育规划课题全国重点实验基地；教育部中国教师发展基金会校本建设项目全国重点实验校；全国特色学校；全国 STEM 种子学校；全国校园文化系列活动优秀单位；吉林省中小学教师专业发展型学校示范校；吉林省语言文字规范化示范学校；长春市首批新优质学校；长春市"平安校园"示范校；被中国教育学会命名为"全国微课资源共建共享联盟单位"和长春市数字校园建设与应用示范校；长春市教育科研基地校；吉林省教育科研先进单位。

近几年学校共接待来自全国各地 28 个地区的领导和教师参观考察。

五、课题进一步研究与展望

2018 年 4 月，教育部在全国教育信息化工作会议上，发布了《教育信息化 2.0 行动计划》，明确提出了"三全两高一大"的重要目标任务，并将"推动智慧教育发展"作为重要战略方向。随着课题研究的深入，我们将持续探究信息技术环境下创新应用的多维性，落实智慧教学、智慧管理、智慧评价、智慧服务等方面，推动教育教学理念和模式的创新、教学方法和内容的改革，落实信息技术与学科教学的深度融合，形成符合学科特点的信息化教学模式，从而推进学生核心素养和各种能力的培养。

队伍建设篇

DUIWU JIANSHE

新时期普通高中青年教师培养策略研究

课题主持人：颜　圻　长春市第二中学校长
课题组成员：王晓威　长春市第二中学教科研主任
　　　　　　彭景茹　长春市第二中学副校长
　　　　　　王　波　长春市第二中学副校长
　　　　　　王红微　长春市第二中学校办主任
　　　　　　李　靖　长春市第二中学督导室主任
　　　　　　王　丹　长春市第二中学教务主任
　　　　　　姜　华　长春市第二中学教务主任
　　　　　　赵明原　长春市第二中学政教主任
　　　　　　张凤秋　长春市第二中学政教主任

一、课题提出

（一）课题研究的背景

教育的本质是育人，育人由育师而始。教师是立教之本、兴教之源。习近平总书记强调，教师是教育的第一资源，是发展教育事业的关键所在。针对教师的养成和师资队伍建设等问题，习近平总书记提出了"三个牢固树立""四个相统一""四个引路人""四有好老师"等指示要求。学校高度重视教师队伍建设，始终把教师的培养、打造高素质专业化教师队伍摆在教育工作的重要位置，将其作为落实国家立德树人根本任务的基础工程。作为学校质量提升和品牌建设的生命工程，用心、用情、用力抓实抓好青年教师的成长发展，努力建设政治素质过硬、业务能力精湛、育人水平高超的高素质专业化教师队伍。

我们处于新时代，国内国际形势复杂，为国家培养更多合格的社会主义建设者和接班人尤其重要，这在一定程度上决定了国家的强国目标、中华民族的伟大复兴能否完成，而实现这一切的前提要依赖未来的青年教师，所以研究新时期青年教师成长策略是极其重要的。

（二）课题研究的意义

从国内外目前对于教师培养的研究来看，尽管对"教师专业发展路径"的研究文献绝对数量不少，但关于普通高中青年教师成长路径研究并不多，所以该课题有较大的研究空间。

尤其当前，随着大数据、物联网、云计算、区块链、人工智能等新生事物的井喷式涌现，全球科技创新进入前所未有的密集活跃期，产业变革加速演进，业已将社会推向以智能化为特征的新科技革命时代。在此背景下，人类社会的育人目标在全球范围内悄无声息地实现着升级、转型与换代，课程设置、教学方式、学习方式等都在发生深刻变化。那么就要求教师要适应时代发展的要求,因而青年教师的成长路径对学校的发展来说就是至关重要的。

二、课题研究的设计

(一)研究对象

鉴于本项目的研究是新时期高中教师成长路径研究,所以将研究对象定为普通高中各学科教师,包括学校教师管理部门和教师培训部门以及教师本身。

(二)主要目标

以中国教育现代化2035为导向,以未来学校创新为核心,充分发挥教育科研的引领作用,提升学校在学习方式变革上的创新应用。研究教师的培养策略和路径,致力于打造一支政治素质过硬、思想作风端正、业务能力精湛、教育业绩突出的教师队伍,为学校高质量发展奠定坚实基础。所以本课题目的在于为学校提供新时期未来发展过程中教师的培养方式,以促进教师的发展和成长,转变传统的教学方式和学习方式,以适应时代的需求和学校的发展。具体目标如下:

1.从个性化角度出发,在尊重、肯定青年教师的前提下,让每一位青年教师能准确定位,引领青年教师达成不同阶段的成长目标("一二三五"教师专业化发展的目标:一年入门、二年合格、三年骨干、五年优秀),通过教师的发展推进学生和学校的高质量发展。

2.利用团队合力,发挥骨干教师引领示范作用,打造一支在课程教材改革实践过程中具有良好团队协作精神、扎实的专业素养、较强的教育科研能力、超强执行力的学习型、合作型、研究型、创新型的青年教师团队,实现青年教师和教研组整体发展。

3.通过研究与实践,进一步助推学校更新管理理念,提高管理、研究水平,使本校教师培养工作有较大的创新,取得较大的成效,促进学校向更高层次发展,增强学校的社会影响力。

(三)研究方法

1.文献法

"我之所以看得更远,那是因为我站在巨人的肩膀上。"通过大量阅读文献,旨在了解国内外专家学者在"教师群体""教师专业发展""教师专业成长路径"三个方面的研究现状,通过梳理可知,已有研究探寻其共同点及薄弱所在,为课题研究提供思路奠定基础。

2.问卷调查法

"没有调查就没有发言权。"教师的专业发展现状究竟如何,只有立足于实地调查才能够深刻感知,故运用"教师专业成长调查问卷"对部分教师展开调查,根据问卷分析教师专业成长的满意度高低、他们的真实需要如何及相关影响因素的构成情况。

3.课堂观察法

"纸上得来终觉浅,绝知此事要躬行。"教师在正式授课前都接受过系统的职前培训,其效果如何除了依托基本的问卷调查外,实地调研他们的课堂操作水平也显得不可或缺。制定"教师课堂观察量表",该量表能够从师生两个主体的多个方面评判教师的课堂实际情况。

4.访谈法

"知其然,知其所以然。"问卷调查能够较为迅速、廉价地收集到相当数量的书面信息，课堂观察能够较好地感知教师专业发展的现实状况，但二者的共同缺陷在于我们的研究对象——"教师"始终处于"无声状态"。要进一步挖掘深层次的原因及师生的真实想法，就十分有必要进行访谈。

（四）研究策略

本课题的研究采用学校行政推进、教师参与、教育教研理论与教育教学实践相结合的策略。

首先，学校成立课题小组，由校长担任组长，教科研为主导，其他部门协同参与。通过中国知网、学校图书馆等媒介梳理该领域的已有成果，了解该研究的前沿进展情况。在对已有资料进行研读的基础上分析研究的可行性，进而确定研究的理论基础和研究方法并初步确立研究框架。

其次，选取部分教师，调查其专业成长的现状、自我需求和影响因素。

再次，为切实了解教师尤其是青年的职前培训效果以弥补问卷调查存在的不足，继而实地听取部分青年教师课程，并适时开展访谈以感知青年教师的真实想法。

三、课题研究过程

（一）第一阶段：准备阶段

1. 对青年教师进行关于专业成长方面的问卷调查

问卷调查包括"基本信息调查""个人成长困惑调查""教研组教研环境创设调查"三大部分，了解青年教师成长中存在的问题、困惑和诉求。

2. 邀请专家作开题报告，由主持人阐述课题研究基本思路，指导课题组会议，选定培养对象，明确目标任务，进行具体分工。

3. 推荐与此课题相关的书目，组织理论学习，让课题组成员充分认识到青年教师专业成长对未来教育发展的重要意义，激发自我发展的愿望。

4. 根据我校人才要求和青年教师实际确定"一二三五"培养目标，并指导青年教师做好成长发展规划。

5. 建立"青蓝工程手册"和"教师个人成长档案袋"。

（二）第二阶段：全面实施研究方案阶段

重点针对青年教师成长中存在的问题、困惑和诉求，全面开展培养青年教师的策略研究，以实现"一二三五"发展目标，主要从以下几方面展开。

1. 通过建立方便青年教师畅诉心声的信息交流平台，邀请校内专家开展关于"青年教师如何实现专业成长"专题讲座，改善教研组办公环境、文化氛围，创设一个包容开放、积极进取、和谐温馨的教研环境，增强青年教师的归属感和职业幸福感，激发青年教师追求进取的精神。

2. 加强教研组集体备课，探索各种形式的合作教研活动，充分凸显群体意识，展现整体优势，培养青年教师的团队合作意识，形成共荣辱、同进退的共识，促进教师个性化发展与团队协调发展。

3. 通过落实"青蓝工程"，开展师徒结队活动，由青年教师根据自身情况自主选择组内骨干教师作为自己的指导教师，每周固定节数互相听课，师徒互相交流和研讨，不断反复、螺旋提升。

4. 定期开展"精致杯"校内教师导航示范课，让青年教师参加听课、评课活动，积极创造条件让青年教师外出或在网上通过聆听校外名师讲座或示范课，发挥名师和资深教师的传、帮、带作用，鼓励青年教师向名师看齐，树立成为名师的信心和勇气。

5. 以科研为抓手，通过开展问题研究、专题研究、课题研究等途径推动青年教师在日常教学中多发现问题、提出问题、解决问题，让青年教师成为思想者、研究者和行动者。

6. 通过开展集"阅读、思考、交流"为一体的读书学习活动，鼓励青年教师"与书为伴""以书会友"，树立起"终身学习"的理念，让阅读成为一种习惯，提升青年教师的学科素养和人文素养。

7. 在日常教育教学中要求做到"教学设计——教学实践——教学反思"、"听课——记录—个人自评——集体反思"、"学习培训——撰写反思汇报"、定期填写"青蓝工程记录档案"和"青年教师个人成长记录档案"、案例分析、撰写"青年教师成长心得"等途径，推进教师自觉将日常教学与反思融为一体，引导青年教师树立"让反思成为习惯，让习惯符合规范，让规范成为习惯"的意识，提升青年教师反思基础上的行为修正能力。

8. 学校定期组织"青年教师教学论坛"。鼓励青年教师积极思考教育教学中遇到的问题，为他们提供一个随时随地可以进行交流、思想碰撞、分享彼此经验和交流彼此困惑的平台，学校根据汇总的信息由学校学术委员会的专家进行引导，帮助他们解决问题。

9. 学校要求青年教师每学期至少撰写一篇论文，定期开展教育教学论文评比活动，评出一二三等奖，获得一等奖、二等奖的论文，会收录到学校论文集中，并且进一步筛选出精品向上一级出版社推荐发表。

10. 学校更新现代化教学设备，对青年教师开展多媒体技术培训，提升数字化学习与创新能力。购买学科网等教学资源，为教师应用数字化资源与工具进行备课、上课、出题、批卷等教育教学活动提供方便条件，线下线上教学切换自然熟练，带动学校教育教学的信息化水平的整体提升。

11. 鼓励青年教师担任班主任工作或者作为任课教师承担部分班级管理工作，积累班级管理经验，深入了解学生。学校每学期会召开班主任论坛，请经验丰富的班主任交流班主任工作经验，请青年教师一起交流自己在班级管理和班主任工作中的心得，取长补短，互相促进，共同提高。

（三）第三阶段：中期评估总结和深入研究阶段

课题组开一次中期反思总结会议，对前两个阶段研究工作开展情况进行认真的反思总结，发现问题后进行整改，并深入研究。例如：存在部分教师"高原期"职业倦怠现象严重，对研究工作显得有点被动，青年教师在合作教研活动中研究主动性不够给力；未及时反思总结相关问题，研究论文撰写太少，公开发表的论文更少；青年教师的公开课教学质量仍有待进一步提高等问题，针对以上问题进一步深入研究，探讨解决的策略和办法。

（四）第四阶段：总结阶段

按目标达成质量考核青年教师成长情况，汇集课题组相关资料，进行分析总结，形成研究报告；修订论文集、经验交流和教学反思集；收集、刻录课堂实例等，最后统一汇总，进行结题评审。

四、课题研究成果与成效

（一）挖掘青年教师成长困惑，拟定青年教师培养策略

通过"基本信息调查""个人成长困惑调查""教研组教研环境创设调查"三大部分的书面问卷调查，汇总分析后得到了分析结果如下。

总的来说，青年教师认为教研组环境创设对青年教师的成长有很大帮助；对定期举行的教研活动满意度较高，青年教师对教师职业极具认同感，敢于追梦，渴望成为名师，希望得到教研组更多的帮助。但分析也显示，因受客观环境和主观因素的限制和影响，青年教师在成长过程中也存在诸多困惑或诉求，普遍感到教师职业的工作心理压力大，缺乏明确的成长目标，迷茫、彷徨；缺乏长远发展意识和成长内驱力；缺乏团队合作意识，缺乏教育教学经验和研究意识，容易重教轻研；缺乏持久的工作热情，容易产生职业倦怠；等等，这些都制约着青年教师的专业成长，也不能满足新课程改革对教师素质的要求。因此，探索一条更有效地促进青年教师个性化、专业化成长的途径，帮助青年教师解决成长中的困惑，使青年教师的成长与现代教育需求相适应是我们迫切需要解决的问题。

基于上述调查分析，拟定并实施了以下培养策略。

（二）实践青年教师的培养策略

1. 自主学习——促进专业发展

为了不断提高教师理论素养，要求每位教师每学期有不少于一万字的理论学习笔记（包括摘抄及读书心得）。内容主要涉及师德建设、教学理论、专业知识等，同时也鼓励教师借助自主订阅教学相关资料，开放学校阅览室和图书室，给教师充分自主学习的时间和空间，并通过定期举办"读书感悟经验交流会"，把持续性的学习和实实在在的教育实际相结合，为教师搭建起了快速成长的平台。

2. 专业引领——带动青年教师快速成长

"走出去，请进来"双管齐下，专家引领已成为教师专业成长的重要方式。专家讲座可以在较短时间内把专业的教育理念、教育思想和对教育问题的理解渗透传递给教师，帮助教师拓宽教育视野，启迪教师在某些领域的深入思考，激发教师对教育工作的热情。学校要舍得在教师培训上投入，但在选择上要把好关，不能盲目，要了解不同教师的不同需要，有的放矢地派教师外出培训、参观学习，邀请专家来校指导，不断提高教师的教育教学实践水平和教研能力。同时还可以观看著名教育家和专家的报告录像，帮助教师开阔眼界，提升理论水平和实践能力，使教师快速成长。

鼓励教师积极参与省市乃至全国的各项教学研讨和教学竞赛活动，从活动中获得专业的成长，这是专业引领的一种方法。让特级教师、学科带头人、名师等做"导航示范课"教学，让青年教师同台"同课异构"开展"同研课、共备课"活动，让名优教师和骨干力量成为青年教师的专业引路人，让他们从案例中剖析教学的成功经验，寻找生长点。

3. 自我反思——提升青年教师自主发展的内驱力

美国心理学家波斯纳曾经提出一个公式：教师的成长＝经验＋反思。在新课程实施中，教学理念、教学内容、教学模式等都需要相应的变革，变革的成功与否很大程度上取决于教师对其实践活动的反思质量。教师在教学过程中不断进行反思，不仅是重构教学实践，提高教育教学质量的需要，也是专业成长的需要。

每次校内、校外和网上示范、公开课，以及每学期期中期末要求全校青年教师撰写教学反思并进行评比，从最初的情况来看，存在着不少问题。例如，教师对教学反思的认识不足，把教学反思写成总结，流于形式、格调单一，反思的内容不深刻、不系统，少分析，反思的方法单一、封闭等。针对这些现象，开设了"教师如何做教学反思"的专题活动，组织青年教师参与讨论，并请学校学术委员会的专家教师进行现场讲座，给教师提供理念支撑，并要求教师对教学的反思规律化、生活化。

4. 分层研究——提升青年教师的教研能力

根据不同层次的教师，确定三个研究层次：问题研究、专题研究、课题研究。

（1）问题研究。从现实问题出发，以解决教师教育行为中的困惑为目标的研究。通过调查发现，青年教师中有很多现实的困惑需要得到解释。所以，让教师进行问题研究，重视教师的现实经历和情感体验，在问题的解决中获得概念、理解概念，并把这些概念转化为教师的内隐语言，提高自身教育教学的智慧技能。实践证明，这种方式教师最容易接受，青年教师的收益也比较大。

（2）专题研究。在问题研究的基础上，为了使研究的目标更明确、思路进一步清晰、方法更加系统，把问题研究上升为专题研究。许多教研组都确定了自己的研究专题，专门针对本学科内的教育教学主题开展研究，由组内优秀教师进行专题指导，定期在教研组内分享、交流。专题研究本着"一学习、二研究、三实践、四总结"的步骤进行，做到突破一点，提高一步。"一学习"就是研究一个专题先学习有关理论，明确其理论依据；"二研究"指的是在学习基础上进行研究讨论，确定方法和步骤；"三实践"是在教学中依据理论、方法、步骤进行试验，做到专题研究系统化，步步深入；"四总结"则是根据研究的效果与体会进行总结，不断升华认识，取得专题研究的实效。

（3）课题研究。课题研究工作是青年教师培养的重要形式，有利于促进青年教师专业化发展，可以促进教师由"教书匠"转变为"研究者"。教师通过结合自己的教学中存在的问题开展课题研究，课题可以是小课题研究，还可以是校本课题研究，也可以是省市科研课题研究。学校通过方法上的引领，促使教师能够自觉地更新观念，寻求教师专业成长的突破口，实现用目标引领个人专业发展的目的，在研究过程中学校定期开展课题研讨会，青年教师不断总结经验，探讨在研究过程中遇到的困惑，做好进一步研究工作的部署，规范地进行深入课题研究，既为教师储备了丰厚的理论知识，也为指导教学提供了可行的实践经验，实现了吸收与输出的良性循环，促进了教师专业化发展。以课题带动科研，以课题促进课堂变化。

5. 教学技能比赛——驱动青年教师不断学习提升

学校以教研组为单位，定期开展集体备课、计算机操作能力、说课、上公开课、会课、听课等教研互动活动，创造教师相互交流、相互切磋的机会，更快更好地提高自身的业务能力。活动的开展，促进教学研究，给青年教师创造一个锻炼学习、展示才能的机会，以促进教研、提高教学水平，提升专业技能和综合素养，获得专业成功，享受职业幸福，真正提高教学能力。

6. 信息技术学习——提高青年教师运用教育技术的能力

信息技术在教学中已显示出了极大的优越性，在实际应用中产生的教学效果是传统教学手段所不能比的。在教学中只要我们合理地选择好多媒体教学内容和时机，充分利用好信息技术辅助教学的优势，将多媒体教学与传统教学手段有机地结合，优化教学，力求最大限度地提高效率，就能达到提高教学质量的目的，并能熟练掌握线上教学技术。实现这一目的就要培养青年教师运用现代教育技术的能力，实现教师自己能整合各种教育资源制作课件并熟练运用，从而实现计算机优化教学。学校把教师利用多媒体辅助教学能力的培训和提高作为提高教师专业素养工作的重心之一，通过培训和比赛结合的模式提高学校教师现代教育技术的能力，促进信息技术与学科教学的有机整合，让优质教育资源在课堂上得到有效应用，更好地提高了课堂效率。

（三）达成目标成果

1. 实效性成果

（1）形成了开放包容、和谐温馨、互相尊重的教研组文化，促成了教师的主动发展和自觉成长意识，提高了教师的职业幸福感。

（2）让教师认识到了合作双赢的重要性，促成教师个性化与教研组团队共同发展。

（3）很大程度上改变了教师重教轻研的现象，提升教师整体的研究水平，教研互促。

（4）形成了较为系统的反思性文化，提高了教师反思基础上的行为跟进意识和修正能力，提高了教学教研水平。

（5）增强了教师读书促进成长的意识，提高了教师的人文素养和学科素养。

（6）提高了教师的教学技能和撰写能力，产生了一批高质量高水平的研究论文。

（7）促进了青年教师不断走向成熟、优秀，培养了一批省市教学新秀和教学精英、名师和学科骨干。

2. 经验性成果

（1）进一步认识到教研组是教师成长的最基础阵地，积累了创建优秀教研组的经验。

（2）充分认识到教师合作教研的过程就是教师专业发展的过程，积累了丰富教研内容、创设合作教研氛围的经验。

（3）充分认识到反思的实质就是唤醒教师的专业成长自觉性和创造性，让教师乐教、会教、善教，积累了一些在反思基础上纠正行为的经验。

（4）让教师积累了捕捉课题和研究课题的经验和撰写论文的经验。

五、课题进一步研究与展望

青年教师承上启下，能否培养和建设好这支队伍，决定着教育改革和发展能否顺利进行。抓好青年教师的培养，就是抓住了教育的未来。青年教师专业成长是一个系统工程，以科学的发展观为指导，着眼于长远的发展，不能急功近利，注意"蝴蝶效应"，反对形式主义，要遵循成长规律，以人为本，借用"罗森塔尔效应"，增强内驱力。马斯洛理论把需求分成生理需求、安全需求、社会需求、尊重需求和自我实现需求五类，自我实现需求是人类最高层次需要，指满足个体把各种潜能都发挥出来的一种需要。当青年教师把专业成长作为教师职业重要利器谋求自我实现需要的时候，就能发挥个人最大潜能，就能不断挑战自我，沉下心来，不断攻坚，不断弥补自我之不足，不断提升自我。

现有的教师专业成长活动往往是从管理层面出发，在此过程中不可避免地会忽视教师的真实需求。教师的个体特征和现实需要千差万别，与现有"大锅饭"式的培训模式相比，学校相关部门应该尽可能地就青年教师的"个性"开展卓有成效的培训。与以往相比，本课题最大的创新点在于从培养者——教师的视角看待现有政策和措施，为学校制定政策措施提供了新的视角，进而实施更有效的教师成长培养策略。

新课改背景下的高中教师队伍建设实践研究

课题主持人：李　辉　　长春市第十七中学校长
课题组成员：孙　莹　　长春市第十七中学主任
　　　　　　张立祥　　长春市第十七中学副校长
　　　　　　王　哲　　长春市第十七中学副校长
　　　　　　闫永群　　长春市第十七中学副校长
　　　　　　张红亮　　长春市第十七中学主任
　　　　　　张永亮　　长春市第十七中学主任
　　　　　　冯魏强　　长春市第十七中学主任

一、课题的提出

（一）课题研究的背景

民族的希望在于教育，教育的希望在于教师。教育是国之大计，教师是教育事业发展的基础，是提高教学质量、办人民满意教育的关键。随着近年来经济全球化的深入发展、信息网络技术的突飞猛进，新的时代特点使得教育与社会的互动关系悄然发生变化，学校教育正在经历一场前所未有的变革，新课改也在全国逐步推广。所谓新课改就是"新一轮基础教育课程改革"，目的就是"深化教育改革，全面推进素质教育"，构建符合素质教育要求的基础教育课程体系。新课程改革在育人观念与方式、课程结构与管理等诸多方面都进行了思想上的转变与实践上的探索，准确把握改革脉搏，深入理解改革实质，将为学校发展带来机遇，同时也为学生素质教育提供了新的突破口。

教育改革的核心在于课程改革，课程改革的核心在于教师专业发展。教师作为新课程改革的探索者、实践者，其素质关乎课程改革的成败、教育理念的转变、教育技术的更新、课程设计的创新。只有教师观念转变、素质提高，学校才能以教师育人方式变革为切口落实新课程改革。可以说，教师是新课程改革的关键力量，教师队伍的建设关乎当代教育变革的深度与成效。

（二）课题研究的意义

1. 理论意义

新课程改革的推进对学校教师队伍的建设提出了更高的要求与挑战，为了使新的教学改革能够落地生根，学校建设一支高素质、专业化、创新型的教师队伍迫在眉睫。因此，新课改背景下，如何打造精英教师队伍，提高教师素质，是顺利实施新课改、提高办学水平、保障学校可持续发展的关键。

2. 实践意义

一直以来，我校高度重视教师队伍建设，先后出台一系列教师管理与发展的制度、政策,着力培养一支高质量的高中教师队伍。通过专家引领、同行互助和自我研修,我校涌现出一批批乐于奉献、勇于拼搏、敢于创新、团结合作、业务精良的优秀教师。在新的教育改革背景下,学校秉持着重视教师培养的优良传统,积极应对挑战,把握机遇,不断提升育人水平。

二、课题研究的设计

（一）研究目标

本课题研究旨在结合新课程改革,不断完善高中教师队伍的建设与管理,打造一支学习能力强、业务水平高、合作意识强、心理素质高的教师队伍。在我校"以人为本,成长教育"办学理念的引领下,以本课题研究为依托,走出一条科研引领、笃行实践、特色鲜明、协同创新的科研兴校之路。

（二）研究内容

1. 提高教师的合作能力

团队协作是教师能力发展提升的重要途径。学校师资队伍的特点是青年教师多,中年教师短缺,教师结构不均衡。面对新课改的全面实施与日益激烈的教育竞争,立足于我校师资队伍的具体情况,学校优化整合师资力量,以优秀教师带动青年教师,以骨干教师促进学科发展,发挥师资最大优势,变单打独斗为集团作战,在合作中增强凝聚力,提出"和谐·家"文化,为教师提供合作交流、思想碰撞的环境。

2. 提高教师的心理素质

在当今教育改革的新形势下,我校根据一些教师因生活压力、工作压力、角色压力、社会期望压力等出现焦虑情绪情况,通过疏通教师在工作与生活中的不愉悦感的方法,通过构建教师成长课程体系,提高教师的心理素质、职业幸福感与责任心,做好教师的心理健康工作。

3. 提高教师的学习能力

教师的本职工作是教学,即教学生学习,教师自身更应具备较强的学习能力。教师不仅要有会"教"的能力,更要有会"学"的能力,教师更要扮演好学生的"学伴"角色。本研究在提高教师自身知识水平的基础上,扩充专业知识、人文视野和学识经历,提高教师指导学生知识整合的能力,达到新课改要求的教学能力,促使教师形成坚持终身学习的理念,在知识的更新中提升素养,实现自我成长与发展。

（三）课题研究方法及策略

1. 研究方法

调查法：以书面提出问题的方式搜集资料,调查者把调查项目编制成表格,分发或邮寄给有关人员,然后回收整理、统计和研究。

本课题通过大量调查问卷与采访调研,搜集整理我校教师的教学观念、教学行为、新课程改革背景下在教学中遇到的难点与问题。

观察法：研究者根据一定的研究目的、研究提纲或观察表,用自己的感官和辅助工具去直接观察被研究对象,从而获得资料。科学地观察具有目的性和计划性、系统性和可重复性。

本课题主要采用参与观察法，研究者参与到教学情境中，通过对教学实践过程的观察，反馈问题，整理一手资料。

文献研究法：根据一定的研究目的或课题，通过调查文献来获得资料，从而全面、正确地了解掌握所要研究的问题。

2. 研究策略

本课题的研究者通过阅读大量相关文献，整理学者观点为理论依据。采用专家和学科教师合作研究的方式展开，以课堂实践为阵地，对学科教师在新课改理念下、"三新"背景下的"基于学生深度学习的思维发展型课堂"探索过程中的专业发展水平与程度进行研究，形成一套聚焦理念、基于实践、具有较强操作性的教师培养路径，推动整个课题研究工作不断深入并取得研究成果。

三、课题研究的过程

本课题研究周期为两年，分三个阶段：

（一）第一阶段：准备阶段（2019年9月—2020年1月）深入调查研究，查阅资料，准备课题申报书

1. 深入调查研究

学校成立了课题研究小组，在主持人的引领下展开研究工作，以课题研究为切入点建设高素质教师队伍。课题组成员设计了"教师专业发展情况"调查问卷，全面了解我校教师在新课改下专业发展情况和面临的困境。问卷调查显示：我校教龄10年以上的成熟型老师在过去的专业发展中最有效的渠道是课堂实践，而目前教师们在专业成长上缺乏的是前沿理论与实践相结合的指导，我校教师迫切希望通过课题研究、团体发展、专家指导、课堂探索等途径来突破目前专业发展中面临的瓶颈。"教师发展需求"调查问卷也显示我校教师在丰富理论功底、提升教科研能力、专家指导和点拨、追求个性发展等方面的需求较为强烈。

2. 全面查阅资料

本课题在准备阶段查阅了有关新课程改革以及教师队伍建设的相关文献，重点研读了《中共中央 国务院关于全面深化教师队伍建设改革的意见》。同时查阅了大量新课程改革下的教师队伍建设相关资料，先后从"中国知网"等平台下载学习了关于"教师专业发展""新课程改革""学校管理与教师队伍建设"等专题的一百余篇论文，在对文献材料的学习过程中梳理归纳出一些有借鉴意义的思路与做法，开阔了研究视野，多角度丰富本课题研究的内涵。学校还总结了在课堂改革与课程改革中出现的问题，聚焦教师专业发展面临的挑战与困难，并借鉴国内高中的先进做法，有针对性、有选择性地进行研究与探索。

（二）第二阶段：实施阶段（2020年1月—2021年4月）推动教师成长课程，包括教研课程和课题研究课程

在本课题的实施阶段，学校重点关注教师身心健康，打造学校"和谐·家"文化，不断开展教师沙龙与节日活动，努力提升教师职业幸福感。同时，学校立足"成长教育"理念，不断完善教师培养体系，以本课题为引擎，形成了有效促进教师专业发展的系列课程——教师成长课程体系，学校在成长课程体系的建构中不断探索，践行着教学实践—教学研究—

教学探索—教学反思的教师专业成长路径。在历时一年多的实施阶段，课题组做了以下工作。

1. 专家引领式研修，找准理念提升的关键点

专家的高站位引领是学校发展的动力与方向，是教师素质提高的重要手段。专家们的长期研究、理论讲解、经验介绍是我校教师大开眼界的重要途径。学校定期邀请专家团队指导教学工作，从理论到实践、从宏观到微观为教师们解读新课改与新考改，讲解学科多元教学模式，剖析核心素养下的新高考与长春教学策略，借助教育督导专业精准的指导，转变思想，加大作为。

2. 团队协作式研修，整合集体智慧的增长点

团队合作是在信息化、大数据、新课程改革下的高效率、优质量的重要提升方式，也是教师在面对新挑战、新难题时的抱团应对策略。学校形成了以教研组长—备课组长—学科教师为主要成员的学科备课小组，通过主题教研活动（每学期两次）、集体备课（每周一次）、备讲评研讨课汇聚组内成员教学智慧，深入研究教材，精心打磨教法，从备、上、批、复、考、评角度层层研究；形成了以年级主任—班主任—任课教师为主要成员的科任联合小组，通过定期开展班主任沙龙、班主任读书分享与经验分享、科任教师座谈会等活动凝聚年级、班级工作合力。学校大力促进教师教学、德育双手抓的团队协作模式，致力于推进教师成长与学校发展。

3. 课堂实践式研修，找到专业成长的拔节点

课堂实践是教师专业发展的沃土，是教育改革的主阵地，是学校优质发展的重中之重。我校以持之以恒的态度推进课堂教学模式的研究与探索，尝试"备讲评一体"的常规听评课制度，每日一节，同学科教师、教学管理者参与其中。教师在课堂实践中不断提升教材解读能力、教学设计能力、课堂组织能力，切实提高了执教能力。课题组以大量且丰富的课堂实践作为研究内容，通过观察教师教学实际，并不断总结改进，结合学校情况与学生程度，推动新课改下的"基于学生深度学习的思维发展型课堂"的转型，在课堂实践中促进教师的专业化发展。

4. 研训一体式研修，聚焦教学探索的发展点

研训一体是以科学发展观为指导，以新课程改革为契机，研中有训，训中有研的教师教育新模式。"研"，是在名师带领下，集中力量针对课堂教学优化改进，围绕不同内容、不同课型开展专题研讨；"训"，是邀请专家和一线教学名师，围绕课堂教学优化对教师进行培训。我校采用研训一体式教师研修模式，以学科名师、学科骨干教师带动学科研究，以骨干教师示范课推广优秀教学经验、教学方法，在研、训的有机互动中，将理论与实践融合为一体，在教学探索中实现教师素养的飞跃提升。

5. 自我提升式研修，形成教学风格的创新点

自我提升是教师素质提升的根本动力和内在保证。我校创设条件为教师学习、教师发展提供平台，以互联网+教师共同研修的方式加强教师理论学习，提供研修宝、继续教育网站、学习通等多样途径与课程资源，并通过学科网、智学网多种平台共享教学资源，使教师研修打破时空的束缚。学校还在每个假期为全校教师定制学习书籍，包括《自己培养

自己》《中国高考评价体系》《课程标准》等，还开设了教师阅览室，引进大量纸质与网络书籍资源，学校鼓励教师通过阅读—反思—写作的方式自我提升。同时，我校还鼓励教师通过发表论文、研究课题等途径实现专业成长。

（三）第三阶段：总结阶段（2021年4月—2021年6月）总结研究工作，完成结题报告

本阶段课题组对课题实施情况进行总结，将教师成长课程体系化，使之成为能够促进我校教师专业发展、加强教师队伍建设的有效途径，并围绕在实施阶段发现的问题与不足展开讨论与思考，进一步完善优化教师成长课程体系，最后总结整理成文字，完成结题报告。

四、课题研究成果与成效

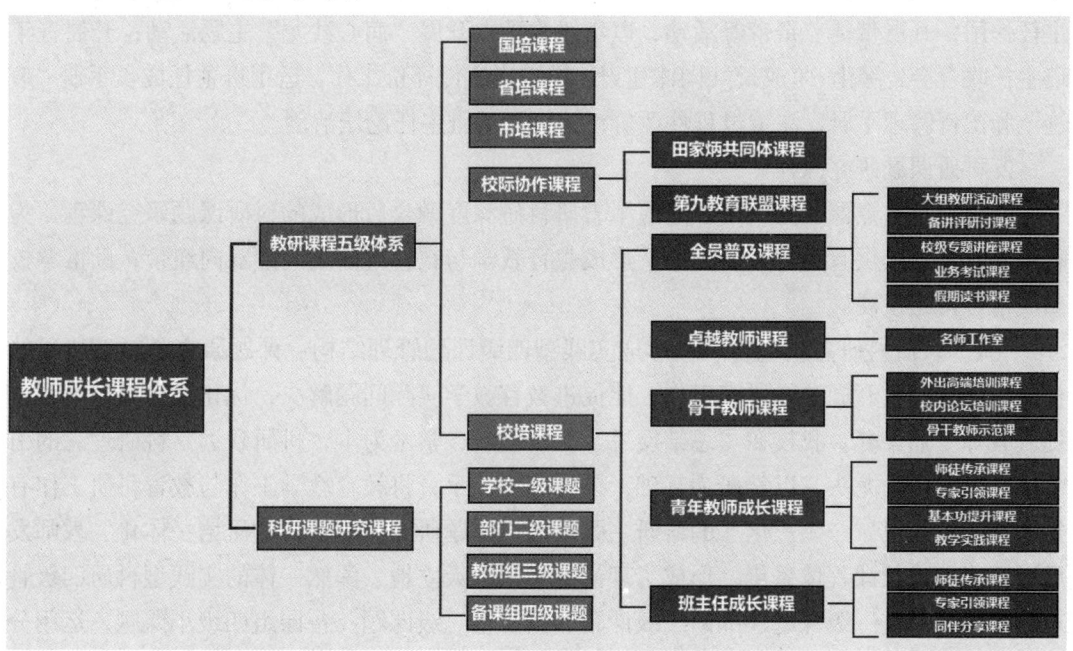

（一）形成教师成长课程体系，有效促进教师队伍建设

我校以本重点课题为引擎，形成了有效促进教师专业发展的系列课程——教师成长课程体系。教研科研深度融合后形成的梯度课程，让不同发展阶段的教师都有了提升的平台和路径，有效促进了我校教师队伍建设与管理创新。

1.教研课程五级体系

（1）国培、省培、市培课程。我校特别重视国家级、省级、市级教师培训，在各个方面给予教师大力支持。

（2）校际协作课程。校际协作课程是依托田家炳教育联盟和长春市第十一高中，形成的田家炳共同体课程和第九联盟课程。

（3）校本培训课程。①全员普及类课程：包括大组教研活动课程、备讲评研讨课课程、专题讲座课程、业务考试课程、假期读书课程。

②卓越教师课程：学校现有两个省名师工作室（语文和生物学科），两个市名师工作室（语文和体育学科），李丽萍老师工作室是全市唯一的体育学科名师工作室。通过名师工作室开放活动、名师论坛、示范课、同课异构等活动，促进卓越教师再提升。

③骨干教师课程：骨干教师课程有三门：一是走出去，选派教师参加国家级、省市级培训，几年以来，我校共选派50余名骨干教师赴长沙、昆明、杭州等地参加培训；二是每学期一次的校内骨干教师论坛；三是每学期一次骨干教师示范课程。

④青年教师成长课程：青年教师成长课程共有四门：师徒传承课程、专家引领课程、基本功提升课程、教学实践课程，最终形成包含职业生涯规划书、教学反思、读书心得等内容的个人专属成长档案袋，真实记录青年教师的成长印迹。我校把青年教师培养作为促进教师专业发展的突破口，青年教师成长课程是我校教师成长课程的重中之重，是提高青年教学水平的重要手段，更是促进青年教师提升专业核心素养的有效途径。

⑤班主任成长课程：班主任成长课程包括：进一步深化星级班主任评定，发挥星级班主任作用，开展带徒、帮带等活动，以年级为重点开展"润心沙龙"主题活动；开展青年班主任联合会，深化CT成长共同体建设；推进班主任评价工作，运用班主任成长手册"痕迹"和德育管理手册，注重过程性评价；持续开展班主任论坛活动。

2. 科研课题研究课程

我校以本重点课题为引擎，形成了教研科研深度融合后形成的科研课题研究课程，为教师专业发展提供有力的专业支撑，形成教育教学与教育科研之间的双向纽带，助推学校高质量可持续发展。

（1）教研科研有机融合——形成实践型四级课题管理结构。课题研究是教育科研的核心载体，扎实开展课题研究工作，能促进教育教学实际问题解决，优化教育教学实践，提升教师专业素养。我校在"总结反思，钻研创新，学术为本，科研致远"科研理念的引领下，以科研为龙头，以教研为基础，以课题为抓手，将教育教学工作与教育科研工作有机融合，形成了"一领三化"的科研主张，即以课题研究为引领，教研培一体化、教师发展课程化、成长课程体系化。形成了理论与实践顶天立地、浑然一体的实践型科研四级管理结构，即学校一级课题、部门二级课题、教研组三级课题、备课组四级小课题，运用分层责任制的管理办法，从目标、过程、评价等多角度实施全方位管理。

（2）以课题研究为抓手——引领全校教师做真科研。学校以课题研究为抓手，引领全校教师做真科研，研究真问题，解决真问题，不断完善学校"成长教育"的观念体系、课程体系、操作体系、保障体系，有效促进不同专业发展阶段教师梯队建设，全面推进学校德育、教学、课程、后勤等领域的全方位发展和学生的多样化发展。学校现有5个学校一级课题、10个部门二级课题、11个教研组三级课题、36个备课组四级小课题，涵盖所有部门和学科，形成了"人人有课题""人人真研究"的良好科研氛围。学校一百余名教师在课题研究实践中，转变教育理念，改进教学行为，提升教学品质，切实提高教学效益。教育科研为教师赋能，为学校提质，让学校走上一条健康向上的持恒发展之路。

（二）浸润学校新时期文化，加强教师队伍建设

我校一直在努力践行学校文化，使之根植于师生内心，不断丰富、完善和落实。完善制度文化——学校章程、教学制度、德育制度、管理制度、内控制度等；丰富物态文化——廊道文化、教室文化、办公室文化、校园文化等；浸润精神文化：校训——现在不作为，将来无作为；校风——砺实奋进；教风——仁爱为源，因材施教；学风——乐学多思，持

恒发展；办学策略——扬长挖潜，个性成长。

我校在践行学校原有文化的同时，创建学校新时期独特的文化——"和谐·家"文化。"和谐·家"文化的内涵是每个人之间接受彼此的不同，尊重相互的差异。也就是以人为本，彼此包容协作，和而不同，和谐发展。学校发展要倾听来自各方声音：教师、家长、学生关于教育教学、学生成长的声音，教师关于学校管理的声音，社区关于学校发展的声音，未来关于人才需求的声音，等等，最终目的是实现现代学校治理体系和治理能力现代化。让人人成为大家庭一员，成为学校的主人，让学校成为每一个十七中人的精神家园。人人为学校和谐发展助力，为学校高质量发展献策，这是学校"和谐·家"文化的最终价值追求。

（三）培育特色课程文化，引领教师精神成长

课程是教师队伍建设的渠道和路径，学校之中无处不教育，无事不课程。"十三五"期间，学校致力于加强课程建设，培育课程文化。通过本课题研究，形成了"精教致学，当堂内化"的实施路径，形成了"学案导学，自主探究"的课堂教学模式和课堂教学原则。在成长教育理念指引下，已经建设为以主体课程为核心，以规划课程为引领，以内动性课程为动力，以发展性课程为支持的丰富多彩、自主选择性强的"3545成长教育课程体系"，即主题性课程分三类，内动性课程分五类，规划类性课程分四类，发展性分五类，编制了《学案集》《课题成果集》。

学校课程建设以人为本，以成长为脉，统筹融合已有的四个维度的课程资源，与时俱进，理清思路，顺学生发展之势，开发好新的课程，不断丰富和发展成长教育课程体系，为学生的多样化发展设置好课程、配置好资源。编制了《心灵密码》《生涯规划》《痕迹》《班团队管理手册》等校本课程。开发了特色线上课程：其中《阅读者》104期，《指尖上的家长学校》94期，《相约星期二》42期，特色线上课程共240余期，点击率超过10万次，被评为"吉林省终身学习品牌项目""长春市终身学习活动品牌"。

（四）以课题研究推动全校教师专业成长和学校发展

学术为本，科研致远。通过本课题的研究，课题组成员在专业成长之路上向前迈进一步，推动全校教师专业成长和学校发展。本课题立项以来，我校教师获得各级各类荣誉奖励共200余种300余个，在各级各类刊物发表文章100余篇。省市级骨干教师逐年增加，骨干教师充分发挥引领辐射作用，青年教师快速成长，建设了一支高级教师占比40%，科研骨干名师占比超过15%的专业化教师团队。科研骨干、名师承担国家级、省市级培训讲座80余场，将成果辐射到长春市、吉林省乃至全国。学校心理生涯中心承办了国家级心理健康教育"青少年健康周末营"活动。学校被评为全国青少年校园篮球特色学校、国家级国防教育特色学校、吉林省文明单位、吉林省教育系统先进单位、吉林省文明校园、吉林省体育传统项目学校、吉林省"巾帼建功"先进集体、长春市基础教育提升工程先进单位、全市教育系统关心下一代工作先进集体、长春市未成年人思想道德建设工作先进单位、长春市书香校园、长春市教育科研核心示范基地校、长春市中小学心理健康教育特色学校、长春市因材施教个性化教育试点校、长春市经典诵读大赛优秀组织单位等。

（五）形成物化研究成果

成果集一：研培训资料；成果集二：包括骨干教师培养成果材料、青年教师培养材料、

教研组建设成果材料、备讲评研讨课成果材料、校际交流成果材料、教师在市级以上活动中承担任务材料、学校承担市级以上科研现场会材料、"送课下乡""送培到校"成果材料；成果材料书目包括学案集 7 本、教师假期读书读后感 3 本、校本阅读课程《阅读者》集 2 本、教师业务考试卷 2 本、教师论文集 2 本、教师荣誉证书集 2 本。

五、课题进一步研究与思考

"新课改背景下的高中教师队伍建设实践研究"这项课题实验经过实践证明是行之有效的。课题组教师专业化水平的提高，学校教育教学质量的提高，教研活动开展得红红火火，课题研究亮点频出，都说明了这项课题实验切实可行，具有旺盛的生命力。

但是，在课题研究中也存在着一些问题和不足，如教育理念落实得还应更到位，观念还有待更新；课题研究的措施还有待不断完善，课题研究的成效有待提高。因此，我校在以后的课题研究中会进一步加强教育理论学习，更新观念，并落实在教师培养、课堂教学和研究中，使课题研究取得显著成效。

当前，十七中学正处在新的发展机遇期，我们相信，在本课题的引领下，在"以人为本，成长教育"办学理念的感召下，我校一定会加倍努力，脚踏实地，走出一条科研引领、笃行实践、特色鲜明、协同创新的科研兴校之路。以提高学校的科研能力为先导，以教师队伍建设为核心，加强内涵发展，突出办学特色，提高学校核心竞争力，全面提升育人质量、教学水平和社会服务能力，凝心聚力，追求卓越！

依托教育联盟促进教师专业发展的研究

课题主持人：任国权　长春市南关区树勋小学校长
课题组成员：张秀武　长岭县第一小学校长
　　　　　　李永杰　敦化市实验小学校长
　　　　　　王立光　敦化市第二实验小学校长
　　　　　　刘彦成　长岭县实验小学校长
　　　　　　齐万军　榆树市第四小学校长
　　　　　　韩文波　和龙市光明小学校长
　　　　　　杨晓锋　乾安县实验小学校长
　　　　　　路早霞　龙井市东山实验小学校长
　　　　　　高　雪　公主岭市范家屯镇第二实验小学校长

一、课题提出

（一）课题研究背景

"教育联盟""区域联动"，诸如此类的做法，20世纪80年代就已出现在美国高等院校。比方说，美国社区学院是美国的独创，并且对许多国家的高等教育产生了深远的影响，但在基础教育阶段的校际联盟的做法并不常见。

国务院印发的《关于深入推进义务教育均衡发展的意见》中提出了推进义务教育均衡发展的基本目标，其中，均衡教师教育水平是均衡教育发展的一个重要举措。

做好校际资源共享，是促进区域均衡发展的有效途径，本区域内校际之间、不同区域内校际之间都形成了教育联盟，在课堂教学、课题研究、团队管理、制度建设等方面不断分享经验，共研共进。

（二）课题研究现状

一所名校携手几所普通校组成集团，资源共享、课程共享、理念共享等已推广开去。教育联盟的建设，提出协同创新的想法，为区域跨越发展提供了一条新的路径。

树勋小学在"十二五""十三五"期间开展了课题研究"创建区域性学校发展共同体，促进教师专业发展的实践研究""依托教育联盟促进教师专业发展的研究"，探索出了教师专业发展的路径：调研摸底，把握现状，为教师专业成长的后续工作奠定基础；以联盟管理为平台，为教师专业成长提供管理后盾；构建多元化、多层次的学习共同体，在实践中实现教师的专业发展。

（三）课题研究价值

1. 学术价值

借助区域教育发展助推教师专业发展，既可以丰富校际协作教育的研究成果，又能丰富教师专业化发展领域的研究成果，还能够弥补小学阶段依托校际协作、教育联盟提升教师专业化水平的专题研究成果的缺失。

2. 应用价值

推进教育现代化区域创新试验，探索新时代区域教育改革发展的新模式，提高义务教育城乡一体化发展水平，启动实施义务教育薄弱环节（薄弱学校）改善与能力提升工作。

（四）课题概念界定

依托教育联盟促进教师专业发展，旨在实现区域内义务教育的均衡、持续、健康发展，厘清制约均衡发展的痛点、堵点、难点和关键问题，多渠道提升教师队伍质量，形成以优秀人培养更优秀人的新局面。

二、课题设计

（一）课题研究目标

1. 提升联盟校全体教师的专业水平。
2. 探索并得出依托教育联盟"菜单服务，对标发展"的教师专业水平提升模式。
3. 实现依托联盟促进教师专业化发展的优势。
4. 探索出依托教育联盟促进教师专业化提升的策略。

（二）课题研究内容

探究依托"树勋+"教育联盟提高教师专业化水平的培训内容，探究"菜单服务，对标发展"的专业水平提升模式。

1. 研究对象

"树勋+"教育联盟各成员校全体教师。

2. 研究框架

（1）制作专题调查问卷，了解薄弱校教师的专业发展需求。

（2）统计分析阻碍教师专业发展的主要原因，制定对标帮扶方案。

（3）阶段性分析帮扶效果，发现问题并及时调整方案。

（4）总结"菜单服务，对标发展"的专业水平提升模式。

3. 联盟校子课题目录

长春市南关区树勋小学	教育联盟背景下名师培养模式的研究
吉林省松原市长岭县第一小学	通过联盟交流提升教师传统文化素养的研究
吉林省敦化市实验小学	依托教育联盟互动提高教师综合实践活动课程开发与实践能力的研究
敦化市第二实验小学	依托教育联盟提升教师教学能力的研究
长岭县实验小学	联动教研助推教师专业发展的研究
吉林省通化市东昌区第二实验小学	教育联盟背景下，特色校本课程与教师专业发展的研究
榆树市第四小学校	依托教育联盟成教师"专业四美"的研究
吉林省和龙市光明小学校	通过教育联盟促进青年教师教学能力提升的研究
吉林省乾安县实验小学	依托教育联盟促进教师教学创新能力培养的研究

龙井市东山实验小学校	依托教育联盟构建骨干教师培养模式的研究
农安县万金塔乡中心小学	城乡教育联盟背景下青年教师成长路径的研究
吉林省公主岭市范家屯镇铁路小学	教育联盟背景下教师课堂教学能力提升的研究

（三）课题研究方法

1. 文献研究法

通过查阅书籍、网络搜索等方式，认真学习、理解有关课程改革的相关理论或文件精神，摘录对课题研究有借鉴和指导作用的理论知识，供学习和研究借鉴，做好资料的收集和存档工作。

2. 行动研究法

"树勋+"教育联盟以教师专业发展规划为依据，有组织、有计划开展教学、科研活动，边行动边反思，逐步形成"菜单服务""对标发展"的教师专业水平提升模式，进行跟踪研究和阶段汇报，及时反馈模式效果。

3. 调查研究法

我们在实验前、中、后期分别进行问卷调查、课堂实践调研，掌握实验的进展情况，及时反馈小结，使实验能循序渐进地深入。

4. 经验总结法

分阶段对各体系的建立与运作效果进行整理、归纳、提炼和总结，形成具有一定结构体系的经验与研究成果。

三、课题研究过程

（一）准备阶段（2019.2—2019.8）

1. 调研摸底，把握现状，为教师专业成长的后续工作奠定基础

课题立项后，制定研究方案；上报课题方案，在总课题组的指导下修改方案；组织课题组教师学习相关理论。在理论研讨阶段，我们主要采用文献法收集相关的资料，并加以整理与总结。同时，课题确立后，课题组对联盟各校教师抽样调查，通过访谈、座谈会、问卷、测验等手段，了解教师们专业发展的需要及影响因素。根据调查发现的联盟各校教师存在的普遍问题进一步分析原因，主要是由于教师专业培训力度不够、方法陈旧、资源匮乏等问题。课题组针对问题制定方案，有效利用联盟内优质资源，拓宽培训的广度，延伸研究的深度，切实提升教师专业水平。

2. 以联盟管理为平台，为教师专业成长提供管理后盾

教师的专业化成长离不开群体的影响和组织的支撑，团队中的成员相互学习、相互配合、相互激励，每一个人不断突破自己的能力上限，实现共同的理想。

（二）研究实施阶段（2019.9—2020.12）

启动课题研究，在专家指导下按计划，有步骤实施。

1. 构建多元化、多层次的学习共同体

在实践中，不同年龄段的教师发展需求和所要解决的问题不尽相同，所以，学习共同

体要多元化。多元化是指构成人员多元,其中要涵盖"树勋+"教育联盟所有学科的所有教师及学校管理者;同时,各学习共同体的研究内容和形式也要多元,从多个角度、多个层次给予教师帮助方能最大限度地满足教师不同的发展需求。

2. 基于教师学科素养提升,组成"合作共赢小组"

"树勋+"教育联盟的"合作共赢小组",以学生的学习与发展状况为核心议题,"如何育人"构成了它的主要活动内容。由于语文、数学教师人数比较多,因此,将联盟校教师又按六个年级进行了划分。这样就形成语文六个组、数学六个组,其他学科各一个组。每个"合作共赢小组"的教师来自同一学科、同一专业领域,面对着大致相同的受教育对象,传授大体一致的教学内容,因而在教育教学实践中遇到的问题与承担的任务也往往具有高度相关性。这为教师在一起研究课程,研究如何提高和改进专业实践,如何增进学生的学习提供了共性话题。

3. 基于教师求知为核心内容,组成"名优教师团队"

骨干教师是一所学校教师队伍的中坚力量,骨干教师的数量多少、质量高低,直接关系到学校教师队伍整体水平的高低。树勋小学现已研究并形成了自己独特的名师培养模式,作为联盟内的龙头校,在课题研究过程中,与其他各校共享经验,从多方面、多角度助力各校提升教师专业水平,打造名优教师团队。

(1)名师引领。

打造优秀学科教研组。确立教研组建设目标为:建设成学、教、研为核心的学习型团队。教研组建设策略为:第一,强调同学科教师的团队意识;第二,强调本学科教研的学科特点;第三,强调学科主任教研组长的作用;第四,强调树立学科学术核心人物;第五,强调学科与学科之间的融合。

搭建教师专业发展"三格"层次,培养学科教学的"领军式专业团队"。教龄8年以内青年教师"合格"培养,中青年教师"升格"培养,省级以上骨干教师"风格"培养。教师个体充满激情地自我学习、自我超越,使团队的最小单元细胞越来越活跃,不仅使团队中的每一个成员获得提升,也为整个组织制造了一种互助学习的氛围和榜样。

(2)草根研修。

教师建立个人成长档案。为教师设定专业发展的目标,并鼓励教师进行职业生涯设计,使教师的职业生活有思考、有目标、有思路。我们为每位教师建立了专业成长档案。

问题引领,提高教师的教学研究水平。倡导教师在教育教学过程中有问题意识,提出问题和发现问题。倡导教师在学校各类大课题的研究中,设立个人小课题。个人独立备课——科组长汇报发言——教师上课——年组教师评课——科组长总结。

教育叙事研究。树勋小学育人理念是:育人无小事,无处不课堂。提倡教师本人采用讲故事的方式叙述自己的教育经历和体验,实质是反思自己的教育教学实践,"以叙事的方式反思并改变着自己的生活"。

(3)高研培训。

面对信息化带头的教与学方式的变革,学校与东北师大举行"现代型教师高研班",通过系统化设计课程,以师大信息技术专家、省内学科专家和学校专家联合为教师培训,通过理念学习、实践操作、教学应用、研讨交流等形式，让全体教师快速适应新时期的教学变革。当两年半的高研班结束以后，学校又立即启动"未来名师"培养项目，开展"互联网+"环境下的教师混合式学习。

"未来名师"培养计划是以学科为单位遴选一批有潜质的中青年教师，借助东北师大的专家团队，用两到三年时间，采取集中培训、导师辅导、观摩研讨等多种形式重点培养，使他们的潜质能够得到充分挖掘和激发。同时，植入"互联网+"的基因，改革教师培养范式，提升教师信息技术应用能力。

用技术转变学生的学习方式。翻转课堂、微课、慕课都是信息技术优化课堂的最热的方式。可以尝试自己做微课，并融入日常教学中，替代手把手教，传统的满堂灌的形式，而且对于课上没认真学或是有疑问的学生，提供一种课后再学习的资源。

（4）以赛促培。

鼓励教师参加各类教育教学比赛，达到国内前沿教学同步。参赛分别为基本功比赛、专业技能类比赛、教师教学大赛、师德演讲类比赛、综合性比赛等。为了全体教师整体教育理想的转变，加快实现由关注教的教学向关注学的教学转变，我们连续举办了两年"树勋小学构建学的课堂教学大奖赛"。

4. 基于课堂创新为目标，组成学科教学研究的"领军式专业团队"

课堂创新是提升教师素质的核心环节。联盟各校通过每学期定期开展的培训和教学活动，切实提升了教师队伍的专业化水平。教学框架已经深入每位教师心底深处，课堂教学已经有了一定程度的规范，但还欠缺有特色、有内涵的课堂。"树勋+"教育联盟以点带面，打造一批精通各学科特点、富有创造性的教师学习共同体。选派具有较深学术造诣和创新性学术思想的教学名师，以课题为引领，组建学科教学研究的"领军式专业团队"。

在教学过程中除了以上做法外，联盟定期开展成果展示交流会。2019年12月29日至30日，在长春市南关区树勋小学召开了走进"大语文"、论道"大阅读"，"树勋+"教育联盟2020年会。通过活动加快推广开展学生阅读的典型经验，互相学习，引领联盟成员校共同提升发展。与会各校的语文教师明晰了大阅读活动中存在的问题，相互借鉴，互相分享，尽享成果盛宴。

（三）结题阶段（2021.3—2021.9）

整理课题结题材料，撰写结题报告，梳理优秀成果。

整理联盟各校精粹的教学录像、教学设计、课件、经典小课题、校本培训等资料包，分享给各联盟校。

通过钉钉召开了线上课题结题会，各校将几年来借助联盟平台促进教师专业成长方面的成果一一进行汇报。

四、课题研究成果与成效

（一）形成成果

实现区域内义务教育的均衡、持续、健康发展，不仅能够使更多学生享受到优质教育，更在均衡实施过程中提升义务教育质量。

1. 探索出教师专业发展的方向

加大力度进行教师培训，提升教师专业水平，在这一过程中我们发现，教师的学历水平参差不齐，校际间教师状况差异较大，教师教非所学等现象，反映出区域教育发展水平仍不能满足专业对口的需要。因此，如何做好在职培训是各个学校面临的主要问题。

抱团发展、实现校际资源共享是一剂良药。校际间的人员交流、优势互补、资源共享等都有助于校际间的分享、合作、共进。

2018年初，在树勋小学任国权校长的牵头下，省内11所区域优质学校的校长经过深入商榷，成立了"树勋+"教育联盟。联盟成立后，聘请各领域、各学科的优秀专家，为联盟校进行自上而下的指导，通过专家讲座、智慧研训、校长交流、教师论坛、多校互动、远程分享等方式，提升校长的领导力，提高教师的教学力，使"树勋+"教育联盟的教师发展向国内一流学校教师看齐并实现同步发展。

在联盟多元活动运行过程中，不断发现与解决问题，逐步完善联盟体系，形成有效的运行策略。在此过程中，得到了切实有效的依托联盟资源促进教师发展的运行模式与有效实施策略，促进了教师科研水平的整体提升。

2. 初步形成运行模式

模式的探索与初步成形经历了四个阶段，首先是制定专题调查问卷，设计相关问题，把握众多教师在专业发展方面的期待；其次是对问卷进行整理，结合问卷呈现的数据，准确分析阻碍教师发展的因素，并制定对标帮扶计划；再次是进行阶段性帮扶效果分析，并调整帮扶方案；最终，根据教师需要进行菜单式服务，对标高位谋求发展成为教师专业发展运行的初步模式。

3. 形成联盟促专业发展优势

（1）加强联盟基础建设。联盟成立管理委员会，制定联盟发展规划，确保联盟内教科研工作、教师交流工作等有序进行。联盟构建资源库，收集教师们经过研磨形成的观摩课、精品课等优秀教案，实现资源共享。联盟建立教研中心，规划联盟内各校常规教学工作，开展各类教研工作，实现真正意义上的均衡发展。

（2）发挥牵头校资源优势。树勋小学作为"树勋+"教育联盟牵头校，现已形成促进教师成长的五大特色品牌：①"如来神掌"助力教师创新成长。②"信科+"特色课程助力多元发展。③树勋名师讲学团促教师深度成长。④科研特色之路，成就研究型名师。⑤"树勋+"教育联盟拓宽教师成长空间。

4. 总结出依托联盟促进教师专业提升策略

（1）构建"多元化学习共同体"。"树勋+"教育联盟组织上自学校管理人员，下至一线教师，组成了多元化、多层次的学习共同体，共同学习，实现提升。联盟将管理层人员，教研组长，青年教师进行分层整合，形成立体结构的教师发展组织。专业发展共同体的研究内容和形式也是多元化、多角度的，最大限度地满足教师不同的发展需求。

（2）组成"合作共赢小组"。"树勋+"教育联盟实行联盟内各校学科教师整合，师徒结对，成立"合作共赢小组"，突破了校际界限的阻碍，实现能者为师，跨学科、跨校结成帮教对子，使"合作共赢小组"效能多元化、扩大化。在合作共赢小组帮扶工作中，优质学校的名师对联盟校其他教师发挥了强大的辐射带动作用，实现了共同进步、共同提高。

（3）组建"名优教师团队"。树勋小学探索出了新时代学校培养名师的模式："名师引领—草根研修—高研培训—以赛促培—开放讲学—联盟交流"，可操作性较强，实现了学科优秀教师的快速成长。同时，在联盟中，我们将这个模式进行推广，与其他各校共享经验，共同打造名副其实的优质教师团队。

（4）打造"领军式专业团队"。在联盟成员校中，有许多教师已经在自己教学领域有了一定的研究，并形成了具有个性特色的教学框架，但还欠缺有特色、有内涵的课堂。基于此，"树勋+"教育联盟选派具有较深学术造诣和创新性学术思想的教学名师，以课题为引领，组建学科教学研究的"领军式专业团队"，为教育教学提升服务。

5.特色成果

形成了以联盟管理为平台——构建多元化、多层次的学习共同体的联盟内常规提升模式。在规定动作的基础上，形成了特色做法——"菜单服务，对标发展"的专业水平提升模式，避免了以往教师提升过程中出现的一刀切的现象。此项研究填补了现有的联盟助推教师专业提升的对口做法的空白。

（二）取得成效

1.教师名优

联盟的建立，为各校教师参与教研活动提供了更多的平台，大大增加了教师参与的比例和积极性，品牌课、达标课、同课异构、各种专题活动等，成为联盟校教师专业成长的"孵化器"和"助推器"。

长岭县一实验小学获得科研校长称号1人、省骨干教师3人、省科研骨干4人、市级学科带头人6人、市级骨干教师7人、市教学新秀4人、县级骨干教师37人。教师论文获奖89项，教学设计获奖35项，"十三五"期间共有13项课题结题。2020年申报三个省级科研课题，参与研究的领导、教师近40人。"十四五"期间学校有一项课题研究被选入市级重点课题、两项课题研究被选入市级一般课题，真正实现了科研兴教、科研兴校的目标。近三年总计在各级刊物上公开发表文章40多篇。

长岭县实验小学获得国家模范教师1人、国家优秀教师1人、省长白名师1人、省教学精英2人、省特级教师3人、省学科带头人3人、省优秀教师6人、省科研名师3人、省骨干教师9人、省科研骨干6人、市级学科带头人2人……

2.学生自信

学生积极参加结对活动，积极参加联合体组织的主题活动，丰富体验，开阔视野，学会交流和分享，懂得责任和义务，形成良好的行为习惯。

农安县万金塔乡中心小学在2020—2021学年度全县质量监测中，学校在全体师生的共同努力下首创佳绩。现在五年级在全县排名为第九名，六年级在全县排名为第六名，学校综合排名跃升为全县第五名的好成绩，学校的教学质量突飞猛进。

乾安县实验小学，学校将校本课程真正开发成培养学生个性特长、发展适应社会发展的特色课程，每周三下午，口才、硬笔、毛笔、葫芦烫画、二胡、象棋、陶艺等活动社团为孩子提供了施展才华的舞台。

3. 各校真正实现抱团式发展

构建一个专业的学习共同体是联盟管理的核心任务。建立以联盟管理为平台，教研管理中心主管领导负责的教师专业化发展的机构，实行多层互动管理机制，能为教师专业化发展提供良好的学习环境。管理共融，考核捆绑，城乡之间、校际之间的差距开始缩小。

东山实验小学获得龙井市"十三五"教育科研工作先进单位、教育工作先进单位、龙井市中小学第五届教学技能大赛优秀组织奖、"延边州教育资源公共服务平台空间建设与应用大赛"中，荣获优秀学校空间。

和龙光明小学在近两年获得了和龙市教育科研工作先进单位、吉林省第三批 STEM 种子学校、"传承红色基因 争做时代新人"线上演讲优秀组织奖、"传承红色基因 争做时代新人"书画作品优秀组织奖、和龙市"学党史、读经典、颂党恩"诵读大赛三等奖。

五、课题进一步研究与展望

依托教育联盟，区域协同创新，避免了各校单打独斗的局面。特别是相对薄弱的学校面临着技术资源、人才资源、创新资源相对匮乏，自身创新能力不足的困境，教育联盟可以大大解决这一难题。以优质校带动薄弱校，实现共同发展，为推进区域跨越式发展提供新路径。

但由于疫情原因，各校互动交流受到了空间的限制，而线上交流又存在局限性。面对当前疫情常态化的现状，为了有效发挥联盟作用，"树勋+"教育联盟通过钉钉平台定期为联盟各校开放培训活动，讲座、论坛、课堂教学等多种形式。甚至通过网络进行"树勋+三个课堂"活动。以树勋小学为核心、希沃全程技术支持，联盟校间进行常态化的传递+名师课堂，旨在提高联盟成员校教师的教学教研能力；为各校输送优秀案例；同时课堂进行同步直播，为省内教育资源均衡贡献一份力量。

课题结题并不意味着研究的结束，"依托教育联盟促进教师专业发展的研究"课题将一直延续下去，通过课题研究助力联盟发展，切实提升教师们的专业化水平，真正做到联盟建立的初衷："能影响一所学校是一所学校，多一个孩子因为树勋的教育受益就好。"

提升小学中青年教师专业素养的有效途径研究

课题主持人：吕彦桃　德惠市第六小学校长
课题组成员：马银平　德惠市第六小学科研主任
　　　　　　宣世梅　德惠市第六小学副校长
　　　　　　李　论　德惠市第六小学教导主任
　　　　　　王忠敏　德惠市第六小学教师
　　　　　　代亚翠　德惠市第六小学教师
　　　　　　李　超　德惠市第六小学教师
　　　　　　刘　岩　德惠市第六小学教师
　　　　　　宋丽荣　德惠市第六小学教师
　　　　　　马永兰　德惠市第六小学教师

一、课题的提出

（一）课题研究的背景

党的十八大以来，以习近平同志为核心的党中央将教师队伍建设摆在突出位置。2018年，中共中央、国务院《关于全面深化新时代教师队伍建设改革的意见》（以下称《意见》）指出，大力振兴教师教育，不断提升教师专业素质能力，全面提高中小学教师质量，建设一支高素质专业化的教师队伍。《意见》要求开展中小学教师全员培训，促进教师终身学习和专业发展，建议转变培训方式和内容，紧密结合教育教学一线实际，切实提升教学水平。

加拿大学者以提高教学有效性与支持教师专业成长为宗旨关注教师专业素养提升。西方学者雷斯伍德（Leithwood）指出，教师专业发展应重点关注六个发展目的的实现，即发展教师生存技能，提高教师基本教学技能，增强教师的教学灵活性，促进同事的专业发展，锻炼教师参与决策的领导力，塑造教师高尚的人格。据此，提升教师专业素养是教育发展之根本。

（二）课题研究的意义

理论意义：本课题的研究为学校教师专业素养提升构建基本范式，建立个性化教师专业素养提升评价标准，形成以个性化教师发展和以课堂教学为依托的教师专业素养提升发展策略，并为此提供一定的理论支撑和实践引领。

实践意义：针对中青年教师普遍存在的职业倦怠和职业生涯规划不清等问题，课题以校本培训为基础，依托课堂教学实践，扎实教师教学基本功，发挥优秀教师示范引领作用，激励中青年教师拓宽视野，提升自我知识素养，树立教师终身学习的发展理念，以解决学校新老教师之间无法进行有效衔接的现状，确保我校中青年教师专业素养长效提升与发展。

（三）课题研究的界定

1. 专业素养

专业素养是一个人所具有的专业知识、专业理论、专业技能必要的组织管理能力等方面。例如，教师的专业素养就是要有宽广深厚的教师专业知识和广博的普通文化知识，足够的所教学科知识，扎实的教育学科知识，知识的沟通与融合以及纯熟的专业技能，熟练的教学技巧，良好的教学能力，并且还要有特有的专业情意、专业理想、专业情操、专业性向、专业自我等。

2. 中青年教师

中青年教师的界定普遍指专门从事教学与科研工作的，年龄在40周岁以下的专任教师。本课题研究对象指教龄在15年以下的教师群体。

二、课题研究的设计

（一）研究目标

以"提升中青年教师专业素养"为总体目标，具体分为：

1. 在整体规划方面，制订有效的教师发展计划。
2. 在具体实践方面，建构基于课堂教学实践的教师示范引领范式。
3. 在素养提升方面，构建校本培训多元化机制。
4. 在评价管理方面，构建教师成长多元评价体系和激励策略。

（二）研究内容

1. 关于教师发展计划的研究

根据教师个人发展需求，制订教师三年发展规划，规划中设定发展目标和发展任务。目标的设定旨在激发教师发展的内驱力，任务的达成是推动教师发展的助推器，内外结合，切实提升教师发展规划的实效性。

2. 基于课堂教学实践的教师示范引领范式的研究

基于课堂教学实践基地，建立优秀教师示范引领模式，以"影子工程"导师制，引领青年教师深耕课堂，扎实教学基本功，快速提升课堂教学能力；组织推荐青年教师参加各层级的教学大赛，实现教师教学能力快速优化。以"校长荐书"活动为载体，开展"教师荐书""学生荐书"等系列读书活动，构建特色校园读书活动范式，丰厚教师知识文化底蕴，树立终身学习理念。

3. 关于有效教师评价和激励策略研究

以动态评价和静态评价相结合的评价考核方式，建立教师成长多元评价体系，并采取有效激励策略，激发教师发展的内在动力。将教师发展纳入学校教师管理制度中，以促进学校教师发展的长效性。

总之，课题研究立足校本，以教学活动为载体，重点探索提升小学中青年教师专业素养的有效途径，以此促进学校长足发展。

（三）研究的方法及策略

1. 研究方法

调查研究法：调查造成当前小学教师专业素养提升途径低效的原因，影响教师素质提升的内外部因素，为课题研究提供充分的事实依据，并根据调查结果及时调整相应做法，明确研究方向。

行动研究法：在分析小学教师素养提升途径低效的现实基础上，有针对性地开展相关研究和培训活动。围绕课题研究目标，开展多层次、多渠道、全方位的研究，边实践，边总结，在行动中研究，在研究中行动，以行动促研究，不断摸索提升小学教师专业素养的经验和规律。

经验总结法：定期根据开展的各种相关调查、研究和培训活动进行反思交流，不断总结好的课题研究经验和方法，形成相关的研究论文和调查报告。

2. 研究策略

聚焦提升中青年教师专业素养核心，设立教师终身学习理念长远目标，依托本校实际，通过制订教师三年发展规划，组织校本培训，优化常规教学实践活动，如开展"影子工程"、名师讲坛、名师讲堂、青年教师汇报课等，发挥优秀教师示范引领作用，督促教师扎实教学基本功，激励中青年教师拓宽视野，提升中青年教师知识素养，丰富中青年教师文化底蕴，以激励青年教师主动提升自身素质，从而实现学校教育教学质量稳步提高。

三、课题研究的过程

（一）采用多种形式调研，明确教师发展目标与方向

针对学校教龄在15年以下的教师，从教师的年龄、学历、教学经历及科研成就等方面进行问卷调查，并通过访谈形式了解教师对教育理念与发展规划的认知程度，以及其在教育教学实践中存在的问题、困惑等，进而分析出影响教师专业素质提升的原因，并制定具体研究规划与策略。

调研结果显示：43%的教师具有职业激情，但是对未来发展规划不清晰，主要集中于教龄大约在0~3年的新入职教师；36%的教师对工作依旧有热情，但多安于现状，没有明确的能力提升需求，具有职业倦怠倾向，7年以上教龄的教师居多；仅21%的教师具有强烈的自我提升需要，且有相对明确的职业规划。因此，将培养教师分为三个发展层级：青年教师入门期（教龄0~3年）、成才期（教龄4~6年）和发展期（教龄7年以上），由此制订教师三年发展规划。

（二）基于课堂教学实践，促进教师执教能力提升

以"课堂体现理念，理念升华课堂"为指导思想，以课例研究为重点，通过"理论——实践——反思——再实践"的研究流程，提高教师专业素养。

1. 优化常规

学校常态化开展丰富教学实践活动：一是开展说课和集体备课；二是开展教学反馈活动，听取其他教师对课堂教学的意见；三是开展评选优质课活动，即每学期每个教师都要上一定数量的公开课，然后在这些公开课中评选优质课，以督促每位教师认真上好每节课；四是开展质量分析活动；五是开展学习和运用现代教学手段活动，使之能更好地适应灵活多样的授课方式；六是开展综合读书活动，即要求每位教师利用业余时间综合性地读各种书籍，撰写读书笔记和读书心得，以此促进教师综合文化素质提高。

2. 实践提升

培养和推荐教师参加多种层次和形式的教学大赛，如"青年教师教学赛""创新教学设计赛""优质课比赛""青年教师演讲大赛""说课比赛"等，越来越多的中青年教师在其中崭露头角；鼓励青年教师上汇报课、展示课，组织教师参加送课下乡活动，服务基

层,增加教学经验;在校园网上创建"青年教师教学论坛",鼓励青年教师积极思考教育教学中遇到的问题,为其提供一个可以随时随地进行业务交流、发生思想碰撞的"硅谷"。

(三)基于校本培训,丰厚教师知识文化底蕴

1. 多元培训

校本培训方式多元化,要求学校结合"以人为本"的培训理念,制订培训规划目标,因人而异,因材施教,凸显培训的独特个性。一是注重校级骨干教师的培养。学校可根据教师状况,制订培养计划,让骨干教师去引领整个教师队伍素质的提升。二是注重青年教师培养。学校以"着重基础、突出教法、引入科研"为原则,引导组织青年教师共同听课、上课、评课,并写好教学后记和教学反思,使其对教学过程中有价值的信息进行总结、探索,促进青年教师队伍整体素质提升。三是以"影子工程"的形式促进新教师尽快成长。学校根据学科组教师实际情况,为每一位新教师确定一位指导教师,规定师傅与徒弟的义务与责任。目前,已有多位青年教师参与校级或市级教育教学比赛。

2. 示范引领

组织优秀教师组建团队,参与学校的教育教学改革。开展"名师讲台""名师讲坛"活动,由全国优秀教师和省优秀教师进行讲座,传授经验,实现优质资源共享,带动青年教师专业成长,如影子工程团队,导师和影子教师都在引领与合作交流中得到提升。实行组长负责制,对青年教师进行点对点指导,引导青年教师把工作重点放在教育能力、教学能力、科研能力提升上,在教学实践中获得成长。

3. 课题带动

加强学校教育科研制度建设,以制度来优化日常教学工作,将教学研究与教师专业成长融为一体,进而促进教师整体素质提高。

实施课题带动策略,有意识地让教师结合自身的教育教学实际参与课题研究,树立"科研就是工作,工作就是科研"的理念,通过科研发现和解决教育教学中存在的问题,进而促进教师教育教学能力的提高。

4. 读书提升

针对教师专业素养提升需求,丰富教师文化底蕴,通过"校长荐书"等活动,有规划性地读专业性书籍,定期开展读书交流会;鼓励教师通过"雅音阁"等平台向全校师生分享荐书,督促教师养成良好的读书习惯,让书香浸润校园。

(四)科学评价与有效激励,助推教师专业发展

在研究实践过程中,对培养教师采取多元评价方式,将常规考核与动态考核相结合,采用民主测评等多元评价机制,通过自我反思、同伴互助、专家引领的有机结合,设立教师培训管理制度,建立教师个人成长档案,力求对青年教师的评价与考核做到客观与公正。

同时,制定相关激励策略,如,目标激励、情感激励、榜样激励、评价激励、评价激励等,积极为中青年教师创造条件,提供机会,营造氛围,搭建平台,在教师现代化教育理论水平、专业水平、课程整合能力、教育技术运用能力和教育教学改革研究能力得以提升的同时,让中青年教师最大限度地获得个人价值认同感与职业幸福感,形成助推教师专业发展的内驱力。

四、课题研究成果与成效

课题研究和探索中青年教师专业素养提升发展路径，促使青年教师在新课程改革中尽快成长，脱颖而出，并发挥示范带动作用。通过研习提升教师的教育理论素养；通过团队建设，利用"影子工程"等传、帮、带师徒结对形式，提升教师业务素养；通过组织多样化教育教学活动，提升教师综合业务能力。具体体现在以下几方面。

（一）形成规划引领策略

学校教育教学质量水平高低，关键取决于教师的专业化水平，取决于教师队伍素质高低。为提高教师整体队伍素质，学校指导青年教师根据自身实际制订个人成长规划，以三年为一周期，设定三年发展规划。学校设定基本发展目标，教师在学期内按要求完成定量的教学任务，如每学期参加校级及其以上培训至少一次，优秀教师每学期必讲一节示范课；影子教师每学期必讲一节公开课，主持或参与课题研究至少一项，每个假期至少读一本专业书籍并召开读书分享会。每学期所参加活动、获得荣誉、结题课题都记录在教师个人成长档案中。

教师根据个人期初规划，随时关注个人目标的完成进度，精准明确自身优势，查找不足，力争实现短期成长目标。学校也可以将教师成长进程纳入教师年度考核项目中，督促和激励教师快速提升个人专业素养。

（二）构筑校本培训体系

德惠市第六小学重视校本培训，为教师综合素养提高搭建平台。提升综合素养是新课程标准对小学教师的基本要求，也是促进小学中青年教师自身发展的迫切要求。提升教师综合素养的主要途径就是校本培训。学校通过校本培训，为教师专业化素养的提高搭建平台，这也是学校管理的重要任务之一。

1. 构建多元化校本培训模式

校本培训的形式是多元化的，既可使用校内资源，也可利用校外资源，做到互为交流，共同发展。第一，教师"走出去"，通过调研形式，丰富实践经验，从他人手中积累大量新鲜的感性材料，并把这些感性材料与自己的教育实践互为渗透，有机结合，以丰富校本培训教育理论和实践经验。如代亚翠老师在参与了长春市明星教师、卓越教师培养培训后，在学校做二次培训，将所学进行传播。第二，我们"请进来"教育名家、专家和优秀的教师。通过汲取他们丰富的理论功底和实践经验，有效地解决在教育教学中的"疑难杂症"，他们的新思路、新观点、新理论和新经验深刻影响着新教师。同时，我们利用学校现有的国家级优秀教师资源，分享经验，如闫石老师做了《小细节 大语文》的专题讲座，王忠敏老师做了《教师专业发展的路径》专题讲座。第三，加强"自主学习"。"自主学习"是校本培训的主要形式，教师可以通过读书、上网、科研等方式构建自我发展平台。

2. 全面落实校本培训内容

一是注重教育教学基本理论、教育新理念培训。学校规定校本培训教师学习书目并落实考核。通过学习帮助广大教师更新教育理念，提高教育理论素养，提高实施素质教育水平和能力。

二是重视新课程培训。新课程培训作为校本培训的一项主要内容抓实抓好。通过定期的集中理论学习、学科教研活动等渠道进行培训，极大地提高教师驾驭新课程标准、新教材的能力。

三是强化师德培训。通过培训，强化教师敬业爱岗的意识，树立正确的教育观、教学观、人才观、质量观，组织教师参加师德报告会、师德演讲比赛等，不断增强教师的职业道德意识，促进教师职业道德素养的提高。

四是加强班主任技能培训。学校领导非常重视班主任技能培训，通过班主任沙龙、经验交流、现场观摩等校本培训，开展班主任技能大赛等，提高班主任的工作能力。

五是落实教学科研能力培训。学校建立以教导处、教研室为龙头，各教研组为基本单位，教师人人参与的教研体系，实行分科教研，合作交流。教研组每周确定一个课题，定期进行教研讨论交流，通过集体备课活动，共同研讨教学技能，提高教师的业务水平和专业素质。

六是重视基本功和基本技能培训。教师的基本功和基本技能是教师教育教学工作的基石，学校建立了教师钢笔字、粉笔字、毛笔字、简笔画、普通话、网络信息收集、现代教育技术运用、教学设计、案例反思撰写等方面基本功和基本技能培训考核的长效机制，以此促进教师自身综合素质的提高。

七是重视教师远程教育和网络培训。让教师通过电视、电脑去学习和接收现代教育资源和教育信息，保证教师教育思想、教育观念与时俱进。三年中，学校长春市优秀学科团队8名成员总结教育家办学经验，共开发视频课程5个，共24课时。这些资源都在教师中共享。

八是加强教师评价与管理培训。采用民主测评等多元评价机制，设立教师评价管理制度，建立教师个人成长档案，保障青年教师的评价与考核客观公正。

3. 坚持研训结合，落实校本培训"教、研、修"一体化

一是开展"七个一"活动，督促、激励教师自我完善与提高，即每一位老师每学期要阅读一本教育专著，走近一位名师，执教一节校级公开课，研究一个教育教学课题，撰写一篇教育论文，制作一个教学课件，并将这"七个一"列入教师综合性考核中。

二是建设骨干教师团队，充分发挥优秀骨干教师的带动和辐射作用。利用名师讲坛、名师讲台、骨干教师示范课等，不断提高优秀教师带动辐射能力。

三是以课例为载体，积极开展"教、研、修"一体化的校本教研。在教师个体层面，规定每位教师每学期听课、评课和执教公开课的节数，通过不断地听评课，潜移默化地提高教师授课能力。同时，学校以学科备课组为单位，认真组织集体备课、同课异构、公开课展示与研讨等活动，落实"备——说——讲（听）——评——讲（听）"各个环节，以此促进教师专业化水平的提升。

（三）构建科研引领理念

教育科研是提高中小学教师教育能力的重要途径，教育科研过程就是小学教师学习新的理论知识的过程。我校大力支持教育科研，在课题研究中提升教师的业务素质和科研能力。学校坚持以科研立校，鼓励教师在教学实践中由问题出发，在实践中进行教学研究的科研思路，针对性强，教师容易操作，对提升教师的教学和研究实验能力具有明显的促进

作用。

近两年，学校共有多项课题顺利结题，又申报了多项课题。如长春市规划课题"小学生社会主义核心价值观的培养""中小学校积极心理健康教育的深化研究""县域中小学特色学校文化建设的途径和策略研究"……多项课题均已顺利结题。

我们鼓励青年教师从日常教学各个环节入手，大胆在教学中进行教学改革实践，努力探索解决问题的有效办法，这是向科研型教师转化的基本途径。

（四）形成导师引领策略

开展"影子工程"活动，由国家级、省市级优秀教师做导师，青年教师作为影子教师，进行师徒结对。在日常的教学中，我们通过互相听课、评课等形式的活动，共同探讨、研究教学中遇到的问题，寻找解决问题的方法，不断改进与完善课堂教学方式，从而不断提高自身的业务素养。导师听影子教师的推门课，课后及时交流研学，导师经常指导影子教师，从而不断改进自身教学水平。经过一段时间的培养和指导，青年教师成长迅速，在教学方法、备课、课堂教学等方面的能力都有较大提升，基本完成本学期的培养目标和任务。

同时，引导影子教师在学习导师经验的同时，要有自己的独立思想，努力形成属于自己特色的教学风格。

（五）构建特色校园读书范式

作为一名教师，一定要让读书作为自己教育生涯的甘露，多读书是青年教师发展的潜在推动力。

学校定期开展"校长荐书"活动，向青年老师推荐能够提升其专业素养与职业幸福感的书，如《给教师的一百条建议》《不跪着教书》……向学生推荐适合各个年级学生认知水平的书，如名著、童话、故事等。教师以"校长荐书"活动为载体，阅读专业书籍，每学期召开 1~2 次读书交流会，教师间既能分享读书经验，亦能分享读书心得，彼此间专业知识素养都得以提升。此外，每位教师都有"教师荐书"任务，每周利用学校"雅音阁"向全校师生荐书，将读书心得通过此平台进行分享，让教师思想的火花在此间碰撞、迸发。师生共同阅读，共同钻研，形成良好的校园读书氛围，也逐渐形成具有我校特色的校园读书范式。

（六）青年教师专业素养提升显著

实验前，有部分教师并非师范院校毕业，专业不对口，学历不高，教学技法缺少实践锻炼，面对教师待遇不高的情况，不满现状，对工作热情不高，敷衍教学。

实验后，学校通过新教师培训、青年骨干教师培训、师徒结对帮带、新教师"七个一"工程等一系列研究活动开展，年轻教师们快速地成长起来。其中，有 80% 担任班主任工作，五位走上了教研组长岗位，年轻教师的教学能力、管理水平以及教育教学效果得到广大师生的认可。

多位年轻教师在校级教学比赛活动中崭露锋芒，还有几位青年教师在市级以上教育教学比赛中屡获佳绩，在学校举办的大学区活动或送课下乡等区域教学活动中，青年教师参与比重增加，不但能独当一面，且表现十分出色，这无不体现出青年教师的专业素养在稳步提升。

五、课题进一步研究与展望

随着一批批全新教学力量的注入,学校这一方教育沃土正焕发着勃勃生机。乘着国家教育改革的东风,在夯实以往研究成果的基础上,我们立足本校实际,认真规划,继续为中青年教师提供充实自我和提升自我的机会,为其搭建更加广阔的发展平台,建立更加完善的评价和奖励机制,激发教师积极性,促进教师快步发展,努力打造教师队伍中坚力量,以带动我校整个师资队伍建设。

实行"引进来,走出去"发展战略。利用教育集优发展契机,与具有前沿教育教学理念的学校发展为联谊校,集优交流,城乡携手,引进优质的教学资源和专业的教学指导,汲取先进教学理念和智慧,通过开展一系列区域教学活动,打磨锻造一支强有力的青年教师队伍,以此更加充分地发挥我大学区长校的教育引领和辐射作用,将优质的教学理念和教学资源共享,促进区域内协同发展。

要实现教育高质量发展,十九大报告进一步提出要"加强师德师风建设,培养高素质教师队伍"。高素质教师队伍必然是一支师德高尚、业务精湛、结构合理、充满活力的队伍。因此,在提高教师专业素养基础上,高尚其品格尤为重要。"身正为师,德高为范",如此德才兼备之师,方能将学校发展之路拓宽,致远。

构建县域"研培一体化"校本研修模式实践研究

课题主持人：夏　羽　农安县教师进修学校教科所科研员
课题组成员：王光琦　农安县实验小学教师
　　　　　　金　鑫　农安县开安镇刘家初级中学教师
　　　　　　林　杉　农安县第三初级中学教师
　　　　　　杨晓超　农安县开安镇刘家初级中学教师
　　　　　　王　漫　农安县烧锅镇中心小学教师
　　　　　　李明亮　农安县实验中学教师
　　　　　　李海涛　农安县华家镇初级中学教师
　　　　　　赵广华　农安县华家镇初级中学教师
　　　　　　张国庆　农安县华家镇初级中学教师

一、课题的提出

（一）课题研究背景

1999年6月，党中央、国务院发布了《中共中央国务院关于深化教育改革全面推进素质教育的决定》；2001年教育部相继颁布《基础教育课程改革纲要（试行）》等一系列有关文件，正式启动基础教育课程改革实验工作。为了顺应基础教育改革的需要，创新人才培养理念、优化教师培训课程资源、改革教师培训方法、构建教师培训一体化培养模式、促进教师专业化发展尤为重要。在此背景下，作为中小学校教师培养培训的进修学校，我们提出"研培一体化"校本研修模式，具有重要的现实意义。

按照《教育部办公厅　财政部办公厅关于做好2015年中小学幼儿园教师国家级培训计划实施工作的通知》和吉林省教育厅下发的《关于组织吉林省"国培计划"项目县遴选的通知》精神，农安县作为"国培计划"项目县于2016年开始组织实施新一周期的教师培训工作。在新的形式与要求下，为了充分发挥教师进修学校教研中心与教师培训中心职能作用，我们将《构建县域"研培一体化"校本研修模式实践研究》确定为研究课题并申报，得到长春市教育科学规划部门领导的高度重视和大力支持，于2016年3月被正式批准为长春市教育科学"十三五"规划课题。

（二）课题研究的意义

1. 有利于解决学校教研、科研、培训三者间的矛盾

随着基础教育课程改革的不断深入，校本化管理日益受到重视。但在实际实施以校为本的教研、科研、培训工作中各部门职责分工不明，各行其政，出现了教研、科研、培训分离或脱节的现象。实现"研培一体化"管理有利于解决学校教研、科研、培训工作间的矛盾，进而提高学校工作效率，促进学校发展。

2. 有利于减轻教师负担，促进教师专业发展

教育改革的关键在教师，如果教研、科研、培训分离脱节，这三项任务就会使承受教学、班级管理等方面压力的教师们不堪重负。在校本研修工作中有效推进校本教研、校本科研与校本培训工作的有机整合，让教师将有限的时间和精力用在促进自身专业成长和学校发展上，能够充分促进学校整体工作的协调发展。

3. 有利于解决学校发展进程中遇到的问题

教研、科研、培训三者的有机整合，有利于集中力量解决关键问题，有利于产生质量较高的科研成果。能进一步推动学校、教师和学生的共同发展，打造学校的个性发展与特色品牌。

（三）课题研究的界定

1. "研培一体化"这一概念的提出

进入20世纪90年代，"研训一体、合作研究"成为一种国际潮流。"研训一体"主要指将教育教学研究与教师培训组合起来，融为一体，它是我国教师培训机构从实践中创造概括出来的一种实施全员培训的组织模式。

"研培一体化"人才培养模式是一种以促进教师专业发展为目的，以提高教师教学能力、教育能力和研究能力为重点，利用进修学校具有专业职能的教研中心和教师培训中心，培养适合县域内中小学校需要的具有专业素质和实践能力的教师队伍的人才培养模式。

2. "研培一体化"校本研修模式

研就是教学研究，培就是教师培训，也有把"研培"称为"研训""研修"的。所谓"研培一体化"校本研修模式，是以学校教学实际问题为课题，开展教学研究；以问题研究过程中涉及的理论需求和能力需求为内容，开展教师培训。通过教学常规管理和校本培训渠道，使教学研究探索的新方法和新技术，成为教师课堂教学常态化的方法和技术，以此丰富教育内涵，提升教学质量。

二、课题研究设计

（一）课题研究目标

以"四个统一"即统一研培管理、统一研培内容、统一研培队伍、统一研培验收为切入点，整合不同部门的优势资源，健康、有序、高效开展中小学教师培训工作。构建县域"研培一体化"校本研修模式，不断提升县域内中小学校的校本研修管理水平和教师专业技能水平。

（二）课题研究主要内容

本课题的研究立足于"研培一体化"这个核心，在促进学校发展、教师专业成长及开展校本研修策略等方面进行研究，课题研究所涉及的主要内容有：

1. 县域"研培一体化"校本研修培训课程资源开发的研究；
2. 县域"研培一体化"校本研修实施模式的研究；
3. 县域"研培一体化"校本研修模式组织管理形式的研究；
4. 县域"研培一体化"校本研修模式评价的研究。

（三）课题研究方法及策略

1. 研究方法

本课题是研究县域教师培训问题，研究对象涉及教育教学、教师队伍建设、教师个人专业成长等诸多方面，既要宏观掌控，又要微观实验。加之县域内的学校发展差异性大，教师队伍数量庞大，教师个人能力水平参差不齐，老教师和民办教师比例大，且大多数教师在学科专业知识、教学技能及教育科研能力等方面存在差距。受这些因素的影响，我们在课题研究的方法上主要选择了以下几种：

问卷调查法。针对全县内各级各类学校开展校本研修活动情况、教师队伍基础情况，通过问卷的方式收集全县各类学校校本研修活动基本信息，为更好地开展课题研究做好数据搜集和准备工作。

行动研究法。借助"国培"契机，通过构建五段式校本研修模式，同时利用进修学校资源优势，发挥教研员的指导、带头作用，从理论上实现教师培训与校本教研有效整合。一线的广大教师、基层学校有关管理者既是课题研究的对象，也是课题的研究者，他们的参与能提高课题研究的针对性，促进课题研究的深入开展。

文献法。课题研究应始终准确把握党和国家有关教育发展的政策要求，在研究中要及时了解和掌握教师培训方面的理论成果，及时学习借鉴教师专业成长、教师培训、校本研修相关经验。借助这些文献资料的学习，才能使研究工作保持正确的发展方向，让研究成果顺利达成。

2. 研究策略

本课题采取了项目整合、全员参与、基层实践的研究策略，依托"国培计划"项目组织开展校本研修活动。组建了由进修学校中小学教研室、电教室、教科所、教师教育等部门为主体的"研培一体化"校本研修专家团队，以全县四大片区作为实验基地，深入开展课题研究工作。

三、课题研究过程

1. 开展问卷调查研究，着力于现实问题，制定策略

2016年3月至5月在课题研究的初始阶段，课题组分别深入四个片区的12所学校进行送培调研，采用问卷调查法，通过下发《农安县学校校本研修情况问卷》和《农安县教师专业成长情况问卷》460余份，着重从基层学校校本研修活动、教师专业成长、校本研修效果评价等维度深度调研基层学校校本研修活动现状。通过对学校促进教师专业发展方面进行深入调研之后，我们发现一些学校存在以下不容忽视的问题：一是教师的基本功训练不能得到足够重视，更不能做到长期坚持；二是校本培训与教研活动存在"两张皮"现象，以至于教学活动支离破碎，不能解决实际问题，更不能有效促进教师个人的教育教学水平提升；三是教研工作缺乏吸引力和创新要素，教研模式陈旧，不能满足教师个性发展需要；四是缺乏有效组织与管理，研培内容不统一，缺少评价机制等。这些问题的存在严重地影响了校本研修活动的效果。

针对以上问题，课题组采取了理论提升学习、组建"研培一体化"研修专业团队的实施策略，以完成研究目标"四个统一"研培模式中的两个要素搭建为突破口，开展有成效

的研究。

（1）组建"研培一体化"校本研修课程内容开发团队。以学科教研员、学科骨干教师、名师工作室成员为主体，根据课题研究内容需要，开发适合本县域教师队伍情况的培训课程资源。每一学科的培训课程资源开发小组包括教研员一名、学科骨干教师两名、名师工作室成员两名。

（2）组建"研培一体化"校本研修培训专家骨干队伍，以外聘省级专家、优秀学科教研员、省市学科骨干教师为成员组建研培讲师团队伍。培训专家队伍成员构成要符合"五段式"研培模式要求，即集中研修阶段由外聘专家担任主讲教师；诊断示范阶段学科骨干教师发挥引领示范作用；研课磨课阶段学科教研员发挥有效指导作用；成果展示阶段和总结提升阶段发挥团队优势力量。

在课题研究初始阶段重点完成了课题研究目标中的"两个统一"工作任务，两支队伍的成功组建，能够确保课题研究工作顺利开展。与此同时，我们组织课题组成员深入学习有关理论知识，每月组织召开一次课题研究交流研讨会，统一思想，明确研究方向，增强研究自觉性。

2. 构建"研培一体化"校本研修新模式，着力于改变现状，深入研究

在课题实施阶段，课题组重点在统一研培管理、统一研培内容、统一研培模式、统一研培验收考核方面进行了深入研究。

（1）2016年6月至12月，根据课题研究内容需要，开发适合本县域教师队伍情况的培训课程资源。此阶段依托校本研修课程开发团队，收集县域内各级各类基层学校校本培训案例100节，在总结教师培训与校本研修有效内容的基础上，2016年11月末，初步开发出了3个板块、5个梯次、108课时的《农安县"研培一体化"校本研修课程资源包》。

（2）2017年1月至12月，课题研究活动重点聚焦在"研培一体化"校本研修活动组织管理形式和培训课程资源是否有效上，研究方法重点运用行动研究法。一是设计五段式"研培一体化"校本研修模式：①组织学科教师集中培训，每个片区选中10所学校，每校派2名学科教师参与培训，为期2天，以专家面授为主要形式。②参加培训的2名种子教师回到学校根据集中培训所学知识对标自己的课堂教学，准备一节示范课，在校域内开展示范课活动。"研培一体化"校本研修专家团队成员、学校业务校长、学科组长参与听课活动。③"研培一体化"校本研修专家团队成员、学校业务校长、学科组长针对示范课中呈现的问题参与研课磨课活动，以教研员为中心确定新授课方案。④进行二次示范课交流展示活动。⑤教师个人、学校、"研培一体化"校本研修专家团队从自己的角度系统总结，反思问题，制定改善计划。二是具体实施，根据设计内容按计划步骤开展校本研修行动，每个片区利用一周时间完成五段式研修培训活动。三是组织开展校本研修活动情况观察，学校、"研培一体化"校本研修专家团队要指定专人记录观察五段式校本研修活动的实施情况。四是课题组根据实验过程出现的问题，总结经验，反思研究成败，制定改善计划。

（3）2018年1月至10月，课题研究活动中，课题组主要做了以下三项工作：①修改完善《农安县"研培一体化"校本研修课程资源包》内容，经过第一轮的实践，发现校

本研修课程资源中缺少对于中小学教师信息技术资源应用能力提升培训内容。在这一阶段课题组经过调研、与学科教师座谈和教师经验交流等活动，补充了中小学教师信息技术资源应用能力提升培训内容。②制定农安县"研培一体化"校本研修模式实施方案，强化五段式研培模式，细化每一阶段培训的组织管理、人员分工、步骤流程、培训内容、培训效果评价考核标准。③强化研培活动过程控制，在上一轮研究基础上，调整和优化研培管理和实施步骤，形成统一研培管理模式，做到县里培什么，乡里就培什么；乡里培什么，校里就培什么。通过强化统一研培管理模式，解决了以往校本研修活动中散、乱、二级传导不到位、个别学校应付了事的老大难问题。

采取行动研究策略，在原有研究基础上，围绕研究目标和研究内容，不断地通过"计划——实施——观察——反思"迪金大学模式，使课题研究不断深入，呈现一种螺旋上升的状态。

3. 构建"研培一体化"校本研修新样态，着力于示范引领，扎实推进

一是专家引领。课题组根据县域内教师队伍基础情况，积极组建校本研修专家团队，通过集中培训阶段外聘专家讲座让参培教师汲取学科专家的经验和思想，同时利用进修学校资源优势，发挥教研员的指导、带头作用，从理论和实践两个层面上，实现教师培训与校本教研有效整合。在2017年12月组织的全员教师教学水平测试中，将参与两天集中培训的320名教师试卷进行取样分析，得出参与集中培训阶段学习的教师在教育教学理论方面、大纲课程标准理解方面、教学技能技巧知识掌握方面得到提升，提升率为5%。

二是研培一体。课题组根据课题研究内容的需要，以开发适合本县域教师队伍情况的研培课程资源为主任务，有效开展课题分层研究、分类指导工作。开展社会调查、教师座谈会、教师经验交流会等研究活动；围绕研究目标和重点内容，开展有效的教师培训活动。研培一体的有机整合，有利于集中力量解决关键问题，有利于产生质量较高的研修成果，能进一步推动学校、教师和学生的共同发展；研培一体的有机整合不断提升中小学教师专业技能水平，在实践探索中能够独立构建个性化课堂教学模式，促进教育教学质量的不断提升。

三是以培促教。课题组围绕"以培促教"这一中心，以提升校本教研的品质为抓手，通过开展送培送教等各种校本研修活动，有意识唤醒教师的危机意识，促进教师专业成长。2018年4月13日，农安一中代表东北片区举办英语学科校本研修成果交流开放日活动，通过三节示范课集中展示了诊断示范、研课磨课、总结提升三个阶段的研究成果。通过课堂教学展示、课后反思、同伴诊断、学科团队示范指导、同组共研等行动研究策略，使校本研修成果真正地促进了教师专业成长和学校教育教学质量的整体提升。

四是示范带动。课题组基于每学期组织的以四个片区为单位的课题研究交流培训会，不断进行阶段成果的提炼与展示。课题研究成果显著的实验校做典型成果经验分享；每学期定期召开片区内各中小学课题研究分析会，分析解决研究中生成的新问题，结合课题研究中产生的问题和困惑，对下一阶段的研究提出改进措施和要求。2018年9月，西南片区实验小学结合自身龙头校的优势特点，充分利用名校、名师的资源优势，通过公开课、示范课、研究课"三课"活动，引导实验校的教师主动投入"研培一体化"校本研修培训

活动中去，促进了研究成果在片区内学校中同步推广。

四、课题研究成果

（一）开发了县域"研培一体化"校本研修课程资源包

依托校本研修课程开发团队，根据课题研究内容需要，开发了适合本县域教师队伍情况的包含3个板块、5个梯次、108课时的《农安县"研培一体化"校本研修课程资源包》。

	对象	内容	学时
板块一 通识培训	学科教师	信息技术应用知识、信息技术资源应用能力提升、教育教学理论知识、学科课程标准解读、教学大纲把握	每年度不少于24学时
板块二 专项培训	学科教师	学科知识、教材教法、学法指导、三制三课深化研究、创新网络教研	每年度不少于32学时
板块三 分层培训	"入格"期新教师	信息技术应用技能、教师职业道德规范、班主任班级常规管理、教学常规	每学年不少于8学时
	"升格"期青年教师	学科学习策略、教学问题透视与分析、课堂教学案例分析、教材教法、课程标准解读	每学年不少于32学时
	学科骨干教师	采取任务驱动式，即培前明确目标、培中完成相关作业、培后进行二级传导，通过任务驱动进一步提升骨干教师教育教学研究水平，扩大骨干教师示范引领辐射作用	每学年不少于8学时
	老教师	以女教师50周岁以上、男教师55周岁以上的老教师为培训对象，以多媒体设备的简单应用为主要内容	每学年不少于4学时

（二）构建了县域"研培一体化"校本研修五段式研培模式

1. 集中研修阶段

采取请进来的方式，聘请省级专家名师开展主题论坛讲座，汲取学科专家的经验和思想，从理论上实现教师培训与校本教研有效整合。

2. 诊断示范阶段

通过课堂观察、师生访谈、问卷测评的方式进行诊断，找准教师课堂教学中存在的突出问题。针对问题提供示范教学，教师个人完成一篇教学设计并上一节示范课。

3. 研课磨课阶段

促使教师对自己的教学行为进行反思优化，要求教师打磨出一节精品课。

4. 成果展示阶段

开展研修成果展示交流活动，展示课堂教学改进和研修变化成果。

5. 总结提升阶段

通过对校本研修活动的系统总结、成果提炼、问题反思，制定改善计划。对生成性成果进行加工，形成本土化培训资源，从实践上实现教师培训与校本教研有效整合。

（三）加强了县域"研培一体化"校本研修模式组织与管理

本着县里培什么，乡里就培什么；乡里培什么，校里就培什么的原则，自上而下形成研培内容统一、组织形式统一、管理效能统一，构建了县域校本研修"研培一体化"的新样态。

（四）形成了县域"研培一体化"校本研修模式评价体系

明确思路，坚持原则，重点推进。结合"国培计划"项目实施要求和农安县教师队伍实际情况，制定了《农安县"研培一体化"校本研修五年行动规划》。规划中明确了四项基本原则，即坚持教师教育优先发展原则；坚持校本研培团队提升发展原则；坚持教师教育常规化管理与"研培一体化"管理模式原则；坚持按需施教、分层培养、学用结合原则。确立了以集中研修、诊断示范、研课磨课、成果展示、总结提升五段式的研修模式评价体系。

（五）取得了县域"研培一体化"校本研修模式一系列研究成果

在探索县域"研培一体化"校本研修模式的道路上，课题组通过近两年的实践探索，取得了阶段性的、有价值的课题研究成果。

《构建县域"研培一体化"校本研修模式实践研究》成果统计表

序号	内容	数量
1	农安县"研培一体化"校本研修课程资源包	108 课时
2	农安县"研培一体化"校本研修五年行动规划	2254 字
3	结题报告	7547 字
4	研究叙事集	119 篇
5	研究反思集	114 篇
6	教学设计案例集	118 篇
7	精品课例集	93 节

五、课题进一步研究与展望

本课题的研究取得了阶段性成果，有力地推动了我县组织实施校本研修活动质量的整体提升。然而因校本研修培训活动涉及的教师数量多、形式繁杂、教师个人能力水平不均等，课题实施过程中，仍存在着诸多没有解决的、不容忽视的问题，有待于我们在接下来的深化研究中，认真总结梳理，科学分析谋划。

1. 抓紧教师自我反思行为

针对教师的课后反思环节，要强化教师自我检查在教学中对问题的解决程度，探索用"课后记"形式归纳出自己新体会、新见解和新观点的有效方法和途径。这种方法对于一线广大教师来讲是最实际、最可行的"校本研修"。

2. 抓实案例分析研培环节

探索通过抓住某一典型的课堂教学环节或几个教学片段进行深入的、不同视角的剖析，从正反两方面总结出教学成败的方法和策略。这种方法对于提升教师的专业素质是大有裨益的，是最有效的"校本研修"。

3. 抓牢同伴互助组织形式

探索有效的教师集体备课形式，强化同伴互助作用，通过运用新理念、新方法、新技能梳理校本研修问题，形成新的教学模式。在教学实践中去检验新教学模式的合理性，促使新一轮问题的滋生和新方法的产生，不断使教学方法更新完善、教学行为规范优化。这种方式是最实在的"校本研修"。

在构建县域"研培一体化"校本研修模式研究上，我们取得了初步的成效，但由于课题研究还存在一定问题，尚有不少问题有待我们进一步探索。课题组将进一步加强跟踪指导，探索行之有效的成果转化策略，继续以本课题研究目标为方向，将课题研究与教师培训事业紧密结合起来，切实落实好校本研修活动优先发展策略，提升农安县域内的教育教学质量的整体水平。

县域教师业务培训实效性问题与对策研究

课题主持人：张海燕　农安县教师进修学校教研员
课题组成员：孙　强　农安县教师进修学校教研员
　　　　　　陶永波　农安县哈拉海镇中学教师
　　　　　　孙万跃　农安县教育技术装备处副主任
　　　　　　于永纯　农安县实验中学教师
　　　　　　姜希波　农安县万金塔乡第二中学教师
　　　　　　崔丽晶　农安县农安镇滨河初级中学教师
　　　　　　王亚娟　农安县哈拉海镇中心小学教师
　　　　　　王　荣　农安县育新小学教师
　　　　　　刘　爽　农安县实验中学教师

一、课题的提出

（一）课题研究的背景

1. 教师培训发展趋势的要求

随着新课程改革的深入开展，国内教师培训实效性方面的研究也逐渐活跃起来，研究者认为，教师培训必须以关注教师专业发展为中心，帮助教师把现代教育观念转变为教育行为。所以，广泛开展教师在职培训、实现教师专业化已成为大势所趋。

2. 县域内已形成的研究基础

多年来，进修学校充分发挥培训职能，在教师培训方面取得了较为丰富的经验。2014年，我县研培一体模式下的"三制三课"已经成为校本教研的常态化运行机制；2015—2017年间，全县多学科开展了国培送教下乡活动，将国培"五段式"与我县实际相结合，总结并形成了县域研培一体"五段式校本研修新模式"，这些都成为我们课题研究的坚实基础。

3. 我县教师培训存在的问题

经过广泛调研，我们发现我县教师培训存在以下问题：培训内容与教师需求联系不紧密，缺乏针对性；培训方式比较单一，缺少灵活性；培训效果模糊，培训评估与反馈缺乏规范性。所以，从训前筛查到教师参训再到训后反馈评估，创新培训形式，探索有效培训策略，是十分必要的。

（二）理论意义和实践价值

1. 理论意义

华东师范大学黄孝玉曾指出：一项国际调查表明，较高比例的教师认为他们在职培训的大部分时间是"令人失望的"。国内许多学者也从不同侧面论述了当前教师培训低效的问题。本课题借鉴美国"多样化的培训形式、丰富灵活的培训内容"等先进经验，力求在教师培训形式方面有所创新，构建与县域教师培训契合度较高的培训模式，让教师培训对教师实际教学的改进真正起到应有的作用。

2.实践价值

在本课题研究中，我们建立了一种新型的、多维立体的教师培训模式，让每一位教师参与其中，确立参训教师的主体地位；我们更加关注乡村教师的成长，促进师资水平的城乡均衡，同时重视培训团队的组建与团队成员专业技术水平的提升；我们不断完善培训的各个环节，提高培训的实效性。

二、课题的设计

（一）研究目标

1.探索构建"多维立体"教师全员培训模式，提高教师全员培训有效性。

2.探索形成乡村教师培训模式，促进乡村教师专业成长。

3.探索形成培训团队培养模式，组建一支本领过硬的培训团队。

（二）研究内容

1.针对教师全员培训，构建"多维立体"教师培训模式

课题组通过分段培训、名师导学、跟踪指导、网络研培、自主研修五大策略，整合各种培训资源，构建了"多维立体"教师全员培训模式。在这一模式中，我们将研究与培训有效结合，让教师在参训与教科研的实践活动中，提高自身的教学水平与科研能力，实现研培一体；我们注重发挥教师间的互助作用，让教师在结对子、过招式的过程中互相促进，共同提高；我们注重发挥校本研修的积极作用，激发教师内驱力，让教师在自主研修中实现蜕变。

2.针对乡村教师培训，重点突出"名师导学"策略研究

对于乡村教师的培训，我们在发挥区长校作用的同时，重点关注本校名师导学策略的应用，因为本校名师导学有着独特的地理优势和时间优势。我们鼓励各校学科骨干教师每人带一个或多个徒弟，签订帮带协议书，负责小范围内的教研与科研工作，不定期举行"三课"（引路课、示范课、探索课）活动，发现问题、解决问题、布置任务。同时我们鼓励每位参训教师都确立自己的小课题，以小课题为依托，以"名师导学"为主渠道，以研讨和反思为主要手段，提升自己的专业水平。

3.针对培训团队培养，重点突出"自主研修"策略研究

团队成员的学习与自律意识相对较强，"自主研修"策略非常适合团队成员的自我激励与成长。我们要求团队成员做到每周"三个一"（读一篇教育文章，精研一节好课，提炼一条教学经验）。同时组建团队成员交流群，大家可以随时交流学习感悟与心得，分享自己在课题研究过程中的经验，"自主"为主，交流为辅，最后达到提高的目的。

（三）课题研究方法及策略

1.研究方法

（1）选取调查法、文献研究法等，确定研究内容。在广泛调研的基础上，按照"教师需要什么就培训什么"的原则，突出真实，注重实效。

（2）采用行动研究法，组建培训队伍，开展课题研究。课题组以进修学校教研员为核心，

同时精选高中、初中、小学各学科骨干教师加入培训团队，全范围多形式开展课题研究。

（3）结合定量分析法、个案研究法等，评估研究效果。培训后通过问卷调查、座谈、考核、跟踪指导等方式了解参训教师的培训收获以及在教学岗位上的行为变化，进行个案分析，进一步获取教师的普遍行为变化数据。

2. 研究策略

本课题研究采取校校联合、骨干引领和总结推广策略。通过成立课题中心组，组建培训团队，奉行"示范引路、分工负责、通力协作"的工作思路，取得县、校两级教科研部门的协助，全力铺开全县高中、中小学教师在职培训，探索教师培训新模式，并及时总结推广成功做法。

三、课题研究的过程

（一）基于调研结果发现问题，确定研究内容和思路

我们首先开展了调研工作，以调研结果为参考数据确定具体研究内容和方法。本次调研共有10个学校约200名教师参加，县城学校4所，农村学校6所，采用问卷法、谈话法等方式进行，主要调研教师对以往培训的感知和对未来培训的期盼。在调查结果中我们发现以下问题：一是每年都参与三次以上培训的教师占比较小，多是学科骨干教师、教研组长和年轻教师，大部分学科教师参训频率较低，一年内从未参加过任何培训的教师也有一定占比，不利于教师整体的进步与提高；二是县级以上培训完成后校内二级传导的效果并不理想，基层教师领悟到的培训思想与内容大打折扣；三是校内的"三制三课"每学期都开展，但是教师参与积极性不高，导致形式化。教师期待未来培训能有以下几方面改进：内容选取上要与有效教学策略和考试评价息息相关；形式上可采用案例分析、示范课观摩、个别指导等主体参与性较强的方式；评估上要及时跟进，确保培训成效。基于调研结论，我们确定，课题研究重点放在全员培训上，同时兼顾乡村教师培训和培训团队培养。在课题实施阶段，我们的研究思路是通过"改进培训内容——创新培训形式——强化训后评估"三个步骤，使课题研究稳步推进。

（二）团队学习引领研究方向，分工协作提高研究效率

在课题被批准立项后，课题组成员首先学习了国内外教师培训理论，从大背景着手，把握课题研究方向。我们学习了高春香（南通大学教育科学学院）对美国教师培训的介绍，朱永坤（东北师范大学教育科学学院）对日本教师培训的研究，了解到国内"中小学教师培训正经历着从基于主客关系的传统范式向基于主体间性的新型范式的转型"，从理论上丰富自己。接着课题组整理了县域内教师培训的成功做法，深入研究了"三制三课"和研培一体"五段式校本研修新模式"，找到这些做法中培训与提效的结合点，明确了课题研究将从哪些方面作出突破，从县域实际情况入手，确定研究策略。最后，实行课题组成员包片负责制，保证总课题组的通知及研究工作安排能迅速落实到位。课题组成员分工联系各学区学校负责人，多个学区的科研部门分工协作，校校联合，大大提高了研究效率。

（三）分析现状探求解决问题新路径，调整策略推进研究进程

1. 改进培训内容，实行按需培训策略

课题组成员对调研结果精准分析，每次培训在内容的选择上都要仔细斟酌，尽量减少纯理念性的专家讲授式培训，选择教师需求量大的内容进行培训。针对新入职的教师，主

要进行教材教法培训；对于中老年教师，主要进行课标与考试、有效教学策略实施方面的培训；对于骨干教师着重加强科研引领，主要进行课题研究与教育教学规律探索方面的培训。按需培训，提高了受训人员的参与度，保证了受训者思想不游离。

2. 创新培训形式，践行总结推广策略

（1）开展小范围经验交流会，提炼有效策略。我们要求课题组成员在自己所负责片区内，不定期开展小范围经验交流会，积累课题研究典型做法。经过若干次小范围的交流研讨，我们共收集整理了调研问卷方式选择、调研结果应用方面的经验五条，网络有效答疑法、QQ群资源共享等网络研修经验5条，点对点培训法、接龙式培训法等基层互助式培训经验十余条，等等。课题组成员通过各种方式，不断共享这些研究成果，同时对于成效较高、教师喜欢的培训形式，我们及时总结，进行推广应用。"小范围交流"这一做法让研究过程更实、研究成果更丰。

（2）召开课题组阶段汇报会，解决典型问题。三年来，课题组每年都要召开两次阶段汇报会，每一成员都要就自己负责的研究内容做详细汇报，重点解决培训过程中暴露出的各种问题。比如经过实践与研讨，我们从常规的分段培训和名师导学培训中发现两个问题：一是参训教师的主体地位体现不明显，二是学习的空间与时间受限，所以我们又进一步强化了跟踪指导和网络研培。我们通过开展"走进课堂"活动，对受训人员随机听课，从教师专业能力、执教理念、对教材和学情的把握、课堂教学的实效等方面，与授课教师及教研组其他教师进行交流，让教师迅速把所学变所用；我们通过网络研培，无间断开展"点餐式"培训，例如分学科建立QQ群、微信群，每学科又分年级组建年级教研群，每个群设置三名管理员，负责随时解答教师提出的在教育教学中遇到的各种问题等，这样就突破了时空局限，实现了自由交流。

3. 强化训后评估，确保研究实效

（1）借助反馈单广泛征集建议，调整后续培训策略。课题组继承以往培训方式的精华，在实施"多维立体"教师培训模式基础上，穿插了课例式、主题式、课题研究式等充分发挥参培教师积极性、主动性的培训方式。每次集中培训结束后，都要进行座谈或者要求受训教师填写反馈单、答题等，了解教师的接受情况，以便及时调整研究内容与形式，使培训结果的评估更具实效性。

（2）以赛代培，促进教师自主研修。我们在此项策略探索方面的一个亮点是把中青年教师作为培训重点的同时，更加侧重赛培结合、以赛促培。2019年和2020年，我们相继开展了针对中青年教师的县级优质课大赛、教学设计大赛、微课大赛等，教师们在自主研修或者与师傅切磋的过程中不断完善自己的作品，在各项大赛中都取得了不错的成绩，也实现了我们对教师培训效果的阶段性考核。我们在赛后及时召开经验交流培训会，实现了资源的共享和培训品质的提升。

四、课题研究成果与成效

（一）创新培训形式，构建了"多维立体"教师全员培训模式

1. 模式解读

"多维立体"教师培训模式，包括分段培训、名师导学、跟踪指导、网络研培、自主研修五大策略，是一种涵盖教师知、情、意、行的培训方式。在培训目标上，它以重理论

传授向重教师专业发展转型，突破了以知识灌输为主的院校培训模式局限，把着眼点放在教师的成长上；在培训形式上，它既沿袭了口耳相传的面授模式，又注重发挥网络研培和校本培训功能，同时鼓励教师自主研修；在培训内容上，既有进修学校教研员的理论引领，又有培训团队的专题辅导，既有名师的引路示范，又有同行间对教育教学热点和难点问题的切磋交流；在培训成效上，它突破了传统培训一个点、一根线、一个面的平面局限，把教师培训变成了一个横纵交织、多向互动的立体动态模型，显示出了生命和活力。

2. 操作方法

（1）分段培训，引领提高。在具体的操作层面上，我们结合本县教师队伍年龄结构，每年将教师分三批次进行培训，分别是工作5年以下、工作10年左右和工作15年以上的，根据不同发展阶段教师的困惑有针对性地安排培训内容。经过一段时间的成效分析，我们发现了一些规律：教师前期遇到的问题是学科知识和教学方法问题，通过专题培训和自身实践比较容易解决；中期发展是决定教师专业发展方向的关键阶段，这一阶段，教师的情感态度会发生重大变化，如果他们积极开展教育研究，就会走上科研的幸福道路上来，进一步发展成名师、专家型教师；如果教师们还只是单独地重复着自己的教学活动，把教育教学简单地当成一份职业来做，他们将来就会产生比较严重的职业倦怠，不利于后期发展。所以我们将培训的重点放在了教师中期发展阶段。对于职业倦怠者态度的转变，我们主要采取了三种方法：一是靠年轻教师影响他们；二是进行任务驱动，让他们在做任务的过程中克服倦怠情绪；三是对他们进行教师职业幸福感的教育，初步取得了一些成效。

（2）名师导学，示范提高。名师导学包括两方面含义：一是本校名师导学，二是县域名师导学。首先是本校名师导学，也就是校本培训中的结对子或者师徒帮带。农安县现有省市县级各类学科骨干教师、科研骨干教师、名师工作室成员等两千多名，分布在全县各高中、中小学校及特殊教育学校，是一笔宝贵的培训资源。名师们在承担本职教学工作的同时，每个人都承担着帮带年轻教师的任务，每对师徒都签订了帮带责任书，其中明确了师傅的义务和徒弟应达到的阶段目标，针对性极强。县域名师导学，也就是县域内的科研名师、教学名师"送教下乡"和乡村教师"上行学习"，在这个过程中，师傅可以再投师变成徒弟，本校的徒弟因为在教学或科研工作中有一技之长，也可以成为他校教师的师傅，实现"一师带多徒"和"一徒投多师"，使师徒帮带具有循环性质、交叉性质、随机性质，内涵更加宽泛。不同教学风格的教师在帮带过程中相互影响，吸收彼此的经验，实现个性化成长，全县教师专业发展呈现出一种合作共赢的态势。

（3）跟踪指导，实践提高。针对分段培训与名师导学受训者教学实践环节缺失的局限性，课题组和团队成员又开展了跟踪指导式培训，不断深入受训教师课堂，或利用网络与参训教师进行交流，参与教师们的教科研活动。比如在进行"学思课堂"专题培训后，我们在深入课堂后发现以下问题：教师不能突破自身瓶颈，导致学生思维发展受限；农村学生知识基础薄弱，教师放手容易收手难；部分教师职业倦怠，主观上拒绝思考与进步。听课后我们及时总结，对教师的学习与教学分别提出如下建议：在个人学习方面，教师要做到优化教学设计、加强交流研讨、注重课后反思，做到学中有思，思而后行。在课堂教学方面，教师要做到课堂教学目标化，让目标引领学生的学习与思考；学习目标问题化，让问题促进学生的学习与思考；问题设计情境化，让情境升华学生的学习与思考。教师认真领会，逐一落实，对于推进"学思课堂"建设起到了极大作用。跟踪指导，成为县域教师培训的一大亮点。

（4）网络研培，互助提高。受训者既是被培训者，也是一笔宝贵的培训资源。我们通过网络平台有效地开发了这些原生态资源，实现了受训者角色的转变，解决了全县相当一部分教师交流提高的问题。首先通过网络平台开展自上而下的交流。我们充分利用进修学校网站的各个专栏，上传各种培训材料，教师们可以选择适合自己的材料下载研读。其次，通过QQ群、微信群开展自下而上的交流。鼓励教师在群内多多提问、广泛研讨，实现思维的碰撞。同时为每一位教师安排任务，定期上传自己负责的对应章节的课件、教学设计或经验文章，供大家参考。通过网络研培，受训者有了一个全新的角色定位，自有优势被充分开发，弥补了培训资源不足的问题，体现了培训理念的更新。

（5）自主研修，反思提高。这一培训策略是基于教师个体、以教师岗位实践为培训方式、以反思为主渠道的教师自主提高策略，是校本培训的一种，意在涵盖以上四种培训方式都没有辐射到的教师群体。在具体操作时，我们做到两个"解放"：一是解放受训者外部环境，二是解放受训者内部力量。解放受训者的外部环境是实现教师自主研修、反思提高的前提。在这个过程中，校长的责任非常重大。首先，校长要为教师创造一个促进个人专业成长的环境；其次，学校要建立相应的评价机制；最后，校长要负责培训的全程调控，督促每位教师在自主研修过程中的自我管理、自我反馈，并给予及时指导。这些我们在校长培训上都有所强调。解放受训者的内部力量是实现教师自主研修、反思提高的核心。我们一般情况下采取任务驱动的办法，与课题研究整合进行，让教师参研适合自己的各级各类课题，在研究中实现教师自主研修，反思提高。

（二）建立乡村教师专业发展引领驿站，形成了"三行"乡村教师培训模式

我县所有学校按地理位置划分为西北、西南、东北、东南四大学区，每个学区都由一所县级学校——区长校统领，比如初中四所区长校分别是一中、三中、四中、五中。区长校的职责是统筹安排大学区活动，适时安排教学开放活动。区长校作为县城龙头学校，师资和设施资源相对比较优越，合理利用必然能够引领乡村学校加快课改与教研的步伐。三年来，我们充分发挥区长校职能，以"名师导学"为主要手段，将区长校建设成了乡村教师专业发展引领驿站。

1. 下行送教

开展区长校名师送课下乡活动，研磨促提升。我们积极组织区长校的名师和骨干教师开展送教下乡活动。比如2018年，一中的李泉宏、高亚男，三中的孙丹，四中的陈颖等老师先后承担了多次送课下乡任务，到华家中学等多所农村学校送教，受到了农村学校领导和教师们的热烈欢迎。送教活动为农村学校带去了先进的教学理念，为教师们的课堂教学引领了方向，是最受教师们欢迎的培训方式之一。

2. 上行听课

开展乡村教师参与区长校开放课活动，学习促提升。区长校作为学区龙头学校，每年都会不定期组织开放课活动，乡村教师代表可以推门听课，现场观摩，了解学生学习状态，

学习教师的教学手段方法。乡村学校的领导可以与县城学校的教学领导沟通交流，学习先进的管理经验和教研科研做法。实地考察、观摩、学习，对于乡村教师教学能力与水平的提升帮助极大。

3. 平行研讨

开展县乡教师现场或网络研讨活动，交流促提升。我们利用各种活动实现县乡教师现场交流或利用网络广泛交流，提升乡村教师专业发展水平。比如学科教研会，分别邀请县城学校和农村学校的典型教师做教学经验介绍，互相借鉴、互相促进；鼓励县城学校的骨干教师和乡村教师私下结成师徒对子，保持经常性的联系和沟通；鼓励教师在学科教研群交流各种教学和研究问题；等等。以研育师，以研强师，全县教师都能从中受益。

（三）培训者队伍建设进一步完善，形成了"三拉练"培训者队伍培养模式

1. 师徒帮带拉练促提升

这一拉练活动主要通过考查师徒组合的成绩来促进名师的成长。比如通过听评课活动、审阅帮带报告和观察师徒在各项省市县级大赛的表现等，来确定师傅与徒弟的成长进程，督促作为团队成员的师傅加强学习，不断进步。

2. 横向岗位拉练促提升

主要开展两项活动：一是同学科名师县域内示范课互评活动，以学科为单位组织团队成员上示范课，互相评课研课，促进教学水平的提升；二是教导主任大拉练，以学校为单位组织教导主任进行教科研做法与成效的汇报，从教学协调与管理层面广泛交流，促进团队成员管理协调能力的提高。

3. 纵向自我拉练促提升

我们建议每位团队成员都为自己建立一个电子成长档案袋，记录自己参与的各项教研、科研、培训活动，记录自己获得的每一项荣誉，不断撰写教育教学论文、案例、反思，通过自我评价、自我考核来鉴定自己的成长进度，考查自主研修的效果。

五、课题进一步研究与展望

本课题研究还存在以下问题，在课题成果推广阶段和后续相关研究中，我们将继续进行深入探索，争取逐个击破。

1. 课题研究计划落实不到位，深度挖掘不够

由于教研工作的特点，有很多临时性的工作会对课题研究计划造成时间上的冲击，导致课题研究的连续性和深度受到影响，有待以后加强。

2. 研究成果的提炼缺乏高度

虽然课题研究取得了丰富的物化成果和理论成果，但是很多都没有达到发表和出版的高度。在后续研究和推广中，我们会尽量将研究成果深化提炼，在理论上获得更大提升。

3. 教师参训积极性仍需提高

我县一线教师以中年以上居多，由于年龄、家庭、工作任务重、领导不重视等多方面原因，使部分教师参训积极性受到很大影响，如何提高教师参与度值得进行深入研究。

中小学教师 STEM 素养提升策略

课题主持人：黄　娟　长春市基础教育研究中心科研员
课题组成员：王淑琴　长春市基础教育研究中心副主任
　　　　　　刘　俐　净月高新技术产业开发区教育科研中心教科所所长
　　　　　　朱艳秋　经开区教师进修学校教科所所长
　　　　　　姜思宇　经开区教师进修学校信息部主任
　　　　　　殷孝辉　长春吉大附中力旺实验小学教师
　　　　　　仇新华　长春吉大附中力旺实验中学教师
　　　　　　袁智慧　北京师范大学长春附属学校教师
　　　　　　翟建丽　净月区中海新湖希望小学科研主任
　　　　　　张梦辉　净月高新技术产业开发区华岳学校主任

一、课题的提出

（一）课题背景

STEM 教育是当前世界各国科技实力竞争的重要部分，2007 年 STEM 教育正式作为美国国家行动计划和教育战略，在 K-12 和大学阶段全面推行。奥巴马正式签署了《2015 年 STEM 教育法》，从立法角度对 STEM 教育的实施给予保障。德国、英国、法国、芬兰、加拿大等很多发达国家都从国家顶层设计上全面推动 STEM 教育。2017 年，中国教育科学研究院发布《中国 STEM 教育白皮书》，启动中国 STEM 教育 2029 行动计划。与世界发达国家相比，我国 STEM 教育起步时间较晚，从政策、环境到课程、师资等都需要不断升级、完善，而师资是 STEM 教育质量提升的保障，我国目前 STEM 师资主要存在两大普遍问题：一是教师配备不足，缺少专任 STEM 教师。二是承担 STEM 教育或跨学科教学的教师综合素养不高，缺少对学科整合、实施 STEM 教学的能力。2018 年中国教育科学研究院发布《STEM 教师能力等级标准（试行）》，指出 STEM 教师素养主要指向 STEM 教育价值理解与学科基础素养形成，指向跨学科理解、课程开发与整合，指向教学实施与评价。本研究旨在通过实践探索提升促进 STEM 教师专业发展的相关策略。

（二）课题价值

理论价值。依托先进地区师资培养方式方法，以我市 STEM 教师素养发展为研究个案，挖掘 STEM 教师应具备的素养内涵，探索适合各级各类学校 STEM 教师发展整体策略和差异性策略，提高教师培养方式的规律性认识，形成 STEM 教师素养培养的系列方法、策略、模式。此研究对 STEM 教育开展具有重要的学术价值和借鉴意义。

实践价值。从 STEM 人才战略需求看，我国当前信息化和工业化逐步走向深度融合，急需培养大批具备科学素养、技术专长和实践能力的复合型创新人才，此研究能够为我市教育教学管理部门提供政策、规划依据，推进我市师资培养的持续、深入探索，指导学校对现有单学科教师进行培养，打造一支有能力、有担当的高素质 STEM 教师队伍，缓解基层学校 STEM 教师缺乏的压力，全面提升我市 STEM 教育质量。

二、课题研究的目标、内容、方法、策略

（一）研究目标

1. 调研区域 STEM 教育师资的现状，发现 STEM 师资的问题，分析原因，探索有效推进策略。

2. 挖掘中小学教师 STEM 素养内涵，探索中小学教师 STEM 专业发展路径，构建相应的教师培训体系。

3. 构建学习共同体下的中小学 STEM 教师教研模式、教学模式、反思模式，全面提高中小学教师 STEM 教育实践能力。

（二）研究内容

1. 依托本区域 50 所有代表性的 STEM 联盟校，以了解 STEM 教师的专业基础和发展现状为目的进行调查研究。通过下发问卷、资料整理、数据汇总分析，确定我市 STEM 教师素养发展中存在的问题，预设 STEM 教师培养策略，并进行实践验证。

2. 依据《STEM 教师能力等级标准（试行）》和国内外 STEM 教师素养资料，进行文献研究。探索中小学教师 STEM 素养的内涵，从教师专业发展的角度出发，区别于教师整体素养，探索教师 STEM 素养所包含的 STEM+ 学科知识水平、项目设计创新能力、STEM 教学能力、组织协调与合作能力等内容，探索教师培训模式。

3. 创建由各级教研人员、学校管理人员、STEM 教师组成的学习共同体，依托课题研究、课例研究，探索 STEM 教师教研模式。

4. 选择各学校典型案例进行分析、总结，探索项目来源、设计方式、实践及评估方法，提炼教学的原则、流程、策略与反思模式等，形成中小学教师 STEM 素养提升的有效策略。

（三）研究方法

1. 文献法

通过全国各级各类期刊、网络，查阅国内外教师 STEM 素养发展现状，了解教师 STEM 素养培养教育的理论知识、实践经验，了解教师 STEM 素养发展过程中出现的问题及解决对策，为本课题的研究提供操作上的借鉴。

2. 调查法

设计 STEM 教育师资问卷，选择联盟校抽样调查，了解我市中小学教师 STEM 素养的发展现状，发现问题，分析原因，寻找对策；对 STEM 联盟校领导与教师进行访谈，了解教师 STEM 素养提升过程中的困惑和发展需求，拟定对策。

3. 经验总结法

在探索 STEM 教师培养策略过程中记录关键细节，总结有效做法，提升规律性认识，构建可操作、可复制的教师培养实践模型，采取"边学习——边实践——边反思——边总结——边推广"的策略，加强研究成果辐射和迭代更新，推进区域教师 STEM 素养持续提升。

（四）研究策略

本课题研究拟依托联盟校，以构建教师 STEM 素养发展有效策略为目标，采用文献、调查、总结等多种研究方式，在我市进行"中小学教师 STEM 素养发展策略"的个案研究，探索教师 STEM 素养的普适性和独特性，重构本地 STEM 教师素养基本框架；不断积累、总结区域内的中小学教师 STEM 素养发展经验，实现区域内的成果同步转化，形成本区域 STEM 教师素养提升策略，并为同类研究提供借鉴参考。

三、研究过程

（一）开展调研，了解 STEM 教师现状

2018 年初，面向长春市中小学幼儿园近 50 所 STEM 联盟校进行了《关于中小学校 STEM 教师发展情况的问卷调查》，对部分学校进行了访谈，从基本理念、师资、培训、课程、环境等几方面进行了调研、分析，总结了师资存在的五个问题：一是 STEM 教师数量整体不足；二是区域发展不均衡，长春城区联盟校中约 64% 的学校 STEM 或创客及科技创新类教师配备齐全，有专任或兼任教师，长春外县区没有开展 STEM 教育；三是各学段教师配备不均衡，小学和九年一贯制学校配备专任和兼任 STEM 教师达 64% 以上，高中没有配备专任教师，兼任教师约 46% 以上，初中 STEM 教师配备不足 32%；四是理科教师是参与 STEM 教育的主体，语文、英语、政治与其他学科教师参与比例不足 30%；五是职前培养缺失，在职教师职前均未接受 STEM 教育，目前长春师范大学等部分高校个别专业开设了相关 STEM 课程，但由于培养周期长，还满足不了现实需求。

（二）建立学习共同体，探索 STEM 教师培训模式

一是制定 STEM 教师发展规划，引领教师专业发展。建立由科研院所、高校、中小学教师共同参与的学习共同体，以推进长春市 STEM 教育发展为共同愿景，将 STEM 教育价值理解、学科基础、跨学科理解与实践、课程开发与整合、教学实施与评价等内容的培训作为教师 STEM 素养提升的基本路径，组建对应专家梯队，统筹规划、研学共进、协同发展。

二是探索培训方式，促进教师多维提升。通过参与、组织各级各类培训，总结出不同层级教师的三种培训类型：一是"引领式"培训，主要针对刚刚参与 STEM 教育的教师，以提升理念、引领方向为目的，学习 STEM 教育的理论与内涵。二是"互助式"培训，主要针对实践探索中的教师，以提高教育实践能力为目的，学习全国各区域、各学校的成功做法与经验教训。三是"订单式"培训，主要针对研究中遇到困惑和发展到了瓶颈期的教师，以解决问题和突破思维限制为目的，进行专项内容的学习。培训注重线上、线下双轨并行，通过课堂教学、专题讲座、主题研讨、情境体验、参观学习等形式，提高培训的有效性。

三是建立培训机制，保障教师培训质量。通过 2019 年以来多场会议学习、实地踏查、研讨交流，总结 STEM 教师培养模式，以"引领校带动——实验校联动——跨区域互动——区域内推动"为教师培训思路，以专家培训、示范观摩、互动研讨、拉手对接等为主要培训形式，发挥优势引领作用，实现区域教师共同发展。

四是拓宽学习渠道，创设开放式教师培训空间。建立多媒体群，及时推送全国的 STEM 教育动态资讯和前沿文章、培训活动和高端赛事；通过纸质媒介，在《STEM 教育这样做》《长春教育》等书籍、期刊上推广区域研究成果；通过国家、省、市各级专题培训，

提高教师实践能力,形成共学、共研、共进、共享的教师发展态势。通过分析教师的成长轨迹,依据《STEM教师能力等级标准(试行)》文件解读,重构STEM教师培训框架。

(三)组建研究共同体,探索教师教研模式

2018开始,我市开始设立STEM课程、教学、空间建设、教师专业发展等专项课题进行研究,并分类别重新组建多个研究共同体,聚焦课例,在学校教科研行政支持和专业研究人员学术支持下,依托学习、研讨、实践,提升教师STEM理解、教学设计、教学实践等综合能力。

具体实施:一是吸纳与STEM教育相关的学校领导、教科研人员、STEM教师、区域STEM研究员以及跨区域的教师和专家,围绕同类课题,组建研究共同体,让STEM教师能够站在团队的高度,思考STEM教育发展及落地的途径。二是建立课题培训、课程开发、教学研讨、网络研修及各项管理制度,营造良好的内部学习环境和外部环境,使STEM教师能够得到来自行政、学术、社会等多方面的支持,提升STEM教师的价值认同感。三是围绕教学实施进行任务驱动,引领STEM教师站在国际视野,主动探索,全程参与并获得STEM教育活动的实践体验,发现区域开展STEM教育的问题,探索解决策略,形成有效的经验,从而获得专业发展的内驱力。

(四)开展案例研究,构建STEM课堂教学模式和反思模式

选取各区、校多个有代表性的案例,如浙江路小学"制作降落伞"、吉林小学"电脑动画制作"、吉大附属力旺小学"雾霾口罩"、净月区新湖小学"制作喂鸟器"、华岳学校"风动力小车"等,从STEM教育案例的项目来源、项目设计、实践探究和项目评估四大环节入手进行分析,提炼STEM教学模式和反思模式。

1. 探索项目来源

分析案例的缘起,进行分类汇总、提升,确定问题来源。从科学类别看,可以来源于自然科学、人文科学、社会科学,从实际发展看,可以源于单学科拓展、多学科融合、学生兴趣和实际问题等。

2. 探索STEM项目设计方式

项目设计要关注工程设计和科学实践,针对项目式学习,首先要改变传统的教学设计模式,变"教"为"教与学",依托现实背景和需求,从教师和学生两个维度入手,对目标、重难点、项目学习准备、过程、方法、评估进行分别设计。

以"制作喂鸟器"项目设计为例。

首先思考从教师的角度进行设计。教学目标指向教学任务的完成,实施对学生的引导、指导和督促,具体目标是指导学生选择文献法、调查法和观察法等科学的方法和正确的途径了解鸟的知识,选择鸟的种类,完成喂鸟器的制作;指导学生顺利完成合作,并以科学的态度评估作品。

经过实践后,增加了从学生的角度进行设计。学习目标指向自我认知能力、合作能力、创新能力、职业能力(抗压、应变、管理、协调等)的发展,具体目标是多种渠道丰富鸟的知识,选择自己喜欢的鸟儿,运用科学方法进行观察,发挥自己的优长,与同伴合作完成喂鸟器的制作。

学生准备从四个层面入手：一是知识准备，通过书籍、网络，或调查公园相关人员，了解东北地区的气候和鸟类习性；二是合作准备，自愿加入小组，与同伴协商分工，确立共同目标，准备合作完成任务；三是材料准备，准备制作喂鸟器的纸板、绳子、胶水、熔枪等制作工具和材料；四是自我期待，设定自己在项目学习中的挑战任务，学有预期，以求自我在知识、方法和能力上的突破。

3. 探索实践流程

项目实施中要使用表单等工具，详细记录探究和改进过程。在"风动力小车"项目中的基本探究流程分为五个阶段：第一阶段是学习风动力原理；第二阶段选择车的种类，选项相同的同学自愿成立合作小组；第三阶段主要根据自己的想象，设计小车草图，草图中标注数据；第四阶段由小组讨论各个成员的草图，集思广益，合作完成小组设计图；第五阶段同伴分头准备材料，共同制作。可以看出，项目实施的过程严谨、科学，关注学生知识体系的建构。

4. 探索项目评估方式

评估要讲究证据，对照目标达成，注重反思和改进。在项目中评估主要从四个方面进行：一是针对作品进行展示讲解，学生重点讲解实际制作与设计是否一致，发现问题后如何思考，小组成员提出哪些好的建议，有哪些调整，调整后的效果如何；二是接受老师和其他同学评价，记录问题；三是改进、完善作品，检验效果；四是发现新问题，重新设计改进方案。评估改进的过程也是反思提升的过程。

四、研究成果

（一）构建了学习共同体下的STEM教师培训体系

STEM教师培训体系同时关注个人与学习共同体的发展。STEM教师既是培训主体，又是培训对象，以培训目标集中化、培训课程模块化、培训资源网络化为基本培训策略，全面提升专业教师应具有的学习力、领导力、课程开发力、沟通协调能力。以下是基于学习共同体的三大模块、十项课程的STEM教师培训课程架构。

基于学习共同体的STEM教师培训课程架构

学习模块	课程名称	课程内容	能力指向
STEM教学计划	STEM教育实施基本方式——项目式学习	什么是项目式学习；项目式学习核心要素和基本模式是什么；如何确立适合不同学段学生的STEM项目；STEM项目的确立应遵循的原则（真实性、挑战性和开放性）。	指向跨学科理解、课程开发与整合
	STEM教学设计与评价要点	STEM教学设计基本框架是什么；STEM教学设计应遵循的原则（可行性、科学性和发展性）；STEM教学设计中教师和学生各自的整体目标、活动准备、各环节的任务是什么；教师如何通过自己的教学行为变化影响学生的学习行为；STEM教学评价从哪些方面入手；不同方面评价的标准是什么；如何在项目设计时发挥评价的导向性作用。	
	STEM教学信息化手段	STEM教学常用信息技术手段有哪些；在教学环节中如何适当应用。	

			续表
STEM教学实践	STEM教学教师任务指南	教学过程中，教师如何帮助学生解决学习上遇到的问题；在教学过程中，教师如何引导、观察、指导学生的自主学习、合作学习；教师如何指导学生进行信息化课程资源的选取与应用；教师如何进行课堂研究；教师如何保证教学过程的严谨性、持续性和深入性。	指向教学实施与评价
	学科与STEM教育	与STEM教育密切相关的学科知识（如物理、化学、生物、科学等）在现实生活中的实践应用、计算机教学、工程实践等。	
	STEM教学评价方式方法	教学评价的方式方法有哪些，如何科学评价STEM教学过程与结果；激励学生参与STEM学习的方法策略；判断学生在STEM学习过程中获得发展的标准；科学设计教学评价使之具有客观性、激励性和反思性。	
STEM教师可持续发展	STEM教育理论	STEM教育的理论；国内外STEM教育发展历程、现状、发展前景和可借鉴之处。	指向STEM教育价值理解与学科基础素养形成
	STEM教育个性化与智能化	STEM教育信息化平台有哪些，如何建设和应用；如何利用信息化手段整合STEM相关资源；如何将信息技术应用到教学各环节中；如何利用在线教学平台对学生学习进行精准分析，提供个性化学习指导。	
	STEM教育研究常用方法与成果提升	STEM教育研究中常用的科学方法应用，如观察法、调查法、经验总结法、文献法等；如何科学选择并应用这些方法；如何提升STEM研究成果。	
	STEM教育开放活动	开展相关的社会性STEM教育活动，邀请校内外对STEM教育感兴趣的人群参加，尤其是吸引年轻教师和各行业年轻人参与，扩大STEM教育的社会影响力和师资储备。	

（二）创建基于研究共同体的STEM教研模式

以STEM教师为教研主体，聚焦教学设计与实施，学校教科研人员、合作学科教师、专业研究人员进行同伴互助，构建起了基于研究共同体的STEM教研模式。遵循地域特征、学校基础、学科本质、教师经验等差异性，在STEM教研活动中，所有共同体成员都是学习者、研究者和实践者，既要承担研究任务，解决各自面临的实际问题，又要相互依赖、帮助和借鉴，在研讨、交流、体验、反思的过程中共同提高对STEM教育的认识，进而获得专业化发展。

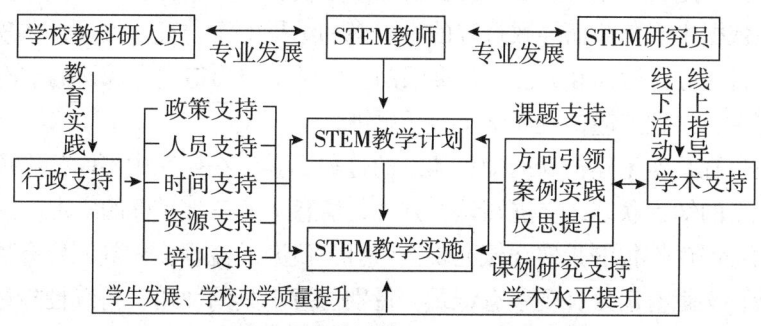

基于研究共同体的STEM教研模式

（三）构建了 STEM 教育理念下的项目式学习模式

依托美国巴克教育学院 2013 年推出的项目式学习"黄金标准"，将学生学习目标、项目的基本设计元素和教学实践三部分作为项目式学习模式的概念内核，立足学生主体、教师主导的设计思想，以"问题趋动——项目设计——实践探究——项目评价"为 STEM 教育的基本流程，构建了 STEM 理念下的项目式学习模式。

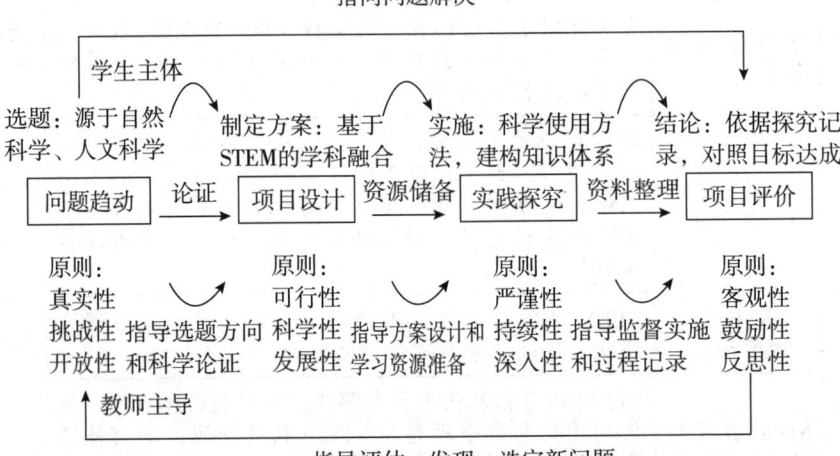

基于 STEM 教育理念下的项目式学习模式

1. 问题趋动，途径多元，提高学生创新意识

项目选题可以来源于自然科学、人文科学和社会科学，学生在项目式学习过程中，都会涉及 STEM 的核心学科内容。

选题原则：真实性体现在问题来源的真实和问题解决后对实际生活的影响，以此培养学生的求真意识。挑战性体现在问题解决要具有一定的难度，能够激发学生挑战自我的兴趣，提升自我价值感。开放性体现在问题选择的多角度、问题解决途径的多样性和结果的不唯一，培养学生的创新意识。

2. 项目设计，论证充分，培养学生科学态度

一个好设计能够依托"是什么"，经过大量取证并科学诠释出"为什么"和"怎么做"，最终再回归于"是什么"。

项目设计原则：可行性体现在目标的合理性，设计要分年段"落地"，以现有条件能够完成学习任务，途径清晰、方法可行。科学性体现在设计要有客观的数据或调查结论作为支撑，避免依据主观判断而导致过程的不严谨和结果的不合理。发展性体现在预留空间上，减少对项目任务、途径和方法的过多限制，给学生留出追问、深研的空间。

3. 实践探究，过程严谨，发展学生科学思维

实践探究过程是学生建构新的知识体系的过程，学生在探究中不断打破原有认知，更新思想，形成新的知识联结，促进知识、方法、情感态度三维目标的实现。

实践原则：严谨性指的是实践探究要按照科学研究的流程，做到调研有提纲或问卷、有数据和分析，文献有出处，观察有记录，特别注意工具的使用。持续性指过程和思考的持续，要预计到实际问题的复杂性，在实践与思考的过程中学会客观分析，发展科学思维。

深入性指的透过问题的表面，深思与追问问题的实质，找到解决问题的关键所在。

4. 项目评价，关注过程，提高学生反思能力

项目评价以提高师生能力、促进师生发展为最终目的，以项目研究的思考、合作及实践过程等为评价对象，一般以小组为单位进行。

评价原则：客观性就是要从学生学习的态度、参与度、小组合作情况、科学方法使用以及作品等多个角度，客观看待学生的学习过程和结果。鼓励性主要是在评价中多从学生在项目式学习的进步情况出发，针对学生的年龄特点和学习难度，对学生的认知、合作、创新、实践能力等放宽评价的尺度，肯定进步。反思性主要针对学习小组而言，从项目设计、人员分工、合作交流、操作过程等项目式学习的不同环节进行反思，找到成功与需要改进之处。

（四）形成了基于学习共同体的 STEM 教师反思模式

建构主义者认为，学习是学习者根据自己的经验背景，对外部信息进行主动选择、加工和处理，从而获得意义的过程，其中对信息加工、处理的核心动作就是反思。反思作为教研的深延，是理论与实践互动的桥梁，依托实践过程，以"问题确诊——过程诠释——行动改进"三个阶段作为反思闭环，构建了基于学习共同体的 STEM 教师反思模式图。

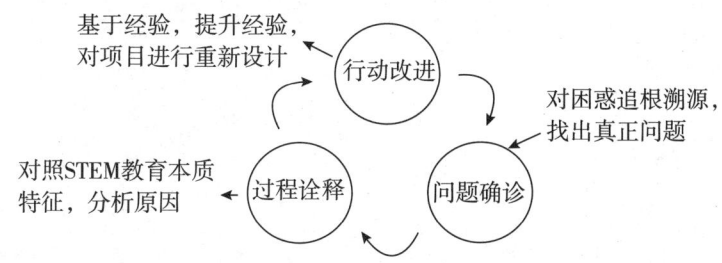

基于学习共同体的 STEM 教师反思模式

问题确诊，教学实践中经常会有很多困惑之处，教师要从这些表象中发现真正的问题所在。过程诠释，看似相同的问题，在不同的情境下出现的原因却可能是不同的。因此，要把问题放回特定的情境下进行分析，对照 STEM 教学的本质特征，通过层层追问，找到表象后面的真正原因。行动改进，基于反思的实践，也是反思的最终意义所在，是教师经验提升的见证。行动改进见证了教师对 STEM 教学认识上的变化，教师将不断内化新学习到的理论与实践知识，并付诸行动，这也是教师专业发展实现突破的重要过程。

五、下一步展望

1. 加强成果的转化推广

基于共同体下的培训、教研与反思，是促进教师专业发展的有效路径，课题组将进一步转化和推广本课题研究所形成的培训体系、教研和反思模式、教学模式等成果，加深我市教师对 STEM 教育的内涵理解和价值认同，完善各自的知识体系，形成 STEM 教育的归属感，并在实践中不断学习、创新，探索更加成熟的本土 STEM 教育智慧。

2. 深化 STEM 教师培养研究

持续深化 STEM 教师培养研究，在以下方面进行深入探索：一是扩大 STEM 教育外延，鼓励教师打破学科界限，探索项目式学习新路径；二是推动行政干预，发挥区域、学校的

顶层设计和监督管理作用，为STEM教师发展提供保障；三是加强教师在STEM教学设计、实施、指导和评价方面的培养，提高教师实践能力；四是构建不同类别的共同体，探索家、校、社会多方参与的STEM教育合作方式；五是加强专业研究人员的培养，提升专业人员跨区、校组织STEM教研、指导各学段STEM教学、培养STEM教师的综合能力，真正成为区域STEM教育发展的引领者。

德育创新篇

DEYU CHUANGXIN

中学生积极心理健康教育活动的实践研究

课题主持人：李国荣　长春市第二实验中学校长
课题组成员：康　成　长春市第二实验中学心理中心主任
　　　　　　李艳莹　长春市第二实验中学政教主任
　　　　　　关俊涛　长春市第二实验中学党委书记
　　　　　　韩景龙　长春市第二实验中学副校长
　　　　　　张德辉　长春市第二实验中学副校长
　　　　　　荣　忠　长春市第二实验中学副校长
　　　　　　丛宏伟　长春市第二实验中学教师

一、课题提出

（一）研究背景

1. 学校积极心理健康教育实践已经形成全方位多途径开展格局

我校心理健康教育工作历经二十多年的研究，已经形成了全方位多途径实施积极心理健康教育的格局，具体相关途径的实践经验也已相对较为成熟。在已经较为成熟的经验基础上进行具体活动途径中的创新突破研究，可以成为新的研究关注点。

2. 积极心理健康教育理念被广泛接受

积极心理健康教育理念在中小学校心理健康教育实践中得到了广泛认同。我校把积极心理学理念渗透到心理健康教育各个途径之中，初步形成全面活动中融合积极体验性心理健康教育理念的局面。以此为基础，探索积极心理健康教育实践新突破，对于丰厚积极心理学理念的实践指导有重大意义。

3. 积极心理健康课是面向全体学生展开积极心理健康教育活动的核心途径

在中小学校，心理健康课是面向全体学生的心理健康教育活动中最基础性的工作，也是最重要的工作，离开心理健康课，谈学校心理健康教育活动的开展是苍白无力的。同时，以积极心理健康教育理念引领的心理健康课程是实现学校心理健康教育工作全方位实施的核心，学校心理健康教育活动的丰富性、持久性和有效性，都是建立在心理健康课的持续开展基础上的。因此，积极心理健康课堂为其他活动的广泛开展提供了充分的空间保障。

（二）研究意义

积极心理健康课堂教学的创新突破对于全体学生的心理发展具有重大意义。积极性、体验性是当前在心理健康课程设计和实施中被普遍认可并遵循的原则，在原有积极心理健康课堂教学实践基础上进行一些突破性的创新举措，进一步强化积极性、体验性，能够使心理健康课更能贴近学生，最大限度地促进学生的积极心理发展，从而产生有价值的可借鉴的实践成果。

二、课题设计

（一）研究目标

1. 总体目标

对学校积极心理健康教育活动中的核心途径——积极心理健康课进行有针对性的探索，实现积极心理健康课堂教学实践的创新路径突破，促进心理健康课堂教学效果优化。

2. 具体目标

（1）在实践中探索积极心理健康课堂教学中运用体验式团体心理沙盘的方式方法。根据体验式团体心理沙盘与积极心理健康课在原则、方法等方面的契合点和不同点，研究如何在积极心理健康课中有效运用体验式团体心理沙盘技术。

（2）探索积极心理健康课堂教学在细节上的创新突破。通过拓展创新心理健康课堂教学的具体操作形式及内容，丰富积极心理健康课堂教学内涵，延展积极心理健康课功能，实现学生内在心理动态的充分表达和释放，使积极心理健康课堂更加贴近学生心灵，更有实效。

（二）研究内容

一是积极心理学理念在心理健康课堂中的有效应用。结合心理健康课堂积极体验性的特点，探索如何以积极心理学理念为引领，科学实施心理健康课堂教学活动，形成有价值的积极心理健康课堂教学实践模式。

二是将艺术心理表达的方式，尤其是团体心理沙盘、心理绘画等方式的实践经验融入积极心理健康课堂。探索如何将团体心理沙盘的操作模式经过科学转换，构建合理有效的以班级全体学生为对象的班级心理沙盘课堂教学模式。

三是打造丰富的积极心理健康课堂教学形式，实现积极心理健康课堂教学实践新突破。在以往心理健康课堂教学实践经验的基础上寻求突破口，以达到最大限度实现积极心理健康课堂促进学生心理积极发展的目的。

四是实现积极心理健康课堂教学活动过程资源的充分利用，最大化心理健康课堂教学效果。研究探索课堂教学过程中如何关注活动生成性资源，敏锐觉察学生心理动态，有效干预心理问题，促进每一名学生的心理健康。

（三）方法策略

1. 研究方法

侧重行动研究，在原有实践经验基础上，进行探索推进，在积极心理健康课堂教学活动过程中形成突破性经验，边实践边总结，产生有价值的实践成果。

2. 研究策略

本课题研究以积极心理健康课堂为主阵地，以学校积极心理健康教育工作实践为经验基础，在学校心理健康教育领导小组的指导下，全体心理专职教师深入探索，扎实推进积极心理健康课堂教学实施的创新突破。

三、研究过程

（一）利用心理沙盘载体，增强学生心理体验感悟

自从引进了简易团体心理沙盘设施，我们对积极心理健康课堂中融合体验式团体沙盘

的方式进行了初步探索。与专门的体验式团体心理沙盘活动有所区别，以班级为单位的融合团体心理沙盘的心理健康课，根据心理健康课原有实际特点，基于心理健康课全员性、时间短以及注重发展而非问题等特点，依据学生整体心理特点和需求，以积极心理健康课堂教学主题为核心，设立沙盘创作主题。这种模式更加丰富、直观、形象，突破了以往积极心理健康课堂教学活动模式，提升了课堂教学效果。下面以教学实例《走近未来》这一课进行说明：

1. 热身活动"抓未来"：教师指导学生以组为单位围成一圈，左手手心朝下伸平，右手伸出食指顶住右手边同学的左手手心。听老师读一段话，听到"未来"二字瞬间，快速用左手抓住左手边同学的右手食指，同时右手迅速逃离右手边同学的抓取。这个环节和平常的积极心理健康课没有什么区别，以互动性较强的热身活动恰当引出主题《走近未来》。

2. 主题活动：以沙盘为载体共同创作以"我的未来"为主题的沙盘情境。具体过程如下：

（1）选沙具：先按座位顺序确定每个人的组内序号，然后按序号有序选取沙具，每个人最多只能选三个沙具。

（2）摆沙具：所有同学选完后依序摆放沙具，共需要摆三轮，每轮每人依次摆一个。要求学生在摆沙具的过程中不能动其他同学已经摆好的沙具，也不能对其他人摆的沙具进行评论。

（3）沙盘分享：全都摆完后，每个同学按顺序在组内分享自己的想法感受。组内分享结束后，组长对本组沙盘作品进行展示分享，以第一人称根据自己的理解展开想象，面向全班同学进行介绍。

3. 教师小结：最后老师做简要总结，根据所有同学的分享做恰当的引导。

需要重点强调的是，由于时间的限制和积极心理健康课主题的鲜明性，心理沙盘活动作为积极心理健康课的一种有效方式，必须为心理健康课堂教学主题服务。

（二）实施主题绘画方式，灵活展现学生心理动态

作为艺术心理表达形式的主题绘画方式，对于积极心理健康课堂而言，是学生内在心理投射比较好用又备受欢迎的形式。通过绘画方式表达内心世界，学生的想法和情绪得到自由表达和释放，让心理健康教育更贴近学生的需要。下面以《难忘初中》这一节课中的主题绘画活动为例：

为了使刚入高一的学生能够顺利度过适应期，我们设计了《难忘初中》这节课，以"初中难忘瞬间"为题，引导学生通过绘画的方式描绘初中生活最难忘的瞬间。他们静静地回忆、感受，然后画出那个瞬间，并进行自愿分享。通过绘画表达的方式使学生心态因此而得以调整，释放了心理压力，促进了乐观心态的生成。在活动结束后，有同学这样表达自己的感受："这是一个重新认识自己、概括自己的过程，是面对未来和回忆过去间的融合。生活自然要向前看，但有美好回忆的生活才是完整的。我很荣幸能上这样的一堂心理课。""初中固然美好，但已经过去了，要心怀未来，积极乐观面对高中三年。为了实现这一目标，我一定会努力！"

（三）设置课上心理演讲，提供学生自我表达空间

1. 在信任的空间里自信表达

为了给学生表达自我的空间，锻炼学生自信的心态，我们在每节积极心理健康课堂上

都设置了心理演讲环节。演讲的内容要求与心理健康相关，题目自定，内容积极正向，注意对他人的积极影响，时间控制在五分钟之内。心理演讲由学生自愿报名，每节课都要选出下一次课承担演讲任务的同学。心理演讲为学生提供了真实表达自己内心世界的机会。一方面体现了我们对学生的信任，信任他们的勇气，信任他们的思想，我们的信任也会赢得学生的信任，并提升他们的自信；另一方面提供给他们足够的心理安全，因为不做主题要求，不做好坏评判，这样的一种自由增强了他们在积极心理健康课上的内在安全感，对其积极心理品质的生成起到了环境支持作用。

2. 特别的礼物激发自我成长动力

为了更好地激励学生，我们给每名进行演讲的同学都送上一个精心准备的书签——国内著名大学的名片，其中有大学的照片、校训，而且心理老师还在每个书签的背面亲手写上送给学生的一句话，并亲笔签名。演讲的同学要分享抽到书签上的大学名称和校训，以及心理老师送给他的话。通过这种方式，使学生走近大学，激发他们努力的方向和动力。

（四）书写课堂心理随感，强化学生心理成长效果

心理健康课很少有课堂教学效果反馈的设计，为了更好地了解积极心理健康课带给学生的感受，以及强化每名学生在积极心理健康课堂上的收获和触动，我们设计了积极心理健康课堂教学反馈卡，每节课下课前几分钟发给学生，让学生填写，从中整理学生对该节心理健康课的想法、意见和感受。

通过学生的表达，我们看到了积极心理健康课堂带给学生的触动和成长。比如有同学写道："老师上课积极与学生互动，为我们创造了更多的自由发言时间。"这句话体现了学生在心理课堂中自主需要得到了满足。还有一个同学写道："随性：通过一个同学间的游戏来促进同学间的交流，同时活跃课堂，使学生不固着于课堂，更多地与老师交流，感受更多乐趣与欢笑。以一种能够使学生接受的方式授课会让愉快的心情伴随我们一天甚至更久。趣味：授课老师通过幽默风趣的语言感染学生，不自觉的微笑是内心世界最好的表现，下意识的动作会是内心对这件事做出的最真实的评价。"这样的反馈比较深刻，也更细致地表达了学生们对我们老师的期待，对积极心理课堂乃至其他课堂的期待。

（五）关注课堂心理表达，识别心理需求主动约谈

在积极心理健康课堂教学过程中上，利用相关内容设计，在保护学生隐私的前提下，通过学生的课堂表达材料，了解学生心理健康状况，觉察、识别异常心理状态并给予积极关注，有针对性地进行主动约谈。

如，有一节课的活动是让学生在烦恼卡片上写出当下遇到的烦恼，通过他们的表达，我们可以发现哪些学生需要特别的关注，征得本人同意后进行主动约谈。其中有个同学表达自己曾经有过抑郁症的历史，虽然吃药缓解了，但当下依然有心理上的问题。心理老师便主动约谈，学生对约谈没有丝毫的抗拒。还有的学生表达了父母教育方式带来的压力和苦恼，我们便在征得本人同意的情况下和他父母进行了深入沟通，从而改变了父母不当的教育方式，拉近了亲子关系，使学生心理压力得到缓解。

通过心理健康课堂表达材料了解学生并进行有针对性的约谈，已经成为我校学生心理危机干预的重要途径。

四、成果成效

（一）初步形成积极心理健康课堂融合心理沙盘载体的教学方法

经过实践，探索出了积极心理健康课堂融合体验式团体心理沙盘教学的实施原则和过程方法。

1. 班级积极心理沙盘课的实施原则

（1）确定主题：主题由老师确定。这一点与团体心理沙盘活动有所不同，团体心理沙盘的主题大多为开放式的，多由小组研究确定。积极心理健康课则注重内容的系统性和活动的结构性，因此，在积极心理健康课中运用团体心理沙盘须保证主题确定的方向性、统一性及系统性，所以主题要由老师根据心理健康课要求确定。

（2）操作有序：沙具的选择和摆放有一定的次序要求。这是因为心理健康课本身有其课堂教学的时间要求，一般为40~45分钟一节课，时间较为紧张，要求学生操作过程中必须要有一定的秩序性，保证活动进行的效率。一个班级的人数众多，而班级心理沙盘室的空间有限，一般来说，选沙具时需要轮流进行，并规定时限。根据人数也要限制沙具选择的个数。摆放的过程直接由老师事先确定好（团体心理沙盘辅导则是由组长来确定），这样做是为了节省时间。

（3）合作进行：以小组为单位进行。这一点和团体心理沙盘辅导一致，要根据沙盘的个数和班级人数进行平均分组，但每组人数不能太少，否则就失去了小组合作的意义。尽量在课前就分好组，节省课堂时间，提高活动效果。

（4）保证尊重：提醒学生在整个活动过程中要彼此尊重，不能有互相干扰、评论、嘲讽等有碍对方进程，影响对方感受的行为。在积极心理健康课堂活动中，学生容易把日常交往模式带进来，影响活动效果，因此，需要重点强调这一原则。

（5）全班分享：每个小组的沙盘作品要进行全班分享。由小组组长代表本组进行全班分享。尽可能保证每组作品都能得到分享。在有限时间内，老师要想办法促进作品分享的充分性和有效性。

（6）自由开放：不考虑对错好坏，只考虑自己的想法和感觉。在摆放及分享的过程中要尽可能开放，不必顾虑别人的看法。

2. 过程方法

（1）热身体验：这是积极心理健康课的起始环节，同样也是班级心理沙盘课的启动环节。利用简短的活动开启心理健康课堂，引出主题。

（2）选择沙具：根据课堂主题，按照老师规定的个数，进行有序的沙具选择环节。在选择沙具之前，老师要根据主题要求，创设想象情境，引导学生内心进行丰富的想象，构建自己的沙盘意象，然后根据意象进行有针对性的选择。提醒学生不必做过多的思考，只要能相对表达自己的感觉即可，避免犹豫不决。

（3）摆放沙具：遵循一定的顺序摆放沙具。一般来说，由一名同学开始按顺时针或逆时针的顺序进行摆放，一次只能摆一个，用沙塑形的话，动一次沙算摆一个沙具，也就意味着要比别人少摆一个沙具。

（4）作品分享：首先是组内分享，然后以组为单位进行全班分享。

（5）教师小结：教师对课堂主题进行恰当的总结和升华。

（二）实现了体验式团体心理沙盘辅导与积极心理健康课的有机融合

学生在以沙盘为载体的班级积极心理沙盘课堂上，通过主题沙盘的创作，在几个方面提升了积极心理健康课的效果：

1. 自我内心世界的探索和外化

在没有心理防御的情况下，沙盘世界非常直观地呈现了学生的心理世界，促使学生在创作沙盘的过程中调整自我。

2. 加强了学生间的合作

创作沙盘的过程，既要承接其他人的摆放，又要考虑整体的感觉，还要学会互相尊重，促进了合作能力的提升。

3. 增强了学生间的相互积极影响

通过互动分享彼此的内心世界，既达到了互相了解，又通过他人的表达促进自我的思考和认知的调整。

这些都是积极心理健康课的重要目标，使积极心理健康课的效果得到了很大的提升。

（三）心理演讲环节的设计促进了学生心理健康成长

1. 增强了学生的自信

每个到台上进行演讲的同学都需要勇气，同时演讲的过程本身就是对他们自信的锻炼。有的学生在进行演讲的时候紧张得手都在抖，但演讲结束时同学们的掌声给了他足够的力量感。其实，能顺畅地在全班同学面前分享自己的观点，这已经在很大程度上增强学生的自信了。

2. 使学生情绪得以释放

内心感受的表达，其实也是内在情绪的释放。学生的很多感受和观点在其他的场合是不能进行如此自由的表达的，虽然有些表达会引起班级同学不同的回应，但有很多情绪也在这种表达和争论的过程中得到了很好的释放。

3. 拉近师生间、生生间的心理距离

通过他们的演讲，心理老师能够很好地了解学生的心理动态，走进学生心灵深处，并发现学生的潜力，也由此增加了班级同学间的互相了解，拉近了学生间彼此的心理距离。

（四）积极心理健康课堂教学的创新突破达成了心理健康课整体实效性提升

在实践过程中，我们在积极心理健康课堂教学的形式上取得了突破和创新，而这些创新产生了意想不到的效果。每一名学生的心理世界与心理健康课的联结更加紧密，他们像盼一位特别亲密的朋友一样盼着心理健康课，如有的同学说："心理健康课自由、开放、有用，如老师安排的同学演讲，给了我们足够自由的空间来表达自我、释放自己，让我们毫无顾虑地表达自己内心的感受，心里因此而轻松了许多，让我们以阳光的心态去面对压力。感谢心理课，期待心理课！"这正是我们在研究之初所期待的目标。

（五）积极心理健康课堂的功能得以延展

通过对学生在积极心理健康课堂上的表达材料的关注，了解每个学生的心理动态，识别异常心理问题，为后续更有针对性地进行及时的个别心理约谈提供了有力依据，使学校的个体心理辅导和心理危机干预工作由被动变为主动。通过主动和学生约谈，我们发现有很多内心有困惑的学生虽然有需要，但似乎没有勇气主动去找心理老师。如果老师主动约谈，还是能够欣然前往的。有个同学在老师约谈后写了他的感受："心理健康课让我开心，特别羡慕心理老师积极向上的心态。在和心理老师聊天并听了他的建议后，我感觉收获非常大，让我对以后的生活充满了期待。"这让我们感受到了积极心理健康课堂中对学生表达材料进行积极关注的特别意义，尤其是对于那些心理急需被关注的学生，心理健康课的功能不仅仅在课堂，还在于课后我们行动上的及时主动跟进。

通过探索积极心理健康课堂教学创新路径的研究，使我们深深地意识到，心理健康课的意义和价值远远超出了我们的预期。它不仅仅只停留在我们所设计的一些流程性活动的体验上，更多地取决于我们如何更加立体地、开放地去为学生创造更丰富的载体和更大的空间，使他们淋漓尽致地展现其心理世界，并以此为依托，竭尽全力优化积极心理健康课的心理成长功能，进而有力推进全方位积极心理健康教育工作的有效实施。

五、研究展望

（一）各项积极心理健康教育活动途径的创新路径有待进一步推进

积极心理健康课堂教学的创新路径研究给我们以启示，其他各项活动途径也需要继续深入探索活动的创新和突破。因此，下一步，我们将把其他各项活动中如何实现新的突破作为研究和实践的重点。

（二）进一步拓展体验式团体心理沙盘的使用空间

目前，我们初步探索了在学生积极心理健康课堂中及团体心理训练中广泛开展体验式团体心理沙盘的实践，但对于在教师队伍中，以及在家长中开展这方面的活动还有待加强。下一步，我们将继续探索在教师心理工作坊活动中，以及家长心理培训活动中，如何有效融合体验式团体心理沙盘载体，促进教师和家长心理健康教育能力的进一步提升。

《教育部2022年工作要点》提到："加强和改进学生心理健康教育工作，实施学生心理健康促进计划，做好科学识别、实时预警、专业咨询和妥善应用。"基于学生目前的心理健康状况，学校心理健康教育工作依然任重而道远，我们将继续在积极心理健康教育的路上踏实前行，深入实践，探索创新心理健康教育方式，为每一名学生的健康成长保驾护航。

基于传统文化背景下区域德育体系建构研究

课题主持人：迟铭海　长春市朝阳区教育局党组书记、局长
课题组成员：董云洁　长春市朝阳区教育局副局长、长春市朝阳区教师进修学校校长
　　　　　　苏雅娟　长春市朝阳区教育局党组成员、专职督学
　　　　　　高贤美　长春市朝阳区教育科学研究所所长
　　　　　　孙　丹　长春市朝阳区教育科学研究所科研员
　　　　　　王　伟　长春市朝阳区教育局德体艺卫科科长
　　　　　　李　曼　长春市朝阳区教育科学研究所科研员
　　　　　　薛春侠　长春市朝阳区教育科学研究所科研员
　　　　　　邵红群　长春市朝阳区教育科学研究所科研员
　　　　　　李　杰　长春市朝阳区教育局德体艺卫科科员

一、课题的提出

（一）研究的背景和意义

联合国教科文组织在《学会生存》中指出："人类要发展，一方面要面向未来，另一方面要回到人类的源头，向我们的先辈汲取智慧。"《国家"十一五"时期文化发展规划纲要》也提出："要加强民族文化的保护与传播，重视中华优秀传统文化教育和传统经典、技艺的传承。"

1. 传统文化是国家和民族传承发展之根，弘扬优秀传统文化是中国教育的战略使命

中国优秀传统文化是中华民族智慧的结晶，其蕴含的丰厚民族精神和道德理念是当下青少年道德建设的重要思想养分。中国特色社会主义文化是打上中华优秀传统烙印的文化，是与时俱进、不断创新的文化，国家的发展和强盛，民族的独立和振兴离不开这个强大文化的支撑。我们力求在新的教育条件下赋予传统文化教育新的时代精神，这将有利于"立德树人"根本任务的实现，有助于"以德治国"国策的实施。

2. 以中华传统文化为根基，推进新形势下教育改革的创新性探索是朝阳教育义不容辞的责任

朝阳教育一直致力于"传统美德教育研究"与"学生生命与安全教育研究"，有一定的研究基础，但学生的品格教育和精神培养还需发展和提升。此课题研究正是要探索遵循学生身心发展规律，弘扬中国传统教育智慧、策略与方法，培养学生对中国文化发自内心的热爱，使他们心灵深处有优秀传统文化所滋养的核心价值观。

（二）课题核心概念的界定

1. 关于"传统文化"

（1）传统文化。指中国文化的内容和样式，其形态有哲学、伦理学、文学等。中国

传统文化核心思想、基本价值原则和生活方式是中华民族迎接各种生存挑战的智慧结晶。

（2）传统文化与学校教育关系。学会学习、学会做人既是学生成长的基础与保证，也是弘扬和培育民族精神的重要内容。传统文化的学习对完善学生人格，形成良好的文化素质，丰富学生的人文素养具有重要意义。

2. 关于"德育"

（1）德育。以中国特色的德育为概念界定依据，我们认为就从实施的效度、概念泛化的弊端而言，德育即道德教育。

（2）传统文化背景下区域"德育体系"的特定内涵。以推进区域德育文化为出发点，提升师生内在人格境界，提升区域教育的内在品质；对区域德育进行系统设计和规划，从校园传统文化建设、课程体系架构、师生文化素养提升等方面，立足于区域层面整体设计和推进传统文化教育，构建具有传统文化内涵的区域德育体系。

二、课题的设计

（一）研究目标

基本目标：通过研究与探索传统文化背景下的区域德育的机制建设、组织实施、育人途径、评价机制等基本理论与实施策略，形成具有区本特色的德育体系。

一是完善和丰富区域德育思想，实现德育目标的优化，形成以传统文化理念为核心，以提升师生人格境界为主要目标的区域性德育思想；二是促进德育方式变革，实现德育方式的优化，积极研究传统文化校本课程与学科课程相融合的德育方法；三是优化德育途径，实现德育时空的优化，积极构建以立德树人为目标，突破校园空间，联手家庭与社区，以诗书礼乐进校园为主要教育手段，以传统文化促进自我教育的育人机制；四是优化评价机制，实现区域德育科学发展，构建以自主为核心的德育评价体系，即以学校自主发展、师生自我成长为目标的多元评价方式，实现德育评价机制的优化；五是优化德育机制，形成区域德育体系，构建具有传统文化内涵的区域德育体系，最终形成区域德育系统的整体特色。

（二）研究内容

1. 区域德育思想和德育观的理论研究

探索区域德育目标和传统德育思想的关系，使区域德育的教育思想更具理论性和深刻性。在德育核心价值观、过程观和评价观等方面，提炼出有借鉴意义的理论，为区域德育发展的深入探讨和有效推进起到科学的指导作用。

2. 阅读开发与课程重构研究

一是开发、拓展传统文化精粹，为师生、家长提供丰富的阅读素材；二是充分挖掘、利用传统文化中的精华，把学科教学与传统文化教育统一起来，构建具有隐性德育内涵的学科课堂。

3. 诗书礼乐进校园研究

一是研究由家庭、学校和社会共同参与的适合朝阳区情的德育模式；二是积极推进诗书礼乐进校园建设，创办传统文化社团；三是鼓励学校形成各具特色的传统教育文化，培育具有文化能力和人生智慧及健康品格的学生。

4. 以自主发展为核心的德育评价体系研究

一是探索和完善区域德育评价管理体系；二是构建学校、教师、学生自主德育评价模式。评价权重以"自主"为基准，常规评价与优质评价相结合，构建双轨并行评价体系，促进学校德育自主特色发展。

5. 区域德育体系建构。一是探索区域内部德育潜力，整合区域优势资源，以传统文化教育为主基调，有计划地整体布局区域德育推进网络；二是总结、提炼区域德育成果，形成具有借鉴和推广价值的区域德育体系。

（三）研究方法及策略

1. 文献研究法

通过查阅文献，提炼相关传统文化教育理论及德育体系构建的范式和方法等有价值的资料。

2. 调查研究法

通过问卷、访谈，对区域学校传统文化教育背景下的德育教育进行调查研究，为课题研究提供样本和依据。

3. 行动研究法

围绕实验目的，不断探索、解决教育实践中的实际问题。

在课题研究推进过程中，遵循和把握教育实践先行，理论跟进，研究成果边提炼边推广的策略，进行自上而下、相互联动、全员研究，形成区域性的行政、科研、教研、基层学校层次化、多位一体的研究合作体。

三、课题研究的过程

（一）调查研究，明确方向

组织学习相关理论，进行前期论证，进行面对全区的调研活动，主要方式是问卷调查和访谈。调查内容主要有七个方面：适合学校进行德育教育的传统文化的内容；学校对传统文化与德育的关系有何认识；师生对传统文化的认识程度；学校开展传统文化活动的情况；校园环境中的传统文化情况；学校的传统文化课程建设情况；可利用的传统文化外部资源情况。前期调查访谈结果归纳如下：

1. 基础良好

各学校对传统文化有一定的认识基础，师生的传统文化传承意识比较强，有良好的传统文化校园文化氛围，有围绕传统文化进行的课程建设的特色项目，家校合作及社会关系和谐。

2. 存在的不足

在部分学校的调查数据和案例中发现德育特色不够鲜明，对传统文化与德育的关系认识不清，与学校的品牌发展不相适应；基于传统文化的德育活动形式不够丰富；在课程建设中，缺少明确的抓手，对传统文化的渗透尚有许多可发挥的空间；对基于传统文化的德育体系建构缺少系统的规划。

（二）策划方案，纲领先行

根据课题研究的需要，课题组制定了《基于传统文化背景下区域德育体系建构实施方案》《朝阳区关于传承优秀传统文化"诗书礼乐"进校园实施方案》《以自主发展为核心的德育评价体系建设方案》等纲领性文件。

各项方案的指导思想是：以贯彻党和国家的教育方针为基础，以区域德育理念为指引，以新课程标准的要求为依据，以诗书礼乐进校园等传统文化特色活动为主要途径，努力构建基于传统文化背景下的区域德育体系，打造德育特色学校。

（三）点面结合，初步探索

为了更加系统地推进课题研究，我们以科研基地校为引领，初步摸索实施策略和具体经验，再以点带面区域推广。在试点过程，主要做了以下工作：

1. 指导学校顶层设计

将传统文化融入学校的顶层设计之中，才能实现以文化人，以文铸魂的道德文化高地建设。结合引领学校特点，分别指导各学校的顶层设计融入传统文化的元素。如，明德小学将办学理念定位在"读高雅书，做明德人"，以秉承传统，创建"书香校园"为切入点，引领学生汲取传统文化精髓，成就明理厚德的师生；朝阳实验小学营造了以"兴于诗、习于书、立于礼、成于乐"为主线的校园文化，以"温故楼""知新楼"命名学校两座教学楼，将圣人孔子像置于校园内，彰显了以中国传统文化为主基调的德育特色。

2. 创建"诗书礼乐"进校园主题活动

传统文化活动的设计要与学校的办学理念相符，要与学生的品质需求相符。因此，我们确立了三个阶段发展目标：小学低年段开展启蒙教育，以培育学生对传统文化的亲切感为重点，培养学生热爱传统文化的感情；小学高年段开展认知教育，以提高学生对传统文化的感受力为重点，了解传统文化的丰富多彩；初中阶段，以增强学生对传统文化的理解力为重点，提高对传统文化的认同度。

3. 指导读本开发与特色课程建设

课程的开发和建设，需要我们从不同层次深入挖掘中华传统文化教育的主要内容，关注不同学科、不同年段之间的横向和纵向的联系与衔接，对校本课程进行系统地设计。我们聘请了传统文化研究方面的资深专家为我们进行高站位、前瞻性地指引，让校本课程更加系统化、更具生命力。

（四）典型引领，区域推进

通过试点尝试，我们积累了宝贵的案例和经验，在此基础上，进入区域推进阶段，再次对实施方案进行了补充和完善，在区域进行全方位实施。这一阶段的主要工作是：

1. 传递薪火，绘德育蓝图

将引领学校的顶层设计思路拓展到区域内学校，学校结合自身特点，将传统文化教育根植于办学思想和文化之中。让已有经验的试点学校校长做经验交流报告，将所得所感薪火相传，构筑区域内以传统文化为背景的德育网络，将区域传统文化德育思想灌注到各处经脉，交织出区域德育发展的蓝图。

2. 课堂浸润，筑德育高地

以课堂教学浸润为主渠道，夯实传统文化教育的阵地建设，做好课堂设计。一是把传统文化中的有效内容作为教学目标、教学实施的重要内容，做好不同学科同一主题的有效融合；二是针对教学目标、教学阶段等方面特点，做好各学段的有机衔接；三是组织传统文化名师名家进行专题备课，将教材中与传统文化相关条目进行细化。

3. 课程开发，促内涵发展

坚持"四个一"模式，即清晨诵诗一首、间操演礼一则、午后习字一法、放学赏乐一曲。在实际操作中，采取每天做一遍、每周一更新的办法，实行学科教师负责制。以弘扬爱国主义精神为核心，选经典，取精华，组织研发区本辅助读物，并把其作为每天"四个一"模式的具体支撑，指导学校规范使用。

4. 队伍建设，促使命感

以长春大学网络国学院专家团队为指导，按大学片每月开展两次专题培训。培训以增长文化知识、加强师德教育为主要内容，强化为人师表的示范作用，逐步引导教师将经典精神变为自觉行为。把传统文化作为语文、音乐、体育、美术等名师工作室的重要工作内容，成立书法名师工作室。成立朝阳区传统文化讲师团，由长春大学网络国学院组织笔试与面试考核，合格者颁发证书予以认定。

5. 开辟联盟，拓展基地。成立"朝阳区中小学生校外教育联盟"，融合社会资源，在长春德苑等多家社会单位挂牌成立朝阳区校外教育实践基地，搭建锻炼平台，拓宽实践课堂，发挥教育形式多样性、教育内容综合性等特点，潜移默化地推进优秀传统文化的传播与渗透。建立传统文化校外延伸课堂，尝试把教学内容整体搬到校外基地进行，创新授课方法，提高教学效果，把课堂教学与社会实践进行无缝链接。

四、课题研究成果与成效

（一）挖掘传统文化时代价值，提升了区域德育文化核心价值内涵

在以往实践的基础上，我区以传统文化中的德育元素为支撑，形成区域的德育思想是：守正创新，贯通古今，以文化人，以文铸魂的优质教育。区域传统文化的教育思路是：乡情蕴德，立足白山黑水文化，挖掘乡土育人文化资源；环境润德，利用区域特色，营造传统文化氛围；知识启德，精选优秀典籍，开发优秀传统文化读物；身正施德，精炼教师队伍，培养一批兼具美德与业务精湛的传统文化传播者。以上思想及内涵的提炼，为探索区域德育体系的整体特色发展提供了理论指导和明晰的发展方向。

（二）依托优秀传统文化，优化了德育实施途径和方法

依托传统文化，在不断探索和优化德育实施的途径和方法中，我们形成了相辅相成又互为支撑的"四育"德育范式，分别为"课堂育人""课程育人""实践育人""合作育人"。

1. 课堂育人

课堂是学校育人主阵地。在课堂中进行传统文化育人，我们主要提出一个"融"字，即在传授知识的同时渗透传统文化中蕴含的社会主义核心价值观。在实践中根据学科特点，要求教师在教学中探索传统文化教育的渗透点和结合点，使课堂变成穿越时空、传承经典的育人回廊。在人文学科，要把握理想信念和唯物观的呈现，积极弘扬民族精神；在自然学科，要进行创新精神和民族自信心的渗透教育；在艺体学科，要潜移默化地进行集体主义、团队合作、拼搏精神和珍爱生命的教育。朝阳区的课堂教学成为知识与道德、教书与育人的统一教育。

2. 课程育人

在不断拓展德育途径中，尝试校本课程与学科课程的重构。朝阳区辖区内学校多有悠久的建校历史，在长期的发展过程中形成了鲜明的特色文化。各学校依据校情创编校本课程，灵活运用传统文化教育内容，使传统文化融入学校的管理文化、环境文化、课程文化的各个层面。如，解放大路小学的"校园币"评价课程；六十八中的"感恩教育"德育课

程；朝阳实验小学的"诗书礼乐课程群"等。

3. 实践育人

"诗书礼乐"是最适合青少年的教育素材，我们开展区域性的"诗书礼乐"进校园活动，以诗训谈吐、以书炼文笔、以礼修举止、以乐冶情操，通过这四方面素养的锤炼，为青少年一生的成长发展奠基。另外，我们探索校外德育实践途径，在伪皇宫、民俗馆等多家社会单位挂牌成立朝阳区中小学生校外教育实践基地，成立"朝阳区中小学生校外教育联盟"，联合朝阳区下辖普庆、天宝、红旗、开工胡同等社区及长春德苑、解放立交桥、长春市解放纪念碑所在地南湖公园等校外活动基地，定期组织学生进行活动。这些社会实践活动，开拓了学生视野，培养了学生的社会责任感。

4. 合作育人

充分发挥朝阳区中小学家长委员会和家庭教育专家讲师团的作用，建立家校互动平台，建设家庭教育共享资源库，依托家长和社会资源进行传统文化德育渗透。与吉林省京剧院、吉林省交响乐团、吉林省民乐团等多家艺术团体合作，让高雅音乐、戏曲、民族音乐走进校园；与社区太极群众体育队、吉林省各大滑雪场、吉林省体育学院合作，让传统运动太极拳、冰雪运动、足球、啦啦操等运动走入校园；与社区民间艺术团、品牌食品公司合作，让剪纸、绣荷包、包粽子、做月饼等民俗制作走进校园。

（三）整合区域优势资源，建构了多维立体的德育体系

1. 形成完善的德育工作管理机制。协同行政、德育、教研等职能部门，统筹推进德育体系建构工作，整体建构区域和谐、共生的德育机制和管理框架，形成区域性的行政、教科研、基层学校层次化、多位一体的研究合作体。教育系统组建自上而下的专职德育工作队伍，同时，通过跨越校际和区域的德育、教学名师团队的合作研究，推进育人机制和模式的创新发展。

2. 建构丰富多元的"传统文化"主题德育体系。传统文化主题德育体系，包含主题课程体系、主题活动体系和评价体系。

（1）主题课程体系。主题课程设计的五个维度：寻找传统文化、探索传统文化、欣赏传统文化、表现传统文化、创新传统文化。主题课程设计的四大分类：传统文化中的人文分类、自然分类、艺术分类、科技分类。

依据五个维度和四大分类，按照不同年段学生特点，我们的区域课程主要设计内容为：

朝阳区各年段"传统文化"主题德育活动一览表

	小学低年段	小学高年段	初中
人文类	弟子规、三字经、猜谜语、绕口令、神话……	经典诗词诵读、对联欣赏五十六个民族……	古文赏析历史名人、民族文化初探……
自然类	二十四节气、中国珍稀动物……	感受白山黑水冰雪文化、中国地理之最……	家乡风情、祖国山河、公历与农历……
艺术类	童谣、民间游戏、书法、民族乐器了解……	剪纸、戏曲、戏法、国画了解、民族服饰……	古代建筑、古代乐器、国画技法……
科技类	民间制作（手工编织、缝沙包、做灯笼……）、古代发明（农耕工具、水利设施、四大发明……）		

（2）主题活动体系。利用好"节日"这一传统文化活动契机，让传统文化活动有新鲜感、有时代感、有获得感。区域策划的"传统文化进校园"节日活动主要有：

朝阳区"传统文化进校园"主题节日活动安排表

节日主题	活动主旨	时间	参考形式	负责人
走进传统佳节	走进传统佳节 探寻民族文化	根据各传统节日时间安排	传统美食、饰物制作、传统节日起源故事会……	负责人1
诗词诵读会	读千年经典 诵万里河山	四月份	经典诵读演讲比赛、汉字听写比赛……	负责人2
传统礼仪节	传承传统礼仪 打造文明校园	六月份	角色扮演、礼仪知识竞赛、手抄报……	负责人3
民俗文化节	传承民俗 接轨世界	十月份	传统音乐进校园、民族文化大讲堂、科技发明展……	负责人4

3.实施多元评价提升立体育人实效

通过评价发现、提炼优秀的活动案例，让活动不断优化，从而产生推动效应，达到德育育人效果。我们将德育评价体系纳入督导评估，实施发展性和开放性评价。在学生综合素质评价中，建立了突出学生自评，同学互评，教师、家长参与评议的评价机制，达到自我审视、自我教育、自我完善的目的。在针对学校的督导评估中，我们本着动态管理的原则，将学校的德育建设作为精神文明、学校办学水平评估的重要内容和主要指标体系，全面建立评价档案，进行跟踪考核。

朝阳区"传统文化进校园"主题活动评价表

活动内容：　　　时间：　　　班级：　　　姓名：

	评价标准	自我评价	同伴评价	家长评价	教师评价
参与态度	☺☺☺参与积极性高，过程投入				
	☺☺愿意参与，态度认真				
	☺能够参与				
解决问题	☺☺☺善于思考，勤于探索，勇于质疑				
	☺☺按要求解决问题				
	☺依靠别人解决问题				
合作能力	☺☺☺积极参与，与团队所有成员积极合作				
	☺☺能与多人合作				
	☺能与少数人合作				
成果收获	☺☺☺积极完成，成果质量高				
	☺☺按时完成，有一定质量				
	☺基本完成				

（四）区域传统文化特色彰显，建成一批富有传统文化内涵的特色校园

通过课题研究，各校对传统文化与德育关系的理解不断深化，将传统文化教育拓展延伸到师生学习、生活的各个领域，师生道德素养受到优秀传统文化精神滋养。学生对学习抱有热情，重孝道、知礼仪、讲文明、求创新。"传统文化"之根在师生心中成长为参天之树。

课题的研究促进了区域一批传统文化背景下的德育特色学校的形成。学校的传统文化环境不断进化，学校的德育文化开放性和层次性不断提升，传统文化课程开发走向系统和深入，传统文化主题活动的效应和影响力不断扩大。在我们的校园里，书声琅琅，儒风浩荡；国风古韵，赓续传承。区内多所学校先后被评为文明校园和书香校园，"四团三社"连续多年在市级合唱、舞蹈、管乐、民乐、书画大赛中拔得头筹。

几年来，我们公开出版区域传统文化教育读本《阅千年——中华传统文化教育精粹》，统一在全区推广使用；集结各学校传统文化德育成果，编辑成集；课题主持人公开发表《创新基于传统文化背景下的区域德育体系建构之路》；区域参研学校、参研教师的众多成果被发表并获奖。

五、课题进一步研究与展望

基于传统文化背景下的德育体系建构是一项长期系统的工程，目前的研究只是整体工作的一部分。在研究过程中，我们发现了一些不足之处，在今后的研究中，我们将努力聚焦以下几点：

1. 传承经典去其糟粕

正确区分传统文化，包括民族、民间文化的精华与糟粕，是十分复杂且有难度的工作，有些教师还欠缺准确把握的能力。在今后的研究中，需要站在辩证唯物主义和历史唯物主义的立场，再结合当今社会国情、学生学情，科学地进行鉴别和运用。

2. 发扬传统德育优势与世界接轨

如何与世界接轨、与时代接轨仍是我们面临的挑战。STEM教育、翻转课堂等新教育的冲击，让我们必须静下心来思考，打开传统与时代的并轨思路，找到传统文化背景下德育体系创新的新思路。

3. 德育途径本土多元化

加强与社会资源的合作，利用本地传统文化教育元素，如家乡戏曲（吉剧、二人转）、家乡风俗等，形成合作团队，突破单打独斗的研究，让我们的研究走得更远。

4. 创建特色德育的品牌效应

依托长春市集优化发展项目，推进集团化传统文化校本课程研究实践，提高特色社团活动的质量，打造传统文化特色品牌学校，形成区域品牌化效应。

团体沙盘心理技术在中小学心理健康教育中的应用研究

课题主持人：宋剑锋　长春市基础教育研究中心科研一部主任
课题组成员：康　成　长春市第二实验中学心理中心主任
　　　　　　周丽梅　长春市十一高中心理中心主任
　　　　　　郭玉兰　长春市第五中学心理中心主任
　　　　　　李　梅　朝阳区教育局副科长
　　　　　　杨　梅　经开区教师进修学校主任
　　　　　　李文茸　双阳区教师进修学校教科所所长
　　　　　　耿　铭　长春市第四十五中学教师
　　　　　　张连第　长春市第四十五中学教师
　　　　　　梁　欣　长春市希望学校教师

一、课题提出

（一）研究背景

沙盘心理技术是一项综合性的心理健康教育技术，它是一种以荣格心理学原理为基础，由多拉·卡尔夫发展创立的心理治疗方法。沙盘游戏在儿童心理治疗的应用自问世以来，逐渐获得国际临床心理学界的推崇，被公认为最有效的心理治疗方法之一。沙盘游戏在儿童心理治疗的应用随着沙盘游戏理论和实践的日趋完善，已不再局限于儿童，而被广泛应用于成人的心理治疗中。近年，沙盘游戏开始逐步走进学校，并被学校的心理健康教育所运用。沙盘游戏的工作原则并非单纯以来访儿童的心理症状为工作目标，更注重学生内在心理的充实与发展，在学生的健康成长方面（如培养自信与人格、发展想象力和创造力等）发挥着积极的作用，因此特别符合心理健康教育的基本主张，为学校心理教育开辟了一条新的途径。

团体沙盘心理技术是中国本土化的创新与应用，是借用结构式团体开展的沙盘心理技术，有效发挥了沙盘各个要素及团体动力，从而使心理健康教育、心灵成长及心理辅导以寓教于乐的"游戏"方式有效地开展。团体沙盘心理技术的发展历程不长，但已经被证明可以应用于教育、卫生、司法等多个领域。

美国"9·11"后，纽约教育部门借助沙盘游戏技术进行心理辅导，我国也日益重视沙盘心理技术在中小学的应用。按照教育部心理健康教育设备配备的要求，沙盘已经成为中小学开展心理健康教育的重要工具。

本课题在全市选取了三个实验区百余所实验校，进行团体沙盘技术在中小学的应用研究，经过4年多的研究历程，现在已经基本上达到了预期的研究目的，将团体沙盘技术应用于中小学心理健康教育课、学科课、生涯教育和学生、教师与家长的心理辅导等多种心理健康教育活动中，取得了丰硕的成果和显著成效，对长春地区中小学心理健康教育工作起到了巨大的引领和推动作用。

（二）研究意义

1. 通过课题研究，对全市心理教师进行团体沙盘理论和操作培训，对提高我市心理教师的团体沙盘理论和应用能力有重要意义。

2. 通过课题研究，将团体沙盘应用于心理健康教育课，学科课，学生、教师与家长的心理辅导等多种心理健康教育活动中，探索团体沙盘心理技术在中小学心理健康教育中的应用模式。

3. 通过课题研究，将团体沙盘科学运用于中小学心理健康教育中，有效解决学生成长中的发展性心理问题，培养学生的积极心理品质。

（三）概念界定

中小学校，指本课题的研究范畴是中小学校心理健康教育，即在学校中，根据中小学生的年龄特点，开展心理健康教育的途径和方法研究。

团体沙盘心理技术是具有中国特色的本土化心理应用技术。该技术以荣格分析心理学、中国文化、卡尔夫的整合性思想和积极心理学为理论基础，坚持以来访者为中心，借助结构式团体充分发挥沙盘各要素、团体凝聚及每一个人的能动性，通过多层次的无意识意识化过程，逐步调整认知与行为，最终达到心理健康教育、心灵成长及心理辅导的目的。

二、研究设计

（一）研究目标

将团体沙盘技术应用于中小学心理健康教育中，通过将团体沙盘应用于心理健康教育课，学科课，生涯教育，学生、教师与家长的心理辅导等多种心理健康教育活动中，探索团体沙盘心理技术在中小学心理健康教育中的应用模式，提高学校心理健康教育水平，开发团体沙盘课程，培养学生积极心理品质，促进师生共同发展，构建幸福校园。

（二）研究内容

1. 中小学心理教师团体沙盘心理技术培训研究。

2. 团体沙盘在心理健康教育课中的应用研究。

3. 团体沙盘在学科课中的应用研究。

4. 团体沙盘在生涯规划与辅导中的应用研究。

（三）研究方法与策略

立足于学校心理健康教育的实践，进行行动研究。在日常的学校生活和真实的教学环境中，综合运用调查研究法、实验研究法、经验总结法等研究方法，边行动边研究。

三、课题研究过程

（一）顶层设计，行政推动，为心理健康教育工作研究提供根本保证

1. 下发文件，行政推动

在研究过程中，课题组注重顶层设计，行政推动。课题研究之初，市教育局下发了《关于应用团体沙盘心理技术开展心理健康教育课题研究的通知》，从行政角度支持和推动了团体沙盘心理技术在中小学中的应用研究。

2. 重点研究，科研引领

"十三五"期间我市的主导课题《中小学校积极心理健康教育的深化研究》将团体沙盘的应用研究作为课题三项重点研究内容之一，要求所有实验校必须研究该项内容。因此，有133个子课题单位参与研究了沙盘心理技术在中小学中的应用研究，其中16个子课题对沙盘心理技术在中小学中的应用进行了专项研究，即市教育科学研究所、高中4所、初中3所（含一所民族学校）、小学8所（含1所特教学校）。研究学段涵盖小学、初中和高中全学段；研究主体既有中小学校，又有科研机构；研究对象除普通中小学生外，还包括民族学生和特教学生；研究内容包括团体沙盘技术应用于中小学心理健康教育课、学科课、生涯教育和学生、教师与家长的心理辅导等多种心理健康教育活动。

（二）专业引领，进行团体沙盘、积极心理学理论和科研方法培训，建立中小学团体沙盘科研团队

一支高素质的研究团队是高质量研究的有力保证，为了保证团体沙盘课题研究的有效开展，我们综合采取了多种措施，努力建立一支自身心理健康、心理健康教育能力优秀、具备科研能力、拥有团体沙盘技术理论和实践能力的中小学团体沙盘科研团队。

1. 团体沙盘基本理论和实操培训

团体沙盘在中小学中的应用是长春市"十三五"研究的一项重点内容。市教育局非常重视，拨付了专门的培训经费，对实验教师进行团体沙盘技术培训。从2016年开始，长春市对心理主导课题3个试验区、132所实验校的140余名心理教师进行了两轮团体沙盘培训，每轮培训包括初级和中级两级、理论和实操两部分的学习。培训主讲是全国团体沙盘的专家刘建新和于晶教授。活动的形式打破了以往以讲授为主的授课方式，重视学员的操作和体验，给了参培教师全新的感受，尤其是沙盘的轮流坐庄的方式，让每位老师都清楚明了如何在学校中实际操作。带着在团体沙盘活动中的深刻体验，既促进了自我领悟和提高，又掌握了学校心理健康教育活动的一门实践技能，对于参培学员来说可谓受益匪浅。

2. 专家送培到校，普及培训，精准指导

课题组分为分散和集中等形式，结合团体沙盘专家进百校活动，开展了形式多样、有的放矢的培训活动。其中，课题专家送培到校活动，结合课题结题和团体沙盘专家进百校活动，请课题组和吉林省仁爱心理学校的专家到课题实验学校进行培训。集中培训1次，深入实验学校送培到校21次，共指导教师1 000多人次。

3. 高端引领与深入督导

2018年，请国际沙盘心理技术应用研究院中国区副院长兼总教务长于晶教授来长春对课题组实验教师进行了专题培训讲座。于晶老师从团体沙盘学校应用的理论、实践及总结要点等方面进行了全面而深入的讲解，并为我市的心理老师做了现场督导。

针对我市已于前期对长春市中小学心理教师进行了两轮团体沙盘初级、中级培训，心理教师已经初步具备了沙盘活动的理论和实践经验，同时也在实践中遇到了困难和挑战，亟须督导和高端引领。基于此开展了长春市心理健康教师沙盘小组活动，对我市17名心理骨干教师进行了10次沙盘专题高端培训与督导。

4. 课题引领、科研方法培训，提升教师的科研意识和能力

"走出去""请进来",菜单式培训,积极心理学理论与科研方法培训,提升教师的科研意识和能力。

(1)心理主导课题普及培训

4年来共进行了5次大型(260~330人/次)的心理课题培训。以心理课、心理主题班会、沙盘等不同研究内容为主题,对不同研究内容的课题研究方法、科研成果、结题报告的撰写等方面进行了培训。

(2)提高培训

2019年由长春市教科所主办,委托陕西师大进行为期6天的培训学习——长春市主导课题《中小学积极心理健康教育的深化研究》实验教师提高培训,是积极心理健康教育的理论与实践提高培训,提高了长春市心理健康教师的积极心理相关理论储备、实际操作能力和科研水平,促进了长春市心理健康教育的高位发展。

建立了一支以市教育局和基础教育研究中心的领导、专家为核心,以具有团体沙盘理论与技术的专职心理教师为主体,由各校专兼职心理教师和班主任广泛参与的团体沙盘科研团队。

(三)强化积极心理取向,探索完善团体沙盘在中小学校的应用

团体沙盘在长春中小学校的应用研究始于2016年,近4年的时间,团体沙盘从无到有,从初步探索到初见成效,从仅在心理小组和心理课中应用到广泛应用于语文、思政等学科教学、生涯课、班团队活动、师生与家长心理辅导等学校教育教学工作中。

1. 团体沙盘与心理健康课融合

对团体沙盘与心理健康课的融合进行了深入研究,形成了系统的团体沙盘课程、主题模式和教学模式等不同的教学模式。

长春市第八十七中学在七、八年级利用心理课进行团体心理沙盘体验。根据学生的年龄和心理发展特点,结合24项积极心理品质,确定团体沙盘的主题和整体计划。具体在心理课上开设6课时课程。第一课时,通过初识沙盘、团队建设培养学生协作能力和团队意识;第二课时,通过我的风采增强学生自信;第三课时,"生活是个六面体",培养学生乐观豁达精神;第四课时,"心系你我 合作最美",培养合作力与爱的积极品质;第五课时,"我计划,我执行",培养自律品质;第六课时,"我的未来不是梦"体现学生的成长与收获,培养学生感悟力和创造力。

长春市第七十二中学对团体沙盘与心理健康课的融合进行了深入研究,探索了主题模式和教学模式两种模式下的团体沙盘心理课的具体操作。主题模式下又分为聚焦主题式和开放主题式;教学模式包括了"破冰活动——主题规则——主题冥想——操作分享——分享整合——总结提升——情绪延伸"7个基本环节,并提出了各个环节的操作要求和方法要求。对于其他学校开展团体沙盘心理课具有一定的参考价值。

2. 团体沙盘与学科教学融合

(1)团体沙盘与语文学科教学融合。

长春高新第一实验学校在沙盘游戏教学法与作文写作融合方面做了探究,利用沙盘游戏法提高学生写作兴趣。

一是利用沙盘游戏法提高学生写作兴趣。①用沙盘知感受。如教师在开展《我的美丽校园》这一主题作文的教学活动时，不同的个体之间对于校园的感受有所不同，学生在摆放沙盘过程中能够充分体现自身对于校园的真情实感，教师可以通过学生对沙盘的描述，与学生共同探讨对校园的认识，鼓励学生说一说自己眼中的校园有哪些独特之处等。②用沙盘谈创新。一是形式上的创新。教师采用沙盘游戏法对学生开展作文教育教学，能够将游戏的趣味性与写作的枯燥性有效结合，提高了学生对写作的学习兴趣。

二是利用沙盘游戏法化解写作难题。①用沙盘创情景。当学生面临作文题目不知如何写作时，可以利用沙盘让学生在创设沙盘情景的过程中，与自己的生活情景结合。如教师在向学生开展有关保护碧水蓝天，共建绿色家园这一话题写作教学活动时，学生可以通过在沙盘上摆放自身所理解的绿色家园的形象，为写作活动积累有效的生活素材。②用沙盘理层次。学生写作往往缺乏条理，让人看起来"云里雾里"的。教师在指导学生对沙具进行摆放时，提醒学生注意观察自己的摆放顺序，通过完善沙盘布局帮助学生对写作内容进行分析，分出主次，使学生抓住写作的重点。

（2）团体沙盘与思政学科教学融合。

长春市第八十七中学尝试将团体沙盘与思想品德课相融合，选择适合的课程，以培育学生积极心理品质为目标开展活动。从意识和无意识两个层面影响、润育学生。刘瑞琪老师的《学会沟通》就是一节主题深刻、形式新颖的融合课。课后学生们表示很喜欢这种新奇的思品课，课上的知识点记得更牢了。

团体沙盘与学科教学融合初期效果较好，我们会陆续将团体沙盘与其他学科教学相融合。

3. 团体沙盘与生涯教育融合，形成独特的生涯沙盘课程

将团体沙盘游戏与生涯规划教育领域整合，将沙盘游戏应用于学生生涯规划还是全新的探索。长春八中课题组设置生涯沙盘课程，包括《生涯教育之揭开我的兴趣秘密》《生涯教育之人生长宽高》《生涯教育之做自己能力的伯乐》《生涯教育之疯狂动物城》《生涯教育之目标照亮现实》《生涯教育之我的人生不设限》《生涯教育之遇见最好的自己》等经典课程内容。

将沙盘游戏在学生生涯规划实践中实际应用，展现了沙盘游戏在探索来访者职业技能、职业兴趣以及目标定向等方面的作用，明确了沙盘游戏可以作为一种可信赖的手段和桥梁，帮助学生进行自我探索，确定职业目标。实践研究表明：团体沙盘游戏辅导对于学生职业生涯规划有显著效果，通过团体沙盘游戏辅导，团体成员在自我了解、自信心提升、明确生涯目标、增强生涯决策能力等方面均有所提高。沙盘游戏可以作为学生生涯规划教育的一种方法和工具得以推广和使用。

4. 民族学校中应用团体沙盘

长春是个多民族的城市，有专门的朝鲜族、回族等中小学。为提高民族中学学生积极心理品质，长春市朝鲜族中学对各族学校中应用团体沙盘进行了研究。采用团体沙盘活动作为干预手段，根据校本化的沙盘课程内容，定期给民族中学学生开展团体沙盘活动，比较一年后学生积极心理品质的变化。比较后发现，一年后民族中学学生的总体积极心理品

质有显著差异，且进行过团体沙盘活动的学生积极心理品质水平显著高于未进行团体沙盘活动的学生。说明团体沙盘活动在某种程度上确实可以促进学生积极心理品质的发展，是一个有效的干预手段。

5. 团体沙盘与家长学校工作融合

在学校的教育教学工作中，长春市第八十七中学越发感觉到家庭教育的重要性。将团体沙盘技术与家长学校工作相融合也势在必行，但由于开展亲子沙盘在时间和空间上的难度，该校先从本校的教职工及其子女做起，更容易推进此项工作，同时会为未来开展家校亲子沙盘活动积累有效的经验。这个尝试得到了教职工及其子女们的积极反馈，通过活动，也收到了明显的效果。

6. 团体沙盘与教师心理保健融合

长春市第八十七中学先在七、八年级班主任团队中开展了团体沙盘活动，一是本着为重点群体服务的原则，希望班主任通过团体沙盘的体验，获得心灵的释放和成长；二是借助班主任的力量，将团体沙盘以班级为单位扩大辐射面，让更多的学生、家长、教师收益。在班主任队伍中征集招募志愿者，由心理教师为其进行培训，合格后学校将为其班级配备沙盘作为试点，班主任可根据班级实际情况或所教学科灵活开展团体沙盘活动，这样既提高了班主任团队心育专业化水平，做到全员心育，又充分发挥了班主任了解学生、了解家长、了解科任教师这一得天独厚的优势，增加了团体沙盘体验的实效性，同时由于不同的班主任承担不同的学科，可以进一步推进团体沙盘与不同学科的深度融合，可谓是一举三得。在活动后的调查问卷中，95%的老师表示对团体沙盘活动感兴趣并愿意继续参与，5%的老师表示学校各项事务繁忙，虽然愿意参与却身不由己。80%的老师申请成为志愿者。

长春市十一高中还将团体沙盘技术应用在心理主题班会中，引导班会的主题和讨论内容，形式灵活生动，学生讨论深刻。

四、研究成果与成效

本课题研究形成了丰富的成果，产生了显著的成效。

（一）丰富了中小学团体沙盘心理技术应用的理论和技术

本课题对团体沙盘心理技术在中小学的应用进行了理论和实践探索，公开发表论文18篇，课题组主要成员作为副主编和编委编辑出版了编著《中小学团体心理沙盘心理技术应用实践》，部分沙盘教育案例被收入著作《新时代学校青春期教育的探索》，对中小学团体沙盘心理技术应用的理论有所创新，并将已取得的成果转化为课程、转化为教案，通过现场会等形式向所有实验校推广，通过论文发表和著作出版等形式把本课题的理论和实践创新经验在更大范围内推广。

（二）构建了团体沙盘心理技术在中小学心理健康教育中的应用模式

以该课题为载体，经过几年的实践探索，以积极心理学理念为基础，构建了团体沙盘心理技术在中小学心理健康教育中的应用模式（如下图）。

在此模式中，共有四个层面的内容：

第一个层面是课题载体。我市团体沙盘应用研究工作是以课题研究为载体，科研引领，行政推动，不断推进。

第二个层面是宗旨，即研究过程重在培养学生积极心理品质。

第三个层面是途径。将团体沙盘技术应用于中小学心理健康教育中，通过将团体沙盘应用于心理健康教育课，学科课，生涯教育，学生、教师与家长的心理辅导等多种心理健康教育活动中，探索团体沙盘心理技术在中小学心理健康教育中的应用模式。

第四个层面是积极体验性心理健康教育活动目标，即提高学校心理健康教育水平，开发团体沙盘课程，培养学生积极心理品质，促进师生共同发展，构建幸福校园。由此明确所有团体沙盘活动的指向。我们开展了系列的教师、学生、家长和师生沙盘、亲子沙盘等，各项活动旨在促使教师的心理更阳光，促使家长的教育心态更阳光，但最终这些目的都是直接为培养所有学生积极向上的心理品质服务的。

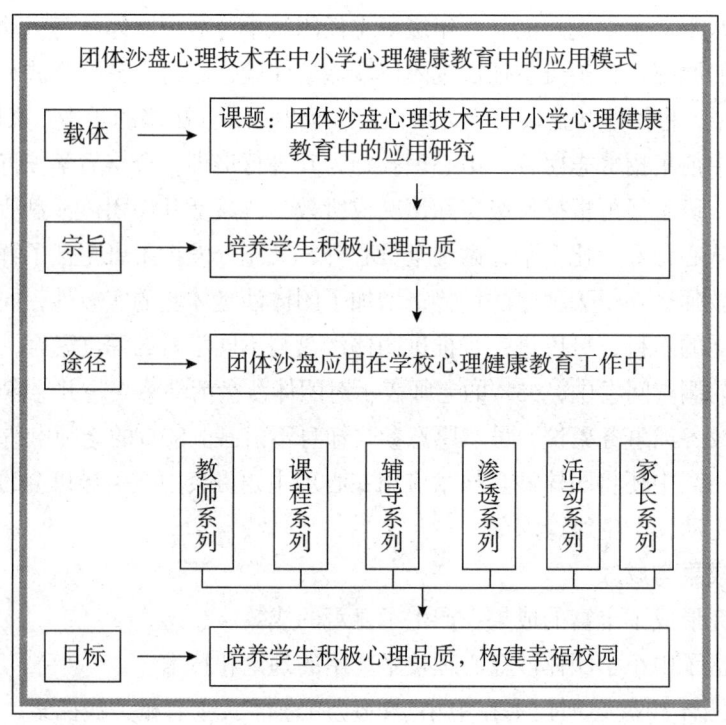

（三）形成了系统的团体沙盘课程

1.形成了具有积极体验性特征的系统的中小学团体沙盘课程

经过课题研究，初步形成了具有积极体验性特征的系统的中小学团体沙盘课程，包括：团体沙盘六课时心理健康教育课程、团体沙盘生涯课程和团体沙盘学科课。

2.团体沙盘课程科学有序实施，列入正式课表

以科学的方式进行团体沙盘在中小学校的应用研究，研究成果在学校教育教学中得到应用，团体沙盘课程从点上尝试到面上铺开。比如，长春市第五中学在高一年级挑选了4个实验班来尝试授课，根据班级小组进行分组，将所有学生随机分为8个小组，每双周一次课，在此基础上进行尝试性的授课，然后在全年级全面展开，现沙盘课程已纳入到学校正式课表之中。

（四）促进了学生积极心理品质的形成

在学校开展团体沙盘应用研究过程中，学生在各个方面都发生了积极的变化。一是自我内心世界的探索和外化。在没有心理防御的情况下，沙盘世界非常直观地呈现了学生的心理世界，促使学生在创作沙盘的过程中调整自我。二是加强了学生间的合作。沙盘摆放创作的过程，既要承接其他人的摆放，又要考虑整体的感觉，促进了合作能力的提升。三是增强了学生间的相互积极影响。通过互动分享彼此的内心世界，既达到了互相了解，又通过他人的表达促进了自我的思考和认知的调整。

通过盖笑松等人编制的积极心理品质问卷，以长春市少数民族中学的学生为对象，探讨团体沙盘对学生积极心理品质的影响，比较参与前后民族中学学生积极心理品质的差异，结果表明民族中学学生在参加团体沙盘活动后总体积极心理品质水平显著高于参加前，参加团体沙盘活动后在热爱学习、兴趣好奇心、自我调节和积极乐观这四个维度上显著高于参与团体沙盘活动前。实验研究证明，团体沙盘可以影响民族中学学生的积极心理品质发展，是值得继续推行的干预手段。

本课题在课题组的专业引领下，各实验区和实验校全体教师深入研究、积极实践，成效显著，对于长春地区、全省乃至全国许多地区中小学心理健康教育工作起到了巨大的引领和推动作用。

五、进一步研究与展望

本课题探索了将团体沙盘技术应用于心理健康教育课，学科课，生涯教育，学生、教师与家长的心理辅导等多种心理健康教育活动中，取得了一些成果和成效，但仍需理论上的深入探索和实践上的应用拓展。"十四五"期间，将在主导课题"中小学团体心理辅导的实践研究"中，对沙盘在中小学团体心理辅导中的应用进行实践研究。

学校、家庭、社会三位一体协调联动助力学生和谐发展实践研究

课题主持人：杨　波　长春南湖实验中海小学执行校长
课 题 成 员：杨　波　长春南湖实验中海小学校长助理
　　　　　　王　薇　长春南湖实验中海小学党支部副书记
　　　　　　周　莹　长春南湖实验中海小学校长助理
　　　　　　王　琳　长春南湖实验中海小学学工部主任
　　　　　　朱晓琳　长春南湖实验中海小学少先队辅导员

一、课题的提出

（一）研究背景

《中共中央国务院关于深化教育改革全面推进素质教育的决定》指出："学校、家庭和社会要互相沟通，积极配合，共同开创素质教育新局面……"学生健康成长离不开家庭、学校、社会三方面教育的有机结合。近年来，随着终身教育和学习型社会的提出，要求学校应更多地面向社会、面向家长。而教育工程中的越位、错位和缺位现象，已经成为中小学从传统走向现代，从依附走向自主，从封闭走向开放的主要障碍。学校办学与家庭、社会环境互动不够，导致学校管理中缺少家庭、社会支持系统。

（二）研究意义

1. 理论意义

（1）建立科学可行的学校、家庭、社会相互协调的教育机制，形成三位一体的教育网络，全面提高学生综合素养。

（2）切实遵循"学校、家庭、社会相结合"的教育理论规律，探索一种学校教育制度化、系统化、科学化、规范化、网络化的新模式。

（3）关注学生的全面发展、个性发展、终身发展，推广"新三好"（好孩子、好学生、好公民）的概念，有效推进学校、家庭和社会三方评价。

2. 实践价值

（1）学生身心成长一直变化，需要持续关注。每年都有新学生和新家长，学生的身心发展也总在变化中，学生的品德教育和行为习惯养成，需要学校、家庭、社会的共同持续关注。

（2）家庭教育问题长期存在，需要持续指导。我校前两轮课题研究中发现的家庭教育问题及现象是具有普遍性的，仍将长期存在，并随着社会大环境的变化，又会增加许多新问题，需要持续研究，跟踪指导。

（三）课题界定

"三位一体"：聚合学校、家庭、社会三方教育动力，利用现有的学校教育资源，开发家庭教育资源和社会教育资源，形成学校、家庭和社会真正意义上的教育合力。

"协调联动"：学校、家庭和社会在教育观念、教育内容、教育途径和教育策略等方面体现出一致性与和谐性，从而促进学生和谐发展、健康成长。

"和谐"：学校、家庭、社会教育的实施理念和评价依据达成一致，并各自表现出最美好的外显形态，且达到互补、互进、互利的教育效益。

二、课题的设计

（一）研究目标

1. 构建"三位一体"的育人环境。

2. 探索"协调联动"的教育模式。

3. 搭设"三方互动"的合作平台。

（二）研究内容

1. 目前学校教育、家庭教育与社会教育现状的调查研究。

2. 学校、家庭、社会教育三位一体，形成合力的研究。

（1）学校教育与家庭教育深度合作的策略研究；

（2）学校教育与社会教育合理衔接的模式研究；

（3）学校、家庭、社会教育体系形成的对策研究。

3. 学校、家庭、社会三位一体的现代教育体系的构建研究。

（三）研究方法与步骤

1. 研究方法

本课题以理论研究法、行动研究法、经验总结法为主，辅之以调查研究法、个案研究法等。其中理论研究法主要针对包容理论、共同责任理论、教育生态系统理论。

2. 研究步骤

（1）准备论证阶段（2017.1—2017.12）：①成立课题组，收集资料，理论学习，撰写开题报告。②制订课题研究计划，确定研究策略。③成立课题领导小组，进行社会调查，与社区等建立沟通渠道。④开辟活动场地，做好人力、物力准备。⑤教师研究方法培训，研究工作任务分工与落实。

（2）研究实施阶段（2018.1—2020.12）：①确定研究对象，策划、组织、实施各项活动。②及时反馈、调整，总结讨论、修改研究方案。③组织课题实验小组共同研讨，并定期向学校展示汇报研究的实况。④总结经验，撰写论文，收集各种研究资料。⑤做好后期调查工作。

（3）总结评估阶段（2021.1—2021.7）：①对研究对象进行测评，做好统计与分析、整理。②课题有关成员总结分析研究情况，撰写科研论文。③撰写研究报告，邀请有关专家论证验收。④反思课题研究实施过程，整理课题研究的资料。

（四）研究策略

1. 强化认识，建立"三位一体"教育机制

（1）建立班级科学管理模式，实现家校共育。

（2）建立"三位一体"教育协作模式，打破空间限制。

（3）推动教师培训工作的开展，提升教师协调合作能力。

2. 搭建平台，实现"三位一体"教育共通

（1）学校牵线，搭建网络平台。

（2）学校主导，搭建实践平台。

（3）学校先行，搭建评价平台。

3. 挖掘资源，发挥"三位一体"教育能效

（1）挖掘家庭教育资源。

（2）开发社会教育资源。

4. 及时反思，调整"三位一体"教育模式

三、课题的研究过程

（一）加强校园环境文化建设，构建和谐校园

学校的硬件设施、校园环境、校风校貌等对学生都会起到教育作用。为了增强环境育人的效果，我校加强了校园文化建设，如学校走廊的宣传墙报、公众平台等宣传育人。各班都加强了班级文化建设，让每一面墙都会说话，在教室醒目位置陈列《小学生守则》《小学日常行为规范》，积极营造良好的德育环境，不仅为学生提供一个良好的学习环境，更使得学生时时沐浴在校园环境所营造的德育教育氛围中。

（二）加强师生行为文化建设，营造和谐关系

学校的任何一名教师对学生的成长都要尽到教育责任。学生可塑性大、模仿性强，全体教师在工作过程中的一言一行都将影响学生，"学校无小事，处处皆教育"，所以我们提倡人人都是德育工作者，我们应该遵循"教书育人、管理育人、服务育人、环境育人"的宗旨，按德育工作的规律办事。所有任课教师都有工作对象和工作目标，要进行个别谈心，有针对性地进行教育，满腔热情地关心"困难学生"，使学生"亲其师、信其道"，在充满关爱的校园氛围中健康成长，努力塑造阳光教师、阳光学生。

（三）拓宽渠道开展实践活动，开发和谐课程

扎实有效地开展校内校外的各种实践活动。校外的一些实践活动：参观东北民俗展览馆、伪满皇宫博物院、敬老院、规划馆等社会实践基地。通过充分挖掘学校文化特质、结合生源结构，构建了赋有一实验特质并具区域特色的学校课程体系："四美"课程体系，即"传统文化之美、科学奥秘之美、国际视野之美、艺术健康之美"。丰富多彩的课程立足学生的全面发展，以多元视角为孩子们提供有助于"生长"的特色课程。校内的各种丰富的少先队组织活动必不可少，如举办以班级为单位的"主题班队活动"和常规的"社团活动课程"等。

（四）转变形式进行家校联系，开辟和谐通道

开展对家长的学习教育活动，提高家长德育工作水平。举办家长学校，定期对家长进行培训。召开家长会，教育家长掌握科学的教育方法，克服家庭影响学生健康成长的不利因素。组织家长参与学校活动和管理。请学生家长参观学校，让家长了解学生在校学习生

活情况,增强教育子女的针对性;听取家长对学校管理和德育工作的意见,让家长参与学校管理。

(五)开展家校协同活动,增强教育实效

1."走出去"——家访活动

建立家访工作制度及其他相关制度。通过实地走访、电话交流等方式,学校、家庭互通情况、共同参与、加强合作,增强对学生教育的针对性,同时克服工作盲点,增强工作效果。

2."请进来"——评价活动

采取多种形式,为家长、学生提供建言渠道,收集、整理家长、学生对学校和教师个人工作的意见和建议。把家长、学生对教师个人工作的意见和建议,反馈给教师本人,以加强师德师风监督,促进教师工作改进。

(六)构建"德育工程"体系,达成教育目标

1. 做好学校德育,制订德育计划

在以"抵制校园侵害,保护自身"为主题的校园德育中,学校以年级为单位召开了大会,介绍了如何抵制校园侵害,保护自身。班主任结合学校的德育安排通过班会、德育课等多种方式进行渗透,让"抵制校园侵害,保护自身"的主题成为班级学生的主流思想。一方面班主任可以通过召开班会的方式开展德育。班会的主题可以让学生通过讨论进行决策,如第一周的班会主题可以是"校园侵害的常见现象和如何预防",第二周的班会主题可以是"遇到校园侵害如何寻求帮助",通过主题的关联性确保"抵制校园侵害,保护自身"的主题内容落实到位。另一方面,教师应通过走访调查,了解学生群体中的校园侵害现状,针对学生对校园侵害的想法、思路和疑问进行有针对性的解答,确保学校德育工作落实到位。

2. 协调家庭资源,实现德育效益

协调家庭资源,实现有效德育是班主任进行德育的重要方式。结合家庭德育的内容,教师应将家庭德育与学校德育融合在一起,确保两种德育资源始终处于同一指导之下,为学生搭建全方位的德育环境和资源,实现德育的有效渗透。

以"尊老爱幼"为主题的德育为例,学校在尊老爱幼教育方面制订了非常丰富的计划和内容,教师应根据尊老爱幼系统教育计划特点与学生家长进行沟通,通过家长会、座谈会、视频会等多种方式与家长在尊老爱幼的主题教育方面达成一致,共同围绕尊老爱幼教育目标实施,如班级举办"我为爸妈洗一次脚"的主题班会以后,班主任应将主题班会内容告知家长并由家长配合学生完成"洗一次脚"的任务,同时还可以通过亲子活动等方式进一步融洽亲子关系,通过合作的方式确保各项德育工作落实到位。

3. 协调社会资源,优化德育环境

小学生的生活、学习环境除了家庭环境与学校环境以外还有社会环境,因此德育工作过程中也应积极协调社会资源,共同构建小学生的德育成长环境。社会资源中有丰富的德育资源内容,班主任要发挥自身的优势,积极通过学校或其他途径获取社会资源,通过社会资源的渗透为学生提供更多的德育内容。

协调社会资源的方式是社会发展和小学生德育的共同需要，一方面，社会对小学生的德育非常重视，立德树人的思想已经成为社会的发展共识，因此各级部门、组织对小学生德育非常重视，愿意付出自己的努力。另一方面，班主任应积极协调社会资源，为小学生的德育实践提供机会，如班主任可以在学校、社区的帮助下组织小学生到敬老院开展敬老活动、与抗战老兵的交流活动等。此外，还可以参与社会中的各类爱国主义主题比赛、演讲等，在实践中将学校、家庭等各种场景中接受的德育内容转换为实践，真正将德育内化为学生的一部分。

（七）净化社会文化市场，弘扬德育文化

社会是由人组成的。近些年，之所以很多学生的思想出现了扭曲，究其原因是受到社会不良文化的影响。由于学生年龄较小，是非观念未成形，也更容易受到不良文化的诱导，这给有效德育的进行带来了很大的影响。为了实现学生的有效德育，为国家未来培养高素质的人才，社会就应该做出自净，将其中的不良思想剔除，多弘扬一些有实际价值的中华传统文化，使社会的感染作用体现在对学生的正面引导之上。

四、课题的研究成果与成效

（一）研究成果

1. 隐性成果

（1）提升了家长和社会相关教育力量的主人翁地位，这不但是必要的，而且是可行的，是符合学校实际、家庭实际与社区实际的一种新型教育模式。

（2）调动了家长和社会参与学校教育的主动性、自觉性和积极性，有助于大家认识一致，目标统一，工作协调，功能互补，从而把协调教育提到一个新的水平。

（3）统一了教师、家长和社会有关人员对教育的认识，把育人看作是共同的职责；各级领导重视，各方力量实现组织落实和制度落实，形成互参互管，互帮互促的良好氛围；学校教育、家庭教育和社会教育三者优势互补，形成教育合力。

2. 显性成果

《主题班会课例设计汇编》《社会实践活动方案汇编》《教师家访资料》《项目式学习之社会访谈实录》《"协调联动"教师论文集》《"教子有方"优秀家长征文集》；主题课程与社会实践宣传册、宣传片与视频号资料。

（二）研究成效

1. 确定了学校、家庭、社会三位一体的教育原则

学生不仅应会学习，更要会生活，这就需要构建和谐的育人环境，需要重视学生的全面发展，提升学生的学习能力和实践能力。另外，和谐育人环境的构建需要三者关系的有效一体化，以帮助学生全息立体地在生活和学习中成长发展。本研究探索出了协同教育的有效途径与实践模式，促进教师的专业发展，提高家庭教育水平，提高学校教育效益，全面提高学生素质，发展学生内在潜能，为社会培养合格公民和优秀人才。

总之，培养全面发展的孩子，是家庭、学校、社会共同的责任。我们必须树立整体教育的思想，实现学校、家庭、社会的有机结合，动员和组织社会资源和力量。

2. 明确了学校、家庭、社会三位一体的实施原则

（1）坚持家庭教育的基础性。对于家庭教育来说，需要父母不断培养学生的认知能力，提升学生的创新能力，只有这样才能够真正地帮助学生去学习和生活。家庭的教育往往比其他教育更加有效和直接，影响性也更加广泛。所以，保证家庭教育的有效性是教育的基础。

（2）坚守学校教育的主体性。对于学校来说，学生在学校能够获得许多重要的知识，为使学生更好地获取知识，需要做的就是积极地构建良好的教学环境，这样就需要教师在教学中更加重视学生能力的培养，不断提升学生的自主学习能力，这样学生才能够为日后的生活做好准备，当然，在教学中也能够更好地帮助学生成长，以提升学生能力和素养。

（3）坚信社会教育的普适性。当今社会的快速发展，使得社会教育变得更为重要，每个人都需要在社会上不断学习新的知识，获得新的能力，这样才能够更好地去生活。因此，我们需要将社会教育作为学校教育和家庭教育的重要延伸，这也是学生成长与发展的关键。

3. 建构了学校、家庭、社会三位一体的教育模式

我们开展了以学校为中心，以社区为依托，家庭积极参与的多形式联动活动，构建了"学校、家庭、社会三位一体"教育模式。通过研究，首先，我们积极营造了一个健康发展的环境，充分挖掘了家庭、社区的教育资源，增加了学校的办学功能；其次，可以促使家庭、社会、学校共同承担起培养优秀下一代的重任；最后，为学校、家庭、社会教育形成正向合力提供了一条切实可行的途径。

例如：我校通过家长学校、家长信箱、家长开放日、家长讲师团、家长委员会、"海纳悦读"空中家长课堂、运动会的亲子竞技、书香家庭评选、最美妈妈评选、亲子阅读等途径，实现家庭教育资源最大化；动态立体的社会实践课程，"走进社区、走进自然、走向社会、走向世界"的系列主题实践活动，提升了社会资源的有效对接与利用。学校教育需要家庭与社会三位一体，本次研究主要在"学校主导、家校互动，社会合作"协同教育模式研究上突破。

4. 探索了学校、家庭、社会三位一体的运作机制

通过实施服务性活动、开放性活动、参与性活动、教育性活动和研究性活动五大活动为主线的工作策略，学校教育形成正向合力，学校、家庭、社会之间建立起一座沟通的桥梁，共同推进学校教育。研究中，我们深入剖析学校、家庭、社会的教育能量与资源，创造三方聚合的机会，设计三方互动的活动，搭设动态连贯的合作平台，形成各司其职、优势互补的格局。

另外，在研究过程中，课题小组成员之间的积极配合和共同协作，为全校教育起到了良好的示范作用。

5. 满足了社会对小学生教育的需求

（1）学校发展适合社会发展的需求。改革开放带来了经济的腾飞，生活水平的提高呼唤小学教育更加广泛和多样，让所有的孩子接受学校教育，特别是基础教育，这是国家的大政方针。学校从社会发展的需要和自身发展的需要出发，通过建构"学校、家庭、社会三位一体化"教育模式，推进了对"学校、社区、家庭有机结合，增强教育合力"这一课题的研究，使学校的发展能适应社会发展的需求，并以社区为依托，服务于社会，为今后学校、家庭、社区一体化教育的发展探明了道路，为孩子的终身发展打下了扎实的基础。

（2）社会资源满足学生发展的需要。

小学时期是人生中发育最快的时期，可以为人的一生多方面的能力打下基础。当前由于独生子女多，单亲家庭多，留守学生多等现状，造成很多孩子养成了自私、任性、霸道等不良品质，这对孩子今后的健康成长是十分不利的。我们尝试通过本课题的研究来改变这种现象，为孩子创设一个能相互交往，独立面对的环境，从小注重社会性品质的培养。我们建立的亲子俱乐部，根据小学生的发展需求，从语言发展、认知发展、动手动脑、生活自立能力、社会性发展等五大方面来设计活动，并且定期向家长发放根据学生年龄特点制订的活动计划，让家长做到心中有数。这一活动深受家长的喜爱，满足了家长缺乏学校教育知识又迫切希望孩子接受学校教育的积极愿望。

《国务院关于基础教育改革与发展的决定》提出："切实增强德育工作的针对性、实效性和主动性。加强爱国主义、集体主义和社会主义教育，加强中华民族优良传统、革命传统教育和国防教育，加强思想品质和道德教育并贯穿于教育的全过程。主动适应新形势的要求，针对不同年龄学生的特点，调整和充实德育内容，改进德育工作的方式方法。""丰富多彩的教育活动和社会实践活动是中小学德育的重要载体。要将小学生校外活动场所建设纳入社区建设规划。各地要多渠道筹集资金，建设一批小学生活动场所和社会实践基地。建立健全各级小学生校外教育联席会议或相应机构，加强对小学生校外教育工作的统筹和协调。"我们的研究虽然还只是一种尝试，但是我们已探索出全新的合作型的教育模式，为学校与家长、家长与家长、学校与社区之间构筑交流学习和经验共享的平台，共同促进小学生教育的发展。

通过课题实践，提高了学生的创新能力、实践能力和探究能力，增强了合作意识和团队意识。丰富多彩的社区实践活动，使学生增长知识，开阔视野，更加关心社区、热爱社区。学校定期组织学生在各个德育基地开展系列实践活动，充分发挥基地育人作用，提高了学生的综合素质。经过两年多的研究与实践，对有关调查结果及观察分析表明，本课题研究能有效地促进小学生的健康成长。

6. 提高了家长和教师的整体素质

课题研究中通过家校互动，满足了众多家长"让自己孩子能受到科学的教育"的愿望，使学校资源得到充分的利用，使家庭和社区对教育的重视程度上升，让更多的家长提高了自己的教育水平。这不仅丰富了社区居民的生活，改善了教育的环境，还提高了社区成员的总体素质。

经过本课题的研究与实践，对有关调查结果及观察分析表明，本实验能有效地提高家庭教育水平，能较好地调动并合理运用家庭教育与社区教育力量，有效地促进青少年的健康成长。家长素质明显提高，教育子女的意识和自觉性不断增强，主动与学校联系、沟通、配合的多了。家长自觉学习家教理论知识，注重克服简单生硬方式，采取科学方法教育子女的多了。家长严格要求自己，从一点一滴做起，以身作则，理解、支持学校教育教学工作，办实事、办好事的多了。家庭教育观念在逐渐转变，育人目标更加明确。家长同孩子交流的方式趋向于平等、开放。家长都希望自己的孩子是一个思想品德优秀，掌握一定的科学文化知识，有较高社会适应能力的人。家庭普遍要求孩子承担相应的义务，按时起居，合理分配学习和休息，培养远大理想和独立能力……这些都有利于提高孩子思想道德修养。

学校也重视了自身教育资源的开发。本研究使教育者扩大了从教领域，教师在与家长及社区的交互活动中，从家长的不同职业、不同文化背景中获得了宽广的知识视野，为小学生提供了丰富的教育内容，许多有爱心、有责任感、业务能力强的优秀教师脱颖而出，使教师队伍的整体素质得到了提高，同时提高了教师教育理论水平和研究能力。

五、课题进一步的研究与展望

（一）课题进一步的研究

1. 研究内容的调整

学生的成长与发展既有连续的、线性的进步和确定性、一般性的特征，又有自然性、自发性、自主性、情境的特异性和个体的差异性，要求我们将研究的视角延伸到人类学、社会学、生态学、文化学和教育学等方面。

2. 研究方法的选择

我们一定要坚持学习、坚持实践、坚持创新。力求将理论创新与应用、开发创新结合起来，走人文关怀和科学精神融合之路，重视采用观察、访谈、个案、实验和现场情境分析等方法的整合研究。

（二）研究展望

学校教育与家庭教育、社会教育合则强，分则消，三者不但要把对方视为可运用的资源，更要将对方视为工作伙伴和服务对象，在观念上必须更开放，在做法上必须更务实，在组织上必须更健全，才能使学校与家庭、社区之间的合作关系获得进一步提升，真正使学校与家庭、社区成为教育共同体。

"润养童心·儒雅至善"中华优秀传统文化小学铸魂教育的研究与实践

课题主持人：魏志杰　长春市宽城区天津路小学校长
课题组成员：胡长文　长春市宽城区天津路小学副校长
　　　　　　赵志红　长春市宽城区天津路小学副书记
　　　　　　张　博　长春市宽城区天津路小学主任
　　　　　　张潇元　长春市宽城区天津路小学教科研主任
　　　　　　郭　萍　长春市宽城区天津路小学教学主任
　　　　　　寇慧杰　长春市宽城区天津路小学语文教学主任
　　　　　　王晓梅　长春市宽城区天津路小学语文教学主任
　　　　　　王　爽　长春市宽城区天津路小学数学教学主任
　　　　　　黄明光　长春市宽城区天津路小学学科教学主任

一、问题的提出

1. 基础教育改革迫切需要中华优秀传统文化发展与创新

中华优秀传统文化在其数千年漫长的发展历程中，璀璨瑰丽，高峰迭起，无数灿若星汉的古诗散文作品生动地描绘了中国传统社会的历史画卷与精神风貌，成为中国传统文化的重要组成部分和最具代表性的载体。当前，在经济全球化日益发展的今天，东方文化受到西方文化的巨大冲击，民族文化的发展面临着机遇和挑战。高度重视中华优秀传统文化的传承，是语文新课程改革在国际化、全球化背景中追求教育本土化和民族化的一种战略选择，也是弘扬中华传统文化，促进学生个体生命持续发展的有效措施。

新的基础教育课程改革折射出整个社会对传统文化的重新认识，在语文课程标准中将要求背诵的"优秀诗文"增加了很多篇幅，其内容就有中国古诗文，文言文比例接近40%。

传统文化是我们中华民族的灵魂与根本，铸魂教育是对学生进行民族教育的有效途径，在经济全球化日益发展的今天，东方文化受到西方文化的巨大冲击，民族文化的发展面临着机遇和挑战。传统文化是我们中华民族的根本，我们中国要想在日益激烈的竞争中立于不败之地，必须弘扬我们的传统文化精髓。只有弘扬民族文化，增强民族自豪感和自信心，我们才能为世界文化的发展做出贡献。纵观国内国际形势，提高国民的民族文化内涵迫在眉睫。"立德树人"用中华民族千年的优秀文化和优良品德浇灌青少年的心灵，对其实施爱国主义和传统美德教育，在下一代中培育民族的认同感、自豪感，是当务之急。

党的十八大以来，习近平总书记多次强调要传承和弘扬中华优秀传统文化。2014年在教育部印发的《完善中华优秀传统文化教育指导纲要》中强调，加强中华优秀传统文化教育是构建中华优秀传统文化传承体系,推动文化传承创新的重要途径。2017年1月在中共中央办公厅国务院办公厅印发《关于实施中华优秀传统文化传承发展工程的意见》中明确提出把中华优秀传统文化全方位融入各阶段教育领域,这是引领小学优秀传统文化教育发展的基本准则。

面对新形势下的变革,小学优秀传统文化教育发展的问题也逐步凸显。主要体现在:中华优秀传统文化与小学教育融合过程中实践性及时效性差的问题。针对这种情况,应积极尝试探索基础教育改革背景下的中华优秀传统文化融入小学教育阶段的传习与实践研究。

2. 天津路小学百年办学特色为研究与实践提供了前提和保障

长春市宽城区天津路小学具有百年的发展历史,经过一百多年的文化积淀,学校具有一支高素质文化底蕴深厚的教师队伍。本课题组的主要研究成员由学校骨干教师组成,全部具有高级、中级教师职称,多人先后承担并圆满完成国家、省、市的课题研究任务,能确保课题研究得到科学、协调、顺利的实施。同时,我校与长春师范大学合作,聘请教育专家担任课题研究的顾问,通过专家引领,提升理论研究水平,为项目顺利进行提供理论支持保障。

为了保障课题的顺利实施,学校制定了课题管理、学习、研讨和激励制度,用制度建设保证课题研究的时间,保证课题研究顺利进行并完成预期的阶段性成果。我校设立专项科研经费,提供财力支持,配足配齐资料设施设备,确保计划顺利完成。

二、课题设计

(一)研究目标

1. 探索中华优秀传统文化小学铸魂教育的新内涵
2. 建构中华优秀传统文化小学铸魂教育育人模式
3. 探究中华优秀传统文化小学铸魂教育的成果转化

(二)研究内容

1. 中华优秀传统文化小学铸魂教育内涵研究
2. 中华优秀传统文化小学铸魂教育育人模式研究

(1)铸魂教育管理体制研究。

(2)铸魂教育学校文化建设研究。

(3)铸魂教育经典课程建设研究。

(4)铸魂教育教学实践研究。

(5)铸魂教育教材建设研究。

(6)铸魂教育评价方式研究。

(7)铸魂教育师资建设研究。

(三)课题研究方法及策略

1. 文献研究法

为解决中华优秀传统文化与小学教育融合过程中实践性及时效性差的问题,项目组通过解析《关于实施中华优秀传统文化传承发展工程的意见》及小学铸魂教育发展的需求,对铸魂教育体系进行了有益的探索,为现有国家发布的指导意见及研究的相关理论的开展、学习、研究提供课题研究的理论基础。

2. 调查研究法(包括谈话法和问卷法)

在预研阶段,通过谈话与问卷了解小学生传统文化的知识水平及传统文化对学生心灵成长的影响程度,根据现有小学生的道德成长特点进行分析。收集大量的原始材料,更有针对性地制订具体的对策和方法,以便对症下药;在研究过程中,问卷调查研究的成效,以便及时纠正和改进研究的方向和方法。

3. 观察研究法

通过环境熏陶、课程教育、情感渲染,了解学生通过优秀传统文化的学习在铸魂教育过程中心理、态度的变化,比较翔实地掌握感性材料,并对此进行正确的分析与研究。

4. 个案研究法

本课题在全校师生中展开,选择优秀典型,进行个案深入研究,从中寻找规律。教师如实记录学生存在的问题,进行分析或集体研讨,提出解决问题的策略,最终形成典型个案,课题组对典型个案予以推广,从而指导课题研究的顺利进行。

5. 经验总结法

总结、归纳研究中的有效经验,提炼概括,撰写结题报告,编辑案例。

三、课题研究的过程

第一阶段:2016.01—2017.01 以校园文化建设为基点展开研究

通过校园文化建设,把走廊文化、楼梯文化、校园墙壁文化,都变成课题研究中儒雅校园文化的主阵地。筹划建设诗经、词道、百家姓、中华百杰墙、诗意中华博物馆等校园文化专题,使其成为课题组教师主动发挥才能进行学习、研究和建设的关键一步,为营造课题研究的环境氛围奠定基础,努力做到全体师生每时每刻都在浸润着课题研究的主旋律。

第二阶段:2017.01—2019.01 重在打造铸魂教育体系

在课题推进过程中,计划利用一年时间重点打造"六维一体"的铸魂教育体系,努力将"润养童心·儒雅至善"的铸魂教育路径分为6大领域,包含16个维度的8个核心项目的细化操作,并有专门的负责团队推进实施,让育人目标和日常教育教学行为紧密联系在一起,为最终目标的达成保驾护航。

	研究领域	研究维度	研究核心
1	儒雅课程	1. 国家课程师本化	1. 课程资源的开发与利用项目
		2. 地方课程生本化	2. 教学有效性提高项目
		3. 课堂教学有效性	
2	儒雅队伍	4. 校长专业发展	3. 校本研修项目
		5. 教师发展共同体建设	4. 微课题研究项目
		6. 教师风格创建	
3	儒雅环境	7. 校园文化的创建	5. 儒雅校园整体文化构建项目
		8. 文化识别系统创建	

续表

4	管理创新	9. 决策制度改革	6. 现代管理制度建设项目
		10. 评价制度改革	
		11. 组织结构改革	
5	儒雅行为	12. 日常行为规范	7. 儒雅校园活动体系创建项目
		13. 大型主题活动及常规活动	
		14. 社团活动	
6	学科整合	15. 硬件的建设	8. 数字化校园建设项目
		16. 多学科的有效融合研究	

第三阶段：2019.01—2021.01 在研究中不断丰富完善儒雅课程

在课题研究过程中，课题组要进入一线课堂，定期组织小学教师开展教学研讨活动，结合具体案例，探讨在实践中取得的成效和存在的问题。结合小学教师及学生的亲身体验，开展广泛的交流活动，在交流的基础上，总结前一阶段的成绩与问题。通过多种方式来进一步调整优秀传统文化课程内容及课堂教学模式。

第四阶段：2021.01—2022.03 完善丰富教材成果润养童心

根据精神、文化、技艺等三个层面的要求，遵循学生身心发展规律和结合学生年龄特点，精选国学经典内容，进一步完善儒雅国学系列教材的开发。教材编写以学生为中心，以小学教育实际需求为宗旨，内容上注重传统国学经典的现代转换，融合国学与国外先进文化，使学生能够紧密联系教育实际问题进行学习，为小学铸魂教育资源开发提供了参照的范式。

四、课题研究成果与成效

（一）研究成果

1. 探究了中华优秀传统文化小学铸魂教育内涵研究

铸魂教育就是以儒雅文化环境为引领、以儒雅课程为主体、以儒雅教师队伍为支撑，培养"六有"儒雅学子，即：有中国情怀，有世界视野；有传统底蕴，有时代素养；有传承意识，有创新能力。通过对小学优秀传统文化教育中诸多问题的梳理，提出中华优秀传统文化融入小学教育过程中亟待解决问题的假设。结合访谈法分析问题出现的原因，为制定对策提供思路。最后，提出依据传统文化及儒雅理念的国学教育新模式——"润养童心•儒雅至善"铸魂教育体系。

2. 构建了中华优秀传统文化小学铸魂教育育人模式

（1）完善了铸魂教育管理体制。通过对学校决策制度、评价制度、组织结构等的管理机制改革，为铸魂教育的开展提供制度保障。学校成立了四级梯度式管理及运行机构，四级分别为成果研究的管理层，专家层，研发层和实施推广层。让学校发展的动力更多元，办学思路更开阔，让铸魂教育的实施途径更广阔，让铸魂教育的脚步更坚实。

（2）创建了铸魂教育学校文化。学校通过创建诗径、词道、国学大讲堂、诗画道、雅学廊、艺术天地、中华百杰墙、百家姓文化墙、二十四史中华魂等主题鲜明的"文化广场"及各楼层的主题文化展示，将经典、自然、艺术、创新、家国情感等多个主题内容融入校园文化之中。学校通过营造古色古香的物质文化、经典践行活动文化、祭孔拜师礼仪文化，使学生一抬头就可以接触儒雅文化，一转身就可以学到国学知识，在学习过程中形成儒雅的人格和行为，全面提高学生的素质，彰显文化亲润功效，使校园成为一本立体的、会说话的传承中华优秀传统文化的教科书。在课题研究过程中，从校园文化的建设开始。校园文化是学校教育的必然产物，是一种特定的文化环境，同时校园精神文化是社会文化在校园内的具体表现，因而参与校园精神文化并受其熏陶、启迪感染和教育是学生完成社会文化的个体转化，这是课题研究的重要环节。在学生个体社会化的过程中，校园精神文化与其他常规教育相比更具有独特的育人功能。我们只有利用国学文化来更好地装扮校园精神文化这一宝贵的教育资源，才能充分发挥其独特的教育功能。

　　潜移默化的文化熏陶，能够滋养学生的内心世界，而文化的形成是用一切有形有声的载体，做着润物无声、大爱无痕的教育。为了能让文化熏陶成为学生们日常生活中的一部分，我们的校园本身，便是被建设成了一座博物馆。中华上下五千年、文章焕烂垂星斗、人间巧艺夺天工、江山代有才人出……我们学校楼内的每一层，都用一张张墙画展示着历史、名人、文学、大好河山等不同主题。

　　我校的很多细节也都突出着"儒雅"这一主题，正厅的诗意中华形象柱、5楼的艺术长廊所张贴的书画作品、国学大讲堂、棋盘天下等等，都让孩子从视觉到文字到思想，通"儒"达"雅"，多层面感受中华文明的诗性魅力。

　　亲身经历过的事，才会更加印象深刻。我校在实施课题研究的过程中通过经典诵读活动、每日的古诗文晨读、校园文化节、舞台剧的排演以及多次相关的主题升旗仪式，让古典文化融入孩子们的成长记忆当中，让儒雅的气息根植于孩子们的品格里，实现了铸魂教育润养童心的过程。

　　（3）构建了铸魂教育经典课程体系。通过对国家课程师本化——地方课程生本化——课堂教学有效性的完善和重构，完成课程思政体系的顶层设计。提出了学科课程与活动课程、艺术课程并存，必修课程与选修课程、活动课程并进，课程基础性、拓展性和研究性并举的一整套课程体系，设置了以中华优秀传统物质、精神、制度、行为四维文化为一体的四大类九门课程。各班诵读经典诗文的琅琅读书声充溢校园。"行思楼""致远楼"上，中华经典诗句贴在每级楼梯上；走廊墙报上学生亲手制作的手抄报展示了孩子们的智慧，学生自己的书画作品，或瘦笔如钩或大开大阖，或大鹏展翅或繁花锦簇，无声地言述表达着自信和喜悦；每层楼的学部个性化小舞台，为学生提供了展示自我的机会，课间或午休时经常会有学生登台吹拉弹唱……学校力求让环绕校园的每一面墙壁，悬挂的每一幅作品、图画，站立的每一个宣传版面，学生表演的每一个舞台……都会说话。学生在静态的校园文化环境中时时感受经典，受到文化精华的滋养。在课题的引领下，我们在省内首创了集合物质、精神、制度、行为四维文化为一体的四大类九门课程。重构了学科课程、活动课程和艺术类课程，其中"国学经典诵读""天小电影课程""中华百杰"等课程为我校所独创。

　　（4）创编了系列铸魂教育校本教材。根据精神、文化、技艺等三个层面的要求，遵循学生身心发展规律和结合学生年龄特点,精选国学经典内容,进一步完善儒雅国学系列教材的开发。教材编写以学生为中心,以小学教育实际需求为宗旨,内容上注重传统国学经典进行现代转换,融合国学与国外先进文化,使学生能够紧密联系教育实际问题进行学习,为小学铸魂教育资源开发提供了参照的范式。在研究过程中建设了诗意中华主题文化、中华百杰墙、百家姓、诗经、词道等等,学校通过完善校园环境建设,力争让每堵墙说话,让每一棵树传情,我们努力将校园的每面墙壁都设计成吸引眼球的"书页",力求使每面墙壁成为意蕴深厚、文化浓厚的亮丽景观。学校在文化墙粉刷名家名篇,供师生随时阅读,全校学生保证每天的集体诵读活动。为了使学生学习古诗文不枯燥,充分调动学生的积极性,语文课堂上安排演讲活动,给每个学生展示的机会。开发了具有中华优秀传统文化的小学儒雅国学系列教材,具备省内先进水平。教材编写根据精神、文化、技艺等三个层面的要求,遵循学生身心发展规律和结合学生年龄特点,精选国学经典内容,进一步完善儒雅国学系列教材的开发。

学科课程类:《声律启蒙教材》《走进国学》《经典诵读》

活动课程类:《古诗文品读》《影育童心》《中华五千年》

艺术课程类:《书香盈路》《舞韵》《书法》《手工》

润养童心,使广大师生的思想得以净化、道德得以高尚、行为得以规范。流连于水绘园、花木城,"野芳发而幽香,佳木秀而繁阴"的诗句脱口而出;做事成功时,"会当凌绝顶,一览众山小"的自信表露无遗;松下读书,"岁寒,然后知松柏之后凋也"的对话汩汩流淌。经典,像清新的空气一样慢慢浸润孩子的心扉,传统文化给他们注入的是富有灵魂的血液。

儒雅至善,唐诗的雍容华贵,宋词的典丽雅致,《诗经》的拙朴自在,《史记》的开阖跌宕……它们里面都蕴涵着"道"。在咀嚼中体悟,从体悟中吸收,学生的举手投足有了悄然的变化:学习上潜心思考的多了,交往中主动宽容的多了,家庭中体贴孝敬的也多了。我们期待孩子具有追求卓越的品质,天人合一的情怀,自强不息的意志,敢为人先的魄力,诚信公正的操守……

(5)改革了铸魂教育评价方式。通过构建多元化的评价主体(即教师评价+学生自评+同伴互评+家长督评)和多元化的评价方式(即班级周评+月评+学期评的"四三制"考核体系),从而更加全面客观的评价学生对于优秀传统文化知识的掌握和运用情况。评价方式的改革创新,让铸魂教育的实验过程更灵活多样,让广大教师在课题实施过程中有更好的抓手,为学生的铸魂教育过程实施提供了强有力的支撑。

(6)培养了铸魂教育教师队伍。通过专家指导、名师引领等方式,依托校本研修及微课题研究项目,开展校长专业发展+教师发展共同体+教师风格建设的系列培训。教师队伍围绕师德师风建设,注重以中华优秀传统文化涵养师德,以系列培训、课程开发、课程实施与评估等渠道,培育掌握现代教育理念与方式适应时代发展的儒雅教师团队。基于此,学校还制定了学校教师职业操守,成为广大教师的行为规范。

(二)研究成效

1. 形成独立课程作用明显

课题研究在学校日常的教育教学实践活动中,以新课程改革、素质教育的基本理念为指导，以中国传统文化来初步启发学生，以多个学科中的优秀传统文化为主要凭借，让国学课程成为一门独立的课程。使学生具有初步的国学知识、修养，开发智慧潜能和个性发展，陶冶学生的完美人格，全面提高学生的国民素质。

2. 培育儒雅学生成绩斐然

通过6年的改革与实践，参加实验的小学生共获得国家级、省部级学科竞赛奖项208项，公开发表文章35篇。目前，毕业生受到宽城地区乃至吉林省长春市朝阳区、二道区等地初级中学的好评和欢迎。中学校长们反映："这次教学改革后培育出来的毕业生，品行儒雅，学生形成了正确的世界观，培养了良好的审美能力，提高了人文素质，对学生进行了潜移默化的教育熏陶，提升了学校办学品位，产生了良好的教育效果。"

3. 全面推进实践成果丰硕

经过6年的研究与实践，成果显著。学生们在传统文化的滋养中，内化为良好的思想道德素质。每当下课后，只见学生络绎不绝地走出班级，出门便与国学不期而遇。他们先是被古色古香的竹简上镌刻着的精美文字图案所吸引，继而站在墙下互相吟诵，互相提问，在交流中学习，在学习中提高，无形中品味到了古文化的厚度，享受到了一顿丰盛的文化大餐。对学生真正有价值的东西，是他所处生活环境中默默传达的人文理念。大到校风校纪，小到班纪班规，以及校园的每一块贴有名言警示标语的橱窗、走廊、墙壁、黑板报、班级的手抄报、图书馆阅览室的书刊、报纸、无处不体现着校园文化的宣传教育作用，校园广播站是校园学校宣传的主阵地，可以说，文化的图、文、声、像几乎无处不在，无时不有，甚至草地或路边的温馨提示语等已形成了强大的舆论氛围，起到了潜移默化的作用，以此开阔师生眼界，获取各类知识，不断提高师生的文化素养。通过课题研究参研教师形成相关研究论文15篇，包括在《中国德育》期刊上发表的《给孩子穿上课程"隐身衣"》及在《未来教育家》期刊上发表的《为孩子建的学校》；立项课题18项，其6项为省级教育科学规划课题；教材9部，25人次获得省级以上奖项。2018年9月荣获长春市科研示范校，2019年12月被评为吉林省文明单位，2020年吉林省教科研先进单位。2021年被教育部评为中华"全国中华优秀传统文化传承学校"、被全国围棋协会评为"全国围棋特色学校"。

4. 区域辐射带动影响深远

"润养童心·儒雅至善"中华优秀传统文化小学铸魂教育的研究在此基础上取得了丰硕的成果，成果在长春市宽城区天津路小学及南京小学、浙江小学、二实验小学等20所小学进行了推广与应用，已连续使用6届，每届使用人数超过1000人，共计20000余名学生。经实践检验，该成果有效提高了小学生的国学素养，加强了对中华优秀传统文化的认同，进而为小学生树立的文化自信奠定基础。成果与实践经验受到媒体的广泛关注，成果在《长春日报》、中国文明网、中国教育在线网等媒体上，以"校训帮学生调整行为"和"长春市天津路小学的积小善讲文明"为专题进行了报道；吉林省关工委网站以"千手描大中国"为题报道了学校开展的手绘中国地图活动的壮观场面；吉林省电视台的校园传媒以特稿"蓓蕾诗心，为你读诗"为题报道了天津路小学学生诵读古诗等得到社会各界积极的反响受到社会各界的关注与好评，目前，点击率近3万多人次。

该成果紧紧围绕中华优秀传统文化与小学教育融合过程中的实践性不足问题，经过六年的实践与研究，率先构建了"润养童心·儒雅至善"的小学铸魂教育的新模式，在儒雅国学教育的培养方面取得了显著效果。该成果填补了中华优秀传统文化在小学教育阶段传习的理论研究及教学实践的空白，对全国小学"立德树人"教育的改革与发展具有重要的借鉴意义和推广价值，在全省同类学校教育改革中居于领先水平。

五、课题进一步研究与展望

本项研究把小学铸魂教育的目标落实在具体的育人模式及教育体系中，让其学习的过程和方式与学校环境和方式紧密融为一体，能够快速引导小学生传统文化素养及能力的形成，经过6年的教学实践，参与实验的学生与教师得到了全面发展。

本项研究起步较早，在国家发布《关于实施中华优秀传统文化传承发展工程的意见》后，我们的研究方向与国家的导向是完全一致的。研究与实践的成果紧跟了形势的发展，与国家的要求达到完美贴合。本项研究和实践是实实在在的方法、措施和范例。目前，小学国学教育方面大多处于方向性、指导性研究的时期，我们已然完成了落地的过程，填补了当前中华优秀传统文化融入小学教育的空白，对我省的小学教育教学改革实践有着重大的指导、示范作用。未来的研究之路上我们将继续深入探索，将中华优秀传统文化融入育人体系中，培养更多祖国需要的人才。

建构"润文化"下德育体系的研究

课题负责人：张　苏　长春市第八十七中学党委书记、校长
课题组成员：李巧薇　长春市第八十七中学教师发展中心主任
　　　　　　许文伟　长春市第八十七中学教师发展中心科研主任
　　　　　　孙东梅　长春市第八十七中学党委副书记
　　　　　　臧诗男　长春市第八十七中学南阳校区中学部教学副校长
　　　　　　陈　池　长春市第八十七中学景阳校区中学部德育副校长
　　　　　　李　霞　长春市第八十七中学景阳校区中学部教学副校长
　　　　　　段双龙　长春市第八十七中学景阳校区小学部教学副校长
　　　　　　王淑媛　长春市第八十七中学南阳校区中学部德育副校长
　　　　　　刘晓丽　长春市第八十七中学景阳校区小学部德育主任

一、课题的提出

（一）课题研究的背景

2013年5月，由教育部发起的"我国基础教育和高等教育阶段学生核心素养总体框架研究"项目，初步形成了中国学生发展核心素养意见。2016年9月，北师大举行了中国学生发展核心素养研究成果发布会，确立了人文底蕴、科学精神、学会学习、健康生活、责任担当、实践创新六大素养。其中社会责任、国家认同、国际理解这三个核心素养都涉及了学生的情感和行为因素，而国家认同和国际理解两种素养虽需要较多的知识学习，本质上还是需要转化成个人的情感才会发挥作用。党的十九大报告也提出"全面落实立德树人根本任务，推动构建德育工作系统化落实机制"。这都要求学校把握德育工作的正确方向，把学生放在正中央，通过建立德育工作系统化落实机制，提高德育工作的科学性和实效性，促进学生全面健康成长。

目前，学校德育主要存在以下三大症结：一是学校德育内容涵盖面广、体系庞杂，难以选准能够纲举目张的着力点；二是学校教师原则上均负有育人的责任，但实际上除了班主任外，其他人并没有明确的、具体的要求，于是造成人人都该管，人人都不管，难以形成真正强有力的教育力量；三是德育工作具体到每个教师做到什么程度算达标，怎样衡量没有固定的标准，造成考核难度。因此，德育工作从某一点入手，取得的成效是有限的，必须从整体性、主体性、实践性、发展性入手，去规划、构建学校的德育体系，制定长效机制，形成独具特色的德育模式。

（二）课题研究的意义

理论意义：本课题的研究是在整体和谐的大德育观下的德育体系的构建，从更广阔的领域中探索德育规律，对于促进学校素质教育理论的发展创新具有重要的理论价值。

实践意义：通过整体构建学校德育"润文化"体系，使德育目标、德育内容、德育途径、德育管理、德育评价等要素系统横向贯通，环环相扣，形成合力，以保证在整个学校德育过程中要素结构的完整性和连续性，发挥德育系统的整体功能。

（三）课题研究的界定

"润文化"：学校秉承"内外兼修 知行合一"的校训，践行"润育九年 涵养一生"的办学理念，构建了以"润"为主题的学校文化。"润文化"强调教育持之以恒、渗透融入之意。教育要面向生命，教育鲜活，生命才鲜活。教育绝非粗暴的干涉，也不是单纯的外在塑造，而是内在的唤醒。学校的办学宗旨以培养人的生活品质为目的，因此"润文化"是一种回归教育本质的理性自觉。

德育体系：以提高学生核心素养为目标，积极创建凝聚我校特色、具有极高实践价值的德育校本课程体系。主要在德育过程与方法、德育途径与资源方面有所创新，让学校德育工作贴近学生生活现实，贴近学生思想道德需要，通过构建课程的"校本化""课程化""体系化"，实现学校德育工作新的突破。

二、课题研究的设计

（一）研究目标

在我校人文教育引领下，在"润"的学校文化下，进行德育体系的建设，形成全员德育育人理念的教师队伍，根据学段、年龄的不同设计并实施各具特色的德育活动及系列化课程，与学科教学恰当切入整合，德育工作引领并服务于学科教学，学科教学活动为德育教育搭建平台，实现让核心素养落地生根。

（二）研究内容

1. 课程定位

聚焦学生综合素质的培养。教育以德育为先，以服务教学、促进教学为德育体系的定位，精准靶向育人目标，从德育教师队伍、德育管理制度、德育活动课程等方面开展研究。

2. 攻克难题

着力规范和解决德育体系落地实践中的难题。教育是潜移默化的，设计有效的、有益的德育课程及如何发挥德育活动的作用是我们亟待解决的问题。

3. 课程实施

深化课程改革，丰富动态课堂。德育也是一门需要教育艺术的课程，需要德育教师利用不同的形式、载体丰富多样地呈现，以学科教学的德育教育切入点搭建德育教育的平台，以专题性的德育活动或课程深挖德育教育的意义。

4. 课程文化

实现师生和谐健康发展愿景。学校的"润文化"旨在通过润物无声的方式滋养师生，因此德育体系也同样在潜移默化中实现教师成长、学生进步的目标。

（三）研究方法

1. 行动研究法

教师设计并实践系列德育活动，通过设立目标、制定计划、开展德育活动、观察活动中师生表现及对活动成效的思考，边研究边实践、边实践边研究，探索并确立符合学生发展规律、德育效果显著的方法与活动。

2. 个案研究法

对德育活动中学生个体进行有目的、有计划、有步骤的记录与观察分析，并加以一定的措施和手段，促进其良好行为习惯的发展。

3. 观察研究法

在研究中，教师通过对学生在各项德育活动中进行有目的、有计划的观察记录，获得最直接的第一手研究资料，评估德育活动的有效性。

4. 调查研究法

主要使用问卷调查法。针对家庭教育方面、教师设计与课题实施内容相关的系列问题进行问卷调查，制定有针对性的德育课程或活动。

三、课题研究的过程

（一）进行多层面调研，根据需求确定研究框架

根据学校"十三五"期间对学校文化的定位以及德育管理的现状，学校通过调查征集德育校长、德育主任、德育教师及班主任们对德育工作的迫切需求，整理相关困惑、想法等，形成本课题的初期构思。经过课题组反复推敲研究，最终构建了课题研究框架——构建德育工作"五大体系"，即构建德育工作体系，理顺德育工作机制，整合各类活动，形成教育合力；构建德育目标体系，系统规划、分层设计、纵横贯通、有机衔接、有效推进、逐步提升，最终达到培养目标；构建德育课程体系，融合国家课程、地方课程，建立校本德育课程，将各类活动多元化、课程化；构建德育队伍培养体系，搭建各类研修平台，组织各类竞赛活动，通过各类培训，加强队伍建设；构建德育评价体系，建立健全评价制度及评价细则，力求每一项工作都有评价反馈，做到科学、有效。

（二）开展具体研究工作，创建"润文化"德育体系

课题组制定研讨计划，坚持半月集中研究一次，学习交流相关理论。每月一次专题研讨，与课题小组成员共同探讨、交流体会。实验教师、班主任探索德育动态课堂实施途径，精心设计活动，及时总结实验体会，积累、整理好相关资料。具体开展了以下研究工作：

1. 德育体系的团队建设研究

坚持全员育人、全程育人的方针，学校领导要管理育人，教师要教书育人，职工要服务育人。而德育是育人的基础，这关系到学生将走什么样的路、做什么样的人、成什么样的材的问题。因此，我们通过加强学生接触最多的、比较信服的班主任的师德建设，全力打造一支师德高尚、富有爱心、爱岗敬业、有方法、巧育人、高素质的德育工作主力军。与此同时，学校同时在德育教师、心理教师等层面交叉融合，以"三位一体"的方式为德育管理育人，成效显著，事半功倍。

2. 德育体系的学生管理研究

在素质教育的大背景下，我们重视学生在教育中的主体作用。让学生自己管理自己、自己教育自己，通过加强学生自我管理来进一步提高学生自我管理和自我教育的效率。在研究中结合学校以往学生管理的方法，我们又进行了礼仪培训，教会他们如何遵守礼仪，如何尊重他人，并赢得他人的尊重。开展学生干部培训，教会他们如何为班级"立法"，

如何"执法",如何"调解",如何检查,如何落实。男生专场培训与女生专场培训则是教会他们(她们)如何做个绅士或者淑女。充分挖掘和发挥学生自我约束、控制、管理、教育的内在潜能,让学生在"管中学,学中管,管中悟",从而使学生的自我管理和自我教育的能力在实践操作中得以逐步发掘、培养和提高。

3. 德育体系的实践活动研究

学校课题小组教师提出将校内活动、社会活动、家庭活动等作为平台,多空间、多维度地开展活动,实现德育育人目标。在尝试中,为使家长与学校携手配合,建立了家长学校。采取更适合学生年龄与身心特点、更适合社会发展规律的新举措,使家庭教育工作配合学校教育工作,真正落实到学生的学习生活中。推行社会实践活动,并将学校的社会实践活动课程化,探索出符合校情的社会实践活动课程。初期课题组教师们主要是理论实践研究,课题材料信息收集,了解一些有经验地区和学校的德育实践活动案例,分析其内在构建本质,但是在分析的过程中也发现成功的经验并不一定符合我校的实际情况。我校属于九年一贯制学校,学生年龄、学段跨度大,活动形式必须多样、新颖的同时要符合学生身心发育的特点,在次序上,低学段活动为中高学段活动做准备,形成连贯性,真正达到德育课程体系化。在小学学段,对课题组的专职负责教师提出建立的"小当家"制度可以进行细节调整,并且倡议家校携手,有效发挥家长在孩子低龄阶段进行德育教育的重要作用。与此同时,中学部也提出了借助"研学"、社团活动等形成"志恒课程""研学课程",使德育活动系列化,并且每次活动后都及时总结经验。

(三)总结经验,梳理研究成果

1. 工作内容

梳理研究中各项活动及其效果,整理形成我校特色德育课程的工作手册,完成结题报告。

由于学校共有九个年级,学生数量多、班主任多,课题小组成员需根据负责年段、具体领域进行横向和纵向的分工,以"每一个班级、每一次活动都是我们进行德育教育的阵地"为准则,对所负责领域内相关研究进行初步汇总,课题组汇总研讨,最终形成我校关于"润文化"下的德育体系建设的成果及结题报告。

2. 研究呈现形式

课题组成员的研究成果(相关论文)、结题报告。

四、课题研究成果与成效

我校在整体构建学校教育体系的工作中,坚持德育为先,秉承"润育九年 涵养一生"的办学理念,真正把我校德育工作落到实处,取得以下成效。

(一)建构多元化德育管理体系,促进德育掷地有声

建设一支高素质的德育工作队伍是提高德育工作实效的基础。因此,我们把打造德育工作的队伍体系作为我们增强德育工作实效性的第一要务。我校从三个层面构建德育管理的队伍网络,从而切实提高德育工作实效。

1. 打造"三化",建立校长垂直领导、德育校长专职负责的德育管理网络

学校的管理模式是校长负责制,专职德育校长负责能够使学校德育工作专业化,下设

德育主任、团委书记、综合部主任，打造一支全能的德育队伍，以促进学校德育全方位、宽领域、多层次落实。

（1）专业化。德育主任是学校德育工作的中间环节，主要管理三支队伍：班主任队伍、心理教师队伍、专职德育教师队伍。班主任是学校德育工作的主要实施者，也是德育实效性增强与否的关键因素之一。学校采取"个人申请，学校把关"的方式，选取一批综合素质比较过硬的教师走进班主任队伍。对于新进入班主任队伍的成员，我们采取"师徒结对"的方式，以老带新，促进新班主任的快速成长。

学校设立专职的德育工作人员，以年级为单位，化整为零进行优化管理，平时驻扎年级，定时定期上报。德育处每周召开德育工作会议，布置本周工作，遇到紧急状况，德育处全员参与。年级德育教师下设学生总值周长——年级值周长——值周生——班级礼仪监督员。学校值周生定期召开值周工作会议，反馈前一周存在的问题，布置下一周工作的要点。学校总值周长系校学生会监察部长。

（2）制度化。为了建立德育工作的保障机制，学校制定了德育管理的相关制度，如德育工作例会制度、学生培训制度、研学德育课程制度等，以确保德育工作有条理、有效率、有保障的实施。此外，学校实行德育年度计划制度，即在学期开学之初，公布学校本学年度的德育工作计划，便于班主任和全体教师有条不紊地进行德育渗透。将班主任备课活动制度化，每周固定时间邀请经验丰富的班主任分享工作经验，新手班主任分享工作困惑，互促共赢。

（3）实效化。专业的德育队伍、严谨的德育制度进一步促进了德育工作的实效化。我们建立了学生自主管理的三级——三个层级的梯队，这是最具八十七中学特色的"三级管理课程"。为了有效提高学生的自主管理能力与管理他人能力，校内一至五年级形成以"我是学校小当家"的自主管理模式。学校大队委成立护导部，主要负责学校整体的行为规范监督检查工作，各班也相应地成立了"小当家委员会"，形成"大队委——小护导——小当家"层级管理体系，实现了"事事有人干，人人有事干"的"参政"画面。六至九年级则是通过"学生会——班委会——组委会"等实现"参政议政"，形成了以"立人"文化为核心的管理模式。

"三级管理"同时也是"班级——年级——学校"三个层面的管理。礼仪监督员负责班级管理，管理本班级学生的行为礼仪规范。学生监察员负责年级管理，管理学生的文明言行，负责卫生、安全等监督检查。学生信息员负责学校管理，对于学校方方面面的信息予以采集、整理，最后以文件的形式发送校长信箱。

三级管理课程培养了具有管理能力的优秀学生干部，形成了学生管理立体网络模式，充分发挥学生自主管理的潜能。

2.渗透"三全"，构建学校党支部领导，完善德育体系

学校党支部引领全体教师"德高为师，身正为范"，身教重于言教。我们强调教职员工应勤修"师德"，把德育工作落实到自身工作的各个层面、每个细节，强化"身教重于言教"的师德示范作用，"以细节雕琢细节、以人格塑造人格"，多形式、多渠道、多层面地对学生进行德育教育，从而激励全体学生勤修"品德"。

近年来，学校德育部门携手学科教师，开展人文节、科技节、体育节、艺术节，学科教师也充分发挥了学科育人的功能，八十七中学的德育已经转移到课堂主阵地，引领学科教师有效落实情感态度价值观目标，实现德育课堂内外的有机结合和有效统一，进一步深化了德育内核。

（二）建设德育课程三大系列，引领学校德育发展

学校德育以课题为引领，建立并不断完善德育课程体系。学生思想认识的提高和品行的养成会受到所学知识的影响、学生自身经验的影响和校内外环境的影响，因此德育课程体系也就由三部分组成，即认知性德育课程、活动性德育课程和校园文化熏染课程。由此，我们提出三个系列，即：培训系列、阅读欣赏系列、活动系列。

1. 培训系列让学生在培训中成长

苏霍姆林斯基曾说："真正的教育是自我教育，是实现自我管理的前提和基础；自我管理则是高水平的自我教育的成就和标志。"首先在开学之初，学校设立了军训，让学生明白"令行则止"，让学生学会遵守铁一样的纪律，学会自我整理，学会做事，学会共处。其次，以军训为契机进行开学典礼，我校的开学典礼是学校、老师、学生、学生家长共同参与的一次盛会，学校将与家长共同签署一份《教育承诺书》，承诺书中将需要家长配合学校教育教学的内容与家长共勉，并取得家长的配合，同时公布《长春市第八十七中学学生一日常规》。第三，学校还注重学生自主管理队伍的能力培养，进行学生礼仪培训、学生干部培训、男生专场培训、女生专场培训等。第四，让学生参与学校管理。学生参与校政管理体现参与功能、监督功能和理解功能，培养学生的民主意识、法制意识、责任意识，从而达到自主管理和自主教育的功能。如之前提到的"学生信息员"，设立信息员信箱，并定期召开信息员座谈会，让学生畅谈学校管理、班级管理等，增强了学生主人翁精神和自我教育意识，培养了学生爱校荣家的责任感，提高了学生自治能力，从根本上增强了学校德育工作的实效性。

2. 阅读欣赏系列提高学生内在修养

阅读欣赏系列活动，首先让学生学会欣赏古代诗词，了解祖国悠久文化，进而立志。发挥学科优势，文科类学科注重对学生进行祖国历史文化、基本国情、民族团结和爱国主义、社会主义教育，开设"百家讲坛"等活动；理科类学科注重对学生进行科学精神、科学态度、科学方法和辩证唯物主义世界观的教育，开设"科学史故事"等活动。学生的感知可以外化为学生的文章，我校设置校本教材《四维空间》，给学生提供展示其思想的平台。其次培养学生学会欣赏音乐、会弹奏一件乐器，学会欣赏体育竞技，学会欣赏美术作品，提高学生对人类艺术美的感受力，陶冶其情操，培养学生健康积极的审美情趣和不怕困难的顽强意志以及遵守纪律、团结协作的团队精神。基于此，学校搭建了"艺术节"作为活动的平台。第三，让学生学会欣赏与建设校园文化。校园文化是学校德育工作的阵地，是影响德育的重要因素，是学校德育的隐性课程。学校以班级文化为分支，学生参与创设，共建校园育人环境。学校一直在有意识地加以引导和规范，使校园文化真正成为我们德育育人的课程之一，使之成为德育实效的新的增长点。

3. 系列活动以实践活动为载体，增强德育工作实效性

在校学生多忙于书本知识的学习，与社会、自然、文化等直接接触的机会日益减少，这势必会导致学生成长中的缺陷，尤其对养成学生良好的德行极为不利。因此，我们在德育工作中，实施以实践活动为载体，通过学生的实践性自我教育活动来进一步促进其道德素质的全面提高。如：组织青年团员积极开展我爱校园活动，参与社区共建活动和各类志愿者活动；组织学生举行"同在蓝天下，快乐共成长"阳光基金系列活动，此项活动在我校已有十余年的历史；以节日为契机，开展清明节、端午节、中秋节等活动；五四青年团员宣誓入团活动；"九一八勿忘国耻，立志成才"签名活动；"一二·九"纪念学生运动大合唱活动；"感恩父母"给爸爸妈妈的一封信活动等，多种形式的活动为校园带来了新的气息，让广大学生在活动中接受教育，在活动中自我成长。

（三）建立德育管理模式，推动德育前行

学校确立"以德立校 全面育人"的德育指导思想，积极树立"立人先立德"的管理方针，将德育工作摆在学校各项管理工作的首位；牢固确立教书育人、管理育人、服务育人、环境育人的思想，细化德育管理，形成"全员育人、全程育人、全方位育人"德育工作管理体系，构建了"一二三四五六"的德育模式。

一即一个中心，以引领学生成就精彩生命为中心。

二即两个平台，心理引领平台，行为导航平台。

三即三级管理，即班级的管理依靠礼仪监督员，年级的管理依靠值周生，学校的管理依靠学生信息员。三个层次层层监督，层层落实。

四即四部实施，小学部行为养成认知阶段；七年级行为形成深化阶段；八年级思想形成认知阶段；九年级思想成熟深化阶段。

五即五个活动系列，即阅读系列、培训系列、活动系列、欣赏系列、实践系列。

六即六个评价模式，即自我评价、同学评价、小组民主评价、老师评价、家长评价、学校评价。学生处根据以上框架式引领，有计划、有步骤地举办了一系列的活动，推进学校德育建设。

五、课题进一步研究与展望

我校立足"润育九年 涵养一生"的办学理念和"内外兼修 知行合一"的校训，遵循德育工作及青少年身心发展规律，通过构建德育工作的管理体系、课程体系，不断充实富有时代精神的德育内容，采用全面、科学的德育方法，形成德育特色，努力创设促进中学生健康成长的良好大环境，切实增强德育工作的针对性和实效性，使我校德育工作呈现出新的生机与活力。但是人文德育教育的细节工作尚需要更加细致化、更具针对性，目前已经形成体系化的课程和制度等需要与时俱进，在细节处不断调整，更好地发挥德育教育的引领作用，真正做到为每个孩子的发展铺好基石。此外，德育工作需要更多的班主任、德育教师及普通科任教师的通力配合，而目前我校有大量新教师加入，他们的德育教育水平还有待进一步提高，因此我们仍需要不断探索培养年轻教师德育教育和德育管理能力的课程，保障学校德育体系持久发展的原动力。未来，我们将继续完善以"润"为精神内核的德育体系，形成积淀厚重、情理交融、充满活力、风格独特的学校文化，为学生、教师、学校的长久发展奠定基础，使学校成为规范的、标准的、有温度的、有厚度的优质学校。

新时代中小学家校协作长效机制策略研究

课题主持人：欧　炜　长春新区吉大慧谷学校校长兼书记
课题组成员：许　娜　长春新区吉大慧谷学校科研处主任
　　　　　　赵永亮　长春新区吉大慧谷学校年级主任
　　　　　　赵东旭　长春新区吉大慧谷学校年级主任
　　　　　　肖　瑶　长春新区吉大慧谷学校年级主任
　　　　　　王　君　长春新区吉大慧谷学校家校委员会主任
　　　　　　金　玉　长春新区吉大慧谷学校教师
　　　　　　赵利娜　长春新区吉大慧谷学校教师
　　　　　　赵　健　长春新区吉大慧谷学校教师
　　　　　　孙铭黛　长春新区吉大慧谷学校教师

一、课题的提出

（一）课题研究的背景

党的十九大指出："经过长期努力，中国特色社会主义进入了新时代，这是我国发展新的历史方位。"新时代是时代发展主题的转变、是社会主要矛盾的转变、是人民生活需求的转变，同样也是教育观念的转变。家校协作作为提高教育教学质量，助力学生成人、成才的基本途径，必然也面临重大的转变。当前，我国关于新时代背景下家校协作的定位研究少之又少，关于九年一贯制家校协作的研究也几乎为空白。同时，国内的理论研究和实践项目缺乏系统规划，没有形成我国特色的家校协作理论。可以说，我们的家校协作研究出现了明显的真空，缺乏与时俱进、更新思想的观念，缺少家校协作方式与路径的最新优化，更缺少基于实践经验的总结与理论提升。因此，新时代条件下探索中小学家校协作的新方向，优化和创新家校协作策略，构建家校协作长效机制势在必行，这也是新时代背景下党和国家对教育工作提出的要求。

（二）课题研究的研究意义

理论意义：本课题研究通过探索中小学家校协作的方向，优化中小学家校协作方式的策略，进而构建稳定、高效运行的家校协作长效机制，能够为九年制一贯制学校提供一定的理论与实践参考。

实践意义：本课题研究不仅有利于提高家长教育参与的有效性和科学性，创设更加良好的育人氛围，更有利于家校合力的形成与增强，最终促进学生健康成长与全面发展。

（三）课题研究的界定

1. 家校协作

家校协作是指学生在受教育期间，学校与家长之间基于共同的培养愿景，互相协调、彼此配合，在育人目标、育人理念、育人方法上实现同频共情，促进学生的健康发展、全面成长，最终培养新时代所需的合格建设者与接班人。

2.长效机制

本课题所提出的长效机制是指基于家校协作下育人目标的达成，针对学生在中小学不同年级段的身心发展特点与成长所需，围绕着家校协作的方向、目标、内容、策略进行系统化、结构化、螺旋式的实践研究，经由不断优化最终形成一套符合新时代育人需求的，阶段划分科学、协作目标清晰、协作内容贯通、协作方法有效的家校协作策略。

二、课题研究的设计

（一）研究目标

1.探索新时代中小学家校协作的新方向，制定出更清晰更具体的协作方向及目标

2.优化新时代中小学家校协作方式的新策略，形成清晰可行、科学有效的系列家校协作方法

3.构建新时代中小学家校长效协作的基本框架，促使家校协作走上体系化、制度化的持续良性发展轨道

4.分析新时代中小学家校协作长效机制的效果，通过实时反馈、阶段总结、系统分析、推进完善、理论提升，最终形成研究成果

（二）研究内容

1.新时代中小学家校协作的新方向研究

学校与家庭作为教育的直接参与者，积极发挥育人作用的前提是育人方向的明确，即清晰培养什么样的人，从哪些方向寻求合力共为是重要前提。本课题研究依据新时代对家校协作的定位和要求，在明确家长与教师责任的基础上，由学校到各学部，由各学部到年段，分别研究制定不同阶段的家校协作要达成的目标、内容，用来指导后续的研究工作。

2.新时代中小学家校协作方式的新策略研究

通过定期发放家庭教育调查问卷、家庭教育期刊、召开校长与家长座谈会、设立网络宣传平台等方式，努力构建学生与教师、教师与家长、家长与学生、学校与家庭四座沟通的桥梁，形成稳定高效的家校协作基本策略，实现家庭和学校高效育人的共同目标。

3.新时代中小学家校长效协作的基本框架研究

通过家校协作各项策略的稳步运行逐步形成一个可以保障家校协作工作的制度体系，不断提升各个主体之间的合作意识、资源共享能力和协调沟通能力，让学校和家庭间形成合力育人的"命运共生体"。

4.新时代中小学家校协作长效机制效果分析

通过个案观察、访谈及网络问卷调查，定期对家校协作运行效果进行反馈，分析家校协作策略实施前后的变化与成效，进一步完善构建新型学校家校互动联合管理体系。

（三）研究方法及策略

1.研究方法

（1）调查研究法：本课题以长春新区吉大慧谷学校为依托，运用问卷、访谈、个案研究等方法了解家校协作工作的进展与成效。

（2）文献研究法：本课题借助家校协作领域已经取得的经验和理论，指导课题的研究。

（3）行动研究法：课题组成员在家校协作推进的具体工作实践中，不断深入思考、总结经验、发现问题、群策群力、集中突破。

（4）经验总结法：本课题组通过定期对研究材料的归纳与分析，交换意见、总结方法，促使家校协作长效机制更为系统和科学。

2. 研究策略

本课题研究严格按照"理清思路——实践研究——理论总结——申请结题"的程序进行。首先对此课题的研究价值进行深入思考，进而理顺课题研究的具体思路。接着在家校协作中加强思考、定期研讨，努力进行富有创新性的实践，同时注意收集各小组的过程性研究资料，加强研讨交流，不断反思家校协作上存在的不足，并在下一步的实践研究中不断加以完善。在实践反思的基础上，总结具有规律性、可操作性的经验，最后形成相关研究报告。

三、课题研究的过程

（一）依据调研，确定思路

课题研究初期，本课题组以长春新区吉大慧谷学校为依托，制定了针对教师和家长为不同主体的两份调查问卷，着重从家长关注、沟通方式、实施措施、教育方向等方面了解本校家校协作的基本现状。调查显示，家校协作的效果并不理想，教师和家长沟通频率及效果不足以形成家校共育的合力。家长受其成长环境、价值观念等多种因素的限制和影响，并不理解学校的某些做法。教师也更为关注学生在学习方面的整体表现，对家校协作的重视程度明显不足。虽然一些教师在家校协作上有意识地提升与转变，但是在工作实践中由于缺乏系统性、科学化的指导，呈现出的育人效果并不明显，无法满足当前新时代背景下家校合作的发展需要。

针对这样的调研结果，本课题组群策群力采取分组合作、研讨例会、云端共研等方式，针对现状找方向、查找资料明思路、研讨论证寻方法，逐渐确定了整个课题研究的思路：围绕育人需要理清家校协作的不同方向与目标；跟进方法创新总结达成策略；不断创新学习方式提升家长与教师的育人能力与协作能力；定期研讨、时时交流归纳，加强阶段成果的理论提升。

（二）组织学习，系统规划

为了确实保障整个课题研究的科学有效，同时针对课题研究的现有基础与调查反馈出的实际问题，课题组组织了面向课题组成员、以班主任为主体的一线教师、全体学生家长的系统培训与学习。此外，课题组依托学校自有资源、吉林大学及其他合作院校的资源，组织家长主要以云端学习的方式聆听专家讲座与教师分享，切实提升了家长的育人意识，使家长进一步认同学校的理念与育人方式，在家校协作上与学校达成初步的共识。

经由系统的理论学习后，本课题组成员多次召开课题探讨推进会，针对课题研究的价值、思路、成果、步骤等进行反复推敲与论证，最终制定了系统的研究规划：围绕课题研究的内容方向建立四个专题研究小组；明确各组研究方向、细化各专题组的研究任务、确立基本研究框架；制定各专题研究小组的研究步骤、成果形式、时间节点表；细化各个研究小组内成员的责任与分工；建立小组间互动沟通的具体机制，保障独立研究与整体构建的统一。

（三）科学有序，推进研究

1. 方向确定

在课题组整体研究方案的具体指导下，课题组针对不同年级段学生的发展特点与成长需要，将本校学生分为1~3年级，4~6年级，7~9年级三个阶段进行实践研究，经由指导各阶段教师尤其是班主任的实践总结，逐渐明晰了各阶段家校协作所要达成的具体目标，并依据目标的达成细化确定家校协作的具体内容。在课题深入过程中，不断通过调查反馈，进一步验证、优化目标与内容的科学性。

2. 实施策略

课题组根据近两年来新冠疫情的防控形势，创新性的采取"线上""线下"相结合的方式推进家校合作的策略探索，即以"线上家校协作"的机动灵活解决各种临时性问题，以"线下家校协作"面对面沟通促进深入了解，解决急迫性的问题。以"班级整体"与"分批次"相结合的方式，创新了家长会的新模式，实现家校沟通的多层次、立体化。同时通过家庭教育专题讲座、创设家庭教育期刊《桥》、召开校长与家长座谈会、设立网络宣传平台、公开校长电子邮箱等具体举措探索新时代背景下高效、务实、科学的家校协作策略。

在不断创新方法推进家校协作的同时，课题组配合学校领导班子及主管部门，推进学校家校协作的制度建设和方案保障，以此着力构建学生与教师、教师与家长、家长与学生、学校与家庭四座沟通的桥梁。在推进实践策略的过程中，针对实施过程中出现的问题以及家长和教师们的意见、建议，及时收集信息、分类整理、讨论改进、持续优化，意在总结符合育人规律、可操作、易推广的实践经验。

（四）总结提升、构建框架

课题各专题研究小组有序推进实践研究的同时，除定期的常规例会之外，还不断围绕着课题研究进程、针对阶段突出性问题的反馈，组织课题组成员召开专题研讨会、阶段成果汇报会、意见征集会、数据分析会等临时性会议。以期不断发挥课题组的统筹功能，群策群力集中解决突出问题；推进各研究组小组成果资料的收集；加强对实践研究的理论提升；不断优化研究的方向、路径与具体实施策略；提炼精髓形成阶段性研究成果。

课题组还以教师座谈、家长访谈、调查问卷等方式了解家校协作工作的具体实施状况与实际效果；以学校家校协作领导小组和家校委员会作为保障课题推进的重要力量，促进家校协作成果的高效达成；以专题讲座、研讨会、家庭教育期刊等形式确保家长与校方的协调统一，构建出家校协作长效运行的基本框架。通过家校协作基本框架的稳定运行，各个育人主体之间的协作能力不断获得提升，从而使学校的家校合作实现自主、有序、稳定、高效。

四、课题研究成果与成效

（一）基于实践总结出各阶段家校协作的目标与内容

1.1~3年级家校协作的目标和内容

（1）1~3年级家校协作的目标。正本清源，树立共同担负青少年成长成才责任观。提升家长的育人观，加强与家长在课余时间全方位沟通，突出"家长是孩子第一任教师"的理论主体地位。第一，与家长一并更新育人观。第二，与家长一并提升学生习惯。第三，与家长一同帮助学生树立健康的心态。

（2）1~3年级家校协作的内容。第一，与时俱进更新教育观念。新时代下，学生日益增长的精神需求应该是我们关注的重点，这需要学校和家长的共同努力。第二，家长要正确教育学生。多关心理解学生日常生活中遇到的困难，抽出固定时间去和学生沟通谈心，多站在孩子的角度思考问题，深刻的理解孩子。第三，教师要善于与家长交流。

2.4~6年级家校协作的目标和内容

（1）4~6年级家校协作的目标。牢固根基，培养综合能力和创新思维。立足全局，统筹规划，加强对学生综合素养的关注。第一，加强培训，丰富家长与教师的观念。不断提高教师与家长的素养，逐步完善小学教育理论框架。第二，宣传引导，树立教师与家长现代化教育理念。第三，加强激励，提升教师职业荣誉感。

（2）4~6年级家校协作的内容。第一，改变传统习惯。教师不要拘泥于以往教学实践过程中总结出的经验教学模式，而是需要不断探索适应新时代的人性化、科学化沟通模式。第二，探索家校协作具体实施办法，促成教师和家长默契前行的优质关系。第三，探索更为高效便捷的沟通渠道，提高教师家长沟通的有效性。

3.7~9年级家校协作的目标和内容

（1）7~9年级家校协作的目标。风清气正，厚植爱国主义情怀励志为国担当。在家校协作基础上，引导学生热爱和拥护中国共产党，更深层次关注学生道德品质与心理健康，营造良好学风。第一，在家长中推崇立德树人风。第二，在教师中推崇德才兼备风。第三，在学生中推崇品学兼优风。

（2）7~9年级家校协作的内容。第一，区分客观条件。由于每一个学生的原生家庭不同，受教育环境程度不一样，因材施教的方式方法也要因变而变。第二，要全面细致了解每一个学生的家庭环境因素，了解学生的客观条件。第三，要差异化制定家长沟通频次计划。

（二）基于不断的优化探索出家校协作的新策略

1.创新与优化家校委员会职能

（1）搭建纸媒沟通桥梁。依托家校委员会，创办了长春新区吉大慧谷学校家庭教育电子期刊《桥》。《桥》为半月刊，面向全体家长朋友、老师和学生，内容涵盖家庭教育成功案例、家长经验分享、理论著作荐读、文献选登、教育叙事、学生眼中的校园和老师、儿童及青少年健康科普、留言板等诸多方面。该期刊旨在让家长谙熟家庭教育之道；让老师们更积极思考、学习家校沟通策略，总结分享自己的育人经验和心得。《桥》自创刊以来，收到了来自家长、老师和学生的大量稿件，得到了市、区领导的高度认可，并将其刊载在"长春家校社共育"公众号上，推广到全市各兄弟校学习借鉴，在全市形成了广阔的辐射效应。

（2）搭建"互联网+"沟通桥梁。

第一，设立校长电子邮箱。校长电子邮箱面向全体家长和老师，大家遇到任何问题和意见建议，都可随时留言反馈，由家委会进行整理、汇总，及时反馈，直达校长，确保家长和老师们的困难能第一时间得到妥善解决。

第二，开展网上问卷调查。为了能更好地及时地了解老师们和家长们在日常学习工作中存在的困惑，家校委员会还不定期地开展网上调查问卷活动，帮助大家找到解决问题的方式方法，携手给到孩子们最好的教育。

第三，开展线上校长接待周活动。慧谷学校致力于打造基于学生成长的家校情感共同体，多渠道搭建家校育人之桥。学校于2021年5月份下旬开展了"校长接待周"线上接待活动，校长与各位家长朋友进行了线上互动，解困惑、答诉求、纳谏言、听良策。

（3）搭建面对面沟通桥梁。每学期定期举行校长接待周活动。校长亲自接待到访家长，直接面对家长办公，面对面听取家长的意见、建议，面对面解决家长的疑难困惑，搭建最真诚的沟通桥梁，给到家长们最贴心的关怀。活动开展以来，家长们积极参与，反馈意见、献言献策，对学校敞开大门办公的理念给予了高度评价。

2. 搭建理论根基桥梁

（1）开展教师培训。家校委员根据老师们的日常反馈和问卷调查开展培训，如：班主任与家长沟通方式培训、班主任工作艺术提升培训等。培训丰富了老师们的理论知识，协助大家解决工作中存在的困惑，实现家校之间深度信任与合作。

（2）开展家长培训。家校协同育人离不开家长的积极努力，家长的育人理念和家庭教育知识的多寡，直接决定着育人的效果。因此，家校委员会组织了相应的家长培训活动，旨在提高和丰富家长的家庭教育理论知识。

3. 探索家长会新模式

家长会上的家校沟通首先应该立足于学生的思想道德意识、行为养成、态度习惯等情况，应指向一个"人"的成长必需。其次，应该着眼于当前家长急需的家庭教育理念、教育沟通方式、亲子陪伴的举措等家庭教育内容，这些家长所急需的养料，往往能带给家长醍醐灌顶般的影响。再次，要有意识地关注学生心理健康、青春期叛逆等实际问题，让孩子们能真正实现身心同步成长。最后的指向才应该是我们一直以来所做的"学习成绩反馈""学习方法指导""常规表现反馈"等。

家长会的形式可以"线下"与"线上"结合，以"线上家长会"的方式机动灵活地解决各种临时性问题，以"线下家长会"面对面沟通促进深入了解。也可以"班级整体"家长会与"分批次"家长会相结合。依据家长会的具体内容、参会规模与效果期待，也可以将家长会的组织形式划分为：反馈型家长会、专家讲座型家长会、座谈式家长会、交流型家长会、分享型家长会。在同一次家长会的设计与实施之中，可以综合利用上述组织形式。

（三）经由理论提升构建了家校协作长效机制运行的基本框架

1. 家校协作长效机制基本框架运行模式

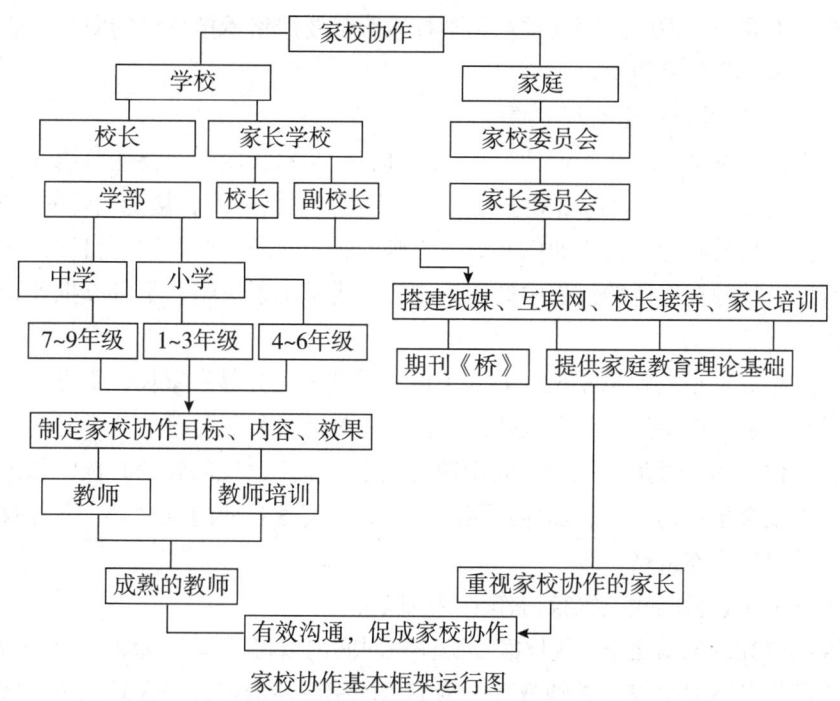

家校协作基本框架运行图

以上内容为家校协作长效机制的基本框架研究

2. 家校协作基本框架的要求及原则

（1）家校协作框架构建的基本要求

第一，家庭与学校要深化自知。从学校的角度来看，学生的发展仅仅依靠学校的力量是远远不够的，促进学生发展必须要借助家庭教育。从家庭的角度来看，"双减"政策的出台，凸显了家庭教育的重要性。但单纯依靠家庭教育，孩子便无法接触到全面的系统化教育和社会化教育。因此，在家校协作的过程中，双方要厘清自身优劣势，借助另一方弥补不足，才能形成有效的教育合力。

第二，家庭与学校要求同存异。具体来说，学校有其标准化的管理体系和校园文化，与学生的家庭环境、观念、底蕴等方面存在一些差异。二者之间需真诚相待，不要求完全的一致，但求去粗取精。因此，家庭与学校要秉着求同存异的重要原则，向着同一目标共同迈进。

第三，追求视野和行动上的开放性。当前，家长和学校在家校协作方面存在一些错误的认知，表现在对孩子教育问题上的一边倾。需要明确的是，无论是家长还是学校，抑或是社会机构都是孩子教育的参与者。要想孩子成为最好的自己，家庭和学校必须互相助力，以更高的视野、更广阔的空间看待学生的成长与发展。

第四，不断学习和深化自身。家校协作需要学校和家长不断学习、深化认识，从实践中发现、从规律中总结，并不断超越现有的认知，进而形成学校和家庭的共识，达到二者之间的高度契合。

第五，坚持宽人严己。无论是家庭还是学校都有其自身的优势和不足，二者要充分发挥自身的优势，努力改进不足之处。因为家庭教育和学校教育不可互相替代，二者对学生产生的影响是不同的。因此，家庭教育和学校教育都要严格承担自己的职责，遇到问题互相协商解决，多一些包容和理解。

（2）家校协作框架构建的基本原则

第一，真诚是教师与家长沟通的前提。教师日常与家长的沟通要注意语气、态度等方面，要以真诚、亲切的方式表达出对学生的关心和期待，便于家长接受老师的意见和建议。

第二，信任是教师和家长沟通的基础。教师与家长有着一个共同的目标：学生的成长和发展。所以，教师在沟通的过程中要因人制宜，讲求沟通策略，不可以批评者的身份来指责学生的过错。

第三，互相尊重是教师与家长沟通的关键。教师要充分尊重家长，不可因一些外在因素而区别对待。家长也要学会尊重教师，不可因一时情绪和误会而全盘否定教师的行为。

第四，换位思考是教师与家长有效沟通的核心。学生出现问题的时候，教师不要一味地指责家长不配合学校的工作，而应从实际出发，理解家长的困难之处，并寻找有效的解决办法，改进家校协作策略。

（四）经由实践检验我校家校协作呈现新风貌

在本课题研究的推动之下，我校家校协作短时间内取得了喜人成绩，家长的育人意识、理念方法不断提升，对学校与教师教育行为的认同感明显增强，并在省、市、区级各类督导评估、问卷调查中，家长满意度直线攀升。另外，各年级学生的精神面貌、文明素质、学业成绩均有显著改善，学校社会认可度同步获得提升。此外，在切实参与实践研究的过程中，我校教师尤其是班主任队伍的育人观念、德育水平与家校合作能力也得到了明显提升，各级德育成果评价、德育案例征集等均有我校教师入围，各类德育论文、家校协作论文被集中公开发表。

五、课题进一步研究与展望

新时代背景下，不断推动家庭教育和学校教育的有机结合，促进学生综合素质的全面提高是现代教育的必然选择。本课题受限于疫情影响、教师结构、研究时间等诸多因素的制约，研究还有一定的局限性和不足，下一步将主要从以下几个方面进行深入研究。

（一）在家校协作的实践探索中，不断关注各阶段家校协作目标的内在联系，不断丰富家校协作的具体内容。

（二）不断拓宽渠道，寻找、借助新的育人资源与协作平台，不断创新家校协作更为高效的方式。

（三）在现有研究成果的基础上进行深入研究，申请深入研究的课题，邀请省内专家进一步予以指导。

（四）依托新区教育局旗下的"树蕙联盟"，发挥领航校的优势，将课题成果推广到其他学校，从而搜集更多实践素材，提高课题研究的水平和深度。

（五）推进课题的理论提升，通过论文发表、专著刊发进一步扩大课题的影响力与辐射面，形成独具特色的成果供全国中小学参考。

教学改革 篇
JIAOXUE GAIGE

基于"STEAM+"学科教育的课程建设与实践研究

课题主持人：邵志豪　东北师范大学附属中学校长
课题组成员：张晓娟　东北师范大学附属中学副校长
　　　　　　张福彦　东北师范大学附属中学副校长
　　　　　　邱琳琳　东北师范大学附属中学教务处副主任
　　　　　　李　伟　东北师范大学附属中学年级主任
　　　　　　韩东铭　东北师范大学附属中学通用技术教研室主任
　　　　　　张晓顺　东北师范大学附属中学物理教师
　　　　　　罗建将　东北师范大学附属中学通用技术教研室教师
　　　　　　田　爽　东北师范大学附属中学STEAM中心实验员

一、课题提出

（一）课题研究的背景

STEAM教育的基本目标是培养具有STEAM素养的人，即培养运用科学、技术、工程、艺术和数学这五个领域知识和交叉融合领域知识能力的人。STEAM教育发展的方向是以科学技术为途径，实现跨学科的交汇融合，培养能够综合运用多学科知识去解决实际性问题的创新人才。作为一种培养未来复合型创新型人才的教育趋势，STEAM教育是一种先进的教育模式，对于促进教育教学改革发挥着举足轻重的作用，近年来传入中国，并在基础教育悄然走热。积极探索STEAM教育本土化有效实践路径是将STEAM课程合理落地的前提。目前STEAM教育在国内的实践现状呈现出以下特点：

1. 学习形式以社团课程和选修课为主，对STEAM的理解缺少学科整合性

大多数学校的STEAM课程都是以社团课程和选修课的形式出现，每周开展1课时STEAM课程，对各学科整合力度不够。

2. 缺乏理想的STEAM课程资源

目前课程资源获取渠道主要有两个：一是购置国外现成的STEAM课程；二是依靠国内教育机构、学校教师根据自己的认知和理解自主开发。两种来源的课程资源都有相当大的局限性。高质量的、适合我国现状的STEAM课程资源匮乏，阻碍了STEAM教育持续健康的发展。

（二）课题研究的意义

我国现行的教学模式仍然是以分科教学为主，考试模式也以分科考试进行，教师也几乎从未接触过融合式的STEAM教育。本课题的研究为高中阶段开展成体系的、有效的STEAM教育提供了可借鉴的实践范例，同时利于推动教师的专业化发展，有助于学生从更多的视角认识、理解不同学科之间的相互联系，促进学生创造性思维的发展和解决实际

问题的能力，拓宽了创新人才培养的路径。

（三）课题研究的界定

STEAM 是一种重实践的超学科教育理念，是集科学（Science）、技术（Technology）、工程（Engineering）、艺术（Art）、数学（Mathematics）多领域融合的综合教育。"STEAM+"学科教育，即在传统的单科教学中融入 STEAM 理念，进行跨学科的、融合式的教学。

二、课题研究的设计

（一）研究目标

为了适应我国当前人才培养的需求和当前教育、教学面临的现状，我们决定引入 STEAM 教育理念，开发适应我国现状的本土化课程。因此，在将 STEAM 教育理念与东北师范大学附属中学的教育理念和教育现状相结合情况下，我们将探索"STEAM+"学科教学模式、构建"STEAM+"学科课程体系、开发"STEAM+"学科教学优秀案例集与课程库资源作为研究目标。

（二）研究内容

STEAM 课程是一种跨学科整合的课程，是基于项目在真实情境下进行的课程，是使学生在做中学的课程。为了构建这样一种课程体系，需要进行如下研究：

1. 优秀的师资队伍是 STEAM 课程体系构建的根本保证

教师的理念和技能直接关系到 STEAM 课程的开发与实施，而我国的 STEAM 教育开展较晚，且我国的教学一直是分科教学，现在的教师在学生时代也很少甚至没有接触过融合式的教学。因此，我们需要打造专业的 STEAM 教师队伍。

2. 课程指导意见是 STEAM 课程体系构建的风向标，是构建课程的基本参考观点

课程体系的构建需要在课程指导意见下完成，因此，在进行 STEAM 课程体系构建时，需要制定《东北师大附中 STEAM 课程开设指导意见》。

3. 课程的开发是 STEAM 课程体系构建的核心灵魂

STEAM 课程的开发需要确定基于 STEAM 教育理念改进学科教学的工作方向，确定 STEAM 视野下的课程设计原则，从学科课堂教学、校本课程和社团课程多角度进行教学实践。

4. 教材和教案集是 STEAM 课程有效推广的基础

教材是能系统反映 STEAM 课程内容的教学用书，是 STEAM 课程理念的具体化，是授课内容的主要参考。STEAM 课程有关教案是教师为顺利而有效地开展教学活动，对教学内容、教学步骤、教学方法等进行具体设计和安排的一种实用性教学文书，是教师的教学设计和设想，是 STEAM 课程推广中最有借鉴意义和实操价值的资料。

（三）研究方法及策略

1. 研究方法

文献研究法：通过查阅、研究 STEAM 教育有关的文献资料，学习先进理念，提炼有借鉴意义的做法。

行动研究法：在常规课、公开课等具体实践课例中有针对性地进行研究，不断梳理经验、反思不足，优化课程的开发。

教师研讨法：针对具体问题进行学科内教师专业化研讨、多学科教师跨学科领域交流，优化融合式教学。

2. 研究策略

本课题研究采取了由理论到实践、由单学科到多学科的研究策略。邀请外籍专家等来校授课，派遣本校教师外出学习，组建了涵盖面广的东北师大附中科创（STEAM）教育协作体，共同推动课题研究的深入开展，实现STEAM教育理念的平稳落地。

三、课题研究的过程

我校从理论学习及师资培训、资源建设、课程开发及课程实施等方面完成研究，具体探索过程可以分为以下三个阶段。

（一）第一阶段：理论学习及师资培训

2014年到2015年是STEAM教育飞速发展的阶段，相关的研究文献较多，且呈现出多研究方法、多研究领域和多研究内容的趋势。我校一直以来都是中国科创教育的坚定支持者和积极践行者，早在2014年便认识到：STEAM教育通过富有现实意义的学习情境的创设来引导学生解决复杂问题，有利于全面提升学生的核心素养，符合国家教育发展战略；STEAM教育融合、研究和创新的理念符合我校学术型中学的发展定位；STEAM教育对学生基础科学素养、高阶创新思维和自主实践能力的独特价值符合我校学术型学生的人才培养目标。基于此，我校采用"请进来、走出去"的方式对我校教师进行STEAM教育理论及工程实践能力的培训。

1. "请进来"——理论学习

为了让我校教师体会和学习最专业的STEAM教育理念，特邀请以色列科技创新教师来我校任教，同时引进具有工程背景的教师作为创新实验室的负责人。另外，学校充分发挥长春科研实力雄厚的地缘优势，聘请高校教师、研究员和驻长大型企业的工程师作为指导教师，优化教师结构。

2. "走出去"——师资培训

高中阶段，教师并不缺乏理论知识，主要是缺少工程实践和能力。我校在提升教师工程技术能力方面，采取了"走出去"的方式——派遣张晓顺老师、潘伟老师赴美国D128学区担任STEAM课程助教；高中部信息技术学科组全体教师、化学组全体教师、物理组全体教师，先后赴中国科学技术大学计算机学院、化学与材料科学学院、物理学院进行学科专业培训，学习我国前沿科学的研究情况，参观国家重点实验室，提升教师学科素养。

（二）第二阶段：资源建设

强大的师资力量及完善的科创环境是我校实施STEAM教育的有力保障，我校从STEAM教师团队建设及STEAM实验室建设两个方面推进STEAM教育的开展。

1. 建设专业的STEAM教师团队

为深入贯彻落实中央关于"加快向具有全球影响力的科技创新中心进军"的要求，我校整合原科技中心、技术教研室，成立专门的STEAM中心；为STEAM课程的开发打造了一支核心队伍，组建了一支涵盖五大方向、13个学科，由82名教师组成的东北师大附中科创（STEAM）教育协作体，为学校开展科创工作储备大量教师资源，助力实现项目式课题"多学科集体备课、多课程协同教学";同时,我校起草《东北师大附中科创(STEAM)教育协作体章程》,强调多学科融合互动,建立完整的 STEAM 教育评价体系,以打造具有附中特色的育人发展之路。

2.STEAM 实验室的建立

学校打造 8 个 STEAM 教育专属空间,配置了电脑、3D 打印机、3D 扫描仪、激光切割机、乙烯刻字机、真空塑型机等电子设备,以及铣床、电锯、压缩机等机械设备。实验室由具有工程专业背景的 STEAM 专任教师进行相关课程安排和管理,为"STEAM+"课程的实施提供了教学环境等基本保障。

(三)第三阶段:课程开发及实施

从学科课堂教学、校本课程和社团课程多角度进行教学实践。立足本学科国家课程标准制定的目标,进行跨学科的融合,培养创造力、高级思维能力、解决问题能力、知识迁移能力以及合作沟通能力。但学科课堂教学有着相对严格的教学进度要求,所以在教学时间和教学方式的变化上都有所限制。而校本课程和社团课程教学内容和教学时间可以更加灵活,可以涉及更多的项目式教学,使学生有更丰富的实践体验,培养学生应用多学科知识来分析问题、解决问题的能力,发展 STEAM 素养。

1. 基于通用技术和信息技术常规课程的模块课

通用技术课程是高中阶段最具有实践意义的创造类课程,强调培养学生的技术意识、工程思维、创新设计、图样表达、物化能力等五个方面的学科核心素养。STEAM 教育的核心是:发现问题—设计解决方法—利用科学、技术、工程、数学等知识实施解决方法。二者都是比较重视在实践创作过程中培养学生解决问题能力与创新能力并将其作为教学的主要方向。虽然通用技术必修教材的试验项目较多,但完整性创作项目较少,对学生技术探究与创新能力培养缺乏一定的系统性与深入性,由此,我校将通用技术课程分为服装设计与制作、汽车外形设计与制作、结构设计与制作、电子设计与制作四个模块,每个模块开发出一系列由浅入深、生动有趣的实践创作项目,调动学生的学习兴趣,从实践中掌握通用技术学科知识,实现"做中学"的效果。《教育信息化"十三五"规划》明确指出,有条件的地区要积极探索信息技术在 STEAM 教育等新的教育模式中的应用。我校信息技术教研室开设了跟我学编程——Python 语言初步、Arduino 单片机设计和人工智能初步三个模块课程,共同提升学生的信息素养、创新意识和创新能力,养成数字化学习习惯,促进学生的全面发展,发挥信息化面向未来培养高素质人才的支撑引领作用。

2. 基于校本课的科技课程

以校本课程的多样性,提升学生创新能力。STEAM 是一种教育理念,有别于传统的单学科、重书本知识的教育方式,是一种重实践的超学科教育概念。开设具有 STEAM 教育特色的创作类校本课程,不但可以满足学生的差异性需求,也提高了学生对实践课程学习的主动性、可持续性。校本课教学项目既具有专项性又具有综合性,2018 年—2022 年我校陆续开发科创类校本课 26 门,选课人数达 2000 余人,极大地激发了学生的主动性,提高了学生的实践能力与解决问题的能力。

3. 基于社团课的科技活动

以社团活动的灵活性，锻炼学生自主学习与互助学习能力。社团活动能够产生潜移默化的教育作用，学生可以在社团成员群体中自觉地发展自己的兴趣、爱好，丰富知识，陶冶个人情操，形成良好心理品质。教师组建具有STEAM理念并与创作课程相关的学生社团，各年级不同知识层面的学生互助学习主动探索知识，注重实践活动与现实世界相联系，促进学生不断发展。目前我校已开设科技活动类社团10个。

四、课题研究成果与成效

我校作为吉林省示范性高中和全国知名中学，经过近8年的课程改革实践探索，在"STEAM+"学科教育的课程建设与实践中取得了丰硕的研究成果。

（一）编写了《东北师大附中STEAM课程开设指导意见》

课程指导意见是构建课程的基本参考观点，我们通过文献研究、外派教师经验总结，梳理总结美国及其他发达国家地区的STEAM教育理念，将其因地制宜本土化，结合国内教育环境及我校的教育理念和教育现状，研讨开设STEAM课程的理论架构、总体目标、教学环境、实施路径及条件保障等问题，编写了《东北师大附中STEAM课程开设指导意见》。

（二）确定了STEAM课程的课程目标、课程内容、教学方式和课程评价

STEAM视野下的课程设计仍然要落实立德树人的根本任务，坚持正确方向。国家课程标准规定了各门课程的性质、目标和内容框架，是学科课程确定教学目标和教学进度的依据，因此，即使是对育人方式进行改革，在课程目标的设定上也要参考国家课程标准，避免教学活动设计的随意性。学生发展核心素养，主要指学生应具备的能够适应终身发展和社会发展需要的必备品格和关键能力。研究学生发展核心素养是落实立德树人根本任务的一项重要举措，也是适应世界教育改革发展趋势、提升我国教育国际竞争力的迫切需要，STEAM视野下的课程设计仍然要落实各学科的核心素养。基于此，我们确定了STEAM课程的课程目标、课程内容、教学方式和课程评价。（见表1）

表1 STEAM课程的课程目标、课程内容、教学方式和课程评价

课程目标	提高科学素养、技术素养、工程素养 发展创新思维 提升合作、交流、表达能力 提高分析问题、解决问题能力
课程内容	学科概念、原理、方法及应用 对多学科关系的理解 创新思维
教学方式	基于问题的教学 基于项目的教学 探究式教学 基于实践的教学
课程评价	表现性评价 形成性评价 学业水平测试 学科能力测试

（三）建立了基于"STEAM+"学科教育的课程结构

学校以学术型学生的能力结构为出发点，以融合STEAM理念的基础课程重构、特色STEAM课程的开发与设计、原有STEAM课程的整合为基本途径，构建了"目标—模组—层级"式STEAM课程结构（见表2），旨在培养具有扎实的基础科学素养、独特的高阶创新思维、卓越的自主实践能力和坚强的意志品质的学术型学生。

表2 "目标—模组—层级"式STEAM课程结构

STEAM课程模组	课程情境	实施载体	融合范围	层级
实践能力培养课程模组	生活情境	高端项目	学习与生活	高级水平
创新思维训练课程模组	创新实验室	生活中的科技问题	知识与能力	丰富水平
基础科学素养课程模组	课堂	学科综合主题	学科间知识	基础水平
意志品质训练课程模组	生活情境	实践活动	智力因素与非智力因素	基础水平

1. 基础科学素养课程模组

基础科学素养课程是我校将STEAM教育理念融入学科教学的一种课程重构，以培养学生的基础科学素养为直接目标。具体是指在"课程相关"模式下，带有学科痕迹的学科之间学习内容、学习方式以及学习结果的综合。具体的实现形式是不同学科的教师围绕某一学科的综合问题，开展联合式教学设计，使学生在课堂情境中形成不同层次的跨学科综合性知识。课程评价的重点在于学生利用综合性知识解决综合性问题的能力。目前，学校已经开始了STEAM+通用技术、STEAM+语文、STEAM+物理等方面的课程重构尝试，并形成了相关的成熟的课程案例。STEAM+物理以"借助传感器用计算机测速度"这一综合性主题，将数学、信息、工程、美术等学科知识融入物理教学；STEAM+语文通过"梅花的认识"这一综合性主题，将美术、生物融入语文教学；STEAM+通用技术则通过"土楼的设计与制作"这一综合性主题，将工程、激光切割、3D打印融和美术融入通用技术教学。这些课程很好地促进了学生跨学科综合性知识体系的形成，并为学生形成运用综合性知识解决综合性问题的科学素养打下基础。

2. 创新思维训练课程模组

创新思维训练课程是我校自主开发的特色STEAM课程。该课程将以色列"集思堂智慧实验室"在科技创意、创新领域的卓越表现与中国的文化相结合，为学生提供以"项目制""导师制"为特点的STEAM完整学期制的"创新思维训练课程"。学生可以在智慧实验室运用所学理论、知识解决来自真实生活的科技问题。具体实现形式是：科创指导教师联系生活实际提出问题，创设与科学相结合的项目研究情景，学生运用科学原理分析问题，运用艺术思维、工程思维、数学思维和技术手段进行创新设计，并结合自己的成果进行交流分享，最终完成问题的解决和拓展创新。课程以项目的形式开展，较少带有学科的痕迹，以创意的新颖程度考核学生，较少关注成果化的产品。目前，已经成功运行了"制作属于你自己的电子游戏""制作属于你自己的智能盒子"等来自生活的科技项目。例如，在制作智能盒子项目中，学生就可将计算机编程、几何构图、用光敏电阻控制 LED 灯等科技知识进行融合来表现自己独特的创意，并在相关的合作与交流中提升语言能力、公众演讲能力以及应变能力。

3. 实践能力培养课程模组

实践能力培养课程是我校整合原有的信息课程、科技课程、通用技术课程所形成的高阶 STEAM 课程。具体是指在广域课程模式下，完全取消了学科间的界限，将所有学科内容整合到新的学习领域，进行综合的科学成果探究。课程的具体实现形式是学生在教师的指导下，围绕无人机、智能机器人、建筑物模型、无人船等实体进行程序设计、工程设计、建造设计和机械设计，从而形成科技创新产品。在评价方式上多采用学生形成产品的设计、制作和运用的竞赛成绩评价。例如，我校的无人机校本课程要求学生掌握无人机飞行基本原理、结构和制作工艺、无线遥控技术，熟悉掌握低空无人机的飞行、降落等操控技能；根据考核任务要求，完成理论考核和实际飞行技能考核，并取得中国遥控航空模型飞行员执照。智能机器人校本课程要求学生掌握高等数学、图形图像学、计算机视觉、自然语言处理、博弈论、数学建模、程序设计、机械设计与加工以外，还要求学生在各级智能机器人大赛上获得成绩。这些课程都是创新性和实践性完美结合的综合科技课程，不仅培养学生的学术专业兴趣，更重要的是锻炼学生的动手实践能力。

4. 意志品质训练课程模组

前面所述的三种课程旨在培养学术型学生的关键能力，而实现学术型学生向学术型人才的转化，仍然需要一项必备品格，那就是持之以恒的意志品质。因此，我校有针对性地开设了意志品质训练课程。主要包括科学技术兴趣培养课程和意志磨炼课程两方面内容。评价方式主要是依据学生在活动中的表现进行过程性评价。科学技术兴趣培养课程的具体实现形式就是每年由学校定期组织课程化的科技竞赛活动来提高学生对科学技术的兴趣，加深其理解，如投石机大赛、纸张拉力承重大赛等。意志磨炼课程的具体实现形式是通过学军、学农等使学生学会在真实的生活情境中直面问题，迎接挑战。

（四）编写"STEAM+"学科教育课程案例集

我校参与"STEAM+"学科教育的课程建设与实践研究的各学科教师，基于本学科的核心素养、学科本质、课程特点、STEAM 教育模式及《东北师大附中 STEAM 课程开设指导意见》，进行"分—总—分"，即 STEAM 相关教师先自主设计教学项目，课题组成员进行讨论审核，再进行个性化加工，最终形成具有推广、借鉴意义的教案，并汇总形成案例集。

此外，在进行"STEAM+"学科教育的课程建设与实践的过程中，我校获得了 STEAM 教育领航学校、种子学校、最佳 STEAM 空间奖等荣誉，完成了中国教育科学研究院 STEAM 教育等多项课题。多名教师成为吉林 STEAM 教育协同创新中心专家库成员及种子教师，并发表论文、参编著作。同时，跨学科融合的"STEAM+"学科课程体系以学生为中心，以项目为驱动，切实提高了学生综合解决问题的能力，培养了学生创新创造的能力，使学生在国际青少年创新设计大赛、国际青年物理学家竞赛、东润丘成桐科学奖、Honda 中国节能竞技大赛等屡获佳绩。

五、课题进一步研究与展望

基于"STEAM+"学科教育的课程建设与实践研究,将 STEAM 教育理念与我校的教育理念和教育现状相结合,改进育人方式,吸引学生主动参与到学习中,积累经验,习得重要概念、方法和技能,发展对科学、技术、工程和数学的兴趣,激发学习兴趣与动力,培养科学和工程实践能力,提高分析问题和解决问题的能力。进一步研究构建"项目引领—高校指导—校企合作—学生实践"的机制,可激励学生研究更加高端的项目,形成良好的发展态势,进一步深化此项目成果在育人方式改革中的作用。

对 STEAM 教育理念的深入理解一直是国际范围内的研究课题,具体课程的开设更是五花八门,参差不齐。我校作为教育实践的积极探索者,有义务也有责任,以此次项目研究为契机,在 STEAM 课程开设方面大胆创新,稳步推进,构建合理开课范式,系统梳理成果并积极推广,为中国的 STEAM 教育贡献力量。

艺术素养提升视域下初中走班选课制教学实践研究

课题主持人：王志锋　吉大附中力旺实验中学校长
课题组成员：尼释丹　吉大附中力旺实验中学音乐教师
　　　　　　耿　红　吉大附中力旺实验中学音乐教师
　　　　　　刘　彤　吉大附中力旺实验中学美术教师
　　　　　　任艳聪　吉大附中力旺实验中学美术教师
　　　　　　孔繁旭　吉大附中力旺实验中学音乐教师
　　　　　　霍侠志　吉大附中力旺实验中学美术教师
　　　　　　范志冶　吉大附中力旺实验中学美术教师

一、问题的提出

（一）课题研究的背景

美育是审美教育，也是情操教育和心灵教育，美育与德育、智育、体育相辅相成、相互促进。从党的十一届三中全会开始，国家多次颁布相关文件，进一步推动美育教育向前发展。近年来，经过各地、各有关部门的共同努力，学校美育取得了较大进展，对提高学生审美与人文素养、促进学生全面发展发挥了重要作用。但从总体上看，美育仍是大部分学校教育教学工作中的薄弱环节，学生的整体艺术素养和审美水平均处于不均衡的状态。

吉大附中力旺实验中学王志锋校长在对以色列进行教育考察后，于2017年3月提出在我校逐步推行音乐、美术课程走班选课制，受到学生的普遍欢迎。走班制起源于美国。1959年美国著名课程专家约翰·古德莱德倡导实施"无年级学校"，他提出了"不分年级的教学组织制度"，以促进和确保每一个学生必要的持续不断的进步。我国最早使用走班制的地区是在江苏的部分中学，出现在20世纪20年代左右。20世纪90年代开始，在经济比较发达的地方，如：上海、江苏、天津、山东，他们致力于推行素质教育改革并开始了对学分制和选课制的试验，由以往的单学科走班学习向多学科走班学习拓展。目前，走班制在高中已经基本铺开，但在义务教育阶段发展还未成熟，案例很少。目前，传统教学组织模式产生的一系列问题已然是事实，对于义务教育阶段走班制的探索势在必行。

（二）课题研究的理论意义和实践价值

从学校发展角度来看，艺术类走班选课制是一次良好的教学组织模式改革试验，可以为更多学科今后改变传统教学组织模式提供经验和策略的借鉴；从学生发展角度来看，初中阶段是学生艺术审美水平形成的良好时期，也是学生艺术素养提升的关键时期。"走班选课制"的模式让更多学生真正参与到自己的学习方式选择中，促使学生课程选择权从可能向现实转变；从学科及教师教学发展角度来看，走班选课制下的教学课堂能够让教师的专业价值最大化，在一定程度上提高了艺术学科在学生心中的地位，为艺术学科在应试教育环境下的更好发展提供了一个可操作性较强的举措。

二、课题设计

（一）课题研究目标

1. 改变传统行政班教学的单一教学组织模式

2. 通过课程内容的个性化、特色化设置，扩大学生艺术发展空间，提升学生平均艺术审美水平和素养

3. 形成符合学生艺术发展要求的校本教材

（二）课题研究内容

1. 走班选课形式和流程

七、八年级开设音乐、美术两个艺术学科。两个行政班的学生约70人，最终形成四个音乐、美术走班教学班，每学期可以重新选一次。鼓励学生有计划地在四个学期里选四个不同方向的艺术类课程；一周一课时，一课时45分钟。

走班选课的基本流程：学校公布课程安排→教师做课程宣讲→学生自主选择→学期轮换。

2. 课程设置

音乐学科在课程设置上把握义务教育阶段音乐课程"审美性、人文性、实践性"的课程性质，遵循音乐课程"以音乐审美为核心，以兴趣爱好为动力"等五项基本理念，针对我校学生音乐审美能力和水平较弱的现象，同时根据我校音乐教师的专业情况开设了四个方向的音乐课程供学生选择：声乐表演教学班、形体舞蹈教学班、西洋音乐教学班、民族音乐教学班。

美术学科课程设置上旨在提升学生的知识与技能，提高其解决问题的能力和审美能力，并在过程中丰富经验，学会学习，提升情感、态度、价值观，促进人格的全面发展。在保证了"造型·表现、设计·应用、欣赏·评述、综合·探索"的课业内容的基础上，针对我校学生美术认知与基础造型能力的不同，同时根据我校美术教师的专业情况开设了四个不同专业方向的课程供学生选择："创意坊"教学班、"马赛克画"教学班、"动漫空间"教学班、"草木染"教学班。

3. 学生管理

走班制由于打破传统行政班组合模式，所以在学生管理方面是一项挑战。在学生管理方面，艺术学科教师计划采用严格考勤制度、健全评价体系等方法。

（三）课题研究思路及方法

1. 研究思路

基于提升学生艺术素养的核心目标，从走班选课制的国内外中学实施现状进行分析，结合我校启发潜能教育理念，确定每一门艺术走班学科的培养目标，建立课程体系。通过课堂观摩、教学活动、经验交流、问卷调查等实践研究方法，检验艺术走班制的可行性，及时发现艺术走班制中出现的问题，并进行经验总结和反思，使艺术走班制不断适应学生的自然发展规律，在实践中不断创新、完善。

2. 研究方法

采用文献阅读法、观察法、调查问卷法、行动研究法、个案分析法等。学习相关理论；分析国内外有关走班选课制的相关案例；制定试行方案；通过课堂观察、问卷调查等形式发现问题、征求意见；修订走班选课制方案并试行；逐步形成艺术走班选课制的实行方案，形成较为完备的课程体系；整理走班制下有效提升学生艺术素养的课例，供有需要的其他学校借鉴参考。

三、课题研究过程

（一）第一阶段：艺术走班选课制的提出

2017年2月末，王志锋校长在新学期开学讲话中提出，要深入贯彻我校启发潜能教育理念，根据2017年1月全体教师远赴以色列进行教育考察的收获和经验，结合我校实际情况逐步推进各项改革。据此，音乐、美术两门艺术学科在王志锋校长带领下组建课题组，正式提出实行走班选课制度。2017年3月开始正式推行。

（二）第二阶段：艺术走班选课制的推行与三大模块的形成

全体课题组成员总结在以色列学习过程中提炼出的走班制经验，查阅学习大量国内外走班制的相关资料，结合我校学生艺术素养提升的实际需求，初步确定艺术走班选课制的内容和方式。根据我校音美学科师资情况，音乐学科开设声乐、西洋乐、民乐、舞蹈四个方向；美术学科开设创意坊、漫画、马赛克画、草木染四个方向；两个行政班的学生约70人在四个方向的课程中选择感兴趣的方向进行本学期的学习。学生在不同的学期里可以根据自身学习状况调整自己的选择。2017年3月—2019年6月，经过两年多的实践与探索，艺术选课走班制在我校受到学生、家长的一致好评。2018年课题组开始在走班选课制的基础上加入私人订制艺术专业课，逐步制定了完善、新颖的走班选课制评价体系，以提升学生艺术素养为目的走班选课教学模式在我校基本成型。私人订制艺术专业课即遴选、引进校外专业的艺术教师资源，让有艺术专业培养需求的学生利用在校时间接受一对一的艺术培训。此项举措既满足了学生的艺术学习需求，同时解决了家长们"不知道去哪找好老师、孩子没时间学艺术"等种种顾虑。在课堂的过程中，课题组成员通过不断的交流、探讨，针对课堂管理、授课内容、选课制度等方面出现的种种问题，逐步制定了完善、新颖的走班选课制评价体系，如网络选课系统的制作、艺术币的使用等。

经过课题组成员的不懈努力，以提升学生艺术素养为目的走班选课教学模式在我校基本成型。2019年9月，王志锋校长正式构建了"艺术素养提升视域下初中走班选课制"的内容体系，提出"高效选课模式""完善内容体系""提升评价效力"三个基本模块。

（三）第三阶段：艺术走班选课制度三个模块的创新与迭代

最初走班制选课制度采用的是现场集中选课方式，在学期初的第一节课由每位教师进行宣讲，介绍自己的个人情况和课程内容，学生现场选课，教师将各自的学生带至教室后统计名单。经过教师们实践、反馈和讨论后发现，这种选课形式效率较低，基本需要一课时的时间，而且学生们在选课时难免会交流、讨论，最终出现选课"跟风"现象，导致某一位老师人数过多，甚至超过一个行政班的人数，致使课堂难以管理，课堂效率低。于是课题组开发了网络实时走班选课模式。比如通过对学生的艺术审美水平进行多元化检测，根据学生对艺术学习需求的实际需要，开发艺术类校本课程内容，并在实践中不断修订。

课题组不断提高集体备课的质量和效率，大量参考国内外学校走班制有效案例，并不断以调查问卷的形式对学生进行调研，在理论与实践相结合的基础上，构建出较为科学的艺术课程体系和丰富的艺术课程内容。

课题组在"发行艺术币"基础上继续创新学生评价机制，比如举办艺术周等文艺类活动，在为学生提供更多展示平台的同时，将艺术走班制教学成果综合呈现等。

（四）第四阶段：实践检验，总结提升

经过近5年的教学实践，课题组成员进一步总结艺术走班制的教学经验和课堂管理经验，完善走班选课制度和特色校本课程内容。依托学校良好的资源平台，热情接待来访的教师及嘉宾，将走班选课制的经验与成果进一步展示，让走班选课制发挥更大的辐射作用。逐步将走班制教学的实践研究形成论文，对《艺术素养提升视域下初中走班选课制教学实践研究》进行结题汇报，初步完成本课题研究。

四、研究成果与成效

（一）建立网络实时选课与考评机制

网络实时选课流程：第一步，由信息组教师收集艺术课程及教师介绍，用Bangboss信息收集软件制作网页二维码定时发放至各班微信群。第二步，学生利用课余时间扫码选课，待选课结束后，由信息教师关闭选课系统。第三步，信息组教师从后台导出选课名单，分发给各位教师。这样的流程省时高效，既能让学生根据自己的兴趣认真考虑想选择的课程，同时又方便了教师统计名单，制作签到表。

严格考勤制度是学生走班上课的安全保障。主要内容有三点：第一，空间确认。在每学期选课之后，教师将学生带至相应的授课教室，明确本学期上课地点，并且再次强调本学期内学生和教师不再更改。第二，名单确认。教师确定本班名单，在每节课课前点名签到，病事假需要班主任教师直接与艺术学科教师沟通确认。对因班级事务迟到、早退的学生班主任要给予说明或解释。第三，规则确认。每节课无故迟到或缺席的学生，一学期缺席三次及以上，迟到五次及以上，教师会及时与班主任沟通，可取消该生期末评奖评优资格。

（二）构建科学的艺术课程体系和丰富的艺术课程内容

1. 音乐走班选课制课程内容

音乐课程设计理念：音乐学科在课程设置上把握义务教育阶段音乐课程"审美性、人文性、实践性"的课程性质，遵循音乐课程"以音乐审美为核心，以兴趣爱好为动力"等五项基本理念，针对我校学生音乐审美能力和水平较弱的现象，同时根据我校音乐教师的专业情况开设了四个方向的音乐课程供学生选择。

声乐表演教学班：声乐表演教学班的课程对教材中要求歌唱的歌曲进行更细化、专业化的学唱，同时让学生较为系统地了解科学的发声原理和声乐基础知识。通过声乐表演的训练，锻炼学生的舞台表现能力，让喜爱歌唱表演的学生掌握更多实用技巧，让缺乏自信的学生敢于在舞台上用歌唱的方式表达。声乐表演的训练有助于学生对自己的声音表达有一定的认知,同时帮助学生养成良好的性格。

形体舞蹈教学班:形体舞蹈教学班的课程侧重于形体训练和肢体表达方面。通过形体训练规范学生的站、坐、行的姿势,养成良好的仪态习惯;通过简单舞蹈组合的教学培养学生的肢体表达能力和舞蹈鉴赏能力,增强身体柔韧度,学会用肢体语言表达情感。形体舞蹈课程从内在全面提升学生气质,通过肢体表达的训练提升青春期学生的自信心,同时帮助学生肌肉、骨骼等方面良好生长。

西洋音乐教学班:西洋音乐教学班的课程对教材中的西洋音乐作品会重点教授,同时这些作品引申出的关于西洋管弦乐器、流行音乐文化等方面的知识也是这门课程的教学内容。这门课程旨在让学生通过鉴赏西洋音乐作品,培养在日常生活中欣赏高雅音乐的意识,同时感受流行音乐、跨界音乐等多元音乐文化带来的魅力。

民族音乐教学班:民族音乐教学班的课程对教材中民族音乐的作品会重点教授。另外,民歌、民族器乐曲、民族乐器知识等都是这门课程的重点内容。针对初中生对民族音乐关注度低、民族音乐基础知识薄弱、关注民族文化意识较差等现象,将新民乐、流行民乐、外国民乐等丰富素材融入课堂中,打破学生对民族音乐的固化印象,让学生对民族音乐有更多的了解和更新的认知,从而树立学生传承和发扬优秀传统音乐文化的意识。

2. 美术走班选课制课程内容

美术课程设计理念:美术学科课程设置上旨在提升学生的知识与技能,提高其解决问题的能力和审美能力,并在过程中丰富经验,学会学习,提升情感、态度、价值观,促进人格的全面发展。在保证了"造型·表现、设计·应用、欣赏·评述、综合·探索"的课业内容的基础上,针对我校学生美术认知与基础造型能力的不同,同时根据我校美术教师的专业情况开设了四个不同专业方向的课程供学生选择。

"创意坊"教学班:以环保材料制作为主的手工类课程,主要培养学生的想象、创意及手工操作能力。学生能够用生活中随处可见的材料来制作自己想象中的艺术品,使动手能力较薄弱的同学对创意制作产生兴趣。在每个学习周期,每个学生都会将自己最满意的作品进行展出、评比,提升学生的自我价值感,传递"艺术来源于生活"的理念。

"马赛克画"教学班:这门课程主要以西方美术史及装饰色彩为主要的培养方向,用"马赛克画"这种源自古罗马贵族艺术的形式,培养学生的耐心、想象力及创造力。让学生在制作过程中提升色彩、构图、主题方面的审美能力,并在艺术周和学期末进行画展,营造古典与现代结合的美的氛围。

"动漫空间"教学班:通过以动漫元素为主的绘画类课程,结合漫画发展的历程来培养学生的绘画技能,掌握一定的透视知识。并根据学生技能层次的不同,引导学生临摹作品或创作自己心中的动漫形象。每1~2课时,学生会上交动漫作品并进行评比。本课程培养学生基本绘画能力、观察能力及创造力,为未来动漫人才打基础。

"草木染"教学班:以中国特色民间美术为基础,带领学生深层次地了解中国传统艺术。通过蜡染、扎染等染织工艺,使学生感受艺术与民间生活的紧密联系,让学生体会"生活可以用艺术来装点"这一理念，同时培养学生保护和传承民间艺术技艺和文化的意识。

3. 邀请专业艺术教师在中学开设艺术学科专业课程

为了满足部分学生艺术专业课的学习需要，同时解决家长在选择专业课教师方面的困难，我校邀请校外专业艺术教师来我校开设艺术学科专业课程，目前开设课程有声乐、钢琴、吉他、架子鼓、萨克斯、竹笛、素描。艺术专业课程的特点是"私人订制化"，专业课教师根据学生的基础和需求制定专门的授课方案。学生与家长同艺术专业课老师一对一沟通上课时间、费用等，学生可以利用每周音乐、美术的课时来进行艺术专业的学习，为未来从事艺术专业打下良好基础。

（三）形成了多元化、分层次的评价标准

走班制的评价体系需要在同学科老师共同商定主要评价方向后，由每位老师根据自己的学科专业和所教内容来具体细化制定。如"艺术币"就是由美术学科的老师们提出，最终在音乐、美术走班课堂上全面推广使用的一种虚拟货币工具，主要应用于教师根据学生的课堂表现进行奖惩，既规范了学生们的课堂行为，又激励学生们积极参与活动，深受学生们的喜爱。

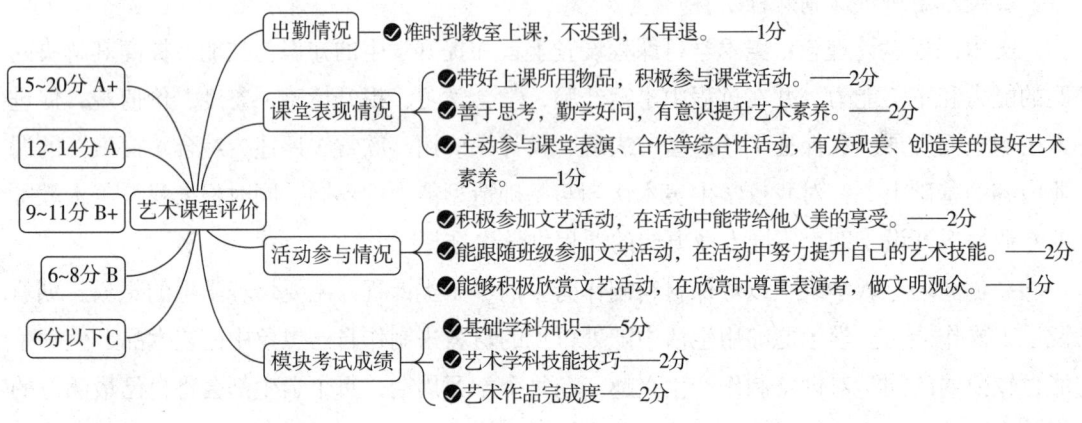

（四）涵养艺术素养，培养艺术天赋杰出人才

走班选课制度下的艺术课程更加专业化，能够满足部分艺术特长生的专业学习需要，利用在校时间进行专业训练，顺利考取理想高中。

纪佳彤，毕业于2020届二班，初中时曾在香港舞蹈大赛和沈阳舞蹈大赛中取得优异成绩，并多次参加过学校的舞蹈活动和学校开学典礼的舞蹈演出，在中考艺考时也取得了第三名的优异成绩，获得了老师和同学的一致好评，现就读于汽开区第六中学。徐诗喻，毕业于2021届八班，爱好舞蹈，初中阶段曾担任班级文艺委员，校舞蹈队成员，多次担任学校开学典礼等大型文艺汇演的工作，获得老师和同学们的一致好评。2019年荣获长春市啦啦操比赛特等奖，在2019长春市中小学第九届舞蹈大赛中荣获一等奖，全国舞蹈考级满级。在2021年中考中通过东北师范大学附属实验学校舞蹈特长生考核。

（五）提升核心素养，温润师生心灵，促进学校发展

1. 激发了学生对艺术课程的学习兴趣

我校对七、八年级共709名学生进行《艺术课程走班制学生反馈表》问卷调查，形成学生档案，调查结果显示，艺术走班选课制受到学生普遍喜爱和欢迎，激发了学生对艺术课程的学习兴趣。

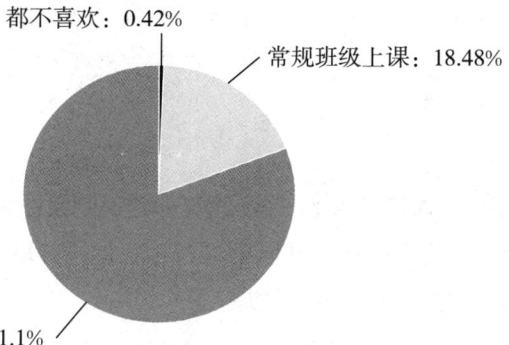

图1　对于常规班级上课和走班选课，你更喜欢哪一种？

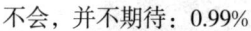

图2　与传统的班级上课相比，艺术走班制会让你对每周的音乐、美术课更加期待吗？

2. 增强了学生的学习动力，锻炼了学生与人合作的能力

以学生为主体的艺术走班制课堂，选课基本完全根据学生的喜好和意愿，不同的课程内容、不同教师的个人魅力等因素决定学生选课的方向，增强学生学习艺术的动力。

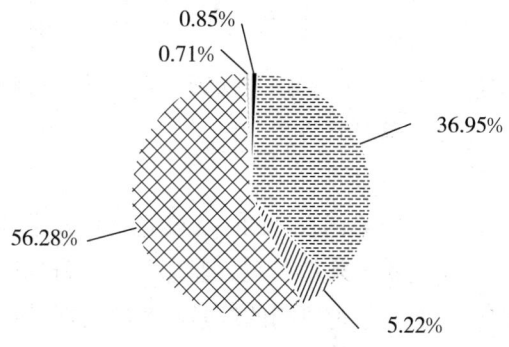

图3　走班选课过程中决定学生选课方向的因素

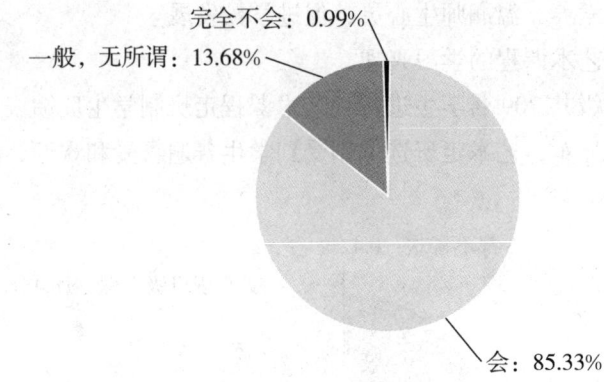

图4 与传统班级上课模式相比，你认为艺术走班制会让你更有学习艺术的动力吗？

走班制课堂上不同班级的同学共同学习，相互促进，取长补短，增强了学生与人沟通合作的能力，促进了学生身心的健康发展。

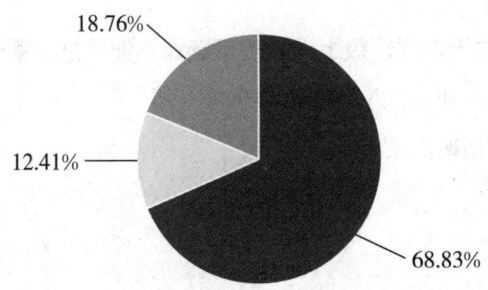

■有影响，我结交到不同班级的伙伴　　一般，无所谓　　■没什么影响

图5 走班制对你的人际关系有影响吗？

3. 提高了学生的艺术审美素养，陶冶了美好的艺术情操

艺术走班制的课堂上，学生有更开放、自由的展示空间，有更多表达自我的机会，教师也能更加了解学生在艺术方面的特长，鼓励学生积极参加学校各项文艺活动。同时，将有艺术特长的学生吸纳到学校各大社团中，通过日常排练、演出、比赛，进一步提升学生的综合艺术能力。

4. 促进了教师专业发展

经过艺术走班制授课过程中的不断实践与探索，我校艺术教师的专业素养和业务能力不断提升，在国家、省、市级获得多项荣誉。

5. 扩大了我校教学改革的影响力

艺术走班制教学现已成为我校美育教育的一大特色，依托学校优质的教育资源平台，吸引了国内外许多教育考察团到我校来访参观，通过了解走班选课模式和课程内容、走进艺术走班课堂体验特色课程，使艺术走班制的探索与实践发挥了较好的辐射作用。

五、进一步研究与展望

走班选课制从形式和内容上都受到学生的欢迎，但是也存在一些问题和局限性。如：走班选课制开放选课门类，设计特色课程，但由于教师资源有限，学生有时无法在几种课程中选择到自己真正喜欢的课程；课程内容相对比较专业化，个别内容需要学生具备一定的基础，由于大部分学生艺术专业技能比较薄弱，有时难以完成一个完整的作品；走班选课制以兴趣为导向，虽然目前没有加入应试，但加入中考已成趋势，所以走班的管理制度及评价体系还不够完善；等等。

我校将继续推行艺术走班制，在实践中探寻艺术走班制更优质的推行方案，继续开展丰富、多样的活动，给予学生更多的展示平台，重视学生艺术素养的全面提升。相信我校经过不懈的努力和探索，在未来会为美育教育事业探索更多可能性。

构建"子衿课程"体系实现创新型高中育人方式变革的研究

课题主持人：于利合　长春市实验中学校长
课题组成员：李舒悦　长春市实验中学副校长
　　　　　　张　于　长春市实验中学德育主任
　　　　　　张　艳　长春市实验中学科研主任
　　　　　　魏岩峰　长春市实验中学教师
　　　　　　李伟红　长春市实验中学副校长
　　　　　　朱琳琳　长春市实验中学教师
　　　　　　苗怀仪　长春市实验中学教务主任
　　　　　　贾凯超　长春市实验中学团委书记
　　　　　　杜艳蕾　长春市实验中学年级主任

一、课题的提出

（一）研究背景

从国家政策来看，推进并实现育人方式的变革是基础教育当前的重要任务。2019年国务院办公厅印发了《关于新时代推进普通高中育人方式改革的指导意见》（以下称《指导意见》），这是新世纪以来国务院办公厅出台的第一个关于推进普通高中教育改革的重要纲领性文件。《指导意见》提出了六方面的重点任务，其中课程是教育改革任务完成的实质性的载体，用适切的课程建构实现新课程、新高考、新教材背景下的育人方式，是每个教育者应着重思考的问题。

从实践过程来看，长春市实验中学的"子衿课程"体系设置，建立在多年的实践经验基础上，一直立足于创新人才培养目标，在保证开足开齐国家课程的前提下，做好国家课程的校本化建设，构建适应基础教育改革、学校发展和师生成长的课程体系。并以此尝试实现在新发展阶段、新发展理念指引下学校育人方式的变革。课题组成员在这个领域已经取得了相关的成果。如课题负责人于利合的论文《学校内部管理机制优化及学校管理专业化、精细化研究》发表在全国中文核心期刊《人民教育》；李舒悦发表著作《小故事　大智慧——长春市班主任〈我的教育故事〉选编》；张于的论文《语文课思政元素渗透的活动设计》发表于《吉林省教育学院学报》，张艳的论文《"话吧"点亮政治课堂》获吉林省第十一届优秀成果论文三等奖，李伟红的论文《借助科学史实现高中生物教学的德育渗透》发表于《长春教育》等。这些成功的实践探索为本课题的实施提供了一定的理论依据和借鉴参考。

（二）课题研究的意义

《指导意见》明确指出：深化育人关键环节和重点领域改革，坚决扭转片面的应试教育倾向，切实提高育人水平，为学生适应社会生活、接受高等教育和未来职业发展打好基础，努力培养德智体美劳全面发展的社会主义事业的合格建设者和可靠接班人。

实践意义：本课题是深入落实立德树人根本任务的行动探索。"子衿课程"培养目标的出发点和落脚点皆在"立德树人"。课程内容、课程形式以及学习方式充分体现了对中国传统文化的传承；课程的核心精神则直指中国学生、中国人、中国心、中国自信。"子衿课程"符合时代人才培养的需要，这对于落实国家新时期课程改革的目标、培养具备多方面素养的创新人才、实现学校的创新发展目标意义重大。

理论意义：本课题能够推动和促进育人方式变革的时代思考。"子衿课程"是落实长春市实验中学"创新人才"培养目标的重要课程建设举措，是依循国家课程方案，依托长春市实验中学多年课程实验和改革经验，着眼学生全面发展，兼顾时代性、基础性和选择性的极具学校特色的课程体系。在实施过程中，试图推动和促进育人方式变革的理论思考；在具体的实践中，"子衿课程"正如其名，从关注学生成长角度出发，不断促进教育者反观当下，结合具体实际情况寻求变革路径。

（三）课题研究的界定

1. 子衿课程

"子衿"一词来源于《诗经》，"青青子衿，悠悠我心"，这句话表达了教育者对学生的关注与关照、挂念与挂怀。"子衿课程"体系是忠于国家课程体系，结合学生起点、学校特色推出的校本课程体系。

2. 育人方式变革

《指导意见》明确了育人方式变革的整体任务，此课题依据学校办学理念和办学定位，建立符合国情、校情、学情的课程体系，通过课程建立、课程实施、课程研究、课程效果等方面实现育人方式的有效变革。育人方式变革既包括观念变革，也包括行动变革。

二、课题研究的设计

（一）研究目标

此课题主要以"子衿课程"为依托，实现课题研究目标，即探寻符合本校发展方向的课程建设合理路径，实现学校创新人才培养目标，从而促进学生的全面发展。

1. 在课程建设方面，着力形成具有学校特色的"子衿课程"完整体系
2. 在课程实施方面，合力形成符合国家意志的"课程思政"教学模式
3. 在育人目标方面，聚力形成培养创新人才的"三全育人"管理结构

（二）研究内容

"子衿课程"的主要内容由两大部分组成，一部分是六大学习领域，一部分是包含课程思政、思维与创新、自主发展三个主题的校本课程。

1. 搭建成就创新人才特质的特色化课程体系
2. 践行满足创新人才需求的个性化学习方式
3. 探求对位时代发展需求的多样化课程思政
4. 承担推进区域共同发展的高质量教育联盟

（三）课题研究方法及策略

1. 研究方法

文献研究法：通过查阅专业书籍、阅读核心期刊、关注学习强国等网络资源的方式，全面学习高中课程建设的相关教育理论和实践探索，系统深入地了解普通高中育人方式变革的有效路径、实施策略、现实困境等。

问卷调查法：通过问卷，针对学生、教师、家长、其他学校、教育发达地区等，研究学校课程建设的推进效果和改善建议，从而反观课程建设、丰富实践成果。

全息实验法：坚持系统思维，系列化地推进教师教学方式和学生学习方式的改变，在学生培养、课堂教学、综合实践活动等方面进行大胆的实验与创新，及时分析、整理、归类、反思、再优化，努力提炼升华，以理服人、以例服人。

经验总结法：对"子衿课程"建设过程中获得的经验、有效策略，及时总结梳理，上升到理论高度，得出可操作性、合规律性、有益于学生终身发展的教学模式、学科资源，并在省市教研协作体推广，发挥辐射带动作用，实现育人方式的有效变革。

2. 研究策略

本课题采取了行政推进、联盟校参与讨论、校外实践基地参与、家长委员会参与、三个年级参与、全校教师分层分批合作的方法，组建了由学校、实践基地、联盟校、家长共同搭建的课题团队，整合各个方面资源，发挥各自优势，以"子衿课程"之"课程思政"系列教育和现场会为主要载体，推进课题研究的深入开展，带动全校教师的育人理念变革，实现学校育人方式的变革。

三、课题研究的过程

（一）立足学校办学理念，搭建课程体系框架，开展课题推进工作

根据课题所呈现的研究内容，结合学校"建设满足时代发展需求的创新高中"的办学理念，确立育人方式变革的主要力量要扎根课程改革的实践沃土。由此，课题组成员广泛开展文献研读和专题阅读，大量收集资料并在理论指导下开展课程建设工作，成立课题研究小组，整理相关资料，形成课题方案，制定实施计划。根据学校的文化特质，以学校人工湖泊名字为课程命名，取"子衿"一词的深刻文化寓意。课题小组确立以后，结合国家新时期的育人需求、建党100周年的历史背景，研究重点为打造"子衿课程"体系下的育人模式。

（二）以校内教师创新研究机构为载体，建立健全课程体系

根据教师特点、学科优长，建立学校内部研究机构，如学科核心素养研究机构、统编教材研究机构、数理学科研究机构、生涯规划研究机构、学生习惯培养研究机构、体育锻炼研究机构、心理研究机构等。各研究机构根据研究中心内容，制定研究计划、实施策略、实践效果检验报告等。在各个研究机构的协同配合下，学校逐步建立健全三大校本课程体系：一是课程思政，二是思维发展课程，三是自主发展课程。每项课程类型都各自独立却又紧密相连。

（三）以选课走班为导向，建设满足学生发展需求的物质环境

学校通过创建"五心"，即生涯中心、体育中心、音美中心、科创中心、心理中心，

配备智慧教室6间、校园电视台、广播站等，在硬件建设上，满足多元组合的选课走班的场地需求。在课程提供上，学校满足了所有学生的选课组合，充分尊重学生的课程选择权，重视学生个性发展，老师对学生的选择负责，及时为学生提供相应的指导和帮助。

（四）以日常教育教学为重点，制定实施策略，全方位开展"子衿课程"

1. 以"导学案"为依托，全力创新课堂新样态

导学案功能在"导"、在"领"、在促进"自学""自主"。学校全学科开发导学案，教师使用导学案进行教育教学。主要包含三个步骤：课前预习、课中使用、课后整理。课前预习，旨在增强学生的自主学习能力；课中使用，旨在促进学生积极思考；课后整理，旨在促进学生反思总结。导学案中必含的环节是"自主学习"，旨在通过这一环节的设置，挖掘学生自主学习的潜能。导学案的使用，使得课堂形成了你追我赶、互相比拼、逐本溯源、相互研究、相互扶持的课堂新样态。

2. 以"五个学会"为着力点，全力创新德育管理

（1）课程育人。充分发挥高中课堂教学的主渠道作用，将《中小学德育工作指南》提出的中小学德育的"五项主要内容"，通过德育课程、学科渗透课程、校本课程、专项教育等形式，融入渗透到教育教学全过程。创新构建"五个学会"课程，开展32个社团课程，全面促进学生个性化发展，更好地实现学生的终身发展与国家需要的统一。

（2）活动育人。活动育人的本质是"做中学"，要有利于牢固树立社会主义核心价值观，促进学生形成爱国、敬业、诚信、友善的优秀品质。通过学校定期、定性、定量、定质的活动，从学生内心世界不断构建并拓展爱的情怀，形成创新创造、认真负责的意识和态度，培育求真求实、敢于担当的精神，强化真诚友善、遵纪守法的规矩意识，不断提升中学生核心素养。

（3）实践育人。通过校内服务、志愿服务、研学实践、社会实践等项目的开展，培育学生的奉献精神和社会情怀，全面提高学生的综合素养。学校开设劳动教育课，划分劳动分担区，全校54个行政班级全部划分责任分担区，全员参加劳动教育，促进学生五育并举与融合。

（五）以生涯教育为依托，着力打造校内课程与校外实践相结合的灵活形式

1. 以经典课程为载体，加强与大学、兄弟院校的合作

根据学生发展需求，突出打造社会主义核心价值观课程、节日类课程、信仰讲堂等经典课程。整体推进科技课程组块，成立科创班，组建科技社团，开设编程、机器人、无人机、3D打印等课程，充分满足具备科技特长和科技发展愿望的学生的需求。学校充分挖掘校外资源，与知名高校、兄弟院校合作，与省市科技场馆建立联系，提供给学生专业的指导和丰富的资源。同时，邀请专家走进来，引领学生走出去，让育人模式更灵活、更生动、更具体，从而形成动态的、完整的全方位覆盖的、相互支撑的课程体系。

2. 以生涯体验为桥梁，加强校外行业资源整合

实践是理论的桥梁。通过生涯课程的"八大课型"，鼓励学生到社会上实地考察、亲身体验，引导学生走进职场，从而规划人生；开展"赓续红色血脉，传承革命基因——老革命英雄邓叶芸讲述革命家史"活动，引领感悟党员初心，厚植爱国情怀，坚定理想信念；

组织学生走进一汽、医院、社区,让学生在实践中体验职业类型,在实践中观察社会,从而唤醒学生的心灵,科学规划人生与未来发展道路。

(六)以课程思政为载体,实施区域联动,深入推进育人变革

借助长春市普通高中联盟体、田家炳协作体、东北十二校协作体等,交流研究课程体系的建立与健全。教学部门、德育部门、学科教研组等分别进行对接,交流经验做法,共同商讨重点问题。在2021年11月,先后开展课程思政现场推介现场会、联盟学校助学送课等活动,进一步深化和拓展了"子衿课程"的影响,在区域范围内形成了课程联动,使课题成果得到进一步推广并发挥辐射引领作用,深入推进了学校育人方式的变革。

四、课题研究成果与成效

在课题组成员的统筹规划和努力探索下,达到了预期的研究目的,取得了丰富的研究成果。

(一)形成了完备的校本"子衿课程"体系

1. 实现了国家课程的校本表达

国家课程校本化的表达主要途径有三:一是基础学科拓展类课程,二是高考学科选修类课程,三是文科的融合课程。拓展课程,包括理科学科拓展课程和语言文学类拓展课程,在国家课程的基础上进行适当加深、拔高;选修类课程,主要是理科五大学科竞赛,为每年的强基计划做好准备;融合课程,由思想政治、历史、语文三科组成,实现学科有机融合、相互渗透,同时借鉴地理、音乐等学科内容,力图打通中学教学的学科壁垒,实现场地自由,学术自由,思想自由,言论自由。

2. 形成了独具特色的具有创新高中特质的校本课程

课程思政建设方面:开创了全学科、全学段、全员探索思政育人模式。语文、数学、英语、物理、化学、生物、政治、地理、历史、音乐、美术、心理、科技、体育、德育共计15个学科探索了全科课程思政。通过教研组教研、备课组梳理、学科示课范、德育课联动、讲座课系列深化等方法,为党育人、为国育才。

科学创新课程方面:在创新人才培养目标的引领下,学校致力于学生创新思维的培养。一是开发独具特色的"思维培养类课程",设计、编写并开发了校本教材,设有思维工具类课程、批判性思维课程以及思维方法课程。二是开发科技创新类课程,通过校内课程与校外课程联动的方式培养学生的科学创新素养,设有3D打印课程、编程类课程、英才计划、导师课程、机器人课程等。

自主发展类课程方面:学校通过开发"五个学会"校本课程、设立宿舍自主管理课程、自主发展社团课程等,全方位培养学生的自主管理能力。

(二)开展了课程思政的育人探索,实现了全科、全员的育人模式

自2021年7月开始,课题组成员主攻课程思政的实施策略,经过反复不断的研讨、总结、梳理、实践后,进行分工实施。教务处组织学科教研组长研讨课程思政的实施路径;德育处组织班主任研究常态德育下思政元素的渗透渠道和实施办法;教研室组织课程思政示范课、公开课的推进与落实;团委组织学生思政社团活动的设计与实施等。力图通过一系列的做法,实现全科育人、全员育人。长春市实验中学举行"思政铸魂 启智润心——培养

堪当民族复兴大任的时代新人的'课程思政'暨子矜课程阶段性成果展示"活动。会议通过展板观摩、学生展示、学科示范课、德育融合课、圆桌论坛、家长讲堂、专家讲座等多种形式，对课程思政进行了一次有意义的、有价值的实践。

（三）建立了常态下德育课程"三全育人"体系

1. 打造出了系列化的德育显性课程

（1）"三会两课"课程。"三会"是德育晨会、德育例会、班团会，"两课"是"青年党课""青年团课"。

（2）价值观课程。主要包括青年团校课程、青年党校课程、主题升旗仪式等。

（3）经典课程。主要包括五四青年课程、公祭日课程、一二·九活动课程、阳光体育课程。每年的"一二·九活动"，主题征文、主题演讲、主题情景剧等系列活动，变历史灌输为历史参与、变传授知识为主动探索理解，帮助学生更好地理解思想政治教育内容，最终内化于心、外化于行。

2. 打造出了独具特色的德育隐性课程

（1）学科德育渗透经典课程。充分发挥其他课程的德育功能，充分挖掘各门课程蕴含的德育资源，将德育内容有机融入各门课程教学中。语文学科开展"读书观影"活动，历史学科开展"历史演义"活动，地理学科开展"太空探索"活动，数学、物理、化学、生物等学科开展"科学前沿"活动，音乐课开展"红歌赏析"活动，英语开展TED演讲活动等等。每个学科都能够找到自己的着力点，创建了本学科的思政渗透经典课程。

（2）环境熏陶课程。学校的楼堂馆舍许多地方都融入了思政的元素，楼栋的名字来源于《中庸》，湖泊的名字来源于《诗经》等，这些中华优秀传统文化的引入，让学生受到了无形的熏陶。

（3）生涯规划访谈课程。生涯规划课中的长辈访谈课，学生在与长辈的访谈中了解了长辈，也了解了长辈所经历的时代风貌、历史特征。这种以非正规的方式对受教育者进行的有益渗透，教育目标和教育内容潜在地通过受教育者的自我感知而获得，达到了"桃李不言，下自成蹊"的效果。

（四）开展了独具特色的生涯规划课程，破解生涯教育难题

（1）建立生涯指导中心。场馆包含八大功能区，为学生生涯课程提供沉浸式的体验。2022年,学校结合新高考的形势与需求，对生涯场馆进行了升级和改造，为学生的学科选择、职业选择搭建了更加完备的体验平台。

（2）建立学生发展指导系统。由学生发展指导理念系统和学生发展指导操作体系两个维度组成，通过系列课程，帮助学生完成生涯指导、生活指导、学业指导。通过生涯八大课程，让抽象的生涯教育变得更可观、可感、可实现。

（3）开发生涯教育系列教材，并投入全国使用。经过实验、实践、升级，学校开发了三套生涯系列教材，已经出版并投入使用。使得生涯教育得以优化、系列化地开展和实施。

（五）为解决"因材施教"的现实困境找到了可操作的课程路径

差异化教学会随着学段的提高而逐渐增加困难和新要求，但差异化教学，或者说因材施教能够真正地促进学生发展。学校根据数据系统的分析结果，针对文理学生不同的学习

方式,精细化设计教学方式;针对学优生的学习能力,突出建立个性化学习手册;针对学习较弱的学生着力建设"导师团",全力根据学生的学力情况,因材施教,分层实施。

（六）探索出了培养创新人才的科教途径

学校以科创课程为杠杆,设计出三个科教主渠道:科创班常规课程、科技英才个性课程、科学活动经典课程。以这三个渠道为切入口,培养学生"科学精神""学会学习""实践创新"三大核心素养,设计出了"普及—进阶—提升"三位一体的全套科教活动。全程采用项目式的学习方法,联合吉林大学等高等院校、吉林省自然博物馆、长春市科技协会等多家单位,全方位、立体式为学生创设学习活动,摸索出了具有迁移和推广意义的科教普及与育人途径。

（七）教育教学发生了变化

1. 学习方式突出自主学习

学校借助 PAD 教学、数据分析系统、导学案教学等,让学生自主先学,独立联系已有知识思考即将获得的新知。对学生的培养采取"导师制","一带六"的导师模式让全体学生都有了自己的专属导师,教师全力做学生"学会学习"的引路人。教师在充分了解学情起点的情况下,课堂组织学生探讨、合作、交流、学习。这些做法让教师角色发生巨大改变,教师不再是讲堂上高高在上的权威者,而是学生真正的生活导师、人生导师。让学生在思、悟、交流、评价、反思、总结、提升的过程中学会学习。除此之外,教师在自修时间里,组织学生开发演讲课程、广播课程、社团课程、讲书课程,充分挖掘、发挥学生的主观能动性,自主探索新世界,自主抓住育人主阵地。

2. 教育教学方式更为多样

随着试验的深入、课题的推进,教师的教学方式发生了很大的转变,教师自主融入教学方式的转变中来。

（1）教育形式多样化。通过领导干部讲思政、党员录微课、信仰讲堂、道德讲堂、家庭教育、党史教育等,多措并举,稳抓实效。

（2）教学方式多样化。教师们积极探索互动式、体验式、探究式、融合式等教学模式,多次开展以教师为主导、以学生为主体的互动式教学,让学生忙起来,让学生动起来,给课堂增添活力、增加乐趣。同时更加注重思政课课堂外的效果,将学生自我教育与社会实践相结合,增加思政课的丰富性、实操性。

（3）作业设计多样化。通过节日作业、课内作业、小组作业、个性化作业等多种不同形式的作业设计,满足了不同学生的需求,促进了学生的学习成长。

3. 教师课程意识增强

教师不再是简单的教书匠,随着课程的全面铺开和课题组研究的不断深入,教师也逐渐地加入到课程建设中来。教师的课程意识逐渐增强,有许多教师结合自己的学科和自身的教学风格开发出了自己的小课程。如英语课的课前演讲课程、配音课程,语文课的课本剧课程,地理课的手工地貌绘制课程,等等。这些课程的开发,为"子衿课程"的深入开展提供了强有力的支持和实践。

五、课题进一步研究与展望

"子衿课程"是立足于创新高中培养创新人才特质结构的纵横向关系,深入每个研究领域的内部,在纵向的不同层次课程间建立课程序列,在横向同一层次课程间设置交流平台,合理确定各类课程学分比例,探索人才培养实施的创新路径,它的根本目的是服务于学生未来发展的多样化需要。

在研究中,我们也深刻体会到,学校需要对课程进行统筹规划和实施,同时,还要建立科学严谨的思维模型和科学合理的评价机制,深化育人方式变革,以适应党和国家第二个百年奋斗目标的发展需要,为中华民族伟大复兴贡献教育智慧。

核心素养背景下学校建设主体性优效课堂的实践研究

课题主持人：丁立新　长春市第五中学校长
课题组成员：苏　静　长春市第五中学教学副校长（原）
　　　　　　高云赤　长春市第五中学教学副校长
　　　　　　张玉琴　长春市第五中学教研室主任
　　　　　　曹新富　长春市第五中学教务处主任
　　　　　　李　晶　长春市第五中学教务处主任
　　　　　　马春晖　长春市第五中学年级主任
　　　　　　靳　芳　长春市第五中学教师
　　　　　　吴艳春　长春市第五中学教研组长
　　　　　　高　伟　长春市第五中学教师

一、课题的提出

（一）课题研究的背景

基于教育发展的要求。新一轮教育改革以促进"学生的全面发展"为目标，2017年版高中课程标准明确提出了培养学生核心素养的教学目标。主体性是人的综合素质的核心，激发人的主体意识，弘扬、培植受教育者的主体性，是现代教育追求的目标。在核心素养背景下，对主体性教育的关注，选择适合的教学方式提升课堂教学质量，成为时代赋予教育的任务。

基于改变课堂教学现状的需要。在教学实践中，以传授知识为主，忽视学生的个性需求，不同程度存在主体性缺失的现象；教学方式多以满堂灌、题海战术为主，缺乏反馈调节等问题影响课堂教学效率。尊重学生的主体性，培养学生的核心素养，探索新的课堂教学模式，建设主体性优效课堂成为学校发展的重大课题。

（二）课题研究的意义

理论意义：首先，通过本课题研究，探索发展学生主体性的策略，建立适合我校学情的学科教学模式，提高课堂教学效率，落实学科核心素养培养目标，促进学生的全面发展，为学校的主体性教育理念和课堂教学效率的提高提供理论支撑。其次，通过本课题的研究推动我校形成具有校本化特点的教师专业发展的模式，促进教师的成长，为建设主体性优效课堂提供保障，全面提高教学质量。

实践意义：通过组织教师学习研究教育理论、教育文件，提高教师的教育理论修养；通过开展教学活动和集体备课等形式推动课题的研究，构建学科课堂教学模式，提高教师的教研水平和教学水平，促进学校教师队伍的建设；结合个人小课题的个性化研究，提高教师的科研能力，提高教师的课堂教学水平，落实学校主体性优效课堂的构建，提高课堂教学的优效性。

（三）课题研究的界定

"核心素养"，指学生应具备的适应终身发展和社会发展需要的必备品格和关键能力，突出强调个人修养、社会关爱、家国情怀，更加注重自主发展、合作参与、创新实践。

"主体性"是指人在实践过程中表现出来的能力、作用、地位，即人的自主、主动、能动、自由、有目的地活动的地位和特性。这里我们所说的主体性即尊重学生主体性，培养学生主体性，发挥学生主体性。

"优效"即"用时最少，效果最好"。这里的"效"是指高效率、高效应、高效果。

"主体性优效课堂"是完成教学任务和达成教学目标的效率较高、效果较好并且获得教育教学的较高影响力和社会效益的课堂。

二、课题研究的设计

（一）研究目标的设计

以培养学生的核心素养、提高课堂教学的优效性、促进学生的成长为目标，具体研究目标如下：

1. 研究学生主体性教育的内容，培养学生的主体性，促进学生的全面发展。
2. 研究落实核心素养的学科课堂教学策略，提高课堂教学效率。
3. 研究课堂教学的评价标准，促进学校教学质量的提升。

（二）研究内容

1. 研究培养学生主体性的策略

理清学生主体性的内涵，与新改革"以学生为主体"的理念相融合，改进课堂教学方法，研究培养和发展学生主体性的策略。

2. 研究课堂教学模式

在培养学生的主体性、核心素养的背景下，探索学科课堂教学规律，形成具有学科特点的课堂教学模式，为提高课堂教学效率提供一般性方法。

3. 研究制定体现主体性教育的课堂教学评价标准

依据主体性教育的原则研究制定课堂教学评价标准，使课堂评价标准具有导向性和可操作性，为构建主体性优效课堂明确方向，推动主体性优效课堂的建设。

（三）课题研究的方法及策略

1. 研究方法

文献研究法：通过搜集、查阅有关学科核心素养、主体性教育、高效课堂等方面的研究理论、文献和文件，获取与本课题研究的相关信息，并进行分析综合，从中提炼出有价值的资料。

行动研究法：在自然、真实的教学环境中，教师针对各项研究目标，有计划地开展个性化教学实验，边研究、边总结、边推广、边应用，不断梳理、提升阶段性研究成果，调研研究方向，在行动中不断深入地解决教育实际问题。

教育经验总结法：依据教育教学实践所提供的事实，分析概括教育教学现象，揭示其内在联系和规律，使之上升到教育理论高度，由感性认识转化为理性认识，总结形成研究成果,并指导自己的教育教学,提高教育教学效果。

2. 研究策略

在课题研究过程中,我们总的策略是:第一,高端谋划,科学建构,设计实施路线图;第二,深入宣传,认真学习相关理论文献,充分讨论,达成广泛共识;第三,通过活动全力推进课题研究,不断调整研究过程,注意总结和提升。具体的研究策略是:将课题研究与学校工作目标紧密结合,课题研究以校本培训为引领、以校本课题研究为基础、以教研活动为载体,从而保证课题的有效开展,推动课题研究的不断深入。

三、课题研究的过程

(一)组织开展理论研究,达成思想共识,推动课题研究的有效开展

有什么样的思想就有什么样的态度和行为,要想让教师们在行动中自觉主动落实主体性优效教学,必须统一思想,取得共识。为此,学校开展理论文献研究,组织教师学习研究主体性、高效课堂等教育理论,学习国家有关教育的文件,学习研究新课标,开展交流活动。2016年我校举行了"主体性优效课堂"构建系列研讨会,2018年组织了新课标教学研讨会。各部门主任、各学科教研组长和省级以上骨干教师、特级教师都在研讨会上发言,发言中大家结合自己的实际工作畅谈了对"主体性优效课堂"的特征、实施策略和模式的认识和看法,为我校"主体性优效课堂"构建提供了很多切实可行的建议。

(二)制定课题研究的行动框架,明确课题研究的行动路线

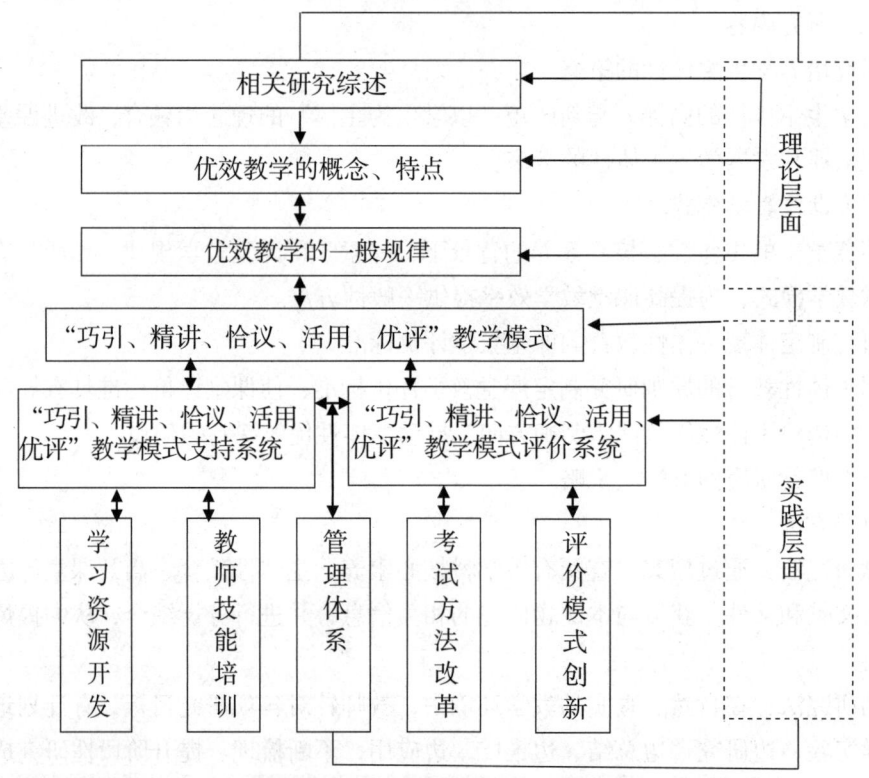

(三)以活动为载体,不断推进主体性优效教学的研究与实践

"以活动促研究"一直是我校课题研究的策略。在教育教学活动中,教师们有针对性地设计、探讨教育教学的策略、研磨课堂教学模式、分析学生状态、对教师的教育教学行

为进行反思和研讨。

学校每年都围绕主体性优效教学开展各种教学活动，探讨主体性优效课堂建设的策略，持续推进主体性优效教学的落地生根。一是开展"主体性优效课堂"构建研究课活动。各教研组根据学校"主体性优效课堂"评价要素，组织本组教师学习和讨论，并将之运用到教学实践中，通过晒课、听课、评课等环节，针对不同的课型，如新授课、复习课、实验课等，探讨本学科的"主体性优效课堂"教学模式。二是召开核心素养培育背景下九个学科主体性优效教学推进会。各教研组组长分别汇报了学科组对核心素养、学科核心素养的认识，对如何在学科教学中渗透和落实核心素养提出了具有操作性的设想。三是学校又持续开展了学科骨干教师引路课、原生态课堂观察与诊断活动、学科主要课型教学模式研讨课。

通过上述活动探索本学科的课堂教学模式，总结教师的教育教学思想和方法，推动我校"优效课堂"建设的课题研究工作的开展。

（四）强化教师的校本课题研究，夯实课题研究的基础

以本课题为学校的主导课题，学校要求教师们以自己关注的教学问题为出发点，开展校本课题研究。教师们的校本课题紧紧围绕学校的主导课题，一方面细化了学校课题研究，另一方面为学校课题研究提供了更丰富和更充实的研究过程资料。教师们的校本课题研究，夯实了教师的行动研究过程，推动了课题的有效开展。

（五）改革教学管理方式，助推主体性优效课堂建设

为使教学更加优效，我们尝试对教学管理方式进行改革，这也为课题研究搭建平台。如：尝试部分学科部分班级分层走班试点，开展分层教学；实行导师制，每位老师包保若干名学生，指导的范围不限于本学科。教学管理方式的改革为教师开展主体性优效课堂拓展了思路、提供了平台，推动了课题的有效开展。

（六）提升教师的教育科研能力，为课题研究提供强有力的保障

教育科研是实践研究，教育科研只有解决教育教学中的实际问题，其中心下移才有效。为了使教师进一步认识教育科研的重要性，了解教育科研的相关方法和理论，提高教师的教育科研能力，使教师自觉进行课题研究，我校加大了教育科研的培训力度。通过印发学习材料、听专家名师报告、论坛讨论、同行研究互助、外出考察等形式对教师进行培训。通过培训，教师的教育科研意识、方法都有了提高，将培训内容转化到课题研究实践中，推动了"主体性优效课堂建设"课题研究工作。

四、课题研究成果与成效

（一）初步形成了主体性优效课堂的操作体系

1. 明确了主体性优效课堂教学的三观

在学生观上，充分尊重每个学生的主体地位和主体人格；在教学观上，关注每个学生，促进学生身心发展和个性发展，强调师生互动，提倡民主和谐，强调知能统一，提倡知情和谐；在质量观上，重视发挥教学评价的导向性和激励性功能，以学生主体性为主要评价标准。

2. 明确了主体性优效课堂教学思想

尊重生命，贴近生活，创造生机，追求生成。

3. 明确了主体性优效课堂的五个特征

主动规划、主动参与、主动建构、主动内化、主动评价。

4. 制定了主体性优效课堂评价要素表

一级指标	二级指标	三级指标
教学设计（20分）	目标设计	适切性：符合新课程标准理念、教材的基本要求和学生学情；全面性：融知识与技能，过程与方法，情感、态度、价值观为一体；具体性：明确具体、操作性强；差异性：关注个体差异，分层设置目标。
	重难点设计	恰当，合理。
	方法手段设计	方法灵活有效，手段适当适度。
	教学过程设计	尊重学生主体性：重点突出，难点有效解决，教学资源优化整合，活动形式多样；体现学科逻辑性：条理清晰，衔接巧妙自然。
	训练设计	紧扣目标，有梯度；反馈及时，当堂清。
学生主体性（35）	主动规划	预习自主，问题明确，态度积极，学法有效。
	主动参与	全员参与，全程参与，积极参与，深度参与。
	主动建构	掌握知识结构，了解知识内在联系，回答问题条理明晰，解决问题思路清晰。
	主动内化	自主归纳，掌握方法；举一反三，活学活用。
	主动评价	对自己的学习效果有客观的认识，对同伴回答的问题有准确的评价，对存在的问题有有效的解决办法。
教师主导性（25）	巧引	体现趣味性、艺术性、科学性、针对性、有效性；贴近学生生活，贴近学生实际。
	精讲	时间精心安排，内容精心设计，方法精心选择，重难点有效解决，讲解明晰透彻，过渡巧妙自然。
	恰议	问题有价值，时间有保障，交流有深度，生成有厚度。
	活用	习题和例题设置体现目标性、综合性、实用性、灵活性、讲练结合、难易适度。
	优评	形式多样，关注过程，促进发展。
教学优效性（20）	尊重生命	以生为本，面向全体；尊重差异，因材施教。
	贴近生活	融入学生经验，联系社会生活，解决实际问题。
	创造生机	教学作风民主，课堂氛围活跃，师生关系融洽。
	追求生成	达成教学目标，提升学习能力，体验成功乐趣，激发创造活力。

5. 形成了主体性优效课堂的实施策略

一是确定科学、合理、可操作的教学目标。在制定课堂教学目标时，由"关注知识"

转向"关注学生",让学生自主地投入到学习中来,经历知识生成过程,体验探究的乐趣,体会学习的价值,从学生成长出发制定科学合理的教学目标。

二是创设和谐、优效的学习情境。我们认为和谐、优效的学习情境应具备以下特点:第一,针对性强。情境本身无好坏之分,但关键要能针对学生的特点,针对教学内容的特点,能有效地为教学提供服务,有效促进学生学习。第二,贴近学生实际。这里的学生实际包括两层含义:即学生本身的知识基础和生活实际背景。如果情境对学生很陌生的话,学生就无法真正体会情境的意义。第三,趣味性强。以生活中的新颖、有趣的事件作为情境,能激发学生的好奇心、求知欲、征服欲。第四,认知冲突显著。能够引起认知冲突的情境最容易激起学生的探究欲望,在不断质疑中可以使学生主动建构自己的知识。在课堂教学中教师通过不同的方法创设教学情境,发挥学生的主动性,提高课堂教学的有效性。

三是构建科学合理的教学内容。构建科学合理的教学内容要求教师必须认真研读教材和课程标准,并准确把握学生的实际状况,创造性地使用教材,教学内容应体现基础性、发展性、实践性、综合性。

四是选择学生主动参与的教学策略和方法。主体性优效课堂应立足于学生的学,课堂教学要根据学生年龄特点、学习内容、知识层次及个体差异,恰当选择学习方式,灵动处理课堂的预设和生成,对于课堂上出现的具体问题,要适时调整教学方式、方法,使课堂充满教育智慧。

五是采取灵活、多样、及时的反馈渠道。反馈包括学生反馈和教师反馈。学生反馈可通过课前测试、课堂训练、课后阅读、家庭作业、研究性学习等方式得以实现,形式可多种多样。同时也可根据学生特点布置不同梯度的作业。教师反馈可通过教学反思来实现,反思应该成为教师的一种工作习惯。反思包括以下内容:学生学到了什么?掌握得怎么样?学习方案真的适合学生吗?教学课件是否发挥了作用?哪方面需要改进?

六是规范课堂教学秩序。严格课堂纪律,树立优良学风,是课堂教学优效的基本前提。学校加大管理力度,大力宣传加强课堂教学管理秩序的重要性,规范课堂教学秩序,积极引导教师强化上课要进行课堂组织教学的意识,使学生自觉地遵守课堂纪律,保障教学工作的顺利开展,提高课堂教学的有效性。

6.形成了主体性优效课堂教学的模式

主体性优效课堂教学重视教学模式的建构,更重视教学模式的优化,在教学模式的建构和推行过程中,各学科形成了具有本学科特点的教学模式。

(1)化学学科"探究学习"模式

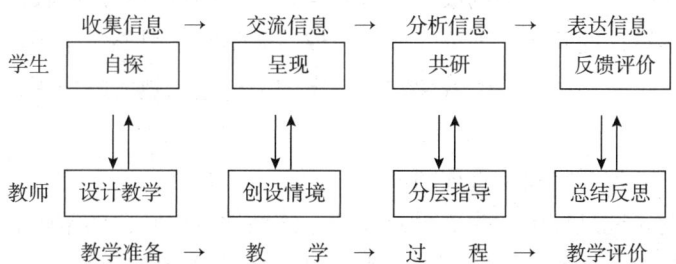

（2）数学学科"追源式"教学法

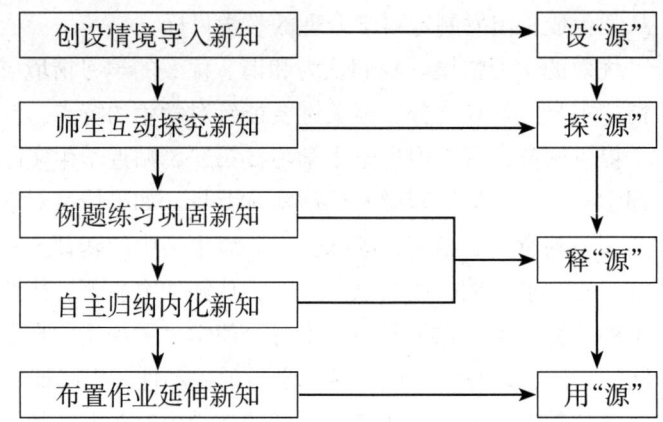

（3）语文学科的"山字形"教学模式

每节课由三个部分组成，即"巩固——新知——应用"这三个部分，各部分相对独立又相互有机联系。

（4）政治学科"三自主"教学模式

即自主预习——自主探究——自主归纳。

（5）物理学科"引导——探究"模式

即情境——假设——实验——讨论——展示。

（6）英语学科"五环节"教学模式

每节课包含五个环节，即出示目标——创设情景——启发引导——合作探究——言语交际。

（7）生物学科"三环六步"模式

（8）历史学科"读、议、讲、练"模式

（9）地理学科"学、讲、想、练、评"教学模式

（10）体育学科"示范+练习+诊断+讲评"模式

7. 形成了主体性优效课堂的"三级四备五确立备课模式"

"三级"，即"主备——集体备——个人备"；"四备"，即"备课标、备教材、备学生、备经验"；"五确立"，即"确立教学进度、确立目标要求、确立重点和难点、确立作业练习、确立测验难度"。

（二）形成了具有各学科特点的导学案

在研究中，我校已经初步编制成了具有各学科特点的导学案。我校的导学案主要由学习目标、根据内容设计的问题、训练三部分组成，导学案在引导学生预习自学、自我检查方面，简单、实用，在"主体性优效课堂"建设中发挥越来越大的作用，优化了课堂教学效率和效果。

（三）完善了学校课堂教学管理制度

在进行本课题研究过程中，为探寻建设"主体性优效课堂"的策略，我们形成了完整的课堂教学管理制度。一是常规教学管理制度。课堂教学常规管理包含"备课、上课、批改、复习、考试"五个环节。在建设"主体性优效课堂"的实践中，学校形成了两级管理制度，

而且各有侧重，管理落实到位。一方面年级主任作为年级管理的第一责任人，对以上五个教学管理环节都有管理权，但同时强化年级主任在课堂教学秩序、作业批改和组织考试的管理；另一方面教学管理处统筹全校的教学常规管理工作，但同时强化了教学管理处对集体备课和教案的检查，保证了"主体性优效课堂"的建设。二是课堂教学的督导制度。为保证"主体性优效课堂"的建设，我校成立了专门的课堂教学督导室。其主要工作是督导课堂的教学，通过听评课来引导和指导课堂教学的建设。三是学校值班领导检查制度。每周的学校总值领导的一项重要工作就是每天分段巡视、检查并及时反馈课堂教学情况，从学校的全局来检查和督促。这种管理制度既保证了良好的课堂教学秩序，也确保了"主体性优效课堂"的建设。同时，我们还研究制定了常规教学的各个标准，并在全校推行。

（四）改变了课堂教学面貌

课题研究解决教师"教"的策略和学生"学"的策略，教师的教学方法发生本质上的变化，充分发挥学生的主体性作用，使课堂教学面貌发生了巨大变化。原来沉闷的课堂气氛被活跃向上的气氛所取代，合作互助的课堂越来越多，课堂上学生敢于质疑、争论，加强了师生的情感交流，课堂变成了师生共同成长的舞台。特别是学校开设的"自主学习大课堂"，学生自主学习，学生担任"小老师"，进一步增强了学生学习的主动性和积极性，成为"主体性优效课堂"的有效延伸。

（五）促进了教师的专业发展

在课题研究过程中，提高了教师理论修养和实践能力，同时转变了教师的教学观念，改变了教学方式和教学策略，形成了自己的教学风格。自开展课题研究以来，学校先后有数十名教师在国家和省市教学大赛中获奖。

（六）促进了学生的成长

优效课堂教学的研究，关注学生的"学"和学生学习效果，更关注学生的思维和情感态度价值观的培养，既重视学生在课堂上的表现，也重视教学过程对学生未来成长的影响，因此课题研究提高了课堂教学效率。一方面，提高了我校的教学成绩，另一方面促进了学生的成长，培养了学生自律、昂扬向上的精神面貌。

（七）促进了学校的内涵发展

"主体性优效课堂"构建的课题研究，改善了我校的课堂教学面貌，使课堂教学呈现出生动、活跃的面貌；并且形成了我校包括常规教学管理、督导室督导、学校领导值班制等独特的教学管理制度，使学校的教学管理水平迈上新的台阶，极大地促进了学校的内涵发展。长春日报以《"5+1+N"课程操作模式让学业更精彩》《长春五中教学研讨活动备受关注》为题，长春晚报以《学生课堂唱"主角" 反弹"琵琶"效果好》为题，分别报道我校课题研究带来的成效。

五、课题进一步研究与展望

回顾过去的研究与实践，课题研究在取得成果的同时，也存在一些困惑，还需要在以下三个方面深化，进行不断的探索。

1.学生的主体性没有真正发挥出来。一切教育教学活动要在全过程中重视学生的主体地位，尊重学生的独立人格；还需要教师进一步树立主体教育观，改变课堂教学方法。因此，在未来的研究中还需要进一步研究学生主体性的体现和落实培养学生主体性的策略。

2. 教学中对还不能很好地把握"互主体""共主体"关系，教师与学生主体意识强弱直接关系到主体性发挥的水平。因此，在研究中不仅要关注学生主体性的培养，还要关注教师主体性发挥，研究课堂教学中发挥师生主体性的策略。

3. 研究中存在唯模式的现象。主体性优效教学是一个大的系统，其终极目标是促进学生的成长，学校和教师要具备跳出教学看教学的视野。因此，课堂教学不能唯模式为模式，教学评价也不能一成不变，要与时俱进。在未来研究中，要依据教育形势的新变化、新要求，深化研究，力求使主体性教育得到充分全面有效的落实，使主体性优效教学成效更加显著。

实现主体性优效教学，任重而道远，前进的历程会充满艰辛。路漫漫其修远兮，一路欢歌一路行；吾将上下而求索，咬定青山不放松。我们所做的一切都是为了一个坚定的目标——促进教师和学生的主动发展。

高中学科教学中学生问题素养培养的策略研究

课题主持人：王　晶　长春市第八中学副校长
课题组成员：王　敏　长春市第六中学教师
　　　　　　刘巧如　长春市第六中学教师
　　　　　　夏　峰　长春市第八中学教师
　　　　　　贾　婕　长春市第八中学教师
　　　　　　付　微　长春市第六中学教师
　　　　　　田翠俄　长春市第六中学教师
　　　　　　王晨旭　长春市第六中学教师
　　　　　　李莹莹　长春市第六中学教师
　　　　　　王　娇　长春市第六中学教师

一、课题的提出

（一）课题研究的背景

从国家层面来看，2016年9月13日，中国学生发展核心素养研究成果明确指出，学生发展核心素养，主要指学生应具备的，能够适应终身发展和社会发展需要的必备品格和关键能力，可分为科学精神等六大素养，具体细化为国家认同等十八个基本要点。其中科学精神包括以下三方面：一是理性思维，二是批判质疑，三是勇于探究。由此可见，科学精神这个要点就是指培养学生的问题素养，即指学生要有问题意识，并有尝试寻求解决问题的能力。

从现实层面来看，教学目标理论上要求知识、技能和思想三方面协调发展，以促进学生的全面发展。但在实际教学中却被功利化了，把知识简化为解决问题的标准答案，把技能与方法则简化为解题的能力；至于情感、态度、价值观，在现行考试中没有体现，加上难以检测，则被忽视了。培养学生提出问题和个性化地解决问题的能力，改变用统一的标准答案解决问题的功利化教育，是当前基础教育教学的一项重要任务。

（二）课题研究的意义

理论意义。本课题的研究为促进学科教学改革深化、建立各学科问题素养的实施策略和个性化教学改革的评价标准、建构中学各学科问题素养培养的基本范式，提供一定的理论支撑。

实践意义。本课题的研究能唤醒广大教师关注学生问题素养培养的意识，在优化师生关系、调整教学组织方式、改善教学评价等方面，提供一定的示范引领。

现实意义。通过本课题的研究可以使学生在面对复杂多变的情况时能敏锐地发现问题、善于提出问题并能合理地解决问题，并在此过程中促进学生的个性发展、主动发展和全面发展，真正实现为党育人，为国育才。

（三）课题研究的界定

1. 学科教学。学校教育根据知识内容、培养途径和学习方法的不同，是分学科进行教学的，简称学科教学。学科教学是学校教育的最主要、最基本的活动形式，学生获得知识、发展能力、形成品质、掌握方法，主要是在学科教学过程中实现的。

2. 问题素养。是指人们在学习和生活中，个体对问题情境的反应过程，包括发现问题、分析问题及解决问题的意识与能力。

二、课题研究的设计

（一）研究目标

以"中学生问题素养培养的策略"为总体目标，具体分为以下三个目标：

1. 在激发学生问题意识方面，优化师生关系，建构以"学"为中心的课堂教学模式。

2. 在问题素养培养方面，创建课堂教学新的组织样态。

3. 在评价方面，建构具有多元评价主体参与的评价模式。

（二）研究内容

1. 基于问题素养培养的师生关系优化

一是转变教师角色，构建和谐的师生关系；二是在学习方式转变上，采取多种学习方式，从重视知识传授转变为重视人的发展。

2. 基于问题素养培养的课堂教学组织方式的优化

围绕提出问题、分析问题、解决问题的过程组织教学，一是开展以问题为主线的教学组织方式；二是开展大时空教学。

3. 基于问题素养培养的教学评价优化

根据学生个性发展与核心素养培养目标，从评价主体和评价方式方面，设计教学评价样表，使教学评价具有主体多元、操作简单、重在激励的优点。

（三）课题研究方法及策略

1. 研究方法

文献研究法。通过大量的文献收集、整理和研究，明确问题素养的内涵和外延，了解目前国内外关于此课题研究的现状、成果，进一步明确本课题的研究方向及研究内容，以便更好地弥补当前关于此课题研究的空白，更好地为当前的教育教学服务。

问卷调查法。针对教师和学生分别通过问卷星设置问卷，对我校及长春市田家炳联盟成员校的广大教师和学生进行大量的问卷调查，充分了解当前中学生问题素养培养的现状及存在的问题。

课堂观察法。各学科参研教师深入我校学科课堂听课（常规课、研讨课、同课异构课、青蓝杯课堂、A型教师示范课等），了解本学科问题素养在课堂教学中的现状和存在的问题，从而进一步明晰子课题所要研究的内容与方向。

行动研究法。在真实的课堂教学环境中，根据课题研究目标，教师运用多种方法，有计划有目的地探索学科教学中问题素养的落地途径，边研究、边梳理、边应用、边完善，不断解决教学实际问题。

2. 研究策略

以"实践切入——理论探索——总结提升——回归实践——发展完善"的思路进行研究。以"实践切入"的目的是解决教学实践中存在的真问题，达到研究服务于实践的目的；"理论探索"既是为本课题研究提供理论支撑，同时通过研究又提出了新的理论观点；"回归实践"是将研究结果用于实践，在实践中检验成果的可行性与实用价值；"发展完善"是基于实践检验的结果，进行反思、调整、深化和完善前期的研究成果。

三、课题研究过程

课题研究运用了问卷调查、课堂观察和文献研究等方法，以"实践切入——理论探索——总结提升——回归实践——发展完善"的研究思路进行研究，并分五个阶段进行。

（一）实践调研，发现问题（2019年10月—2019年11月）

2019年以来，课题组通过召开师生座谈会、深入到本校学科课堂（高一每周每科一次的调研课、高二的同课异构课、高三的复习研讨课）听课近200余节、对我校师生及个别田家炳成员校师生进行问卷调查等方式进行调研，着重了解学生是否有问题可问、是否有问题敢问的真实现状，并通过课堂观察探究形成原因。通过问卷星调研结果汇总、课题组教师听课结果反馈，显示出的主要问题有：一是三维教学目标达成度不高，理论上知识、技能和思想三方面协调发展，以促进学生的全面提高，但在实际教学中却被功利化了。课堂教学中所谓知识，则简化为解决问题的标准答案；所谓技能与方法，则简化为解题的能力；至于情感、态度、价值观，由于难以检测，在教学中往往被忽视了。二是学生主动参与学习的意识不强，课上授课主要是以老师讲授为主，学习方式方法单一，课堂动态生成少，课堂教学气氛沉闷。三是教学评价方面过于强调教师评价、结果评价，忽视其他评价主体的能动性及形成性评价，致使学生学习过程的参与感不强，存在轻过程重结果的现象。

（二）理论探索，深化研究（2019年12月—2020年4月）

本研究阶段课题组用了5个月的时间，针对实际调研中出现的问题，通过理论探索，深化研究，进行专项突破。学校教研室夏峰主任组织相关研究人员参与培训，下发学习材料，教师先自主学习，后交流学习心得，学习主要内容有学科《新课标》《高考评价体系》《新课程》及习近平总书记关于教育的一些新论述等相关内容。通过自学与相互研讨交流，让课题组成员更加深刻理解了教育教学的前沿知识与上位的设计和要求，进一步用新的教育教学理论武装了参研教师的头脑，保证了课题研究的方向不走偏，且有扎实的理论支撑。在理论学习的基础上，所有参研人员又集中进行了文献收集、整理和研究，进一步为子课题的研究提供教育学、心理学等理论支撑。2020年3月，学校又聘请了金太阳东北区负责人对高三二轮复习进行了专项指导培训，培训的重点内容是如何结合知识点及题型设计专题复习，以及如何提高课堂及解题的有效性，即如何将知识点转化为教学问题，再进而转化成情境化问题，培养学生由会做题到会解决问题；在解题过程中如何训练学生去情境化,即将情境化问题转化为学科问题,进而转化成知识点,在这个过程中便实现了化难为易。此次培训高屋建瓴地指出了高三备考如何指导学生适应目前素养考核下的备考,及教师如何将学科知识与学生解决实际问题的能力相结合,由原来的会解题转变到会解决问题,此次培训进一步开拓了本课题的研究思路与研究路径。通过理论探索与培训学习,各学科结合子课题研究目标及研究内容,进行了专项突破,通过共研互享,共同建构解决问题的途径,破解了制约问题素养培养的因素。

(三)校本教研,总结提升(2020年4月—2020年9月)

在前期研究的基础上,在每个年级分别选出三个班级(精英班、实验班和普通班各选取一个),作为实验班级。课题组成员对实验班级的学科教师进行相关培训,学科教师按照所建构的问题素养的培养策略方法进行授课,营造师生有效互动的课堂氛围,由"以教为本"转变成"为学服务",积极探索多种学习方法并用,调动学生积极主动地参与教学,积极营建使学生有问题可问、有问题敢问的课堂。2020年8月,课题组在实验班级分别召开了教师和学生座谈会,了解实验前后师生的反思对比与感受,倾听师生的心声、诉求与建议,结合实验教师的教学实践及时调整教学方式方法。9月,学校召开青年教师大讲赛,课题组有意安排同一类型有2个班级参加(课题实验班级和非实验班级),课题组成员进行了对比听课,主要的对比观察点有:提出问题(考量提出问题的积极性、表述是否完整科学、问题是否具有开放性、创新性、生成性等);分析问题(考量思维的活跃性、深刻性、发散性、聚合性等);解决问题(考量调动知识和经验的丰富程度、能否与他人合作解决问题、解决问题的独创性等),通过同类型实验班级与非实验班级的对比,进一步完善提升了课题研究成果,总结出改善师生关系七大要素,构建了以问题为主线的三步教学组织方式,建构了大时空新的教学组织方式等研究成果。

(四)纵向延伸,改革评价(2020年10月—2020年12月)

一直以来,两"唯"评价(唯分数、唯升学率)严重制约了中学生个性发展,制约了学生问题素养、创新思维的培养。课题组通过课堂观察、问卷调查、访谈交流、分组实验等方法,进一步研究总结了有效促进学生问题素养培养的课堂教学评价:调整了评价主体,多元调动教师、学生主动参与,重视过程性评价,强化对学生的过程性激励,充分调动学生发现问题、提出问题、解决问题的内驱力,课题组进一步研究完成了旨在促进问题素养培养的课堂评价表。

(五)实践检验,不断完善(2021年1月—2021年4月)

按照边总结、边实践、边完善的课题研究原则,课题组将前期研究总结出的改善师生关系七要素、以问题为主线的三步教学组织方式、大时空新的教学组织方式、课堂评价样表等研究成果。在本校扩大了实验班级的数量,同时在长春市田家炳联盟校中选取了三所学校进行比对试验,对实验班级与对比班级在教学策略、成绩、问题意识和解决问题能力等方面进行参照对比,并将结果进行阶段汇总,再根据结果反思调整,不断完善前期研究成果,进而再实践、再调整、再完善,最后实验教师形成本学科的问题素养培养策略和评价方法，并形成了具有我校特色的问题素养培养的教学范式。

四、课题研究成果与成效

两年来，课题组在实践切入、理论探索、回归实践、发展完善、螺旋式推进的思想指导下，达到了预期研究目的，取得了一系列研究成果，形成了我校学生问题素养的独特培养模式。

（一）构建了使学生有问题可问、有问题敢问的师生关系七要素

要素一，尊重学生的人格。教师要放下"师道尊严"的权威架子，不但鼓励学生提出问题，更应保护学生的自尊心、自信心和积极性，坚决反对斥责、讥讽学生，决不能体罚或变相体罚学生。

要素二，增进师生情感。教师要以微笑的面容、期待的眼神、亲切的话语、饱满的激情去感化学生，亲近学生，与学生一起学习，一起讨论，成为学习活动的组织者、参与者、研究者。

要素三，尊重学生的提问。教师要鼓励学生标新立异、打破砂锅问到底，要乐于听取学生的不同意见，对学生的意见暂缓批评，特别是不要对学生那些奇异的想法进行批评和挑剔，让学生在自由、安全的心理氛围中敢问、主动问。

要素四，给予学生一定的自由度。课堂教学不能过于强调组织性和有序性，教师要给学生一定的自由度，要允许学生的某些"离题""出格"，甚至"出错"的质疑行为，然后加以引导，使之纳入"正题"。

要素五，采取多样化学习方式。在传统的接受式学习基础上，积极倡导研究性学习、探究性学习、体验性学习和实践性学习等，改变单一的接受式学习，让学生参与到学习中，真正地做学习的主人。有参与才有体验，有体验才会有新问题产生。

要素六，从重视知识传授转变为重视人的发展。鼓励学生大胆地表达学习中出现的问题，尊重学生的质疑和不同观点，鼓励并尊重学生的表达。

要素七，从模式化走向创新性。课堂教学既要重视预设，更要重视动态生成，关注课堂上随时出现的新问题，不断调整教学设计，调节自己的教学行为，灵活运用教学机制，创造性地解决教学中出现的新问题、新情境。

（二）构建了以问题为主线的三步教学组织方式

"提出问题——分析解决问题——运用规律解决新问题"，即每节课都是始于问题，终于问题，把问题作为思维主线，用问题来发展学生的思维。

1. 第一步，提出问题

（1）问题的三种来源。第一种，来自教师课前预设；第二种，来自学生课前预习；第三种，来自动态生成。对于以上三种问题的主次关系可因生制宜，因学段制宜。对于高一学段和基础较差的学生来说，问题主要以教师课前预设和学生课前预习产生的问题为主，对于高三年段和基础较好的学生来说，问题主要以课上动态生成为主。

（2）动态生成问题的四种途径。通过课后总结反思所学内容，确定疑点，提出问题；

在认知冲突中，提出问题；在具体实践中，提出问题；在实际生活中，提出问题。

2. 第二步，解决问题

解决问题的程序：首先是立足学生自主解决问题（发展学生思维的宽度、长度和深度）；其次是生生合作解决问题（对于学生自主解决不了的问题）；最后是师生合作解决问题（对于生生合作仍解决不了的问题）。

3. 第三步，运用规律解决新问题

反思问题解决过程与思路，总结规律，并善于运用规律，在规律运用中突破规律，解决新问题，在此过程中使思维与能力不断地螺旋上升。

（三）构建了大时空教学策略

大时空教学，即大空间、大时段教学的简称。对于思维量较大、开放性较强的教学内容，在一节45分钟的课堂内很难高质量地完成教学任务，可以将时间延长至2~3节课，教学空间可以由教室扩大到社会各领域。这种方式可以更好地延展学生对问题探究的深度与长度，更好地培养学生的问题素养。其教学策略如下：

1. 学习任务。以自主学习任务单形式在课前下发。

2. 学习形式。利用课后时间自主学习，要给学生留有充足的学习时间，一般为一周左右。

3. 学习途径。学生可以利用休息时间采取多途径（向课本学习、网络学习、到图书馆查阅资料、社会踏查等）。

4. 学习结果。可以是完成自主学习任务单上规定的内容，可以是撰写小论文等。

5. 反馈交流。自主学习后，课上相互交流，师生之间共享学习收获，相互交流、相互补充、共同完善。

6. 最后梳理成果，达成共识，形成解决问题的策略方法或结论。

（四）构建了问题素养视角下形成性评价框架

评价目标指向：调动多元主体积极参与，关注学生当前的问题素养表现，通过评价指标实现对问题素养培养目标的引领，使学习过程显现化和可视化，进而多角度激励学生不断完善，不断提高问题素养。

评价样表设计：把问题素养培养的目标层级设为一级评价指标，包括提出问题、分析问题、解决问题和再生问题；再根据每个一级评价指标的考量维度设计出若干个二级评价指标；从调动学习积极性、参与度、关注度、激励性等角度设计每个二级指标的评价主体。评价表能很好地记录学生日常学习活动中关于问题素养的点滴进步，帮助学生有效调控自己的学习过程，从而更好地发展学生的问题素养。

评价实施：一是过程记录，引领教师关注学生的学习过程，引领学生学会倾听、学会分享、学会交流与表达。二是阶段性分享，每学期两次，安排在月考和期中考试后，召开阶段分享会（大约两节课时间），师生间、生生间当面交流，评价不在于是否全面，关键在于实例佐证。三是期末汇总，根据学期整体表现，教师给每位学生出示评价表，同学间互相交换评价表，如果对教师或其他同学的评价存在异议，可以彼此交流，交换意见，待评价一致时，在评价表上进行更正，并将最终评价结果录入学生综合素质评价系统。

附表：问题素养评价表

一级指标	二级指标	佐证材料	评价主体		A	B	C	D
			教师	同学及本人				
提出问题	①提出问题的积极性			√				
	②提出问题的数量			√				
	③问题的表述是否明确、具体			√				
	④问题是否具有科学性			√				
	⑤问题是否具有思考性			√				
	⑥问题是否具有开放性		√					
	⑦问题是否具有创新性		√					
	⑧问题是否具有生成性		√					
分析问题	①思维的活跃性		√					
	②思维的深刻性		√					
	③思维的广阔性		√					
	④思维的延展性		√					
	⑤思维的发散性		√					
	⑥思维的聚合性		√					
	⑦思维的建模性		√					
解决问题	①调动知识和经验的丰富程度			√				
	②能否与他人合作解决问题			√				
	③解决问题的独创性			√				
	④解决问题的简洁性		√					
	⑤能否对解决问题的过程进行反思，并获得解决问题的经验			√				
再生问题	①是否会产生更强烈的求知欲			√				
	②总结提炼规律，运用规律，突破规律，产生新问题		√	√				

（五）课堂教学发生了明显的改观

通过本课题研究，使一线教师明确地意识到当前教学的一些弊端，从而能主动地运用本课题的研究成果，创造性地、有意识地去调整师生关系，主动地去调整课堂教学的组织方式。教师在"权威、顾问、同伴"三重角色的选择中，学生在"竞争、合作"两种关系的处理中，形成了良性发展的和谐的师生与生生关系。教师在课堂上能够以问题为载体，调用各种学习方法，诱导学生想问，鼓励学生敢问、好问、会问。学生主动参与学习的意识明显提高了，学习兴趣明显高涨了，他们不再是知识的容器，而是课上能积极思考、勤于表达交流、勇于质疑探索，能够通过正确的方式大胆地表达自己的见解，与同学和老师分享自己的看法，学生有了充足的思维活动空间，学习能力有了明显的提升，我们所希望的课堂教学范式正在逐步形成。

五、课题进一步研究与展望

本课题历时两年研究，开启了我校各学科教师对学生问题素养的培养意识及一些理论方面的研究，在取得一定成果的同时，以下三方面还需要进一步深化研究。

1.结合本学科特点，进一步研究操作层面的内容，将本课题的理论研究深入落实，经过实践操作、不断完善、活化本课题的研究成果，真正做到用问题素养开启学生的思维，发展学生的思维，从而培养学生的创新能力。

2.如何结合学科特点，进行教师教学方式和学生学习方式的转变，进而促进学生核心素养的培养。

3.网络教学环境下，学科教师如何交互落实教学模式，从而实现协同育人。我校作为长春市田家炳教育共同体成员校之一，我们要将研究成果向各成员校进行推广，希望在更多学校、更多教师的广泛参与下，将此项研究成果不断完善，同时能推动更多教师重视问题素养的培养，积极转变课堂教学模式，为学生营造一种利于问题素养培养的课堂教学环境，真正落实学生核心素养的培养。

基于学生核心素养发展的个性化教学综合改革行动研究

  课题主持人：肖利敏 长春市第一实验小学副校长
  课题组成员：任洲仪 长春市第一实验小学主任
       田 璐 长春市第一实验小学主任
       张健红 长春市第一实验小学教师
       李 丽 长春市第一实验小学教师
       高 烨 长春市第一实验小学副主任
       赵 晶 长春市第一实验小学教师
       周 蕾 长春市第一实验小学教师
       李霁虹 长春市第一实验小学教师
       王 萍 长春市第一实验小学教师

一、课题的提出

（一）课题研究背景

1. 是世界形势下教育发展的需要

自21世纪以来，教育从"知识核心时代"走向"核心素养培养时代"，世界各国开始将课程教学改革的目标指向人的核心素养发展的价值取向上来。2014年3月，由我国教育部印发的《关于深化课程改革落实立德树人根本任务的意见》中，"核心素养"被置于深化课程改革、落实立德树人目标的基础地位。"核心素养发展"成为引领和指导我国基础教育课程教学、提升教育质量的目标，国民核心素养的培育成为当下重大研究的课题。发展学生的核心素养，是培养创造人才的必由之路；是推进素质教育的可能途径；是对传统的标准化、同质化"划一性教学"的冲击与挑战；是新课程改革的具体表征；是教育质量的追求；是教师的一种自我救赎。

2. 是个性化、信息化时代的世纪挑战

信息化、个性化已成为21世纪社会的时代特征，传统"划一性教学"的标准化、同质化弊端，难以促进学生核心素养的发展，难以满足创新型国家对创新型人才的需求，更难以适应当代个性化、多样化时代发展的需要。

3. 是实现教育公平的应然追求

真正的公平应建立在珍视和尊重人的个性差异的基础之上。目前，"划一性教学"是造成教育不公平最主要的原因之一。标准化、同质化的教学难以适应学生多样化、个性化发展的需要。"个性化教学"倡导因学而导、因材施教，是对我国古代因材施教教育思想的弘扬与创新，它尊重了人具有个性差异的事实，是人性的回归与彰显。以满足每个个体不同的教育需要和旨趣为出发点的"个性化教学"，为学生提供多样化的教学资源，使每个学生都得到充分的发展，使每个人都拥有平等的学业成功的机会，进而具备适应终身发展和社会发展需要的必备品格和能力。"个性化教学"已经成为当代教育公平发展的应然追求。

（二）课题研究意义

1. 理论意义：当前国际教育改革的主流思想集中说明一个问题，即个性化的教育才能促进学生更好的发展。此课题研究，可以促进个性化教育教学理论的不断完善。

2. 实践意义：探索出以发展学生核心素养为目标，以学习、评价等方式的转变为任务，以行动研究为路径的教学新策略，促进课堂样貌的转变，促进教师教学观念、方法的转变和学生的全面发展、个性发展。

（三）课题研究界定

"核心素养"是指学生应具备的适应终身发展和社会发展需要的必备品格和关键能力。突出强调个人修养、社会关爱、家国情怀，更加注重自主发展、合作参与、创新实践。

"个性化教学"以"珍惜群体中的每一个人"为基本出发点，旨在创设利于每个学生得到最好发展的环境，充分尊重和发挥学生学习主动性和积极性，达到学生个性和谐发展和个人全面发展的目标。本课题所指的"个性化教学"是以关注学生的个性、兴趣及自身基础等差异为核心理念，以大单元开发为切入点，提供个性化的"学材"，打造关注全体的学习方式，深入探索体系化、模块化教学内容，探索嵌入式评价的多元方法，对学生进行有针对性的学习引导。个性化教学既注重教师个性化教，也重视学生个性化学。

二、课题设计

（一）课题研究目标

以"满足学生个性化需求，促进核心素养发展"为核心目标，从根本上改变"以内容为导向""以教为中心""划一式"的课堂教学现状。

1. 在课程建设上，逐渐形成学科教材大单元开发体系。

2. 在课堂结构上，逐步建构学科个性化教学范式。

3. 在教学评价上，逐步构建多元评价体系。

4. 在教师研究上，逐步形成有效的协同创新新模式。

（二）课题研究内容

1. 优化课程、教材结构

优化教材整体结构。通过不断优化教材结构，使其更具有统整性、阶段性特点，逐步形成个性化教学校本教材。优化教材单元结构，将"同质化教材"转化为"个性化学材"，使每个教材单元更具有适切性、多样性、选择性。探索出教材单元优化的多元模式。

2. 优化课堂教学组织结构

从课堂组织形式上，将个别学习、小组学习、集体学习有机结合，使之更具有自主性、弹性化、实效性。开发辅助学习工具，以差异为起点，以任务为驱动，以路径为指导，以评价为导向，进而达到课堂教学组织形式的优化组合。

3. 构建指向学生核心素养发展的评价体系

根据学生的个性发展特点和三维教学目标，立足教学设计与实施、教师表现与学生表现等方面，研究和制订个性化教学课堂评价标准，使评价标准简便易行，更具有可操作性和指导性。

4. 探索有效的教师研究模式

教师是改革成败的关键。要激发和唤醒广大教师积极参与个性化教学改革研究与实践，创新培养研究模式。积极开展教师培训与研修，充分发挥校本教研、网络教研等多种教研形式在提升教师育人能力中的作用，着力造就一批勇于探索的学习型学科带头人。

（三）课题研究方法

1. 教材分析

通过教材分析理清原有教材单元的问题，挖掘教材内部规律，根据学情，确定新的单元学习核心目标。

2. 调查研究

明确现有教学存在的问题，针对性地进行改革；了解学生对于新的学习方式的接受情况，进而调整教学。

3. 行动研究

通过学习、实践、反思、再学习、再实践、再反思的过程，促进研究的实效性。

三、课题研究过程

（一）决策驱动，领航课题

当教育科研还没有真正成为教师的内在需求和自主行为时，必须用强有力的行政决策做引擎来驱动运行。课题研究初期，我校便制定了《长春市第一实验小学个性化教学三年行动规划》，搭建单元学习协同创新课题研究框架。

（二）管理推动，护航科研

学校分别成立了课题研究领导小组和工作小组，采取"一把手负责制"，凝心聚力，形成深化改革的强大合力。建立以教科研部门为统领、教导处组织实施，各学科委员会自主管理的上下互动、左右联动的协同创新推进机制。将教学改革实施状况纳入学校督导评估范畴。同时，将此课题研究列为学校未来三年重大攻关项目，以学科团队的方式加强协同攻关。将量化考核制度、教师表彰制度与课题联合，充分激发和调动全校教师投身改革的积极性和创造性。

（三）培训引路，夯实基础

一是建立"学研"共同体，提高培训效能。

建立了基于骨干教师为主的校内学研共同体。语文、数学、外语三大学科骨干率先试水，组成了课题试验核心组，攻坚克难。建立了基于学科组为主的校内学研共同体，组内、组际协同开发，同学科、跨学科协同创新。上课教师与观察教师共享课堂，确立了新型平等互助的团队关系。建立了基于校际协作的学研共同体。作为市级主导课题的龙头学校，我们与其他课题试验校开展联动，共同进行课例研究、分学科培训，实现1+1＞2的改变。

二是多种研修形式灵活整合，满足不同层级教师需求。

学校充分发挥多种研修形式在提升教师育人能力中的作用，体现了学校"开放办学、集结资源、组合力量、兼容并进"的理念。

"送出去"与"请进来"相结合。请来台湾嘉义大学、北京师范大学、东北师范大学等专家进行讲座。于2016年、2017年、2020年共派出100余人次分赴上海、贵阳、杭州等地进行课题专项学习，并通过汇报、网络资源共享的方式惠及全校教师。

线上与线下学习相结合。学校利用网络平台开展了30余篇课题文献资料的学习，组织课题研究收获与困惑专题研讨，购买相关课题的书籍（如佐藤学的《创建学习共同体》《静悄悄的革命》等）。教师通过自学、读书笔记，讨论等方式促进学习内化的过程。

信息技术与学科培训相结合。2014年以来，我校请来东北师大钟绍春教授等专家进行《信息技术与课堂深度融合》的专题讲座，为教学方式的变革研究提供了依托。

三是教研、科研一体化，让课题研究落地生根。

坚持教研、科研一体化是课题研究的必由之路。教研是实践，科研是引领。学校将教学工作与科研工作有机整合。科研工作统领教学研究工作；科研工作计划指导教研工作计划；单元方案发布会取代集体备课展示会；组内实验课取代组内教研课；优秀试验汇报课取代校内优秀教研课汇报课；对外课题发布会取代对外公开教学；研究纪要、日志、论文取代优秀教学设计、教学反思。这样的一体化研究，既减轻教师负担，又不会出现教研、科研"两层皮"现象。不仅使个性化教学改革的瓶颈得以突破，而且使我校的教研、科研工作都得到了跨越式的发展。

（四）整体谋划，依次推进

确定了课题推进路径：

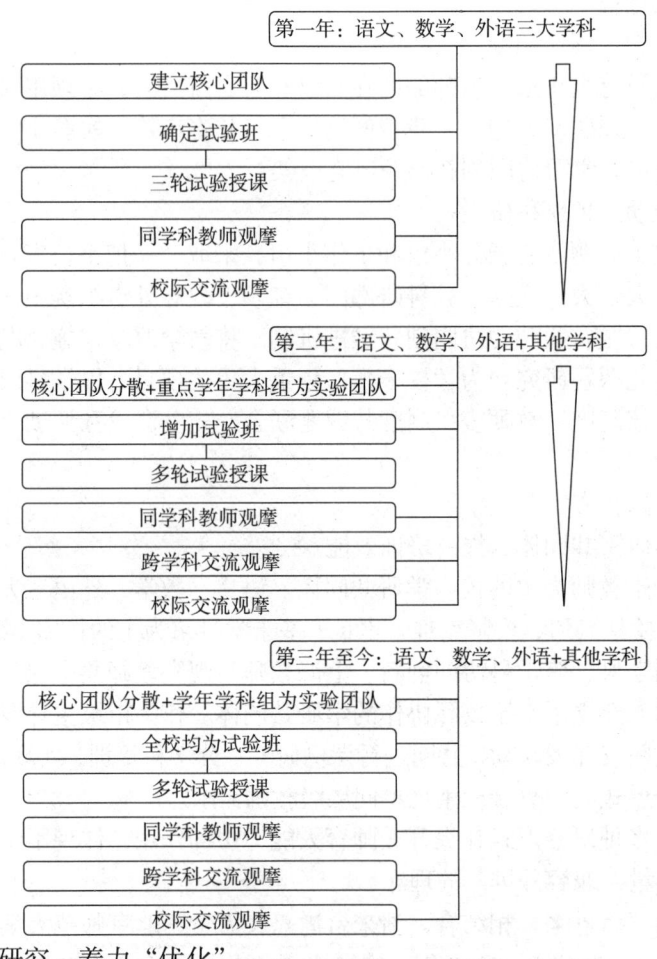

（五）行动研究，着力"优化"

1. 优化操作，重点突破

在课题研究中，本着以核心素养发展为目标，依据义务教育课程标准，尊重个性差异的原则，我们着力进行了"三个优化"，它们相互支撑，缺一不可。

一是从宏观层面上优化课程结构。优化课程结构是教材的顶层设计。目前我们主要是通过优化教材单元结构逐步达到课程建设的优化，将"同质化教材"转化为"个性化教材"。学校在《个性化教学综合改革三年行动研究》研究方案的宏观指导下，制定语文、数学、外语三个学科的课程结构优化的整体目标，并在这一目标的引领下进行课程开发。

二是从中观层面优化教材结构。从单元开发着手，使每个教材单元从教学目标到教学内容，从课时划分到目标训练更具实效性、多样性和选择性。以大单元开发为切入点重新构架单元框架，注重三个微观上的优化：优化目标，优化内容和课时。

三是从微观层面上优化课堂结构。前两个优化是目标，是内容。要达到预设目标，课堂组织形式很重要。我们的主要策略是开发五种学习工具，用学习指南引领，用学习卡片辅助，用学习评价促进，从而达到课堂教学组织形式的优化组合。

2. 创新课堂组织形式

灵活调控课时和课堂时间的设置，给予学校及教师更多的弹性和自主性。同时注重课堂教学组织形式的多样化。在班级授课制背景下，通过"个别教学→小组教学→全班教学"的过程展开课堂教学。师生之间、生生之间、师师之间相互作用，形成了多向交流的互动形式与组合方式，在不同的教学阶段和环节发挥不同的作用，促进学生个性化和社会化的和谐发展。

3. 构建多元化评价体系

培养学生的核心素养，必须建构相应的评价机制。我校把核心素养所涵括的九大素养内容融合在个性化教学评价体系中。通过学生自我评价、小组评价、教师评价，关注学生的进步和成长，注重学生的潜能发展。

4. 强化过程积累、反思

课题研究资料的收集、积累和整理工作，是课题研究中的一个非常重要的环节。在每个研究阶段，课题组成员都严格按照要求，定时收集、整理好各种实物、图片、视频等常规性研究资料，为教师的及时总结、反思和学校形成单元课程电子课本均提供了不可或缺的素材。

（六）总结提升，提炼成果

学校坚持总目标与阶段目标结合。每学期形成阶段研究报告，每年形成《研究纪要》。一个周期结束后，各学科负责人对研究成果进行科学整理，理性提炼，教科研室全面汇总。呈现了基于教师团队行动研究、单元结构优化、课程与课堂改革、课堂评价标准优化等多方面成果。既有利于成果推广，也为下一阶段的课题研究做好扎实的铺垫。2018年5月，长春市教育科学研究所委托我校教师主编的《个性化教学大单元开发指导》语文、数学、英语共七册，由吉林人民出版社出版；我校的课题成果《基于学生核心素养发展的小学大单元开发行动研究》获得2018年吉林省基础教育教学成果奖一等奖。

（七）辐射周边，推广成果

作为课题研究龙头学校，肩负着引领各学校协同创新的使命。同时，能让更多教师、学生受益也是课题研究的价值所在。学校将资源毫无保留地与其他试验校共享：将内部课题研究课对外展示；与各试验校教师共同参与专家培训；我校骨干教师在长春市教科所领导和专家们的带领下60余次赴其他试验校交流、讲座；"十三五"阶段，我校成功召开了五届发表会。吉林省教育厅潘永兴副厅长、长春市教育局何泉秀局长、梁国超局长先后参加会议，全省共有教师5000余人次参加了会议。我校的举措有力地推进了整个课题协作体及我市教育教学改革的研究步伐,也为长春教育的均衡发展做出了贡献。

四、课题研究成果与成效

(一)研究成果

总结出一个方法、一条路径、两个框架、四种模式。

1. 一个方法——单元开发方案撰写七步法

第一步:通读课标和单元教材,通过集体备课初步确定单元核心目标和设计思路。

第二步:组员分工合作,写出单元内每一课的教学设计,围绕单元核心目标的着力点展开设计。

第三步:二次备课,调整单元核心目标,依目标各自修改自己的教学设计。

第四步,通览本单元,优化单元教学内容与教学结构,使之具有统整性、递进性。

第五步,重新设计每一课的教学方案。

第六步,研讨第五步,重点审视教学内容、教学结构的优化。

第七步,第五次集体备课,分工合作,撰写出完整的单元开发方案。

2. 一条路径——"大单元开发"行动研究路径

行动研究路径:单元选定——单元方案撰写(发布——审议——修改)——单元计划实施(试验——观察)——单元评价(依据评价标准)——反思完善(形成电子教材)——资料汇编(研究纪要)。

3. 两个绝对性评价操作框架

一是教学单元评价标准框架。一般来说,绝对性评价可分为如下几个层次:语文课程标准目标评价——学年目标评价——单元目标评价——课时目标评价四个层次。依据课程标准目标和学年目标来确定单元绝对性评价目标,再确定课时目标与评价基准,通过判断学生对基础知识的掌握程度来确认他们是否达到了评估标准。(见表1)

二是学生学习情况评价表框架。根据评价目标,按照A、B、C三个等级进行评价,完全达到学习目标的为A(3),大体达到目标的为B(2),还需要努力才能达到目标的为C(1)。这些评估记录既是向学生家长说明学校教育效果所需要的资料,又是填写指导评价记录时需要的资料。以每个单元记录为基础,就可以对每个学生做学年终结性评价。根据评价目标和标准制定评价表格。(见表2)

表1

学科目标 三维目标	人与工具 (文化修养)	人与自己 (自主发展)	人与社会 (社会参与)
情感态度 价值观			
过程与 方法			
知识与 技能			

表2

评价标准\学生	情感态度价值观				过程与方法					知识与技能				总评
	1	2	3	总评	4	5	6	7	8	总评	9	10	11	12	总评	

学生	1	2	3	总评	4	5	6	7	8	总评	9	10	11	12	总评	总评
学生A																
学生B																
学生C																
学生D																

3. 四种模式

（1）单元行动研究方案撰写模式：

_____学科_____单元行动研究方案

单元名称：

研究团队：

学科组负责人：

实验教师：

单元开发方案撰写人：

一、单元分析

（一）单元内容设计概况

1. 题材类型

2. 单元内容组织特点

（二）单元目标设计概况

（三）单元课时分配特点

（四）学情分析

二、单元开发与优化

（一）单元目标的优化

1. 情感态度价值观

2. 过程与方法

3. 知识与技能

（二）单元内容的优化

（三）单元教学计划与评价

三、实施绝对性评价

（一）确定单元评价标准

（二）确定评定等级和制定评价表格

四、单元教学设计

（2）单元板块优化模式：

突破原有单元内容间的线性联系，将单元内容板块化，层层推进目标落实。

模式1：以核心目标为纲，范例性板块解决方法问题，自主性板块学以致用，检测性板块检测方法掌握情况，发展性板块解决方法迁移问题。

模式2：以核心目标为纲，多个范例板块分工落实阶段目标，检测性板块检测总目标的落实。

（3）"三五三"课改模式：

第一个"三"就改革内容而言。以单元为突破口，从宏观层面上优化课程结构；从中观层面上优化教材单元；从微观层面上优化课堂教学组织形式和时间结构性。

"五"指五种学习工具：学习任务卡、学习指南卡、学习资源卡、学习评价卡、学习检测卡，以此教会学生自主、合作、探究学习。

第二个"三"指学习方式发生了变革，即个别学习、小组学习、集体学习三种学习方式的有机融合。帮助学生建立了课堂上的学习共同体，培养学生思考、判断、表达能力；培养学生沟通、交流、评价能力；培养学生发现问题——探究问题——解决问题的能力。

（4）三个"4+"共同体模式：

校内"4+"共同体模式："专家+骨干+研究教师+家长"；"教科研室+科研工作+教导处+教学工作"。

校际"4+"共同体模式："科研部门+专家+龙头校+试验校"。

附：其他研究成果列表

规划与实施内容	"十三五"阶段成果
《核心素养发展与个性化教学综合改革行动研究三年规划》	规划报告1份
语文、数学、外语三年行动规划	规划报告7份
学校每学期课题阶段研究计划、总结	14份
各学年、各学科单元方案发布，形成电子课本	单元95个，方案100个
组内试验课	500余节
组内试验汇报课	66节
课题对外发布会	面向全省进行了5届
课题对外专题培训	60余次专题讲座、上课、评课
撰写反思、论文	350篇
公开发表论文	90余篇
《研究纪要》	6本，并主编了《个性化教学大单元开发指导》语数外三大学科共7册
学习指南、学习卡片、学习资源卡、学习评价卡、学习检测卡	800余张

（二）取得成效

1. 有效提升了教师的课程意识，培养了一批协同创新种子团队

教师们突破了以往"课程就是教材，就是教学计划，教材是唯一的课程资源"的狭义理解，认识到教师更要成为课程的建设者和开发者，改变学校课程过于注重书本知识传授的倾向，加强课程内容与学生生活及现代社会和科技发展的联系，关注学生的学习、兴趣和经验。各学科精英培训团队在长春市各种现场会、学科培训、下基层指导中为课题协作体成员校做培训60余场。

2. 有效促进了课堂教学面貌的变化，发展学生的学科素养

教学时间灵活化，改变了传统40分钟一节课的僵化的时间管理制度；学习方式多样化，以个性差异作为教学的基础，将个别学习、小组学习、集体指导学习有机结合，有效地推进了课堂面貌的改变；教学评价多元化，根据学生发展的过程，进行单元过程的绝对性评价，关注每个学生成长进步的状况，将自我评价、他人评价有机结合；教学目标多维化，改变"重知轻能"的传统目标指向，关注学生做人的品质、做学问的态度、解决实际问题的方法和能力，让学生核心素养的发展在课堂教学落地。

3. 有效地促进了学校课程教学创新，发挥了引导示范实验作用

学校每学期的课题研究已经成为常态工作。同时，作为课题试验校的引领校，将我们的内部课题研究课对外展示；请来专家让其他试验校教师共同受益。从2015年5月至今，成功召开了五届发表会，分别请来台湾嘉义大学、北京师范大学、东北师范大学等专家进行讲座、指导，全省共有教师5 000余人次参加了会议。课题试验校已经从最初的17所增加为89所。此课题研究成果有力助推了长春教育的改革步伐。

五、课题进一步研究与展望

（一）课题进一步研究

课题研究中也存在一些问题，以下四个方面还需要在深化研究中不断优化。

1. 单元目标的优化。如何确立单元核心目标和核心问题？如何确定解决"核心"问题的策略？如何由此设计适合学生的学习路径？需要更深入地研讨、学习。

2. 单元教学内容的优化。如何围绕"核心"目标进行内容的取舍？非核心课时和核心目标之间的关系如何把握？还需要在后续研究中推敲和修正，从理论和专业视角方面进一步学习。

3. 小组合作学习的优化。还需要找到个性化学习方式与学生对接的最佳途径；让学习方式的改变不冲淡学生的学习热情、兴趣；让小组合作学习更有效。

4. 评价方式的优化。还要建立更有效，更易于操作的评价体系。

（二）课题展望

1. 下一个阶段，各学科组自己确定研究子课题，缩小研究目标，确定组内研究重点，以求更大的突破。

2. 加强学校试验教师研究成果孵化。

3. 继续配合长春市教育科学研究所做好课题成果推广工作。

以激发学习动力为核心的学习评价改革的实践研究

课题主持人：田　娟　　长春市第一实验银河小学校长
课题组成员：王海瑞　　长春市第一实验银河小学副校长
　　　　　　陈　杰　　长春市第一实验银河小学副校长
　　　　　　郭春红　　长春市第一实验银河小学主任
　　　　　　王玉玲　　长春市第一实验银河小学主任
　　　　　　闫伟东　　长春市第一实验银河小学主任
　　　　　　康志红　　长春市第一实验银河小学教师
　　　　　　尉圆苑　　长春市第一实验银河小学教师
　　　　　　姚丹蕾　　长春市第一实验银河小学教师
　　　　　　姜巍巍　　长春市第一实验银河小学教师

一、课题的提出

（一）课题研究的背景

2014年，教育部在印发的《关于全面深化课程改革落实立德树人根本任务的意见》中提出，要建立促进学生全面发展的评价体系，积极倡导新课标评价理念，不仅要关注学生的学业成绩，还要发挥和发展学生多方面主观能动性，激发学生自身潜能。当时，我们对通过教学评价激发学生学习主动性这个课题已经有了初步认识和高度重视，于是对以激发学习动力为目标的新型教学评价开始了系统化的设计和探索。2019年，中共中央国务院颁布了《中共中央国务院关于深化教育教学改革全面提高义务教育质量的意见》，"让学生成为生活和学习的主人""精准分析学情，重视差异化教学和个别化指导""建立以发展素质教育为导向的科学评价体系"等新原则、新要求，再一次强化了我们改革创新的意向，坚定了我们系统研究"通过教学评价改革激发和保护学生学习动力"的信心和决心。在省教育厅教学研究室的指导下，我们确立并坚持开展了以激发学习动力为指向的教学评价改革课题。

（二）课题研究的意义

1. 理论意义：本课题的研究以激发学生的学习动力为核心，把诸多学习动机要素整合并有效运用到教学实践中，建构小学各学科"诊断性评价"基本范式，建立形成性评价和发展性评价改革的评价标准，为形成促进学生全面发展的课堂教学策略，提供一定的评价理论支撑和实践范式引领。

2. 实践意义：促进学生的全面发展，激发学生的学习动力，开展学习评价改革实践探索，总结全面评价、全程评价、全员评价、无劣评价等方面经验，提升规律性认识，提高教师以激发学生学习动力为核心的学习评价能力和水平，解决目前教学评价中重知识技能评价轻素质发展评价，重定性评价轻定量评价，重终结性评价轻形成性评价，重应试教育轻素质教育等实际问题，使学习评价更具有科学性和实效性，全面提高课堂教学质量，推进学校办学水平提升。

（三）课题研究的界定

1. 有关学习动机的基本概念

动机对个体的行为和活动有引发、指引、激励功能。学习动机是直接推动学生进行学习的一种内部动力，是激励和指引学生进行学习的一种需要。学生的学习受多方面因素的影响，其中主要是受学习动机的支配，但也与学生的学习兴趣、学习的需要、个人的价值观、学生的态度、学生的志向水平以及外来的鼓励紧密相连。

2. 有关学习动力的基本概念

学习动力是指引发与维持学生的学习行为，并使之指向一定学业目标的一种动力倾向。它包含学习需要和学习期待两个成分，根据不同标准可以划分为不同类别。学生的学习受多方面因素的影响，其中主要受学习动机的支配。

3. 有关学习评价的基本概念

学习评价是研究教师"教"和学生"学"的价值的过程。学习评价作为学习系统的反馈调节机制，在学习与教学过程中起着重要作用，对现实的学习活动具有定向和引导功能。评价的标准、内容和方式在相当程度上左右着教师、学生努力的方向，如同"指挥棒"对学习工作起着重要的导向作用。因此科学、合理的学习评价体系能使学生不断提高自我意识，并通过自我调节不断实现自我超越，激发学生学习的内在动力。通过评价，学生学习上付出的努力以及获得的成绩与进步得到教师、家长的了解、肯定和赞扬，心理上获得满足，而且学习中存在的问题也能及时发现，并转化为继续努力的方向和动力，增强学习的信心和主动性、积极性。

二、课题研究的设计

（一）研究目标

以"学习评价改革为中心，激发学生的学习动力"为总目标，具体分为：

1. 在学习动力方面，制定课堂活动、学科活动时学生学习动力评价范式。

2. 在教育教学方面，建构促进学生全面发展的无边界教育体系。

3. 在评价建设方面，实施全面、全员、全程评价，构建以教师教学和学生学习为主要内容的多种评价方式。

（二）研究内容

1. 激发学生学习动力的路径优化

在厘清学习动力、学习动机与学生发展关系的基础上，以教师主导的学习评价系统化改革为基点，以常规教学为平台和实践路径，努力找到学习动力各相关要素激发学习的突破口，从而提高教学的有效性。

2. 激发学生学习动力的教学优化

一是优化课堂结构，优化课堂教学组织管理形式和时间安排，使之更具有自主性、实效性。二是增加学习方式：即社团学习、综合性学习、研学学习等学习方式。使其与平日课堂学习有机融合，满足学生学习的综合性、发展性需求。

3. 激发学生学习动力的评价优化

根据学生个性发展特点、三维发展目标，立足教学设计与课程实施、教师情况与学生表现等方面，研究制定高效的课堂教学评价标准，研发能促进学生学习动力的评价方法，使评价标准可实施易操作。

（三）课题研究的方法及策略

1. 研究方法

调查法：调查法主要指在学习评价改革的前后对实证数据的采集。我们通过调查，实现了对影响学生学习动力的因素的分析。在此基础上，研究的第一阶段我们就形成了各种学习动力要素的结构化认识。同时，调查法让我们对学生学习动力的强弱程度也有了了解，使得我们对这项研究既未脱离正常教学实践，又拥有了教学实验的意义。

观察法：观察法主要由教师用于日常教学过程中对学生学习动力相关信息的采集。教师通过观察，可以感受不同学习评价对学生学习积极性、主动性、情感状态、认识水平等所产生的实际影响。

实验法：用于单项的评价因素，针对改变前后学生学习状态和动力水平变化的比较。这个方法主要用于学习动力要素变化的比较。

2. 研究策略

本课题的研究采取了行政推进、全校参与、班班实践的合作研究策略，组建了由校领导、教学管理部、年级组、学科组组成的梯级团队，汇聚学校各方力量，形成科研引领、集成创新、协调推进的工作机制。

三、课题研究的过程

从 2018 年秋季开学到 2021 年 7 月，本课题研究主要分三个阶段推进，每个阶段都完成了预期计划，并取得了丰硕的成果。

（一）第一阶段：学习动力要素分解阶段（2018 年 8 月—2019 年 3 月）

1. 确定课题组成员和实验教师，2018 年 8 月，课题组组长田娟校长带领课题组成员及实验教师全力投入到课题实验的前期准备中。

2. 下发调查问卷，对学习评价改革进行前期调研。调查显示，评价内容不适应素质教育要求。受守旧的传统教育观念影响，课堂教学中"重智育轻德育""重知识轻能力""重结果轻过程""重主导轻主体"的现象仍然十分严重，定性定量相结合的原则不能被有效实施，没有统一的各类评价指标和操作规定。缺乏对教师的科研培训，科研对教学的指导效果不能立竿见影，教师在这方面学习热情不高，导致相当多的教师缺乏科研创新能力。针对这些问题，我们采取了理论学习、专项培训、成果共享等策略，开展深化研究，以省市科研骨干为引领、学科组共同研究、教师全员跟进的方式，全面推动我校教学改革评价落地实施。

3. 组织全校教师学习《有效学习的设计原理、策略与评价》等著作，通过对有效学习原理的解析提出有效学习的表征、方式，并结合中小学学科类型的案例阐述有效学习的课堂组织模式和策略，在此基础上对有效学习的课堂资源和评价进行系统分析。学习《教育测量与评价（理论版）》等与教学评价相关的理论知识，并以布鲁姆的学习评价理论为基础，主张教学中应更多地使用形成性评价，不给学生评定分数或等级，而是帮助教师把注意力集中在学生对教学内容达到掌握水平所必备的知识技能上。

4.2018年10月，学校召开开题现场会，邀请市基础教育研究中心王淑琴副主任对全校教师课题研究进行指导。通过王主任的讲座，课题组教师为做研究时怎样发现问题，如何制定研究方法步骤，靠什么解决问题，怎样撰写开题报告储备了科研基础知识和技能，为课题研究的顺利推动打开局面。

（二）第二阶段：学习评价改革阶段（2019年3月—2020年12月）

1. 实施推进阶段

（1）推进教研科研一体化，进一步促进教师专业发展。各学科组在课题总目标的引领下，以激发学习动力为中心，以课题研究为抓手，成立跨部门教研科研一体化创新团队，带领全校教师认真解读教材，综合考量多种要素，确立研发内容。从三维目标的确立、学习内容的选择、教学过程的调整和课时的安排等方面进行课堂优化、评价优化。在"设计——反馈——反思——再设计"的实践研究中，开发了与学习配套的学习任务卡、评价卡、检测卡等。课题组发布改革评价方案后，马上组织实验教师备课并上教研课，通过教学诊断、教学沙龙、互动研讨、教学反思等行动策略，针对发现的问题，及时改进方案，使课堂成为以"学"为中心的课堂，让课题研究脚踏实地，教研课有理论依据。

（2）定期开展教育研究指导活动。课题组采取骨干引领、以强带弱的方式，针对各学科组的研究问题、困惑进行重点指导。教科研专家和省市科研骨干教师组成的培训团队，深入班级，深入学科组进行靠前指导，按照课堂展示、课下专家与教师互动交流的方式，解决各学科组存在的困惑和问题，提高了各组的研究能力。

2. 调整深化阶段

调整深化，研讨提升。课题组本着"边学习、边教学、边研发、边总结、边改进、边提高"的研究思路，通过问卷调查、现场听评课、教师访谈、学生座谈等途径，了解课题研究中存在的问题，总结经验，并以专题讲座、研讨会、研讨课等形式予以推广，引导教师及时调整研究策略，在实践中研究，在反思中成长，在总结中提升。

3. 推广整合阶段

（1）深入学习评价理论，创新评价手段，积累评价经验。评价课题研究的浓厚气氛已在我校形成，并涌现出一些有特色的学科组及学科带头人、科研带头人。到目前为止，学校有省学科带头人2人，省市科研骨干教师18人。她们在课题的研究过程中发挥了积极的示范引领作用。

（2）探索过程中形成的生生评价、师生评价、家校评价等多维评价方式已形成较为成熟的经验，形成了具有银河小学特色的评价体系。各学科组的老师们按照"学习评价改革计划"实施教学，在日常教学过程中观察学生表现，搜集第一手资料，认真分析研究并及时总结，把研究过程性成果及时记录，利用视频号、微信公众号等媒体展示宣传，增加成功的效能感。

（3）推广辐射。总课题组每学年都要召开课题研讨会和分学科培训会，不断进行阶段成果的梳理和展示，不断规范"学生评价方案"的撰写体例。同时，总课题组定期进行课题阶段总结，结合课题研究中的成绩和问题对下一阶段的研究提出具体要求。2019年10月，学校面对雷锋大学区学校、教学协作共同体学校和教育集团兄弟学校等8所学校进行了教育教学展示活动，共计展示5节研讨课，彰显了学校在无边界教育上引领及学习评价改革的示范作用。2020年11月，学校召开了学习评价改革专题培训会，为大学区学校、教学协作体学校、集团兄弟学校教师提供了7项培训，交流了评价理论知识、教科研一体化管理模式及学习评价方法策略，让大家在操作层面上有法可依，有章可循，促进了研究成果在兄弟学校的推广。

（三）第三阶段：总结阶段（2021年1月—2021年7月）

1. 课题组牵头组织好每学期的教育教学研究活动，做好学习评价改革课题研究资料的积累汇总。三年来，我们积累了与学习评价有关的材料共1 034页。

2. 撰写《以激发学习动力为核心的学习评价改革的实践研究结题报告》1篇，实验教师撰写个人实验论文33篇。田娟、王海瑞撰写的《以激发学习动力为核心的学习评价改革的实践探索》论文在《吉林教育》2021年第6期上发表。

3. 汇总各子课题研究成果，在此基础上形成校本教材3套、优秀论文集1本、学生作品集2本及相应的教育教学软件，编撰《银河小学学习评价有效性研究》经验集。

四、课题研究的成果及成效

（一）构建贯穿教育教学全过程，以提高学习动力为核心的学习评价模式

1. 准确把握了促进学生发展的教育教学评价特点的多元性和整体性。

充分调动不同的评价主体开展评价活动，尊重每个学生的不同意见，鼓励学生的创新思想。特别是在有争议的问题上，更多地培养学生多元的思维能力，促进创新精神的形成和发展。关注学生整体、全面的发展，而不仅仅关注学生学业成绩，能够发现每个学生的优势和弱势，教学力求长其长、短其短。

2. 过程性的评价研究贯穿教育教学活动的始终。

教师和学生逐步形成过程性和动态性评价的意识和能力，在教育教学活动中自觉地开展评价，发挥评价的作用。

3. 始终坚持促进学生全面发展的评价发展性原则。

评价的作用在于教学，而不是简单地判断答案的对错和区分学生的优劣。在促进学生发展的课堂中，评价不能只对学生的学习情况做简单的好坏之分，而应强调其形成性作用，注重发展功能。

4. 确立了"教师主导的学习评价"。

教师有意识、有计划并系统性地改变学习评价的"标准""方式""密度""节奏"等，都会对学生主体的学习动力产生实质性的影响，并且学习评价的影响强度远超其他因素的影响。

5. 教师从保护和激发学生学习动力角度来设计和实施"学习评价"。

即：为了激发和保护学生学习动力，教学中可以策略性运用"非客观性原则"。

（二）促进学生全面发展，构建学校"综合素质评价"指标体系

以学生成长记录为基础，通过描述和记录学生在校期间的学习行为和结果、日常表现、参加公益活动、综合实践活动情况等，从德、智、体、美、劳等方面对学生素质进行分析和评价，以发现和培育学生良好个性，促进学生全面发展。构建了包含"学生学习状况""学生综合素质""学生成长环境"三方面12项指标的银河小学教育质量综合评价指标体系，关注学生的全面发展、关注学生的学习品质、关注质量形成的过程与结果、关注影响学生成长的环境因素，以形成良好的促进学生学习与发展的教育体系，促进学生全面、健康、可持续发展。

（三）发展学生核心素养，形成各学科形成性评价方案

语文、数学、英语等三门学科分别制定出《以激发学习动力为核心的评价方式研究——诊断性阶段方案》和《以激发学习动力为核心的评价方式研究——形成性方案》，音乐、体育、美术、科学等学科分别制定出《以激发学习动力为核心的评价方式研究——诊断性和形成性阶段方案》，2021年12月，学校各学科教师根据方案对学生的综合素质进行了客观评价。

（四）助力学生可持续成长，设计学习动力评价表工具

学校集中各学科科研骨干力量，研究编制出三种学生学习动力评价表，即《银河小学课堂活动学生学习动力自我评价表》《银河小学学科活动学生学习动力评价表》《银河小学学生学习动力综合评价表》。

（五）帮助学生个性成长，梳理"表现性评价"行动路径

表现性评价是教师让学生在某种真实或模拟的生活环境中，运用先前获得的知识解决某个问题或创造某种东西，以考查学生对知识与技能的掌握程度，以及了解学生对实践、问题的解决、交流合作和批判性思考等多种复杂能力的发展状况。表现性评价是相对于纸笔测验的评价方式而言的，表现性评价方式大致包括观察和提问法、观察量表法、口头报告法、项目计划和调查法、论文报告法、作品展示法及档案袋法。具体评价时可以采用口头报告、论文报告、作品展示、资料编辑、小报贺卡等方式。它不仅可以评价学生的知识、技能，而且在评价学生的情感、态度、意志上也有很大优势，可以克服纸笔测验中高分低能的偏差，全面实现学生动手与动脑、掌握知识与健全人格的教育目标。从2010年开始，我校严禁低年级举办任何形式的校内统一考试，严禁按成绩给学生排名。低年级安排非纸笔考试，即在学期末安排语、数、外、音、体、美、科学等学科在一起的"闯关"游戏，在游戏中将学生平时学的知识加以巩固运用。

（六）提炼出"以激发学习动力为核心的学习评价改革"的几大关键词

1. 教师主导。由教师主导的学习评价将会对学生学习动力的其他要素形成广泛的辐射性作用，进而全面激发学生学习动力。

2. 学科实际。评价改革不能脱离本学科的课程标准，以及学科本身的内容。

3. 评价教师机制。"教与学"是一体的，是相辅相成的，建立学生综合评价机制的同时，也需要考虑教师评价机制，这样才能更好地促进师生教学相长。

4. 以学生为本。学生是获取知识的主体，是教师因材施教的主体，是学校在办学中需要关注的主体，同时也是综合改革的主体对象。如果评价改革不接地气，不能深入到学生

中间，是不会取得实质性结果的，更无法推动"学生真实地学，教师科学地教"。

（七）教师的专业成长和发展

通过本课题的研究，学校教师群体形成了以关注学生学习动力为核心的新型评价文化，教师较为系统地研读了有关学习心理学的相关理论知识，强化了激发和保护学生学习动力的积极性。课题研究激发了教师团队及个体自我提高、自我发展、自我完善的专业化意识，在强化自省、强化自评、强化自控的专业化成长过程中，教师的团队意识、问题意识、探究意识、创新意识都有了发展。

各类大赛捷报频传，各种荣誉接踵而至。我校先后获得了"全国名校联盟"，"省级优秀家长学校""吉林省电化教育示范校""长春市教师专业发展学校示范校""长春市教育科研示范基地校""省级第二批知识产权教育试点学校"等350余个荣誉称号。近年来，学校组织青年教师参加各级各类的学科教学大赛，25人次获国家级奖项，67人次获省市大奖。在省市学科教学基本功大赛中，有38人次分获一、二、三等奖。此外，学校有26人次教师参加各级各类的讲座、培训活动。

（八）学生的变化和成长

本课题研究最为突出的实践成果是，教师施加于学生身上的以激发和保护学生学习动力为核心的学习评价改革被广大同学接受，改革受到了同学们的普遍欢迎，他们在新型学习评价过程中感受到了更多的尊重，体验到了更多的主体性，有了更充足的动力。在课题研究过程中，因为学生的主体性得到充分的尊重，每个学生个体及每个学习团队的胜任力都得到强化，因此，学生学习态度的转变体现得很明显，整体的学习动力有了较大提高，综合素养有了大幅度的提高。

几年来，学校学生参加体育、艺术、科学、微机等学科技能比赛呈爆发式增长态势，获奖层次获奖比例大幅度提升，既很好地锻炼了学生的素质，也彰显了学校办学水平的进步。

五、课题进一步研究与展望

1. 遗留和发现的问题

虽然此课题的研究取得了令人喜悦的认识成果和实践成果，但我们也发现，"学习动力的相关要素及其结构"异常复杂而繁琐，例如，我们已经确认，学生学习之自我效能感的发展取决于"学习目标设计"，而目标设计的达成又与"学习的内容、学习材料及教学设备"相关，而学习内容及材料的投放又取决于教师的专业化水平，那么，应该从哪里着手提高学生的学习自信呢？再比如，在学生需要的满足过程中，师生关系会有很明显的改变，伴随着师生关系改变的还有学生在课堂教学中的情绪、情感变化，这就让我们对"各种学习动力要素之间的内在联系和关系"的认识陷入复杂的境地：到底是需要的满足改变了师生关系进而改善了学生的情绪呢？还是学生的情感变化促进了需要的满足呢？最终，我们形成的认识是：学习动力要素有着复杂的结构，任何一个要素的改变，都会导致学习动力结构的变化。

此外，在研究中我们还发现，以教师为主体设计和实施的新学习评价不仅会改变学生的学习动力结构，而且会改变教师的"教学"感受。老师们从学生的学习变化中能够感受到更多的新鲜刺激，对教学过程有了新的认知角度，这种新认知强化了他们对"创新教学"重要性的认识。因此，当下的老师们不仅对"改革学习评价"有更高的参与积极性，对"创新教学"也有了新的认识。这些是我们在课题研究之前未曾预料到的。

2. 今后的设想

以激发学习动力为核心的学习评价改革实践探索虽然告一段落了，但我们对此的关注与研究不会停止。我们会继续学习"学习动机""动机设计模型""学习评价"等方面的理论、知识及国内外最新的研究成果，并深耕课堂，深入关注学生，把好的研究成果、方法策略切实地落实到平日的教育教学实践中去。

0~6岁婴幼儿"三边互动"亲子亲职教育的实践研究

课题主持人：张玉芙　中共长春市委机关幼儿园园长
课题组成员：杨　薇　中共长春市委机关幼儿园副园长
　　　　　　胡英娜　中共长春市委机关幼儿园副园长
　　　　　　田子怡　中共长春市委机关幼儿园保教主任
　　　　　　刘丽娜　中共长春市委机关幼儿园教师
　　　　　　宋　爽　中共长春市委机关幼儿园教师
　　　　　　赵媛媛　中共长春市委机关幼儿园教师
　　　　　　连卉婷　中共长春市委机关幼儿园教师
　　　　　　柴文明　中共长春市委机关幼儿园教师
　　　　　　马迎迎　中共长春市委机关幼儿园教师

一、课题的提出

（一）课题研究的背景

中共长春市委机关幼儿园亲子园于2012年初开园，同年，被市教育局确立为长春市0~3岁亲子早教指导中心。开办亲子园近十年来，在社会影响力、亲子指导、家教指导、教科研等方面均取得了很多成效，围绕"0~3岁亲子教育"开展的多项课题研究成果显著。

2017年，我园申报的吉林省教育科学规划"十三五"课题《0~6婴幼儿"三边互动"亲子亲职教育的实践研究》，将亲子亲职教育延伸到3~6岁阶段，成为主导课题，围绕主导课题我们还申报立项并结题了多项相关的课题研究。多年来，无论在内容方面还是在实践工作中，该项课题均取得了显著的进展，并形成了多项研究成果。

（二）课题研究的意义

1. 理论意义

近年来，脑科学研究的新进展使得婴幼儿早期教育越来越受到人们的关注。早在几年前，上海的早教机构已经朝着托幼一体化的模式发展，招生的年龄普遍向下延伸。随着家长对子女教育的重视，以及家长育儿经验的缺乏，他们都希望孩子能更早地接受正规地教育，不让孩子输在起跑线上。本研究旨在通过亲子亲职教育的研究对现存理论进行补充。

2. 实践意义

本研究以0~6婴幼儿"三边互动"亲子亲职教育为内容，以我园在0~3岁婴幼儿"三边互动"亲子亲职教育方面近十年的实践研究为基础，促进了托幼一体化建设和"0~3岁"到"3~6岁"的自然过渡、无缝衔接，对婴幼儿问题行为、家庭教养行为进行正向干预和直接指导，让幼儿园教育作为主导，引导家庭教育良性发展，使家园共育取得显著效果。

（三）课题研究的界定

"三边互动"是指在教育活动中，亲子之间、教师和婴幼儿之间、教师和家长之间的三方多向互动。

亲子教育是在一种真实情境下的示范式的参与指导，是实现活动与指导的融合。教师、家长和孩子共同相处，遇到具体问题，及时给予帮助。

亲职教育通过向父母提供教养子女的知识、技能、方法、观念以及态度等，使家长更有效地了解并履行作为父母的职责，促进亲子关系的和谐，提高教养水平。

（四）研究综述与现存问题

通过研究大量文献我们了解到，在国外，世界各国已纷纷行动起来，倡导"建立服务网络"。欧美一些国家流行的"Head Start"即"头脑启动"计划，就是针对0~3岁儿童早期教育的研究。在国内，2017年1月10日，国务院印发《国家教育事业发展"十三五"规划》，其中明确指出"发展0~3岁婴幼儿早期教育"。但是发展是艰难的，因为在教师资源和教育资源方面仍存在很多问题：亲子教师需要了解0~6岁婴幼儿发展水平和相关教育理念；在进行家庭教育指导时，亲子教师需要掌握大量的理论知识，同时还要结合家长的教养态度对孩子进行观察、分析和研究。

二、课题研究的设计

（一）研究目标

1. 基于"三边互动"亲子亲职教育活动的园本课程
2. 基于"三边互动"亲子亲职教育活动的家教指导
3. 基于"三边互动"亲子亲职教育活动的家园共育

（二）研究内容

1. 园本课程

健康、语言、从社会、科学、艺术五大领域入手，形成统整"运动、游戏、学习、生活"四大活动形态的相关课程框架。

2. 家教指导

教师的教育模式转化为养育和教育相结合，提高教师对0~3岁婴幼儿学习与发展情况的了解，在实践中加强教师对0~3岁婴幼儿教养策略、指导家长进行亲子互动和家教指导的学习与运用的水平，使教师能够具备指导家长科学育儿的能力。

3. 家园共育

研究中有指向家长的活动目标，使家长们明确亲子活动的教育意义、教育目标和教育契机，指导家长了解这个年龄段幼儿，掌握和孩子进行积极互动的方法，提高家长育儿水平，并将教师指导的亲子亲职学习经验迁移到家庭教育中。

（三）研究方法

1. 文献研究法

把握国内外0~3岁亲子亲职教育研究的进展和研究趋势，使课题研究的内涵和外延更丰富。为课题研究提供科学的论证资料、研究方法及充足的事实依据。

2. 调查法

设计问卷开展调查，进行数据统计、分析整理。包括婴幼儿家庭情况调查、婴幼儿月龄发展情况调查、家长问卷等，了解婴幼儿基本家庭教养、生理和生活习惯等方面的共性和个性发展情况。

3. 观察法

依据前期调研，制定方案，对处于自然状态下的互动三方（幼儿、家长、教师）进行系统观察，从而获得实践研究的第一手资料。

4. 行动研究法

由教育工作者、教学管理者、家长共同参与，从教育实际需要中发现关于三边互动的问题，及时形成、应用和改进各阶段研究成果，寻找教育工作者易于理解、掌握和实施并有效解决教育实际问题的研究方法。

5. 个案研究法

针对同月龄或同年龄段婴幼儿进行共性和个性化比较研究，连续进行跟踪记录，根据婴幼儿行为发展变化的全过程及策略实施的不同影响，形成具有典型意义的案例。

6. 经验总结法

根据资料分类、整理工作，形成亲子游戏活动案例、大型亲子活动方案等，以及撰写研究报告。

（四）研究策略

该研究以本园为背景开展行动研究，以亲子园0~3岁婴幼儿、教师、家长和幼儿园3~6岁班幼儿、教师、家长为实验对象。在不同研究阶段采用不同的研究方法，以行动研究法为主，多种研究方法结合应用，在几年来的实践经验中不断地进行检验、调整和总结，谋求教育行为的不断改善，总结出行之有效、较为系统的实施策略。

三、课题研究的过程

（一）准备阶段（2017.3—2017.6）

成立课题组，明确个人分工。通过文献法进行相关理论的阅读研究。主要包括收集理论资料，教师明确应当如何帮助家长掌握科学育儿方法、建立良性的亲子关系、创设良好的家庭育儿环境。

（二）实施阶段（2017.7—2019.3）

本阶段主要采用行动研究法，是整个课题研究工作的主体。

1. 2017年7月中旬，对婴幼儿和家庭教养现状进行剖析，找出存在的问题并提出建设性意见。

通过问卷调研和面对面座谈，结合教师多年对亲子教育实践的梳理，我们整理了家庭教育相关问题，并依据不同年龄、月龄孩子的发展特点和关键期，制定了适宜的发展目标，设计适合不同年龄阶段婴幼儿的活动方案、亲子游戏等，通过多种活动促进婴幼儿各方面的发展。

2. 及时"以点带面"：定期进行课题组活动，更新教育理念，及时反思、调整课题实施方案。骨干教师行动措施要先走一步，经验先行总结，及时向局部及全园辐射。

3. 通过多种途径开展亲子亲职教育实践，以幼儿园教育带动家庭教育，营造家园共育的良好氛围。

我们以亲子半日三小时在园活动为重点，将一日生活、主题活动、集中活动、区域活动相结合，增进家长和孩子的亲子关系，带动家长进行适合婴幼儿发展水平和生长发育规律的专业引导，并在半日活动外应用多种形式解决家长疑惑，以及针对不同的家庭教养方式进行指导。

（1）创设符合婴幼儿发展特点、对家长有教育启示的环境。

我园在创设亲子园的物质环境时注意了对家长的示范性和指导性。根据婴幼儿对采光及色调的偏好，设立了温馨舒适的亲子活动室，选择和投放符合低龄婴幼儿特点的玩具和操作材料。教师经常采用生活中的真实物和自然物，并根据活动内容制作一些利于婴幼儿操作、经济实效又安全卫生的教玩具，这些材料能够吸引宝宝摆弄和探究，并在一定程度回答了家长"该给孩子准备什么样的玩具"的困惑。

环境布置上，我们充分发挥墙面的教育性。张贴了关于婴幼儿教育的教育名言、0~3岁婴儿各阶段发展特点、评价指标等，及时把好的教育方法与家长交流共享。同时注重指导家长进行家庭迁移，在家中也选择一些来自孩子生活的、熟悉的、环保的材料，让婴幼儿在幼儿园和家庭双方面创设的具有亲和力的情境化、生活化教育环境中主动获取知识和经验。

（2）精心安排设计亲子活动，帮助家长了解早期教育的内容和方法。

关注活动的时效性。每次活动分为几个环节，并以大动作和精细动作相结合、个别与集体相结合的方式进行指导活动，逐渐积累了一些针对不同年龄班婴幼儿的活动方案，突出了顺序性、系统性和连续性，并整理了相关的资料。

①根据婴幼儿的年龄特点，设计丰富多彩的亲子活动。0~3岁婴幼儿以无意注意为主，所以我们抓住婴幼儿的兴趣，开展丰富多彩的教育活动，以引起有意注意。营造宽松和谐、轻松愉快的氛围，稳定婴幼儿的情绪，拉近婴幼儿、家长、教师之间的距离，有利于各项教育活动顺利开展。

②根据婴幼儿的年龄特点设计形式多样的游戏。针对0~3岁婴幼儿的年龄特点、身心发展规律等，我们对教师进行培训，并根据婴幼儿不同的年龄特点和培养目标，分阶段收集、设计、丰富适宜的游戏活动。包括婴幼儿感觉统合游戏、肢体动作游戏、语言训练游戏、智力开发游戏、肢体反应灵敏游戏等方面。通过这些丰富多彩、有趣的活动，促进了其动作和各方面能力的发展。

③关注家长的指导行为，促进家长正确教养观念和行为的形成。为了帮助家长正确认识亲子教育，正确看待孩子的发展，有意识地调整自己的不适宜行为，教师在组织实施亲子活动时注意以家长为教育重点，面向家长进行讲解和指导。

4. 及时总结研究情况，做好阶段性评估工作。

（1）通过新入园儿童调查表和阶段测评、问卷分析等形式，结合大量文献资料、国内外早教模式等，在教育实践研究中确定本园0~3岁早教发展课程的内容及模式，开展相关课程研究。

（2）从0~3岁课程模式延伸到3~6岁，形成了"三边互动"亲子课程，完善了六项课程内容，积累了部分教学活动案例、亲子游戏方案等。

（3）在教育实践中积累了婴幼儿发展评估相关资料，进行了部分婴幼儿发展阶段评估。

（4）在实践中进行了初步的家庭教育指导，针对共性和个性婴幼儿身心发展问题进行分析与指导。

（三）结题阶段（2019.4—2019.6）

对婴幼儿亲子亲职教育的学习方式、教师的教学观念及在操作活动中的指导方式做终期调查。召开教师座谈会、展示活动、收集个案及区域活动材料等，对"婴幼儿成长档案""个案分析""亲子游戏活动设计""亲子活动案例"等成果进行汇总，并撰写课题研究报告。

四、课题研究成果与成效

（一）研究成果分析

1. 以幼儿园主导的教师、家长、婴幼儿"三边互动"亲子亲职教育指导模式的研究。

（1）依据《3~6岁儿童学习与发展指南》《0~3岁儿童养育与教育指导手册》等指导性文件，从健康、语言、社会、科学、艺术五大领域入手，整合运动、游戏、学习、生活四大活动形态，初步形成了"三边互动"亲子亲职教育模式。

（2）依据研究方案制定目标、内容、方法，根据婴幼儿不同学习与发展特性，有序地设计适合不同年龄阶段婴幼儿的活动方案与组织形式，就如何创设良好的家庭育儿环境和掌握科学育儿的内容和方法等进行个别指导。

（3）让婴幼儿在"三边互动"游戏中快乐参与，在参与中观察、认识、比较，通过直接感知体验获得情绪情感、社会性、语言、认知、艺术和动作、思维能力等各方面发展。

2. 源于十年教育实践的"三边互动"亲子亲职教育指导及具体实施策略的研究。

我们以"观察、了解每一个孩子，支持婴幼儿按自己的意愿做事，支持婴幼儿在与周围人们的交流与互动中学习与发展，创设支持性的环境，提供促进性的材料"为原则，基于教育活动开展"三边互动"亲子亲职教育实践研究。

对家长的指导，我们采取示范、家教讲座、书面交流、问卷调查、家访等多种形式进行，针对不同层次的家长有不同的指导。在不同阶段，亲子关系面临的挑战不同，亲职教育水平要求亦不同，我们依据相关问卷调研，将在园婴幼儿家长的家庭教育困惑进行归总，找准聚焦点进行指导，真正满足家长现实需求，提高家长的亲职教育素质，这也是当前我国推行素质教育中的一个重要课题。

3. 依据婴幼儿年龄特点及差异性创设教育环境，开展课程与教师教育实践的研究。

我们对婴幼儿进行个性发展和家庭教育等问题的策略研究，将个性问题和共性问题进行分析和整理，形成了初步的汇总。同时通过研究形成了以下来源于实践研究的一些过程性资源，对推进我园原有的亲子亲职教育实践工作及下一步深入研究都有重大意义。

（1）基于教育活动的婴幼儿个别化指导。

我们根据0~3岁婴幼儿的年龄特点和学习特点，针对婴幼儿及家庭环境因素的差异性，进行有针对性的指导。

①根据婴幼儿的月龄，制定相应教育内容：根据亲子教育课程目标、年龄阶段目标、教育活动目标、幼儿个性发展目标，围绕我园"三边互动"教育指导课程的六项课程目标，设计了"亲子欢动周"主题教育活动内容，支持符合0~3岁婴幼儿月龄发展目标的主题性探究。

②分析婴幼儿个性特点，制定相应个别化游戏：我们依据婴幼儿心理个性发展特点，结合对婴幼儿个体发展的观察，制定适宜的个性发展目标，选择符合不同幼儿兴趣和发展需要的游戏活动。

③针对婴幼儿不同的家庭教养方式，进行相应家教指导：针对权威型、专断型、放纵型和忽视型四种家教类型的不平衡教养方式，我们通过亲子教育的形式和方法，帮助家长形成科学的儿童观和教养观，观察和纠正不同类型家长的不良教养方式，帮助家长科学有效育儿。

通过以上三个维度，进行有差异、有针对性的个别化指导，让婴幼儿在教师和家长的共同陪伴下，初步养成良好的行为习惯、学习习惯、道德习惯等，促进婴幼儿社会性发展。

（2）基于教育活动的亲子亲职教育内容。

①使家长们明确教育目标和教育契机，促进家长科学育儿水平。形成以幼儿园为主导的"三边互动"亲子亲职教育模式，我们的研究中有指向家长的活动目标，即通过亲子活动的指导改变家长在亲子教育上的陈旧观念，使家长在亲子活动中成为参与者、操作者和指导者。

②设置"三边互动"亲子亲职教育课程，以婴幼儿为中心开展课程研究。进行涵盖健康、语言、社会、科学、艺术五大领域内容的亲子主题综合活动，以亲子游戏为主，以灵活多样个性化的教学方案为特色，满足不同年龄段婴幼儿及家长的需求。设置了六个模块的课程内容：

A. 活力宝贝课程

依据"在生命的律动中提高儿童的肢体动觉智能"的课程目标，设计了包括躯体运动、四肢运动（大肌肉运动）、手的运动（小肌肉运动）三方面课程内容，以动作发展顺序进行游戏化学习。

B. 嬉水宝贝课程

根据婴幼儿的生理发展特点，为0~3岁的婴幼儿开设游泳课程，通过延续母体的环境，辅以游泳、洗澡、抚触环节，促进婴儿大脑、骨骼和肌肉的发展。根据个体差异，设定不同的时间、内容，满足婴幼儿锻炼的需求，体验嬉水的快乐。

C. 爱乐宝贝课程

依据"在快乐的音符中培养儿童的音乐智能"的课程目标，通过音乐感知、音乐听觉、音乐动觉、器乐玩奏四方面课程内容，激活婴幼儿在音乐智能中独特的规律和思维结构，发展婴幼儿与生俱来的音乐天赋和音乐才能。

D. 创意宝贝课程

依据"在空间和线条中培养0~3岁儿童的视觉空间智能"的课程目标，围绕"视觉化"核心，借助形状、颜色和声音，创造出启迪儿童视觉活力的环境，帮助婴幼儿获得丰富的视觉信息，提升其视觉空间智能。

E. 智慧宝贝课程

依据"在生活中培养儿童的数理逻辑智能"的课程目标，遵循婴幼儿数概念发展的特定规律，在日常生活环境中，通过食物或玩具等培养其对数的敏感，通过语言、动作、游戏的方式，引导他们细致地观察，了解事物之间的联系，观察和模仿成人应对事件的行为，并通过直接感知和动手操作获得解决问题的经验。鼓励他们多使用剪刀、绳子、棍子、螺丝刀等工具，理解工具的作用。

F. 书虫宝贝课程

依据"在全语言教育环境中培养儿童的语言智能"的课程目标，鼓励亲子绘本阅读，让家长与儿童进行亲子对话，为儿童朗读故事，培养婴幼儿的倾听兴趣和能力。引导儿童看图书画面，提出一些观察性的问题并引导儿童简单复述增强其口语表达水平。创设小书屋、书画角或带孩子到书店等地方，营造学习语言的氛围。

（3）基于教育活动的亲子教师教育实践。

①以研促教，提高亲子教师教育活动亲子课程研发和教学的实践能力。通过"三边互动"亲子课程的实施，促进亲子、师幼、教师和家长之间的三边双向互动。开展涵盖健康、语言、社会、科学、艺术五大领域内容的亲子主题综合活动，制定灵活多样的个性化教学方案，以满足不同月龄、不同发展水平、婴幼个性化发展的需求。亲子教师帮助家长学会有效观察、判断、理解幼儿的行为，就每一个孩子和家长的互动行为进行个别指导。让教师了解一些婴幼儿普适性生活习惯与学习习惯的养成内容，兼顾相关营养知识的介绍、讲解和科学育儿知识、经验、技能的传授，让有经验的教师能够为不同文化、教育背景的家庭进行有针对性的指导。

②以研促学，培养亲子教师指导婴幼儿活动和科学育儿的专业能力。亲子教师为每个入园婴幼儿建立 0~3 岁儿童成长档案，观察、记录和分析婴幼儿在园活动内容，根据每个婴幼儿的差异调整课程内容，制定个性化方案。教师围绕当前学习主题，根据"最近发展区"理论，采用游戏法、操作法、TPR 教学法、观察法和支架式教学策略，将婴儿引入一定问题情境，独立探索与协作学习，并进行效果评价。积累幼儿发展评估相关资料，进行幼儿发展阶段评估（包括感觉、情绪、认知、言语、社会性发展等）。通过个性化方案的设定，让教师有针对性地观察孩子、解读儿童行为，准确判断儿童发展历程中发育过快、发育迟缓、心理偏差等行为问题，并能够基于科学理论进行有针对性的指导、干预与矫治。

（三）研究成效分析

通过近几年的指导实践研究，教师的指导能力有了很大的提高，家教能力与家教质量有了明显的提高。家长在观念、态度、行为、方式上都有了很大的转变。

1. 从婴幼儿及家庭方面来看

（1）从家长——指导的直接对象的变化来看。在研究的过程中我们发现，以幼儿园为主导开展"三边互动"亲子亲职教育，对改善家长的教养方式的培养是行之有效的。通过我们的一系列亲子教育和家教指导活动，推动家长主动学习，潜移默化地改变自己的教养态度和行为，重视孩子的意见、想法，与孩子加强接触、沟通，教养态度越来越趋向民主型，家长逐步树立了正确的教育观，提高了家庭教育的质量。

（2）从婴幼儿——指导的间接对象的变化来看。孩子各方面的能力明显提高。事实上，实验研究的最大得益者就是幼儿。经过早教活动的孩子，在大动作、小肌肉发展、精细动作发展、语言、肢体动作、身体的协调性、交往能力等各方面的能力上都有了明显的提高。

同时，亲师、亲子、师幼三方面的积极互动对儿童社会情感的形成和发展也起着积极作用。

2. 从幼儿园方面来看

教师的素质与指导能力有了提高。作为一名指导者，我们经常利用课余时间进行学习并积极开展指导活动，在实践中摸索经验。通过亲子园、深入社区、深入家庭等活动的开展，对家长的指导工作由过去单纯的"就事论事"转变为能根据孩子不同年龄阶段身心发展的特点、规律，面对面地具有示范式的指导方式，掌握与家长沟通的技巧，指导家长进行科学育儿的方法，大大增加了指导工作的实效性。

3. 从社区方面来看

我园通过问卷、表格、统计数据、家教论坛、讲座等不同形式，积极和社区进行沟通、互动，在幼儿园的支持下，社区和幼儿园早教一条龙服务的雏形开始建立，为家长更多了解婴幼儿及早期教育做好家园衔接，为高质量开展幼儿园活动打下基础。

五、课题进一步研究与展望

通过研究使我们体会到，充分调查0~6岁儿童家庭早期教育现状，是做好研究工作的前提；0~6岁儿童家庭早期教育指导的模式、策略、方案，是做好早期教育工作的重要保障。多年来，该项课题在研究与实践中取得了显著进展，形成了0~6岁的《亲子活动案例》《亲子游戏设计》《亲子活动中幼儿能力发展个案分析》等成果，但3~6岁婴幼儿的家长来园进行亲子活动较少，通过家长学校等形式对家庭教养方面的亲职指导受此限制。

另外，由于研究水平有限，目前还存在诸多问题。我们将努力争取专家引领，邀请儿童心理与发展水平权威的专家进行专业评估和指导，形成专业性测评材料和健全的评估体系；将亲子亲职教育向社区延伸，提高周边社区的宣传力度，加大社区辐射作用；提升家长家庭教育观念，转变家长传统观念，给予充分的介入式分析、研究与指导；针对问题儿童，需要长期耐心的专业的纠正与指导，目前大部分亲子教师的经验尚不足以进行相关亲子亲职指导。

上述均是我们接下来的研究重点，相信0~6岁的教育实践工作在理论的指导下，会更加科学和富有实效。

STEAM 教育促进中小学生创新能力培养的实践研究

课题主持人：潘占宏　长春市教育装备与信息中心主任
课题组成员：马淑平　长春市基础教育研究中心教研员
　　　　　　安　伟　长春市教育装备与信息中心副主任
　　　　　　刘　君　长春市第七中学校长
　　　　　　李桂娟　长春市基础教育研究中心资源部主任
　　　　　　王志锋　长春吉大力旺实验中学校长

一、课题的提出

（一）课题研究的背景

1. 国外研究状况

国外关于 STEAM 教育多集中在发达国家，如美国、英国等国家。2013 年美国的项目引路机构（PLTW）在中学阶段推出的 STEAM 课程中，综合实践课程或信息技术课程的教学活动多为基于项目或问题的学习，目的是让学生在产品研究、设计、测试中得到综合训练，如技术方向的课程《通向技术的大门》。建立了专门的 STEAM 中学，如布朗斯科学高中，学校根据国家未来的发展需求，重点培养未来在科学、技术、工程领域发展的学生。学生可以申请经费并得到专家的指导，学校为表现好的学生设立了大学先修课程，大幅地提高了学生在这些领域的知识及科研水平。

2. 国内研究状况

我国对 STEAM 教育的研究具有鲜明的民族特色和创新性，对其推进是一个开放的、动态的、发展的过程。2016 年 3 月，教育部教育装备研究与发展中心制订的年度工作要点中，提出要为创客教育和 STEAM 课程提供教育装备支撑，努力将教育装备与课堂教学结合起来，以培养学生的创新设计能力和问题解决能力。国内一些学者和机构关注并进行了本领域的初步研究，编程类、媒体制作类软件的应用在中小学 STEAM 教育中得到了广泛的应用，多以综合实践课程、信息技术课程、通用技术课程为主。如广州吴向东老师和武汉毛爱萍老师依托 Scratch 软件，研发了"儿童数字文化创作"课程。温州谢作如老师依托 Arduino、Scratch 软件，开发并实施了"互动媒体技术"课程，并取得了一定的成果。

在 STEAM 课程的实施中，老师们普遍发现，STEAM 教育需要丰富的课程教材和课程时间，单一的教材无法满足学生们在活动中的知识需求。吉林省在这方面虽然也进行了很多的探索，但 STEAM 教育的推进在体系上、整体上的模式研究还很欠缺，也缺少系统性。通过课题研究，旨在探索应用模式与方法，达到丰富完善学校对人才的培养体系，促进学生全面发展、创新发展、终身发展的目的，进而全面提高我市的教育信息化水平，加快实现我市教育现代化进程。

（二）课题研究的意义

理论意义：随着互联网和信息技术的飞速发展，数字技术与教育不断融合，带来的不仅有MOOC，还有创客教育。因此，在长春地区立足数字化环境基础上，深化研究STEAM教学应用水平，促进长春市基础教育的改革和发展，促进教育教学方法的创新与教育质量跃升，在覆盖各级各类学校的教育信息化体系中，充分利用技术创新教育运行与管理机制，整合资源。在此基础上构建先进、高效、实用的学习环境；建构中小学各学科个性化教学基本范式；形成课程优化和个性化课堂教学实施策略及教材。为全面推进吉林省基础教育提供决策咨询与实施依据，为全省乃至全国其他省市地区的STEAM教育推进工作提供典范和引领，切实实现基础教育均衡发展。

实践意义：转变观念，对学生的培养，实现从应试能力的培养向综合素质培养的转变。立足学生核心素养发展，开展各种实践活动，进行个性化教学实践探索，实现知识的跨学科整合运用。提升教师研究核心素养发展落地的科研能力。开展个性化教学，提升中小学生创新意识和动手创造的能力，解决目前中小学生长期缺乏工程、技术等方面的应用与训练的问题，解决步入社会时出现学与应用衔接不上的问题，为实现学校教育向社会实践的科学衔接做好有效铺垫。

（三）课题研究的界定

1. STEAM教育。STEAM代表科学（Science），技术（Technology），工程（Engineering），艺术（Art），数学（Mathematics）。STEAM教育就是集科学，技术，工程，艺术，数学于一体的综合教育。

2. 创新能力。创新能力是向技术和各种实践活动领域中不断提供具有经济价值、社会价值、生态价值的新思想、新理论、新方法和新发明的能力。

二、课题研究的设计

（一）研究目标

以"培养学生创新能力，满足学生个性化发展的需求"为总体目标，具体分为：

1. 探索适合长春地区的中小学STEAM教育的"教研培赛"推进策略。
2. 开发基于主题项目式学习并结合创新动手技能训练的综合课程。
3. 建立并完善STEAM教育推进的层级管理。
4. 提升教师队伍整体的信息化、专业化水平。
5. 践行STEAM教育，促进学生个性发展，培养学生创新能力。

（二）研究内容

1. 根据全市不同县（区）的网络问卷调查和实地调研情况，归纳总结长春地区中小学STEAM教育现存的问题和不同区域的STEAM教育的异同点；分析长春地区中小学STEAM教育的总体发展趋势和不同区域的STEAM教育存在的差距，为研究STEAM教育的推进策略提供科学依据。

2. 将创客理念引入中小学教育体系中，如把APP、Scratch、机器人、3D打印技术、科学小实验等引入到中小学的课堂。实施一系列关于创新动手技能训练的综合课程，学生在老师的引导和启发下，动脑又动手地创造出具有创意的作品。区域统筹兼顾，以提高信息化应用绩效为出发点,实现区域内优质教育资源的共建共享。

3. 调动和发挥国家级和省级现代教育技术实验校的示范辐射作用,以市带区,以区带校,分层管理,构建具有长春地区特点的 STEAM 教育协同推进模式,打造典型的 STEAM 教育特色实验区及特色实验学校,增强其示范与辐射功能,引领全市 STEAM 教育的全面发展。

4. 开展"教研培"一体化活动,打造一批学科骨干教师,以点带面地发挥其示范、引领作用,全面提升教师队伍整体的信息化、专业化水平。

5. 探索项目式学习,以活动及竞赛形式,调动学生参与活动的热情,培养学生动手实践能力和创新能力。

(三)课题研究的方法及策略

1. 研究方法

文献研究法。通过查阅、搜集、分类有关 STEAM 教育、创客教育、项目式学习、创新教育方面的文献资料,获取 STEAM 教育的相关信息,并进行分析综合,从中提炼出 STEAM 教育、创新教育理论及教学范式方法等相关有价值的资料。

调查问卷。通过问卷对教师、学生进行调查,了解基层学校在 STEAM 教育方面的需求、课程设置等,为课题研究提供第一手资料,并通过数据对比发现问题,分析原因,寻找解决策略。

实地调研。利用督导检查,深入学校进行调研,了解学校现有设备、资源情况,为开展 STEAM 教育的课程建设做准备。

实践研究法。教师综合运用多种研究方法与技术,针对各项研究目标,有计划地探索个性化教学途径和方式方法,边研究、边总结、边推广、边应用,不断梳理、总结阶段性研究成果,在实践中不断深入地解决教育实际问题。

2. 研究策略

本课题研究以长春地区整体推进为目标,以应用为主导,采用行政推动、实践结合、项目评估和信息化及各种科技竞赛并举的推进策略,由教育行政部门、区进修学校、基层学校组成专家团队,汇聚各方力量,形成集成创新、协调发力的工作机制和模式。研究过程与常规教学、日常教研、教师培训、学生活动及竞赛结为一体,主要以三种培训推进研究:一是"基础理论与基本方法"的培训,主要采用课例分析、专家引领、行动研究的方法进行;二是"研究措施与实施策略"的培训,主要采用观摩、经验交流、骨干示范的方法进行;三是"效果测量、数据分析与结论形成"的培训,主要采用个案点评、启发带动、以点促面的方法进行。以学生活动及竞赛实现研究成果的转化,切实提高学生的创新意识和创新能力。达成长春地区的整体推进的目标。

三、课题研究的过程

(一)开展网上调研与实地调研,根据数据分析,制定研究策略

课题于 2016 年在中央电化教育馆立项为专项课题,搜集有关文献资料三十多篇。通过网络调查问卷与实地调查相结合的方式,分析吉林省城乡教育信息化现存的问题和总体发展趋势,以及不同区域的 STEAM 教育存在的差距和异同点。设计调查问卷一,并对收

集到的数据进行分析。本次调研城区教师占比大；初中年段占的比重大，约占总人数的46.36%；STEAM 课程的开展学科信息技术和全学科课程所占比例很大；授课形式非常满意和满意度占100%；比赛和活动对学生的创新能力培养有帮助；创客套件在教学过程中激发了学生的动手兴趣；创客套件使用情况非常满意和满意度达到100%；一些公司提供的 STEAM 教育课程对学生的实际动手操作能力、思维方式的发展、培养自主性和创造性等方面的认可度达到了20%以上。综上数据，我们可以看出教师对 STEAM 课程的开展很有兴趣，有针对性的创客套件有利于教师授课，对学生的实际动手操作能力、思维方式的发展、培养自主性和创造性等方面都是有很大帮助。设计调查问卷二，我们对收集到的数据进行分析。本次调研小学生数量比较多；STEAM 课程的开展，认为对学生的创新能力提高、学生的综合能力提高有帮助的比例占95%以上；学生喜欢这样的课程所占比例接近90%；课程的推广难易度各占50%；通过 STEAM 课程思维的训练，认为学生的学习成绩和学习习惯有阶段性改变的占97%以上；每周开设课程基本能保证一节，有的学校能达到3节；在 STEAM 教学中，认为学科融合意识及跨学科协同能力的提高度达到92%以上；学习过程中最大的困难是个人能力不够，同时缺乏教师的有效指导和家长的支持鼓励。综合上述数据，我们可以看出，小学生对 STEAM 课程认可度很高，学校也越来越重视课程的开展,学生的创新能力、综合能力也有很大的提高，但缺乏教师的指导和家长的支持鼓励。针对调查结果，我们对课题的目标进行初步研究，拟定子课题研究方案，制定课题实施细则及管理方法；成立子课题组，组织30所学校参与课题实验研究工作；制定课题实施计划；在技术上帮扶实验校，优化信息环境；在资金上与区电教部门协调，为实验校提供丰富资源库及设备，为课题实施做好准备。

（二）构建体系，规划引领，开发 STEAM 课程

组成研究团队和教学项目研究小组，定期开展主题学习和教研活动，把学校的学生活动、教师科研、学生竞赛等每一项师生活动成果收集起来形成课程资源。这不仅能增进成员沟通交流频次，而且能提高成员研发能力和研发效率。

经过前期调研，课题组根据长春地区各区域资源、师资情况进行统筹规划，再由各区域电教部引领，学校主管领导从理念上引导全校教师正确认识和理解 STEAM 教育，在目标上明确努力的方向，在任务上提出切实可行的内容和行之有效的措施。在实施上强调开展 STEAM 教育的基本要求，基于各类资源及学校师生实际面临的情况，因地制宜地开发 STEAM 校本课程。我们在研究过程中，通过项目式学习，一方面，从学生现有的经验和生活实际出发，将课程知识尽量回归到它被抽象出来的原来的经验上；另一方面，在学生已有的经验和未来的经验之间架设桥梁，将学习者现有的经验引导到更广泛、更具社会性的经验上，促使学生新、旧经验的整合。充分将物理、化学、生物、地理、信息、数学、音乐、体育、美术等学科进行融合，在一定程度上打破了学科之间的人为界限，探寻不同门类知识的内在联系并将其进行重组，从而把分散在各科之中的"知识点"串联起来，形成了融通一体的"知识树"。

（三）打造典型，发挥辐射作用

鼓励长春地区各区域组织学校参加课题研究工作，在课题实验校中发现亮点，与区电

教部门共同指导、协同打造、积极推广。长春经济技术开发区东方广场小学根据学校的师资、设备等条件，成立STEAM社团，如固定翼社团、机器人社团、直升机社团、无人机社团、纸飞机社团、3D打印笔社团、四驱车社团、串珠社团等。在区统筹安排下经开区各实验校都纷纷利用业余时间，结合创客项目，以社团的形式开展STEAM教育实践，初步营造区、校层级的STEAM教育氛围。

吉大附中力旺实验中学开发了35门STEAM校本课程，16门综合走班选修课，12门科学实验走班选修课，课程的种类多样，如广播、音乐、编导、茶道、小语种、美术等。组织20余位数学、物理、化学、信息、地理、生物、音乐、美术、体育等学科教师参与8门类共60多个课程开发建设，在7、8年级开展STEAM课程教学。王志锋校长出版了《STEAM课程设计精品课例集》一书，对学校的成果进行推广。

（四）依托"教研培"一体化，推进课题研究

在课题目标的引领下，以培养学生创新能力为目标，课题组采用"教研培"一体化管理模式，从教师素养入手，让各试验校在操作层面上有据可依，有章可循，促进了研究成果在区域校的同步推广。在教学上，由课题组组成的专家团队对教学设计进行指导，定期深入课堂，对教学内容及教学形式进行指导，指出改进建议。做到发现问题及时处理，改进之后再听课、指导。开展教师专业技能培训，多次聘请北京师范大学的傅骞老师、北京景山学校吴俊杰老师等业内专家来长春给教师进行培训，组织本地精英教师不定期对教师进行培训。积极创造条件派教师去北京、上海、深圳、海口等地学习，学习最先进的教育理念和教学方法。多次组织关于创客、STEAM教育的相关研讨活动。采用"教研培"一体化管理模式，各区域STEAM教育呈现教学、教研、培训集优发展和共同提升的全新样态。

（五）综合社会资源为学生创新发展创造条件

为了提高学生的创新能力，促进学生的长足发展，每年组织学生参加各级各类创新大赛、实践活动，如全国中小学生创新实践活动（NOC）、全国（吉林省）青少年科技创新大赛、全国青少年调查体验活动、全国青少年创意编程活动、吉林省青少年航模比赛、吉林省青少年益智活动、青少年高校科学营活动、长春市创客嘉年华活动等。指导采购相关的教学设施和器材，加强课程内容与学生生活以及现代科技发展的联系，以满足学生理智生活、情感生活、审美生活、道德生活的需要。课程内容包含多种学习资源的整合。

鼓励各学校教师利用午间时间、课余时间组织学生参与满足本校需求的STEAM活动，以需求和特色为导向，将二课堂和学生游学的时间充分利用起来。如创客大篷车体验活动、创客嘉年华、创客工作坊等，让学生在课余生活也能体验到STEAM教育，在活动中大大提升了学生的动手能力、创新思维，并让学生在遇到问题时，能主动思考问题、分析问题，找到其合理的解决办法，并不断地试错、改进，最后将问题解决。开展亲子工作坊和家庭STEAM教育的教学微课，让学生在家也能学习知识，和家长共同学习，让家长深刻了解STEAM教育给学生带来的好处，推动教师、学生、家长三方面共同开展STEAM活动，让学生从中不断提高自身的创新意识和创新能力。

四、课题研究成果与成效

几年来，总课题组在研究过程中步步有示范，成果有总结，达到了预期的研究目的，

取得了丰富的研究成果。

（一）开发出各类有利于学生创新能力培养的STEAM课程

1. 普及类课程

以信息技术，科学等学科为基础，对信息技术学科原有教材的知识内容进行重构。以任务驱动的方式设计课程，充分发挥教师对教材二次开发的能力，帮助学生在掌握各学科知识的基础上，熟悉项目式学习的方式，为接下来跨学科内容的学习做好充足的准备。我们对长春市小学综合实践教材、长春市初中信息技术教材进行了重新修订，增加了3D打印技术、机器人、程序设计等创新课程。

2. 拓展类课程

拓展类课程是在基于国家基础学科课程的基础上，为了满足学生多样化的学习需求和发展需求而开发的一类课程。在拓展类课程中，为了让学生对STEAM课程中的各领域知识都有一定了解，具备跨学科解决问题的能力，在信息教学中开设创意编程的基础上，鼓励学校开发校本课程，根据学校研究方向开设开源硬件、创意美术、创意实验、微电影、趣味电路、建模搭建等系列课程供学生自主选择。系列课程在技能培养的同时，更加注重学生解决现实问题的能力及思维的培养，为后续学生制作真实项目，跨学科学习奠定基础。经过初步的教学尝试后，我们通过过程性评价、结果性评价、形成性评价等一系列评价方式，发现学生的创造力与动手能力均有所提高。

3. 探究类课程

探究类课程以本课题为依托，将众多课程化整为零，着力打造探究式主题STEAM课程。该课程基于某一现实问题，鼓励学生用创造性的手段解决问题。在解决问题的过程中会涉及各学科领域的知识（例如外观设计、程序编写、结构设计、社会实践调查等），学生在导师的帮助下，通过自主探究的方式，结合前两级课程的领域知识，发挥自身的创造力与想象力，通过提出问题、头脑风暴、形成方案、协同创作、不断迭代、总结分享等过程完成项目制作。

4. 活动类与比赛类课程

为了让学生能够在课余时间同样体验到STEAM教育，各实验校发挥课题研究能力，通过社团举办了各类STEAM活动，主要包括：青少年调查体验活动、"STEAM工作坊""创客马拉松""编程一小时""科普大篷车进校园"等，让学生全方位、多领域了解STEAM理念。并针对全国（省）青少年科技创新大赛、青少年机器人大赛、全国中小学生创新实践活动（NOC）、吉林省航模比赛等对参赛学生进行分项目指导。

（二）构建项目式学习范例

通过课程研究，探索出以学生兴趣为导向、以小组合作为方式的主题项目式学习。形成项目式学习范例，即主题确定、项目实施方案设计、项目实施、项目成果展示、项目评价等。

（三）形成项目式学习方案撰写方法

在研究过程中，归纳总结出项目学习方案的基本要素，包括：方案的名称，方案的背景（需求分析）与目标，方案所涉及的对象、人数，方案的主体部分（活动计划、活动内容、活动方式，以及采用什么研究方法，开展研究工作，论文成果展示，等等）、难点、重点、创新点，利用的各类教育资源（场所、资料、器材等），活动过程和步骤（准备阶段、研究阶段、研究过程记录、设计制作、撰写论文），可能出现的问题及解决预案，预期效果与呈现方式（设计意图），效果评价标准与方式，对青少年"益智、养德"等方面的作用（情感态度价值观方面的培养）。

（四）教师在研究中总结提升，成绩斐然

在课题研究过程中，课题组主要研究人员及实验校教师出版发行《小学综合实践》教材 4 本，《初中信息技术》教材 5 本，专著 3 篇，在各期刊上发表论文 32 篇，优秀校本教材 6 套，优秀课件 35 件，教学设计 56 篇。

组织 1 000 余名信息技术教师分批次参加 Scratch 编程培训；组织 100 余名教师参加吉林省科学影像节教师培训；分批组织创客教师培训 200 余人；组织 NOC 参赛教师培训 480 余人、组织全国信息技术与学科融合优质课大赛教师培训 270 余人；组织教师参加 NOC 大赛、全国信息技术与教学融合优质课大赛等赛事。在全国信息技术与教学融合优质课大赛中，有 67 名教师获一等奖。在 NOC 大赛中，共有 34 名教师获一等奖。在吉林省青少年科技创新大赛中，3 名教师获一等奖。

（五）学生活动丰富多彩，硕果累累

在课题研究期间，我们共推荐 110 名高中学生参加了北京大学、清华大学、南开大学、大连理工大学、东北大学、哈尔滨工业大学、华东理工大学、哈尔滨工程大学、山东大学、中国海洋大学的高校科学营活动；68 名学生入选吉林省英才计划培养学员；组织学生参加国际青少年 iCAN 创新创意大赛等 3 种国家级赛事，共获得一等奖 2 名；组织学生参加全国青少年创意编程活动，长春市有 155 名学生参赛，其中 1 人入选决赛并获一等奖；在全国青少年科技创新大赛中，6 人获一等奖、10 人获专项奖；在吉林省青少年科技创新大赛中，长春市共有 119 项作品获一等奖、获得金牌 64 块；在吉林省青少年机器人竞赛中，共有 153 支队伍获一等奖。各项赛事成绩斐然，充分彰显了学生的创新能力与实践能力的不断提升。

五、课题进一步研究与展望

由于 STEAM 课程体系建设是一个浩大的工程，方方面面都没有得到完善。我们花了很长时间去建立这个体系，但在推进过程中发现我们面临的最大问题是缺少宏观指导下的课程评价体系。

首先是课程评价，包括课程内容评价和课程实施评价。实施 STEAM 教育几年来，我们积极组织教师开发 STEAM 校本课程。这些课程是否全部诠释出了 STEAM 理念的真谛，难以评判。

其次是学生评价。STEAM 针对的学生体系比较复杂，分为课堂内评价和课堂外评价，还包括参加各类的比赛。如何建立系统全面科学的学生评价体系也是亟待解决的问题。

最后是教师评价。我们如何来认证老师们能够实施这个课程，这需要有一套标准的范式。这个范式我们还不清楚。

今后根据课题研究进度，继续进行实践、总结、推广、交流。一是进一步完善课程体系。目前 STEAM 课题研究中，有几所学校已经在课堂上开始将各学科知识进行重组并开始施行，但课程内容体系还不够完善。在之后的 STEAM 教学工作中，我们将组织教师不断地尝试和改进，研发出更合理的教育知识树，建立一个合理的教育体系。二是整理并汇总教学资源。将基础知识制作成学习资源素材，学生通过自己对资源的合理利用，学习相关知识点内容，提升自身的自学能力。

在课堂教学内容推进的过程中，教师录制在线的 MOOC 视频，制作微课等让学生在课后能自己观看视频巩固知识，拓展视野。同时，在课余的学习中进行动手制作和实验，也很大程度提升了学生的动手能力和创新能力。三是促进学科融合，建立跨学科团队。继续组织教师培训及学生各项赛事，积极组织信息技术、科学、音乐、体育、美术等学科教师共同协作，打破了学科之间的人为界限，探寻不同门类知识的内在联系并将其进行重组，建立学科团队，进行超学科、跨学科研究，促进课题的研究工作。发挥团队作用，在 STEAM 教育方面为学生创新能力培养探索出更高效的策略。

0~3岁婴幼儿早期教育的实践研究

课题主持人：谭　清　长春市基础教育研究中心科研三部主任
课题组成员：王淑琴　长春市基础教育研究中心副主任
　　　　　　张馨予　长春市人民政府机关第二幼儿园园长
　　　　　　白丽萍　吉林省省直机关第一幼儿园园长
　　　　　　张玉芙　中共市委机关幼儿园园长
　　　　　　孙红艳　长春市人民政府机关第一幼儿园园长
　　　　　　周焕生　吉林大学附属实验幼儿园园长
　　　　　　赵　明　东北师大附属实验学校幼儿园园长
　　　　　　刘　爽　长春市人民政府机关第三幼儿园副园长
　　　　　　朱　莹　长春汽车经济技术开发区实验幼儿园园长

一、课题的提出

（一）研究的背景与意义

随着社会经济的发展，人们对教育的需求显著增加，0~3岁婴幼儿的教育也受到广泛关注。让每个儿童都接受良好的早期教育，为他们一生的成长奠定基础，已经成为全社会共同的责任。我国在《面向21世纪教育振兴行动计划》中也明确指出："实施素质教育，要从幼儿阶段抓起。"《国家中长期教育改革和发展规划纲要（2010—2020年）》指出，要"重视0~3岁婴幼儿教育"。这些都表明国家已将0~3岁婴幼儿早期教育纳入教育政策的主流，未来0~3岁婴幼儿教育将获得更加广阔的发展空间。在这一背景下，对0~3岁婴幼儿早期教育进行研究和探讨显得极为迫切。

有关专家也强烈呼吁：童年只有一次，成长不能重来。当下中国社会正谋求由人口数量大国向人力资源大国发展，现在的0~3岁婴幼儿将成为未来国家的建设者，为了提升国民素质，教育必须从出生开始。可见，0~3岁婴幼儿的早期教育是时代发展的需要，是培养高素质人才的需要。0~3岁婴幼儿早期教育的研究也是当前基础教育领域课程改革的前沿课题，开展此课题研究势在必行。

（二）国内外课题研究的现状

联合国教科文组织在学前教育国际协商会议上指出：学前教育要向下延伸至零岁，它使学前教育真正成为为终身发展打基础的促进儿童身心发展的一切保育、教育活动。世界多国政府已经从宏观管理的层面上认识到，早期教育与社会和国家的稳定、发展息息相关，不仅能够促进儿童的发展，而且能缓解家庭压力和社会问题，保障国家中长期的繁荣。例如，英国建立了多个以社区为基础的早期儿童服务机构；澳大利亚政府试图通过以社区为基础的早期儿童服务网络来实现"多元文化认同"的社会变革；日本、美国则通过增加对早期保育与教育的投资，使得整个社会减少矫正教育，减少犯罪和监禁，产生更高的经济生产力；苏联等国家和地区，早在60年代就已经开始重视0~3岁婴幼儿早期教育，到90年代服务系统和理论体系更加完善。而中国的0~3岁婴幼儿教育绝大部分还是以家庭教养为主要方式，正规的托幼机构也只是很少的一部分，因此关于0~3岁家庭早期教育的科学理念和科学教养方式亟待被推广和普及。紧随国内外学前教育发展的步伐，准确把握早期教育的新动态，对我们的课题研究有着一定的启示和借鉴意义。

（三）课题研究的价值

实践价值。通过构建0~3岁早期教育体系，对完善我市早期教育的发展机制，提升早期教育发展的整体水平，促进我市教育与社会的公平都具有十分重要的意义。通过本课题研究还有利于形成和完善0~3岁早期教育的内容、方法体系，培养一支高素质的婴幼儿早教队伍。

理论价值。本课题研究在借鉴国内外研究成果和经验的基础上，形成我市早期教育的实践模式，着力探索适合国情和地方特点的早期教育途径和理论问题，为我市早期教育的发展贡献智慧。

（四）概念界定

0~3岁婴幼儿早期教育是指在人出生后到3岁这一阶段中，为其提供科学、合理的教育和养育的总和。

早期教育是指在孩子0~6岁这个阶段，根据孩子生理和心理发展的特点以及敏感期的发展特点而进行有针对性的指导和培养，为孩子多元智能和健康人格的培养打下良好的基础，侧重开发儿童的潜能，促进儿童在语言、智力、艺术、情感、人格和社会性等方面全面发展。

二、课题研究的设计

（一）课题研究的目标

1. 通过调查研究，了解我市早期教育的现状及需求，探索早期教育的实施策略。

2. 基于0~3岁婴幼儿的身心发展特点制定发展标准，创设安全和健康的环境，开展亲子游戏系列活动，促进婴幼儿健康成长。

3. 转变教师观念，帮助其提高专业技能和研究能力，培养高素质的早教师资队伍。

4. 制定丰富多彩的亲子课程内容，开发具有园本特色的亲子课程模式。

5. 研发家庭教育指导方案，帮助家长树立正确的教育观，掌握科学的教养方法和知识。初步构建家庭、社区、亲子园三位一体的0~3岁幼儿早期教育体系。

（二）课题研究的内容

该项课题由长春市20所早教基地园共同参与研究，涉及亲子课程设置、亲子游戏、亲子阅读、教学模式、托幼一体化、亲职教育、早教师资培训、婴幼儿能力发展、家庭科学育儿指导以及社区早教公共服务体系等一系列问题的研究。具体的研究方向和内容如下：

1. 亲子阅读促进18~36个月婴幼儿语言发展的研究。

2. 0~3岁婴幼儿亲子课程及模式的研究。

3. 0~3岁婴幼儿发展能力的研究。

4.0~3岁婴幼儿早期教育师资能力的研究。

5.0~3岁婴幼儿早期家庭教育指导方案的研究。

6.2~3幼儿手部精细动作发展行动研究。

7.0~3岁婴幼儿课程整合研究。

8.0~3岁婴幼儿游戏的有效指导策略研究。

9.幼儿园亲子课程设置的实践研究。

10.幼儿园早期教育教学模式的实践研究。

11.托幼一体化研究。

12.建构0~3岁婴幼儿社区早教公共服务体系研究。

13.2~3岁婴幼儿本土美术活动游戏化的实践研究。

14.幼儿亲子教育研究。

15.0~3岁亲子亲职教育的行动研究。

16.2~3岁婴幼儿亲子阅读中父母指导策略的研究。

17.生态教育理念下0~3岁婴幼儿游戏的研究。

18.普及生活教养幸福千家万户实践与研究。

（三）课题研究的方法

课题实验园根据课题研究的性质和需要，灵活采用符合实际的研究方法，总课题组鼓励实验教师大胆实践，充分激发教师的研究潜能。

1. 文献研究法

通过网络报刊专著等渠道，查阅国内外关于0~3岁婴幼儿早期教育改革研究的成果，了解国内外早期教育研究的现状。学习有关理论和早期教育改革文章，借鉴成功经验。如了解英国、美国等地的研究内容，掌握上海、北京、广州等地对早期教育研究探索的成果，为课题研究奠定理论基础和实践指导。

2. 调查研究法

主要是调查课题研究前的现状和实施过程中存在的问题。参加课题研究的实验园对参与课题研究的教师、幼儿、家长和社区进行问卷调查，调查教师、家长对早期教育的看法以及存在的问题，并对问卷结果进行了细致的分析，掌握了教师、家长对早期教育现状的态度，对早期教育内容、形式、目的和效果的认识。找到了课题研究的切入点和突破口，便于深入有效地开展研究。

3. 实践研究法

在亲子课程设计的实践中采用观察、发现、调整、分析的方法，获取真实有价值的信息和资料。通过学习效果的检测，不断完善课题实施内容，寻求有效的方法和策略。

4. 经验总结法

结合实验园参研教师工作实践经验进行研究。将课题研究内容、过程、成果加以总结、归纳，撰写阶段性总结，修正和完善研究方案，撰写课题研究报告，并加以推广。

5. 行动研究法

课题实验园在具体实施过程中，边研究，边总结，边辐射推广，把行动和研究结合起来，切实解决早期教育改革中存在的各种问题。

（四）课题研究的策略

总课题组在充分考虑课题实验园研究方案水平和实际研究力量等情况的基础上，主要采取了以点带面的策略，进行辐射推广、示范引导。同时采用了动态管理，以管促研的方式，实施了三级研究管理指导，即总课题组管理评估、县区教科所指导协调、实验园自主研究的策略。在研究中，课题实验园依据研究方案，不断地调整方案，灵活创新，研教结合，力求研究扎实有效。

三、课题研究的过程

1. 建立健全组织机构，全力支持课题研究

为了确保课题研究顺利开展，成立了由科研主管部门、教育科研专家、名园长名教师组建的专业团队，确立了20所早教实验园，以省直、市直的6所幼儿园为主，同时吸纳了师大附属幼儿园1个、吉大附属幼儿园3个，以及各县（市）区的示范幼儿园10所参与研究。总课题组进行了0—3岁婴幼儿早期教育现状调查，查阅收集相关资料，并拟定了多项研究内容让实验园选择，自行确立了子课题，并对课题进行论证，形成了课题研究实施方案。

2. 培养高素质师资队伍，务实教师专业发展

在各实验园的大力支持下，通过多种途径的培训，更新教育理念，提高教师研究能力。每年召开两次课题研讨会，交流研讨在研究中取得的成效和存在的问题。每年上交中期报告和年度成效报告。定期开展早教科研活动，邀请专家讲座，实地调研指导，学习先进的早教理念和经验。通过交流讨论，教师从多途径获取早教工作信息、经验，对自己已有经验进行再充实、再反思，真正的提高了教师业务水平。

3. 精心设计游戏活动，促进幼儿身心发展

我们研究了不同年龄段孩子的发展特点和关键期，制定了不同年龄段的发展目标，通过多种活动促进孩子各方面的发展。我们根据培养目的设计各类游戏活动，依据婴幼儿年龄特点和需要，分0~1岁；1~2岁；2~3岁三个年龄阶段收集、设计丰富合适的游戏，内容涉及了婴幼儿感觉统合游戏、肢体动作游戏、语言训练游戏、智力开发游戏、肢体反应敏捷游戏等。通过这些丰富多彩、有趣的游戏活动增进了孩子动作和各方面能力的发展。

4. 依托园本特色，构建亲子课程模式

各实验园依据婴幼儿年龄发展特点，结合园本课题研究内容，探索出符合园情的亲子课程。具体课程有：启蒙课程、探索课程、体智能课程、感觉统合课程、蒙台梭利课程、奥尔夫音乐课程等等。通过丰富多彩的课程内容，开发了富有特色的亲子课程模式，带动了亲子游戏的开展，激发了幼儿兴趣爱好，促进了幼儿各方面能力发展。

5. 关注多个层面，家园社形成合力

在课题实施中，定期开展问卷调研，了解家长的需求，举办了专家讲座指导家长科学育儿，利用家长开放日参与亲子课程游戏，同时还强调了社区的积极参与，利用了一切可以利用的资源，真正做到幼儿园、家庭、社区的三者结合。

四、课题研究的成果与成效

本课题历经三年多的实践研究,在20所实验园的不懈努力下,圆满地完成了课题研究的各项预定任务,达到了课题研究目标,取得了较为丰硕的研究成果和较为显著的研究成效。

(一)以多途径培训为依托,培养了高素质的早教师资队伍

为了有效开展课题,提高教师的科研能力和觉悟意识,总课题组对教师的培训贯穿在整个课题研究中,学习目前国内外先进的教育理念,了解最新的幼儿园课程信息,并及时梳理和整理相关材料。在教师培训方面,我们坚持内培和外培相结合的原则,聘请0~3岁婴幼儿早期教育专家从北京、上海等地来我市入园指导,也不失时机地派实验园领导和教师到外地学习经验,拓宽了培训渠道。例如:为了使课题研究落到实处,提升教师科研素养,熟练掌握教科研方法,省文化系统幼儿园派出史洪园长和于雅杰园长参加全国首批来自美国的"PITC-3岁婴幼儿优质课程"的学习,并取得"美国PITCO-3岁婴幼儿课程"认证教师资格。我们还采用了网络主题教研、专题培训讲座、现场经验展示等形式,定期举行专题学习。每学期都要进行课题研究情况分析会,带动全体参研教师参与课题研究,营造了培训学习的氛围,促进了教师教育理念和教学观的转变。

(二)以教学改革为契机,建立了教与学的新方式

通过课题研究,更新了教师的教学观念,巩固并加深了教师对新课程改革的理解,拓宽了教师对早教的单一认识,实现了"教的方式与学的方式的和谐统一",教师的教学方式和幼儿的学习方式都有了明显的变化。在课题研究中,充分强调幼儿在亲子活动中的主体地位,调动幼儿参与兴趣,愉快体验。针对孩子的发展"敏感期",注重婴幼儿大脑与五官刺激、身体协调能力、语言能力、情绪能力和良好生活习惯的培养,强化了通过亲子游戏对塑造和提高婴幼儿良好素质的潜移默化功能,为全面实施素质教育开辟了一条新途径。如吉大实验幼儿园的周焕生园长在结题报告中写道:课题的实施给孩子带来了更多的实惠。幼儿不再是机械地模仿和被动地接受,而是能自主地选择、自由地表达、积极地探索、愉快地游戏,从中体验平等、关爱和尊重,体验"对话""交流"和"合作学习"的快乐感受,彰显个性,活跃身心,在情感、态度、能力、知识等方面得到培养。

(三)以园本特色为基础,开发了的丰富多彩的亲子课程模式

早教实验园都探索出了符合园本实际、具有园本特色、操作性很强的亲子课程模式。课题教师认真总结自己的早教研究经验,广泛收集、整理、加工已有的亲子课程研究材料,根据科学性、实用性、有效性的原则,吸取了许多国内外的亲子课程研究思想、研究理论,结合自己的教学研究实际,探索出了一些较为成型的亲子课程模式。如汽车区实验幼儿园在早教课题实践中,针对1.5~3岁婴幼儿年龄特点,制定不同的早教课程活动方案及相关的课程资料包,并针对精细动作课程制定了详细的研究计划,融入形体训练、奥尔夫、蒙氏,融合幼儿园教育教学五大领域内容,并结合了园本艺术特色(艺术大师、快乐拍拍鼓、亲子瑜伽),丰富了亲子活动,成功地吸引着孩子们的兴趣,参与活动积极性达到100%,形成了园本特色的课程体系。又如长春市二道区教育第一幼儿园早教课程的研发,该园与上海宝山区早教中心合作,引进其《亲子启蒙活动方案》《感统综合训练方案》早教课程,

他们还与周边社区合作，了解了周边幼儿发育发展的情况，自主实践研发了艺术课程、游戏体能、多元生活、感官训练等。

（四）以全面育人为核心，促进了幼儿能力全方位发展

根据婴幼儿的身心发展特点，制定了0~3岁婴幼儿分阶段发展目标，并创设安全和健康的环境，开展亲子游戏系列活动，促进了婴幼儿健康成长。

在课题研究中，实验教师更加关注幼儿大脑发育的关键期，语言发展的关键期，0~3岁婴幼儿时期良好习惯的养成，社会性的情感态度（依恋）基础，重视安全教育，促进机体的生长发育，提高0~3岁婴幼儿对环境的适应性，了解0~3岁婴幼儿身心发展特点，有效促进孩子健康全面的发展。在教育实践中，实验教师更多地通过创设环境、关注兴趣、适度启发、适当帮助、观察倾听、理解欣赏等方式完成，幼儿则在正规性和非正规性活动条件下，通过与环境、材料、同伴、教师的互动，大胆探索与表现，主动获取知识、习得经验。

实验研究的最大得益者就是幼儿。经过早教活动的孩子，在大动作、小肌肉发展、精细动作发展、语言、肢体动作、身体的协调性、交往能力等各方面的能力都有明显的提高。

（五）以评价制度为导向，创新了幼儿发展的评价标准

根据教育部下发的《幼儿园保育教育质量评估指南》，各实验园基于0~3岁婴幼儿的身心发展特点制定发展标准，完善幼儿发展情况报告单和《幼儿园教学活动评价表》《教学活动常规细则》《幼儿园亲子活动常规要求》等各类评价标准，形成了多元的评价内容；其次，幼儿园自行设计记录评价表，在观察、记录对幼儿做了什么和如何做的基础上，联合幼儿、家长、教师和其他保教人员，针对每个幼儿的原有水平及发展程度进行全面性评价，体现了评价方式的多样和灵活；再次，在评价过程中，不仅关注评价结果，更关注幼儿的成长过程，每个教师不定时的撰写幼儿成长观察记录。通过课题研究，幼儿的积极性、主动性、独立性、创造性有了明显提高，幼儿的能力得到全面培养。

（六）以家园共育为合力，树立了正确的家庭教育观

早教实验园，以形式多样的亲子活动满足了广大家长的需求，使科学的早教覆盖了全社区，让所有的宝宝都能接受到最高质量的早期教育。从家长方面来看，逐步树立了正确的教育观，教养态度越来越趋向民主型，他们不再用自己的想法强迫孩子，而是重视孩子的意见、想法，充分地与孩子进行沟通，家长的素质有了明显的提高。通过组织家教论坛、家长开放日、育儿专题讲座、面对面专家咨询指导、社区宣传栏等活动，使家长逐步树立了科学的儿童观，教育观和人才素质观，建立起了一种合作的互动模式。例如，汽开区实验幼儿园挖掘家长资源，园所建立了家长志愿团，针对园内每个班级家长的特长、职业等个人特质，家长自愿申报，分别建立家长助教团、家园安保团、伙食花样团、环境创设团、管理后援团、智慧支持团、爸爸帮帮团等，通过家长志愿团让园所管理更加灵动，通过家长资源的有效利用，促进办园品质的不断提升。

在课题研究中，亲子活动是家园互动环节的一个亮点，家长和孩子在游戏活动中体验亲情的快乐。家长通过亲子自制图书、讲故事、亲子同台表演、亲子运动会等丰富多彩的亲子活动，让家长在互动互促、优势互补中共享儿童成长之乐，享受教育之乐，在快乐的

亲子活动中达到共同提高。

在课题研究中，我们对幼儿园亲子活动进行了家长问卷调查。回收"家长参与幼儿园亲子活动的现状调查"310份，获得有效问卷290份，整理统计调查结果：在家长对亲子活动的态度方面，99%的家长认同幼儿园开展亲子活动有益于家长与孩子之间的情感交流，密切亲子关系；56%的家长在工作完成之余愿意参加；25%的家长愿意推掉所有事务积极参加；19.6%的家长视情况而定。从调查数据中，我们可以分析得出亲子活动的基本现状：家长对亲子活动的意义及作用表示赞同，认为亲子活动有益于家长与孩子之间的情感交流、密切亲子关系。家长的育儿观念也有所改变，在生活中会有意识地增加与孩子互动的时间。

几年来，总课题主持人在指导各子课题进行研究的同时，不断提高自身研究水平。她撰写的论文《教育要从小抓起》在吉林日报上发表，并获长春市2019年度优秀课题成果一等奖；撰写的《浅谈0~3岁婴幼儿在亲子教育中激发潜能》在长春市教育局"八大课题"阶段研究成果评审中获一等奖；同时还撰写了《幼儿园教育科研的定位与实施》讲稿，对子课题学校进行指导。参加课题研究的20余所学校均编辑整理出了整个课题研究的材料汇编，其中包括课题开题报告、课题方案、课题阶段总结报告、年度研究计划、结题报告、结项审批书、亲子课程设计集、亲子游戏案例、论文等详细资料。整个课题研究井然有序，成效显著。课题研究教师公开发表的论文就有30余篇，获奖20余篇，教师亲子游戏设计达几百余篇。仅以省文化系统幼儿园于雅杰老师的"构建0~3岁婴幼儿课程整合研究"课题为例：三年的课题研究就编写了《构建0~3岁婴幼儿课程》精细动作和肢体大运动、13~15个月《0~3岁婴幼儿亲子主题课程》活动方案、《2~3岁亲子游戏指导》方案、《亲子音乐课程框架》《亲子美术课程框架》《2~3岁英语活动案例》《2~3岁婴幼儿活动观察记录》等8套，撰写了论文《亲子园的课程研究》《0~3岁婴幼儿家庭教育指导策略》2篇。

五、课题进一步研究与展望

本课题还存在许多需要改进提高和深化研究的问题。

1. 该项课题全地区只有20所早教实验园参加，涉及面不够广泛，在下一轮的深化研究中要进一步扩大课题实验园的数量。

2. 本课题研究中，活动设计还缺乏系统性、科学性，缺乏积累。我们期待以科学、规范、系统地科学实践研究，实现我们对早教工作重新定位。

3. 怎样针对不同的家庭差异，不断探索、优化亲子活动指导策略；如何引导家长将参与幼儿园组织的亲子活动中获得的有益经验进行迁移等问题，我们还将继续深入开展研究，引领家长更好地进行亲子教育，增强家园合力，共促幼儿成长。

4. 参研教师能力参差不齐，个别教师理解能力和实际工作经验欠缺，缺乏理论的支撑，对0—3岁低龄幼儿早期教育经验相对欠缺，是我们今后要研究的问题。

5. 教师如何科学设计亲子课程及亲子游戏，如何衡量与评价亲子活动的适度性和有效性，发挥亲子课程的最大效益是课题教师进行下一轮研究的重点。

6. 在基础教育现代化进程不断推进的背景下，幼儿园的课改使教育实践发生了深刻变化。最重要的是体现了课程实施的优质化，而这一内涵的发展过程也就是新课程园本化建设的探索和创新的过程，也是我们今后要重点研究的问题。

总之，还需要进一步思考的问题即是我们今后努力的方向和研究的目标。科研路上，我们将继续前行！

中小学作业改革实践研究

课题主持人：杨秀艳　长春市基础教育研究中心科研员
课题组成员：李文茸　长春市双阳区教科所所长
　　　　　　王　惠　长春市基础教育研究中心科研一部主任
　　　　　　李　杰　长春市基础教育研究中心科研员
　　　　　　陈晓娟　长春市汽开区教科所所长
　　　　　　王伟平　长春市九台区教科所所长

一、课题的提出

（一）课题提出的背景

《国家中长期教育发展纲要（2010—2020）》关于减轻中小学生课业负担：过重的课业负担严重损害儿童少年身心健康。减轻学生课业负担是全社会的共同责任，政府、学校、家庭、社会必须共同努力，标本兼治，综合治理，把减负落实到中小学教育全过程，促进学生生动活泼学习、健康快乐成长。长期以来，受应试教育影响，绝大多数中小学仍然把追求升学率作为学校的首要目标，以考试为教学目的，以分数为评价标准，以作业为应试手段的现象广泛存在。同时，在作业本身的质量和数量要求上存在着许多违反教育教学规律和学生身心发展规律的现象，严重影响了学生的身心健康发展。作业问题成了学校、家庭、社会关注的焦点，对中小学作业问题进行改革势在必行。

基础教育发达的西方国家，作业问题的研究是比较活跃的研究领域，像美国、英国等学者都研究出了比较有影响力的成果，他们的研究对我们很有启发。在国内，北京、上海、山东、浙江等地的研究机构都立项研究过作业问题，这些地区都取得了很好的研究成效，有过很多成功的范例，值得我们借鉴。而长春地区对此项问题的关注、重视和研究不够深入和全面，至今还没有大规模的研究作业改革的问题。在"十二五"期间，有一些学校对中小学的作业改革问题进行过有益的探索，取得了一些有价值的研究成果，但也只是在本学校小范围内进行，影响还不够广泛。

（二）课题研究的意义

理论意义：在借鉴国内外作业改革经验基础上研究此项课题，意在探索出具有本地区特色的新型作业模式策略，为以后同类课题研究提供一定的理论支撑和实践范式引领，同时弥补我市在此方面的研究空白。

实践意义：加强作业问题研究，开展作业改革，改变当前中小学作业中高耗低效的现状，减轻中小学生沉重的作业负担，在作业训练中培养学生的创新精神和实践能力，适应新课改的要求，进一步推进教学改革。

二、课题研究的设计

（一）课题研究的目标

1. 探索具有本地区特色的中小学作业改革模式和方法策略
2. 优化作业设计布置，转变教师的作业理念和作业观
3. 创新作业方式，提高学生自主作业能力，进而减轻学生过重的作业负担
4. 提升教师科研能力和教学水平，促进教学整体水平的提高

（二）课题研究的内容

该项课题是一个省级规划重点课题，作为一个总课题，总课题组主要确定了以下五个方面的研究内容，在具体实施时，子课题学校可根据学校实际自行确定子课题名称，研究内容根据研究目标具体确定。

1. 作业模式改革方面的研究

通过查阅资料和结合课题学校的实际，构建新的作业类型模式框架。

2. 作业设计布置方面的研究

通过对教师以往布置作业存在的随意性、单一性、机械性问题的分析，转变教师重视教学、轻视作业的观念，把对作业的重视落到实处，把教师如何科学进行作业设计和布置作为研究重点。

3. 作业评价方面的研究

对以往作业评价存在的问题进行分析，改变过去教师单一评价的方式，对作业评价主体、评价的方式方法、评价目标和作业评语以及作业反馈的时效性进行研究。

4. 作业与信息网络整合方面的研究

主要是研究如何科学利用网络信息，实现网上布置作业，学生利用网络信息完成作业和网上师生、生生互动评改作业，增强作业的趣味性和时效性。

5. 作业资源方面的研究

主要是研究对作业资源如何进行开发和重新整合，建立作业资源库，实现作业资源共享。

（三）课题研究的方法

课题学校可根据课题研究的性质和特点，灵活采用适合的研究方法，总课题组不予限制。只要对研究有用，课题教师大胆放手去实施，充分发挥课题教师的研究潜能。

在课题研究中，课题学校主要采用的是文献研究法、调查研究法、实践研究法、经验总结法、行动研究法等。

1. 文献研究法

通过网络报刊专著等渠道，查阅国内外对作业改革方面的研究成果，了解国内外作业研究的现状。学习有关作业方面的理论和作业改革研究方面的相关文章，借鉴成功经验。

2. 调查研究法

主要是运用问卷调查法调查课题研究前的现状和作业中存在的问题。参加课题研究的学校在查阅大量文献资料的基础上，对本校的教师、学生和家长进行了问卷调查，调查教师、学生以及家长对作业的看法以及存在的问题，并对问卷结果进行了细致的分析。

3. 实践研究法

在作业设计的实践中采用观察、发现、调整、分析的方法，获取真实有价值的信息和资料。通过学习效果的检测，不断完善课题实施内容，寻求有效的方法和策略。

4. 经验总结法

结合课题学校参研教师工作实践经验进行研究。将课题研究内容、过程、成果加以总结、归纳，撰写阶段性总结，修正和完善研究方案，撰写课题研究报告，并加以推广。

5. 行动研究法

课题学校在具体实施过程中，边研究，边总结，边辐射推广，把行动和研究结合起来，切实解决作业改革中存在的各种问题。

三、课题研究的过程与策略

（一）课题研究的过程

1. 确立子课题学校，完成前期论证

总课题立项后，先后确定了双阳区、汽开区和九台区共25所学校作为该项课题的子课题学校参加课题研究。根据总课题研究目标和研究内容的要求，这25所学校分别确立了自己的子课题，从不同角度支撑总课题研究。子课题确立后，课题组教师不断加强理论学习，查阅文献资料，认真研读国内外有关作业方面的理论文献和作业改革研究方面的相关文章，重点了解了英国、美国等地的作业方面的研究内容，了解了国内像天津、北京、江苏、浙江等地对作业课题研究的前沿成果，在查阅大量文献资料的基础上，结合自己的教学经验，完成了对课题的前期论证，为课题研究奠定了理论基础。

2. 开展调查分析思考，找准课题的切入点和突破口

在课题研究前期，各子课题学校都对本校的作业情况进行了前期调查与分析。主要调查的内容是课题研究前作业的现状和作业中存在的问题；调查的对象是本校的教师、学生和家长；调查的方式是问卷调查。调查结束后，又对问卷结果进行了细致的分析，掌握了教师、学生和家长对作业现状的态度，对作业内容、形式、目的和效果的认识。在此基础上，课题教师又深入思考了这样几个问题：①在作业改革中，如何能实现真正以学生为中心？②如何做到作业设计和教学设计同等重要？③如何科学有效的布置作业？④作业怎样评改才能真正发挥其功能？经过深入思考，课题教师对作业问题有了新的认识，并达成了共识。这样就找到了课题研究的切入点和突破口，为深入有效地实施研究奠定了基础。

3. 拟构作业模式框架，边研究边修正

课题教师对调查分析得到的数据资料进行总结梳理，明晰了在作业课题研究中要解决什么样的问题，根据教学要求和学生年龄特点以及身心发展规律，并结合自己的教学经验，通过反复总结反思提炼，初步确定了新型作业模式框架。即：分层作业模式、开放性作业模式、实践性作业模式、自主作业模式和作业评改模式。各子课题学校从不同角度实施研究，在研究中再不断地修正和完善。这样就保证了课题研究方向正确，思路明晰。

4. 有序展开研讨交流，有效进行培训指导

根据总课题的整体安排，各子课题学校在课题研究中期，都要召开一次校内或区域内的课题研讨会，交流研讨在研究中取得的经验和存在的问题，重点是研讨对初期构建的作

业模式框架是否经得住检验以及如何修正完善和课题过程资料的积累问题。研讨的结果，各子课题学校以阶段报告的形式反馈给总课题组，总课题组根据子课题学校的需求给予及时的定向培训指导。比如，2016年6月，总课题组就为双阳区特邀了省基教所张延华所长连同总课题组成员对双阳区的六所学校进行了实地检查，并对全区课题学校教师进行了现场指导培训。

5. 分析梳理总结提升，申请验收结项

在课题研究后期，课题教师要对三年来积累的过程资料进行最后一次梳理统计、总结提炼，把有价值的资料甄选出来，进行分类优化处理。把教师的作业设计和发表的论文、报告以及获得的奖项资料和学生的作业作品等分别装订成册，形成规范的文本资料，电子资料刻成光盘，子课题学校完成结题报告，总课题组聘请专家先行验收结题。最后，总课题完成结题报告，申请验收结项。

（二）课题研究的策略

1. 以点带面，示范引导

总课题组在充分考虑教科所的实际现状和整个地区的情况以及对课题学校研究方案水平和实际研究力量等情况的基础上，主要采取了以点带面的策略，该项课题共有25所学校参加，在研究过程中，以双阳区的6所学校为主，同时吸纳了汽车区13所学校和九台区6所学校参加。第一轮研究主要以尝试探索为主，研究取得成效成果后进行辐射推广，并进行示范引导。

2. 动态管理，以管促研

加强课题管理，要求参加研究课题的教师明确研究规范，努力向规范靠拢，矫正非规范行为，切实抓好起始时研究方案的论证，研究过程中研讨和成果的展示以及阶段总结这样一些管理环节，并组织制定相应的评价标准和激励机制，以此保证正确的课题研究方向。总课题组每年到课题学校，听取课题研究汇报，检查课题研究过程资料和阶段研究成果。一方面作为对课题研究的监督和评价，另一方面便于总课题组及时了解和掌握课题研究的动态，以便修改完善课题研究计划，更好地指导课题研究工作。25所课题学校中，有3所学校和总课题组研究方向和要求不一致，被撤项。

3. 自主研究，三级指导

该项课题实施三级研究管理指导，总课题组主要负责对各子课题的管理、指导、检查、评估及不定期对子课题学校教师进行培训和验收课题。县区教科所作为中心指导组负责对本县区的子课题的研究、指导和协调工作；各子课题学校具体负责本校课题的具体研究工作，根据本校的实际情况聘请专家或内部进行培训。

4. 灵活创新，研教结合

课题研究是一个动态的变化的发展过程，在研究中，课题学校可依据研究方案，不断地调整方案，力求研究扎实有效。承担课题研究的学校教师一方面要以研究方案中各阶段的具体指导思想、研究内容和方法要求来规划平时的工作，并反映在工作计划中，另一方面，在安排研究任务、规定研究工作的具体方法和需要达到研究目标等方面，又要充分考虑日常工作的进度、内容和要求，使日常工作和研究任务有机结合起来，同时通过研究，促使工作更科学有序。

四、课题研究的成果与成效

（一）探索出了各具特色的作业类型模式

课题教师认真总结自己的作业改革研究经验，广泛收集、整理、加工已有的作业研究材料，根据科学性、实用性、有效性的原则，吸取了许多国内外的作业研究思想、研究理论，并结合自己的教学研究实际，积极开展课题研究，探索出了一些较为成型的作业类型模式。

如长春市双阳区山河中心校"134"作业模式，即"1"是以学生自主选择为核心；"3"是三个作业内容，即常规活动作业、学科特色作业、假期实践作业；"4"是四种布置方式，即自主布置、相互布置、小组布置、平行班布置。还如汽车区三中6种课后作业模式，即1.复习、预习型课后作业；2.基础训练型课后作业；3.举一反三能力拓展型作业；4.自我总结感悟反思型作业；5.实践型课后作业；6.开放探究型课后作业。还比如跨科作业模式、分层作业模式、自主作业模式、实践性作业模式等。

（二）探索出了创新的作业评价模式

仅以长春市双阳区鹿乡中心小学的多元作业评价方式为例。多元评价模式：即教师、学生和家长共同参与作业评价，改变了以往作业由教师一个人评价的单一评价方式，并且有许多特色的策略方法。在教师评价中，教师采用多样的评价方法，如调查问卷、过程记录表、评价表等，改变了过去单一的打分式或判断对错式的评价形式，了解和把握了学生做作业的过程，增强了作业评价的针对性和实效性。评价结果采用等级呈现：优秀、良好、合格、待合格，对学生作业中的共性问题和个性问题提出改进和完善的建议。反馈的形式根据作业的特点，进行书面反馈或者口头反馈。在学生评价中，主要采用的是学生自评、同学互评和小组评价。在家长评价中，主要是让家长成为作业评价的参与者，了解学生在家的作业态度、作业时间、作业能力等。

（三）树立了新型的作业观和教学观

课题教师通过学习有关教育学、心理学和作业改革研究方面的论著和期刊，积极探讨作业中存在的问题和解决问题的对策，以国内外的先进经验为指导，始终践行着中小学作业改革的根本是"为了学生""为了学生发展""为了每个学生个性发展""我的作业我做主"的理念，比以往更重视作业设计、布置作业的科学性和批改的实效性，较好地解决了以往在作业布置和批改方面存在的随意性、盲目性和主观性的问题。通过课题研究，更新了教师的教学观念，巩固并加深了教师对新课程改革的理解，拓宽了教师对作业的单一认识，实现了"教的方式与学的方式的和谐统一"，实现了"学的方式与作业的方式的和谐统一"。在课题研究过程中，充分强调学生在作业中的主体地位，注重调动学生参与作业改革的能动性，注重学生创新精神和实践能力的培养，注意培养学生正确思维、独立思考、积极探索等良好习惯，以及提高学生自主、创新和自我提高能力等，强化了通过作业改革对塑造和提高学生良好素质的潜移默化功能，为全面实施素质教育开辟了一条新途径。如双阳奢岭中心校陈丽华老师在结题报告中写道：作业的目的不是为了完成教学环节的"量"，而是把作业作为一个可以帮助学生最终形成"习惯与能力"跨越的跳板，达到为学生的"终身发展，全面发展"服务的最终目的。站位高，思考深，对作业的思考有了质的飞跃。还如，长春市158中满英男老师在结题报告中写道：尽管教育资源欠缺，农村经济条件和自然条件、学生素质和家长素质较差，但作为一名农村初中语文教师，我们还是努力成为学生联系各个方面的纽带和进步的阶梯，教师更新了理念，树立了正确的教育观，努力实现了"教的方式与学的方式的和谐统一"，努力实现了"学的方式与作业方式的和谐统一"。通过"乡土特色语文作业研究"，更加注重对学生的分析、理解、动手、感悟等综合能力及实践能力的培养，让学生带着知识融入社会生活，让教师与学生从单一的学习回归语文的本真，生活的原味儿。

（四）提升了学生作业乐趣和学习素质

在课题研究中，随着教师的作业理念和作业观的变化，学生成了作业的主导者，教师成了学生作业的指导者和激励者，教师更加关注学生作业过程中情感态度价值观的变化，关注学生个性发展和成长。学生的自主学习责任感建立起来了，不再把作业当作苦差事，学生在作业改革中找到了学习的乐趣，作业兴趣和作业能力明显增强。如分层次作业体现了学生之间知识与能力的客观差异，满足了不同层次学生的需求，不但减轻了学生的作业负担和心理负担，而且培养了学生的自主实践能力，真正为"作业有效性"做了一个很好的尝试。还如，开放性作业引导学生走出狭隘的课堂，走出校园，拓展了学生作业空间，把学生引向家庭、引向社会、引向生活，激发了学生创新思维的发展。合作型实践性作业内容丰富、形式多样是课堂教学改革的延伸与发展，这样完成作业不再是以练为主，而是以"做"为主，提高了学生的创造性和动手能力。尤其是小学生游戏化、趣味化和生活化的作业设计体现了多样性的特点，激发了小学生对作业的好奇心和作业兴趣。总之，通过课题研究，学生的作业兴趣、作业能力和学习素质都有了显著提高。可以说，此项课题研究收效甚大。

下面是一汽开发区第十二小学《数学多样化与开放性作业的研究》课题调查结果。

学生对"开放性作业"的态度统计表

态度	非常喜欢 主动作业	比较喜欢 乐意去做	不喜欢 但能完成	讨厌 完不成
研究前人数	26	38	28	18
研究后人数	57	42	8	3

家长对孩子"开放性作业"关注程度统计表

态度	非常关注	比较关注	偶尔过问	漠不关心
研究前人数	21	35	21	33
研究后人数	42	43	13	12

从表中数据可以看出，"开放性作业"提高了学生的学习兴趣，使他们自然而然地学到知识，又不至于感到太多的作业压力。这充分说明，只要学生能如愿以偿地选择自己感兴趣的作业来完成，都不会觉得作业是一种负担，反而会从中品尝到完成作业所带来的愉悦感受，学生的作业质量也会有很大提高。

（五）提升了教师的研究能力

总课题主持人在主持指导各子课题进行研究的同时，不断提高自身研究水平，积极撰写文稿指导各子课题的研究。其撰写的论文《中小学作业存在问题分析及改革策略探究》获全国基础教育科学研究成果一等奖，撰写的《中小学作业改革实践研究》在长春市教育局"八大课题"阶段研究成果评审中获一等奖，同时还撰写了《中小学作业改革漫谈》讲稿对子课题学校进行指导。参加课题研究的20余所学校均编辑整理出了整个课题研究的成果资料汇编，其中包括作业设计集、作业案例、论文等详细资料。课题研究教师公开发表的论文就有30余篇，获奖20余篇，教师作业设计达几百余篇，积累学生作业作品千余份。仅以汽车区三中张娜老师的"高中生物作业布置的有效性研究"课题为例，三年的课题研究就编写出了生物模型作业电子图集5套，撰写论文5篇，教师作业设计5套。

（六）提高了学校的整体水平

长春市158中满英男老师在报告中写道：在课题研究过程中，通过一系列高水准的课题研究活动，不仅提高了教师的科研水平，还拓展了教师的教改思路。通过课题研究，教师从教学的内容和形式上都提出了许多值得认真思考和加以改革的问题，课题研究确实有利于提高一个地区的教研水平和教学质量。还如，双阳区山河中心小学《"134"作业模式改革的实践研究》课题，在高海校长的引领下，激发了整个学校教师的研究热情，整个学校的科研氛围空前浓厚，研究成效显著。2016年在双阳区作业改革现场会上，高海校长做了经验介绍，在整个区域产生了广泛影响，由此学校知名度大幅提升。2017年，该校还被评为"长春市教育科研先进单位"。

课题研究的创新之处：我们尝试作业改革的不同途径并不是对传统的、习以为常的"作业观"的简单否定，而是对它的一种超越，一种发展。事实上，传统作业的经典作业样式在今天仍然有它存在的理由和价值。只是，我们要使传统的作业样式更好地为学生掌握知识、形成技能服务，要对它加以改进，不使之异化为单纯服从和服务于各种考试的工具。

五、课题进一步研究与展望

该项课题经过三年的研究与实践，取得了令人欣喜的成绩，但同时我们也深深认识到还存在许多需要改进提高和深化研究的地方。

（一）课题研究的范围规模需进一步扩大，研究的内容需要进一步深化

该项课题全地区只有20余所学校参加，涉及面不够广泛，在下一轮的深化研究中要进一步扩大课题学校的数量。在本次课题研究中，我们对学生的课后书面作业关注和研究得较多，涉及口头作业和课堂作业的研究较少。对作业的评改方式进行了研究，但对加强学生作业评改的技能训练和家长参与作业评价的方式及参与度研究不够，研究内容的范围还需要进一步拓展。

（二）对差异性作业的研究将作为进一步深化研究的突破点

差异性作业是一种比较有价值的设计方式，它既注重教育教学质量的提高，又尊重学生个体差异，更能够促进学生全面而有个性的发展。我们对作业的差异性设计研究尚不成熟，还存在诸多问题，还需对差异性作业进行深化研究。

（三）对教师设计作业的科学性、有效性评价将作为进一步深化研究的重点

教师如何科学设计和布置作业是发挥作业最大效益的关键，也是衡量与评价学生作业的适度性和有效性的重要环节，对教师作业设计评价将是下一轮课题研究中的重点内容。

（四）新课改的要求与作业改革如何有机结合需要进一步探索

根据新课改要求，怎样将学生的作业与现有的素质测试相结合，全面衡量学生的发展水平和素质状况，是我们今后要深化研究的问题。

有效运用信息技术构建区域中小学优质课堂的实践研究

课题主持人：李树军　长春市绿园区教育局副局长
课题组成员：辛　枫　长春市绿园区教师进修学校教科所所长
　　　　　　王艳玲　长春市绿园区教师进修学校副校长
　　　　　　丰　静　长春市绿园区教师进修学校科研员
　　　　　　程艳辉　长春市绿园区教师进修学校科研员
　　　　　　刘　畅　长春市绿园区教师进修学校科研员
　　　　　　常　颖　长春市绿园区教师进修学校中学部主任
　　　　　　张　键　长春市绿园区教师进修学校小学部主任
　　　　　　秦红芳　长春市绿园区教师进修学校综合信息教研中心主任
　　　　　　朴胜军　长春市绿园区教师进修学校信息制作部主任

一、课题的提出

（一）课题研究的背景

欧美等发达国家的教育信息化进程大致分为三个阶段，先后为信息技术应用教学、辅助学习与课程整合，当前大都处于与课程整合的阶段，只是深入程度有所差别。今天的信息技术已不再是简单的辅助工具，而是要与学科教学深度融合，教师的教与学生的学都要发生翻天覆地的变化，未来社会需要复合型人才，教育的重心就要放在培养学生的创新能力和动手操作能力上。发达国家很多学者和专家对二者的融合开展过研究和实践。欧美等国家的教育实力很强，有一定的研究功底，起步较早，在信息技术与课程整合方面有很成功的经验和做法。如：美国信息技术覆盖课前、课中、课后，已率先实现教育信息化；英国的"集成学习系统"的制作；澳大利亚关注的是已有技术如何有效运用。这些做法值得我们思考、借鉴。国际上也有权威的论述，指出21世纪人才培养，学校要承担起信息技术与学科整合的任务。中国有关学者和专家也认为，信息技术要由技术本位回归教育本位，在课堂教学上要强调学生主体作用，逐步构建崭新的课堂教学结构，形成以学生为主体，教师为主导的互助学习。国内如北京、广东、上海等发达地区自2000年以来不断尝试和研究信息技术与课程整合，已总结出一些科学方法，各地诸多的研究成果为我们进一步的研究提供了有利的实践和理论依据。

（二）课题研究的意义

1. 有效运用信息技术构建优质课堂是时代发展的需要

伴随《国家中长期教育改革和发展规划纲要（2010—2020年）》和《教育信息化十年发展规划（2011—2020年）》等文件的颁布，教育信息化的要求越来越迫切了。信息化能力的强与弱成了衡量一个国家或地区综合实力的重要标志之一。教育要适应信息化时代发展的要求，必须在教育的理念、模式和走向上重新定位。信息技术与教育教学已经互为补充，不可分割。教师的教学方式与学生的学习方式必然要发生深刻变革。

2. 有效运用信息技术构建优质课堂是培养创新人才的需要

刘延东曾经在国际会议上建议：教育信息化是时代的需要与召唤，融合创新传统教育与信息化教育，其关键载体就是信息技术与教育教学的深度融合，两种教育方式优势互补，才能不断推进现代教育的可持续发展。当前国际风云变幻莫测，创新与合作是人才的核心竞争力，信息技术与课程整合恰是培养新型人才的最佳举措。对信息技术与课程整合需要有前瞻的慧眼，更要有远景的规划，这样才能适应未来教育的需要。开展信息技术与学科课程的整合，设计时间表路线图意义重大，对构建中小学优质课堂有深远影响，利国利民。

3. 有效运用信息技术构建优质课堂是提高教育教学质量的需要

教育质量的提升主要依托课堂教学，课堂教学改革的关键在于培养适应未来社会发展和需要的人才。随着互联网的普及、人工智能的发展及教育信息化的推进，教育也开始了大变革，信息技术和教育必须携手共进，知识的传播、存储和提取方式才会更加方便、快捷。信息技术的优势无可替代，智能化、数字化、网络化方便学习和生活，可以为教育教学改革和发展推波助澜。教育部负责人曾强调："教育信息化的核心理念是信息技术与教育教学实践的深度融合。"理念明确，才不会迷失信息技术的发展方向，才可找到实现教育信息化的正确路径。信息技术与学科教学的深度融合，会大大提高课堂教学效果。丰富的表现形式，会让课堂更加吸引人，会让课堂容量更大，会让学生的参与度更高、注意力更集中。在项目式学习和问题导向引领下，必将带来教学效果的最大化，教育教学质量提升自然水到渠成。因此，信息技术与学科融合，必将呈现鲜活、优质的课堂教学。

（三）课题研究的界定

1. 信息技术

指计算机、网络技术、多媒体技术。

2. 优质课堂

广义理解，是指教师教育理念先进、超前，合理利用优质教育资源，师生共同进步提高，能够实现课堂教学效果优质高效。

狭义理解，是指教师按照学生年龄特点、身心发展规律，依据学科课程标准、教学内容等，抓住课堂教学主阵地，灵活多样地运用各种教学技术和教学艺术，激活学生学习和探求新知识的兴致，最大化实现教学目标，优化教学过程，培养学生能力和素养，促进学生健康持续发展。

本课题研究的是狭义的优质课堂，即要有效运用信息技术这个条件的限定，达到二者深度融合，构建全新的课堂教学生态，打造优质、高效、师生共同成长的和谐课堂。

二、课题研究的设计

（一）研究目标

1. 总体目标

力求通过区域统筹，科研引领和学校实施的研究设计，全区自上而下指导各中小学深入钻研信息技术与学科课程深度融合，积极探索信息化教学课型，最大化发挥课堂教学效益,向课堂40分钟要质量,找寻策略与方法,构建新型教学模式,优化课堂教学实效,进而推动全区教育教学质量的提升。

2.具体目标

(1)通过该课题研究,让多媒体技术全面走进课堂,发挥骨干作用,丰富教学形式,鼓励教师创造性地进行教学设计,注重学科教学与信息技术的整合、融合,使课堂表现形式更加丰富多彩,吸引学生注意力,提升课堂教学实效。

(2)通过该课题研究,使学生充分感受信息化教学的魅力,提出并解决问题,调动学生兴趣,鼓励学生的积极性。充分发挥学生主体、教师主导作用,让课堂教学鲜活生动起来,增大课堂容量,拓展延伸课堂教学内容,让学生知其然,更知其所以然,使知识体系化。

(3)通过该课题研究,构建教师培训大格局,更新教师观念,树立开放、前瞻的教育理念,不断提高教师的信息素养和时代意识,开展绿色培训,让教师在春风化雨似的培训中适应社会发展和教学需要,制作出个性化很强的教学课件,通过跟岗实践和岗位自修,不断提升业务水平、学习意识和超前意识,不断增强自我教育教学水平。

(4)通过该课题研究,建设符合需要的资源库,资源库具有交互性和可操作性,开展实时的互动教学。

(5)通过该课题的研究,积极倡导自主、合作、探究式学习,让学生大胆质疑,培养学生的创造性思维,建立和谐、民主的课堂教学生态。探索新型的教学模式,学生的学和教师的教彻底发生改变,让课堂成为孩子真正的学习乐园。

(二)研究内容

1.学生的学习方式

在信息技术环境下,课堂教学内容呈现方式的改变和课堂容量的增大,促使学生的学习方式发生改变。自主、小组合作、深入探究及乐于动手的学习方式会在不知不觉中形成。

2.多样化教学模式

在互联网环境下,采用项目式学习法,尝试专题学习教学模式,小组合作学习教学模式,自主学习教学模式。坚持问题导向,不断提升教师运用现代教育技术的能力,当理解与认识达到一定高度时,必然会生成新型的课堂教学模式。鼓励教师或学生灵活控制与操作计算机,提升信息素养。

3.课堂教学的规范管理

教师在教学实践中必须转变观念,提高认识,每个人都要熟练掌握现代信息技术,吃透学科教材,准确把握课程标准,力求信息技术与学科教学有效融合。各校形成符合本校特色的课堂教学管理办法和标准,出台奖惩机制,约束教师教学行为,提高课堂教学实效。

4.课堂教学的评价标准

制定课堂教学评价量表,着眼多维度,重点以目标——过程——效果三维标准来评价教师整合课程的授课质量,进而提高教学效果,构建优质课堂。

5.建设资源库

搭建研究网络平台,开展网络教研活动,共享教育资源,传递教育信息。借助区域原有资源库，让各校嵌入教学资源库，积累大量素材，为教师所用，促进教育教学能力的提高，为各位教师提供一个交流学习的平台。

6. 构建绿色的教师培训

开展培训需求调研、科学制定培训课程、精心选取培训形式，举办既务实又接地气的绿色培训。采用常规——教研——培训一体化的形式，设计专家引领、现场观摩、骨干示范、课例分析、经验交流等多样绿色培训活动，提升教师教育教学能力。

（三）课题研究的方法及策略

1. 研究方法

（1）文献研究法：对国外欧美等国家和国内相关研究进行对比和梳理、分析和提炼，把国内外信息技术与课程整合的理论研究和实践经验进行综述，为开展本课题研究提供参考。

（2）调查法：以问卷的形式调查区域中小学教师学科教学与信息技术融合的现状，分析原因，找寻对策，形成调研报告；调查区域中小学教师信息技术水平与教学效果，掌握一手资料，精准施策。

（3）案例研究法：选取不同学段、不同区域、不同年龄的研究对象进行课堂教学个案研究。

（4）经验总结法：按照课题研究实施方案和阶段计划，对各中小学各年级进展情况进行阶段总结，不断总结经验教训，提升认识，形成高质量的课题研究成果。

2. 研究策略

（1）做好前期调查研究和文献查阅综述。一是上网查阅国内外信息技术与课程整合的研究进展和研究成果，查阅相关文献资料理解其现实意义，综合分析国内外研究进程，对照我区现状，明确研究方向和研究内容。二是调研我区教师信息技术能力和信息技术与学科整合现状，分析原因，找寻对策，形成高质量调研报告，指导前期课题开题与研究方案制定，有针对性地开展区域中小学教师需求培训，提升信息技术能力水平。

（2）新型课堂教学模式探索。在互联网环境下，信息技术运用到课堂教学中，一定会让教学发生质的变化与突破。一是加大教师培训力度，及时跟进指导和研修。二是开展教学展示、课件比赛、微课制作、教学研讨、经验交流等活动提升教师授课技能和教学研究能力。三是探索信息技术与学科深度融合的教学策略，优化课堂教学效果，提升师生信息素养。扩大教学增量的同时，着眼教学目标和教学流程设计，促进"教师的教和学生的学"内涵与外延不断深化，探讨新型教学模式，促进教育教学质量的提升。

三、课题研究的过程

课题《有效运用信息技术构建区域中小学优质课堂的实践研究》作为区域"十三五"主攻课题开展引领研究，历经三年的实践探索，在已有的区域教育环境下，很好地起到了引领发展走向，挖掘教育内涵，将教育理想转化为具有可操作性的教育实践的作用。

（一）高位设计，形成"三主"课题立体式联合研究体系

结合区本，高位谋划，采取逐级推进的课题研究策略，以区域主攻课题为引领，以进修学校部室课题为主打，以学校主导课题为主体，以教师小课题为支撑，探索规律的个性

化,力求和而不同。形成区域有主攻、部室有主打、学校有主导的"三主"课题研究共同体,通过"科研引领、教研实践、队伍研训、信息推进"各部门交叉联合,依托"学区共建、成果推广、大型活动"等平台,融合进修学校科研、教研、培训、信息"四位一体"的共建共研网络,建构了具有区域特色的研究体系,形成了行政推动、科研指导、部门联合、基层落实强有力的研究纽带。

(二)行走基层,掌握和科学分析每所学校的实际情况

1.联合视导,全面精准踏查基层情况

将课题组成员分组,以学区为单位,分片联合视导,调研各校特色化发展、信息化推进情况、教学管理常规办法、课堂教学管理细则、教师组成情况和现有师资力量、信息技术在课堂教学的使用情况、学生生源情况和整体素质、学校的硬件建设以及学校的校本研修制度等,全方位地了解实际情况和基层需要。在规定时间内,课题组成员深入到各校,采取问卷调查、听评课、与校领导、教师座谈等形式,将一手资料搜集上来,真实可靠。

2.碰头交流,形成基层情况调研报告

组织各小组交流会,将调研的情况进行分享与研讨,各种数字与图表清晰呈现了每个学区每所学校的实际情况,按照一手资料我们将各校分组分类,深入研究课题方案,真正将科研引领发挥到实处,撰写了高质量的区域中小学信息技术与学科融合情况调研报告,为主攻课题研究等奠定坚实基础,也指明研究方向和推进重点。

(三)联合开题,全面开启区域教育新实践

2016年末,绿园区"三主"课题开题会在长春市绿园区教师进修学校召开,聘请了省、市科研专家审议。绿园区34所中小学校长、教育科研主管校长、科研主任和兄弟县区的教育科研领导参加开题会。在主攻课题引领下,进修学校相关部室的主打课题,各中小学的主导课题等40余项子课题联合开题。在区域主攻课题引领下,各子课题进一步明确了自己的职责与任务,全面开启推进绿园区教育教学质量稳步提升的新征程。

(四)研训并举,打造优质科研团队

在上级主管部门的引领下,针对不同类别、层次、岗位的校长、教师的实际需求开展架构完整、内容实用、专业性强的培训活动。丰富的培训课程设置,覆盖信息技术、科研、教研等领域,通过岗位研修、专题讲座、学术交流、论坛活动等培训方式,提高了领导和教师的研究能力和专业水平。先后聘请了省、市等多位知名专家来我区讲座,校长和骨干教师专项培训共10个专题,受益学科教师3820人,科研团队培训10个专题。相继开展了校长论坛、"名师科研之路"经验分享、"科研骨干教师专项培训""案例式研究"交流会等研训活动。有效提升了区域中小学教师对教育政策的理解,对课题研究的顿悟,对教学技艺的把握,为优化区域教师队伍,推动教育教学改革助力和护航。

(五)系列活动,不断深化研究质效

1.2017年10月31日,绿园区召开信息化推进会,全面总结我区在信息化建设上的优势与不足,以及在这样的条件下我们的具体做法。一是结合学校实际需要,精选培训内容,组织有针对性和时效性的操作技能培训,提升参培教师的信息技术操作能力和技巧。二是

通过组织开展信息技术与学科整合系列比赛，推进资源平台使用，提升科技创新水平，完善资源平台、VR、机器人、航模、智慧教室"微课"资源、3D打印等领域的应用典型。三是克服一切困难，寻求支援和帮助，保障管理平台、网站和网络的稳定、安全，为区域教育教学有序运转做好维护与服务。

2.2017年下半年，绿园区教育局承办了"信息技术与教育教学深度融合典型案例"课题研讨会，本次会议由教育部管理中心主办，省教育科学院协办，会议在绿园区87中学召开。其目的在于推进信息技术与教育教学深度融合，提升中小学教师信息技术应用能力和理解能力，加快我国教育信息化。各级领导、教师近400人参会。会议有信息化教学公开课、评课及专家讲座等内容，高端前瞻。此次研讨恰逢绿园区主攻课题"有效运用信息技术构建中小学优质课堂的实践研究"实施关键期，对进一步拓宽研究视域，丰富研究载体，优化研究手段，破解研究难题，有重要的引领和指导意义。

（六）共享平台，充分利用省市资源库素材

信息技术和多媒体技术的快速发展与建设，也为教师的课堂教学深度开展打开方便之门。吉林省和长春市公共服务平台的建设，给教师们带来了福利和惊喜，每位教师都有注册编号和密码，登陆之后可以搜素和下载自己需要的资料。我们区信息中心也建设了自己的资源平台，虽没有上级部门的先进，但完全能满足本区教师需要。

四、课题研究成果与成效

本课题经过三年的实践研究，引领了区域教育教学改革与发展，取得了丰硕成果和社会效益。"十三五"期间，绿园区教育科研先后承办国家级、省级、市级现场会8次，区内各种教育教学展示会百余次，绿园区教育的品牌意识在科研的引领下不断形成，教育品质不断提升，区域形象日渐高大。在上级科研指导部门的不断关注与帮助下，我区先后被评为吉林省"十二五"教育科研先进单位，吉林省教育科研成果宣传推广先进单位，长春市"十二五"教育科研先进单位；长春市第四届科研型名教师15人，名校长7人，吉林省第四届科研型名教师3人；市级以上科研骨干136人，各级课题立项1555项，结题1491项，各级科研成果1591项，其中一等奖155项，公开发表论文154篇，其中国家级刊物发表论文2篇；核心期刊发表论文2篇；获得各级科研成果625项；绿园区少年宫、87中、78中分别在《现代教育科学》《吉林教育教学版》《长春教育》有彩页宣传。这些都提高了我区教育的知名度和教育品牌的打造。

（一）教学资源丰富，课程的深度与广度拓宽了

在省市网络资源平台的广泛应用下，信息技术与学科整合已普及，教师不再排斥使用信息技术，他们都喜欢上了这种工作要求，变成了不可或缺的工作需要。丰富的教育资源，满足了广大教师对视频、课件、音频、图形图像、动画等的需求，为教师教学资源积累打开方便之门。课程录像、试题库、教案、教学演示片、试卷库、教学日历、实验指导书等教学资料，为教师的教学准备工作节省了时间，提供了思路。尤其是案例库、学生作品集、电子书籍等拓展性资源，拓宽了教师上课内容的广度与深度，也激发了学生的求知欲和听课积极性。每节课都使学生徜徉在知识的海洋，流连忘返。学生可选择的空间也越来越大，学科课程的内涵与外延都不同程度的有所拓展，为学生可持续发展奠基。

（二）学习空间普及，课堂教学结构得到优化了

云服务的网络教学综合平台，解决了"有需要的人"的苦楚，为教师和学生打开方便之门。为学生自学、提出问题、带着问题去课堂学习、完成作业、提交作业等找到媒介。学生还可通过邮箱、微信、QQ 在课后继续跟老师探讨。课堂教学不再局限于 40 分钟，每节课的宽度大大增加，为有疑问和爱思考的孩子提供方便。改变了传统的"教师的教和学生的学"，两方的教与学都发生了质的变化。课堂授课与网络自学紧密结合，教师就是导师，不再需要声嘶力竭，学生才是学习的主人，课堂教学结构不断优化，学生的学习效果不断增强。

（三）教学模式鲜活，教学质量获得提升了

鲜活的混合式教学模式，不断提升课堂教学效果。一些优秀的案例在全区发挥了很好的示范作用。在省级信息技术与学科融合优质课比赛中，中小学共千余件作品获奖。长春市开展微课竞赛活动，中小学共精选 150 节优秀微课参加活动，我区的代表作品《北伐风云》《勾股定理》《少数民族的分布》《废纸盒做家具》在总结表彰会上现场展示，让老师们大开眼界，茅塞顿开。在国家优课评比中，绿园区获得部级、省级、市级优课 544 节，在全省名列前茅，区域教育教学质量不断攀升。

（四）考核方式完善了，学生学习自主性增强了

信息技术在课堂教学的有效运用，带来了多方面的变化与进步。当它与学生的考核方式联手后，更是科学合理地记录了学生的每一次努力与进步。在混合式教学过程中，课堂互动、协作学习、自主学习是最主要的学习方式，教师的考核手段和方法也日趋科学合理，形成性评价成为主流。在线测试、课堂互动、在线互动、视频学习记录、自主学习情况等都是平时成绩的体现。网络空间对学生的学习过程精准跟踪，公正公平，显示学习效果，记录学习行为，学生学习自主性明显增强，这样的考核深受学生们欢迎。

五、课题进一步研究与展望

（一）完善政策环境，争取全面开花

信息技术在教育教学的全覆盖，需要政策的支持与财政的投入。信息化教学需要引导和鼓励，更需要行政的推动和督查。只有刚柔并济的管理，学校教学信息化才会持续向好、全面开花。

（二）分析大数据，考证二者融合实效

随着智能时代的不断推进，大数据分析是最好的实证研究。教育教学质量评价体系的科学合理，需要用数据说话，教育教学改革发展也需要数字证明。无论是课堂观察还是调查问卷、成绩分析等，都需要数字的实证和比较。因此，检验信息技术与课堂教学融合效果，研究多元混合式学习有效性，离不开用数据来验证信息技术对教育教学的作用。

（三）规划教学系统，营造教学生态

信息技术与课程教学深度融合，在线学习内容设置，必须考虑本校的生源结构和传统教育模式的影响。全面规划、深度研究教学系统，要确保融合的效果及系统内各元素的协同。

总之，在互联网时代，信息技术在教育教学中的广泛应用已带来教育的深刻变革，我们深信教育现代化的实现不能缺席教育信息技术。今天，信息技术在课堂教学中的华丽转身，已让我们感受到它的魅力与能量，但与课程深度融合上还需要不断深化研究。教育教学质量的提高，必须不断优化课堂教学，构建优质、高效的课堂，我们一定将研究进行到底，为区域教育可持续发展而努力奋斗。

区域性中小学体育教学改革项目实施策略研究

课题主持人：陈东宇　长春经济技术开发区文化体育和教育局纪检书记 副局长
课题组成员：苏文玲　长春经济技术开发区教师进修学校党支部书记
　　　　　　　　　　常务副校长
　　　　　　丁　恒　长春经济技术开发区教师进修学校干训部主任
　　　　　　　　　　体育与健康学科教研员
　　　　　　杨俊明　长春经济技术开发区昆山学校教师
　　　　　　王　研　长春经济技术开发区育隆学校主任
　　　　　　孟多一　长春经济技术开发区威海小学教师
　　　　　　林继广　长春经济技术开发区花园小学教师
　　　　　　董　艳　长春经济技术开发区仙台小学教师
　　　　　　张　强　长春市体育科学研究所教师
　　　　　　于越驰　长春经济技术开发区世纪小学主任

一、课题的提出

（一）课题研究背景

2016年国务院出台了《国务院办公厅关于强化学校体育促进学生身心健康全面发展的意见》，全面实施和指导学校体育教学改革工作。2015年开始，国家教育质量协同创新中心体育学科首席专家、全国学校体育联盟（教学改革）（以下简称联盟）主席毛振明及团队，在全国范围内设立中小学体育教学改革试验区和实验校，取得了很好的成效，改革成果和模式得到推广和应用。我区对联盟先行试验区进行了充分调研，于2017年6月加入联盟，实施经开区中小学体育教学改革。

科学有效、体系完整的教学改革实施策略，是区域性中小学体育教学改革的关键。经开区遵循"健康第一"的教育理念，树立了以人为本和终身体育的目标导向，推行各实验项目，打破固有体育教学模式，完善体育教学内容，全面提升学生体质健康水平，最终探索出区域性中小学体育教学改革项目实施的全新策略。

（二）课题研究意义

理论意义：本课题研究为打破旧有体育教学模式，建立新型区域体育教学发展模式，形成可借鉴的区域性中小学体育教学改革项目实施策略，提供了一定的理论支撑和范式引领。

实践意义：形成经开区体育教学改革项目实施新策略，助力学生体质健康水平提升，构建区域体育教育的新范式，引领体育教师专业发展，帮助学生在体育运动中享受乐趣、增强体质、健全人格、锤炼意志，通过项目实施和课题研究助力经开区教育高质量发展。

（三）研究课题的界定

1. 体育教学改革

体育教学改革要坚持立德树人的根本任务，树立"健康第一"的指导思想，建立全新的"教会、勤练、常赛"的体育课基础模式，明确体育教育的价值，组织全员参与的体育竞赛，帮助每个学生掌握1~2项运动技能，提升体育教师团队整体素质，实现家、校、社区互动和整合社会体育资源的具体改革行动。

2. 实施策略

实施策略就是为实现项目目标，预先根据项目自身特点或可能出现的问题制定的若干相对应的方案，并在实现目标的过程中，根据形势发展和变化来制定新的方案，或根据形势发展和变化来选择相应的方案，最终实现目标。

二、课题研究的设计

（一）研究目标

1. 课题研究解决现阶段体育教学内容简单、形式单一和实效性差的问题，让"一校一品、素质操、全员运动会"和新兴体育运动等改革实验项目落地，助力学生体质健康水平不断提升。

2. 探索研究"国家引领、区域主导、专家支持和科研辅助的区域中小学体育教学改革项目实施新策略——'四维模式'"，成为长春市区域体育教学改革先导区。

3. 实验研究体育教学新模式，构建小学"体育教学走班制"的经开范式。

4. 深入研究"体育趣味课课练"在体育教学中的应用实效，帮助区域学生提高体质健康水平，联合专业团队完成相关的监测实验。

5. 通过实验研究，为区域体育教学经费投入、业务培训和体育教师专业发展提供科学的理论依据和有效的实践支撑。

6. 形成经开区中小学体育教学改革的多项实践成果和研究案例在国家、省市分享和交流。

（二）研究内容

1. 全国学校体育联盟（教学改革）的"10+X"工程项目在经开区各校的施行策略研究。

2. 区域中小学体育教学改革方案制定、计划执行、展示研讨、教研组织的策略研究。

3. 体育教学的新模式、体育课程新内容的改革实施策略研究。

4. 区域中小学学生体质健康水平提升工程的实施策略研究。

（三）研究方法及策略

1. 研究方法

文献研究法：在研究该课题的过程及报告撰写时，不断收集积累中小学体育教学改革的相关理论文献与研究案例，关注联盟公众号及其在各试验区的信息平台发布的相关信息，通过万方网、知网查找相关论文，为课题研究和推进教改提供了丰实的理论支撑。

行动研究法：通过对全区实施的体育教学改革项目，如"一校一品""全员运动会""课课练"等的研究，积累研究理论和实践方法，再通过体育教师专业培训、阶段展示交流，总结行动研究的优秀案例，为课题研究提供最有力的研究保障。

调查研究法：采用学习观摩、考察培训、论坛研讨等方式，组织研究团队成员和区内各实验校的体育教师到实验区、实验校进行观摩、学习和考察，通过培训学习、专家访谈和收集资料，提升课题研究的深度和广度。

个案研究法：针对重点项目进行阶段性分析和成果积累，重点项目在专家的引领下，指派专业教师持续跟进研究，完成各阶段的任务，注重实施策略的完善与调整，重点项目的个案研究为课题研究起到引领作用。

2. 研究策略

本课题研究与全国学校体育联盟（教学改革）合作，在专家团队的引领、指导、监督下实施实验和研究，由区管委会统筹，区文教局主导，全区各中小学同步进行；下设工作领导小组和办公室，负责教改实施和课题研究工作；出台区域体育教改文件、制定课题研究工作计划，同步开展教改实验和课题研究。

三、课题研究的过程

（一）多方调研了解现状，找准问题制定策略

2017年3月，经开区成立中小学体育教学改革工作小组和课题研究小组，组织全区各校到全国学校体育联盟（教学改革）各试验区进行了四次调研，观摩先行试验区的成果展示，对比我区体育教学现状，查找问题所在。调研对比显示，我区体育教学内容相对单一，学校体育活动全员参与率不高，同时学生体质健康水平提升较慢，区域内各校体育特色不突出，体育教师队伍年龄结构偏大，教师专业优势不突出。反观联盟试验区和实验校，经过改革取得了一些成功经验，可借鉴可学习可复制。

针对查找到的问题，课题项目组查阅相关文献和资料，结合区域实际制定了经开区体育教学改革的相应策略。2017年5月，组织召开经开区中小学体育教学改革工作研讨会，确立体育教学改革目标，制定改革和课题研究的工作方案，课题团队与全国学校体育联盟（教学改革）专家团队及各校体育教改团队达成合作意向，做好改革实验和课题研究的准备，让全区体育教学改革和课题研究工作落地。

（二）高位对接引入团队，开展研究迅速推进

2017年6月，举行全国学校体育联盟（教学改革）长春经济技术开发区实验区成立大会和实验校授牌仪式，课题研究与教改实践同步开始。邀请全国学校体育联盟（教学改革）专家团队对我区各校进行摸底评估，并针对改革和课题进行政策解读、理论实践的相关培训。2017年7月，邀请联盟专家对全区体育教师进行专项培训5次，团队深入到区内各实验校进行实地调研，结合各校实际情况，为各校制定了教学改革和课题研究的"一校一案"。

教改小组和课题组共同召开教改实施和课题开题启动会，课题成员在专家指导下学习体育教改各项目的基础理论和试验方法，更新观念，明确体育改革和实验研究的目的和意义，全面启动经开区中小学体育教学改革和相关课题研究，经开区在全省范围内率先成为全国学校体育联盟（教学改革）试验区，区内10所学校（后增至15所）全部成为实验校。研究工作与改革实践并行，从项目推进和行动研究入手，注重课题引领实践，实践推动研究。文教局、各实验校既是研究对象又是课题研究者，既是参与主体又是研究对象，相互促进。

随着改革和研究的开展，"一校一品""全员运动会"、新兴体育运动、"课课练"和体育安全教育等改革项目迅速在经开区各校落地，采取了专家指导、团队推进和区域监管推行以及实时研究策略，成为联盟实验项目推进速度最快、实验效率最高的实验区。2017年10月实践全员运动会新模式，在联盟内首创区域全员运动会；2018年6月，举办阶段成果汇报展示，联盟主席毛振明教授和省市相关单位领导高度赞扬了此次活动。经开区中小学体育教学改革和本课题研究在初期都取得了突破性进展和丰硕的成果。

（三）深入研究专项突破，总结提炼深入推进

2019年，实验研究进入深入推进阶段，主要以体育教学改革的全面深入推进和重点项目突破为主，同时新增了5所实验校和40多位课题参与者，依托"千人百题实验田"科研项目扩大研究范围，让体育教师的小课题研究融入整个项目中，提升了各实验校的研究能力，同时也提升了体育教师的科研与实践相结合的能力。

召开区级体育教改工作推进会、研讨会和总结会共15次，组织40余次课题研究讨论活动，注意阶段总结和实验调研；定期邀请联盟专家进行阶段性的指导，结合教改实施策略的实际情况进行查找不足和改进完善，加大改革力度；2018年9月，按照学习提升、深入推进和任务驱动的主线路，完成师资培训、项目研究和成果展示三方面相关的各项工作27项；继续组织体育教师分批参加部分联盟试验区成果展示活动，丰富教改经验；请联盟专家到各校指导培训，提升项目实施综合水平；组织区内交流研讨，加大研究力度，提升项目研究质量。

2019年，细化改革项目，推进课题项目精细化研究，准备2020年面向全国展示。探索实施小学"体育教学走班制"，研究小学"体育教学走班制"的可行性和实效性；推进"一校一品"成型向多品发展，帮助在校学生掌握一至两项体育运动的技能；"全员运动会"研究向精品和特色方向发展，实现了人人都出彩、一个都不能少的目标；推进新兴项目融入校园和提升"课课练"的实效，巩固素质操、健康跑、室内操等实验项目的已有优势；2019年制定2020年全国展示计划和方案，报联盟和省市主管部门，全面启动全国展示的各项准备工作。

由于2020年疫情影响，全国展示推迟进行，区文教局及时调整改革工作侧重点和课题研究方式，期间各实验学校体育老师坚持以线上授课、云端教研等形式推进教改和进行课题研究，保证研究工作和学生体育锻炼不停歇。

（四）成果梳理研讨提升，交流展示示范引领

课题组基于前期研究成果和改革实验阶段成果，进行了全面的梳理，虽然因疫情影响未能举行全国展示会，但仍按计划在区域内进行了课题研究总结会和体育教改工作阶段总结会，区内各校进行了经验交流和成果展示。同时整理课题研究资料，分析处理在实践中积累的个案资料和有关记录，收集各实验校上交的过程性材料，形成案例合集，撰写研究报告，完成实验课题的结题。项目负责人为吉林省体育教师国培和省培项目讲座5次，面向全省进行经验交流，起到了辐射引领作用；经开区两次承接吉林省体育教师国培、省培项目来区内观摩学习的任务，有4所学校代表经开试验区展示了"一校一品""全员运动会"、素质操、"课课练"和新兴体育运动等实验项目，有2位校长汇报了联盟实验校的

体育教改成果和经验,让经开区体育教改成果、经验、策略和模式得到推广;花园小学、博远学校、威海小学、中山小学和东方广场小学在省、市级各项活动中进行展示;经开区中小学体育教学改革的成果和策略在《长春教育》多篇幅刊发报道。

这一阶段研究工作以材料梳理总结、专项报告和结题申报为主,课题结题后又及时举行课题研究和体育教学改革工作总结会,形成了区域性中小学体育教学改革项目实施策略的"四维模式",完成了5项既定研究目标,对形成的策略和成果进行了及时的总结推广。

四、课题研究成果与成效

(一)解决的实际问题

1. 区域各校"一校一品"或"一校多品"成型,促进学生掌握一到两项体育技能

即每所学校确立一项或多项体育运动特色项目,让每位学生至少熟练掌握一项或多项运动技能,改变了"义务教育阶段什么体育技能都没学会"的困境状态,也打破了体育教学"蜻蜓点水""低级重复"的无效状态。如中山小学学生全员会抖空竹,成为学校靓丽的风景线;博远学校学生人人会打篮球,校级联赛蓬勃开展;世纪小学学生都会打羽毛球,成为可伴随终身进行的体育项目。

2. 全区推行素质操,学生各项身体素质显著提升

大课间素质操是改革实验的第一个项目,融合了瑜伽、健美操、体能锻炼等内容,帮助学生有效进行身体锻炼。实验显示,区内各校有94%以上的学生通过两个月的练习,可以掌握"横、纵叉""仰卧成桥"这样高难度的动作,突破了课间操和大课间活动更新慢、针对性不强和锻炼实效性差等问题,学生身体素质得到了提升。如中山小学的素质操表演在网络媒体上被广泛传播,经开区推行素质操的经验和实践成果也被全国学校体育联盟(教学改革)收集并面向全国宣传和推广。

3. "全员运动会"模式改变旧有模式,形成学生热爱体育运动、积极参与运动的良好氛围

全员运动会是让学生全员参与比赛的新型运动会模式,运动会上每一个学生都有参赛的项目,一个都不能少,每名学生通过参加全员运动会变得更加阳光和自信。2017年9月,在汲取联盟成功经验做法的同时,经开区首创了区域全员运动会,3千多人同场竞技,每个参与者都有项目,"集体合作、人人争先"的壮观场面成了春城教育界的新聚焦。从2018年开始,经开区每年每校都要举办一次全员运动会,改变了少数人在跑,多数人晒太阳的传统运动会旧有局面,让每一位学生都有参与运动、展示自我的机会,全员运动会也成为经开区各校重要的体育节日。

4. 新兴项目丰富校园体育课程资源,形成了新的学校体育文化氛围

在教改实验和课题研究走向深入的同时,经开区各校积极引进新兴项目进行实验,丰富体育课程和校园体育活动资源,提升学生体育锻炼兴趣和技能学习动力。2018年先后引入腰旗橄榄球、地板冰壶、旱地冰球、啦啦操、软式棒垒球等项目。北海小学成立了腰旗橄榄球队;仙台小学举行旱地冰球校园联赛;花园小学啦啦操表演队多次参加省、市表演活动;博远学校的地板冰壶队在省、市比赛中均取得好成绩。2019年开始又先后引进合球、三门球、校园高尔夫球、飞盘等项目,让学生有了更多体育项目的体验和选择。同时,

旱地冰球、地板冰壶、轮滑和冰雪体验活动让更多的学生走出户外，参与到冰雪运动中，助力北京冬奥和"三亿人上冰雪"活动。

（二）创造性成果

1. 形成了国家引领、区域主导、专家支持和科研辅助的区域中小学体育教学改革项目实施新策略——"四维模式"

国家引领：课题研究实验由国家层级引领，确保方向正确，路径清晰。经开区2017年6月在省内率先成为在教育部体育卫生与艺术教育司和中国基础教育质量监测协同创新中心领导下的联盟实验区。

区域主导：课题研究实验目标准确切合实际，由区域主导。成立区域体育教学改革工作小组，确定了"运动吧！点亮美好人生"的教改主题，教改工作和课题实验研究相结合，理论与实践同行。通过两年的努力和发展，收获了丰硕的阶段成果，成了省市领先、全国知名的体育教改实验区。

专家支持：成为重要的保障和优势。2017年6月全国学校体育联盟（教学改革）专家团队对经开各校进行深入细致的调研，为经开实验区和各实验校制定两级《体育教学改革方案》，区域总方案统领，一校一案分别实施。

科研辅助：是教改实验高效有序开展的重要路径。结合我区草根课题工程，参与教改的教师人人有课题，年年有研究，助力教改工作和课题研究圆满完成。

区域中小学体育教学改革项目实施的"四维模式"使经开区迅速成为长春市中小学体育教学改革的先导区，模式在2019年联盟五周年总结大会上进行推广介绍，成为各试验区瞩目的焦点和学习的方向。

2. 试行体育教学新模式成效显著，构建了小学"体育教学走班制"的经开范式

2019年经开区率先在区内选出四所小学进行"体育教学走班制"的实验研究，参与教师35人，参与学生4900人，通过前期调研、师资分配、班级设立、和课程统筹，进行了一个学期的研究实验。研究表明："体育教学走班制"在小学阶段也可以很好的开展，更有利于学生运动习惯、专项技能的早期形成和初步提升，体育教师通过"走班制"的教学模式也可以更好地因材施教；73%的体育教师认为教学目标更容易达成，87%的学生认为"走班制"可以更好地掌握和提升自己的运动技能，而认为没有提高的只有不到5%；"体育教学走班制"改变了以往技能学习"浅尝辄止、低级重复"现象，学生可以根据自己的兴趣爱好选择项目，体育课堂教学效率大幅提升。2020年初，经开区举行了"体育教学走班制"的阶段总结会，形成经验和案例推广至全区。

3. 实施"体育趣味课课练"，开启新型体育课和体育活动模式

2017年8月，经开区各学校开始在体育课堂教学中融入《体育趣味课课练1260例》的内容，聘请专家进行专项培训，确立"30+10"的体育课模式，即每节课都要保证30分钟的主课学习和10分钟的有针对性、有趣味性和有强度的身体练习，帮助学生提升技能和体能，有效的发展了学生走、跑、跳、投、支撑、悬垂、搬运、负重、钻越、爬行、躲闪、踢打、角力等身体基本活动能力，营造了"累并快乐"的学校体育课氛围，形成了经开特有的"30+10"的体育课新模式，体育教学质量和学生体质健康水平得到稳步提升。

"课课练"实施也促进了校园体育活动新模式进程。合理利用阳光体育活动时间，开展体育社团活动；结合联盟安全教育课程，使安全教育成为能动的实践课和习得的技能课；育隆学校体育活动融入了军事体育的内容，提升了课程内涵和层级；全区各校冬季统一开展健康跑活动，提升学生耐寒能力；雾霾天气创编室内操进行室内锻炼，各校累计创编室内操17套；全区学生体质监测数据录入国家基础教育质量监测协同创新中心数据库，实现大数据的科学监测和有效干预，2020年经开区又成为国家社科基金"三精准"项目的试验区，开展相关实验研究。

4. 政府完善学校体育教学改革投入保障，校园体育基础设施建设和教师队伍专业发展不断提升

教改实验和课题研究促进了学校体育场地和器材的改善，助力了教师队伍的专业发展。区管委会和文教局先后投入资金1300余万元为学校新建和改造体育场馆设施，实现学校场地、器材全部标准化；扩招体育教师46名，补充专业力量；增加体育教研员负责专项工作，进行专业引领和指导；区内组织和外出参加相关培训19次，累计投入专项资金400万元，参培400余人次，提升队伍整体素质；骨干和青年体育教师成为改革和研究的中坚力量，在国家、省、市的各级教学竞赛中获奖100余次。

5. 经开区中小学体育教学改革的多项实践成果和案例经验在国家、省、市分享和交流

2017年9月，首创区域全员运动会，全区3千多名学生、老师、家长同场竞技，全员参与，人人都是主角，联盟在2018年向全国各试验区推广经开区的区域全员运动会模式；2018年6月，成功进行全国学校体育联盟（教学改革）经开试验区阶段成果展示现场会，成为长春市体育教学改革先导区，《长春教育》用13页的篇幅重点介绍了经开区体育教学改革取得的成果，推广成功经验；同年9月，代表长春市参加吉林省第十八届省运会开幕式，进行了千人素质操和篮球技巧展示，受到现场省、市各级领导的一致好评，视频被传到网上，成为交口称赞的"场"红。

三年实验研究，有相关27项课题研究开题和陆续结题，多篇论文在《中国学校体育》《长春教育学院院报》等期刊发表；经开区的体育教学改革成果吸引了省内教育同仁的关注，2018、2019年先后承接了吉林省教育学院体育教师国培、省培项目的观摩学习任务，为项目做培训经验交流；改革项目负责人代表经开区多次到东师理想教育培训集团、省教育学院，为国培、省培项目做改革经验讲座，推广改革成果，获得一致好评。

五、课题进一步研究与展望

经过三年的研究与实践，项目取得成果的同时发现了一些问题，还需要在后续深化研究中不断探索。

1. 如何在策略研究的同时进行校级体育教学改革的靶向实验，使材料积累、理论分析、个案研究和分析推进等小微课题研究同步发生，并将研究成果及时转化成为实践应用？这需要进一步实践研究。

2. 联盟、区域、专家、学校、教师的合作和引导式实验研究，提升了体育教改和课题研究的层级，各项工作顺利完成，但随着改革模式策略的形成，专家团队的逐渐退出，课题研究和各校的改革实践将如何稳步推进和持续发展成为新的课题，需要形成区域主导、

进修主抓、学校跟进的新局面，探索更科学、更优质、更简练和更实用的实施策略是未来研究的重点。

3. 本课题研究促进了本区域中小学体育教学改革的科学、合理、有序推进，全面提升了区域内中小学生的体质健康水平，但是受基础条件的影响，在体教融合与校园体育文化建设上还没有形成更新的策略与模式，需要在优秀教师引进、传统体育竞赛开展、专业体育社团建设上找到突破，进行深入研究。

在后续研究中，经开区将继续开放和分享研究成果，发挥长春市体育教学改革先导区的辐射引领作用，持续学习和研究，为不断提升长春市、吉林省乃至全国的中小学体育教学质量而努力。

区域推进深度学习理念下教学评一体化的实践研究

课题主持人：苏文玲　长春经济技术开发区教师进修学校党支部书记
　　　　　　　　　　常务副校长
课题组成员：解　宝　长春经济技术开发区教师进修学校副校长
　　　　　　金敬红　长春经济技术开发区教师进修学校副校长
　　　　　　刘国坤　长春经济技术开发区教师进修学校副校长
　　　　　　武胜男　长春经济技术开发区教师进修学校副校长
　　　　　　朱艳秋　长春经济技术开发区教师进修学校科研部主任
　　　　　　赵　丽　长春经济技术开发区教师进修学校小教部主任
　　　　　　蔡　爽　长春经济技术开发区教师进修学校综合部主任
　　　　　　姜思宇　长春经济技术开发区教师进修学校信息部主任
　　　　　　张平阳　长春经济技术开发区教师进修学校中教部主任

为推进区域教育教学改革，树立科学的教育质量观，深化教育教学研究，全面提升区域教育教学质量，促进教师专业发展，找到一条既符合时代要求又适合长春经济技术开发区高质量发展需要的、最富有实效的基本路径，从2017年开始进行此课题研究，期间申报了吉林省"十三五"教育科学规划课题《区域推进深度学习理念下教学评一体化的实践研究》，经开区各中小学校组织教师结合教学实践深度开展研究。

一、课题提出

（一）研究背景

1. 基于国家教育方针政策的总体要求，明确人才培养的价值导向

从国家政策看，解决教育内涵发展问题，亟待以新目标引领发展，以新思维统筹发展，以新机制推动发展，以新平台演绎发展。

2. 基于区域教育内涵发展的本然需求，明确区域发展的价值导向

作为重要的社会事业，经开区教育亟须系统推进育人方式、办学模式、管理体制、保障机制改革，加快形成推动教育高质量发展的战略布局、技术路线、任务措施、资源体系和评价体系。

3. 基于行政决策教育研究的发展方向，明确目标任务的价值导向

针对基础教育薄弱环节，明确提出通过行政助推、课题引领的方式，开展教师互助、学生互动、创新载体等实践研究，全面促进区域教育均衡发展。

4. 基于国内外对此课题的现状研究，明确实践探索的价值导向

基于相关文献研究，国内外在实践载体落实深度学习理念的成熟经验不多。我们将借鉴前人的研究成果，继续深入研究。

（二）研究意义

深度学习的目的是促进学生高阶思维的发展，教学评一体化是保障高阶思维发展的实践路径之一。

1. 学术价值：推动教育理论研究，实现发展创新

"深度学习"与"教学评一体化"目前在教学领域可复制、可推广的成功经验还很少，我区力争在实践中研究和探索，实现发展创新。

2. 应用价值：探索区域教学改革，形成教学特色

当前教学改革面临的新形势、新任务、新挑战，决定只有集聚优质资源，实施集优化发展，才能实现教研成果化，走出区域教学改革的特色之路。

3. 社会意义：树立正确价值观，培养优秀人才

此课题研究立足于高阶思维发展，有利于培养具有创新精神和实践能力的人才和独立健全完整的生命个体，以实现未来社会需要的优秀人才的培养目标。

（三）概念界定

关键词之一——深度学习

深度学习是指在真实的问题情境中，把握学科本质，理解核心概念，形成认知结构，并能迁移运用。将其基本特征概括为三化六性：三化即问题情境化、任务结构化、活动递进化；六性即目标社会性、学习自主性、规律迁移性、思维高阶性、过程真实性、评价全程性。

关键词之二——教学评一体化

教学评一体化具有三重含义：学教一致性，指基于学习目标，学生要学什么；教评一致性，指基于教学活动，设计评价任务；学评一致性，指基于学习目标，设计评价任务。

二、课题设计

（一）研究目标

通过实践探索，研究核心概念的理论基础，厘清各核心概念之间的逻辑关系，寻求能有效实现目标的实践载体，有效实施教学评一体化，从而落实核心素养目标，提升教育教学质量。形成教学评一体化的可复制、可推广的经开经验，推动经开区教育高质量发展。

1. 落实深度学习理念，实现深度教研、深度教学和深度学习，推动课堂教学变革。

2. 结合单元教学规划设计、课时规划设计和课时教学设计，明确整体和部分之间的关系，探索单元规划和课时设计的有效策略。

3. 通过教育思想的辐散、聚合，教改方式的交流、分享，以少带多、复制共享，带动区域教学改革发展，探索区域教学改革特色新路径，形成区域教学改革特色。

（二）研究内容

从理论与实践两部分开展研究。理论研究的重点是对深度学习、教学评一体化、大单元、大概念、大情境、大任务等概念及特征的诠释。实践研究的重点是在核心素养视域下，以课程研究为载体，采取逆向设计，实施教学评一体化。具体内容有：

1. 理解深度学习和教学评一体化内涵；

2. 形成核心素养视域下大单元教学价值取向；

3. 开发单元教学规划设计、课时规划设计、课时教学设计；

4. 制定深度学习理念下的课堂教学评价标准；

5. 实现"区域推进深度学习理念下教学评一体化"成果应用与转化。

（三）研究方法及策略

1. 研究方法

（1）文献研究法：通过查阅、研究分析、归纳综合国内外文献资料，了解深度学习与教学评一体化的相关内容，找到研究起点与研究方向。

（2）调查问卷法：通过调查问卷了解教师对"深度学习"和"教学评一体化"的掌握情况，分析问题成因，寻求解决策略，推动课题研究。

（3）案例分析法：通过课堂观察，做好实证研究。对教学案例进行分析，通过学生学业评价及课堂观察的大数据，科学判断成因，寻求解决策略，发挥评价导向作用，找到其成功之处加以提炼和总结，实现成果转化。

（4）座谈访谈法：区域性课题研究范围广，实验面大，与校长、教学校长及实验教师、学生座谈或访谈，了解实际情况，帮助学校解决实际问题，推动课题深化研究。

（5）行动研究法：把"行动"与"研究"有机结合起来，贯穿于教研、科研、培训等全过程。在实际教学中深入研究，在研究中不断改进，知行合一，使研究成果更具有应用价值。

2. 研究策略

课题研究采取以深度学习理论为支撑，以大单元教学为载体，以课堂教学为实验田的研究策略，组建"三四十三"研究团队（即"三级专家团队、四个实验基地学校、十三个学科基地校"），落实研究过程，周总结、月汇报、年度择优展示的常规管理制度，推动学校完善课题管理制度，保障研究有序开展。通过专家高位引领，教研员指导示范，骨干教师先行先试，本着边研究边实践、边实践边总结、边总结边反思、边反思边改进、边改进边提炼的原则，开展实践研究，概括总结提炼实践做法。经过反复的实践验证，总结提炼出可操作、可复制、可推广的研究成果，辐射到全区各校，实现成果应用转化。

三、课题研究过程

本课题在2017年提出，经过三年的实践研究，于2020年申报吉林省"十三五"教育科学规划课题《区域推进深度学习理念下教学评一体化的实践研究》，至今已历时五年。在研究过程中，以目标为导向，坚持以终为始的原则，统筹规划，分步实施，形成"确立目标+实践探索+专家指导+评价跟进"反复循环的闭合式研究策略。

（一）第一阶段：把握学科本质，落实核心素养，为课题研究奠定坚实基础

落实核心素养，践行深度学习，必须把握学科本质。林崇德教授发表了《中国学生发展核心素养研究报告》，明确了培养什么样的人和怎样培养人的问题。2017年以来陆续组织开展通识培训、学科专项培训、课堂教学大赛等各项活动，形成"目标、结构、策略"三位一体的学科微观模型25个，让新教师能够用模上好常规课，骨干教师超模上好示范课，推动了课堂教学变革，提升了课堂教学质量。同时为了深化课题研究，每周五PCBS（profession 专业、capacity 能力、boost 提升、study 学习）学习会，开展了同读《论语》《布

鲁姆教育目标分类学》《追求理解的教学设计》等读书活动,各位教研员结合书中的理论和学科内容,与大家共同分享。通过交流活动,认识到培养学生"高阶思维"的重要性,理解"教学评一体化"的内涵及原则,为第二阶段课题的深入研究打下坚实的理论基础。

(二)第二阶段:采取分段式"五动"策略,推进课题深入研究

吉林省"十三五"教育科学规划课题《区域推进深度学习理念下教学评一体化的实践研究》实践之初,采取了分段式"五动"策略,有序推进课题深入研究。

1. 理论培训,激励促动

通过诸多理论学习,教师们亲身感受到此课题研究的重要性和必要性,思想达成共识,行动力求一致,主动参与到课题研究中。

2. 典型引领,课题牵动

在前期培训促动基础上,发挥学校主动性,让各学校自愿申报课题实验学校,根据学校师资现状及办学条件,确定了课题实验学校(经开实验学校、洋浦学校、昆山学校和北海小学)、学科基地校为重点研究课题实验学校,明确课题研究的重点,发挥典型的示范引领作用,以点带面推动区域整体发展。

3. 以身示范,任务驱动

在崔成林教授的培训指导下,教师进修学校出台教学设计模板(大单元教学规划表、课时规划表和课时教学设计表),教研员先行先试,开展了大单元教学设计与实施实践活动。经过专家的高位引领,进修学校教研员形成了一个大单元规划、课时规划和本单元所有课时设计的案例,并对学科教师进行以身示范的培训,同时装订成册,实现全区资源共享。

大单元教学规划表

单元内容	
单元分析	
单元主题	
单元目标	
单元评价	
任务活动	
课时分配	

课时规划表

单元主题				
课型课时	课时目标	达成评价	课时任务	课时作业

课时教学设计表

课题			
学习目标		达成评价	
先行组织：			
新知建构			
任务（问题）与活动		嵌入评价	
问题 1：…… 活动 1：…… 活动 2：…… …… 问题 2：……			
迁移运用：			
成果集成：			
作业设计：			

4. 问题诊断，专家带动

针对实践中教师们的困惑问题，再次特邀专家团队进行问题诊断、专业引领，助力课题深入开展。在问题诊断中采取了"汇报+点评+讲座""一课一研""两课三研""同课异构"等方式，对单元规划设计、课时规划设计及课时教学计划的指导培训，同时走进课堂，聆听了数学、语文、外语、道德与法治、科学、综合实践等教学评一体化的课堂教学展示活动，在课后的深入研讨中，专家团队再次给予高位引领、悉心指导。通过现场分析教学现状，找出存在问题，明确改进方向，使课题研究再上新台阶。

5. 以赛代培，课例行动

为推动全区教师参与课题研究，并能付诸实际行动，全区各学科开展了教学设计大赛，发现优秀成果和存在的问题，利用区级教研日开展了优秀课例分享活动，发挥示范引领作用。教研员对教学设计存在的具体问题进行针对性培训，深化课题研究。

（三）第三阶段：采取融合式"五从"策略，推进课题细化研究

在第二阶段研究基础上，细化研究过程，以实训为重点，抓住每一个细节，发挥项目实验学校、学科项目学校和名师工作室团队的示范辐射作用，创新培训方式，发挥评价导向作用，推进课题研究。

1. 从培训创新

构建三环四式培训模式，三环即"导""学""研"；"四式"即专题讲座式、辩论互动式、焦点讨论式、网络研修式。培训方式的创新使培训更加具有针对性和实效性。

2. 从典型抓起

采取以点带面的方式全区推进。重点抓住三个典型：一是项目学校以学校为主体，全学科推进；二是学科基地校以学校为主体，教研员为主导，单学科推进；三是名师工作室以名师为主体，确立子课题，专题推进。

3. 从细节入手

以课堂教学为载体，用心研究学习目标，潜心思考达成评价，细心布置学习任务（问题），耐心组织学习活动，精心设计嵌入评价，静心构建作业设计，形成教学经验并及时交流，真正实现用科研带动教研实践探索，以教研促进课题深入研究，使教研与科研融为一体。

4. 从实训引领

实践是检验真理的唯一标准，在研究中开展八个模块的实训内容：第一，教学设计模块，以教案评选为媒介的甄别式自我提升实训；第二，课例分享模块，以教师优秀课例为手段的分享式交流展示实训；第三，教学实施模块，以课堂教学为平台的参与式教学策略实训；第四，作业设计模块，以个性化学习为目的的差异化教学研究实训；第五，课堂评价模块，以课堂观察平台为载体的协作式课堂评价实训；第六，试题命制模块，以年级组为单位的驱动式创新题型实训；第七，课题研究模块，以名师工作室为载体的理论与实践结合模块；第八，课程研发模块，以综合创客为范例的案例式课程构建实训，以此引领教师改进教学，促进教师专业发展。

5. 从评价保障

利用课堂观察平台，开展教师行为和学生行为的课堂观察活动，利用大数据科学评价教师和学生的行为。通过分析数据、发现问题、追溯成因、寻求策略，改进教与学方式，发挥智慧教育云平台作用，实现"基于经验"向"基于实证"转变。通过对研究情况跟踪评价，及时总结推广阶段成果，形成良性循环。

（四）第四阶段：总结提炼研究成果，并实现成果转化

认真梳理总结前期的研究成果，形成可复制、可推广的实践经验做法，并在全区召开了推进会，实现成果推广与转化。同时课题组成员还为福建、广东、浙江等地教师进行专题培训，推广研究成果。

四、课题研究成果与成效

（一）研究成果

1. 推出了教学设计新模板

2017年至今，结合新课标、国家相关文件及省规划课题重点研究内容，相继出台1.0版、2.0版和3.0版的教学设计模板。1.0版的教学设计模板是课时教学设计，重点引领教师转变教学方式，培养学生自主学习能力，在教学设计模板上忽视单元整体教学。2019年6月23日，中共中央国务院《关于深化教育教学改革全面提高义务教育质量的意见》颁布后，进修学校制定了2.0版教学设计模板，重点突出目标意识、结构意识和策略意识。在此基础上，为推进本课题的深入研究，改进结果评价，强化过程性评价，探索增值性评价，出台了3.0版教学设计模板，强调评价伴全程的评价意识。

新的教学模板对教师有不同的要求，也体现了不同的研修方式。大单元教学规划表需要学校名师和骨干教师总体策划，引领教师建立整体观。课时规划表是课时教学设计的基础，需要学习组教师们根据实际情况共同研究，共同策划。课时教学设计表在课时规划基础上进行个性化的课时教学设计，用于教师课堂教学。可见，三个模板的研究体现了"专家引领""同伴互助""自主研究"的研修方式，是校本研修的有效载体。正所谓"不谋

全局者不足以谋一域",教师利用这样的模板,架起局部与整体之间关系的桥梁,从大单元的整体角度思考各部分之间的关系,统筹安排各课时教学计划,避免出现"只见树木不见森林"的现象,建立从"整体——局部——整体"的全局观,激励教师深入解读课标、理解课标、落实核心素养,同时增强单元整体教学意识。

2. 制定了课堂评价新标准

（1）制定课堂评价标准。课堂教学评价决定教师课堂教学走向。为改变教师的教学行为,推动课堂教学变革,依据课程标准、国家文件精神及省规划课题研究需要,相继出台了1.0、2.0和3.0版《经开区课堂教学评价标准》,通过"推门听课"推动课堂教学变革,提高课堂教学质量。

课堂教学评价标准要点：第一,关注全体学生,重视差异化教学和个别化指导；注重学生高级思维能力培养；注重对学生学习习惯和学习品质的培养。第二,教师评价采取师生评价、生生评价、自我评价等方式,体现倾听与对话的教学本质。第三,课堂教学活动以学生为主体,能进行自主、合作、探究式学习。第四,学生能够大胆想象、敢于质疑、深入思考、善于归纳。第五,学习目标达成度高,学生的认知水平和思维能力在原有基础上得到提高。第六,板书设计科学、合理,体现知识结构,实现成果集成化。

（2）采用复盘式评价方法。在课堂教学评价中,教研员们采用复盘法。复盘分为三个基本步骤：一是回顾与评估,即教师回想刚刚课上的目标是否达成,教学中成功之处与遇到的障碍,并找到背后原因；二是分析与反思,即分析问题成因,多问几个为什么。例如：当初出于什么样的考虑；设计上的逻辑关系是否正确等问题。找到问题关键点,从主观和客观两个方面进行分析；三是优化与固化,即提出改进建议,进一步优化设计,改进教育教学方式,最后通过复盘,形成一套行之有效的方法,指导以后的教育教学实践。

3. 明确单元教学新取向

大单元教学的价值取向决定课堂教学的效果,为提升课堂教学实效性,在研究过程中,概括总结提炼了课堂教学的"1、2、3、4、5、6"价值取向：即落实"核心素养"一个终极目标,重构"教"与"学"两个主体系统,开展"探究、展示、交流"的"三E"学生活动,突出"教学设计的整体性""教学过程的真实性""教学活动的开放性""教学评价的全程性"四性课堂教学策略,遵循"思维进阶性""设计逆向化""任务结构化""教学评一体化""学习成果化"五个设计原则,营造"尊重""平等""和谐""信任""民主""自由"六种课堂文化。

4. 取得阶段研究新成果

从教学理念的再转变、课堂结构的再优化、教学方式的再更新,多角度推动教学改革持续走向深入。驱动科研引擎,大兴学习之风、大兴教研之风、大兴科研之风,推动教学质量再上新台阶,形成良好的教改新生态。具体成果有：《深度学习下大单元教学设计案例集》；形成《深度学习理念下的教研指导》《深度学习理念下的学习目标设计》《区域推进深度学习理念下教学评一体化之课前、课中、课后作业设计》等专题培训课程；撰写与本课题密切相关的论文十余篇；专著《深度学习理念下大单元教学》等,给同行们提供可借鉴、可参考、可复制的成功经验,也为进一步研究奠定了坚实基础。

（二）研究成效

1. 促进了学生自我发展

英国著名教育家怀特海在《教育的目的》中说："学生是有血有肉的人，教育的目的是为了激发和引导他们的自我发展之路。"学生的学习是一个自我建构过程，在认知发展过程中，学生有能力把信息整合到自己的图式中。因此教师设计了大情境、大问题（大任务）以及结构化的活动，充分发挥学生主体性，给学生自主学习思考的时间，讨论、交流、表达的空间，师生、生生交往互动的空间，探究与实践的空间等，让学生完成知识的自我建构。同时，教师还设计了嵌入评价，为学生自主学习搭建了支架，助力学生自我学习，自我成长。

2. 转变了教师的教学观念

在课题研究中，本着"六个一边"的原则开展课题研究，使教师力争实现了三个转变。一是实现了从"要我研"向"我要研"的转变。教师们从开始有抵触情绪、畏难情绪，不想学、不想做，到主动学、自觉做。很多教师已经把学习、研究与工作融为一体。二是实现了从"经验型"向"理论型"教师的转变。教师们通过理论学习、课堂教学、反思日记、教育叙事、微型教学、教师沙龙等来超越自己的教育经验和教学现实。有的教师高兴地说："只要行动，就有收获。只要反思，就有提升。"三是实现了从"碎片化"向"系统化"的转变。以课题研究为载体，从单元整体设计到课时教学设计是一个系统化的思考过程，改变了原来只注重课时教学的片面化、碎片化局面。

3. 促进了教师专业发展

以"深度学习理念下教学评一体化"课题研究为目标，以大单元课程开发为载体，以课堂教学的实践研究为主渠道，以"学科教师共同体、学科基地校、项目实验学校"为重点实验田，借助"名师工作室""骨干教师共同体""青年教师实练营"，采取"专家引领、同伴互助、自我研修"三种方式分层培训，发挥青年教师、骨干教师及名师优长，带动新教师成长，真正发挥了"传帮带"作用，实现了各美其美、美美与共的新局面，提升了全体教师专业素养。

五、课题进一步研究与展望

"区域推进深度学习理念下教学评一体化的实践研究"课题已取得了阶段性成果，推进了区域教学的整体提升，但在以下三个方面还需继续探索。

1. 整体设计大单元

大单元教学对教师的要求比较高，一般的教师不容易做出整体设计，特别是重组单元。如何在设计中体现课程视角、学习立场等问题，还需继续深入研究。

2. 完整表述学习目标

如何依据课程标准、教材及学情设计学习目标，突出低阶思维向高阶思维进阶的过程，也是下一步研究工作的重点。

3. 体现学科融合创新

如何体现单元与单元之间、单元与学科之间、单元与跨学科之间、单元与真实世界之间的关联，探索学科融合、跨学科学习和多学科融合教学模式，更好地在课堂教学中践行深度学习和教学评一体化的理念，还需在后续工作中重点给予指导。

构建快乐课堂促进学生自主学习的实践研究

课题主持人：吴淑艳　　长春净月高新技术产业开发区教育科研中心主任
课题组成员：刘　俐　　长春净月高新技术产业开发区教育科研中心科研主任
　　　　　　袁金燕　　长春净月高新技术产业开发区玉潭小学校长
　　　　　　石岩松　　长春净月潭实验小学校长
　　　　　　孟庆韬　　长春净月高新技术产业开发区中海新湖希望小学校长
　　　　　　夏　凡　　长春净月高新技术产业开发区中海新湖希望小学主任
　　　　　　张红玉　　长春净月高新技术产业开发区净月南环小学校长
　　　　　　付云霞　　长春净月高新技术产业开发区榆树小学校长
　　　　　　徐　旭　　长春净月第一实验学校主任
　　　　　　赵明霞　　长春净月潭实验小学副校长

一、课题的提出

（一）课题研究的背景

国际研究背景分析：美国学校教育经历了从"教学范式"到"学习范式"的变革，给世界教育发展带来了深远的影响。"快乐课堂"活动式的教学组织是美国学校及世界教学改革的成功实践。美国的研究成果揭示了美国学校对"快乐课堂"实施中的相关影响因素，并提出了应对策略，为世界教育教学的改革和发展提供了参考。

国内研究背景分析：十九大报告中明确指出，努力让每个孩子都能享有公平而有质量的教育。"每个孩子""公平而有质量"等词语，醒目突出，清晰指明了未来教育发展的着力点。2017年1月，国务院印发的《国家教育事业发展"十三五"规划》指出，"从教育领域看，当今世界教育正在发生革命性变化，教育与经济社会发展的结合更加紧密"，以学习者为中心，注重能力培养，促进人的全面发展。2017年8月，在吉林长春召开的全国教师教育振兴暨教师队伍建设工作会议指出，要"完善政府——高校——中小学协同育人机制，加快以学习者为中心的课程教学改革"，"快乐课堂"是教育人追求的共同目标。

（二）课题研究的意义

1. 理论意义

本课题的研究首先为优化课堂教学范式、建立个性化教学改革的模式，提供一定的理论支撑，积累一定经验；快乐课堂和个性化教学模式适应个性化、多样化时代发展的需要，符合以人为本、尊重个性的价值取向，为学生个性差异提供多样化的教学资源，使每个学生都得到充分的发展，这是尊重教育规律的基本表现。

2. 实践意义

我国新一轮基础教育课程改革，虽然积极倡导"一纲多本"，以便提高教师课堂教学的选择性和学生学习的趣味性，但就现有的多样化教材来看，基本上还是按照统一的要求、统一的标准、统一的内容编写和呈现。为此，探索以发展学生快乐学习为目标，打造"快乐课堂""以学为中心"、尊重差异的教学模式十分必要。

区域发展的需要。随着净月经济的飞速发展，追求高质量的教育成为人们的普遍需求。由于受传统教育观念及教育评价体系等因素的影响，我区学校在教学实践中还不同程度存在着主体性缺失的现象，学生被动学习，因此通过课题研究，深化课堂教学改革，"构建学生主动学习与发展的快乐课堂"十分必要。培养学生主动学习与发展的精神，培养适应未来发展的创新、自主、合作能力，是我区教育发展的新需求，也是课堂教学改革的新方向。

学校办学发展的需要。净月区地处城乡接合部，教育基础相对薄弱，师资力量不强。近年来办学条件不断改善，教育质量得到快速提升，但学校教学管理理念、教师教学观念依然相对滞后。如何转变这一现状成为全区教学面临的重大课题。

教研员与教师专业发展的需要。教研员作为老师中的老师，教学方面的导师，更应该高站位、高素质、高引领，只有他们各方面素养到位，才能引领教师向前发展；我区从2016年成立教研局以来，非常重视教研员的培养，因为教研员研究能力的提高能带动教师队伍研究能力的提升，可见，本课题研究十分必要。

（三）概念界定

"快乐课堂"，顾名思义是把学习者置于教育的中心。工业时代的教育方式"以教师为中心""以学校为中心"，忽视了学生的个性和天赋，对学生进行模式化训练，学生在教育内容、教育方式以及教育环境上处于从属地位。"快乐课堂"与"以学生为中心"相一致，主张一切教育活动围绕着受教育者个人体验的成长进行。美国人本主义心理学家罗杰斯认为："学习者都具有自我实现的潜能，有自我意识、自我指导和自我批判的能力。"而传统（工业时代）的教学"其所采用的灌输方式使学生处于被动接受的状态，成为无主见、缺乏适应性的个体"。学生自主学习的"生本课堂"是"快乐课堂"追求的真谛。

二、课题研究设计

（一）课题研究的目标

以"满足学生自主发展的个性化学习的需求，构建快乐课堂"为总体目标。构建教师乐教，学生乐学教学模式，让学生自主学习，快乐成长。

具体目标包括：

1. 构建"快乐课堂"有效教学模式。
2. 创设以"快乐课堂"为课堂教学主题的教研活动。
3. 探索学生"快乐课堂"自主学习策略。
4. 探索提升教研员与教师素养的有效方法。

（二）课题研究的内容

1. 构建以教研中心教研员为引领的教师"快乐课堂"研究团队

借助教育集团专家团队的力量，以各个学科的教研员为核心，与区域学科教师，形成不同学科的团队，依托"快乐课堂"建构特点，建设由专家、教研员、教师、管理者组成的"快乐课堂"研究团队，建立平等、民主、合作的管理机制，确立以《净月高新区科研管理办法》为核心的评价机制,形成研究整体构架,促进教研员、教师专业成长。

2. 构建师生"快乐课堂"有效课堂教学学风

以学习者为中心,把握学科本质,不断探索研究高品质快乐课堂教学任务的设计;通过完善备课机制、小组合作学习等学习方式的改革,创建同伴合作,师生合作的快乐学风;通过座谈会、论坛等活动,培养教研员和教师相互的倾听习惯,提高合作能力,实现学生的自主学习。

3. 形成区域有效"快乐课堂"的教学模式

依托现有的"快乐课堂"的研究成果,重点研究教师的教法和学生的学法,确立一种更适合区域实际的教育策略。形成我区各具特色的先学后教、合作学习、实验探究、任务驱动式等学科教学的方法与模式,让学生的主体性充分发挥,学习能力提升,形成自主学习的良好习惯。

(三)课题研究的方法及策略

1. 研究方法

(1)文献研究。通过阅读国内外对"快乐课堂"研究的文献,进一步加深对"快乐课堂"的理论认识。了解我国当前课程改革和课堂教学改革的发展方向和脉络,找出我区各学科教师教学和学生学习中存在的问题,为后续研究做好理论铺垫。

(2)案例分析法。针对区域教学实际,各科教研员通过下校听课、评课,找出好的案例,对"快乐课堂"运用状况进行分析,分析教师们在教学实践中的一些具体案例,了解其在"快乐课堂"教学中遇到的困惑和成功之处,根据学生的心理特点,归纳出本学科构建"快乐课堂"的教学策略。

(3)行动研究法。通过问卷调查、现场听评课、教师访谈、学生座谈等多种途径,调查目前我区课堂教学存在的问题,确定研究方向。

通过对当前国内有影响力的学校的课堂教学的观摩学习,研究他们课堂的特点、基本模式、课堂评价和教学管理等,学习名校先进的教学经验,为我区的课堂教学改革助力。

2. 研究策略

本课题一方面采取了教育局行政助力、专家理论指导的方式,通过实践、认识、再实践、再认识的方法,边学习边实践;另一方面邀请专家、省市科研主管部门领导定期入区进行课题指导,以教研员子课题进行项目引领,推动课题研究的深入开展,形成以"快乐课堂"区域教学模式。

三、课题研究的过程

(一)打好构建"快乐课堂"教学模式基础

1. 提升培训

在课题立项前,教研中心先对教研员进行培训,培训为科研方法的通识培训和相关"快乐课堂"的教育理论观点的培训。然后,学科教研员组织教师对"快乐课堂"的内涵进行深入的了解,理解"快乐课堂"课堂教学核心思想。在了解了"快乐课堂"的教育观点后,进行了以学科为单位的研究任务的分解。

2. 确立课题

由教研员结合学科特点申报子课题，课题中心领导以及集团专家逐一审核子课题的题目，最后确定以教研员为主持人的子课题。中学语文：《生命教育理念下初中语文学科快乐教学策略研究》、中学数学：《初中数学快乐合作教学方式改变减少学生两极分化现象的有效策略研究》、中学英语：《初中英语快乐自然拼读方法的研究》、中学物理：《学生物理有效快乐计算能力提升的研究》、小学语文：《提高小学语文快乐阅读课堂有效性的研究》等课题，作为总课题的子课题。

课题区域立项后，以教育科研中心为研究核心，组织学科教研员深入课堂听课，掌握课堂现状，写"调研报告"分析课堂现状。通过分析，发现课堂存在教师讲授过多、学生活动少、一些理科课堂过于死板等问题。为改变这种课堂现状，教研中心组织教研员多次召开会议，研究改变课堂现状的策略。为"快乐课堂"的研究打下基础。

（二）"快乐课堂"教学模式探索研究

1. 专家培训，理论指导

在课题研究中，最欠缺的是理论和方法上的指导，于是教育局和教研中心多次聘请研究中心的领导指导培训，和教研员、教师互动举行课题研讨会，及时解决研究中发生的问题。

2. 主题教研，策略提升

在集团的引领下，教研中心设计相应的教研活动，如新教师汇报、同课异构、净月杯好课评选、中考考前研讨会等。各校丰富多色彩的活动都要围绕本课题开展。在教研活动中，教师们有针对性地设计、探讨教育教学的策略、研磨课堂教学模式、分析学生状态、对教师的教育教学行为进行反思和研讨。教师们在活动中得到一次次的历练，从而加深对本课题的深入研究，精心打造"快乐课堂"。

3. 实践调研，打造精品

教研员在每次考试、教研活动后，都细致撰写调研报告，提升在"快乐课堂"的实践中获得的理论，为下一步实践研究做指导，课题研究以来，教研员共撰写调研报告300余篇，在教研员的精心引领下，与"快乐课堂"相关的教师精品课达到572节，有许多课获得国家级奖项。

4. 及时反思，总结经验

在"快乐课堂"的深入研究中，教师在教研员的引领下，从预备到集备再到个备，从课堂观察到教学环节，每节课都有反思。通过反思"快乐课堂"的思想已经渗透到每位教师的教学实践中，有趣、平等、和谐的"快乐课堂"氛围，学生自主学习的学风在区域悄然形成。

（三）梳理构建"快乐课堂"教学中期成果

梳理阶段性成果，结合实际情况，完善课题研究方案。

一是成立以主管局长为组长、教研中心领导为成员的核心组，完善和推动"快乐课堂"课题的管理。目的是专业化指导课题推进以及督导各课题组按计划完成课题研究，特此启动课题核心组。

二是撰写课题研究阶段反思集，在课题的中期成果汇报前，结合课题研究的实际情况，核心组做区域课题中期成果梳理的专业指导，把课题研究中的教学反思集中起来研究，并形成《反思集》。通过《反思集》寻找课题研究中存在的问题，之后针对课题研究问题和现阶段的教学成果进行梳理、总结、提升。

三是创新研究工具，教研员通过行动研究，对原来的"课堂观察量表"进行改革，把原来的课题研究记录本改成"课题研究记录单"，以利于在"快乐课堂"中，教师通过对学生的课堂观察反观"快乐课堂"教学设计的有效性。

（四）总结拓展"快乐课堂"教学成果

整理研究资料，多角度提炼、呈现实践和研究成果。形成课题研究报告，并进行成果展示。

在三年的研究中，在教研员的指导下，教师们对"快乐课堂"的驾驭更熟练，学生们更喜欢这样的课堂氛围。在学生成长的同时，教师也在"快乐课堂"中不断地成长。在研究过程中，区域多次通过现场会展示了课堂教学变革的成果，通过以研代教，聆听专家之声，让教师成为课程教学的设计者，实现其自主专业成长，促进区域教研品质的有效提升。

四、课题研究成果与成效

（一）形成"快乐课堂""一纵一横"研究模式

经过研究，课题最后确立了"一横一纵"的研究模式，形成了让学生自主学习课堂范式。

"一纵"就是纵向研究，由区教研员在区域课题的基础上确立18项学科子课题，牵头带动，指导引领，统筹实施。通过设计快乐教案个案、听课、指导教师上课、参与指导集体备课等实践活动对教师的教学进行实践操作的有效指导；通过教师命题技术的培训、课件制作等指导，不断提高教师的教学基本功；通过学科讲座、优质课评选、课题研究等教研活动提升教师各种研究能力。在研究中，教研员的自身素质也在不断提高，他们的足迹遍布整个区域。

例如：初中数学课题《初中数学快乐合作教学方式改变减少学生两极分化现象的有效策略研究》通过小组合作学习，层层深入，让所有的学生通过自主组成小组合作学习，在合作中快乐上课。通过数学教研员的指导引领，形成了涵盖区域的学科学习方式。合作学习中的数学课堂，使枯燥的数学知识变得灵动起来，成为学生快乐接受知识的园地。

"一横"是学校在教研中心的指导下，以教学校长和教导处为核心，进行教学上的一系列教学改进。"一横"的贯通是以教研中心的纲领性文件——《净月高新区教学质量目标管理规程》为主线，通过教研、科研、评价等基本环节，使科研和教研有机地结合起来，便于课题研究向纵深发展。

例如：在《科研管理办法》和《管理规程》中，制定良好的"评价机制"，它规范了学校教学管理程序，提高了教师课堂教学质量，同时《科研管理办法》和《管理规程》把"快乐课堂"的课题研究纳入评价，使教师的研究有章可循，调动了教研员和教师研究主动性；把奖励机制也纳入《科研管理办法》和《管理规程》，调动了研究的积极性；学生在课堂上自主学习的氛围更加浓厚，形成了"一横一纵"研究模式下的学生自主快乐学习的课堂范式。

（二）基于小组合作，形成"快乐课堂"学生自主学习核心策略

1. 合作学习初见成效，互助是一种快乐

学科教研员调研区域学校学生存在两极分化现象，而且两极分化现象相当严重，比如：某学校调研 A 班全班 38 人，第一次周测，就只有十几人及格。为了改变这种严峻的现象，采取了小组合作的教学组织形式进行尝试。方法是优与优合作，形成更优生，之后优、中与学困合作，带动一部分学困生的学习积极性，切实让学生体会到了合作的快乐。

2. 合作学习的帮扶，帮助和被帮助都是一种快乐

针对多数区域学校多数孩子学习基础差的情况，由于课堂时间有限，于是决定在课下给合作组长布置任务，利用下课、自习课、中午休息的时间进行学习上的合作。同伴的引领、互助渐渐使孩子们的学习兴趣越来越浓，自信感逐渐增强，感受到同伴合作是一种快乐。

3. 合作学习增强学生的竞争意识，竞争是一种快乐

在合作中，对合作成功的小组，适时地给予鼓励。比如：所有测试中增加不太难的附加题，要求做完第一套，经教师批改并全部弄懂后，才能做第二套。这期间学生之间是可以小组帮扶的，一周下来，做得最多的一些同学会有适当奖励。久而久之，多数学生不怕难题了，觉得学习越来越轻松，越来越有成就感，教师在课堂上看到了孩子们获得成功的喜悦！

（三）建构"快乐课堂""三教三学"课堂教学氛围

1. 快乐课堂中教师做到乐教、会教、教好

乐教：呈现愉快合作的快乐课堂。以快乐教育为原则，面向全体学生，尊重学生身心发展规律，尊重学生差异，创设乐学情景，实现文化知识学习与思想品德修养的统一，全面发展与个性发展的统一，让学生能够在学习的过程中感受快乐。

会教：展现多彩自主的教育活动。驾驭教材、驾驭课堂能力强；教学过程组织严谨，时间分配合理；注重探究、强化实践、因材施教，注重知识的整体构建，让学生经历知识的形成过程；发挥教师的组织引导作用，促进学生主动学习、释放潜能、全面发展。

教好：运用激励进取的教育评价。课堂上学生参与面广，参与时间充足，接受程度好；课堂气氛活跃，循序渐进，有序高效，生成精彩；在师生融洽和谐的氛围中，全体学生得到生动活泼、全面发展的教育。

2. 快乐课堂中学生做到：乐学、会学、学好

乐学：感受学习之乐。在民主生动的课堂上，学生乐于参与、乐于思考、乐于发现、乐于表达、乐于实践。课堂上学生独立、自主，有创造性。

会学：体验生成之乐。学生知识基础扎实，有良好的学习习惯和学习方法，学生积极参与教学过程，学会合作与实践，思维敏捷，善于提出问题，解决问题。

学好：实施评价之乐。学生学会学习、学会交流、学会评价、学会多角度解决问题，让学生在源于生活、成于真实、收于解惑的实践中获得真实体验，享受到学习的乐趣，体验到成功的喜悦。制定课堂教学评价表。

（四）素养提升，形成教研员和教师队伍的培养策略

在课题研究中，教研员的素养不断提升。在基础教育发展进程中，教研员发挥着重要

的专业支撑作用，堪称课程改革"助推员"、教学实践"战斗员"、教师发展"指导员"、教育决策"信息员"。课题研究中锻炼了区域教研员，他们形成了以下素养：垂范师德，引领师风；育人为本，助推发展；引领学校从"育分"转向"快乐育人"；引领教师从"学科知识教学"转向"快乐学科育人"；引领学生从"五育失衡"转向"全面发展"；创新快乐教研。

教研员的业务引领，也促进了教师素养的提高。他们努力钻研业务，尊重每一个教育对象，并关注每一个教育细节；他们有健康的身心，完美的人格态度；于教育，正确的价值取向；育人为本，良好的职业操守；学高身正，高尚的品德言行；一专多能，多元的知识结构；精通业务，娴熟的教学艺术；学以致用，较强的工作能力；广博精深，深厚的文化素养；与时俱进，先进的教育观念；积极进取，执着的创新精神。

（五）师生可喜变化，促进区域内涵发展

课题的研究成效首先体现在学生的成长上。区域在克服生源不均衡、新冠疫情等不利影响下，在2021年中考中取得了喜人的成绩，区域成绩在长春市有显著提升，三分之二的学生升入了理想的学校。据上一级学校反馈，净月区的学生情感更丰富、合作更高效、思维更活跃、能力更全面、心态更开放、视界更开阔，活得快乐，自由。在学生参与的各级各类省市活动中，都可以看见学生自治、自信、自律、自育的表现，以及积极主动帮助他人、与人为善的特点。学生很容易与他人"共情"，懂得站在他人的角度考虑问题，体现了"快乐课堂"在他们身上的影响。在三年里，区域学生参加各级各类比赛获奖2万余项。

课题的研究带动了教研员和教师的发展。教研中心从教师个体发展、教师群体发展和科研工作三个维度搭建教师"教学研共生体"发展平台，促进教师专业化成长效果显著。其中，进入中考命题人才库教师数由2018年最初的50几人发展到2021年的97人，教师共荣获奖项2万余项，现有各级各类骨干教师占比53%。建立优秀教学设计资源库，各学科组累计开发3000多个课例，其中部分课例在大赛中取得了优异的成绩。

五、课题进一步研究与展望

课题《构建快乐课堂促进学生主动学习的实践研究》已经结题了，但研究还在继续。展望今后的研究之路，还需要从以下几个方面继续努力研究。

一是快乐课堂的研究深度上。随着教育形势的发展，课堂教学的改革不断深入，快乐课堂的深度打造，应该注意哪些问题，如何进行深度研究，还需要探索和学习。

二是快乐课堂和自主学习的关系上。我们前一段研究的主要目的是打造"快乐课堂"，在打造"快乐课堂"的同时培养学生自主学习的习惯。小学段学生在课堂上学习很快乐，但自主学习性差，如何使二者统一起来，需要进一步研究学习。

三是在"快乐课堂"评价方式上。现在实行的是"多元评价"，但在实践过程中，有些评价过于陈旧，还要寻求更有效、更易于操作的评价体系，完善形成性评价的操作范式方法，让学生学习、管理更加自主化。

四是在成果的梳理上。由于多种原因，课题成果的梳理，存在"碎片化"的现象，因此还需要不断地探索和研究，科学地梳理成果。

课题研究走过的路是坚实的，充满成功和喜悦，但课题还需要进一步总结经验、反思不足，持续推进研究的深入开展。在推广现有成果的基础上，探索在成果提升、转化和应用方面的策略有新的突破。坚信，有省、市科研机构高站位的引领、高水平的指导，有净月区各校勠力笃实的践行，有实验教师所付出的努力，课题一定会取得丰硕成果，教育质量也会不断提升！

区域推进学校课程建设的实践研究

课题主持人：赵　越　　长春汽车经济技术开发区教师进修学校校长
课题组成员：杜静媛　　长春汽车经济技术开发区教师进修学校书记
　　　　　　金美爱　　长春汽车经济技术开发区教师进修学校副校长
　　　　　　苗春义　　长春汽车经济技术开发区教师进修学校教科研部主任
　　　　　　王　丽　　长春汽车经济技术开发区第四小学校长
　　　　　　王安巍　　长春汽车经济技术开发区第十三小学校长
　　　　　　吕　蓉　　长春汽车经济技术开发区长沈路学校校长
　　　　　　孙国辉　　长春汽车经济技术开发区教师进修学校干训部主任
　　　　　　毛鸿娟　　长春汽车经济技术开发区第十二小学副校长
　　　　　　耿令新　　长春汽车经济技术开发区第二实验学校副校长

　　"区域推进学校课程建设的实践研究"是吉林省教育科学"十三五"规划重点课题，是"十三五"期间长春汽开区教育局立足于区域教育实际，积极深化教育教学改革背景下所开展的一项课题研究。此课题在中国教科院的高端智力支持下，在汽开区教育局的高位统筹规划下，在全区各中小学校的高度协同推进下，经过五年的实践研究，取得了预期成效。

一、课题的提出

（一）课题研究的背景

1. 国家教育政策导向

2014年，教育部在《关于全面深化课程改革落实立德树人根本任务的意见》中明确提出："深化课程改革、落实立德树人根本任务具有重大意义。"

进入"十三五"中期，国家开启了加快教育现代化、建设教育强国的历史新征程，提出了一系列重要教育思想和重大举措。

2018年9月10日，中共中央召开全国教育大会，习近平总书记在大会上作了重要讲话，为中国教育划出了重点，指出了培养什么人是教育的首要问题。

2019年2月，中共中央、国务院印发了《中国教育现代化2035》，确定了新时代教育发展的总的战略是优先发展，总的方向是教育现代化，总的目标是建设教育强国，总的任务是立德树人，总的追求是办好人民满意的教育。

2019年，中共中央、国务院印发了《关于深化义务教育教学改革全面提高义务教育质量的意见》。

2020年10月13日，中共中央、国务院又印发了《深化新时代教育评价改革总体方案》，指明了教育评价的方向。

2020年10月26日，十九届五中全会召开，明确了"建设高质量教育体系"的新方向、新目标。

这一系列国家教育发展最新要求、最新举措都进一步对课程建设提出了更高质量的要求。作为"学校教育教学活动的基本依据"的课程是深化教育改革的客观要求，是落实发展学生核心素养的重要途径，是落实立德树人根本任务的必由之路。

2. 区域教育发展需要

汽开区在"十三五"之初，规划了"10·3·5"教育发展蓝图，以办人民满意教育，打造教育强区为目标，以"纽扣教育"为引领，全面推进十大攻坚项目，积极深化教育教学改革，全面实施素质教育。区域中小学学校课程建设作为十大攻坚项目之一，成为区域教育优质均衡发展的一个重要支撑点。

3. 学校内涵发展需求

汽开区各中小学校在课程建设方面已有一定的探索和实践，但也存在着三个突出问题：一是课程单一化，如何实现国家、地方、学校三级课程有效联系，相互促进；二是课程碎片化，如何将零散活动变为有价值的课程，保证学校课程的丰富性、多样性；三是课程无序化，如何将学校已有课程加以归类、梳理，理顺课程之间的逻辑关系。同时，随着区域教育综合改革步伐的加快，学校对于课程建设的需求日益迫切。

（二）课题研究的意义

课题研究从国家教育方针和新时代课程改革发展的要求出发，以区域课程建设遇到的瓶颈问题为切入点，结合区域课程建设现状，采用文献研究、调查研究、行动研究等方法，探索区域推进课程建设的推进体系和运行机制，形成了一个集区域行政、业务部门、学校与教师等不同角色的力量与智慧的课程建设运行系统，将课程建设的引领与规划、管理与实施、评价与改进都融入在系统的、结构的规范下进行，在明晰了区域推进课程建设实践研究的核心问题的基础上，探索区域推进中小学课程建设的策略，破解课程建设中存在的问题，构建起能支撑学校特色建设、内涵发展的课程文化，促进区域基础教育高位优质均衡发展。此课题在研究过程中所形成的研究成果在省、市相关活动中被分享借鉴，具有现实意义和引领价值。

二、课题研究的设计

（一）研究目标

本研究是一项立足于区域教育的实践研究，通过课题研究和实践探索，构建区域学校课程建设的推进体系，形成以规划引领、系统实施、特色发展为指征的学校课程建设运行体系。通过课题研究，培育一批课程执行力不断提升的教师队伍，推进课程改革，实现全员育人、全程育人、全方位育人，促进学校内涵发展，促进区域教育质量提升。

（二）研究内容

1. 汽开区中小学课程建设现状调研

本研究聚焦区域课程建设的实践，有必要先对全区中小学课程建设现状开展摸底、调研，对教师理解学校课程建设的现状进行分析，了解学校课程建设的成熟度，为后续实践研究提供数据支持。

2. 学校课程建设实践研究

（1）研制学校课程规划：课程规划是学校课程的顶层设计，回答了"课程培养什么样的人""用什么课程来培养人""怎样通过课程培养人"等重大问题，是推进学校课程内涵发展的基础。在研究过程中，域内各校均结合实际情况，做出一份学校课程规划。

（2）整合学科课程体系：学科课程目前以分门别类的方式组织和编排，各学科互相分离，彼此孤立，不利于学生综合能力的培养和发展。本研究将从"学科内""学科间"探索课程整合，构建更加符合学生成长的学科课程体系。

（3）开发特色课程：特色课程建设需要将散落在学校、社区的特色课程资源进行统整，进行二次开发，使学校课程内容更加完善，特色更加明显。本研究将构建一批有区域和学校特色的课程。

3. 区域推进课程建设的策略研究

分析各学校的实践案例，总结区域在推进课程建设过程中的关键环节，提炼课程建设策略依据，形成区域性课程建设体系，为学校课程规划、课程开发、课程实施、课程评价提供科学合理的意见和建议。

（三）课题研究的方法及策略

1. 研究方法

文献研究法：通过查阅、搜集、分析有关区域推进课程建设实践研究方面的文献，从中提炼出相关区域推进策略和课程建设实践经验的资料。

调查研究法：通过视导、问卷、访谈等方法，对基层学校课程建设现状、课程建设者以及实施者对课程认识的熟悉度等方面进行调查研究，通过数据对比和现状分析，从中发现问题，分析原因，寻找解决策略。

行动研究法：基于在区域推进课程建设实践研究现状调查分析的基础上，有针对性地制定研究目标、研究内容以及研究路径，有计划分步骤地探索实施策略，边研究、边总结、边反思、边推广、边应用，不断梳理和提升阶段性研究成果，在行动中不断深入解决实际问题。

2. 研究策略

在本课题的研究过程中，我们采取"协同参与、联动推进、课题引领"三措并举的工作策略。

协同参与：课题组由教师进修学校教科研部门牵头，由进修学校、学管科、督导室、学校多元组成，各司其职、各负其责。

联动推进：采取教育局、联盟区、基层学校合力联动；业务引领、行政推动、督导促动的合力联动；专家团队与实践团队合力联动的"三联动"模式，实现整体推进和发展。

课题引领：以区域"十三五"主导课题"区域推进学校课程建设的实践研究"为引领，采取"自下而上"与"自上而下"相结合的路径，从区域推进课程建设的政策制定与学校课程建设的实践两个维度协同推进区域学校课程改革。

三、课题研究的过程

（一）专家引领，保证课程建设方向

在课题策划和立项申请环节中，邀请了中国教科院刘芳主任、燕新博士、黄琼博士就课题的可行性做专项指导。

（二）顶层设计，明确课程建设起点

系统整体建构学校课程体系。办学理念、育人目标是起点，更是学校课程体系的灵魂。借力于教育综合改革试验区项目，在中国教科院督导组专家"一对一"具体指导下，学校校长引领全体教师，梳理学校的办学理念和育人目标，顶层架构学校的课程发展蓝图，全区所有学校历时一年反复研究、修改、论证，均完成"一校一特色、一校一规划（总规划）"建设，学校的发展主题由模糊变为清晰，学校课程体系建设有了明确方向。

（三）长效调研，保证课程建设稳步推进

课题组在课题启动之初，在全区中小学范围内开展问卷调查，分析全区中小学课程建设的现状以及校长、教师对于课程的理解情况和困惑；课题实施后，每学期由学管科或教科研部采用问卷调查、下校调研、座谈等多种形式了解学校课程建设的进展及问题，在科学分析的基础上，制定后续推进措施。

（四）多维培训，夯实课程建设基础

1. 专题培训

将课程建设作为一项主题，纳入各校长、主任培训系列中。在寒暑假干部培训中，先后邀请中国教科院郝志军、陈如平所长、重庆谢家湾小学丁建军校长等专家进行专题讲座，针对调研中反映出的课程理解、课程体系建设路径等共性需求的问题进行答疑解惑。

2. 团队研修

以读书为载体，开展全区校长共读《校长如何提升课程领导力》一书，通过导读、讨论、经验分享开展共同研究；组建教学校长研修班，围绕课程规划研制、课程开发等问题开展团队翻转式研修；各教研组以校本课程开发与实施为主题，开展基于情境的研修，以提高教学校长、骨干教师的课程研究力和指导力。

3. 挂职研修

借助教育综合改革试验区项目中的校长、骨干教师挂职培训平台，选派20余名校长、45名骨干教师赴清华附小、北京十一学校等全国最好的学校挂职学习，近距离学习优秀学校的课程改革经验。

4. 交流学习

借助教育综合改革试验区项目中的各项会议，参与了中国教科院各研究所举办的"海峡两岸教育论坛""课程育人创新实践观摩研讨会""未来学校建设研讨会"等会议，近距离与中外课程建设研究者交流关于课程建设的主张与见解，拓宽了视野，提升了格局。

（五）开展行动研究，建构学校课程体系

1. 开展学校课程规划研究

全区所有学校均成立了课程规划研究小组，紧紧围绕着前期所形成的育人目标，梳理现有课程，从课程目标、课程设置、课程实施、课程评价等维度架构学校课程规划，规划的研制也就是学校课程体系的建构。

2. 开展学校课程建设个性化研究

各校根据实际情况，选择一项子课题立项，组建研究队伍。研究者针对问题进行讨论，形成行动方案，实施行动，学校监控课题研究过程，组织开展研讨活动，并调整方案，及时总结交流。

（六）评价激励，促进课程建设深入推进

以评价为杠杆，调动学校及教师的主动发展意识，保证课程建设的常态运行、有效实施、深入推进。

学校管理科将课程建设作为重点内容纳入学校管理中，明确提出建设40门精品拓展性课程，推选10所区级深化义务教育课程改革示范基地校的目标；督导室将课程建设纳入学校评估指标中，每年开展督导检查，鼓励各校基于自身特点主动发展和个性发展。

四、课题研究的成果与成效

（一）研究成果

1. 形成了区域课程建设整体推进体系

（1）核心观点

区域推进学校课程建设是指以共同研究为基础，立足于整体育人，聚焦核心素养的培养，集合区域行政、业务部门、学校与教师等课程建设中不同角色的力量与智慧，以构建符合各学校实际的特色课程体系为目标，形成区域统筹引领与学校主体实践相结合的促进学校课程系统建设的理念与模式。

（2）实施策略

①抓住关键点：区域推进学校课程建设的关键是引领区域所有学校开展基于系统论思想的课程建设体系化构建。统筹引领学校必须完成课程体系的上位建构，即形成明晰的学校办学理念和育人目标；支持学校开展围绕学校的办学特色和师生需求的个性化课程建设与实施。

②找准突破口：区域推进学校课程建设的突破口是建构基于学校办学理念和育人目标统领下的课程规划。课程规划应该有明确的目的，应该是有计划的行为，课程的建设应该有组织性和系统性，应该坚持顶层设计下的系统性建设。

③明确构建路径：

确立起点灵魂：以"一校一特色、一校一规划"研究为载体，明晰学校育人目标与办学特色。

构架建设蓝图：以课程规划研究为载体，明确紧紧围绕着前期所形成的育人目标，在课程分析基础上，从课程目标、课程设置、课程实施、课程评价等维度架构学校课程规划。

保障实践落地：以教研组（群）学科课程研究和学校特色课程研究为载体，强化课程要素化实施，强化课程纲要研制，重点开展国家课程校本化和学校特色课程的建设。

④运行机制：建立合力联动、业务带动、行政推动、督导促动"四位一体"的运行机制；形成教研和科研人员、校长和教师、行政管理人员"三结合"的合作机制；完善问题导向的翻转式研修机制。

该研究成果《区域推进学校课程建设的实践研究》在《现代教育科学》杂志中发表。

2. 构建起能支撑学校特色建设、内涵发展的课程体系

全区所有学校均完成学校课程规划的研制，顶层架构了由办学理念、育人目标、课程目标、课程设置、课程实施、课程评价等核心要素组成的课程规划，实现了由零到一的跨越式发展，学校的课程开始系统建构与实施，实现了全区"一校一课程规划"，尝试用课程规划系统回答"课程培养什么样的人""用什么课程来培养人""怎样通过课程培养人"

等重大问题,为推进学校内涵发展奠定了坚实基础。全区所有学校完成具有学校特色的课程体系的建构,并用课程图谱进行更为简约的表达。(见表1)

表1

学校	课程体系	学校	课程体系
实验小学	经典教育课程体系	第六中学	卓越教育课程体系
第一小学	幸福教育课程体系	实验学校	彩虹教育课程体系
第四小学	和美教育课程体系	第九中学	绿色教育课程体系
第七小学	阳光教育课程体系	第十中学	生态教育课程体系
第十二小学	"足球+"课程体系	第二实验学校	人文教育课程体系
第十三小学	精雅教育课程体系	东风学校	生长教育课程体系
第一中学	出彩教育课程体系	长沈路学校	适才教育课程体系
第三中学	立人教育课程体系	第五学校	人本教育课程体系
第四中学	和谐教育课程体系	西湖学校	生涯教育"五jing"课程体系

3.形成了一批各具特色的校本课程

全区中小学已形成校本课程376门,所涉及的课程门类、课程领域更为丰富,呈现的课程特色更为鲜明,涵盖汽车文化、传统文化、体育健身、语言表达、阅读写作、科技创新等多维度,呈现出国家课程校本化、课程内容多元化、课程组织社团化、课程师资多元化、课程资源多源化、校本课程普及化等特点。

学校校本课程由原有的特色项目代替课程、课程碎片化、课程缺乏评价等粗放型状态,向注重校本课程整体设计,关注课程实施过程转变。在校本课程开发中,要求开发人撰写课程纲要或课程方案,从设计之初就理性思考课程的价值与可行性;强化课程教材、活动方案的撰写,使各种形式的校本课程规范化;关注课程评价,通过问卷、访谈、展示等多种形式开展校本课程评价。

4.打造了课程建设共同体

形成了校长课程建设读书共同体、教学校长课程建设研修共同体、教研组课程建设研究共同体。

历经五年研究历程,在全体研究人员的共同努力下,课题研究成果丰硕:形成了《"区域推进课程建设的实践研究"课题研究成果之学校课程规划篇》《"区域推进课程建设的实践研究"课题研究成果之学校精品课程纲要篇》《"区域推进课程建设的实践研究"课题研究成果之论文篇》《"区域推进课程建设的实践研究"课题研究成果之案例篇》《汽开区"构建区域教学质量保障体系"课题研究成果之教研组主题课程集》等研究成果。

(二)研究成效

1.课题研究促进了区域课程建设新样态的形成

(1)课程体系初步建立,国家课程务实落实,校本课程精彩纷呈,优质课程不断涌现。

(2)学校的大课程意识逐步建立,校长课程领导力显著提升,教师参与课程建设的热情和创造力不断萌发,并逐渐成为一种常态。

（3）学校以课程体系建设为载体，打通学校工作各个环节，为学生愉快丰富、生动活泼的学习成长，提供了更好的课程平台。

长沈路学校、第十二小学、第六中学等学校课程体系建设的经验在"第六届海峡两岸教育论坛"、中国教科院"课程建设项目"研讨会、中国教科院"课程育人"研讨观摩会等学术会议上做交流，区域特色课程建设经验被《中国教育报》报道。

2. 课题研究创新了课程管理机制

区域和学校课程领导力和课程指导力显著提升。在统筹协调各方力量和相关资源，推动学校建立科学合理、自主创新、相互贯通、有机衔接的课程体系的过程中，形成思想统一、理念先进、协同配合、智慧共享的工作新格局。

3. 课题研究形成了课程建设新思路

课程建设将人的发展作为教育的基本价值取向，关注学生核心素养的形成，关注教师专业发展，关注学校内涵式发展，进而形成了课程的顶层设计、结构梳理、内容整合和有效实施的新思路，建立起特色鲜明、层级清楚、衔接自然的课程体系新框架。

4. 课题研究探索出课程实施新途径

课程育人效果更加突出，从关注知识技能走向关注核心素养，变革教与学方式，拓宽课程资源供给渠道，拓展学生学习领域，构建富有活力的课堂；进一步转变教师教学方式和学生学习方式，探索出知行合一、主动探究、自主合作的课程实施的新途径。

5. 课题研究深化了区域课程研究体系

以学科团队、名师工作室、学科工作站、跨学科联盟、大学区联盟为研究组织，以项目化研究主题组成若干研究小组，形成了纵向和横向互相融合的研究体系，提高了课程研究的效率，提升了课程研究的能力。

6. 课题研究促进了学校特色文化的发展

通过区域推进课程建设的实践研究，形成了以教师队伍建设为"主力军"、课程建设为"主渠道"、课堂教学改革为"主阵地"的"三主"课程建设的策略，在课程育人新格局建设、育人工作体系建设、育人工作评价机制、特色育人打造、育人实效构建等方面进行了卓有成效的探索，学校特色文化彰显出"各美其美、美美与共"的新生态。

五、研究的问题与思考

课程建设是一项长久的科学系统工程，不断完善、深化和发展将成为此课题未来研究的重点，因此，五年的研究成果作为下一步研究的基础，需要从以下三个方面进一步发展：

（一）进一步研究课程结构的合理性和系统性。在保障国家、地方课程的基础上，科学合理地安排校本特色课程，形成以学校办学理念与育人目标相符合的彰显学校文化特色的课程，全面发展学生的德智体美劳，特别是凸显思政课和劳动课的内容和模式的构建，将文化特色的主线贯穿整体课程建设之中。

（二）进一步完善课程评价体系。把握课程改革的方向，探索科学的评价标准，以此为导向，引领区域推进学校课程建设。

（三）进一步推进区域课堂教学改革。探索学习方式的变革，实现课程建设向纵深发展。

益智课程促进学生思维能力发展的实践研究

课题主持人：崔　瑜　　长春市宽城区教育科学研究所所长
课题组成员：王　卓　　长春市宽城区教育科学研究所副所长
　　　　　　刘　丽　　长春市宽城区教育科学研究所科研员
　　　　　　李　健　　长春市宽城区教育科学研究所科研员
　　　　　　陈　颖　　长春市宽城区第三实验小学校长
　　　　　　魏志杰　　长春市宽城区天津路小学校长
　　　　　　张晓红　　长春市宽城区实验小学校长
　　　　　　权　红　　长春市宽城区朝鲜族小学校长
　　　　　　倪丽敏　　长春市宽城区第二实验小学校长
　　　　　　张　颖　　长春市星恒实验学校小学部校长

一、课题的提出

（一）背景

创新是一个民族进步的灵魂，是一个国家兴旺发达的不竭动力。培养学生的创新能力已成为时代的迫切要求。创新能力首先应是人的思维方法和掌握这种思维方法的能力，因为任何创新都不过是人的创新思想的应用，创新思想的获得取决于人的思维方法和对这种思维方法的掌握程度。

（二）意义

从学生智力发展的需要和规律看，思维是智力的核心，是考察一个人智力高低的主要标志，而其他智力因素都为它服务，为它提供加工的信息原料，为它提供活动的动力资源。人的天性对思维能力具有影响力，但后天的教育与训练对思维能力的影响更大、更深。因此，可以说，思维能力培养是教育的本质目的之一。

从思维训练发展历史看，以往的研究者更多把思维教育等同于认知教育，即智育，以提高学生认知水平为主要取向，相对缺乏对思维其他能力的关注与提升；思维教学研究仍以传统课堂教学模式为主。从国内外思维教育研究的现状我们可以看出，思维能力的培养需要借助一定的知识经验、问题情境和思维线索，研究的内容一般都是以语言文字、图像或符号为思维的载体，通过设置问题情境、思维线索或"任务"等引导受训者积极、主动地思维，以达到思维培养的目的。很少有研究者能从"问题情境"入手，以实物操作为手段，把"益智器具"作为载体，来编制适宜儿童思维发展的相关课程，培养和训练儿童的思维，以达到思维教育的目的。要让孩子在游戏活动中，亲自动手操作，在操作的过程中发现困惑，交流困惑，通过生生之间、师生之间解决困惑，在解决困惑的过程中不断积累活动经验，掌握解决问题的策略与方法，从而发展学生的思维，开发学生的智力。

从区域教育研究现状看，多年来，宽城区一直在多样态质量提升的途径与策略上不断地尝试和探索着，我们亟待突破人才培养定式，防止以提高质量为名让学生饱受课业负担之苦，需要将区域课题的实施适切地落实到以广大师生为主体的实践操作体系中。我们将《益智课程促进学生思维能力发展的实践研究》作为探索区域新一轮教育质量提升的切入点和主攻点，全面提高教学质量，发展学生核心素养，培养学生创新精神和思维能力，改变学生的学习样态。

从我区小学课程开发现状看，我区多数学校都开设学生社团活动课程，但是多数是基于传统的音、体、美等学科活动课程，形式有些单一，尤其是落实长春蓓蕾计划，单单依靠上述课程内容，课程厚度不够，内容不够丰富，难以满足学生发展的需求，本课题研究将极大提升蓓蕾行动的内涵和拓展行动的空间。

（三）界定

益智课程：是指学校为让学生的思维能力得到发展而选择的教育内容及其进程的总和，它包括学校老师所教授的各门学科课程和各类综合实践课程。

思维能力：指学生在学习、生活中每逢遇到问题时，通过分析、综合、概括、抽象、比较、具体化和系统化等一系列过程，对感性材料进行加工并转化为理性认识及解决问题的能力。

二、课题设计

（一）课题研究目标

1. 培养学生优秀的思维品质，使之具备初步的分析、综合、比较、抽象、概括、判断、推理能力，逐步学会有条理、有根据地思考问题。

2. 在益智教育课程实践中，从多种途径和不同角度设计具有拓展性、开放性、探究性的课程训练。

3. 研究运用益智器具培养学生思维能力的操作方法，探索推进学生思维能力发展的行动策略。

（二）课题研究内容

1. 益智课程区域推进模式研究。

2. 益智课堂基本课型的开发与研究。

3. 益智课堂教学方式与学习方式的双向研究。

4. 应用益智器具培养学生思维能力的行动策略研究。

（三）课题研究方法

本课题以行动研究为主，基于区域化课题研究推进的需要，以解决益智课程实施中出现的问题与短板为首要任务，通过教例研究、问题研究、合作研究等方式持续推进，不断适应过程中出现的新情况、新变化；定期与总课题组专家共同开展有系统的研讨及阶段展示，使课题研究始终呈现螺旋式纵深发展的态势，凸显了实践的意义和价值。此外，本课题研究还辅以文献研究法、调查访谈法、个案法等，力求达到方法策略的丰富与优化。

三、课题研究过程与实施策略

两年多的研究中，作为课题实验基地，我们以变革教师教育教学方式为目标，进行益智教育理念和课堂操作的培训，以发展学生思维为着眼点，鼓励每所实验校开展校本研究，创建益智教育特色学校，以构建益智课程为主线，全面推进益智课堂、益智课程、益智教师和益智文化，以发掘典型、搭建平台促成果提升。

（一）创新管理，集优策略，深度推进

在推进过程中，形成明确的职责分工和管理模式。教科所发挥服务指导职能，帮助实验学校请专家、做培训、做策划、集聚资源、集中优势、集合力量、创设平台、创造机会、创立模式；实验学校负责研究课堂、研究活动、研究成果、探索策略、探究方法、探求途径。实验学校始终是课题实践的主体和创造者。具体采取了"四增二减一突破"策略：

1. 增加目标管理，明确阶段划分，细化内容，在研究参与度和研究进程等方面进行跟进式管理。

2. 增加过程管理，在益智课堂实践操作等环节通过技术追踪进行阶段指导。

3. 增加成果管理，以搭建三个平台（服务平台、展示平台、发展平台）的方式促进成果产出和推广。

4. 增加内涵设定，不断发现问题，深入思考，做基于解决问题的行动研究。

5. 减少被动，主动服务，融入课堂，贴近师生。

6. 减少固化模式，以解决困惑为目标，组织集体攻坚，灵活推进。

7. 理念突破，打破了学科课程正统论，充分认识游戏课程价值——教育的本质探索与途径探索大有可为。

（二）提供助力，搭建平台，专注前行

具体落实了课题研究"一、二、四"策略，即做好一个培训、两个活动，开好四个会。

一个培训：

定期聘请总课题组专家培训指导，参加总课题组的培训会或请专家到区内进行专项培训。

研究初期，组织实验校领导和教师参加总课题组召开的北京课题开题会、珲春教学观摩研讨会、大庆课题观摩研讨会，到延边大学师范分院附属小学进行实地考察等，4次外出学习共有100余人次参与培训。通过学习与实地考察，我们了解到本课题有助于提高学生创新能力，增强批判性思维意识，培养学生对世界的好奇心与求知欲，以及提升发现新问题、勇于探索事物背后的真相、乐于独立思考的能力。我们达成以下共识：本课题是进一步深化课程改革、推动课堂教学的发展、提升学生的核心素养——思考力、为学生终身发展奠基的课题。通过观摩益智课堂、聆听校长经验交流、观看汇报展示，看到了益智课题带给学生的变化，感受到教师团队因益智课题研究而形成的凝聚力与研究力，看到了学校因益智课题研究走上特色发展之路。学习与考察为我们进行子课题申报和实施课题研究打下基础。

我们利用课题启动会、培训会、阶段总结会、推进会等机会先后邀请总课题组张敬培主任、中国教育科学研究院总课题组专家、长春市教科所专家等进行理念培训和课堂教学操作培训。通过专家讲座、优秀实验教师示范课，实验教师逐步理解了益智课题理念，对益智器具及益智课堂有了深入了解，为实验学校的课题开展明确了研究的方向、实践的方法与策略，使实验学校和实验教师的研究向纵向深入发展。

两个活动：教学研讨、教学大赛

一是每学期组织益智课堂教学研讨活动。

课题启动后，我们走进课题实验校组织开展了两轮"益智课堂教学研讨"活动，共计80多人次参加。

这次教学研讨突出课堂实践研究，首先由实验教师通过课堂教学展示第一阶段研究成果，课后教师与本校课题研究团队共同进行教学反思，调整教学设计，总结实验得失，再由教科所科研员逐节点评，就出现的问题现场进行培训，解决实验教师的疑难问题。研讨活动浓郁了区域研究氛围，对实验学校的课题管理进行了督导，有效地推动了课题研究向纵深发展。通过两轮教学研讨，促进了实验教师对益智课题理念的深入理解，促进了益智课堂教学方式的落实，实验教师会上益智课了，为益智课题在"蓓蕾行动计划"中的真正落实提供了基础保障。

研究中期，我们组织实验学校部分实验教师到朝鲜族小学听课并研讨。通过研讨，我们得出了这样的结论：感性的、具体的操作性经验的充分度是衡量益智课堂的关键，要让学生经历百折不挠的探索，获得解决问题的方法，而不是让学生当策略的使用者。我们要打破用传统课的思维衡量益智课堂的局限。通过研讨，我们也向实验教师传递了直面问题、在实践中破解难题的研究精神，展示了益智课堂教学初始阶段和拓展阶段的研究成果，纠正了研究过程中出现的偏差。

二是组织两届益智课堂教学大赛。

为进一步推动宽城区益智课题实验的深入研究，促进各课题实验校之间深度交流，充分展示各校"益智课堂教学"实践研究的经验成果，我们分别于2018年和2019年，组织策划了宽城区"益智课堂"教学大赛。大赛由中国教科院专家全程担任评委，15位教师先后展示了执教风采，为大家呈现了精彩纷呈的益智课堂盛宴。益智课堂教学大赛点燃了教师的热情，助推了益智课题研究的蓬勃开展，呈现并推广了我区在研究中取得的成果成效。

四个会：启动会、推进会、阶段总结会、成果展示会

启动会：2017年6月，宽城区承办了"全国教育科学'十三五'规划课题启动暨实验基地揭牌仪式——长春市'开发益智课程落实蓓蕾行动计划'现场会"。中国教科院培训中心主任、总课题组组长张敬培做了专题报告。我区五所课题实验学校组织了五节展示课，并展示了学生益智器具表演。启动会拉开了我区益智课题研究的序幕，行政支持和专家指导增强了各实验学校的研究信心。

推进会：每年组织一次课题推进分享会，各实验校从学校课题管理、教师学习心得、益智课堂教学实践操作等方面进行交流，并请专家现场指导。

阶段总结会：研究中期，我们召开了课题阶段总结会。中国教育科学研究院全国教育科学"十三五"教育部规划课题《益智课堂与思考力培养的实践研究》总课题组金明乐、欧常柏、杨建华、李清霞、张立静等专家莅临指导。会上，八所实验校课题负责人进行了子课题阶段研究汇报，两位实验教师上了两节益智课，实验校的部分师生进行了益智器具

操作展示,全面展示了近一年来研究的进展情况,得到与会专家的好评。通过阶段总结会,我们梳理提炼了阶段研究成果,交流了做法,推进了课题研究纵深发展。

成果展示会:2018年12月,长春市宽城区实验基地阶段成果展示会暨东北区域教育科研工作现场会在宽城区第三实验小学召开。来自东北地区14市、长春地区11个县区的300余名科研人员参加了此次会议。中国教科院培训中心张敬培主任及数位专家、吉林省教育科学研究院、长春市教育局、长春市教科所等领导出席了会议。

宽城实验区从实验校的选题、区域整体推进做法和研究成果三方面详细做了实验基地经验介绍;宽城区第三实验小学陈颖校长、宽城区朝鲜族小学权红校长作为学校代表,分别做了益智课题研究经验汇报。从不同角度探讨、交流了如何以课题为支点撬动学校内涵式发展和教师专业化发展之路。

本次会议中,有6所实验校近500名学生进行了成果展示。与会代表都惊叹于孩子们在器具操作过程中娴熟的动作、灵动的双手以及专注的神态,情不自禁地参与其中,互思互动,更有校长表示"益智课题是永远也不需要结题的课题"。

益智课堂是落实益智课题的重要载体,在益智课堂教学研讨环节,宽城区第三实验小学张宇老师进行了《汉诺塔》教学展示。张老师抓住益智器具的思维训练点,放手让学生自主探究,适时点拨。学生多次经历思维困顿,试错调整、再操作再反思,逐步获得解决问题思路,最终体验成功的喜悦。在授课过程中,学生面临的思维困顿引发了与会代表热烈的探讨,他们纷纷操作器具,亲身体验了益智课堂头脑风暴带来的无穷魅力。

与会专家点评:长春市宽城区的研究已经从经验型向模式型提升,益智课堂从开始的教学生"玩""解"益智器具进入到了学生自主"思"考、与生活相"融"合的阶段。宽城区的课题研究扎实有效地走在前面,既实现了总课题组的计划内要求,还做了总课题组规划部分尚未实施的内容,甚至有部分工作是总课题组还没有想到的也已涉猎。

(三)以点带面,深入研究,突破瓶颈

1. 通过四条线索牵拉

作为影响课题研究的重要元素,我们聚焦在能够牵一发而动全身的关键点,围绕打造典型教师、精品课堂、先进学校、优秀活动四条线索开展集中深入的探究,打破课题研究的瓶颈期。

什么样的教师是极具研究能力的——我们从起点出发寻找那些能够敏锐发现学生思维上的误区与盲点、善于正确诊断并巧妙引导的教师,为他们搭建展示平台,让他们充分发挥辐射带动作用。

益智课堂强调,过程比结果更重要。对此,我们引导教师在课堂教学中重结果更重过程,并在教学设计中突出体现学习方式,借助中期课例征集活动,我们提出三个关键点的设计要求:即"发现和解决问题点、感受和体验点、发展实践能力和创新能力点",并根据学生的学习状态,总结推广了益智课堂五种学习方式——自主式学习、合作式学习、体验式学习、反思式学习和探究式学习。

本课题的研究不仅要求实验学校处理好课题研究与常规工作的关系,更要厘清益智课堂与平素课堂尤其是学科课堂的关系,需要学校领导层理念上有高度,实践上有智慧。我们选择开放那些有谋有实的典型实验学校,让大家走近倾听,深入探察,在引领示范的同时,也推进了典型学校的内涵发展,实现了"双赢"。

益智活动能够有效促进课堂的研究,是益智课堂的延伸。我们捕捉实验学校优秀的活动设计,共同研究,及时推广。例如宽城区第三实验小学的益智运动会,是一个特别好的活动设计,在反复实践中已形成特色品牌。今天,其更成为区域研究的有效推进方式之一。

2. 通过五组分类探究

虽然实验学校子课题各有不同,但在研究的内容与研究途径上,具有相通性。我们根据这些情况,把实验学校分成若干组,逐步形成区域研究联盟。即益智课堂与学科整合研究联盟(以星恒实验学校、二实验小学、长盛小学课题研究团队为代表)、益智课堂与学校整体育人目标整合研究联盟(以朝鲜族小学课题研究团队为代表)、益智课堂与学校原有研究项目整合研究联盟(以小南小学课题研究团队为代表)、益智课堂与校本课程研发整合研究联盟(以三实验小学、自立小学课题研究团队为代表)、益智课堂与社团建设整合研究联盟(以天津路小学、朝鲜族小学课题研究团队为代表)等,联盟多元、融合、动态的研究态势,加速了研究进程。

四、课题研究成果与成效

(一)通过研究与实践,我们总结了益智课程的四种推进模式

1. 整合模式

为了有效地处理益智课程与常规课程的关系,让这两类课程有机地融合在一起,或者发挥益智课程直接作用于常规课程、作用于学生学习质量的提升,我们挖掘两类课程中相通、相连的要素,巧妙地将益智课堂镶嵌在常规课堂中,让益智课程成为学科课程有效的课程资源补充,实现两类课程的有机整合。

2. 独立模式

即先构建益智课程,使其自成一个独立的课程体系,然后挖掘学校的可用时间,按照课程体系系统有序地开展益智教学。这种模式避免了内容零散、教学效果参差不齐等缺点,针对性和系统性很强,实验教师易掌握易操作,但很难找到大块时间,多数学校安排 15 分钟的短课来落实。

3. 蓓蕾模式

即充分利用课后看管时间,挖掘孩子的兴趣点,选择相应的内容。这种模式具有散在的、相对灵活的特点,可以及时组织,便于教师操作,成为我区实验学校运用相对广泛的一种模式,但在责任、分工、落实计划等方面需要通过管理及时跟进。

4. 社团模式

即充分调研学生的兴趣,组成兴趣相同的若干社团,分别开展对应的益智活动,学习相应的益智课程。"学得自由"是社团模式的核心,共同兴趣体现着学习内容选择的自主性。

(二)通过研究与实践,我们提炼出益智课堂的基本课型

我们探索了单元教学设计的基本结构,把单元教学称作一次游戏探险之旅,从"玩"的角度切入,每一单元基本由导玩课、初始课、深化课、汇报课、挑战课等五种课型组成。

导玩课:多角度介绍益智游戏,使学生了解这款游戏的构成、由来、背景、基本规则,

充分调动学生兴趣。导玩课不仅仅停留在"玩"的层面，重在激发学生的探究欲望，一节设计巧妙的导玩课能够让学生在课下主动尝试破解，独自面对问题困境而乐此不疲。

初始课：师生交流在玩益智游戏过程中遇到的问题，初步探究基本玩法，学生解决问题的基本思路是否形成，是否获得了由自己总结得到的小经验、小策略，这关系到进一步研究的效果。初始课既要多样化构建，又要追求常态、有效。

深化课：学生在老师点拨下，通过观察、找规律、预判—验证、追问原因、推理等深层思维过程，继续探究破解思路，最终获得成功。深化课需要特别注意的是，那些思维不够活跃的孩子，要保护他们的自信心，有效培养他们解决问题的基本能力。

汇报课：当学生充分体验由问题困境引发的思维困顿、完整经历了独自解决问题的全过程、最终获得成功时，要安排汇报课，汇报破解思路和感受，它是交流思维技巧、积累思维经验、反思思维过程的重要环节，更是课下学生熟练操作的基础。

挑战课：是教师为引发学生从操作速度、不同路径等方面挑战自我、挑战同学的情境创设空间，也是最受学生喜欢的课型。它往往形式多样、气氛热烈，从课堂延伸到课间，从个体角逐到团队博弈，是孩子们思维力爆发的集中时段。例如，教师在黑白棋挑战课上，最终出示一盘经典残局，与大师对弈令孩子们跃跃欲试，思维活跃程度达到了极致。

在以上各类课型中，必须为学生创设独自面对问题困境、独自体验思维困顿、独自挑战更难问题的空间，实际上这是让学生完成自我教育的过程。

（三）通过研究与实践，教师的教学方式和学生的学习方式都发生了转变

1. 益智课堂以"自主探究——发现"为主导模式，它是一种把探究过程还给学生的课堂教学形态。经过益智教育实践洗礼的教师，不仅能很好地驾驭益智课堂的教学过程，而且能自然地把益智教育的眼光与见识、思维培养的方法与技巧融入本学科的日常教学之中，并善于从认知发展的角度，按照思维培养的规律进行教学设计，调控教学过程，审视教学行为，指导学生学习，不期然地引发了教学改革。

2. 在益智课堂的学习过程中，学生进行了大量观察对比、分析综合、判断推理、联想想象等思维技能的优化练习。他们的效率意识、规划意识、发散意识、优化意识、反思意识等逐渐形成，这些思维经验不断得到积累，促使他们的心理机能也得到了锻炼，表现在应变能力、顿悟能力、迁移能力、适应能力在提高，在学习中能够自主学习、独立学习，主动参与交流，有思考的习惯和质量。

五、课题进一步研究与展望

对于实验教师来说，益智课堂是有别于传统学科教学的全新课堂，是一种教学理念的变革，很多益智器具第一次接触，关于思维及其训练方法平时教学中也是很少涉及，需要接受科学、系统的培训。三年多的研究实践中，我们是在模仿与自我探究中走过来的，我们将加强培训，继续邀请总课题组专家对益智理念和思维培养两方面进行系统培训，同时建立益智教师思维教育素养成长档案袋，促进实验教师的学习和研究。

益智器具和益智课堂本身的学习和实践探索从未中断，而对益智理念在学科教学中的应用和益智器具应用与功能多元性开发相结合的研究做得较少，下一步则要加强这些方向的研究。

生本课堂实施策略的实践研究

课题主持人：王伟平　长春市九台区教师进修学校教科所副所长
课题组成员：张孝志　长春市九台区第二实验小学校长
　　　　　　王晓丽　长春市九台区第二实验小学副校长
　　　　　　王　爽　长春市九台区教育局义务教育科科员
　　　　　　杨晓阳　长春市九台区实验小学副校长
　　　　　　王　丹　长春市九台区实验小学教师
　　　　　　林　敏　长春市九台区南山小学副校长
　　　　　　高　兵　长春市九台区教师进修附小教导主任
　　　　　　张德亮　长春市九台区庆阳中心学校教导主任
　　　　　　郭秋梅　长春市九台区教师进修学校小教部主任

《生本课堂实施策略的实践研究》作为一项由进修学校牵头、引领几所优质学校协同教科研部门开展的课题研究，采取"顶层设计—理念引领—实践观摩—学校共研—典型带动"的研究思路，运用"边实践、边研究、边总结、边推广"的研究策略，扎实有效地开展了课题研究活动，取得了一定的研究成果，现将研究情况总结报告如下：

一、课题的提出

（一）课题研究的背景

1. 社会发展的需要

《教育部关于全面深化课程改革　落实立德树人根本任务的意见》中明确指出：二十一世纪要培养具有核心素养的人，即明确学生应具备的适应终身发展和社会发展需要的必备品格和关键能力：个人修养、社会关爱、家国情怀，自主发展、合作参与、创新实践。

"培养什么人，怎样培养人"是教育中带有全局性和方向性的重要问题，教育的核心任务就是要坚持德育为先、能力为重、全面发展，真正把提高学生核心素养、促进学生健康成长作为学校一切工作的出发点和落脚点，而"实施生本教育，构建生本课堂"，正是培养学生核心素养、促进学生主动发展的有效途径。

2. 学校发展的需要

一所学校要想实现可持续发展，必须走内涵式发展道路，以科研为先导，进行课堂教学改革。本课题从实际出发，引领各校以生本教育为理念，以探索生本课堂实施策略、促进学生主动发展为目标，进行课题研究，意义深远。

3. 教师专业成长的需要

对教师专业成长而言，教育科研是教师专业成长的助推器。在研究过程中，开展以"生本教育"为主题的课题研究活动，充分发挥骨干教师的引领作用，使教师在课题研究中，加强理论学习，不断撰写教学反思、教学随笔；在教学实践中发现问题，通过研讨观摩等活动，解决教学中的实际问题；并且通过实践、总结，提升教师的理论素养和综合素质，使教师在课题研究中迅速成长起来。

4.培养学生全面发展的需要

新课程理念下要注重培养学生的综合素养，使学生具备时代发展需要的必备品格和关键能力。而开展《生本课堂实施策略的实践研究》，正是以课堂为主阵地，使学生善于发现问题、能够自己解决问题，达到"学会学习、享受学习、收获学习"的目的，让学生真正成为学习的主人，进而促进学生的全面发展。

（二）课题研究的意义

落实立德树人根本任务、培养学生核心素养的主要途径是课堂教学。当前的课堂教学仍存在着以教为主、以师为主的弊端，导致课堂教学效率低下，学生厌学、弃学现象严重。

以"生本教育"理念为指导，改变教师的教学方式和学生的学习方式，是此课题研究的出发点和落脚点。我们将采取"业务培训、实践探索、经验推广、典型带动"等方式，找到破解存在上述弊端的最佳途径、策略和操作模式，探索优质、省时、高效的生本课堂教学实施策略和方法，促使课堂教学改革不断深化，走出一条具有区域特色的"以生为本"的课堂教学改革之路，提高课堂教学质量，推进区域教育质量提升。

（三）课题研究的理论依据与核心概念界定

以郭思乐教授20多年来关于"生本教育"研究的实践成果为依托，遵循"教要皈依学，让生命自己行动"的生本教育理念，帮助教师树立新型的儿童观、教学观、教师观，实现"一切为了学生，高度尊重学生，全面依靠学生"的目标。

生本教育：是以生命为本、以学生为本的教育，是把主要依靠"教"转为主要依靠"学"的教育，是唤醒生命自主成长的教育，最终实现学生主动、活泼、健康地发展。

生本课堂：是以学生为主体的课堂，是学生主动学习、合作、探究的殿堂，让学生自己去整合知识，使学生的智慧、能力自然生成；而教师的教学主要是为学生好学、乐学而设计的，让每堂课都能激发学生思维的灵感、碰撞思想的火花，使每一节课都成为学生文化的盛宴。"生本课堂"鼓励先学后教，以学定教；多学少教，最终实现不教而教。

二、课题设计

（一）研究目标

1.通过课题研究，转变教师观念和教学行为。让学生做学习的主人，激励学生自主、主动、积极、快乐地学习，使学校成为绽放生命、励志求知的百花园，使教师成为与时俱进、激扬生命的教育人，把学生培养成为"积极向上、自信大方、友好合作、知识丰富、思维活跃、成绩优秀"的时代新人。

2.通过课题研究，提高教师的教学研究能力。把教师从繁重琐碎的事务中解放出来，改变教师的工作状态，达到"少教多学""不教而教"的目的，提升教师的研究能力和执教水平。

3.通过课题研究，总结提炼出适合教学实际的生本课堂操作模式及其实施策略。

（二）研究内容

1.创造性使用教材，进行前置性学案设计的研究。

2. 进行小组合作学习的有效性研究。

3. 进行转变教师教学方式和教学行为的研究。

4. 生本课堂的实施策略和操作模式的研究。

（三）研究方法

本课题的研究，我们结合实际情况，分别采用"行动研究法""资料收集法""辐射带动法"和"经验总结法"开展课题研究活动。通过调查、研究、探索、实践与经验总结，力求取得一定的成果。

1. 行动研究法

对我区参与校课堂教学现状进行调查，找出问题所在，明确研究内容。通过对课堂教学存在问题的研究、实践、反思，探究如何从教学实践入手，发现、总结并提炼出生本课堂教学模式；再研究，进行调整再实践，并将经验总结形成有价值的文字。

2. 资料收集法

通过搜集借鉴前人的研究经验，尤其是郭思乐教授有关生本教育的理论和新的课程改革理论，对课题组成员进行生本教育的理论培训，深刻领悟生本教育的内涵。

3. 辐射带动法

以参与校为研究单位，开展主题鲜明的生本课题研究活动。对课题研究效果明显、成果突出的学校，进行全区性的示范引领。以点带面，发挥辐射作用，分享研究成果，使课题研究卓有成效。

4. 经验总结法

在课题研究过程中，要求各参与学校教师不断研究、总结、提炼经验，进行交流分享。将优秀课例、论文、经验等编辑成册，形成可供借鉴和推广的研究范本。

三、课题研究的过程

（一）研究步骤

本课题的研究分为以下三个阶段：

1. 课题准备阶段（2016年5月—2016年12月）

（1）组建课题组。确定实验点学校，遴选课题组成员，召开课题组成员大会，主持人对课题研究工作进行布置，明确分工。

（2）进行课题论证。搜集、分析国内外与本课题相关的文献资料，用提炼好的理论指导实践研究。确定研究目标、研究内容，制定课题研究路径，分析存在的问题，进行课题设计。

（3）准备课题申报立项及相关材料。

2. 课题实施阶段（2017年1月—2018年7月）

课题组成员根据研究目标、研究内容和研究思路，结合各校实际情况进行行动研究，按照提出问题、分析问题、解决问题的思路，逐步探索、构建行之有效的生本课堂教学模式。开展课题研究研讨会，上课题研讨课，并在研究过程中完成各项过程性管理材料：开题报告、中期报告、撰写论文、反思、课堂教学案例等。

3. 总结验收阶段（2018年8月—2018年12月）

（1）课题组成员全面收集、整理与课题有关的大量第一手过程性材料，进行数据的整理与分析等，并形成成果文集进行汇编。

（2）撰写课题研究总结报告。

（3）申报结题验收。征集课题研究成果。

（二）实践探索

1. 成立组织机构，保证课题研究落地生根

课题立项后，课题组成立了以主持人为组长，以各基层学校的校长、业务校长为副组长，其他参与人员为组员的课题组织机构，同时进修学校人员为检查指导组，统筹协调、管理课题研究工作。

2. 制定课题研究方案，保证课题研究有序进行

由主持人制定出切实可行的研究方案，引领、指导各参与学校的课题研究工作按照计划有条不紊地进行。

方案中明确规定了"理论学习、外出培训、开展活动、总结提升"等各项工作的时间节点和实施步骤，使各校的研究工作有的放矢，真正做到了有目标、有方向、有效果。

3. 构建三级课题群，保证研究主题系列化

围绕"生本课堂模式研究"的课题研究，各校确立本校的子课题，并成立学校课题研修团队，由业务校长或主任带领教师研修团队，紧扣总课题研究方向，进行深入的研究、探索，不断总结规律，提炼经验，到课题组进行交流分享。

4. 确定实验学校，保证课题研究出成效

在课题实验研究的过程中，我们以第二实验小学、实验小学、进修附小、庆阳中心学校等六所实验学校为研究的主体学校，以点带面，充分发挥其示范、引领、辐射、带动作用。

区进修学校教科研部门多次到实验学校进行课题研究督导，并深入课堂进行听课研讨，帮助其提炼"生本课堂"的模式，将其好的做法不断分享给其他学校，实现资源共享，优势互补，达到共识、共享、共进。

5. 开展活动，推动课题研究开花结果

（1）多元培训，将"生本理念"根植人心。

①结合国培、省培及学校实际，进修学校多次派各学科骨干教师到外地取经受道，回校后在全校做二级传导。

②课题主持人多次请专家、名校长到各实验学校进行"生本教育"的相关培训；学校之间也进行"专家型校长"的轮流培训。培训面广，培训内容更贴近教师实际，教师全员受益，践行生本教育，必将水到渠成。

（2）活动促进，落实"生本课堂模式"。

①分学校进行"生本课堂模式研究"的经验交流。每所参与学校均在总课题的引导下，召开主题鲜明的经验交流会。每次会议，均由各成员校的教学副校长汇报本校的课题研究进展情况、取得的阶段成果、探索出的生本课堂模式，然后由课题负责人、教科所领导对各校课题研究的情况进行总结点评，并部署下步工作任务。各学校汇报的经验均汇编成册，供互相学习与借鉴。

②分学科进行"生本课堂引路课"展示。每学期开学初，我区充分利用这一时机，开

展生本课堂引路课活动。由教研部门牵头组织活动，将各学科骨干教师汇聚到一起，进行交流研讨。每次活动，均有汇报展示课、交流活动、培训讲座，所有参加活动的教师都受益匪浅。

（3）校际联动，践行"生本"教育理念。围绕生本教育，各参研学校为将课题研究引向深入，实施了科研联盟，实现了"七个统一"：统一课题管理策略、统一课题实施步骤、统一教科研培训、统一集体会课、统一作业设计、统一教案制作（导学案）。由于互相补充与促进，各校生本教育的研究活动开展得有声有色。

2018年11月，我区以九台区第二实验小学为"生本课堂研究"的示范校，在全区范围内召开了"校长、副校长、骨干教师"参加的"生本教育"现场会。会上，与会者聆听了实验学校的校长经验分享，参观了几年来学校生本教育研究取得的优秀成果，观摩了生本教学示范课……最后，领导做了总结性发言，对全区生本教育研究取得的可喜成果给予肯定，对今后的研究工作提出了新的部署。

四、课题研究取得的成果与成效

（一）实施了生本课堂五个原则

1.教学指导原则：以生为本、先学后教、多学少教、以学定教。

2.教师处理、使用教材的指导原则：简单（大道至简）、根本（教学的内容要有意义有价值）、开放（教学不能封闭，首先教材要开放）。

3.教学过程的指导原则：引发兴趣、养成习惯、扎实基础，注重过程、强化实践、培养能力，健全人格、启迪智慧（落实核心素养的要求）。

4.目标达成原则：生命课堂（体现成长性）、生本课堂（突出主体性）、生态课堂（提倡平等性）、生活课堂（注重实践性）、生长课堂（强调增值性）、生动课堂（营造活力性）。

5.组织结构原则：前置学案促教学、课中导学促会学、合作交流促互学、"三环"联动促质量。

（二）改变了教师的教学观念

1.生本课堂彰显出师生角色定位

教师主导，尊重、赞赏、引导；学生主体，自主、合作、探究。生本课堂中在突出学生主体地位上，要求教师在"低年级做到变教为引，中年级变引为扶，高年级变扶为放"，培养学生的问题意识，实现"自学生疑、互学释疑、延学解疑"，让学习从问题开始，在问题中深化学习，要求学生自己能学明白的坚决放手让学生自己学，学生能把学生教明白的就让学生去讲、去教，课堂上做到学生进一步，教师退两步，使学生真正成为学习的主人。生本课堂的理想境界，就是在课堂上，教师到课堂后面去，坐下来听学生来讲，看学生教学生，只在学生真正需要老师教、需要老师讲的时候才去教去讲，要相信学生。

2.生本课堂转变了教师的教学方式

教师的课堂教学呈现出了生生互动、师生互动的良好局面，"先学后教、以学定教""自主、合作、探究"的教学方式得到普遍应用。教师践行了"教要皈依学，让生命自己行动"的生本教学观，即把"主要依靠教"的教学转变为了"在教师的帮助下主要依靠学"。犹如老燕子不必繁琐地教小燕子如何飞到南方——那样反而会让许多小燕子迷失方向。老燕子真正需要做的，是依托小燕子飞翔的本能，教它飞向蓝天，飞得更高、更远……

由于教师从思想上认识到"生本教育"的内涵，所以在行动上，能够依托生命、激扬生命、享受生命的神奇，并能解决一些教学工作中遇到的困惑。

目前，"先学后教、以学定教、不教而教"的生本教学理念已经深深地扎根在每位教师的心中。有了这样的理念，教师备课的重点就放在了如何设计好前置性作业上，重在培养学生的预习能力；课堂教学的焦点就放在了对学生前置性作业的汇报交流上，教师不再满堂灌，而是以引导学生如何会学和学会为重点，重在点拨和唤醒。教师真正成为"牧者"，而不是拉动学生的"纤夫"，实现了生本课堂的省时高效。

（三）学生自主学习及小组合作学习的能力明显提高

生本教育不是放弃基础知识，而是要通过学生的自主合作学习去实现。即要达到"学会学习、享受学习、收获学习、合作学习"的目的。学生对知识的掌握，是基于自己的思考，在互相启发、质疑当中进行的，他们的探究很深入。当学生在课堂上有了体会和收获，并在小组进行分享交流，学习兴趣就会空前提高，学生真正成了学习的主人。

"预习单、前置性作业"的出现，使作业的呈现形式发生了改变，学生不再机械地抄写作业，而必须提前预习，动脑思考，在兴趣盎然的学习进程中，学生的潜能得到空前的发展。谁不主动学习，谁就无法跟上班级前进的脚步，小组成员亦会耻笑你。长此以往，学生主动预习、主动探究就成了习惯，学生的自主学习能力就会明显提高。

（四）各参研学校均形成了"课题研究阶段总结报告"，编写了以《践行生本 提高质量》为主题的经验材料

（五）各校均形成了"生本课堂的操作模式"，并在逐步得到推广，学校的教学质量明显提高

如庆阳中心学校的五环节生本教学模式：情境导入→问题引领→探究新知→总结归纳→应用迁移；卢家中心学校的生本课堂"激情五步教学法"；实验小学"三步链接五环交互"生本课堂教学范式；进修附小"预学——导学——研学"生本课堂三环节教学法；二实验小学"预构——导构——自构"三构教学模式……尤其以二实验小学"三构"生本课堂教学模式为典型经验，在全区做了汇报交流，并将研究成果在课堂教学中进行了广泛运用和推广。

二实验小学的"三构+X"模式的基本环节由"预构、导构、自构"三部分组成。预构环节中有"设疑自探、组内互学、质疑提问"三项任务，教、学方式为导学——自学——互学。此环节中，导学、自学在课前40分钟之外进行，也就是在家完成。互学是在课上40分钟的前5分钟内完成，达成学生的充分自主预学，做到先学后教。

导构环节有"合作研学、交流分享、方法点拨"三项任务，教、学方式为共学——研学——导学。此环节实现学习目标和任务的自主建构，做到以学定教。

自构环节有"巩固应用、能力提升、拓展延伸"三项任务，教、学方式为会学——测学——延学。此环节完成知识应用和能力提升，做到多学少教。

X，是要求各学科教师在基本"三构"框架下，结合校情、师情、学情、科情进行进一步的创新完善。

深化生本课堂教学改革，是一项长期而艰巨的任务，重点在于教师教学行为和学生学习方式的转变。我们课题组将进一步以扎实的教研活动为依托，以先进的教育理念为引领，以优质的资源为后盾，以多种形式的观摩研讨活动为载体，不断推进基层学校生本课堂教学改革进程，促进区域教育质量稳步提升。

五、课题进一步研究与展望

三年的课题研究取得了丰硕的成果，但是在课题研究的进程中，我们深思走过的路，发现研究中有如下问题需要改进：

1. "生本课堂教学模式"需进一步完善与践行。

2. 科研人员需进一步培训，努力提升课题组人员的科研能力。

3. 生本课堂中的小组合作学习要进一步优化，使其更具操作性及实效性。

4. 优秀科研成果需进一步总结与推广。不能把科研成果装进柜子里，要转化为教师的教案、学生的学案。

为了解决上述问题，在今后的课题研究工作中，我们将加大对科研队伍的培训，选拔和培训一支由科研名师、科研骨干组成的科研团队，引领科研工作再上新台阶；继续开展"课题研讨、经验分享"活动，开展小组合作学习的深入研究，巩固与推广优秀的科研成果，让科研为教师服务、为教学服务；成立科研督导组，督促各校践行生本理念要保持常态化；不断积累经验，不断完善生本课堂模式，使之更适合常规课堂，更适合学生！

基于发展学生核心素养背景下"三生"培养实践研究

课题负责人：张继会　农安县教科所副所长
课题组成员：赵天刚　农安县实验中学副校长
　　　　　　王丽影　农安县教师进修学校培训部主任
　　　　　　李　爽　农安县教师进修学校音乐教研员
　　　　　　董立娜　农安县榛柴小学教导主任
　　　　　　陈艳杰　农安县哈拉海小学教导主任
　　　　　　张　爽　农安县育新小学政教主任
　　　　　　孙迎春　农安县红旗小学语文教师
　　　　　　刘美奇　农安县合隆中学音乐教师
　　　　　　黄玉红　农安县合隆实验学校教师

一、课题的提出

（一）国内外核心素养研究现状及发展动态分析

21世纪各国教育改革中无法规避的一个核心问题就是，培养的学生应该具备哪些最核心的知识、能力与情感态度，才能成功地融入未来社会，才能在满足个人自我实现需要的同时推动社会的健康发展？2013年始，北师大林崇德教授受教育部委托，带领其研究团队进行了"我国基础教育和高等教育阶段学生核心素养整体框架研究"。发展学生核心素养，主要指学生应具备的能够适应终身发展和社会发展需要的必备品格和关键能力。在国际上，早在2005年，欧盟就发布《核心素养：欧盟参考框架》。由强调学科内以"双基"为基础的分科课程，向跨学科的共同发展学科核心素养课程转变。新加坡核心素养框架将价值观和态度摆在凸显位置。我国当代一些学者也对核心素养进行理论阐述，如师曼《21世纪核心素养的框架及要素研究》、王烨晖《国际学生核心素养建构模式的启示》、台湾中正大学教育学院院长蔡清田编写的《核心素养导向的校本课程开发》，更是将理论直接应用与校本课程开发。

（二）课题研究的意义

在全面育人的基础上，我们把特殊类型的"三生"进行分层培养，似乎有悖于核心素养全面发展的教育理念，尤其是在升学考试的压力下，各级各类学校也缺少这方面实践的勇气，在国内也缺少这方面的理论探讨和试验。本课题就是从推进学生优势发展视域进行研究，以"挖掘学生内在潜质、激励学生志趣发展、引领学生自主探究、助推学生特长发展"为培养目标；以关注润养学生学习品质生成的非传统课堂教学领域，为学生自主学习和优势发展建构路径清晰的实践平台为研究重点；终极目标是为学生今后的生涯规划和终身发展奠基。

（三）概念界定

在本课题研究中，"三生"界定为学科尖子生、艺术特长生、学业困难生，这也是我们研究的主体对象。研究目的就是实现"尖子生学有所精、特长生学有所长、学困生学有所得"的育人目标。

二、课题设计

（一）课题研究目标

本课题的研究目标就是探索非常规教学领域内促进学生优势发展的"智趣学习＋情趣实践"教育模式。明确学生全面发展与个性发展的关系，在立足科学发展的基础上，挖掘三种类型学生的内在潜质，扬长弃短，探索实现"三生"优势发展的实践策略和路径。

最终实现三个具体研究目标：

一是提炼出促进"三生"优势发展的实践研究策略。

二是总结出适合"三生"科学发展的校本研修模式。

三是探索出助推"三生"终身发展的生涯规划范式。

（二）课题研究的内容

1. "三生"优势发展的培养路径研究

（1）培养学科尖子生学习品质的实践研究。学习品质是在学习中形成一种真正的自我内化的学习能力。在实践中我们重在对尖子生学习习惯的培养，具体包括：课外阅读的习惯、勤于写作的习惯、使用工具书的习惯、勤于思考的习惯、自主探究的习惯等。

（2）提升艺术特长生人文素养的实践研究。人文底蕴是发展学生核心素养六大要素之一，涵盖人文积淀、人文情怀和审美情趣三个方面。提升人文素养和艺术技能对于特长生来说就相当于植物的水分和肥料，缺一不可。

（3）强化学业困难生养成教育的实践研究。养成教育主要是针对学生进行综合实践教育的方法。在本课题中，养成教育既包括正确行为的指导，也包括良好习惯的训练，以及对语言习惯、思维习惯的培养。

2. "三生"科学发展的校本模式研究

（1）以提升素养为核心的校本课程开发研究。在整合多样性的现代教育理念和模式基础上，立足校本，开发校本课程，建构现代信息文明与中华优秀文化有机整合的课程体系。

（2）以专项课题为载体的师生共研模式研究。借鉴高等院校研究生培养的模式和管理办法，探索具有县域特色的小研究生专题项目研究。在导师指导下，小研究生基于个人兴趣、爱好、特长选定课题，围绕所选择的小课题、微课题开展研究活动，通过搜集信息、查阅资料以及实践操作，积累数据和分析研判，以小论文或是微型研究报告的形式呈现研修成果。

（3）以社会实践为平台的活动育人模式研究。主题实践重在提高社会实践的针对性和实效性，加大社会实践对学生的吸引力和感染力。同时整合资源，形成家长、学校、社会合力支持学生参与社会实践的良好局面。同时确保思想政治教育贯穿于社会实践的全过程。

3. "三生"终身发展的生涯规划研究

（1）"三生"学业规划研究。学业规划是个系统的工程，重点探索非传统课堂教学领域学生的特长发展，量身打造出适合自己的学习路径。

（2）"三生"职业规划研究。职业规划是学生了解自我，最终不断适应生活、发展自我的过程。本课题研究重点放在学生特长发展与将来职业选项的衔接上。

（三）课题研究方法及策略

1. 行动研究法

行动研究法是支撑本课题研究的主要方法，主要是用在"三生"培养的模式探索上，在实践中研究、总结、提炼、反思，螺旋形推进。

2. 案例研究法

案例研究法主要针对是学业困难生的养成教育上，具体案例具体分析。

3. 文献研究法

文献研究法主要是为本课题研究提供理论支撑。

三、课题研究的过程

（一）进行调研论证，为课题启动铺石垫路

本阶段的主要工作是为课题立项做准备，以调查和论证为主。

1. 全面调查，摸清情况

这阶段以调查为主，采用问卷调查和实地踏查的方式，我们用了 3 个月的时间摸底排查，下发问卷 3 600 份，实地踏查学校 70 余所，全方位多角度地摸清"三生"的学业情况。

2. 成立总课题组，进行全方位课题论证

"三生"培养是"十三五"期间农安县的培优辅困建设项目，培养学科尖子生、塑造艺术特长生、帮扶提拉学困生。课题组由教科所牵头，组织相关专家及课题组主要成员进行论证。论证主要议题是四部分：

第一是"三生"提法能否经得起推敲，是否有悖于当前的教育基调。

第二是"三生"培养最终要达成的目标是什么。

第三是"三生"实验对象如何定位，从哪方面进行培养。

第四是"三生"实践如何推动，怎么协调整体教学和局部试验的关系。

3. 确定课题研究对象和实验学校

鉴于小学阶段儿童的身心特点和个性发展的不可预测性，我们把"三生"实验对象定在初中和高中这两个学段。通过对学生调查、筛选并运用大数据分析，最后确定 8 所初中和 2 所高中为实验校。

（二）立足校本研修，探索师生合作的导师制培养路径研究

本阶段主要工作：一是让课题研究目标落地，分解细化课题研究目标；二是围绕课题研究目标展开实践性探索。

1. 细化目标，确立八大子课题

根据总课题的研究目标和研究内容，我们结合研究内容的三个领域确立了八个子课题，子课题主持人均由总课题组主要成员担任，同时研究制定实施方案。

八个子课题：

《学科尖子生学习品质培养实践研究》

《学业困难生养成教育培养实践研究》
《艺术特长生人文底蕴提升实践研究》
《核心素养视域下建构校本通识教育模式研究》
《核心素养视域下师生合作项目推进模式研究》
《核心素养视域下家校共建活动育人模式研究》
《核心素养视域下校本课程研发实践研究》
《核心素养视域下学生职业生涯规划研究》

2. 研培结合，提升课题组实验教师的综合素养

在课题开题启动仪式上，为了能让整个项目组在思想认识、研究理念、行动实践上达到统一，主持人就如何运用行动研究法进行课题研究进行专题辅导。同时，为了提升实验教师的综合素养，课题组整合县域内外的优势资源，定期对参研教师从专业素养提升、人文素养提升、科研素养提升三个角度进行培训。

3. 资源整合，探索促进"三生"优势发展的路径

本阶段的主要工作就是依托信息化支撑，围绕"三生"实验对象展开，同时跳出学校看学校，借助社会力量，整合优势资源，探索促进"三生"优势发展的路径。

（1）建档立案，成立自主管理的学生社团组织。对900名实验对象建档立案，对性格、爱好、学业成绩、家庭环境都进行详尽的记录，并运用大数据进行动态分析。在实验校，我们把具有相同爱好的实验对象组织起来，以他们为骨干，建立自主管理的活动社团47个。同时吸纳非实验对象加入社团，一起开展各种各样的活动。在实践中提高自己的研究能力、管理能力、沟通能力、处事能力等。同时，在社会实践中扩展见识，了解更多的知识，丰富自己的知识库。

（2）立足校本，开发核心素养提升校本共修课程。基于"三生"实验项目研究目标，设置四大主题共修课程。共修课程是由学校主导设计公共课程，列入学校专题培训或学期课时计划，安排或聘请专业教师主讲。在共修课程的授课方式上，实验学校共修课程实行走班制，利用实验年级综合实践活动课或课后空余时间进行。学生通过通识课程的学习，认识和掌握不同学科的研究思路、方法、模式，并学会用批判的态度来接受知识，同时为今后的终身学习奠定基础。四大共修课程如下：

基础学力课程群：

涵盖：阅读型课程、表达型课程、思维型课程、实验型课程、培优型课程、辅弱型课程。

公民素养课程群：

涵盖：知法守纪课程、身体健康课程、知荣明礼课程、心理健康课程、品质修养课程、学生责任课程、社会责任课程。

人文素养课程群：

涵盖：历史与文学经典、语言与文化交流、艺术与审美鉴赏三大核心课程模块。

生涯规划课程群：

性格与职业课程、自信心培养课程、气质与职业课程、价值观与职业课程、积极心态培养课程、交际能力课程、创新思维课程。

（3）课题引领，开启小研究生项目师生合作研修模式。在"三生"培养过程中，我们模拟高等院校研究生培养的模式和管理办法，实行导师制培养模式。并结合"十三五"以来，吉林省教育科学院基础教育研究所的小研究生课题研究经验，推出了具有县域特色的小研究生专题项目研究。被聘为小研究生导师的实验教师主要作用是组织和指导学生进行富有成效的自主研究。实验教师的个人课题（小研究生导师专项）重在对学生课题（小研究生课题）研究活动和作业模式的策划和引导，体现基础教育课业改革。导师布置相应的课题作业，并向小研究生推荐或指定研修内容，并对小论文和小报告的撰写进行个别辅导。

（三）着眼学生发展，探索核心素养下的生涯规划的范式研究

本阶段的主要工作是在总结反思基础上，调整研究思路，侧重对实验对象进行生涯规划研究。

经过两年的"三生"培养实践，实验对象在实验校课题组导师们的精心栽培下，无论是兴趣爱好还是学业技能方面，都日趋稳定，对将来的职业择业也有了清晰的路径，根据课题组的预案，为每一名实验对象都做了生涯规划。

1. 学科尖子生在保留学科优势的基础上，强化综合成绩，作为研究型人才进行培养。
2. 艺术特长生需提升人文素养和文化课的成绩，为将来参加艺术考试铺石垫路。
3. 学业困难生尽力提升学业成绩，将来升入职业院校是最契合的目标，做一个适应社会发展的大国工匠。

（四）结题准备

本课题研究历时三年，在最后阶段，课题组根据各自分工，整理研究资料，撰写结题报告，提炼研究成果。汇编成《花开有声》论文集一册，《三生培养案例分析》一册。

四、课题研究成果与成效

（一）和合共生，创造性地提出"三生"优势发展理念

"和合"是中华文化的核心理念之一，和合共生就是把相近的人或事整合共进，这也是支撑我们这个课题研究的核心理念，从新时代培养全面发展的人的教育理念角度看，优势发展理念与核心素养终极目标似乎背道而驰，所以我们在实验对象上以初中高中学生为主，避开小学这个接受全面教育、综合发展阶段。进入初中阶段的学生，已经由一块尚未开发的璞玉变成一个粗加工的半成品，亟待精雕细磨，我们在保持孩子天性的基础上，尽最大的所能挖掘孩子的内在潜质，促进孩子个性发展，实现优势发展。"人无全才，人人有才，扬长弃短，人人成才。"让实验对象"学有所精，学有所长，学有所得"。

（二）和合共进，探索出促进"三生"优势发展的研修路径

在"三生"培养路径探索中，我们以探索学生志趣发展的"智趣学习+情趣实践"教育模式为研究目标，以关注润养学生学习品质生成的非传统课堂教学领域为研究重点。借鉴大学的研究生培养方式，采用导师制的项目驱动式培养。历经三年探索实践，总结出以下三种培养路径。

1. 尖子生学习品质养成的项目驱动培养路径

学习品质是一种顽强而巨大的力量，它可以主宰人的一生。学科尖子生一旦养成了良

好的学习品质，形成良好的学习习惯，学习就会更加主动积极，轻松愉快，他们自主学习的能力也将随之提高。在对学科尖子生学习品质的培养实践中，我们采用项目驱动策略，即师生合作研修的小研究生项目。在推动"小研究生"项目课题实践过程中，我们总结出"三+四+五"培养模式。

"三统一"指的是课题研究项目，即"统一项目审批、统一过程管理、统一结题验收"。

"四突破"指的是研究过程，尖子生在导师引领下，"从零打碎敲式的驱动型学习，向系统化研究型学习突破；从散兵游勇式个体研究，向协同化团队研究突破；从重复式的经验型研究，向创造性实证型研究突破；从偏好式研究，向专业化、学术化研究突破"。

"五勤于"指的是学习品质养成，即"勤于阅读、勤于交流、勤于探究、勤于反思、勤于创新"。

2. 特长生综合素养提升的两翼齐飞培养路径

我们对艺术特长生的培养目标是高远的艺术视野、长远的职业规划、深远的人文底蕴。"三新+二异"是我们对艺术特长生培养目标和路径的总结，"眼界新、理念新、气象新"，这是我们给特长生提出的"三新"境界。风物长宜放眼量，取法乎上，仅得乎中。在审美情趣上，艺术生一定要跳出积习日久的匠人审美标准。我们对艺术特长生的培养是采用双轮驱动的模式，提升艺术技能与提高人文素养并重，学有所长的发展点是建立在深厚的人文底蕴基础上。在促进艺术生的个性发展上，我们提出"求同存异"的培养准则。求同是在统一的管理模式下，打下扎实的人文底蕴，存异是给学生的思维插上翅膀，任由翱翔。在培养方式上，也是采用导师制的小研究生培养模式，"同题异构"，师生共同研修，在导师的引领下，最大化地促进学生自主发展。

3. 学困生养成教育实践的三位一体培养路径

古语有云："授人以鱼，不如授人以渔。"客观讲，学困生领悟能力、接受能力都较一般学生弱一些。我们在培养定位上一定要客观科学地定位，与其临渊羡鱼，不如退而结网。对学困生的培养，我们就是要教会他们怎么退而结网，让他们学有所得，做一个适应新时代的务实型人才。

在培养方式上，我们采用"家庭+学校+社会"三位一体联合培养研究策略，从学生的养成教育入手，从生活琐事入手，培养学生的动手操作能力和社会担当意识。通过"家、校、社会"三位一体的悉心培养与各种活动的历练，学生在思维方式、学习方法、生活习惯等方面都得到提升与完善。家长与社会合力给学生的成长装上了强劲的助推器；通过人生理想的教育，使其学有目标，为学生安上了人生的导航仪。这样的学生将来走上社会，纵使不能成为社会的精英与栋梁，也一定是学有所得能为社会基础建设添砖加瓦的实用型人才。

（三）和合共赢，开发出助推"三生"科学发展的校本课程

由于我们研究的重点是润养学生学习品质生成的非传统课堂教学领域，在实践中，我们整合各种资源，开发出适合"三生"科学发展的校本课程。校本课程开发注重的是基础性、人文性、科学性和实践性，分为共修课程和自修课程。

1. 共修课程

共修课程是由学校主导开发的面向全体学生的公共课程,列入学校专题培训或学期课时计划,安排或聘请专业教师主讲。共修课程包括四大课程群:基础学力课程群、公民素养课程群、人文素养课程群、生涯规划课程群四部分。

2. 自修课程

自修课程是由导师向小研究生个人推荐或指定研修内容,并由导师布置相应的课题作业,对小论文和小研究报告的撰写进行个别辅导。第一批小研究生导师由《基于发展学生核心素养背景下提升乡村教师人文底蕴实践研究》课题组研培的100名青年教师承担。他们既是被研究者,同时也是研究者。

(四)和合共美,制定出适合"三生"终身发展的生涯规划

教育的终极目标是促进人的终身发展。在新高考、新教材、新课程背景下,选科择业倒逼我们必须提前做好学生的生涯规划。我们综合考虑学生各种有利因素,提前预判,规划生涯。生涯规划是我们课题实践的最后一步,却是开启学生走向美好未来的第一步。

1. 抓住三个要素

职业定位:职业生涯规划的首要环节是"职业方向定位",它是职业生涯的"镜子和尺子",用于看清学生将来所从事的职业特质。

目标设定:对进入高中的实验对象都要结合自己学业的实际情况,通过数据分析进行目标设定。

通道设计:分析每一个实验对象家庭结构以及能够调配的社会资源,选择什么方法和路径来实现学生的梦想。

2. 坚持四项原则

喜好原则:只有让学生选择自己喜欢的职业,才有可能在遇到极其困难的情况时不会放弃,在有巨大诱惑时不会动摇。

擅长原则:鼓励学生做自己最擅长的事情,学会因地制宜地解决问题,在公平竞争中脱颖而出。

价值原则:让学生明晰自己的职业选项是自身价值的实现,否则你再有能耐也不会开心。

发展原则:没有最好,只有更好,适合的就是最好的,贵在有不断向前发展的动力。

3. 做好五步规划

第一步:自我认知(who),让学生对自己有个全方位的认知。

第二步:知道自己的知识结构能够做什么(what),尤其是选课择业背景下。

第三步:为什么要做这个职业选项(why),明白自己的喜好和特长。

第四步:职业选项涉及到的时空方位(where),自己有什么可利用的社会资源。

第五步:用什么方法、路径实现你的人生理想(how)。路在脚下,梦在远方。

(五)课题研究的显性效果

1. 提升了学生的综合素养

900名实验学生在各种不同项目与不同层次的活动中显露出自己的才华。在农安县文

化艺术节中，实验校有118人获奖；在省市县级各学科竞赛中有217人次获奖。在整合全县原有的文学社团基础上，成立了农安县小作家协会，截至目前，在全国各级书刊发表文章373篇，各级各类征文比赛获奖786人次。

2. 促进了实验教师的专业成长

通过三年的实践研究，参研教师的学术水平和研究能力大幅度提升，在发展学生核心素养教育背景下，教师专业素养的高度就是课堂教学的高度，教师人文素养的深度就是课堂内涵的深度。三年来，全县参研教师在专业期刊发表学术论文82篇，我们优中选优，汇编成《花开有声》论文集一册，《三生培养案例分析》一册。

3. 建构了研培一体化的研修模式

在"三生"培养过程中，我们把信息技术融合到校本研修之中，让信息技术成为学习新知识的增长点，从而提升教师"教"的能力和学生"学"的能力；揭示管理与评价、教学与研究、教研与科研、研究与培训之间的内在联系，建构一套立足校本、适应信息化建设背景下的管、教、研、培相结合的常态化校本研修模式。同时，借助大数据分析，整合教研、科研、培训、电教等部门优势资源，采取一体化设计、分项实施策略，构建县、乡、校三级"三生培养"的常态化管理运行模式。

五、课题进一步研究与展望

（一）加大学困生养成教育的培养力度

在学困生的培养目标上，受传统教育观念和当前社会成绩至上的影响，学困生家长还是把学业成绩放在第一位，忽视学生的实际情况和能力培养。今后我们将进一步拓宽学困生的社会实践范围，加大学困生养成教育的培养力度。让学困生在完成基本学业任务的基础上，学会做人做事，明礼守信，更从容地面对生活。

（二）拓展尖子生抗挫能力的研究深度

对尖子生抗挫能力研究不够深入，需要我们做进一步的实验研究。作为教师，我们不仅要提高学生的文化素质，更要培养学生良好的心理素质，增强他们抗挫折的能力，使他们更好地适应竞争激烈的社会环境。

（三）提升教师学术水平的研培高度

通过整合社会优势资源，探索多渠道提升乡村教师人文素养的培养路径；揭示学以致用、教学相长的内在规律；总结出信息化时代背景下教师素养提升培训的基本范式。其终极目标是打造一支对教育有情怀、对职业有敬畏、目中有人、胸中有爱、腹中有货、手中有法的能攻坚克难的教师队伍。

小学语文阅读教学落实核心素养的实践研究

课题主持人：刘文学　中韩（长春）国际合作示范区教研中心主任
　　　　　　　　　　教科所所长
课题组成员：高淑红　中韩（长春）国际合作示范区文德中学教师
　　　　　　刘秋逸　长春新区北湖明达学校教师
　　　　　　陈超群　长春新区吉大慧谷学校教师
　　　　　　赵冬梅　中韩（长春）国际合作示范区树德小学副校长
　　　　　　付殿香　中韩（长春）国际合作示范区树德小学主任
　　　　　　邱双德　中韩（长春）国际合作示范区树德小学教师
　　　　　　王淑艳　中韩（长春）国际合作示范区树德小学教师
　　　　　　陈菲菲　中韩（长春）国际合作示范区树德小学教师
　　　　　　李　岩　中韩（长春）国际合作示范区树德小学教师

一、课题的提出

（一）课题研究的背景

国内外现状：21世纪初，欧洲联盟、联合国教科文组织，以及世界多个国家和地区纷纷开始研制学生核心素养框架，这些已有的探索为我国建构学生核心素养框架提供了宝贵的经验。2014年教育部印发《关于全面深化课程改革　落实立德树人根本任务的意见》提出："教育部将组织研究提出各学段学生发展核心素养体系，明确学生应具备的适应终身发展和社会发展需要的必备品格和关键能力。"2016年，中国学生发展核心素养研究成果正式发布。2017年语文素养写入《全日制义务教育课程标准（实验稿）》，其指出："语文课程应致力于学生语文素养的形成与发展，语文素养是学生学好其他课程的基础，也是学生全面发展和终身发展的基础。"

教学发展需求：小学语文阅读教学是语文教学的重要内容。一方面，小学语文阅读教学能力培养，直接影响学生语文素养的形成；另一方面，小学语文核心素养的培养，对提高小学生语文阅读能力有明确的引领。

（二）课题选题的意义

理论意义：本课题通过小学语文阅读教学研究，探索如何落实语文学科核心素养，为培养小学生语文知识与能力提供教学策略和方法，对培养小学生语言积累、语文学习方法和习惯等提供一定的帮助。

实践意义：本课题研究依托课堂教学实践，探索培养小学生语文学科核心素养的途径与方法，凝练六步阅读教学策略和抓两边带中间教学模式，形成阅读评价体系，营造阅读氛围，为小学语文阅读教学提供实践参考。

（三）课题研究的界定

1. 小学生语文核心素养

小学生语文核心素养是小学生语文能力、语文积累、语文知识、学习方法、学习态度和习惯以及认识能力和人文素养等方面的综合体现。以核心素养为导向的小学语文阅读教学应始终坚持以学生为中心，基于对学生身心发展规律的科学认知，根据课程标准要求，充分挖掘课程价值，全面改革教师的教学方式，重视学生的学习过程，从而切实提高学生的语文学科素养。

2. 小学语文阅读教学

小学语文阅读教学是运用语言文字获取信息、认识世界、发展思维、获得审美体验的重要途径。阅读教学是学生、教师、教科书编者、文本之间对话的过程。

二、课题研究的设计

（一）研究目标

1. 建构提升小学语文阅读课堂教学质量的策略与方法。

2. 构建小学语文阅读教学模式，指导课堂教学，促进语文学科核心素养在课堂教学中有效落地。

3. 形成小学语文阅读教学评价体系，对不同年级学生阅读能力进行评价。

（二）研究内容

1. 教学策略方面

开展小学语文阅读教学现状调研；整合小学语文部编教材阅读教学篇目，按照年段及题材进行分类处理，针对不同内容，结合课标要求，探索小学语文学科课堂阅读教学策略与方法。

2. 教学模式方面

设定实验教师及班级，对教师备课、上课、课后反馈等进行跟踪指导，对实验班级学生进行细致观察测评，对班级学生实施分层指导，探索抓两边带中间教学模式，落实学科核心素养。

3. 教学评价方面

通过朗读、背诵、阅读分享等形式检测班级读书活动开展情况，形成对不同年段不同层面学生多元阅读评价体系。

（三）研究方法

根据课题研究的目标及任务，课题组成员边学习边实践边思考边完善，主要运用行动研究法开展研究，辅助调查问卷法、案例分析法、经验总结法等。

1. 行动研究法

通过培训学习，丰富课题参研教师的理论水平和科研能力，定期开展课题研究实践活动，边课堂实践，边调整完善课题研究思路，使课题研究不断朝着有研究价值、应用价值、指导意义的方向发展。

2. 调查问卷法

通过制定调查问卷，了解现阶段小学语文阅读教学现状，并加以分析，形成报告。

3. 案例分析法

对课堂教学案例进行分析，针对课堂教学不足之处采取相应措施，调整完善课题研究过程，积累总结课题研究资料。

4. 经验总结法

及时对课题研究过程进行总结，对有利于研究目标落实的好的经验进行理论提升，对开展课题研究实践活动进行总结反思，形成兼具理论指导与实践应用的经验性成果材料。

（四）研究策略

1. 学习提升策略

（1）课题研究理论学习。学习培养学生核心素养、语文学科核心素养相关政策要求，学习中小学生课标、教材及阅读教学要求，为课题研究奠定理论基础。

（2）课题研究实践学习。立足课堂教学实践，扎根教学研讨，促进课题组教师教学研磨交流，提升阅读教学能力，形成可供参考的实践经验。

2. 活动提升策略

（1）开展教学活动。课题组根据研究目标，通过不同年级语文阅读教学进行课堂实践探索，加强阅读教学方法的研究、总结、应用，组织语文教师开展教研活动，建立教研平台，加强教师相互交流。

（2）开展阅读活动。开展"校园朗读者""课前五分钟演讲""经典诵读比赛""习作创作"等阅读活动，提升学生阅读能力，培养语文学科素养。

三、课题研究的过程

（一）明确研究方向，做好研究准备

课题立项之初，开展课题学习，做好研究准备；开展调查研究，明确研究方向；撰写研究方案，做好研究规划。

1. 学习奠定基础

成立课题研究领导小组，确立课题核心组成员，明确研究分工，借助网络查阅资料，开展课题相关学习，进一步了解现阶段语文阅读教学、语文学科核心素养相关课题研究情况，为课题研究现状奠定基础。

2. 调查明确方向

从教师阅读教学方式方法、学生阅读学习方式、阅读兴趣、阅读积累等方面对小学语文阅读教学现状进行调查，在1至6年级学生发布调查问卷300份，回收300份，回收率100%，有效问卷300份，有效率100%。从调查结果看，阅读教学多以传授文本知识为主，过多注重词句、段落、写作方法等分析和指导，课程的学习是浅层的，不利于学生思维和能力的培养。帮助教师更新教学理念，形成阅读教学策略，将语文核心素养的培养贯穿到阅读教学中，培养学生更好地理解知识、锻炼语言表达能力、培养良好阅读习惯等成为课题需要解决的问题。

3. 方案规划路径

根据课题研究目标，结合调研情况，制定课题研究可行性方案。组织课题教师进行准备性学习，搜集相关网络资料，做好课题研究心理建设。成功召开课题研究开题报告会，课题研究进入正式研究阶段。

（二）明晰研究路径，实施研究计划

1. 对标课标，深研教材

课题组对部编版小语教材阅读教学内容进行系统整理，按照低、中、高三个学段共274篇阅读篇目进行分类归纳，其中，低年段课内阅读篇目85篇，中年段课内阅读篇目89篇，高年段课内阅读篇目100篇。对以上篇目按照古诗词、文言文、寓言故事、童话故事、名著选读等进行分类，按照写人、叙事、写景、状物等不同题材加以区分，将阅读内容方格化。依照课标要求，课题组对小学语文课程标准进行细致解读，针对每一个学段的不同阅读要求进行详解，与教材相结合，对每一篇阅读篇目进行深刻剖析，确定教学目标与重点，进行教学设计。

2. 立足课堂，改革实验

课题组从低、中、高三个学段分别选取一个班级，作为课题实验班，每个班级确定一名语文教师跟踪课题研究，承担实验班语文学科教学改革实验任务。课题组给予实验教师关键任务，即在阅读教学中，着重落实语文学科核心素养，让语文知识、语文能力、语文习惯、人文素养在阅读教学中扎根生长。课题组实验班教师备课目标落实更具针对性，学生的学习兴趣被充分调动，语言表达能力更为流畅有逻辑。

3. 课题研究，适时调整

课题组对教师课堂教学探索进行跟踪，依据课堂教学目标的制定，参照标准对课堂进行诊断。跟踪发现，教师课堂落实知识目标较为扎实，对阅读能力培养、语文综合表现力培养、语言积累拓展等关注不足。经研究，课题组明确下一阶段课题研究，将课外阅读推荐调整为课外阅读赏析，形成阅读兴趣小组，定期开展读书分享交流会，将课内习作向课外创作拓展，成立学生习作团体。

4. 深化教研，交流提升

经过单一的教学实践探索后，课题组以不同年级阅读教学为例，以共同打磨课堂教学的方式开展研究，重点任务放在培养学生能力、加强学生语言积累、提升语文综合素养几个方面，旨在探寻不同年级阅读教学的差异。经过备课、磨课、初讲、反思、提升的过程，首批呈现3节在课题研究指导下的不同年级阅读教学汇报课。经过对比研讨，课题组对本阶段研究进行多次交流，将阅读教学重点放在关注课前预习、课中导学、课后积累三个环节，旨在对学生学习能力、学习方式、学习习惯的综合培养。

5. 组织活动，拓展升华

课题组在实验班，分别开展了"课前五分钟演讲""读书交流分享会""小小朗读者"等活动，拓展学生阅读视野，提升学生阅读表现力。在各项活动中，学生在组织活动、撰写稿件、现场表现等方面都得到很好的锻炼。课外阅读活动的开展，有效调动了学生的热情，学生参与度极高，实现课内阅读内容、方法的有效补充、拓展和应用，为课题组在学生学习方式研究上开启了新的思路。

6. 分层管理，探索模式

经过一段时间的实践探索，班级中多数学生语言表达能力、学习兴趣有了明显提高，由于学生基础不一、接受能力不同、发展进步程度不一样,课题组对班级学生进行分层管理,将学生分为迅速发展、匀速发展、缓慢发展三种类型,针对学生的不同表现,课题组提出"抓两边带中间"的教学模式,在面向全体的基础上,重点关注迅速发展的学生,充分发挥他们积极引领带动的作用,重点帮扶缓慢发展的学生,结成"一帮一带"小组,发挥集体力量,带动全体学生共同成长。

7. 六步阅读,凝练方法

课题组在阅读教学方法上,在前期课前预习、课中导学、课后积累的基础上,将阅读教学重点放在"读"上,提出六步阅读教学策略,充分发挥读书的作用,激发学生自主学习,培养学生合作探究能力;在教学过程中,将知识教学、能力培养有机整合,通过教材篇目开展阅读教学,对学生进行综合素养的培养。

8. 关注过程,阅读评价

课题组对实验班每名学生课堂阅读情况、读书活动参与情况进行等级评定,通过朗读周、背诵周、读书汇报月对学生阅读情况,利用评价星对学生进行每学期一次的阅读评价,不同年级拟定不同评价标准,实施分年段、分层次阅读评价。

四、课题研究的成果与成效

课题组经过两年时间的探索实践,对小学语文阅读教学落实核心素养进行深入研究,形成如下课题成果。

(一)建构语文"六步阅读"教学策略

第一步:初读。初读是学生与文本的第一次接触,初读分为课前预习读和课上预备读两部分。课前预习读是学生借助工具书开展自我读书活动,读书期间可以进行批注、圈画、注释等;课上预备读是在老师的组织引导下,有计划有目地地进行读书,齐读、默读、自由读等多种读书方式交融。初读是学生自主阅读的充分体现。

第二步:展读。这是学生自由表达的空间,学生根据初读所得进行学习分享,展读文字量与展读形式,根据学生年级高低和文本形式而灵活设计,目的是让学生在分享学习成果的同时进一步理解内容,激发阅读兴趣,培养学生倾听与表达的能力。同时有利于教师充分了解学生自主学习的情况和对文本的理解程度,结合教学目标,合理调整下一步的教学基点。

第三步:研读。研读是在教师的指导下,学生带着问题开展读书。研读教学是自主、合作、探究学习方式的综合应用,学生将自由读书过程中产生的疑问,标记在文中相应的位置,也可以在自主学习单上进行分类记录,通过开展小组合作学习,解决小组成员个性问题,并将共性问题汇报给老师。教师进行快速梳理,区分共性问题和个性问题,共性问题通过教学详细讲解,与教学紧密相关的个性问题在教学中随机处理,与教学不够紧密的个性问题课下单独沟通。

第四步:讲读。讲读是落实教学目标、解决教学重点的关键环节,教师根据学情,结合学生对阅读文本理解掌握情况,抓准学生学习基础,围绕教学重点,实施教学。讲读要求教师精研课标与教材,精准设计讲读方式,精心准备辅助资源,可依照文本顺序,通过或先局部后整体,或先整体后局部的顺序对文本进行讲读,落实教学目标,解决教学重点。

第五步：精读。精读在教学时针对的是教学难点问题，是对理解文本起决定作用的关键之处，教师要引导学生重点学习。精读，指向阅读教学的核心目标。精读教学中，教师引导学生抓住几个词、几个句子或者一段话，通过分析遣词用句、分析人物形象等，对学生进行学习方法的引领、阅读写作方法的指导以及思想品德情感教育等。

第六步：拓读。拓读是对讲读文本的拓展延伸。教学中，教师利用拓读指导学生积累背诵课上重点内容；读写结合，指导学生写读书随感，三五句、七八句都可以，对阅读内容加深理解升华情感；利用拓读学习教材中提供的自读内容；与以往学习相联系，对相关内容进行再次阅读；为学生提供国内外阅读素材，如同作者其他作品、同题材作品、写作主旨相近作品等，拓展学生阅读视野，这也符合我国提倡阅读的要求。

（二）构建"抓两边带中间"阅读教学模式

"两边"，即班集体中语文综合能力发展迅速和发展缓慢的学生，"中间"，即班集体中语文综合能力发展平稳的学生。通过抓好两边层面学生的发展，带动中间层面学生的进步。

第一步：备好学生——有利于对症下药。

备学生。课堂教学是师生的双边活动，没有学生的积极参与，课堂教学就不能取得任何效果，所以必须备学生，备学生的思想状况、知识基础、兴趣爱好、性格特点、理解能力等。备好学生可以使教师的教学符合学生实际，避免盲目性，同时也有利于调动学生的积极性，使他们以主人翁的姿态投入学习活动。

第二步：备好教材——确保分层教学。

备教材。教师备教材在语文阅读教学中可分五步：第一步初读课文，掌握全貌，疏通文字；第二步逐节细读，理解内容，抓好重点词句；第三步划分大段，理清思路和布局谋篇；第四步统观全文，了解意图，抓住中心；第五步结合实际，确定重难点和核心素养落脚点。

第三步：巧妙设计——便于重点参与。

巧妙设计的目的是便于学生重点参与，主要是看学生参与状态如何。巧妙的课堂教学设计，激发学生学习的兴趣，勾起学生的欲望，调动学生积极参与，敢于思考，快乐体验。教师可以利用实物、图片、音频等辅助教学资源，做到合理运用，照顾到三个层面学生的不同需求，应用"抓两边带中间"的教学模式。

第四步：模拟探究——有益于强化训练。

模拟探究是在探究新知的过程中学生动手实践、操作的过程，主要运用"自主学习"与"合作探究学习"两种方式，这两种学习方法最能体现不同层面学生的表现，强化了"抓两边带中间"的教学模式，能够体现学生是学习的主体，教师是学生的引导者、组织者、合作者。

第五步：梯度巩固——保证吃饱吃好。

梯度巩固目的是保证学生有效接受学习，对发展缓慢的学生让他们吃饱，对发展迅速的学生应该让他们吃好。梯度巩固是从面向全体学生的角度出发，设计不同层次的独立作业，包括基础题、综合题和拓展题，使不同层次的学生通过学习都有所得，都能从学习中获得成功的感受。

第六步：激励辐射——外因引导内因。

外因，是指能够很好影响学生的外部因素，通过外部因素的影响，促使学生对学习产生更加浓厚的兴趣，从而激发内在的强烈的求知欲。常见的激励方法有氛围激励、活动激励、榜样带动等，学生们既有同一层次的对照，又有高一层次的引领。

第七步：及时沟通——外助内援。

当学生在学习中有优劣表现时，及时与家长沟通，争取家长配合，在与家长沟通时，对于素质比较高的家长，要坦率地将孩子在校的表现如实地向家长反映，并主动请他提出教育孩子的措施，认真倾听他的意见和适时提出自己的看法，共同做好学生教育工作；对于那些比较溺爱孩子的家长，首先要肯定其孩子的长处，给予真挚的赞赏和肯定，然后再用婉转的方法指出其不足之处，诚恳而耐心地说服家长采取更好的方式方法教育孩子。

（三）形成小学语文阅读教学评价体系

评价要点：小学语文阅读评价关注学生朗读和语言表达的能力、背诵积累的程度、课内外阅读量三大方面。

评价原则：分年级定标准、分层次定目标、过程评价与终结评价相结合。

评价方法：根据课标为不同年级学生制定相应的阅读评价标准，通过朗读周、背诵周、读书汇报月对学生阅读情况进行每学期一次的阅读评价。从学期初，学生自愿申报参加朗读周，朗读内容为课内教材朗读和课外阅读朗读，最高评价等级为五颗星，学生对评价不满意可二次申请评价；朗读周结束的学生可申报背诵周，背诵内容为课标要求背诵的古诗词和经典美文，最高评价等级为五颗星，可申请二次评价；读书汇报月为学期末前夕的四周时间，统一组织学生进行读书分享汇报，利用评价星对学生进行评定，分享内容为该年级推荐阅读篇目。按照学生评价星数量确定学生阅读能力的评定等级。

（四）提升教师阅读教学能力及学生语文素养

提升教师阅读教学能力。随着课题研究逐步深入，逐渐加强语文学科课堂教学改革，多次开展语文阅读课堂教学研讨活动，加强了对语文教师阅读教学标准解读、内容把握、教学方法、阅读观念、阅读视野等学习，随着课堂教学实践活动、六步阅读教学策略逐步实施，"抓两边带中间"教学模式应用于课堂教学，增强了语文教师阅读教学方法引领能力，改善了阅读教学现状，提升了语文教师教学能力和语文学科教学质量，形成了《跟我学古诗》《晏如轩文选》《教研随想》《我的阅读教学》等系列教学材料。

培养学生语文学科素养。课题研究过程，关注不同层面学生学习基础和课堂参与度，关注课堂学习反馈和参与课外阅读活动的效果，阅读评定的设置有效促进阅读开展，使学生增进了语文知识，丰富了语言积累，拓展了阅读视野，提升了语文阅读学习能力。学生参与阅读学习的兴趣和集体阅读共同学习的氛围日渐浓厚，高效落实语文学科素养。

五、课题进一步研究与展望

本课题按照研究计划，完成了预期研究目标。语文学科阅读教学是一项值得深入探索的课题，培养学生语文核心素养是一项长期工程，学生的语文知识积累、能力培养都需要教师付出不懈的努力。下一步，课题组将在探索阅读教学的策略、方法方面，在落实核心素养方面，不断深入开展研究，不断优化阅读教学方法、拓展阅读教学内容，使课题研究成果尽可能转化为指导教师教学、学生学习的有力举措,将研究策略、方法、模式成果辐射不同学段相关学科教学。

本课题研究突破了传统阅读教学方式,探索阅读教学的崭新途径和方法,形成可应用、可推广的提升阅读教学质量的教学模式与策略。课题组编辑整理师生阅读材料,开展多项阅读实践活动,圆满完成课题研究任务,达到预期研究目标。探索小学语文阅读教学,培养学生语文核心素养,课题组全体成员将继续前行!

小学体验式教学模式的研究

课题主持人：李亚娟　榆树市教师进修学校教育科研所副所长
课题组成员：马洪波　榆树市新民学校副教导主任
　　　　　　孙秀娟　榆树市新民学校教师
　　　　　　武晓燕　榆树市新民学校教师
　　　　　　付媛媛　榆树市新民学校教师
　　　　　　李洪峰　榆树市新民学校教师
　　　　　　敬海英　榆树市新民学校教师
　　　　　　王　蕊　榆树市新民学校教师
　　　　　　荆晓红　榆树市新民学校教师
　　　　　　孙云峰　榆树市新民学校教师

一、课题提出

（一）研究背景

2017年中共中央办公厅、国务院办公厅印发了《关于深化教育体制机制改革的意见》。《意见》强调要建立以学生发展为本的新型教学关系。改进教学方式和学习方式，变革教学组织形式，创新教学手段，改革学生评价方式。

体验式教学思想自古早有：在我国，最早是春秋时期孔子提出的"不愤不悱，不启不发"；在国外最早是300多年前夸美纽斯提出的"一切知识都是从感官开始的"。这些论述都说明了"把饭菜嚼碎再去喂孩子，孩子就品尝不到香味了"。教育不是改造，是顺应生命成长规律的扶持。就像庄稼的生长要遵循自然，要抓住农事、因地制宜，还要改良生产技术和工具。教育也要遵循儿童天性，不能强求知识的获得。

（二）课题研究的意义

理论意义：本课题的研究对深入课堂教学改革、促进师生双边关系、新型课堂活动设计、转变学生学习方式具有一定的理论支撑和指导作用。

实践意义：立足生本课堂，把更多的视角转移到学生身上，观察学生的学习过程，关注学生的学习体验，注重认知的形成，使学生的学习由被动接受的机械活动变成主动体验的有趣探索，使知识终生难忘，提高学习效率，提升课堂质量。

（三）课题研究的界定

体验就是个体主动亲历或虚拟地亲历某件事，自己验证、感悟、留下印象，可以随时回想起曾经亲身感受过的历程。

体验式教学是指根据学生的认知特点和规律，通过创造实际的或重复经历的情境和机会，呈现或再现、还原教学内容，使学生在亲历的过程中理解并建构知识、发展能力、产生情感、生成有意义的教学观和教学形式。

二、课题设计

（一）研究目标

1. 研究体验式学习的特点和规律，探索出适应各学科课堂教学的方法策略。
2. 形成"体验式教学模式"范式，通用于小学各学科的课堂教学。
3. 强调情境在课堂教学中的作用，为学生的体验活动创造机会。
4. 关注两种评价方式，即过程评价和自我评价。

（二）研究内容

1. 优化学习方式，增强学习体验

深入研究小学生在各个年龄段的认知和思维发展特点，采用与之相匹配的自主学习方式，调动学生的多种感官，用眼去看、用手去摸、用耳去听，在玩耍中探索，在感受中体验，在思考中生成，使学习变成有意思的参与活动。

2. 优化教学模式，实现学科融合

研究课程结构、课程内容、课程实施、课程评价的有机整合，立足生本课堂，突出寓教于乐，让学生在课堂上敢动、敢试、敢练。冲出传统束缚，打破学科界限，整合教学资源，形成体验式教学模式的基本框架，运用于各个学科的课堂教学。

3. 优化教学活动，注重情境设计

重点研究教学情境在什么时候用、用什么、怎样用，提高学生哪些能力，达到什么教学目的。收录更多为实现教学目的服务、与教学内容相匹配的真实的或模拟的情境，增强情感体验，帮助学生迅速准确地理解教学内容，促进他们知识经验的形成。

4. 优化评价方式，关注过程和个体

重在对学生的体验过程观察和自我观察，设定观察期限，对观察数据进行动态管理，便于适时因材施教，推动课题纵深发展。

（三）研究方法及策略

1. 研究方法

文献资料法：学习以李吉林老师为代表的"情景体验"教学法，以研培结合的方式学习关于体验式学习的资料。

调查法：通过访谈、问卷等形式，了解目前小学生学习的现状。课题研究中期还要继续调查学生的变化。

行动研究法：边研究，边实践，边学习，边总结，提高研究的针对性和实效性。

情境法：课堂教学要创设新奇、有趣的情境，激起学生的好奇心和求知欲，使其适应角色，快速进入学习状态。

2. 研究策略

本课题的研究采取了多点联动，整校推进，引进来，走出去的策略。组建由各学科教研组长及骨干教师组成的研究团队，点动成线，进行课题研究的校域覆盖；以大学区为交流载体，线动成面，共邀兄弟学校科研领导，推动课题研究深入开展；以"中国好老师"公益行动计划为平台，发挥基地校的引领作用，在项目校进行课题推广，使课题研究更具操作性。

三、研究过程

（一）多维度调查，制定研究策略，总结特点、规律

2016年4月，课题组从每个年级抽测100人开展问卷，并召开教师代表座谈会，着重从教师角色、小组讨论、学生身心参与程度、教学活动设计、目标达成过程等方面进行深度了解。调查表明课堂教学多数仍是教师主控、学生被动的局面，有时教师也有意识给学生提供一些自主学习的机会，但因迫于时间、环节等关系，不由自主又回到老路，自主合作探究学习形式未能落实，对教学目标的落实作用不大，结果性评价多于过程性评价。

针对调查结果，课题组组织了专项培训，认真学习了"体验式教学""情境教学法"等先进理论，详细解读了本课题的研究与新课改六大内容的有机结合，提出课题研究的三年愿景。

分学科、分学段组成研究小组，制定实施方案开展研究。观察情境活动与学生参与程度的关系，更精细地设计教学活动，记录学生的身心体验，使学生在有效情境中的真正参与过程成为获得知识的有效途径，形成对体验式学习特点及规律的总结。

（二）多学科联动，开展校本教研，探寻"模式"范式

课题研究初期，课题组依托各个学科，下设子课题，开始分科实践，充分发挥一线教师的各自优势，运用多种实验方法，开展行动研究。课题组把握研究方向，根据发现的问题集思广益，适时调整研究计划，找出各学科实践中的共通之处，进行归纳总结，形成体验式教学模式的最初框架。

2016年10月，课题组开展了主题为"关注体验式学习，打造常态化课堂"的教学研讨活动。该活动达到了全学段、全学科覆盖，共涉及语文、数学、英语、道德与法治、科学、音乐、美术、综合实践等学科，共20节课，充分关注学生的认知体验、行为体验、生活体验、情感体验、内心体验、感官体验。活动后，我们对这种教学模式又有了新认识，情境活动在一定程度上代替了说讲，但不能碎片化，不能被肢解，这将破坏学生的感受和专注，要将情境贯穿教学活动始终，甚至延伸到课后，遵循体验学习的规律，自然、有序地进行体验、交流、分享，将教学模式框架进一步完善，形成各学科通用的基本范式。

（三）多学区联动，校际交流研讨，促进专研、共研

课堂教学改革是经久不衰的时代课题，是新时代赋予的重任，教学模式及方法更是常谈常新的话题，课题研究不是闭门造车，不能受制于"不识庐山真面目，只缘身在此山中"的局限，得有"横看成岭侧成峰，远近高低各不同"的广阔视角和多方意见。鉴于此，我们把研究专家请进来，2017年4月课题组组织开展了"体验式作文教学法"骨干教师引路课活动，邀请了市教育局副局长、进修学校副校长、教科所所长、小学教研室主任及市区内小学主管教科研的领导，五棵树镇中心小学、弓棚镇中心小学、保寿镇中心小学作为联谊校友情参加。

课题组主要研究方向为教师角色的定位，深入探讨教师如何发挥主导作用，做好学习活动中的开导者、提点者，适时出现，适当点拨。经过与会专家的指导，进一步明确了由于小学生的年龄及身心等特点决定，离开了教师的"导"，一些学习活动将无法进行，那

么，何时导，怎样导？在教学中以问题为导向，先让学生的双眼、大脑、双手、嘴巴等感官得到充分解放，去体验事实、体验过程、体验结论等，这是体验学习中学生的自主活动部分，教师只负责"多看"，非必要不出手；在似懂非懂的地方进行开导，迷茫时开悟，等把问题弄明白再鼓励去表达，在表达不清的时候进行启发，上不去的地方助推一把，才是需要教师做好的地方，这是体验式教学模式中的第四环节，也是关键所在。为课题研究起到了高屋建瓴的指导作用。

（四）多点位辐射，发挥基地校作用，乡镇推广、交流

2018年4月11日—13日，榆树市教师进修学校组织了"中国好老师"公益行动计划送课下乡活动，主要是向双井小学、太安乡中心小学、黑林镇中心小学介绍、交流、共享我校的体验式教学模式。本次活动共计送课11节，包括小学语文、数学、音乐、科学、心理健康、综合实践、民族团结7个学科。从这个教学模式的提出、运用，到其对提高课堂效率及质量所起的推动作用进行了详细汇报，得到了进修学校领导、兄弟学校老师们的高度认可和一致称赞。教师在备课过程中能够充分考虑到农村学校的生情、学情，灵活运用体验式教学模式，选取合适的教学场景，选择恰当的教学策略，在引导学生体验上下功夫，在评价方式上花心思，每一节课都有独特的风格与独到之处，令听课的老师和学生耳目一新，交口称赞，给兄弟学校的教育科研提供了更多的资源和素材。

四、课题研究成果与成效

几年来，课题组在行动研究、联动推进的思想指导下，达到了预期研究目的，取得了一定的成果，简单概括为"一二三四五"。

（一）生成一套作文教法

为解决学生写作文"烦、难、编、蒙"的问题，语文教研组在课题研究中总结出一套"体验式作文教学法"，包括：游戏作文法，是让学生在娱乐游戏的过程中去体验感受生活的真谛，符合三四年级孩子的年龄和认知特点，容易激发学生的说与写的兴趣，是中年段重点使用的策略；情境作文法，是带领学生走进公园等真实环境，引导学生深入其中，"我见即我想，我写即我见"；课本迁移法，是以课文为依托，引导学生在文本中提炼精华，自然迁移、活学活用，进行仿写、扩写、续写，培养了学生相似性思维的能力，后两种方法多被高年级教师采用。体验式作文教学法是课题研究中语文教学的一大突破，对作文教学起到了积极的推进作用。

（二）提升二种评价方式

新课改强调的评价方式是为了更好地促进学生发展，因此，过程性评价和自我评价就尤为重要。课题研究把评价的视角调整到个体本身及他所从事学习活动的过程中来，把更多的机会还给学生，把更多的目光投向学生，制定过程评价表和自我评价表。过程评价表由教师记录，每星期一小结，主要记录学生在体验学习中的参与程度、亮点、难题；自我评价表由学生填写，每天一记录，主要记录自己在学习中的身心体验、学习收获和不足。这种动态观察十分有利于开展行动研究，也有利于学生的改进与发展。

（三）建构情境教学三部曲

体验式教学为什么得不到普及和推广呢？就是因为课堂教学不好组织，怕乱，或走过

场、走形式，缺乏实效。在以往的教学过程中情境活动其实也有，例如创设情境、实验操作等，但是在课堂整体活动中，只为了其中一个环节而服务，比如导入部分创设情境，用来导入新课或者是引出问题，那么这个情境体验只为导入而服务，在接下来的教学活动中，它可能就不起作用了。再如，科学实验当中的实验操作，可能只是为解决实验中的发现现象或得出结论而服务。还有我们常说培养学生自主、合作、探究的学习方式，那么通常就会做小组讨论、前后桌讨论、小组合作这样的事，但是结果呢，还是离不开老师的牵拽和操控，所以有的时候为了形式安排这样的环节，实效性又不好，在解决教学重点、难点的过程中发挥的作用也不大。

我们在教学模式的研究中大胆地迈出了这一步，提出了将情境教学自始至终贯穿在课堂的每一个环节中，从教学活动的开始到结束都要有设计和布置，分为三步走：

第一步，课前引导入境，开启兴趣之门。因学科与教学内容特点不同而采取不同的切入点，可以是身体入境，如游戏、实验等；可以是心灵入境，如音乐、影视、文字等。引起强烈的探求动机，唤起学生的情感积极情绪。

第二步，课中深入情境体验，获得认知新理解。脑研究表明：人类大脑左半球的工作原理是理性的、逻辑的，右半球的工作原理是感性的、直观的，教师的讲解、学生的背诵或练习调动的都是左脑兴奋，情境体验则更多地调动了右脑兴奋，左右脑同时或交替兴奋极大地调动了学生内在的学习资源，还能获得智力因素与非智力因素的和谐统一。

第三步，课后情境迁移，回归生活解决问题。语文、英语等学科可创编情景剧，数学、科学等学科可自设问题情境，在情境中设置信息，提出问题或解决问题。

学生的学习行为经过这三个过程，能够更好地调动起学生的有意注意和无意识心理，学生的学习是发自内心积极主动获取的，自己亲身经历留下深刻印象的，这才是真正意义上的主动学习。

（四）总结体验式教学模式"四少四多"，体验式教学模式四个阶段

教师的教：少说多看，少示范多点拨，和学生一起体验探索谜面的过程，而不是谜底揭晓者。

学生的学：少静多动，少问答多实践，在发现知识点时自己整合梳理，而不是衣来伸手饭来张口。

体验式教学模式四个阶段：

亲自经历阶段、形成认知阶段、总结梳理阶段、检验认知阶段。

（五）形成体验式教学模式的五大环节

运用体验式教学模式可分为五步走：

体验——交流——分享——整合——应用

1. 体验

这是学生主体的个性化学习，也是自主学习，是对问题的探寻，好奇心的满足，是形成知识的先入之见，是奠定课堂学习积极情绪的良好基础。

2. 交流

是学生之间的思维碰撞，是个体间的启发、互助、合作、探究，是意见分歧的求同存

异,是捅破知识点的那层窗户纸,形成认知的初步建构。

3. 分享

是学生个体或群体的总结性认知,相当于前两步的学习结果,是学生个体知识经验的形成,是体验过后成功的喜悦。

4. 整合

是教师出场的时刻,在前三个环节中教师作为旁观者、参与者,全方位了解学生在自主学习过程中的概况,此时要对普遍问题和困难进行点拨,根据情况指导学生再实践;对已形成的认知进行归纳梳理,使学生对课堂学习内容产生整体感知,形成大脑内部的知识系统和相似模块。

5. 应用

将前面的学习结果或经验,联系到课后的生活当中,生成新的经验或结果,这是体验过程的再实践,形成体验学习的良性循环。

此外,课题组在抓好研究任务的同时,也抓住契机做好课题成果的校内推广与应用工作。由于这个课题组成员都是由承担各个学科的教研组长和骨干教师组成,那么他们的重任一是做好自己领域的研究内容,二是带动本学科的其他教师也参与研究。设立子课题,多学科,多人次,多角度,多向联动进行研究,那么多数老师就得尝试运用这些学习方式、教学方式,就得尝试运用这种教学模式。随着三年的研究下来,他们在自己的课堂当中也摸索出了一些关于这种教学模式运用的好方法,给课题组提了很多良好的意见和建议,为课题研究提供了丰富的研究资料。那么在学校的日常教学当中,不知不觉地,这种教学模式也就得到了普及、推广和运用,并把这种模式纳入常态化教学,还为教科所和教研室培养了11位种子选手。

五、课题进一步研究与展望

体验式教学模式是一种帮助学生提升学习效果的教学模式。三年来,我们的课题研究经历了磨砺和挑战,也同样收获了成功和喜悦。

学不已,浩瀚书海任涵泳;穷思变,道不远人贵求索。教育教学研究工作的路途是漫长的,课题虽已结题,研究仍未结束,在以后的教育教学工作中,课题组将持续深入研究,继续巩固扩大成果和经验推广。

1. 以课题组成员为核心,吸纳更多会研究、擅研究的教师,课题组骨干成员作为专家型教师,通过经验介绍、老带新、师带徒等方式,组建更庞大的研究团队。

2. 进一步完善优秀成果,使研究成果转化成教案、转化成决策、转化成方法措施,切实解决教育教学中的实际问题。

3. 在校内实行体验式教学模式全学科覆盖,重点学科做精品、薄弱学科做常态,未来三年实现人人会用、课课有用的愿景目标。

4. 继续发挥"中国好老师"公益计划基地校的示范引领作用,在三所项目校及大学区内兄弟学校做课题成果推广。

基于核心素养校本化实施的中小学学科教学设计改进实践研究

课题主持人：贺同君　长春市第一〇八学校校长
课题组成员：宫化丽　长春市第一〇八学校副校长
　　　　　　陈金江　长春市第一〇八学校副校长
　　　　　　李树宽　长春市第一〇八学校校长助理
　　　　　　卞丽宏　长春市第一〇八学校校长助理
　　　　　　邢瑞瑶　长春市第一〇八学校主任
　　　　　　刘　畅　长春市第一〇八学校主任
　　　　　　贾兴来　长春市第一〇八学校主任
　　　　　　徐　静　长春市第一〇八学校主任
　　　　　　罗凤敏　长春市第一〇八学校主任

一、课题的提出

（一）课题研究的背景

学生核心素养的提出，为素质教育的落实明确了科学化、具体化的目标。它是新时代对学生成长的总体要求，是学校课程建设和改革的重要基础和前提。学校只有从实际出发，针对学生身心发展特点，着眼于教学设计的整体变革，才能把核心素养真正内化到学生身上，让学生在校园发展成为更为健全的个体。

（二）课题研究的意义

1. 回应时代需求

十九大指出，教育领域主要矛盾变化为"人民日益增长的对优质公平教育需求和教育发展不均衡不充分的矛盾"；2021年"十四五"规划和"2035远景目标"，对教育提出了到2035年把我国"建设成为社会主义强国"的目标。

2. 解决实际问题

新的研究成果对育人目标做了细化，系统回答了"为谁培养人、培养什么人、如何培养人"的问题。针对这一问题，基于个人发展和社会的发展需求，我校认识到融入了培养学生核心素养思想的教学设计改革的研究和实践势在必行。

3. 破解发展瓶颈

从改进教学设计入手，让课堂成为学科核心素养落实的主要载体，整体提升〇八教师"核心素养校本化"能力，满足社会对优质教育的需求，为国家培养社会主义建设者和接班人。

4. 实现顺利转型

此项基于校本的研究，学校进行了周密调研和整体设计，以学校主导课题引领两级子课题的网络化方式管理，以各级管理层主导、名优骨干引领、广大教师分层参与的方式展开，通过以一年为周期的"教研培"一体化形式实施，即"教学、科研、培训"一体化，全员攻关，对"学科核心素养校本化"做足思想方法、实践技能上的准备和科研意识的深入学习。

（三）课题研究的界定

1. 核心素养

主要是指学生应具备的、能够适应终身发展和社会发展需要的必备品格和关键能力。"中国学生发展核心素养"分为文化基础、自主发展、社会参与三个方面，综合表现为人文底蕴、科学精神、学会学习、健康生活、责任担当、实践创新六大素养。核心素养的提出意味着我国正在逐渐确立一条以学生核心素养发展为本的教育改革之路。

2. 校本化

校本化是指学校自己出自己的教材，并结合学校的特色来创办相关的体系。由于学校设施、师资力量、生源状况、办学保障等原因，每所学校的实际状况不同，在办学思想上也各不相同，导致每所学校在学生核心素养培养方面的侧重点也各不相同。对于学校来说，有所选择和侧重地实施学生核心素养的培养，通过校本化的研究基本可以解决。

二、课题研究的设计

（一）研究目标

探索基于学科核心素养下教学设计理念和方法：

1. 专注问题解决导向。主要通过不断实践和总结，形成适合我校学生和教师发展实际的且有明确学科核心素养指向的各个学科教学设计模板。

2. 突出研究的实践价值。通过改进教学设计研究地深入，强化教师培养学生核心素养意识，推动教学设计的针对性和有效性能力的提升，实现课堂样态的变革，进而全面促进我校教育教学内涵式的高质量发展。

3. 沿革学校既定常规，形成"核心素养校本化"指向的教师的"教研培"新常态。

（二）研究内容

1. 现状调研

通过教师问卷、座谈、课堂观察、教学设计问诊，把握了解学校学科教学现状，梳理出当前学校各学科教学设计存在的问题，分析问题原因，形成初步方案，在新理念下，为各学科分领域、分课型地进行教学设计改进的校本行动研究提供参照。

2. 理念重构

基于核心素养，对学校当前课堂教学设计背后的理念做价值判断，思考用什么样的创新理念改进教学设计，进而落实学科核心素养。通过文献检索和理论学习，梳理出能够较好体现"核心素养"导向的优秀教学设计背后有哪些核心理念和设计智慧支撑，实现学生核心素养培养理念的重构，为学科教学设计改进提供有力的方法支撑。

3. 方法创新

在新理念支撑下，探讨改进当前教学设计的方式、方法、策略，形成有效的方法策略体系,保障实施教学设计改进研究的路径及过程的成效。然后,通过动态管理、调整完善,形成分学科教学设计模板、优秀设计案例和优秀教学课例。

(三)课题研究的方法及策略

1. 研究思路

把"基于核心素养校本化实施的教学设计改进实践研究"作为统领学校教学工作的指导思想,形成以总课题组为统领,分学科、分领域成立子课题组,以教师个人小课题为补充的研究团队,推行"学习研讨、创新设计、实施改进设计"。依据教学实践研磨、完善,形成实用模板、优秀设计和课例的路径策略,而"创新设计"和"实施改进设计"则根据实际,循环重复,直至达成设计的目标。(如下图)

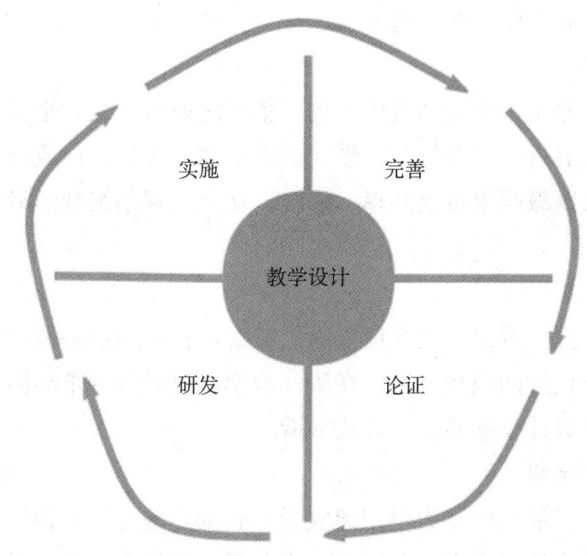

致力于教研理念转化为教学设计行为和教学实践,在研究过程中重视教学设计改进操作中出现的新问题,争取在专家的指导下进行自我诊断,分析提炼实践成果,提高课题研究质量,促进师生素养提升。

2. 研究方法

(1)问卷、访谈

(2)行动研究

(3)文献法

(4)课堂观察

三、课题研究的过程

学校成立总课题组后分学科实施,进行理论实践方面的综述,确保有明确新理念支持设计,如用"学中心""翻转""整体""大单元""深度学习"等。对教材分析要做各种尝试,重视"过程设计,上课实施,研磨完善",最终形成"模板、案例"等。

(一)推进"6R"集研,蓄积"智备"力量

在本课题实施过程中,国家针对教育现状提出了"双减"政策。在深入领会"双减"精神、

明确国家立德树人目标之后，一〇八学校确立了将落实"双减"政策与核心素养校本化进程相结合的研究方向，积极推动学校教学设计改革。"6R"是学校在集体教研下总结出来的智慧成果。它是以有效教学、提质增效为基础，以集中团队力量为策略，充分发挥教师个体教研能力，逐步形成聚焦学生核心素养的校本化教学设计模式。"6R"，简单地说，就是我们在集研时要遵循"人、从、众"原则。

1. 校区之间的一体集研

近五十年的发展变化，一〇八学校形成了一校三地的布局。这种现状促使我们思考差异的存在与提升的问题。如何弱化甚至消除差异，推动全体教师同步提升，力争三校区的教学质量长远发展？在多次论证之后，最终形成了通过一个主校区的自研、带动两个校区的互研、再到三个校区的合研的校本化教研模式。三校区每一个学科同时同地开展集体教研成了一〇八学校教研工作一道靓丽风景。

2. 个人促进学科集研

集体的智慧一定是由每个人创造出来的。集研之前要求教师个人研读教材、课标，形成一个教学思路，然后进入"老带新"模式的小组进行集备，形成指向学生核心素养的教学设计，最后在三校区教师集备上共享、修改。从个人到小组到学科的备课形式，极大地提升了集研的质量。

3. 整合教师特长集研

现在的教学评价更注重学生全专精方面的考察。于是，挖掘每位教师的专业研究特长，形成基于学科的教学设计的独到见解，在集体教学研讨时起到带动团队专业发展的作用，成了学校校本化教学设计改进的又一有效举措。

4. 骨干名师带动集研

骨干教师是学校发展的中坚力量，建立骨干教师经验分享平台，会提升年轻教师的钻研意识与教研动力。具体工作中，发挥省骨干名师高位的专题集研示范作用，发挥市骨干名师引领的主题集研带动作用，发挥区骨干名师的大单元辐射影响作用。

5. 高效管理团队引领集研

教师的高效协作源于管理团队深层谋划和高位统筹。学校各项集研工作，贺同君校长亲自谋划，陈金江副校长跟进细化，各年段认真落实、纵向深入，各校区迅速联动、融合共进，教研气氛蔚然成风。

（二）开展大单元教学活动，强化教材育人价值

在新课标"大单元教学""大概念"的新理念渗透和影响下，一〇八学校采取"走出去、请进来"的方式，推动教师对"大单元教学"模式的了解与探究。2020学年的下学期，教科研副校长宫化丽，带领一个年级的语文教师率先开展了提升学生核心素养的校本化教学方式改进活动——语文大单元教学的探讨与研究。此项教研受到吉林省语文教研员郎镝老师的充分认可，也带动了其他学科的积极探索。尤其针对中考的学科复习，"大单元""大概念"思想的介入都取得事半功倍的成效。

（三）落实"五育"并举，提升育人功能

"五育"是手段，"核心素养"是根本，"立德树人"是宗旨。一〇八学校在贺同君

校长极具前瞻性地宏观把控下，校本化教学设计全面开花：以"乐帮"志愿者服务团队为代表的"德育"、以"两案三段六环"模式为代表的"智育"、由教师自创"中国红曳步舞"为代表的"体育"、以形式多样的审美实践活动为代表的"美育"、以"实践餐厅"和"校园农场"为代表的"劳育"，无不体现学校强大的育人理念，学生的核心素养得到了全面、持续的发展。"五育"成果在《长春教育》杂志上发表。

（四）打造"5Y"课堂，发展核心素养

"五Y"课堂模式，即"阅"课堂，在自主学习中培养学习力；"跃"课堂，在思维碰撞中激发学习力；"悦"课堂，在乐学氛围中提升学习力；"越"课堂，在唤醒超越中驱动学习力；"月"课堂，在节时增效中迸发学习力。这五种校本化教学实践智慧结晶，更关注学生的全人成长，呼应了新时期育人需求。

（五）打造精品活动，推动校本化进程

校本化，一定是依据学校实情，经过不断实践和总结，逐步固定下来的、具有实效性的一些策略和模式。精品活动就是校本化外化的最好呈现。经过多年的教研探索，一〇八学校已经成形的教学活动有"芝兰杯"青年教师"汇报课"、改进教学方式的"倾听课堂"、骨干教师的"研讨课"、资深老教师的"示范课"，教学成为提升学生核心素养的最佳路径，教研活动成为助力学校教育教学高质量发展的不竭动力。一批批年轻教师因此受益，不断成长。

（六）探索可操作模式，加大推广、实践力度

1. 建立成果发布平台

一是及时向相关教育期刊推荐"学科教学改进计划"项目，推送研究成果得以发表；二是借助省市区教研公众号、二道区教育局公众号、学校的"责任教育平台"和"教师微信群"发布项目研究信息，转发公开发表的成果。

2. 召开学术会议

包括："基于核心素养校本化的学科教学改进实践研究"项目启动会；学科教学设计研究现场会；"学科教学设计改进研究"成果发表会等。

3. 学术成果出版

包括《核心素养导向下各学科优秀教学设计案例集》、《核心素养校本化导向下教学设计改进策略研究》、"五育育人"等成果集结和系列研究论文。

4. 组织教师培训

将"基于核心素养校本化的学科教学设计改进"研究成果推荐到"市教师继续教育培训课程""空中课堂""朝阳工程"和校本培训课程中。

5. 区域教学实践

集团校各学科推进教学设计改进计划，推行学科教学改进项目运行机制，使之校本化；推行学科教学操作模型，在通法通则下，寻求校本化和个性化建构。

四、课题研究成果与成效

（一）活动多彩 增进交流

为了促进教师的专业发展，我们通过多种形式的教学教研活动，为教师构筑了互动交

流的平台。

1. 抓成果评价活动

每个学年，我们对教师的教研教改成果进行一次较全面评价，在成果评价活动的前一个月出通知并附评价要点，教师们围绕着细则去准备、研究、实践。

2. 抓同伴互助活动

一是活动互助。要求教师有问题参与，动脑筋研讨。同时把说、思、议、评、改等作为互研活动的必经过程，让教师在互动中受益。二是结对互助。提倡教师结成教研对子，探讨教学问题，并在相互的"听""说""议""评"过程中受到启示。做到教者有反思，听者有感想，人人有笔记，节节有感悟。

3. 抓"三课"活动

即青年教师的汇报课，骨干教师的研讨课，名优教师的示范课。

4. 抓科研活动月

每次科研月活动集研究、交流、评价、展示为一体。

（二）且行且思 促改增效

在研究过程中，我们始终以"教研即科研，问题即课题，发展即成果"为基本理念，坚持把解决问题作为我们科研第一要务来落实。

1. 反思行为找问题

（1）行前思：即教师在上课前充分思考，知道自己做什么（明确目的），这样做有什么用（理解意义），准备如何做（反思以前的教学进行预设教学过程）。

（2）行中思：即课中对操作过程进行监控，思考并随时调整实施策略。

（3）行后思：即课后对教学预设和课堂教学行为进行反思，从中找出自己难教、学生难学的问题，记入教学问题集。

2. 盯准问题定课题。我们每确定一个科研课题，分以下三步

第一步，组织教师交流教学问题，通过交流，将典型的问题记录在案。

第二步，归纳筛选，将教师提出的共性问题和个性问题分成二类。

第三步，将教师共同觉得难教和大多数学生觉得难学的问题进行立项研究。

3. 围绕课题搞研究

为了强化研讨活动的效果，我们坚持根据课题确立活动主题，并规定了活动模式。

（三）积累经验 特色共享

为了让课题研究成果在教学中得到广泛的应用，学校采取以下三种措施：

一是召开成果报告会。通过上观摩课、展示课，交流实践经验，促进全体教师应用。

二是将应用情况纳入教育教学常规评价，并将评价结果作为评价教师教育科研工作的依据之一。

三是开展应用达标课竞赛，进一步强化应用效果。

（四）体系构建 课程创新

1. 核心素养之"责任教育"体系的构建

（1）学生层面，实施四个阶段的操作步骤。

第一，增强青少年的社会责任意识；第二，鼓励青少年多参加志愿者活动；第三，加强学校教育，把公民责任的学习内容贯穿到各年级课程当中；第四，要把社会责任感融入家庭教育，培养学生对公共事务和社会活动的兴趣。

（2）提出"六个点"的学习机制。

让学生在实践中达到"六个会"的目标。通过"六点六会"为孩子提供实践的机会，活动中强化承担责任意识，也让孩子们体验"失责"承担后果的必要性，进而真正理解"责任"的深刻内涵，逐渐认识到责任担当的重要性。

（3）教师层面：

第一，让教师心中根植责任信念。学校以课题研究为主要抓手和标准，用课题成果来评估和督促教师的教学工作，着力培养有教研意识的教师队伍。学校要求每学年每位老师参加一个小课题。课题研究来源于教学中的困惑，实践于教育教学的整个过程。同时，要求以年级组、学科组为单位进行校本化课题研究与实践，并且贯穿教学研究的始终。教师的这种教研意识、责任意识逐渐成为学校发展的深厚积淀。目前，学校已经有十二项围绕"责任教育"的"十三五"科研课题取得了阶段性的丰硕成果。

第二，使学科建设肩负责任使命。学科建设是学校赖以生存和发展的基石。学校在以"师生全面发展为本，培养有责任感的合格公民"为核心内容的责任教育办校理念的指导下，树立了"N-1=0"的学科责任意识，"N"即学校所开设的每一个学科，"1"即教学实践中没有肩负好责任使命的学科或是这一学科中的个别教师，"0"代表我们的"责任教育"的实践无成效或没有离开原点。这一"公式"，强调了每一名教师在学科建设中的重要地位，同时，也明确了学科建设所担负的责任使命。

第三，用校本课程绘制责任特色。在教师和学科的并肩带动下，学校投入大量精力研究、整理出系列校本课程，旨在培育学生的责任意识，以责任教育的深层次研究作为学校校本课程的特色发展之路。并且现有《责任教育国学校本课程》《责任教育航模校本课程》《责任教育无线电测向校本课程》《责任教育实践活动校本课程》等校本教材30余种，鲜明地突出了学校责任教育的特色，起到了引领学生将责任意识内化于心外化于行的巨大作用；现"三导教学法"正在各学科研究实施中，学校凭借此成果已经通过审批成为中国教育学会中学数学教学法国家级教改实验校。

2. 核心素养之德育课程体系构建

在积极落实办学理念的前提下，学校德育工作的开展也依旧以责任教育为导向，使全体学生树立对自己、对他人、对集体、对社会、对生态环境负责的良好品质，培养学生具备担负祖国的未来发展大业的核心素养。

（1）国防教育奠基家国情怀。国防教育是国防建设的重要措施，是增强民族凝聚力的重要途径，更是培育学生家国意识、拥有国家责任感的重要支撑。学校被中宣部、教育部、国家国防教育办公室评为"全国国防教育先进单位"。

（2）道德讲堂铺筑美好未来。学校从责任教育的立场出发，从经典养心、美德润心、沟通交心、美育净心四个方面分别开展学校道德讲堂，充分发挥古今中外道德文化经典的作用，从中华文化中提炼责任教育的思想，让学生从道德培育中感悟责任，滋润心灵。学校道德讲堂每月一期，成立专门的教师宣讲队伍和学生宣讲队伍。学生道德宣讲活动，唤起学生责任价值认同和责任意识的树立，激发学生对责任智慧、责任力量的切身体会。

（3）志愿服务增添社会使命。"知行合一"是教育的最终目标，为引导学生从我做起拥有社会责任感，积极参加各类道德实践和志愿服务活动，学校创办了"乐帮"志愿团队，让责任行动在实践中找到依托和展示。学校定期开展"以纸换树——保护生态环境、建设绿色家园"的主题活动，在广大学生中开展"拒吸第一支烟"倡议签名活动，到社区开展"我为孤寡老人献爱心"活动。"乐帮"志愿团队在社会上取得较大影响力。

3. 核心素养之智育课程体系构建

（1）"两案三阶六环"教学法。导学案、教案的两案，课前、课中、课后的三阶，预学、导学、互学、练习、交流、评价六大环节，融合构成了"两案三阶六环"教学法。它依据自主构建、以学论教、最近发展区三大教学原理，以启发、引导、点拨为主要教学方式，以自主、合作、探究为主要学习方式，充分达到了让学生动起来、课堂活起来、效果好起来的目标。

（2）"超越式课堂"教学法。从课堂角度理解，"超越式课堂"教学法是学生由原来的感知知识、理解知识、应用知识逐级向上发展，表现为学生的分析能力和综合能力的不断提高，最后学会评价，形成思想。教学法研究采取专家深入一线、专家参与研讨、专家培训指导、专家个别辅导四种方式推进。专家听课指导后积极开展学科教学研讨，以实际课例为依托，逐步总结提炼，形成课上、课下完整的教育链条。高校教研团队的教授们逐篇文稿一对一把关指导，形成优秀研究案例，供全校推广使用，也有在国家期刊上发表的，扩大影响力。

4. 核心素养之体育课程体系构建

深化体育教学改革，坚持科学发展观，以学生身体健康成长为目的，把体育作为素质教育的突破口，坚持"健康第一"的原则，为"终身体育"打下良好基础而服务的。因此，初中体育要以更好的、更科学的创新教学内容方式进行。

七年级：多以技能为主、体能为辅；八年级：以体能为主、技能为辅；九年级：以中考体育项目为主。全校师生学会了由冯殿童老师自创的课间操——"中国红曳步舞"。

5. 核心素养之美育课程体系构建

在艺术教育工作中，我校坚持以正确的教育观念为导向，遵循教育规律，面向全体学生开展美育教育。以多样的教学形式丰富学生的课堂内容。以学生发展为本关注音乐学习、美术学习的评价方式。学生能够理解和掌握音乐、美术等艺术课程标准要求的基础知识，掌握和运用音乐、美术等艺术课程标准要求的基本技能。

五、课题进一步研究与展望

长春市第一〇八学校是二道区一〇八教育集团引领校、省科研示范校，对二道区集优化改革做出了特殊贡献。对于未来发展，我们也做好了规划。

（一）建立"青蓝工程"

"青蓝工程"针对新入职五年以内的青年教师，制定了"一三五"成长方案，即：一年入门，三年胜任，五年突破。采取"师徒结对"一对一培养的模式。培训内容紧跟国家教育形式，解读核心素养内涵，跟进校本化课程研究。

（二）建立"分层培养工程"

"分层培养工程"即将教师分为"新教师、青年教师、骨干教师、专家教师"四个层次，针对不同层次教师提出不同要求。

（三）建立"名师工程"

"名师工程"即学校坚持打造金字塔式名师引领团队，由特级教师、省学科带头人、省市骨干教师、全国大赛获奖教师、名校长名师工作室等成员组成各类中心组，形成多元化的组织建设、多渠道的资源共享、多内涵的专业发展引领全体教师不断发展与创新。

（四）建立"文化工程"

"文化工程"即学校以校风建设为载体，通过狠抓领导班子思想建设，形成勤政务实的工作作风；通过狠抓教师师德师风教育，形成严谨的教风。

（五）建立"创新工程"

"创新工程"具体实施在教育法的创新中，不断探究新形势下的育人模式，不断总结实践经验，及时提炼创新的校本化课程。

学校的职能作用就是为党育人，为国育才。在今后的教学研究中，本着科研兴师、科研兴校、科研强校的原则，紧跟国家教育形式，精准解读核心素养内涵，明确教育培养目标，做好校本化课程研究，逐步形成〇八的育人特色，造福更多的家庭，为打造和谐社会作出贡献。

基于"三元课堂"理念下的教学模式创新实践研究

课题主持人：张泽芳　长春五十二中赫行实验学校小学部校长
课题组成员：杨翠华　长春五十二中赫行实验学校小学部校长助理
　　　　　　王晓宏　长春五十二中赫行实验学校小学部校长助理
　　　　　　马　蕾　长春五十二中赫行实验学校小学部校长助理
　　　　　　赵丽丽　长春五十二中赫行实验学校小学部主任
　　　　　　杨晓燕　长春五十二中赫行实验学校小学部主任
　　　　　　张艳辉　长春五十二中赫行实验学校小学部主任
　　　　　　王　赫　长春五十二中赫行实验学校小学部主任
　　　　　　郭马娜　长春五十二中赫行实验学校小学部主任
　　　　　　田可雨　长春五十二中赫行实验学校小学部教师

一、课题提出

（一）研究背景

我们正处在知识经济高速发展的时代，教育在这样的一个大背景下，面临着新的机遇和挑战。近年来，我国教育工作者对于教学模式的创新和探究付出了艰辛的努力，有效的教学模式开始朝着多元化、情景化、个性化教学模式的方向发展，我校也在探索更好地达成教学效果，培养学生学科素养的教学模式，以实现"立德树人"的根本目的。

虽然我们一直在强调创新教育，但在具体课堂教学中，传统的应试教育依然在课堂中如影随形。常态教学中，教师苦教、学生苦学的现状在小学课堂中依然普遍存在。学生学习状态低迷，学习兴趣渐失，学习能力低下，主动精神与创造力缺乏，课堂上没有生命活力的焕发与学习主体个性精神的张扬，很多教师对于如何转变教学模式和创新教学方式依然迷茫。陈宝生部长曾说："教育改革只有到了课堂的层面，才真正进入了深水区，课堂不变教育就不变。"随着新课改的进一步推动以及立德树人精神的实施，我们需要在一个可实操的理念下进行教学模式的创新与实践，课堂教学模式有创新，才能衍生出教育的创新，教育的创新才能培养出社会所需要的创新人才。

（二）研究意义

通过本课题的实践研究，探索出适合我校现状的课堂教学模式，解决我校课堂教学中现有的问题，改变学生的学习方式，提高学生的学习能力，促进学生的全面发展，提高教学效率和质量。

同时通过本课题的研究促进我校教师更新教育观念，树立高效教学观，逐步提高教师的素质和业务水平，进而优化教学，更好地为学生的成长服务，促进教师的专业成长。

（三）课题界定

"三元课堂"是二道区进修学校提出的教学模式改革。是指"智慧"课堂，即要求教师在课堂教学中启迪学生的智慧，以师生的互动激发思维的火花；"高效"课堂，即要求教师在课堂教学中不断创新教学方法与教学策略，提高课堂教学的效率；"收获"课堂，即要求教师通过课堂教学，能让不同学习水平的学生都能掌握教学知识，提高综合能力，有所收获。

"教学模式"是开展教学活动的一套计划或模型，具有较稳定的教学活动框架和程序，同时具有变化性、可操作性。不同学科结合自身特点，在一定的框架下实施不同的教学活动，在实践中探索出一种行之有效的教学策略，更好地实现"三元课堂"。

二、课题设计

（一）研究目标

通过本课题的研究，探索、改进现有教学模式和学生学习模式，发挥学生的主观能动性和教师的主导作用，培养学生的学习兴趣，提高学生应用所学知识解决问题的能力，从而达到提高课堂教学效率和教学质量的目的。

（二）研究内容

本课题将致力于"三三X"课堂教学模式的实践，围绕"智慧课堂、高效课堂、收获课堂"的理念，边摸索边实践，探索以"学生的课堂、学习的课堂、学科的课堂"为核心，以"导学、独学、群学"为主要环节，突显学科特色的"三三X"课堂教学模式。探索合理的学生学习组织形式，科学的教学时间安排，多元的教学评价形式，最终实现高效、智慧、收获课堂。

（三）研究方法

1. 调查研究法

通过对学生进行问卷调查，获取真实、有效的数据及资料，寻找现有教学模式下学生对学科知识的理解和应用情况。

2. 文献研究法

通过对文献的搜集、阅读、分析，整理大量、有效的教学模式研究资料。

3. 行动研究法

通过教学实践，反思，总结形成新的课堂教学模式。

三、课题研究过程

（一）精心选择实验教师，组建课题组

学校建立了以张泽芳校长为组长，年级校长为副组长，教学主任及学科领衔人为组员的领导小组，带领全体教师参与到教学模式改革中来。结合学校师资力量的实际情况（我校新教师占比高，小学1~5年级，工作五年以内的青年教师占比达70%以上。他们的优势是学习力强，容易接受新的教学理念，实践能力强，思考力足够，是教学改革的关键点和生力军；不足之处是教学行为缺乏理念的支撑，教学随意性强，目的性不明确。但同时赫行小学骨干教师队伍强大，有省市区各级骨干教师80余人），课题组精心选择实验教师，数学、语文学科在每个年段分别选出两名骨干教师和两名优秀的青年教师，英语学科只在中高年段各选择两名骨干教师和两名优秀的青年教师，参与教学模式改革的初步探索工作。教学实验主要由骨干教师来承担，青年教师主要负责教学观察、辅助教学、参与研讨等工作。组织小组成员查阅、收集相关资料，对所研究课题的价值有一定的认识，对所要研究对象的学习情况做到心中有数。

（二）根据准备阶段的分工和设计，开展多种教育实践活动研究

1. 教师层面

（1）理论学习，为探索高效课堂奠定基础。

理论指导实践，思想促进改革。为了让教师认识到教学改革的势在必行，必须有适切的培训与自主学习做保障。"三元课堂"作为一种新的教学理念与教学方案，要想达到好的教学效果，作为教师首先应当具备该课堂的意识，这是实施的前提与基础。因此，学校邀请长春市教研中心的专家进行课程改革、科研等方面的专题讲座，使教师思想破冰，悦纳改革。通过培训与学习，让教师了解"三元课堂"的内涵，对"三元课堂"有更深刻的认识，学习一些开展的方法与策略，同时还可以给全体教师提供一个互动交流的平台，相互讨论好的方法，分享经验，能让教师更主动更好地去践行"三元课堂"，达到智慧课堂、高效课堂以及收获课堂的效果。而后，学科中心组领衔人的学科培养，进入学科层面有针对性地细化培训主题，有意识地改变教师的教学行为。再次，鼓励教师自我学习，向老师推送文章，推荐公众号，接受新的教学理念，促进教学行为的反思，做好改革思想上的认同。教师自身也加强对"三元课堂"实施的学习与探究，明确实施方案，不断创新教学方法与策略，在开展教学前做好相关的方案设计，如课堂教学的目标、任务等，课堂教学采用哪些具体的方法，课堂问题的设计、课后作业的布置等等，这样才能让"三元课堂"的开展更有实效。

（2）教学示范引领，探索"三三 X"课堂教学模式。

为了全力打造"三元课堂"，我们在全校范围内分学科进行创新课堂教学模式示范引领，探索高效的课堂教学模式。主要以"讲座＋示范教学"的形式进行，使全体教师对这一教学模式先了解，然后由各学科骨干教师开展教学实验与示范，备课组内全体成员观摩听课。课后研讨，示范教师将自己一阶段的经验与大家分享；或者把自己遇到的困难提出来，同学科教师进行讨论，研究解决问题的办法，最终形成了"三三 X"课堂教学模式，实现智慧课堂，高效课堂，收获课堂。

一学期后全体教师对"三元课堂"教学模式有了较深入的理解，最终在理解的基础上实施，尝试探索符合自身教学实际的高效课堂。"三元课堂"的有效开展需要教师在开展课堂教学时营造良好的课堂教学氛围。一些教师在教学时，容易以自己为教学的主体，讲授时滔滔不绝，学生则处于十分被动的地位，只能跟着教师的思路走，课堂氛围比较沉闷，教学效果也不好。为更好地落实"三元课堂"，研讨时教师们重点讨论如何在教学时，从学生的实际出发，以学生为教学的主体，注重学生的自主学习与自主探究，与学生进行良性的互动，营造良好的课堂教学氛围，提高课堂教学的效率。教师根据学生的认知特征与具体的课程内容对学生进行问题设计，来引导学生更好地去思考。在学生回答的过程中，

教师耐心聆听，并根据学生的回答进行适时的互动，这样可以让学生的视野得到拓展与激荡，学生能活跃起来，也能营造良好的师生关系与课堂教学氛围，比单纯的教师讲授效果要好很多，也能更好地落实"三元课堂"的教学目标。

（3）常态化教学展示，推广"三三X"课堂教学模式。

每学期一届的主题式"动力杯"课堂教学大赛，给教师以明确的课堂导向，教学主题由"构建充满活力的本真课堂"到"研整单元教学，探学习力成长"到本学期结合长春市基础教育研究中心"基于标准的单元整体教学实践研究"活动而确定了"整合·关联·发展"的教研主题。通过骨干教师教学改革成果的展示，青年教师的汇报课，课后现场专家的点评、授课教师与听课教师的积极互动，展示我校在课堂教学中取得的成就，让更多的教师了解新的课堂教学模式，同时及时分析和发现问题，调整研究方向。

2. 学生层面

合理组建学习小组，并对小组长进行培训指导。在开展小组合作讨论时，教师首先需要创设小组合作的任务，这就需要教师仔细研读课程内容，根据学生的认知特征来设计小组任务。要充分发挥"群学"的功能，分好小组是前提。教师需要对学生进行科学合理的分组，教师在分组时应当综合考虑多方面的要素，如学生的学习能力与学习水平、性格、团队合作能力等，不能为了方便随意进行分组，一般根据学生的学习能力，学习成绩以及综合表现，按照"异质分组"的原则进行了分组，每个小组4人，每组有组长一名，负责小组整体的学习和常规工作，对于各小组的情况要及时地做一下点评和总结，形成一种竞争的氛围；对于问题较多的小组，应及时帮助他们解决问题，千万不要等到问题多时再去处理。

教给学生预习的方法、自学的方法、探究的方法、收集信息的方法，提高学生的自学能力；教给学生如何互帮互助，如何讨论做到你说我听、我背你听、你做我检查，提高合作学习的技巧。

学生间学会互帮互评。小组成员中的讨论、发言、作业的完成情况、互助、学习习惯等都进行评价。教师在给每个小组分配任务时，注意小组成员分工的明确，让每个成员有自己的分工，都能参与到小组合作讨论中，保证小组合作学习的顺利进行。在小组合作结束后，对每个小组的任务完成情况进行客观的评价，通过评比，让学生对自己的表现有所了解；促进小组里那些学习有困难的学生，每天都有同学督促和帮助，学习成绩和行为习惯都向着好的一面发展。

（三）研讨提升，梳理成果

经过第一阶段的实践，在智慧、高效、收获的三元课堂理念整体构架前提下，分学科组织教师结合自己的研究过程，研讨总结出比较符合学科特点的教学模式。对课题研究搜集的材料进行整理、汇编，通过论文、公开课等多种形式对课题研究成果进行展示，聘请市区教研员对我校的课堂教学模式进行评估，形成研究报告。

四、课题的研究成果及取得成效

经过课题探究，在课题组全体成员的努力下，本课题完成了既定研究任务，基本达到了预期目标，已经形成了初步成果，取得了较好的实验效果。经过总结归纳，具体分为以下几个方面：

（一）形成了"三三 X"课堂教学模式

第一个"三"指的是三个核心——学生，学习，学科。

"学生"指以学生为主体，学生真正"当家作主"，成为课堂的主人；"学习"指在教学过程中，所有的教学活动均要以促进学生的学习为核心来进行；"学科"指不同学科的课堂要有不同的特点，要体现学科特色。

第二个"三"指的是三个基本环节——导学，独学，群学。

"导学"指教师围绕学习目标，紧扣教材，设计学习指南，使学生明确自己的学习目标，以及自己将要掌握的重点知识和要突破的难点知识。"独学"就是让学生根据学习指南，自己去发现问题、研究问题、探寻知识。"群学"分为小组学习和全班学习。在自学的基础上，提出个体不能解决的疑难问题，与同伴商讨或以学习小组为单位展开讨论，尽量引导学生在组内协助解决，进而全班交流展示，达成共识。

"X"——指学科个性化设计。

针对不同学科的不同特点，在课堂教学中设置了"X"环节。由教师结合教学内容、本学科特点及学生的实际情况设计教学活动。比如语文课堂要侧重于阅读表达和传统文化的传承；数学课堂则重视利用所学知识解决问题；英语课堂重视口语训练；生命与安全课堂重视安全自护能力的实际操作演练；美术课堂会引导学生发现生活之美，建筑之美……

新的课堂教学模式优化教学过程，注重教学策略，促进学生学习方式的转变，使学生学会学习、学会思考；学生将获得更全面的知识与发展思维多种方法，他们在德智体美劳等方面获得长足发展。同时也促进教师角色的转变，体现教师的主导作用，建立了良性的、健康向上的师生关系，师生已成为学习共同体，创建师生关系和谐的温馨课堂。

（二）增强了学生的学习兴趣，提高了学生的学科素养，提升了学生课堂的专注度

"三三 X"课堂教学模式注重学生学习能力的培养，注重学生综合素质的提升，注重学生学科知识与生活实际的结合……教师在实施过程中，需要精心设计学习活动，优化教学过程。比如：让学生去亲身经历某种模仿的情景或剪取某个生活片段，让学生在里面担任一定的角色，就像演员体验生活一样地去开展他们的学习活动；有意识地在内容上制造一定的空白地带，让学生自己去推测和预计可能的结论，主动参与到对知识内容的构建中去；有意向学生演示预先安排好的思维受阻的现象，让学生看到教师在解决问题时所经历的"挫折"，以及如何在若干次"挫折"后又克服了思维上的障碍，最终找到了正确的结论。在精心设计的学习活动中，学生慢慢变得对事物有了较广泛的兴趣，有寻根究底的探索精神，敢于发问，善于发问，乐于发问，逐步养成质疑问难的习惯。在解决问题时，能逐步养成思维的发散性、集中性与新颖性，并逐步养成主动地、多渠道地求知的习惯。注意力能高度集中，有敏锐的观察力，能从多角度观察事物、发现事物的特点。喜欢动手，善于把各个知识点重新排列组合，创造性地发现联系，有试图用各种新的方法去解决问题的习惯，想象力丰富，能由此及彼，举一反三，不断产生新的设想。

学生的学习兴趣大大增强了，学生的学习能力也大幅度提升了，这些可以从学生在课堂上和课外活动中的表现得到有力证实。我校多次承担区市以上的教学活动现场，比如：

青蓝杯大赛讲课现场，市名师评选现场，市小学语文学科统编教材培训专场，市教育局在我校召开幼小衔接试点改革现场会……孩子们大胆不怯懦，认真不紧张，个性表达处处是亮点，将课堂还给学生，使学习深度发生，我们看见了学生的改变——有探索欲望，不怕困难，有获得成功的自信心，眼神更加明亮，思维更加灵活。

（三）促进了教师专业技能的发展

课堂对教师来说，就是教学方式的历练场所。新课程倡导以学生为中心的课堂教学过程，倡导学生自主性的探究性学习模式。高效课堂，不仅是达成高效率的课堂，更是教育教学形式的巨大变革。课堂教学高效性是指在常态的课堂教学中，通过教师的引导和学生积极主动的学习，在一节课里高效率、高质量地完成教学任务，学生在学业上有高效收获、高效进步、高效发展。作为教师，是课堂改革的最直接的一环。

在课题研究的过程中，教师更注重课堂教学效果，明确了培养学生学科素养的途径与方法，教师的主导作用，不再体现在讲授上，也不再体现在对知识的"讲深讲透"的直接形式上，而是体现在进行周密、科学的教学设计和精心组织学生学习活动的更高层次的间接形式上，或是体现在帮学生将无序的知识整理为有序的知识上，体现在引发学生深入思考上。在课堂提问、课后作业方面都做分层设计，更好地开展分层教学，落实"三元课堂"的目标，帮助不同层次的学生都学有所获。

教师通过课前精心设计、课上灵活实施、课后认真反思，积累了大量的一手材料，形成了多篇优秀的教学设计、案例分析、研究论文在各级比赛中获奖、发表。在各级各类教学比赛中，我校教师获得了众多奖项。国家级教学大赛获奖6人，省级教学大赛获奖15人，市级教学大赛获奖57人。学校语文、数学、英语教师团队在学期初市、区备课中承担年级备课任务，在市区教研员的指导下，经过一个假期的准备，教学思想和业务能力快速提升。

（四）促进了学校教育教学质量的提升

在"三三X"课堂教学模式中，教师积极探索，变一言堂为群言堂，变主讲为主导，学生能够积极踊跃地参与多种形式、贴近生活的课堂活动，学生们在合作探究的过程中都能有难必思，有疑必问，在讨论中不断碰撞出思维的火花，达到了互帮互学、共同进步的课堂效果。

英语课上，学生在交流中感受英语语言的魅力，每个学生都能在自身英语水平基础上获得不同程度的发展，尤其是口语能力得到极大提高，在外研社组织的"希望之星"口语大赛中，学生们积极参与，纷纷入围决赛。得益于拓展环节的设置，学生在学习语言知识的同时了解到更多英语国家的文化常识及风土人情，充分开阔了国际视野。

语文课堂则结合统编版语文教材的进一步落实，课前有效的预习成为课堂学习的有力前提，让学生们带着问题读文章，带着目标学知识；课堂上在老师的引导下，给学生更多机会更大空间进行交流与讨论，形成独学——导学——群学的学习过程，让学生真正成为学习的主体，以此促进学生学习方法的掌握与提升。结合语文教材特点，进行单元学习的整合，在每个单元的学习中有知识与方法的学习，也有进一步的巩固与运用。与此同时，在既定教学内容的基础上，进行学习内容的扩展与延伸，让学生在积累语言，增长见识的过程中感受中华传统文化的魅力，形成独立的人生观与世界观。

数学课堂紧紧围绕数学学科知识本质，设计符合学生知识水平的教学活动，问题情境设置上密切联系生活，问题内容上能够引发学生深入思考。在教学活动过程中教师为学生提供方法、工具、策略指导，帮助学生交流探讨、行动实践，学生在质疑、思考、交流、探究的过程中理解数学知识本质，习得数学思维方法。慢慢地，课堂上的发言越来越精彩，解决问题的方法越来越多，课堂上交流争辩的现象越来越多，充分说明学生的思维越来越灵活，思路越来越宽广。

"三三X"课堂教学模式的实施，提高了课堂教学效率，提升了学校的教育教学质量，取得了优异的教学成绩。近年来学校被评为"全国新世纪小学数学研究与应用基地百所示范基地校""吉林省最具影响力教育先进单位""长春市教师专业发展示范校""长春市科研核心基地校""长春市十大名校""二道区推进教育均衡发展贡献单位"……

五、课题进一步研究与展望

课题组全体成员经过一段时间的共同探讨、研究，总结出了一些阶段性成果，并且把这些阶段性研究成果推广开来，取得了一些成绩。但是毕竟课题研究时间短，我们都清晰地认识到在已经做的工作中，还有很多问题值得反思和总结。如：教师在学习指南和学习任务单的设计和使用方面还存在着许多不足；独立学习与合作学习也刚刚起步，许多教师对于引导学生自主学习的方法存在困难；如何把学生实践能力的培养与固化的教学内容有机地结合起来……这些问题还有待于今后进一步研究解决。

下一步，学校将针对"双减"工作的落实，在"三三X"课堂教学模式的助推下，着力研究创新性使用教材的做法，扎实推进"三元课堂"建设，使课堂更高效，学生更轻松，学习力更足。

课堂教学模式，内在是理念的更新，外在是形式的表现，一种模式形成后，还会在国家教育方向的引领下，高端教学理念的影响下不断发展改进。"三元课堂"作为一种新的教学理念与教学要求，如何更好地落实与践行，需要在实践中不断探索与思考，思考与改进，这样才能真正达到智慧课堂、高效课堂以及收获课堂的要求。改革将伴随着教学不断发生，我们有信心为了实现学生的全面发展，不断前行。

小学语文课堂教学反思的有效性研究

课题主持人：盛静波　吉林省长春市二道区长江学校校长
课题组成员：宋秀华　吉林省长春市二道区长江学校教导主任
　　　　　　吴　寒　吉林省长春市二道区长江学校大队辅导员
　　　　　　张　杨　吉林省长春市二道区长江学校班主任
　　　　　　李论广　吉林省长春市二道区长江学校教师
　　　　　　黄丽英　吉林省长春市二道区长江学校教师
　　　　　　余容生　吉林省长春市二道区长江学校教师
　　　　　　李巧昆　吉林省长春市二道区长江学校教师
　　　　　　廖晓林　吉林省长春市二道区长江学校教师
　　　　　　韩碧玉　吉林省长春市二道区长江学校教师

一、课题提出

1. 课题研究的背景

教学反思是语文教师素养的核心因素。自1983年美国公布《国家处于危险之中：教育改革势在必行》的调查报告以来，如何提高教学效率的讨论也在世界范围内兴起，其中不乏对语文课堂教学反思的研究。如今语文课堂教学反思已被视为是有效地提高语文教学效率的关键因素之一。

1989年美国心理学家波斯纳提出的个体成长公式是这样描述的：经验＋反思＝成长。这一公式也可视为对教师专业发展的描述。随着时间的推移语文教师的经验会不断地增多，但如果缺少了反思的加入，那么这些经验就会如一位一线教师感慨的那样：教育是一个受经验左右的行业，从事教育的人较容易为以往的经验所羁绊。为了防止这种现象的产生，使语文教学过程中积累起来的经验成为有利于语文教学的财富，语文课堂教学反思便成了语文教师专业化所不能忽视的重要因素。

2. 语文课堂教学反思是课程改革提出的现实要求

新一轮课程改革从课程意识、教学理念、知识结构、道德水平、角色定位、教学行为等方面对语文教师提出了各种新的要求。语文教师作为理想与现实、理论与实践之间的操作者，能够更多地享有课程资源的开发权，能够更及时对自己的教学过程进行关注和调节，能够更直接参与到与教材、学生之间的对话中。正是因为以上的这些便捷条件，使得语文教师成为影响语文课程改革成败的重要角色，语文教师务必正确认识新课改，实践新课改。

二、课题设计

（一）课题研究的目的及意义

本课题的研究目的在于从认识活动的角度探究语文学科的教学反思，期望通过研究能够得到些有利于语文课堂教学反思发展的成果。在语文学科中教学反思更是必要的。本课题研讨影响小学语文课堂教学反思的因素，语文学科教学反思与其他学科教学反思的共同点与不同点，不仅有利于梳理语文课堂教学反思的相关理论，更有助于小学语文教学工作者了解小学语文课堂教学反思的内容、方法，实施更有效地开展语文教学活动。

（二）课题研究内容

教学反思是教学过程不可缺少的后续阶段，对教师而言则是提高自身综合素养与教学能力的重要途径。教师的教学反思是要对自己经历过的教学活动从各个方面作出判断、推理与分析的过程，包括对教学理念、教学目标、教学内容、教学方法及手段、教学设计、教学调控能力及学生反映情况等作出内省，以达到优化教学的目的。

（三）课题研究方法

1. 文献法

研究者利用学校图书馆、CNKI 数据库检索中心以及报纸杂志中搜集有关小学语文课堂教学反思的有效性研究方面的相关著作、文献与其他材料，以便从中寻求与本研究相关的资料并从这些文献中吸取一些论断，作为下一步研究的重要基础。

2. 调查研究法

本研究主要是采用问卷调查和访谈调查研究的方式，通过数据分析，找出目前小学语文课堂教学反思存在的问题，为提出小学语文课堂教学反思的有效性建议打下良好基础。

3. 经验总结法

研究者特别注重采用收集的方法，对探究活动中的所有材料和信息及时进行分类和整理。在整理和分类的过程中研究者还针对探究活动中即时生成加以研究，汲取宝贵的经验，体会并加以总结归纳。经过分析之后，形成探究的规律及方法。

三、课题研究的过程

（一）第一阶段：组织准备阶段（2018 年 5 月—2018 年 7 月）

组建课题组，成立课题研究小组，确定课题主持人和课题组成员；制定课题研究实施方案和实施计划，准备研究资料，培训课题管理及研究人员；申报立项，开题论证；各子课题组研究单位申报子课题研究项目书。

新课程改革下的小学语文教学，课堂学习由认知性学习向体验性学习转变，体验成为学生学习的重要方式。这就要求我们教师引导学生对社会生活要用自己的眼睛去观察，用心灵去感受，用自己的方式去研究，用亲身经历去体验和感悟，从而让学生养成良好的行为习惯。

我校由于是农村学校，目前在教育上的实际情况却是与此不符的，许多教师缺乏反思意识、缺少反思能力。主要表现为相同的教学问题会在教师的身上反复出现，相同的教学问题会反复出现在某一学科的教学中，课程意识淡薄，其中"漠视教学目标"是它的表现之一。教师在上课时确定的教学目标，很多时候不过是教案上的摆设，教学活动中的缺席者。还有一些教师明确地意识到了这一问题，但教学实际却没有丝毫的改变，问题依旧存在于教学中。导致教师看不到问题或看到后不改正问题的原因是多方面的，但缺乏教学反思意识、缺少反思能力是其中的重要原因。

教师对课程的认识、对课程的实施以及对课程的评价，都将是一个复杂的、曲折的过程，而课堂教学反思正是保证这一复杂、曲折的过程最终能够到达人们所期望目标的关键，因为坚持课堂教学反思不但可以总结实践，升华经验，而且还可以发现不足，扩充新知，最终提高教师的理论水平，从而更好地完成新课改赋予的使命。20世纪80年代以来世界主要国家的教育改革，产生了许多新的教育思想、教育思潮与流派，也产生了与此相应一系列新的教学思想、教学手段、教学方法。这一大的教育文化背景，呼唤教师树立终身学习的观念、养成教学反思的习惯。

　　基于如上原因，我校立项研究。课题准备阶段，主要采用文献法、调查法对课题提出的背景、课题研究的必要性和可行性、课题研究的主要内容等进行全面、深入的论证。

（二）第二阶段：研究探索阶段（2018年8月—2020年1月）

　　目前有关教学反思的研究已经取得了一定的成果，教学反思在教学中的作用、方法也形成了相对稳定的做法，但非常遗憾的是对教学反思的研究，在结合学科的特点进行系统研究这方面还显得有点不足，相关的研究专著很少，更多的是对学科教学具体活动的反思，结合学科特点的教学反思的论文在数量上还是有优势的，其中也不乏对实践具有指导意义的观点，但总的来说能够深刻挖掘学科教学中反思活动的论文依旧很少。

　　著名特级教师窦桂梅老师曾说过："学生的感悟能力就如同杠杆上的支点，对人的发展来说，学生感悟能力的高低正决定今后能否撬起这个'地球'"。感悟既是一种心理活动，又是一种感情经历，还是一种审美的体验。每一篇文章都有值得我们和学生共同去感悟的地方，而每一个人的所得是不尽相同的。我们要引导学生在学习、感悟他人的美妙篇章时，不忘时时联系自己，感悟自己，感悟人生，"把别人的文章当注解，把自己的人生当正文！"教学反思的研究不应该是狭隘的，角度也不是唯一的。

　　我们从具体的教学问题出发来探讨教学反思，可以更好地启发我们的教学实践活动，而从思维的特点出发研究教学反思，对从理论上认识教学反思是有帮助的。需要指出的是，不同角度的研究成果各有价值，确立明确的研究角度，才能保证研究的价值含量，而这一点恰恰是目前很多研究做不到的。本课题的研究将教学反思视为一种认识活动，从认识活动的角度探讨语文课堂教学反思的主体、客体以及从认识活动的角度来揭示小学语文课堂教学反思的方式、方法。

　　自九十年代，深化教育改革以来，反思性教学的实施，加强教学反思，提高教师的专业素质已成为教育改革的趋势。经过几十年的国外学习，不断思考与探索，教学反思的内涵和基本特征理论水平已经相对成熟，构建多元化的教学反思模型，这些研究成果在教师教育教学的思考有指导意义。

　　王俊礼、阳德华的《哲学反思思维：教师实现有效教学反思的基础》论述了哲学反思思维主导下的教学反思才是真正意义上的教学反思，对教师哲学反思思维的培养，既要关注于提高教师对教学反思对象研究的彻底性，同时还要注重培养教师对主导自己教学反思的思想本身进行反思的能力。只有在实践中不断提升教师的哲学反思能力，使其思维运作向着哲学化的方向不断发展，才能为教学反思的有效实施打下坚实的基础。

　　组织教师进行专项培训，制定课题实施方案，进行不同层次教师提高专业素质的探索，逐步建立提高教师队伍教学能力的培训、管理体系，搞好个案研究，探索实验规律，全面提高教师队伍的整体水平。并于每年年底报课题组研究成果和阶段性总结，课题组每年评选组织评选优秀课件、优秀研究人员。

（三）第三阶段：总结阶段（2020年2月—2020年5月）

我国古代教育家十分强调反思的意义和作用：思之不缜，行而失当。故曰，反思乃个体成熟之标志，群体亦然。同时，十分强调实践、反思、学习应当是一个不间断地循环，是相互融洽的。我国伟大的教育家孔子早在两千多年前就说过"吾日三省吾身……""三思而后行"等等。孔子曰："学而不思则罔，思而不学则殆。"思而后学，学得更有效，思得更深刻。他在《中庸》更明确提出要"博学之，审问之，慎思之，明辨之，笃行之。"

法国最著名的牧师纳德兰寒姆聆听过一万多人的临终忏悔。他说，假如时光可以倒流，世界上将有一半的人可以成为伟人。每个人最后的反思，不到最后一刻，谁也不知道。但是每个人都可以把反思提前几十年，做到了这点，便有50%的可能让自己成为一名了不起的人。我们的教学中，多一份反思，或许会多一份清醒，多一份进步。

课题组主要成员根据各自课题研究单位提供的课题研究报告，进行科学分析，统计处理，总结经验进一步理清研究成果，进行归纳和提升；同时，将研究成果再进行汇总、整理，最终达到整个课题的研究目标。

四、课题研究成果与成效

教学反思是教师自觉地把课堂教学实践作为认识对象而进行全面、深入冷静思考和总结，不断发现问题，及时调控教学行为，总结教学规律，不断提升自己教学实践的科学性、合理性，从而使自己进入更优化的教学状态，使学生得到更充分地发展。

（一）增强反思意识

教师可以有意识地开展教学活动，但不一定会有意识地反思自身经历的教学实践及其背后的理论意义。只有对教学反思有明晰而正确的认识，才能在情感上真正接受反思思想，使这种带有批判、探究性质的思维活动从无意识地变为有意识地，并将其付诸实践。反思意识强的教师永远将自己的工作看作是一个结构不良领域，会经常有意识地将貌似正常的情境"问题化"，在发现问题与解决问题的过程中对教学实践有更为深入地理解。在长期的反思实践过程中，反思意识就会慢慢形成，这样自然提高反思行为的自觉性。同时，要提高教学反思意识，不能仅仅将对反思的理解停留在"技术层面"上，要从更宽广、多元的社会文化、政治的角度分析教学实践，才能够不仅"知其然"，而且"知其所以然"，实现"知、行、思"的统一结合。

由于学生的需要、兴趣、经验和能力是多样化的。课堂教学目标要充分体现以人为本的科学教育观，就必须以学生为主体，遵循学生的现实发展水平，把握教材的特点，合理设置三维目标。显然，加强对教学目标的反思有利于提高教学的有效性，使教学目标真正起到导向、调控、评价作用，成为课堂教学成功的保证。

（二）提高自身的知识素养

教学反思是知识建构、专业成长的过程。通过反思将教师实践中的知识呈现出来，不断地解读与建构教学经验中的意义，在主动建构知识的过程中挖掘教育实践潜在的意义。

教学反思是需要一定知识基础的。教学反思要求教师根据教育教学的情景合理地运用教学方法，创造性地解决教学中存在的问题……而这些"要求"和"运用"是离不开教师一定的知识基础作出判断的。因此，教师进行教学反思是以一定的教学知识为基础的。

首先，教师应当具备扎实的专业知识，包括本学科的知识及与本学科相关的边缘学科的知识，如语文学科教学论、文学、美学、文化学、生态学、社会学等，这是教师教学工作得以顺利完成的必备条件。其次，教师要具备深厚的教育科学知识，如教育学、心理学等方面的知识。这些教育理论可以帮助教师反思自己的教学行为，从而提高对教育活动的理性认识。最后，在教学实践中教师还要具有丰富的实践知识。教师的实践知识是教师在面临实现有目的行为中所具有的课堂情境知识及与之相关的知识，包括教师的教育信念，教师关于学生的知识，教师关于课程与教学的知识，教师的情境知识（通过教学智慧反映出来），以及教师的策略知识（运用理论知识的策略）。教师要始终与教学实践结合起来，对教学过程中教育理念的运用、教学目标的实现、教学内容的把握、教学设计得恰当与否、学生学法的指导等进行多方面的反思，确实朝着有效的小学语文课堂教学方面前进。

（三）形成教学反思的良好习惯并付诸实践

教师在自我检视中要养成良好的反思习惯。教师对自己已有行为和习惯进行刻意的审视和考察，筛选并保持好的行为习惯，淘汰和改造坏的行为习惯，如认真检讨反思自己在教学过程中是否表现了公正的品质、豁达的胸怀、丰富的情愫和敏锐的判断力，是否有耐心、亲切感和幽默感等。通过自我检视，反思自我，使得教师形成良好的反思习惯，促进自己教育教学的发展。虽然，教学反思可以在头脑中运作，只要思考深刻，则仍对自己的教育教学起到好的作用，但如果不把精彩的反思过程和内容记录下来，也许就会很容易在以后的教学中遗忘了，消解了教学反思应有的价值。因此，真正有效的反思还要学会积累自己精彩的反思，这样才会避免重复性的劳动，也具有共享价值。

写作是一个深入反思并系统表达思想的过程。教师可以通过写反思日记、教学随笔、教育博客、教育叙事等把自己在教学过程的点滴记录下来，并进行深入思考形成有价值的教学资源运用到下一次的教学中。同时，教师要对写作载体进行思考，捕捉关键信息，在分析与推理中再思考这些想法的可行性并把它们付诸实践。只有这样，反思的问题才能在实践中得到解决，才能达到有效教学。

（四）加强同事之间的交流

围绕着学生年龄特点设立教学目标，充分给予学生丰富的欲望，形象感受和理解教材。课堂上积极调动学生学习积极性，预设的课堂和生成的课堂做到心中有数。课堂气氛不但活跃而且有序，相同的教学内容就能出现截然不同的教学效果。课堂教学的组织要体现学生的主体性，在不同的教学阶段，应根据学生身心发展规律和认知心理、兴趣爱好与情感反应等，合理安排课堂教学策略，尽可能使学生积极主动地、全身心地投入并参与实践教学活动。

俗话说当局者迷，为了很好地反思教学，除了对自己的教学进行反思外，还可以寻求同事的帮助，让同事之间利用集体备课时间帮助寻找教学中的不足。首先，教师可以寻求与专家对话和交流，在与专家的对话中提升自己的反思能力。这里，教师与专家的对话，除了面对面与专家进行交流外，还可以多读一读教育专家的论著，因为并不是每一位教师都有机会与专家面对面的，而文本对话，也可以从文本中领略专家的教育智慧，与专家进行精神交流、思维碰撞，在这种交流中提升教师对教育的理解和反思。其次，教师要自我开放式。这就意味着教师一方面让别人研究自己，让别人帮助自己跳出认识上的盲点与局限，另一方面教师要善于从别人的课堂吸取经验，并对自己的教学进行反思。大家可以说一说在自己的课堂生成与预设的偏差，效果如何进行交流。反思不仅仅是教师个人的自我反思，还需要同其他教师进行真诚地交流、讨论。因此，教师除了开放自己的课外，还应开阔眼界，善于从别人的课堂中吸取经验。

五、课题进一步研究与展望

教师的反思活动要通过教师个体写反思日记来实现，依赖于自我观察、自我监控、自我评价来进行。时下，"教学反思"已成为教育界使用率颇高的时髦词汇。教师以自己的教学活动过程为思考对象，对自己的决策以及由此产生的结果进行审视和分析的过程，是一种通过提高参与者的觉察水平来促进能力发展的途径。

"一个教师不在于教了多少年书，而在于用心教了多少年书。"用心教学，就需要我们在教学中用心地去反思。教学反思能让我们每天都在教学中成长，在成长中进步，让我们的教育理念每一天都是更新的。用心、及时、有效地反思能"让教师从机械地忙碌、盲目地忙碌、麻木地忙碌中走出来！"

总而言之，新课程改革的深入，要求我们教师有全新的教育理念，全面的教育教学能力及教学行为。因此，我们教师必须在此基础上，通过各种方式实现自我完善，以推进自己的专业发展。在小学语文教学这样一个不断变化发展的过程中，教师需要正视自己的职位，明确自己的教学职责，在教学活动中不断积累知识和经验，并善于进行自身的教学反思，去努力实践，完善自己，提升教学质量，最终提高学生的学习效率。

核心素养与课程教学改革研究

课题主持人：蔡英奎　长春市绿园区绿园小学党支部书记兼校长
课题组成员：齐　彦　长春市绿园区绿园小学科研主任
　　　　　　卫广薇　长春市绿园区绿园小学副书记
　　　　　　张仁慧　长春市绿园区绿园小学德育校长
　　　　　　孙美子　长春市绿园区绿园小学语文教师
　　　　　　肖岩峰　长春市绿园区绿园小学学年组长
　　　　　　吴　静　长春市绿园区绿园小学学年组长
　　　　　　董亚飞　长春市绿园区绿园小学语文学科主任
　　　　　　侯文娟　长春市绿园区绿园小学学年组长
　　　　　　张　颖　长春市绿园区绿园小学综合学科主任

一、课题的提出

（一）课题研究的背景

2014年教育部研制印发《关于全面深化课程改革落实立德树人根本任务的意见》，提出"教育部将组织研究提出各学段学生发展核心素养体系，明确学生应具备的适应终身发展和社会发展需要的必备品格和关键能力"。"核心素养"旨在勾勒新时代新人才的形象，规范学校教育活动、课程建设、学生发展等内容。当前，世界很多国家和地区在其体现核心素养的课程中均有与课程内容相对应的质量标准或能力表现标准，而我国现行课程标准主要是对课程内容的界定，虽然从知识和能力、过程和方法、情感态度和价值观三维角度对课程进行了说明，但主要对学什么、学多少讲得比较详细，大部分学科对培养学生核心素养到什么程度的要求不明确，难以量化、分级，缺乏明确、具体的能力表现标准，建立核心素养的课程教学改革，将有助与解决上述问题。

（二）课题研究的意义

1. 理论意义

核心素养的提出，是基础教育课程改革的创新点和突破点。人文底蕴、科学精神、学会学习、健康生活、责任担当、实践创新六大素养，给课程建设提供了标准，引领了课程改革的新方向。那么究竟如何在课程教学改革中落实对学生核心素养的培养，成为摆在我们面前不容忽视、必须直面的教育课题。

2. 实践意义

基于核心素养的课程开发意味着课程开发者和一线教师需要关注学生核心素养的开发和运作，本课题着眼于"核心素养"定义的世界趋势和我国新课程改革实施中的一些盲点，探讨了基于核心素养的课程开发面临的挑战和课题。在整合学校课程结构的前提下，在课堂教学实施和学习评价方面积累新的经验,希望为一线教师培养学生核心素养开拓新的视野。

(三)课题研究的界定

1. 核心素养

在个体终身发展过程中,每个人都需要许多素养来应对生活的各种情况,所有人都需要的共同素养可以分为核心素养以及由核心素养延伸出来的素养。其中,最关键、最必要、居于核心地位的素养被称为"核心素养"。

2. 课程教学

是指学校学生所应学习的学科总和及其进程与安排,狭义上的课程即指某一门学科教学。课程教学是对教育的目标、教学内容、教学活动方式的规划和设计,是教学计划、教学大纲等诸多方面实施过程的总和,它包括学校老师所教授的各门学科和有目的、有计划的教育教学活动。

二、课题研究的设计

(一)研究目标

通过此课题的一系列研究,要鼓励教师开发更多更适合培养学生的课程教学模式,促进学生核心素养的形成。研究目标具体可以概括为"131"建设目标:坚持"一个中心":即以学生发展为本,让每位儿童充满生活力为宗旨,坚守生本需求,坚持个性化课程建设方向。着力"三线并进",即行悦课程开发、思悦课程建设和基础性课程改革齐头并进。最终打造"一种独具特色的核心素养校本'活力'课程文化",奏响核心素养课程教学改革新篇章。

(二)研究内容

1. 优化课程开发建设

教育是通过课程进行的,在具体的教育实践发展过程中,常常是课程的性质决定教育过程的目的、机制与方法。从这种意义上讲,有什么样的课程,就有什么样的教育运行模式。基于培养学生核心素养背景下,我们提出了"整体推进三级课程,构建'活力'课程文化"的核心课程建设理念。并以"活力课程建设"为基点,坚持国家课程优质化,实施地方课程校本化,推进校本课程多元化,实现三级课程整体化,逐步优化课程开发建设。

2. 优化课堂教学方法

基于培养学生核心素养,致力于"导",服务于"学",充分反映学生主体性的要求,倡导学生自主学习,把"课堂自主学习权、发言展示自我权、活动锻炼提高权、合作探究权"还给学生;把外在的教学目标转化为内在的学习需求;把单纯的知识灌输转化为多元的情感需要。体现"以学定教",做到所教内容具有内在的科学结构和启发性、多样性、教育性;体现学生的主体地位,使教学活动具有主动性、生动性、灵活性、实践性以及学生的可接受性,让学生在充满勃勃生机的课堂中提升核心素养。

3. 优化课堂教学手段

熟练使用常规教学用具,科学选择使用现代教学媒体,创设愉快学习情境,开展丰富多彩的教学活动,合理链接社会生活,使课堂由封闭走向开放,生成智慧,激发活力,提高教学效率，对学生核心素养的培养起着重要的作用。

（二）课题研究的方法及策略

1. 研究方法

文献研究法：文献研究法是我们从前人的研究中得出一些对我们研究有价值的观点与例证，是我们研究中的一大方法。根据研究的需要，广泛收集整理关于核心素养和课程教学改革的文献资料，如知网相关博硕论文、经典教育书籍，国家发布有关文件，为研究本课题做良好的理论基础。

案例分析法：案例描述来源于真实的经验面对的问题；本课题利用课程课堂教学实例多角度进行分析与解读，寻找到与本课题相关的实际问题，将这些问题提炼出来，进一步解决，然后再回归到课堂教学基本面的探讨，最终为提出有效的课程教学策略提供帮助，展现案例的价值。

调查研究法：调查研究法是最快速有效收集数据的方法，问卷调查结果容易量化、调查结果便于统计处理与分析。本课题中调查对象为绿园区 L 小学的部分教师和学生，通过对课题的系列调查研究，鼓励教师开发更多促进学生核心素养生成的教学模式。

访谈法：访谈法是通过访谈员和受访人面对面地交谈来了解受访人的心理和行为的心理学基本研究方法。本课题针对市、区部分科研员、学科教研员、学科教师、部分学生进行访谈。访谈形式相同，访谈内容根据访谈人员不同而有所不同，通过访谈法能够收集多方面的工作分析资料，具有较好的灵活性和适应性。

2. 研究策略

本课题的研究采取了收集分析资料、制定形成方案、开展专项活动研究策略，组建了由我区进修学校教研员、我校主要校级领导、教育科研主管部门组成专家团队，由学校德育部门、各年级学科优秀教师组成的研究团队，汇聚各方优势，形成科研引领、集成创新的研究模式，以校本课程开发为基础，推动课题研究的深入开展，探究核心素养与课程教学改革的研究。

三、课题研究的过程

（一）采取多种调研方式，形成研究实施方案

课题准备阶段通过调研、动员、组织学习阶段，形成课题研究实施的具体方案，并对课题组人员分工。通过开展问卷调查、教师访谈、学生座谈、课堂观察等途径，了解我校教育教学中存在的问题。研究初期，学校组织召开多种形式的核心素养专题讨论会，组织多种形式的学习交流活动，目的为更好地进行本课题研究做好前期准备工作。

（二）围绕课题研究目标，扎实开展课题研究

学校开展研究初期成立《核心素养与课程教学改革研究》课题组并开题，各科组制定子课题实施方案。各子课题组成员在课堂教学中改革实践，上研究课。各子课题组负责人要带头上模式研究课，并及时评课、总结、改进、调整。改变以往对学生的评价方式，制定出基于核心素养课堂评价体系，依据新的评价标准，组织开展各种活动，全面推进基于核心素养的教育教学的改革。学校还积极组织校级公开研讨课、优秀教师示范课、课堂教学比赛、经验交流会、专家讲座、专题培训等多种形式，不断提高教师的研究水平，改进

课堂教学过程中存在的问题。通过各子课题组及时总结改革中的成功经验，开展交流研讨会，推广经验，改进不足、不断完善自己的课堂改革。

1. 立足核心素养，设计校本课程

以核心素养引领学校课程建设，规划国家课程、地方课程和校本课程的关系，实现顶层设计和功能互补。校本课程设计以学生核心素养的发展为出发点和出发点，注重办学历史、办学理念、办学条件和学生基础，体现学校办学特色。

（1）德育课程，落实立德树人。我校德育课程的开发以培养学生的责任心、健康生活和实践创新三种学生核心素养为重点，确立了"培养有责任感的现代公民"的课程目标，开发《绿园小学文明礼仪校本教材》《绿园小学法制校本教材》等德育校本课程，主要以活动课的形式丰富学生体验，增强社会参与，提升学生个性，发展学生个性。它深刻地回答了"培养谁"的问题，清晰地反映了修身养性、践行社会主义核心价值观的自觉追求。

（2）实践课程，满足学生需求。由于国家课程的统一性，学生的个性和专业性难以充分发挥，部分学生在文化课程中难以获得成就感和自我认同感。因此，学校开设了各种适合学生个性发展的实践课程，如素描、砚纸画、儿童画、手工陶器、珠饰、生活体验等，让学生张扬个性，增强创作自信，培养不一样的核心素养。

（3）校本课程，体现地方特色。我们还开发了一至六年级的《小学古诗校本教材》和《葫芦丝演奏校本教材》，这既是对语文、音乐课堂教学的延伸，也是对学校文化的传承，更是我校培养学生核心素养的课程体现。

2. 立足核心素养，改革课堂教学

通过骨干教师培训、微课制作培训、活力课堂建设培训等校本培训提高教师的教学技能；通过外派教师培训，拓宽教师视野，更新教育理念，使教师的教育水平整体提升。通过一师一优课的录制和上传活动、骨干教师示范课活动以及教师两笔字验收、语文学科即兴表达大赛、数学教师板书设计大赛、英语学科口语表达大赛等丰富多彩的活动深化课堂教学改革，将核心素养的理念落到实处。

3. 立足核心素养，实施体验教育

"体验教育"在绿园小学人人皆知，并且早已形成共识。二三年级的同学可以在艺术气息浓厚的周末音乐厅里，演奏优美的葫芦丝乐曲；五六年级的同学利用综合实践活动课在生活体验室里制作水果拼盘，他们感受到了动手实践的快乐。生机勃勃的阳光生态园、诗意多彩的画廊、艺术创作室、智能动感的"DIY"创作室也为学生表演、手工、阅读、绘画等活动开辟了天地，为体验教育的发展搭建了操作平台，全面提升了学生的综合素质。

在此基础上，我们还开展了很多实践活动，如广场上的义卖活动、周末音乐厅的"班班小舞台"、经典诵读活动、"布丁剧场"演出、学年足球争霸赛、文明志愿者服务社区活动、道德辩论活动、科技展、书香少年、书香家庭、"星少年"评比活动等等，每年举办一次体育节、一次艺术节，为学生搭建各种展示的舞台，使每个孩子都能有所收获。体验教育是一种长期的熏陶和积淀，学校将分年级、分班级，有侧重地开展体验教育，低年级以动手感知为主，中年级以实践交流为主，高年级以感悟收获为主，使学生完成从感知、到体会、到收获的过程，体验到动手之悦、协作之悦、欣赏之悦、交流之悦，将教育目的内化于心，外化于形。

（三）提炼课题研究成果，拓宽深入研究思路

1. 在取得阶段性成果的基础上，学校及时总结学校教育教学工作存在的问题，进一步制定措施，深入开展研究，特别是对课堂教学模式中的细节问题加强研究。

2. 学校及时总结推广课堂教学改革中的成功经验，以专题讲座、研讨会、学习简报等形式予以交流推广，供教师学习借鉴。

3. 学校对全校体验教育的实施情况进行总结，结合学校实际，总结出具有我校特色的基于核心素养的校本课程体系。

4. 向有关部门申请结题，撰写结题报告。

四、课题研究成果与成效

在课题研究的过程中，学校课程教学改革成果显著，先后获得吉林省基础教育科研工作先进单位、吉林省科研兴校示范基地、绿园区"优课"标准校等荣誉称号。微课大赛中共有47人次录制的课分别获得部级、省市区级优课。绿园区以"聚焦课堂教学、关注核心素养、提升教学质量"为主题的教研活动在我校举行；长春市数学学科教学新秀、精英课堂评选活动在我校举行，活动期间，充分展示了我校学生的风采、核心素养教育的成果。现将本课题研究成果情况汇报如下。

（一）育人目标，指向学生未来发展

核心素养与课程教学改革有着深刻的关系，核心素养作为课程改革的指导思想，更注重学生的理想信念、价值判断和选择。为了更好地实施核心素养，学校应该进行系统的课程体系设计，重新定位学校育人目标，进一步帮助学生形成核心能力和素养，以满足终身发展和社会发展的需要。

1. 学生层面

让学有特长的学生继续发展特长，让学习困难的学生找到学习的乐趣和动力，并学会自我管理，初步转变学习方式，促进学生的多元（差异）发展。

2. 教师层面

通过对课程的开发、组织、实施和管理，转变教育观、课程观和教学方式，使教师成为学生学习的促进者、合作者和指导者。改善教师知识结构，培养一支"一专多能"型的教师队伍，促进教师的自身专业化成长。

3. 学校层面

建立并完善一套较为合理的具可操作性的校本课程的设置模式，提升学校的办学理念、特色品位以及完善课程文化和学校文化。

（二）课程结构，促进学生自主成长

课程建设是中小学教学的核心工作，推进民主科学的学校管理体制建设，鼓励基于核心素养的校本课程研发。以核心素养发展为重点，关注课程建设的综合性、主观性发展趋势，加强系统研究、顶层设计和综合改革，做好中小学学科素养的衔接工作。

探究345X课堂教学模式。3是在课堂初始教师（学生）可以提出1~3个有价值的课堂问题；4是根据主流问题给学生留足独立思考、阅读或观看微课学习的时间与空间；5

是教师进行5分钟左右的高质量启发点拨活动；X是留给学生若干时间进行深入探究、合作交流、展示等活动。同时通过具体的学生活动来对345X课堂教学模式进行检验：汉字听写大赛活动、规范书写活动、计算能力检测、学生经典诵读等活动，提高学生学习兴趣，培养学生综合学习能力。

通过优化学校课程结构，提高学生综合素质，促进全面、自主、个性化、可持续发展；为学生提供高质量的学习，教育学生努力成为健全人格、高尚道德和健康身心的人，培养具有人文素养、人文关怀和责任感的人，以及具有国际视野和民族精神的人，为将来进入社会打下坚实的基础。

（三）课程供给，满足学生个性需求

核心素养对我国基础教育课程改革的影响越来越深远。学校要严格执行国家基础教育课程计划，落实课程标准，保证各类课程的开课时间和课时要求。促进各类教育资源的跨境整合，为学生提供多样化的课程，满足学生不同的个性化发展需求，将丰富多彩的课程资源转化为学生内在的核心素质特征。学校课程应更贴近学生的生活，更加注重提高国家课程和地方课程的适应性，努力实现为每个学生提供合适教育的长远目标。统筹规划各学科、教育环节、参与者和教育资源，高质量实施三级课程，全学科、全过程、全员、实践育人。同时，研究开发基于核心素养的校本课程，打破传统的学科本位和知识本位观念。作为校本课程开发的重点学科，校长和教师应明确核心素养的本质，在学校教育理念的基础上体现学科整合，注重跨学科核心素养和先进思维能力的培养。在内容上，落实《综合实践活动课程实施指导意见》，开发学科综合实践活动精品课程，提高学生实践能力，促进学生全面发展。在教师素质方面，可以运用恰当的教学方法，将核心素养渗透到教学内容中，为培养学生的跨学科能力打下基础。

（四）课程评价，关注学生全面素养

要制定明确、具体、可操作的适合评估的能力表现和测试标准，真正把核心素养指标落实到学校的培养目标、课程目标、教育教学活动和评估机制中。学校的各项考试，特别是高中入学考试和高考，要充分体现中国学生的发展核心素质，转变教育教学评价机制，特别是高考录取方式，实施综合素质评价，并将学生发展核心素质水平的检测作为高考选人的基本标准。从根本上改变以分数和高考衡量学生、教师和学校的不合理、不科学的评价机制。教师应根据学校领导的优缺点，充分重视和改进学生的自我评价，努力发挥教师自我评价和其他领导的作用。教师应根据学校自身的优势和实际情况，充分重视和改进学生的自我评价。

1.学生评价

（1）教师可根据每个学生的学习内容、学习过程、学习兴趣、学习动机、学习意志、学习效果等方面和出勤情况进行综合评价，分为"优秀""良好""及格""待及格"记录。

（2）学生成果通过书面测试、撰写小论文、活动实验、实践设计、学科竞赛、现场表演等多种方式进行展示，成绩记入学生学习档案。

2. 教师评价

（1）教师授课必须有计划、有进度、有教案、有考勤评价记录。

（2）教师应按学校整体教学计划的要求，达到规定课时与教学目标。

（3）教师应保存学生作品及在各项活动（竞赛）中的成绩资料。

（4）教导处通过听课、查阅资料、访谈等形式，每学期对教师进行考核，并将结果记入业务档案。

（五）社会实践，提高学生综合能力

基于培养学生核心素养的课程目标，加强综合实践活动课程的开发与实施。平均而言，每个学科不少于 10% 的课时用于开设学科实践活动课程。在内容上，可以主要设置在某一学科，也可以与多个学科相结合。配合劳动技术、信息技术、研究性学习、社区服务和社会实践活动，全面培养人文科学素养，提高综合运用知识解决问题的能力、沟通合作能力、实践创新能力。培养学生正确的劳动价值观，增强社会责任感和生活幸福感，促进知识和能力转化为素养，全面提高。开展劳动实践活动、消防队消防技能培训、安全教育基地劳动安全教育、农业博览园劳动认知教育、科技馆先进科技指导、养老院劳动实践活动等社会实践活动，通过长春市规划博物馆了解未来的城市发展。学生受到多角度的教育和影响，对社会实践活动的满意度为 100%。

（六）优质资源，创设良好教学环境

资源建设和教学环境是培养学生核心素养的外部保障。通过多层次、互动的教学资源建设，逐步提高多功能、共享的教学资源水平。在教学环境设计方面，鼓励基于学生核心素养发展理念的教育建筑设计创新，为 21 世纪的集体、小组和个人学习提供建筑和室内设计，方便学生自由离开座位，促进合作、互动和信息共享；借助信息技术，我们可以通过网络手段创建资源共享、仿真环境等平台，通过丰富的学习实践、人力资源和环境，支持 21 世纪的教学；教师应与学生保持沟通，营造乐观的教育文化氛围，积极影响学生的学习。例如，基于课堂的教学、开放式课堂，以及目前流行的创客教育实验室实践 STEAM（游戏平台）教学目标和探究式教学理念。

五、课题进一步研究与展望

通过本课题的研究，初步显示出基于核心素养背景下校本课程开发建设的成效，教师在课堂中比较注重学生独立思考、充分利用信息技术和课外资源的明显教学特点。我们的教师积极推广自主合作探究的教学方法，教学也发生了许多变化。教师设计了一系列活动来激发学生的主动学习，学生主动发言，课堂气氛活跃。然而，课堂教学中仍然存在一些问题，如教师控制过多、学生提问不足等。因此，在培养学生核心素养的基础上，以下方面仍需改进。

首先，努力为学生创造一个独立思考和探索的空间。在教学中，要给学生独立思考的时间，给学生独立探索的空间，促进学生独立提问和探索，促进创新能力的培养。

其次，进一步推进启发式教学。在教学中，我们需要设计具有思维梯度和思维深度的问题，激发学生的思维。当学生提出自己的想法时，教师应该学会有效地接受和运用，在师生之间的思维碰撞中培养学生的创新思维和创新能力。

最后，积极开展多学科融合教学。一方面，各学科内容融合教学，能够培养学生的综合实践能力；另一方面，也可以为学生走出课堂创造一个真实的学习环境，运用信息技术和优质课外资源，培养学生解决问题的能力。

总之，"学无止境、教无止境、研无止境"，这充分概括了我们教育科研的方向与精髓。在这浩瀚的教海中，我们唯有乘风破浪、勇于开拓，才能在课程教学改革中不断前行。

课堂教学中构建师生学习共同体策略的实践研究

课题主持人：吕　慧　　长春净月高新技术产业开发区华岳学校校长
课题组成员：郝家明　　长春净月高新技术产业开发区华岳学校书记
　　　　　　白　冰　　长春净月高新技术产业开发区华岳学校教师发展中心主任
　　　　　　张梦辉　　长春净月高新技术产业开发区华岳学校教师发展中心副主任
　　　　　　赵滴石　　长春净月高新技术产业开发区华岳学校学生成长中心主任
　　　　　　盛　芳　　长春净月高新技术产业开发区华岳学校小学部主任
　　　　　　张雪莲　　长春净月高新技术产业开发区华岳学校教师
　　　　　　袁　帅　　长春净月高新技术产业开发区华岳学校教师
　　　　　　胡云婷　　长春净月高新技术产业开发区华岳学校教师
　　　　　　李金娜　　长春净月高新技术产业开发区华岳学校教师

一、课题的提出

（一）课题研究的背景

东京大学佐藤学教授倡导"学习共同体"的学校改革，于1998年在茅崎市滨之乡小学建立了研究试验学校。这是实践与学习共同体理论的一次碰撞，是从教师专业发展形成的学习共同体转向以学生发展为中心的学习共同体的一次重大突破。近年来，我国在江浙沪及福建地区推广学习共同体，主要以"海峡两岸学习共同体高峰论坛""真爱梦想·学习共同体研究坊"为载体推进学习共同体的实践与研究，涉及全国各个地区，产生了比较广泛的影响。华岳学校于2018年9月21日正式成立，新教师占比51.17%，专业成长需求很大，学生学习基础、家庭背景相差悬殊，如何提升学生包括学业在内的综合素养，如何加快教师的专业成长，如何形成学校文化内涵，是学校需要思考的问题。本课题试图以课堂教学为切入口，通过探索"意义课堂"中师生学习共同体建设策略提高课堂效能，促进学生核心素养的培育、教师专业成长和学校文化内涵的形成。

（二）课题研究的意义

理论意义：本课题研究以"意义课堂"为切入点创设学校学习共同体文化，探讨具有学习共同体特点的意义课堂的意义和价值，以及具有学习共同体特点的意义课堂创建原则。

实践意义：立足于意义课堂，探索学习共同体建设的具体策略，以及主题教研活动组织策略、教师专业发展学习共同体建设策略和学校"学习共同体"文化建设策略。

（三）课题研究的界定

学习共同体即"学共体"（下同），是由学习者和助学者共同组成的，以完成共同的学习任务为载体，以促进成员全面成长为目的，强调在学习过程中以相互作用式的学习观作为指导，通过人际沟通、交流和分享各种学习资源而相互影响、相互促进的基层学习集体。

"意义课堂"是指通过"激活与唤醒——理解与联结——内化与巩固——迁移与提升"的循环教学,实现学生对学科知识向个人知识的转化与意义建构的课堂教学模型。意义课堂是新优教育集团创造性地提出的"意义教学"在课堂教学中的具体体现,"意义教学"即教师通过课前、课中、课后三个环节与学生的深度交流,帮助学生建立个体与知识的意义联结,掌握核心知识,理解学习过程,认识科学方法,形成积极的心理品质,体验学习的快乐,实现认知、能力与品格三位一体的和谐发展。

二、课题研究设计

(一)课题研究的目标

将学校办学思想与学习共同体理念相结合,建设自主、互助、合作、高效的学习共同体课堂,促进学生的认知与人际交往能力的发展,实现学生形成自我管理能力、自觉创生智慧、自我激发潜能的核心目标。

具体目标包括:

1. 探索创设学共体课堂的有效实施策略
2. 探索学共体课堂教学主题教研活动的有效实施策略
3. 探索教师专业发展学共体建设的有效路径
4. 探索学校学共体文化建设的实施策略

(二)课题研究的内容

1. 构建师生学共体课堂模式

以学习者为中心,把握学科本质,不断深入研究高品质学习任务设计,活动组织方式,创建伙伴关系,培养师生间、生生间的倾听习惯,提高合作能力,实现深度学习和高效学习。

2. 构建教师专业发展学共体

以学共体课堂构建为研究主旨,建设由教师、专家、管理者组成的教师专业发展共同体,建立平等、民主、合作的组织机构,通过多种形式,促进教师专业成长。

3. 形成学校学共体文化氛围

积极倡导并创建相互信任、尊重、民主、平等、安全的学校学习环境,创建以尊重唤醒自尊,以信任激发潜力,从单纯关注知识掌握到关注人的全面发展的学校文化内涵。

(三)课题研究的方法及策略

1. 研究方法

文献研究法:通过查阅、分类有关学共体、有效学习策略等文献,搜集整理学共体的相关信息,同时进行信息加工,从中提取相关信息指导课题实践。

行动研究法:课题组进行任务分解,各子课题组教师在项目研究中,运用行动研究方法不断探索,形成研究结论,总结经验,梳理成果,形成实施策略。

案例研究法:选择典型课例,分析和探讨课题研究相关内容,探索行之有效的评估策略。

2. 研究策略

本课题采取了专家指导、先理论后实践、边学习边实践,邀请大学教授、省市科研主管部门定期入校进行课题指导,以学科子课题进行项目引领,推动课题研究的深入开展,形成以意义课堂为切入点创设学校学共体文化。

三、课题研究过程

（一）第一阶段，前期准备阶段

在课题立项前，全校教师学习相关学共体的教育观点。全员阅读了佐藤学教授的教育三部曲。通过阅读相关文献，教师对学共体的内涵有了深入的了解，理解了学共体课堂教学的核心思想。在了解了学共体的教育观点后，我们进行研究任务的分解。由学科组长结合学科特点申报子课题，课题主持人以及集团专家逐一审核，最后确定十个子课题。（见表1）

表1 子课题目录

学部	学科	子课题题目
小学	语文	识字（阅读）教学中学生倾听能力的培养策略
	数学	培养小学生"倾听"习惯的实践研究
	英语	小学英语课堂中学习共同体的评价机制
	体育	学共体中关于体育学科水平一鼓励法的探究
	综合	综合实践学科课堂倾听关系建构策略研究
	道法	道德与法治教学中小组合作方式的策略研究
初中	数学	初中数学课堂教学中构建师生共同体策略的研究
	语文	学共体课堂中提高学生逻辑思维能力和语言表达能力策略研究
	英语	基于课堂教学听说课任务单的设计与策略研究
	体艺	初中艺体学科学习共同体课堂任务设计策略研究
	综合	学共体课堂中问题设计的策略研究

基于学科子课题，每一个课题项目组制定了聚焦学科研究内容，制定各个学科组的"课堂观察量表"和"课题记录单"。

（二）第二阶段，研究实施阶段

1. 专家培训，指导运行

集团专家定期利用教师驿站对课题研究方法进行指导和培训，举行课题研讨会，及时解决研究中产生的问题。

2. 主题教研，策略实践

学校主题教研活动围绕课题开展课例研究，针对"学共体"课堂策略进行实践教学活动。进行"学共体课堂"主题课例研究，借助课堂观察量表，发挥教师合作共研作用。在此阶段通过主题教研实践完成意义课堂的教案模板。各学科的课堂观察量表由1.0版迭代成2.0版。构建出基于学科课型特点的"学共体"课堂教学模型。（见表2）

表2 新优"意义课堂"观察量表（小学综合）

维度	要素	观察点
A1 教学目标	B1 目标达成	C1 教师设计的活动（任务、关键问题）是否提供达成目标的机会？
		C2 教学目标达成度是否理想？（知识目标、技能目标、情感目标）

续表

A2 教学过程	B2 活动布置	C3 教师的活动（任务）的布置或关键问题的提出是否明确？
A3 学生表现	B3 活动效果	C4 学生是否积极参与活动（任务）并能够完成活动（任务）？
		C5 学生是否理解关键问题并做出有效回答？
		C6 学生是否理解活动规则并遵守规则？ 学生是否理解任务标准并依照标准？

表3 "学共体"课堂教学模型

学段	学科	课型	教学模型主要特点
小学	语文	识字课	促进学生比较能力的提升
	数学	结构化复习	促进学生深思习惯的养成
	英语	听说课	小组评价，注意力提高
	综合	活动课	提高动手能力、思维能力
	体艺	活动课	提高教学效率
初中	数学	统整课	大单元开发
	语文	精读课	给学生充足时间思考、表达
	英语	任务单教学策略	提高学生学习的自主性、促进学生个性发展。
	综合	问题设计	问题设计前对学科知识体系要整体把握
	体艺	任务课堂模型	任务导向的学共体课堂

3. 外出培训，示范引领

外派教师参加陈静静博士组织的"真爱梦想·深度学习共同体"教研活动，学习成功经验。派骨干教师外出学习观摩学共体课堂教学，进行学共体课堂的示范课展示。

4. 理论学习，运用实践

在"3+1"生成式备课模式指导下，从预备到共备到个备，从课堂观察到教学反思，学共体课堂的思想已经渗透到每位教师的教学实践中，安全、平等的"学共体课堂"氛围已悄然形成。

（三）第三阶段，中期交流、总结阶段

梳理初期阶段性成果，结合实际情况，完善课题研究方案。

一是成立项目组。完善和推动学校课题的管理，专业化指导课题推进以及督导各课题组按计划完成课题研究，特此启动课题项目组。

二是撰写课题研究阶段成果集。在课题的中期成果汇报前，邀请集团专家、大学教授为教师做课题中期成果梳理的专业指导，进而十个子课题组完成了十万字的《课题中期成果》集，针对课题研究教学成果进行梳理、总结、反思。

三是迭代研究工具。通过行动研究，学科组对"课堂观察量表"和"课题记录单"进行迭代更新，以利于在学共体课堂中，教师通过对学生的课堂观察反观学共体意义课堂教学设计的有效性。

（四）第四阶段，成果总结、全面推广阶段

整理研究资料，多角度提炼、呈现实践和研究成果。形成课题研究报告，并进行成果展示。

在三年的研究中，教师们对学共体课堂的驾驭更熟练、学生们更喜欢这样的课堂氛围。在学生成长的同时，教师的学共体也在不断地生长。三年里，华岳学校承办国家级新优论坛5次，华岳学校教师与全国16个省市教师同台展示了以学共体为特点的意义课堂教学，展示了课堂教学变革的成果，通过以研代教，聆听专家之声，让教师成为课程教学的设计者，实现其自主专业成长，促进区域教研品质的有效提升。

四、课题研究成果与成效

（一）课题研究成果

1. 创建具有学共体特点的意义课堂的意义和价值

具有学共体特点的意义课堂是"激活与唤醒——理解与联结——内化与巩固——迁移与提示"四个环节的循环教学，实现学生对科学知识向个人知识的转化与意义建构。

（1）具有学共体特点的意义课堂能够更好激发学习者学习的内在动机。倡导在安全的课堂氛围下进行生生间、师生间的互动学习，学习者在协同解决开放性问题的过程中建立彼此的信任，贡献自己的智慧，成员间变成彼此的学术资源和语言资源，进而引发对团队的归属感，树立全体成员保持持久学习的信念，促进不同学习者公平的学习。

（2）具有学共体特点的意义课堂更利于"观察学习"的发生。学习者在协同学习中能够近距离观察同伴的一言一行，同时也成为被观察者，良好的学习行为、解决问题方式和情感表达方式在观察中得以习得和传承。

（3）具有学共体特点的意义课堂能够促进"追求理解的学习"。任务设计往往是具备挑战性的，没有固定答案的，学习者在协同完成任务或者帮助他人完成任务的过程中将已有知识和技能迁移到新场景，通过判断、解释和反思来解决新问题，在此过程中学习者的高阶思维得到启迪，追求理解的学习得以发生。

（4）具有学共体特点的意义课堂能够提高学习者的合作和沟通能力。学习者在协作学习中表现出积极的社会接纳、更多的任务定向、更好的心理健康、更高的自尊和更多采纳他人的观点。以此为切入点营造的学共体学校文化对学习者能够有效沟通，善于团队合作的能力形成有着良好的促进作用。

2. 具有学共体特点的意义课堂创建原则

（1）关注"目标→评价→任务"的一致性。遵循"以终为始"的教学设计理念，具有学共体特点的意义课堂关注"目标→评价→任务"的一致性。目标的制定要站在学生的立场上，把教学目标设定为学习目标，聚焦学科核心素养，在大概念统领下选择学习内容，在充分分析学情的基础上，基于单元目标设计课时目标。

（2）关注学习情境的真实性。学习是学习者在处理所遇到的情境、问题和想法过程中适应并获得社会的、情感的、认知的和身体的经验，学习本身是经验的习得过程，具有学共体特点的意义课堂通过创设真实情境让学生感受到学习的意义。在创设情境时需要根据学生的年龄特点，设计与学生生活经验、学习经历和当下社会变化关键事件等有关的强刺激情境，以此激发学生的学习兴趣，激活学生的神经网络，调动多种感官，主动接受并处理信息，迅速进入关键内容的学习中，采取多种学习活动，解决真实情境中的真实问题。

（3）关注学习任务的挑战性。学习任务是学习目标的问题化表征，具有学共体特点的意义课堂设计学习任务时既要关注与学习目标的一致性，更要关注任务的挑战性和开放性。学生在真实生活场景中完成发现问题、判断问题、解决问题、反思解释等挑战性任务，以此启迪思维的深度和广度，提高情感体验、情绪控制、责任担当、团队协作等综合素养。同时，任务设计也要关注开放性。没有唯一固定答案的问题能够调动不同经验背景、不同个性特长的学生充分融入课堂学习，贡献自己的智慧和专长，从中获得成功体验。

（4）关注学习活动的参与性。学习任务的完成依托于适合的学习活动。无论是个体学习、小组合作学习还是班级学共体协同学习都要以学习任务的完成为目标，并利于学生最广泛的参与。具有学共体特点的意义课堂上学生通过知觉体验、观点分享、自主表达、相互质疑等强化知识内容的理解。通过有效的复述、方案的展示和辩论、认知图式转化等强化学习迁移，进而形成可永久存储的长时记忆。

（5）关注学习环境的安全性。研究表明，青少年时期，社会归属感目标可能会优于学业成就目标：群体情境如能创建利于学术成就的关系，学习者在这样的情境中会有更高的动机和更好的学习。具有学共体特点的意义课堂要努力营造心理安全的课堂环境，学生相互尊重，相互支持，倾听和平等交流中贡献他们的思考，建构模型中形成共同观点，体验成功中建立归属感，进而形成公平的课堂文化。

（6）关注学习评估的进阶性。学习进阶又称学习轨迹，它描述了对于一个主题持续完善的思考，特别是学习者展现出来的，从新手到专家的过程。具有学共体特点的意义课堂设计学习评估指标和内容时需要在保证与学习目标相一致的前提下，注重根据学生的认知水平和课程标准要求进行学习进阶的具体规划，以此促进师生掌控和反馈教学及学习进程。另外，学习评估要基于证据。运用包括观察和对话、传统测试和测验、表现性任务和项目研究等在内的多种方法收集实现预期结果的证据，并随时间推移收集学生的自我评估，通过多种持续性的评估，促进学生的可持续发展。

3. 意义课堂中学共体的建设策略

（1）倾听策略

①双向倾听，及时检验。教师要以倾听者的身份走进学生中间。教会学生学会倾听，课堂上学生不仅要学会倾听教师的发言，更要学会倾听同伴的发言。

②明确要求，规范姿势。听老师或同学讲话时，头转向老师或发言的同学，眼睛看着他。听的过程中要有回应，可通过微笑、点头、鼓掌等方式表示赞同，假如有不同的观点或者想补充，要做出手势。

③合作交流，串联反馈。引导学生对所听到的内容进行欣赏、理解、批判等处理，倾听后同桌间、组内或班级内进行对话交流，表达自己听后的感受，或是受启发产生的新想法。

④评价多元，关注过程。鼓励学生有效参与倾听的全程，学习活动过程中随机进行倾听评价，可采用自评、生互评、师评等多种评价方式有机结合。

⑤课堂氛围，安全润泽。教师鼓励学生积极动脑、认真倾听、热烈对话，秉持"让学生勇敢地站起来，体面地坐下去"原则，始终保持愉悦的心情和强烈的求知欲，尤其重要的是让学生体会"成就感"。

（2）分组策略

①分工合作，规则明确。首先要明确学习小组的组织和分工，培养规则意识，在每一个学习小组中，小组成员的地位同等重要，没有组长。

②激发兴趣，目标明确。在小组中，建立共同愿景。每一个成员都是不可或缺的一份子，都要为小组的共同目标贡献自己的一份力量。

③理解互助，彼此成就。看到他人的优点，明晰自己的不足，互相帮助。在小组合作学习中分工合作，取长补短，实现"活动的、协同的、反思的学习"。

（3）问题设计策略

①"预学单"问题设计重基础。设计问题要体现基础性，是学生能够自主思考后能解决的基础性问题。

②"共学单"的问题设计重挑战。聚焦当堂教学的"主问题"设计，关注问题的挑战性、开放性和复杂性，能够促进"学共体"中各成员的参与和经历成功体验。

③"延学单"的问题设计重迁移。问题设计主要对标意义课堂学习成果的迁移与提升，注重联系生活，帮助学生提高解决实际问题的能力。

4. 主题教研活动组织策略

（1）分层级开展体现进阶性。在组织层级上体现进阶性，从学科组内基于研究主题的研讨课到面向全校的观摩课，再到校外的参赛课逐层递进。在研究主体上体现进阶性，充分利用学校五级教师管理机制，体现在新晋教师承担汇报课，成熟教师承担研讨课，骨干教师承担示范课。纵横结合分级开展教研活动过程中始终聚焦意义课堂、学共体建设这一研究主旨。

（2）分项目开展体现目标性。通过集体备课观摩、主题教研活动开展分别对意义课堂的"主问题设计""表现性任务设计""评价量规设计"等分项进行研究，进而形成学校具有学共体特点的意义课堂整体模型。

（3）按流程开展体现规范性。在主题教研前，教学管理中心会周密制定出学期主题教研活动方案，流程完备，分工明确，学科组依据方案规范实施。

5. 教师专业发展学共体建设策略

教师专业发展学共体建设策略体现在四个方面：一是，通过专家指导、师徒互学促进教师专业知识、专业能力提升。二是，通过学科组内主题教研活动，提高学科教师群体的课堂教学组织能力。三是，通过以班级为单位多学科教师参与的学共体建设，营造学共体课堂的安全环境。四是，以名师工作室、项目组为主要形式的教师共同体建设，促进学校学共体文化的形成。

6. 学校学共体文化建设策略

学校学共体文化建设策略主要有三点：一是，搭建起学校学共体的集群组织架构。二是，做好各项保障，确保体现"学习型组织"特点的学校学共体的平稳运行。三是，通过培训建立开放共生的学共体发展生态，形成共同话语体系。

（二）课题研究成效

课题的研究成效首先体现在学生的成长上。华岳学校在克服生源不均衡、新冠疫情等不利影响下，最终在 2021 年中考中取得了喜人的成绩，在长春市公办学校中名列前茅。一类高中录取 60 人，占比 37%；134 人升入高中，占比 83%；160 人收到上一级学校录取通知，占比 98.8%。据上一级学校反馈，华岳学生情感更丰富、合作更高效、思维更活跃、能力更全面、心态更开放、视界更开阔。在学生参与的各类校内外活动中，都可以看见华岳学校学生自治、自信、自律、自育的表现，以及积极主动帮助他人、与人为善的特点。学生很容易与他人"共情"，懂得站在他人的角度考虑问题，体现了学共体课堂在他们身上的烙印。在三年里，学生参加各级各类比赛获奖 3 000 余项，在每一次的论坛中，特别是小学生课堂中学生精彩的表现得到与会专家的高度赞誉。

课题的研究带动了教师的发展。在新优教育集团系统规划的教师发展整体方案基础上，学校从教师个体发展、教师群体发展和科研工作三个维度搭建教师学共体发展平台，促进教师专业化成长效果显著。其中，进入中考命题人才库教师数由 2018 年最初的 7 人发展到 2021 年的 27 人，市区兼职教研员 26 人。教师共荣获奖项 387 项，现有各级各类骨干教师占比 31%，比第一年提高 14%。建立优秀教学设计资源库，各学科组累计开发 160 个课例，其中部分课例在大赛中取得了优异的成绩。

五、课题进一步研究与展望

1. 进一步优化有学共体特点的意义课堂教学组织策略

通过多种研究方法，完善包括新教案模板、课堂观察量表等在内的研究工具，了解经过问题设计、情景创设、组织合作学习、有效评价等策略，学生合作学习水平的提高程度和改进的切入口，进一步创设以学习者为中心的"意义课堂"。

2. 进一步完善教师学共体建设策略

从组建名师工作室、组织参与式培训、开展主题教研活动、进行小课题研究等方式进一步完善教师学共体建设策略。强化对教师职后的培训，提高教师理论水平，开展区域内跨校教研活动，推广成功经验，与兄弟学校互通有无，推进教师的专业成长。

3. 进一步营造学校学共体文化

探索现代学校治理改革路径，将学校学共体文化辐射到家庭教育和社会教育，用相同的价值观引领多主体共同构建协同育人机制。